님께

주후 년 월 일

드립니다.

스토리로 읽는 **쉬운 성경**

아가페 스토리 바이블 구약 2

열왕기상~시편

Agape Story Bible

Printed in Korea.

쉬운성경 본문은 원문에서 직접 대조 번역한 성경 본문입니다.
• 구약 기본 본문 : 비블리카 헤브라이카 슈투트가르텐시아(BHS)
– 맛소라 본문 中 11세기 벤 아셰르의 본
• 신약 기본 본문 : United Bible Society(UBS) 4판

추천의 말

성경의 사본에는 원래 장과 절이 없습니다. 장, 절은 성경의 어느 부분을 쉽게 찾기 위해 후대에 삽입한 것이라고 합니다. 그런 의미에서 장,절을 없앤 「스토리 바이블」이 출간된 것은 성경을 본래 의도대로 읽을 수 있도록 했다는 점에서 큰 의미가 있다고 하겠습니다. 장,절 구분이 없다 보니 성경 말씀이 물 흐르듯 매끄럽게 이해되고 친근하게 다가오는 것을 경험할 수 있습니다. 특히나 원문에서 번역한 「아가페 쉬운성경」을 사용하여 말씀이 쉽게 읽히고 이해가 잘됩니다. 그동안 성경 읽기에 어려움을 느끼셨던 많은 분들에게 적합한 성경이 아닐까 생각합니다. 성경을 흥미진진하게 읽기 바라는 모든 분들과 가까이 두고 항상 읽으실 만한 성경을 찾던 모든 분들께 이 「스토리 바이블」을 추천합니다.

이찬수 목사 | 분당 우리교회

성경은 성도의 영적인 삶을 위한 젖줄입니다. 한국교회도 성경의 보급과 함께 부흥과 성장의 은혜를 경험해 왔습니다. 만약 성경이 없다면, 교회는 존재하지 못했을 것입니다. 성경은 그만큼 성도와 매우 가까운 책입니다. 그런데 성경은 이렇게 매우 중요하며 직접적인 영향을 미치면서도 여전히 지근거리로 다가가기에 쉽지 않습니다. 낯선 표현법, 시대적 차이, 어색한 구조 등 일반 성도 특히 초신자나 다음 세대가 쉽게 다가갈 수 없는 형식이 있었습니다.

「스토리 바이블」은 이런 벽을 넘어 한국교회 성도들이 보다 더 쉽게 성경에 다가갈 수 있도록 많은 애정과 땀을 담은 성경입니다. 이미 십년 이상 교회 학교에서 사랑받아온 「아가페 쉬운성경」 번역본을 기초로 과감하게 장과 절을 삭제하고 편집하였습니다. 저는 마태복음 부분을 읽으면서 이 성경이 개인의 경건생활을 위하여 적극 활용되면 큰 효과가 있을 것으로 느껴졌습니다. 그래서 성경을 가까이 두고 날마다 은혜의 주제에 따라 정독하여 오늘의 삶을 위한 양식을 얻을 수 있게 되리라 생각됩니다. 본 성경이 하나님의 음성을 사모하는 많은 성도님들, 특히 어린 다음 세대에게 많이 읽히길 바라는 마음으로 추천합니다.

송태근 목사 | 삼일교회

우리 한국의 그리스도인들은 성경의 사람들로 알려져 있다. 기독교가 전파되었던 초기에는 성경을 읽기 위해 한글을 깨우치는 일이 다반사로 일어나 한국 근대 사회의 문맹률 퇴치에 큰 영향을 끼쳤다. 성경을 읽으면서 민족의 고통을 이겨내고 해방을 갈구하기도 하였다. 오늘날에도 성경을 통독하기도 하고, 성경을 필사하기도 하며, 큐티도 하고, 성경구절을 암송하기도 한다. 우리 한국 그리스도인들은 정말 성경을 사랑하는 사람들이다. 그런데 참으로 안타까운 것은 이 소중한 성경을 많은 그리스도인들이 '주술적'으로 읽는다는 것이다. 즉 성경 전체는 물론이고, 성경의 각 책이 전하고자 하는 '사상'을 이해하려 하기보다는, 자신에게 축복이 되는 말씀, 또는 약속의 말씀을 찾아 읽기만 한다. 즉 성경을 읽으며 마음의 위로와 축복을 기대하면서, 전체의 뜻을 찾기 보다는 이해가 되는 몇몇 구절에만 집중을 한다. 아예, 성경 각 책을 이해하는 일은 불가능한 것처럼 믿기조차 한다. 그러나 성경은 모든 글이 그렇듯이, 우리에게 어떤 사상을 전하고 있다. 하나님의 세상을 향한 놀라운 사상, 예수님의 하나님 나라 사상이 성경 속에 가득 들어있다. 이를 제대로 누리기 위해서는 성경을 쉽게 통째로 읽어야 하는데, 우리가 가진 성경이 늘 읽어내기가 쉽지가 않다. 성경 자체가 수천년 전에 쓰여진 것이라는 근본적인 이유 말고도, 번역 자체가 너무 어렵기 때문이고, 거기에 편리를 위해서 사용된 장,절의 구분이 성경을 전체로 읽고 누리는 것을 오히려 방해하기 때문이다. 성경이 처음 쓰여졌던 것처럼, *장,절이* 없는 하나의 책으로서 인쇄되면 얼마나 좋을까 생각하고 있었는데, 이 「스토리 바이블」은 성경의 각 책을 하나의 책으로 읽을 수 있도록 장,절이 없다. 또한 원문을 현대어로 번역하여 이해하기가 쉽게 만들었다. 이 「스토리 바이블」은 성경을 사랑하는 한국 그리스도인들에게 주술적 성경 읽기에서 성경의 사상을 이해하고 믿고 살아내게 도와주는, 한 단계 업그레이드된 성경 읽기를 선사한다. 더욱 더 '성경스러워진' 성경, 「스토리 바이블」을 모든 성도들에게 강추하고 싶다.

김형국 목사 | 나들목교회 목사, 하나복DNA네트워크 대표

어린아이부터 어른에 이르기까지 모든 계층의 사람들에게 가장 효과적으로 의사소통할 수 있는 방법이 무엇일까? "이야기"입니다! 하나님께서 사람에게 자신의 의사를 전달하기 위해 사용한 방편도 "이야기"입니다. 성경은 "옛날 옛적 먼 옛날에"로 시작하여 "마침내 새로운 세상이 오게 되었단다"로 끝을 맺는 장대한 내러티브(이야기)입니다. 예수님도 그의 지상사역 기간 중에 주로 "이야기"를 통해 하나님 나라에 대해 가르쳐 주었습니다. 그의 설교는 주로 비유 이야기였습니다. 훗날 신학자들은 성경의 이야기를 교리적으로 체계화시키려 노력하였지만, 그럼에도 성경의 원 자료는 이야기입니다. 이런 의미에서 이야기 성경은 장,절 구별 없이 읽기 좋게 잘 흘러가는 시냇물과 같아야 합니다. 아가페 출판사의 「스토리 바이블」 프로젝트는 획기적인 발상이며 일반 신자들의 성경 이해를 한층 업그레이드 시켜 줄 친절한 네비게이션입니다. 경건한 크리스천 가정 식탁 위에 있어야할 필수적인 책입니다.

류호준 목사 | 백석대학교 신학대학원 구약학 교수, 『쉬운 성경』 번역자

진리의 말씀을 '읽고, 듣고, 지키는 자'가 복된 자입니다(계 1:3). 하나님의 말씀인 성경은 진리를 따르는 우리 모든 성도의 삶에 더욱 가까이 자리잡아야 합니다. 가까이 두고 자주 읽고 그 뜻을 묵상하며 하나씩 따라 사는 삶이 아름답습니다. 그래야 우리의 삶이 풍요롭고 영적으로 건강하게 됩니다. 「스토리 바이블」은 진리의 말씀이 성도의 삶에 한층 더 다가서게 하는 데 도움이 될 것입니다.

성경이 쓰여질 당시에는 장,절의 구분이 없었습니다. 장,절로 구분된 것은 12세기 이후의 일입니다. 「스토리 바이블」처럼 장,절 없이, 한

단락씩 통으로 읽는 것도 의미 있는 일입니다. 성경의 '스토리'들이 끊김 없이 하나로 이어져 이해될 것입니다. 말씀의 흐름과 맥을 파악하는 데 도움이 됩니다.

주님의 말씀을 듣고 또 지키고자 할 때, 우리의 삶이 반석 위에 짓는 집과 같이 될 것입니다(마 7:24). 말씀의 기갈이 우리의 마음과 영혼을 메마르게 합니다. 말씀의 힘은 그 말씀을 가까이 하는 이들에게 주어진 하늘의 복입니다. 영혼의 소생이 주님의 말씀에서 비롯됩니다. 주님의 말씀은 '살리는' 생명의 말씀이기 때문입니다.

김상훈 교수 | 총신대학교 신학대학원/신학원

해석학적 순환이라는 말이 있습니다. 전체를 알기 전에는 부분을 제대로 알 수 없고, 부분을 알기 전에는 전체를 온전히 알 수 없다는 말입니다. 그래서 어떤 글의 의미는 그 글이 속한 전체적인 문맥 속에서 볼 때 비로소 제대로 이해될 수 있고, 글 전체의 뜻을 이해하기 위해서는 부분 부분을 다 이해해야만 합니다. 그래서 독서백편의자현(讀書百遍義自見)이란 말이 나왔는지도 모릅니다. 처음 읽을 때에는 잘 이해되지 않던 것이 몇 번이고 반복해서 읽는 가운데 전체를 이해하게 되고 또한 부분을 이해하면서 그 뜻이 선명하게 드러날 수 있습니다. 이러한 사실은 성경을 읽을 때에도 진리입니다. 그래서 우리는 성경을 많이 읽는 것이 필요한데, 절 표시를 없애고 전체 스토리 라인을 따라 자연스럽게 읽히게 만든 「스토리 바이블」이 성경을 전체로 읽는 데 최상의 도구라고 할 수 있습니다. 「스토리 바이블」은 이 시대에 가장 쉽고 이해하기 편하게 번역된 번역성경으로 알려진 쉬운성경 본문을 사용하여 성경 전체의 내용을 소설을 읽듯이 친근하게 만들어 주었습니다. 앞뒤 문맥이 잘린 적은 분량의 성경본문을 읽으면서 그 뜻이 무엇인지 잘 알 수 없었던 분들에게는 이 책이 필수적입니다. 이 책을 읽으면서 전에 내가 분명히 성경의 뜻을 깨달았었다고 생각했던 것이 사실은 부족한 이해였음을 깨닫고 더 바른 이해를 향해 나아갈 수 있을 것입니다. 어쩌면 오랫동안 신앙생활을 하고 성경을 많이 읽었던 분들도 이 책을 사용하여 성경을 통째로 읽어나가면서 성경에 대한 더 깊은 이해를 발견하게 되는 새로운 기쁨이 있을 것입니다.

이국진 목사, Ph.D. | 대구남부교회
대신대학교 외래교수, 「쉬운 성경」 번역자

신약성경은 기록될 당시 지금과 같은 장 구분이나 절 구분을 가지고 있지 않았다. 심지어 9세기까지는 띄어쓰기나 악센트, 부호조차도 없이 대문자만으로 기록되었다. 현대적 장 구분은 1204년 S. Langdon이, 절 구분은 1551년 R. Stephanus가 만들었다. 이처럼 장, 절의 구분이 모두 후대의 소문자 사본이나 인쇄본에서, 그리고 두 사람의 본문 이해에 의해 인위적으로 결정된 것이었다. 따라서 성경을 장, 절 구분없이 전체 스토리로 읽는 것은 새로운 시도가 아니라 성경이 기록될 당시부터 교회가 해왔던 오랜 전통이었다. 이번에 아가페에서 출간되는 「스토리 바이블」은 장, 절의 구분을 없이하여 성경을 통시적으로 읽고 이해할 수 있게 한다는 점에서 우리 성도들에게 많은 유익을 줄 것이라 확신하여 추천하는 바이다.

한천설 교수 | 총신대학교 신학대학원 신약학

성경은 읽기 위해 쓰여진 하나님의 말씀이다. 종교개혁자 루터도 자국민의 언어인 독일어로 성경이 읽히기를 기대했기에 성경 번역에 매진했다. 그런 측면에서 본다면 「쉬운성경」을 내놓았던 아가페의 노력은 귀하다 하겠다. 청년 대학생들뿐 아니라 어린이들까지도 읽고 이해할 수 있는 성경을 만들어 냈기 때문이다. 이제 또다시 성도들로 하여금 성경을 읽고 싶게끔 만드는 「스토리 바이블」을 기획하고 출간하게 된 것을 환영한다. 성경의 장,절 구분을 없앰으로써 오히려 성경 원래의 모습을 되살려 낸 방식의 「스토리 바이블」은 성경 읽기의 흥미를 더할 것이라 기대된다. 청년 대학생들에게 권한다. 「스토리 바이블」로 먼저 성경을 반복하여 읽고 흐름을 잡으라. 그렇게 시작하라.

김수억 목사 | 죠이 선교회 대표

쉬운 성경 번역 위원

- 유재원(前 총회목회대학원 신학대학원 교수) 창세기-여호수아
- 한정건(고려신학대학원 명예교수) 사사기-열왕기하
- 손석태(개신대학원대학교 명예총장 철학박사) 역대상-에스더
- 최종태(前 아세아연합신학대학교대학원 구약학 교수) 욥기, 잠언-아가
- 류호준(백석대학교 기독교전문대학원 구약학 교수) 시편, 에스겔
- 김경래(前 전주대학교 기독교학과 교수) 이사야-예레미야애가
- 김의원(前 총신대학교 총장) 다니엘-말라기
- 이국진(Noordwes Universiteit 신약학 박사, 목사) 마태복음-누가복음
- 오광만(대한신학대학원대학교 신약학 교수) 요한복음-고린도후서
- 박형용(웨스트민스터 신학대학원대학교 총장) 갈라디아서-요한계시록

국어 감수

- 정길남(前 서울교육대학교 국어교육과 교수)

교열 및 교정 위원

- 박성배(한국 문인협회 이사장 아동문학가)
- 송재찬(前 신묵초등학교 교사 동화작가)
- 이동태(前 예일초등학교 교장 동화작가)
- 이희갑(前 유석초등학교 교사 아동문학가)

서문

"성경은 하나님의 이야기, 성경으로 돌아가자"

모든 신앙생활의 기본은 하나님의 말씀인 성경에서부터 시작합니다. 성경은 하나님께서 우리에게 주시는 사랑의 편지이며, 위로의 말씀이며, 때로는 심판의 말씀이기도 합니다. 하나님께서는 당신과 당신의 아들 독생자 예수 그리스도에 대해 이야기로 말씀하셨습니다. 우리 크리스천이 성경을 읽지 않는다면 하나님께서 들려주시는 이 소중한 이야기를 들을 수 없습니다.

저희 아가페출판사에서 2001년부터 발간해온 「아가페쉬운성경」 본문을 이용하여 「스토리 바이블」을 출간하였습니다. 「스토리 바이블」은 「아가페 쉬운성경」 본문을 이용하여 원래 장,절로 나눠지지 않았던 처음의 성경처럼 장, 절 구분없이 읽을 수 있도록 만들었습니다.

저희가 이렇게 만들게 된 것은 우연한 계기를 통해서였습니다. 장,절을 빼고 편집하여 읽어봤는데 성경이 너무나 잘 읽히는 것입니다. 딱딱한 성경이 아니라 책을 읽듯, 옆에서 이야기를 듣듯 자연스럽게 읽혀지고 들리는 경험을 하였습니다. 이런 과정을 거쳐 「스토리 바이블」이 탄생하게 되었습니다. 어려운 성경이 아닌 우리에게 친숙한 언어로 다정하게 말씀하시는 하나님의 음성을 「스토리 바이블」을 통해 모두가 듣기를 염원합니다.

본문으로 사용한 「아가페 쉬운성경」은 2001년에 출간한 성경이며, 열 분의 신학자들이 원문에서 직접 번역하여 만든 쉽고 정확한 원문번역 성경입니다. 2001년 이후 많은 분들이 읽고 사랑해주신 스테디 성경이며 현재 주일학교에서 사용되고 있는 예배용 성경입니다.

저희는 「스토리 바이블」이 좀더 대중적으로 읽힐 수 있는 성경이 되었으면 하는 바람에서 출판을 결심하게 되었습니다. 성도님들의 손 안에, 가방 안에, 테이블 위에 항상 놓여져 읽히는 일상의 성경이 되길 소망하고 있습니다. 「스토리 바이블」 신약편과 구약1이 이미 출간되었고, 이번에 구약 2를 출간하게 되었습니다. 또 계속해서 구약 3이 출간될 예정입니다.

여러분에게 이 「스토리 바이블」이 소설을 읽듯 자연스럽고 친근하게 읽힐 수 있는 편안한 성경이 되길 바라며, 하나님이 들려주시는 하나님의 이야기에 감격하고 즐거워하는 복된 삶을 누리시길 소망합니다.

2016년 3월
발행인 정형철

차례

역사서

시가서

Agape Story Bible

역사서

내 이름으로 일컫는 내 백성이 자기들이 한 일을 뉘우치고,
나에게 기도하고, 내 말을 따르며, 악한 길에서 돌이키면,
내가 하늘에서 그들의 기도를 듣고, 그들의 죄를 용서해 주며,
그들의 땅을 고쳐 줄 것이다.
_역대하 7:14

"가서 수산 성에 있는 유다인들을 다 모으고 나를 위해 금식하게 하십시오.
밤낮으로 삼 일 동안 먹지 말고, 마시지도 말게 하십시오.
나와 내 여종들도 금식하겠습니다.
그런 뒤에 법을 어기고서라도 왕에게 나아가겠습니다.
그러다가 죽게 되면 죽겠습니다."
_에 4:16

열왕기상

아도니야가 왕이 되려 하다

다윗 왕은 이제 나이가 아주 많이 들었습니다. 신하들이 이불을 많이 덮어 줘도 그의 몸은 따뜻해지지 않았습니다. 그래서 신하들이 다윗에게 말했습니다. “젊은 여자를 데려다가 왕의 시중을 들게 하겠습니다. 그 여자가 왕의 품에 누우면 왕의 몸이 따뜻해질 것입니다.” 신하들은 이스라엘 온 땅을 누비면서 젊고 아름다운 여자를 찾아다녔습니다. 그러다가 수넴 여자 아비삭을 찾아서 왕에게 데려왔습니다. 아비삭은 매우 아름다웠습니다. 그 여자는 왕의 시중을 들고 왕을 섬겼으나 다윗 왕은 그 여자와 잠자리를 함께하지 않았습니다.

다윗에게는 아도니야라는 아들이 있었는데 그의 어머니는 학깃이었습니다. 아도니야는 스스로를 높이며 “나는 왕이 될 것이다”라고 말하면서 전차와 말을 준비했습니다. 그리고 자신을 호위하는 병사 오십 명을 데리고 다녔습니다. 그런데도 다윗 왕은 “왜 왕처럼 행세하고 다니느냐?”라고 묻지 않았습니다. 그리고 그가 하는 일에 대해 한 번도 간섭하지 않았습니다. 아도니야는 압살롬 바로 밑의 동생이었으며 매우 잘생겼습니다. 아도니야는 스루야의 아들 요압과 제사장 아비아달과 의논했습니다. 그들은 아도니야를 도왔습니다. 그러나 제사장 사독과 여호야다의 아들 브나야와 예언자 나단과 시므이와 레이와 다윗 왕을 특별히 경호하는 사람들은 아도니야 편을 들지 않았습니다.

아도니야는 양과 소와 살진 송아지를 잡아 엔로겔 샘 가까이에 있는 소헬렛 바위에서 제사를 드렸습니다. 그리고 자기의 모든 형제들, 곧 다윗 왕의 다른 아들들을 초대했습니다. 유다의 지도자들과 장로들도 초대했습니다. 그러나 예언자 나단과 브나야와 자기 아버지의 특별 경호대와 자기 동생 솔로몬은 초대하지 않았습니다.

나단이 이 소식을 듣고 솔로몬의 어머니인 밧세바에게 가서 말했습니다. "학깃의 아들 아도니야가 스스로 왕이 된 것을 듣지 못하였습니까? 우리의 주이신 다윗 왕도 그 사실을 모르고 계십니까? 이제 당신과 당신 아들의 목숨이 위태롭게 되었습니다. 그러니 제가 하라는 대로 하십시오. 다윗 왕에게 가서 이렇게 말씀하십시오. '내 주 왕이여, 왕은 나에게 왕의 뒤를 이어 내 아들 솔로몬이 왕의 보좌에 앉을 것이라고 약속하지 않으셨습니까? 그런데 어찌하여 아도니야가 왕이 되었습니까?' 당신이 왕에게 말씀하실 때에 나도 들어가서 당신이 아도니야에 대해 한 말이 사실이라고 왕에게 말씀드리겠습니다."

그리하여 밧세바는 왕을 만나러 왕의 침실로 갔습니다. 왕이 매우 늙었으므로 수넴 여자 아비삭이 시중을 들고 있었습니다. 밧세바가 왕 앞에 나아가 절을 했습니다. 왕이 물었습니다. "무엇을 원하시오?" 밧세바가 대답했습니다. "내 주여, 왕은 나에게 왕의 하나님 여호와의 이름으로 '그대의 아들 솔로몬이 내 뒤를 이어 왕이 될 것이오. 솔로몬이 내 보좌에 앉아 다스릴 것이오'라고 약속하셨습니다. 그런데 지금 아도니야가 왕이 된 것을 어찌 모르고 계십니까? 아도니야가 소와 살진 송아지와 양을 많이 잡아 제사를 드리고 왕의 아들들을 다 초대했습니다. 제사장 아비아달과 왕의 군대 사령관 요압도 초대했습니다. 그러나 왕을 섬기는 왕의 아들 솔로몬은 초대하지 않았습니다. 내 주 왕이여, 모든 이스라엘 백성이 왕을 지켜보고 있습니다. 누가 왕의 뒤를 이을 사람인지 왕이 결정해 주시기를 기다리고 있습니다. 왕이 돌아가시면 솔로몬과 나는 죄인 취급을 받을 것입니다."

밧세바가 왕에게 말하고 있을 때에 예언자 나단이 들어왔습니다. 신하들이 왕에게 말했습니다. "예언자 나단이 오셨습니다." 나단은 왕에게 가까이 나아가서 엎드려 절을 했습니다. 나단이 말했습니다. "내 주 왕이여, 왕의 뒤를 이어 아도니야가 왕이 되어 왕의 보좌에 앉으라고 말씀하셨습니까? 오늘 아도니야가 소와 살진 송아지와 양을 많이 잡아 제사를 드리고 왕의 아들들과 왕의 군대 사령관과 제사장 아비아달도 초대했습니다. 지금 그들은 아도니야와 더불어 먹고 마시고 있습니다. 그들은 '아도니야 왕 만세!'를 외치고 있습니다. 그러나 아도니야는 나와 제사장 사독과 여호야다의 아들 브나야와 왕의 아들 솔로몬은 초대하지 않았습니다. 이 일을 왕이 하신 것입니까? 그런데 어찌하여 왕의 뒤를 이을 사람이 누구인지 우리에게 알려 주지 않으셨습니까?"

솔로몬이 왕이 되다

다윗 왕이 말했습니다. "밧세바를 불러오시오." 밧세바가 다시 들어와서 왕 앞에 섰습니다. 왕이 말했습니다. "나를 온갖 재앙에서 구해 주신 여호와 앞에서 맹세하오. 내가 전에 이스라엘 하나님 여호와의 이름으로 약속했던 것, 곧 당신 아들 솔로몬이 내 뒤를 이어 왕이 되며 내 왕위에 앉게 될 것이라고 약속했던 것을 오늘 시

행하겠소." 밧세바가 왕 앞에서 엎드려 절하며 "내 주 다윗 왕이여, 만수무강하소서"라고 말했습니다.

다윗 왕이 말했습니다. "제사장 사독과 예언자 나단과 여호야다의 아들 브나야를 내 앞에 오게 하시오." 그러자 그들이 왕 앞으로 나아왔습니다. 왕이 그들에게 말했습니다. "내 신하들을 데리고 내 아들 솔로몬을 내 노새에 태워 기혼 샘으로 내려가시오. 거기에서 제사장 사독과 예언자 나단은 솔로몬에게 올리브 기름을 부어 그를 이스라엘의 왕으로 세우시오. 그리고 나팔을 불며 '솔로몬 왕 만세!'를 외치시오. 그런 다음에 솔로몬과 함께 돌아오시오. 솔로몬이 내 왕위에 앉아 나를 대신해서 나라를 다스릴 것이오. 내가 솔로몬을 이스라엘과 유다를 다스리는 왕으로 세우기를 명령하오." 여호야다의 아들 브나야가 왕에게 대답했습니다. "옳은 말씀입니다. 왕의 하나님께서도 그렇게 하시기를 바랍니다. 여호와께서 우리의 왕이신 당신을 언제나 도와주셨던 것처럼 이제 솔로몬도 도와주시기를 바랍니다. 그리고 솔로몬이 왕보다도 더 위대한 왕이 되시기를 바랍니다."

제사장 사독과 예언자 나단과 여호야다의 아들 브나야는 왕의 경호대인 그렛 사람들과 블렛 사람들과 함께 솔로몬을 다윗 왕의 노새에 태워 기혼 샘으로 내려갔습니다. 제사장 사독은 성막에서 기름을 담은 뿔을 가져왔습니다. 사독은 그 기름을 솔로몬의 머리에 부었습니다. 사람들이 나팔을 불고 모든 백성은 '솔로몬 왕 만세!' 하고 외쳤습니다. 모든 백성이 솔로몬을 따라 성으로 들어갔습니다. 그들은 피리를 불고 소리를 지르며 기뻐했습니다. 그들이 지르는 소리에 땅이 흔들릴 정도였습니다.

아도니야와 그의 모든 손님들은 음식을 다 먹을 즈음에 그 소리를 들었습니다. 나팔 소리가 들려오자 요압이 말했습니다. "성안이 왜 저렇게 소란스러운가?" 요압이 말을 마치기도 전에 제사장 아비아달의 아들 요나단이 왔습니다. 아도니야가 말했습니다. "어서 오시오. 그대는 용사이니 틀림없이 좋은 소식을 가져왔을 줄로 믿소." 요나단이 대답했습니다. "아닙니다. 우리 주 다윗 왕은 솔로몬을 왕으로 세웠습니다. 다윗 왕은 솔로몬을 제사장 사독과 예언자 나단과 여호야다의 아들 브나야와 그렛 사람들과 블렛 사람들과 함께 보냈습니다. 그들은 솔로몬을 왕의 노새에 태웠습니다. 제사장 사독과 예언자 나단이 기혼 샘에서 솔로몬에게 기름을 부어 그를 왕으로 세웠습니다. 그리고 그들은 기뻐하며 성으로 들어갔습니다. 지금 온 성은 흥분으로 들떠 있습니다. 여러분이 들은 소리가 바로 그 소리입니다. 이제 솔로몬이 왕이 되었습니다. 왕의 신하들도 다윗 왕이 한 일을 축하하고 있습니다. 그들은 '왕의 하나님께서 솔로몬을 왕보다 더 유명하게 만드시기 바랍니다'라고 말하고 있습니다. 다윗 왕은 침대에서 여호와께 절하고 '이스라엘의 하나님 여호와를 찬양하여라. 여호와께서는 오늘 내 아들 가운데서 하나를 왕으로 삼으시고 내 눈으로 그것을 보게 해 주셨다'라고 말했습니다."

그러자 아도니야의 손님들이 다 두려워하면서 각자 자기의 길로 떠났습니다. 아도니야도 솔로몬이 두려워 자리에서 일어나 제단으로 가서 제단 뿔을 잡았습니다. 누군가가 솔로몬에게 일러 주었습니다. "아도니야가 솔로몬 왕을 두려워하여 제단 뿔을 잡고 있습니다. 그는 '솔로몬 왕에게 가서 그의 종인 나를 칼로 죽이지 않겠다고 맹세하게 해 달라고 전해 주시오'라고 말했습니다." 솔로몬이 대답했습니다. "아도니야가 믿을 만한 사람이라면 그의 머리카락 하나라도 땅에 떨어지지 않을 것이다. 그러나 만약 그에게서 악한 것이 발견되면 죽을 것이다." 그러면서 솔로몬 왕은 사람을 보내어 아도니야를 제단에서 끌어오게 했습니다. 아도니야가 와서 솔로몬에게 절을 했습니다. 그러자 솔로몬이 "집으로 가시오" 하고 말했습니다.

다윗이 죽다

다윗은 죽을 날이 가까워지자 솔로몬에게 유언을 했습니다. "나는 이제 세상 모든 사람들이 가야 할 길로 간다. 너는 훌륭하고 용감한 지도자가 되어라. 너의 하나님 여호와께서 명령하신 것을 잘 지켜라. 그분께서 주신 계명을 지키고 율법에 복종하며 그분께서 말씀하신 대로만 하여라. 모세의 율법에 적힌 것을 지켜라. 그렇게 하면 너는 무엇을 하든지 어디를 가든지 성공할 것이다. 여호와께서 나에게 하신 약속, 곧 '네 자손이 내 말을 잘 따르고 마음과 정성을 다하여 내 앞에서 행하기만 하면 이스라엘 백성을 다스릴 왕이 네 집안에서 끊이지 않고 나오게 하겠다'라고 하신 약속을 지켜 주실 것이다.

그리고 너는 스루야의 아들 요압이 내게 한 일을 잊지 마라. 요압은 이스라엘의 훌륭한 두 장군인 넬의 아들 아브넬과 예델의 아들 아마사를 암살했다. 전쟁 때도 아닌 평화의 때에 그들의 피를 흘렸다. 요압은 죄 없는 사람들을 죽여서 그의 허리띠와 신에 피를 묻혔다. 너는 지혜롭게 행동하여 그에게 벌을 주어라. 그가 오래도록 살다가 평안히 죽게 내버려 두지 마라. 그러나 길르앗 사람 바실래의 자녀에게는 자비를 베풀어 주어라. 그들이 네 상에서 함께 먹을 수 있도록 하여라. 그들은 내가 네 형 압살롬을 피해 도망갈 때에 나를 도와주었다. 바후림 출신의 베냐민 사람이요, 게라의 아들인 시므이가 너와 함께 있다는 것을 잊지 마라. 그는 내가 마하나임으로 가던 날 나를 저주한 사람이다. 그러나 그가 나를 맞이하러 요단 강까지 내려왔으므로 나는 여호와 앞에서 그에게 '시므이야, 내가 칼로 너를 죽이지 않겠다'라고 약속했다. 그러나 그를 죄 없는 사람으로 여기지 마라. 너는 지혜로운 사람이니 시므이를 어떻게 처리해야 할지 알 것이다. 그 노인이 피를 흘리며 음부에 내려가게 하여라."

그 후 다윗은 죽어서 그의 조상들과 함께 다윗 성에 묻혔습니다. 다윗은 사십 년 동안 이스라엘을 다스렸습니다. 헤브론에서 칠 년을 다스리고, 예루살렘에서 삼십삼 년을 다스렸습니다.

솔로몬이 나라를 굳건하게 세우다

솔로몬은 아버지 다윗의 뒤를 이어 왕이 되었습니다. 그리고 그의 나라를 굳건하게 세웠습니다.

그때에 학깃의 아들 아도니야가 솔로몬의 어머니 밧세바에게 갔습니다. 밧세바가 물었습니다. "좋은 일로 왔느냐?" 아도니야가 대답했습니다. "그렇습니다. 좋은 일로 왔습니다. 한 가지 꼭 부탁드릴 말씀이 있어서 왔습니다." 밧세바가 말했습니다. "말해 보아라." 아도니야가 말했습니다. "당신도 아시듯이 이 나라는 내 것이었고, 모든 이스라엘 백성은 내가 왕이 되기를 기대했습니다. 그런데 여호와께서 내 동생을 선택하셔서 이 나라의 왕이 되게 하셨습니다. 이제 한 가지 부탁드릴 것이 있습니다. 거절하지 마십시오." 밧세바가 말했습니다. "말해 보아라." 아도니야가 말했습니다. "솔로몬 왕은 당신의 말이라면 거절하지 않을 것입니다. 그러니 왕에게 말씀드려 수넴 여자 아비삭을 내 아내로 삼을 수 있게 해 주십시오." 밧세바가 말했습니다. "좋다. 너를 위해 왕에게 말씀드려 보겠다."

그리하여 밧세바는 아도니야가 부탁한 것을 말하기 위해 솔로몬 왕에게 갔습니다. 솔로몬은 밧세바를 보자 자리에서 일어나 맞이하며 밧세바에게 절을 한 뒤 다시 자리에 앉았습니다. 솔로몬은 자기 어머니를 위해 의자를 마련하였고, 밧세바는 솔로몬의 오른쪽에 앉았습니다. 밧세바가 말했습니다. "한 가지 작은 부탁이 있어서 왔으니 거절하지 마십시오." 왕이 대답했습니다. "어머니, 말씀하십시오. 거절하지 않겠습니다." 밧세바가 말했습니다. "수넴 여자 아비삭을 왕의 형 아도니야의 아내로 주시기를 부탁하오." 솔로몬 왕이 자기 어머니에게 대답했습니다. "왜 아도니야에게 아비삭을 주라고 말씀하십니까? 그는 나의 형이니 아예 왕의 자리까지 그에게 주라고 말씀하시지요. 제사장 아비아달과 스루야의 아들 요압을 위해서도 그렇게 하시지요." 그러더니 솔로몬 왕은 여호와의 이름으로 맹세를 했습니다. "아도니야가 감히 이런 부탁을 했으니 내가 아도니야의 목숨을 살려 둔다면 여호와께서 나에게 무서운 벌을 내리실 것입니다. 여호와께서는 내 아버지 다윗의 왕위를 나에게 주셨습니다. 여호와께서는 약속을 지키셔서 그 나라를 나와 내 백성에게 주셨습니다. 여호와의 살아 계심을 두고 맹세하오니 아도니야는 반드시 죽을 것입니다." 그리고 나서 솔로몬 왕은 여호야다의 아들 브나야를 보내어 아도니야를 쳐 죽였습니다.

솔로몬 왕이 제사장 아비아달에게 말했습니다. "그대를 그대의 집이 있는 아나돗으로 보낼 테니 그리로 가시오. 그대는 죽어야 마땅하오. 그러나 그대는 내 아버지 다윗과 함께 행진할 때에 여호와 하나님의 궤를 메었고, 내 아버지가 온갖 고통을 당했을 때에도 그 고통을 함께했으므로 지금은 그대를 죽이지 않겠소." 솔로몬은 아비아달이 여호와를 섬기는 제사장 일을 하지 못하도록 쫓아냈습니다. 그리하여 여호와께서 실로에 있던 제사장 엘리와 그의 집안에 대해서 말씀하신 일이 그대로 이루어졌습니다.

요압은 이 소식을 듣고 두려워했습니다. 그는 압살롬의 편은 들지 않았으나 아도니야의 편을 들었으므로 여호와의 장막으로 도망쳐 제단 뿔을 붙잡았습니다. 누군가가 솔로몬 왕에게 요압이 여호와의 장막으로 도망쳐 제단 뿔 곁에 있다고 일러 주었습니다. 그래서 솔로몬은 브나야에게 요압을 죽이라고 명령했습니다. 브나야가 여호와의 장막으로 들어가서 요압에게 말했습니다. “왕의 명령이니 밖으로 나오시오.” 요압이 대답했습니다. “아니다. 나는 여기에서 죽겠다.” 브나야가 왕에게 돌아가서 요압이 한 말을 전했습니다. 그러자 왕이 브나야에게 명령했습니다. “그가 말한 대로 요압이 나와 나의 아버지 집에서 무모하게 흘린 피를 이제 네가 거두어라. 요압은 자기보다 선한 두 사람, 곧 이스라엘 군대의 사령관이었던 넬의 아들 아브넬과 유다 군대의 사령관이었던 예델의 아들 아마사를 죽였다. 내 아버지 다윗은 요압이 그들을 죽인 것을 몰랐다. 그러므로 여호와께서 요압이 흘린 피를 그의 머리로 돌려보내실 것이다. 그들을 죽인 죄는 요압과 그의 집안에 영원히 돌아갈 것이다. 그러나 다윗과 그의 자손과 그의 집안과 그의 왕좌에는 여호와께서 주시는 평화가 영원토록 있게 될 것이다.” 그러자 여호야다의 아들 브나야가 올라가서 요압을 죽였습니다. 요압은 광야에서 가까운 자기 집에 묻혔습니다. 왕은 요압을 대신해서 여호야다의 아들 브나야를 군대 사령관으로 삼았습니다. 또 아비아달의 자리에는 제사장 사독을 세웠습니다.

왕은 시므이에게 사람을 보내어 그를 불러 놓고 말했습니다. “너는 예루살렘에서 집을 짓고 거기서 살아라. 예루살렘을 벗어난 다른 어떤 곳으로도 가면 안 된다. 만약 예루살렘을 떠나 기드론 골짜기를 건너는 날에는 반드시 죽게 될 것이다. 네가 죽으면 그것은 네 책임이 될 것이다.” 시므이가 왕에게 대답했습니다. “왕의 말씀은 정당합니다. 내 주 왕이여, 왕의 말씀대로 하겠습니다.” 그리하여 시므이는 오랫동안 예루살렘에서 살았습니다.

삼 년 후에 시므이의 두 종이 마아가의 아들이며 가드의 왕인 아기스에게로 도망쳤습니다. 시므이는 자기 종들이 가드에 있다는 소식을 들었습니다. 시므이가 일어나 나귀에 안장을 얹었습니다. 그리고 가드의 아기스에게로 가서 그 종들을 찾아 데려왔습니다. 솔로몬은 시므이가 예루살렘을 떠나서 가드로 갔다가 다시 돌아왔다는 소식을 들었습니다. 그래서 솔로몬은 사람을 보내어 시므이를 불러 놓고 말했습니다. "내가 너에게 예루살렘을 떠나지 말라고 여호와의 이름으로 맹세하게 하지 않았느냐? 그리고 어디든지 예루살렘을 떠나 다른 곳으로 가면 죽을 것이라고 경고하지 않았느냐? 너도 말하기를 그 말이 정당하니 그대로 하겠다고 하지 않았느냐? 그런데 어찌하여 여호와께 한 약속을 어겼느냐? 어찌하여 내 명령을 따르지 않았느냐? 너도 잘 알겠지만 너는 내 아버지 다윗에게 악한 짓을 많이 했다. 이제 여호와께서 네가 저지른 악한 일들을 갚으실 것이다. 그러나 나 솔로몬 왕은 복을 받고 다윗의 왕좌는 여호와 앞에서 영원히 굳건할 것이다." 왕이 여호야다의 아들 브나야에게 시므이를 죽이라고 명령했습니다.

솔로몬은 자기 나라를 굳건하게 세웠습니다.

솔로몬이 지혜를 구하다

솔로몬이 이집트 왕 파라오와 조약을 맺고 그의 딸과 결혼하여 그녀를 다윗 성으로 데려왔습니다. 솔로몬은 자기 왕궁과 여호와의 성전과 예루살렘 성벽을 완공할 때까지 그녀를 다윗 성에서 살게 하였습니다. 여호와의 이름을 위한 성전이 아직 지어지지 않은 때였으므로 그때까지 백성들은 제각기 산당에서 제사를 드렸습니다.

솔로몬은 여호와를 사랑했고 자기 아버지 다윗의 교훈을 잘 지켰지만 여전히 산당에서 제사를 드리며 향을 피웠습니다. 솔로몬 왕이 제사를 드리려고 기브온으로 갔습니다. 그곳에는 가장 유명한 산당이 있었는데 솔로몬은 천 마리의 짐승을 잡아 제단에서 태워 드리는 제사를 드렸습니다. 기브온에 있던 그날 밤, 여호와께서 솔로몬의 꿈속에 나타나셨습니다. 하나님께서 말씀하셨습니다. "무엇이든지 네가 원하는 것을 구하여라. 내가 들어주겠다." 솔로몬이 대답했습니다. "여호와께서는 주님의 종인 내 아버지 다윗에게 큰 은혜를 베풀어 주셨습니다. 다윗은 주님 앞에서 진실되고 공의로우며 정직한 마음으로 살았습니다. 주님은 다윗에게 큰 자비를 베푸셔서 그의 아들인 저에게 그의 뒤를 이어 왕이 되게 하시고 오늘날까지 이르게 하셨습니다. 나의 하나님 여호와여, 주께서는 주의 종인 저를 종의 아버지 다윗을 대신해서 왕이 되게 하셨습니다. 그러나 저는 어린아이와 같아서 무슨 일을 해야 하는지 판단할 수 있는 지혜가 없습니다. 그럼에도 불구하고 주님의 종인 저에게 주님께서 선택하신 수많은 백성을 다스리도록 하셨습니다. 저에게 주님의 백성을 다스릴 수 있도록 옳고 그름을 가려 판결할 수 있는 지혜를 주십시오. 주께서 지혜를 주지 않으시면 이렇게 많은 주님의 백성을 어떻게 다스릴 수 있겠습니까?"

주께서는 솔로몬이 지혜를 달라고 하자 기뻐하셨습니다. 하나님께서 솔로몬에게 말씀하셨습니다. "너는 오래 사는 것이나 부자가 되는 것을 구하지 않았고, 네 원수를 죽여 달라고 하지도 않았다. 너는 바르게 판결할 수 있는 지혜를 구했다. 그러므로 내가 너의 말대로 하겠다. 나는 너에게 지혜와 슬기를 주겠다. 너처럼 지혜로운 사람은 전에도 없었고, 앞으로도 없을 것이다. 뿐만 아니라 네가 구하지 않은 것까지도 주겠다. 너는 부와 영광을 누릴 것이며, 네 평생토록 너와 같은 왕은 어디에도 없을 것이다. 만일 네 아버지 다윗처럼 네가 나를 따르고 내 율법과 명령을 잘 지켜 행하면 너를 오래 살도록 해 주겠다."

솔로몬이 깨어 보니 꿈이었습니다. 솔로몬은 예루살렘으로 가서 여호와의 언약궤 앞에 섰습니다. 그는 여호와께 태워 드리는 제물인 번제물과 화목 제물을 바치고 모든 신하들에게 잔치를 베풀었습니다.

솔로몬이 지혜로운 판결을 하다

어느 날 창녀 두 명이 솔로몬 왕에게 왔습니다. 그중 한 여자가 말했습니다. "내 주여, 이 여자와 나는 한 집에서 살고 있는데 내가 아이를 낳았습니다. 내가 아이를 낳은 지 삼 일 만에 이 여자도 아이를 낳았습니다. 우리는 함께 있었고 우리 두 사람 말고는 아무도 집에 없었습니다. 그런데 어느 날 밤 이 여자가 자기 아이를 깔고 자는 바람에 아이가 죽어 버렸습니다. 이 여자는 내가 자는 사이에 내 곁에 있던 내 아들을 데려가서 자기 품에 안고는 자기의 죽은 아이를 내 품에 뉘여 놓았습니다. 이튿날 아침 내 아들에게 젖을 먹이려고 보니 아이는 이미 죽어 있었습니다. 그런데 자세히 봤더니 그 아이는 내 아이가 아니었습니다." 그러자 다른 여자가 말했습니다. "아니다. 살아 있는 아이가 내 아들이고, 죽은 아이가 당신 아들이다." 첫 번째 여자가 말했습니다. "아니다. 죽은 아이가 당신 아들이고, 살아 있는 아이가 내 아들이다." 이처럼 두 여자가 왕 앞에서 다투었습니다.

솔로몬 왕이 말했습니다. "두 사람 모두 살아 있는 아이는 자기 아들이고, 죽은 아이는 다른 여자의 아들이라고 하는구나." 솔로몬 왕은 신하들을 시켜 칼을 가져오게 했습니다. 신하들이 칼을 가져오자 왕이 말했습니다. "살아 있는 아이를 둘로 나누어라. 그래서 두 여자에게 반쪽씩 나누어 주어라." 살아 있는 아이의 진짜 어머니는 자기 아들을 위하는 마음이 불붙듯 일어났습니다. 그래서 왕에게 말했습니다. "내 주여, 제발 그 아이를 죽이지 말고 저 여자에게 주십시오." 그러나 다른 여자는 "우리 둘 가운데서 아무도 그 아이를 가지지 못하게 그냥 나누어 주십시오"라고 말했습니다. 그러자 솔로몬 왕이 말했습니다. "아이를 죽이지 마라. 그 아이를 첫 번째 여자에게 주어라. 저 여자가 진짜 어머니다." 솔로몬 왕의 판결 이야기를 들은 이스라엘 백성은 왕을 두려워했습니다. 왜냐하면 그들은 솔로몬 왕이 하나님의 지혜로써 재판한다는 것을 알게 되었기 때문입니다.

솔로몬의 관리들

솔로몬 왕은 온 이스라엘의 왕이 되었습니다. 솔로몬이 거느렸던 중요한 신하들의 이름은 이러합니다. 사독의 아들 아사리아는 제사장입니다. 시사의 아들 엘리호렙과 아히야는 서기관이었습니다. 아힐룻의 아들 여호사밧은 백성의 역사를 기록하는 사람입니다. 여호야다의 아들 브나야는 군대 사령관입니다. 사독과 아비아달은 제사장입니다. 나단의 아들 아사리아는 지방의 관리들을 감독하는 사람입니다. 나단의 아들 사붓은 제사장이자 왕의 친구였습니다. 아히살은 왕궁 안의 모든 것을 관리하는 사람입니다. 압다의 아들 아도니람은 노예들을 감독하는 사람입니다.

솔로몬은 이스라엘 각 지방에 열두 명의 장관을 두었습니다. 그들은 각 지방에서 음식을 모아 왕과 왕의 가족에게 바치는 일을 하였습니다. 각 장관은 일 년에 한 달씩 왕에게 음식을 바쳐야 했습니다. 열두 지방 장관의 이름은 이러합니다. 에브라임 산지를 다스리는 장관은 벤훌입니다. 마가스와 사알빔과 벧세메스와 엘론벧하난을 다스리는 장관은 벤데겔입니다. 아룹봇과 소고와 헤벨을 다스리는 장관은 벤헤셋입니다. 높은 지대인 돌을 다스리는 장관은 벤아비나답입니다. 그는 솔로몬의 딸 다밧과 결혼했습니다. 다아낙과 므깃도와 사르단에서 가까운 벧스안 모든 지역을 다스리는 장관은 아힐룻의 아들 바아나입니다. 이곳은 이스르엘 아래, 곧 벧스안에서 아벨므홀라를 지나 욕느암 건너편까지 이릅니다. 길르앗 라못을 다스리는 장관은 벤게벨입니다. 그는 길르앗에 있는 므낫세의 아들 야일이 다스리던 마을을 담당했습니다. 벤게벨은 바산에 있는 아르곱의 장관이기도 합니다. 그는 성문에 놋빗장이 걸려 있는 큰 성을 육십 개나 다스렸습니다. 마하나임은 잇도의 아들 아히나답이 장관이 되어 다스렸습니다. 납달리를 다스리는 장관은 아히마아스입니다. 그는 솔로몬의 딸 바스맛과 결혼했습니다. 아셀과 아롯을 다스리는 장관은 후새의 아들 바아나입니다. 잇사갈을 다스리는 장관은 바루아의 아들 여호사밧입니다. 베냐민을 다스리는 장관은 엘라의 아들 시므이입니다. 길르앗을 다스리는 장관은 우리의 아들 게벨입니다. 길르앗은 아모리 백성의 왕인 시혼이 살았던 곳입니다. 바산 왕 옥도 그곳에 살았습니다. 그러나 그 지방에서는 게벨만이 장관으로 있었습니다.

솔로몬의 번영

유다와 이스라엘에는 바닷가의 모래알처럼 많은 백성들이 있었습니다. 백성은 먹고 마시며 즐거워했습니다. 솔로몬은 유프라테스강에서부터 블레셋 사람의 땅에 이르는 모든 지역과 이집트 국경에 이르는 곳을 다스렸습니다. 이 지역 안에 있는 나라들은 솔로몬이 살아 있는 동안 조공을 바치면서 솔로몬을 섬겼습니다.

솔로몬 왕에게 바치는 하루 분량의 음식은 고운 가루 약 6.6킬로리터와 거친 가루 약 13.2킬로리터, 살진 소 열 마리와 들에서 기른 소 스무 마리와 양 백 마리 그리고 세 종류의 사슴과 살진 새들이었습니다. 솔로몬은 유프라테스 강 서쪽의 모든 나라, 곧 딥사에서 가사에 이르는 지역을 다스렸습니다. 그리고 모든 이웃 나라와 평화롭게 지냈습니다. 솔로몬이 살아 있는 동안 단에서부터 브엘세바 지역에 사는 이스라엘과 유다 백성들은 각자 자기의 무화과나무와 포도나무 아래에서 평안을 누렸습니다. 솔로몬에게는 전차를 끄는 말의 마구간 사천 개와 전차를 타는 군인 만 이천 명이 있었습니다. 각 지방의 장관들은 자기가 맡은 달에 솔로몬에게 음식을 가져다 주었습니다. 음식은 왕의 상에서 함께 먹는 사람들까지 먹고 남을 정도로 많았습니다. 장관들은 솔로몬에게 필요한 것이 모자라지 않도록 잘 준비했습니다. 그들은 또 전차를 끄는 말과 일하는 말에게 먹일 보리와 짚도 각자 맡은 분량대로 가져왔습니다.

솔로몬의 지혜

하나님께서는 솔로몬에게 큰 지혜와 슬기로운 마음을 주셨습니다. 그리고 바닷가의 모래알처럼 헤아릴 수 없는 넓은 마음을 주셨습니다. 솔로몬의 지혜는 동방의 그 어떤 사람의 지혜보다 컸으며 이집트의 그 어떤 사람의 지혜보다 더 컸습니다. 솔로몬은 이 땅의 어느 누구보다도 지혜로웠습니다. 예스라 사람 에단보다도, 마홀의 아들 헤만과 갈골과 다르다보다도 더 지혜로웠습니다. 솔로몬의 명성은 모든 나라에 널리 퍼졌습니다. 솔로몬 왕은 평생 동안 지혜로운 가르침을 삼천 가지나 말했으며, 천다섯 편이나 되는 노래를 지었습니다. 그는 레바논의 백향목으로부터 돌담에서 자라는 우슬초에 이르기까지 온갖 식물과 짐승과 새와 기어 다니는 것과 물고기에 대해서도 가르칠 수 있었습니다. 모든 민족들이 솔로몬 왕의 지혜를 들으려고 몰려왔습니다. 그들은 솔로몬의 지혜를 듣도록 세상의 모든 왕들이 보낸 사람들입니다.

솔로몬이 성전 지을 준비를 하다

두로 왕 히람은 다윗의 친구였습니다. 히람은 솔로몬이 다윗의 뒤를 이어 왕이 되었다는 소식을 듣고 심부름하는 사람들을 솔로몬에게 보냈습니다. 솔로몬도 히람 왕에게 다음과 같은 말을 전했습니다. "왕도 아시겠지만 내 아버지 다윗은 주변의 여러 나라들과 전쟁을 해야 했기 때문에 여호와 하나님께 예배드릴 성전을 지을 수 없었습니다. 원수들을 다 물리칠 수 있도록 여호와께서 허락하실 때까지 기다려야 했습니다. 그러나 이제 내 하나님 여호와께서 나와 내 나라 어느 곳에나 평화를 주셨습니다. 이제는 적도 없고 나쁜 일도 일어나지 않습니다. 여호와께서는 내 아버지 다윗에게 '네 뒤를 이어 네 아들이 왕이 되게 할 것이다. 그리고 그가 나에게 예배드릴 성전을 지을 것이다'라고 말씀하셨습니다. 보십시오, 이제 나는 내 하나님 여호와께 예배드릴 성전을 지으려 합니다. 이제 레바논의 백향목을 베어 나에게 보내라고 명령을 내려 주십시오. 내 종들이 왕의 종들과 함께 일할 것입니다. 왕의 종들에게는 왕이 정하시는 대로 품삯을 주겠습니다. 우리 중에는 시돈 사람만큼 나무를 잘 벨 줄 아는 사람이 없습니다."

히람이 솔로몬의 말을 듣고 크게 기뻐하면서 말했습니다. "오늘 여호와께 감사를 드립니다. 여호와께서는 이 큰 나라를 다스릴 지혜로운 아들을 다윗에게 주셨습니다." 그리고 히람이 솔로몬에게 이런 말을 전했습니다. "왕이 전하신 말씀을 받았습니다. 왕이 바라시는 백향목과 잣나무를 다 보내겠습니다. 내 종들이 레바논에서 바다까지 나무를 나르면 그것을 뗏목으로 엮어 왕께서 바라시는 곳으로 띄워 보내겠습니다. 그곳에 나무가 이르면 나무를 풀어 드릴 테니 왕은 가져가시기만 하면 됩니다. 그 대신 나와 함께 사는 모든 사람들이 먹을 음식을 주십시오." 히람은 솔로몬이 바라는 대로 백향목과 잣나무를 보냈습니다. 솔로몬은 히람에게 해마다 밀 약 4,400킬로리터를 주었습니다. 그것은 히람과 함께 사는 모든 사람들이 먹을 수 있는 음식이었습니다. 솔로몬은 해마다 맑은 올리브 기름 약 440킬로리터도 주었습니다. 여호와께서는 약속하신 대로 솔로몬에게 지혜를 주셨습니다. 히람과 솔로몬은 평화롭게 지냈습니다. 두 왕은 서로 조약을 맺었습니다.

솔로몬 왕은 이스라엘에서 일꾼 삼만 명을 불러 모았습니다. 솔로몬은 그들을 한 달에 만 명씩 번갈아 레바논으로 보냈습니다. 그들은 레바논에서 한 달을 일하고 자기 나라에서 두 달을 일했습니다. 아도니람은 그들을 감독하였습니다. 솔로몬은 산지에서 돌을 깎는 사람 팔만 명을 두었으며 깎은 돌을 운반하는 사람 칠만 명을 두었습니다. 일꾼을 감독하는 사람도 삼천삼백 명이나 두었습니다. 솔로몬 왕은 그들에게 성전의 기초를 놓는 데에 쓸 크고 고운 돌을 깎도록 명령했습니다. 솔로몬의 건축자들과 히람의 건축자들 그리고 그발에서 온 사람들은 돌을 다듬었으며 성전을 짓는 데에 쓸 돌과 나무를 준비했습니다.

솔로몬이 성전을 짓다

이처럼 솔로몬은 성전을 짓기 시작했습니다. 그때는 이스라엘이 이집트에서 나온 지 사백팔십 년 되던 해였으며, 솔로몬이 왕이 된 지 사 년 둘째 달, 곧 시브 월이었습니다. 솔로몬이 여호와를 위해 지은 성전은 길이가 육십 규빗, 너비가 이십 규빗, 높이가 삼십 규빗이었습니다. 성전의 성소 앞 현관의 너비는 성전의 너비와 마찬가지로 이십 규빗이었고, 앞뒤 길이는 십 규빗이었습니다. 현관은 성전 앞쪽으로 성전과 이어져 있었습니다. 성전 벽에는 자그마한 창을 내었습니다. 솔로몬은 또 성전 본당을 빙 돌아가며 곁방을 만들었는데 각 방은 여러 층으로 이루어져 있었습니다. 아래층은 너비가 오 규빗이었고, 가운데 층은 너비가 육 규빗이었으며, 그 위층은 너비가 칠 규빗이었습니다. 솔로몬은 성전 벽 바깥 둘레에 턱을 만들어 서까래가 성전 벽에 박히지 않게 했습니다.

돌은 채석장에서 다듬은 뒤에 가져왔습니다. 그래서 망치나 정, 그 밖의 쇠 연장으로 작업하는 소리가 성전에서는 들리지 않았습니다.

가운데 층으로 올라가는 문은 성전 오른쪽에 있었는데 나사 모양의 계단으로 이루어져 있었습니다. 가운데 층에서 삼 층으로 올라가는 계단도 있었습니다. 솔로몬은 백향목 서까래와 널빤지로 성전 지붕을 덮었습니다. 이렇게 하여 성전 짓는 일을 다 마쳤습니다. 솔로몬은 성전을 돌아가며 다락방 짓는 일을 마쳤는데 그 아래층의 높이는 오 규빗이었습니다. 그 방은 백향목 들보로 만들었는데 성전에 연결되어 있었습니다.

여호와께서 솔로몬에게 말씀하셨습니다. "네가 이 성전을 건축하였도다. 이제 내 모든 율법과 계명을 잘 지켜라. 그러면 내가 네 아버지 다윗에게 약속했던 것을 너에게 이루어 주겠다. 나는 이스라엘 자손과 더불어 살 것이며 결코 이스라엘 백성을 저버리지 않을 것이다."

솔로몬이 성전 짓기를 마쳤습니다. 성전 안쪽 벽은 바닥에서 천장까지 백향목 널빤지로 덮었습니다. 마루에는 잣나무 널빤지를 깔았습니다. 성전 안쪽에는 길이가 이십 규빗 되는 방을 만들었는데 바닥에서 천장까지 백향목 널빤지로 가로막았습니다. 그곳은 성전의 안쪽에 해당하는 지성소였습니다. 지성소 앞에 있는 큰 성소의 길이는 사십 규빗이었습니다. 성전 안쪽 벽에는 백향목을 입히고 꽃과 식물로 장식하여 돌이 보이지 않게 했습니다. 솔로몬은 성전 안에 여호와의 언약궤를 놓아둘 지성소를 만들었습니다. 이 지성소의 크기는 길이가 이십 규빗, 너비가 이십 규빗, 높이가 이십 규빗이었습니다. 솔로몬은 이 방을 순금으로 입혔습니다. 그는 백향목 제단을 만들고 그것을 순금으로 입혔습니다. 솔로몬은 성소 안을 순금으로 입힌 다음 지성소 앞쪽으로 금사슬을 드리웠습니다. 그는 지성소도 금으로 입혔습니다. 이처럼 솔로몬은 성전 안을 온통 금으로 입혔습니다. 지성소에 놓일 모든 제단도 금으로 입혔습니다.

솔로몬은 지성소 안에 올리브 나무로 두 그룹을 만들었습니다. 각 그룹의 높이는 십 규빗이었습니다. 각 그룹에는 날개가 있었는데 각 날개의 길이는 오 규빗이었습니다. 그룹의 한쪽 날개 끝에서 다른 쪽 날개 끝까지의 길이는 십 규빗이 되었습니다. 다른 그룹의 길이도 십 규빗이었으며 두 그룹은 크기와 모양이 똑같았습니다. 그리고 높이는 모두 십 규빗이었습니다. 이 두 그룹은 지성소 안에 나란히 놓여 있었습니다. 이 그룹들의 날개는 펼쳐져 있었기 때문에 한 그룹의 날개는 한쪽 벽에 닿았고, 다른 그룹의 날개는 다른 쪽 벽에 닿았습니다. 그리고 방 한가운데에서 두 그룹의 날개가 맞닿아 있었습니다. 솔로몬은 이 두 그룹에도 금을 입혔습니다.

지성소와 성소의 모든 벽에는 조각을 했는데 그룹과 종려나무와 꽃 모양을 새겨 넣었습니다. 두 방의 마루도 모두 금으로 입혔습니다.

지성소 입구에는 올리브 나무로 만든 문을 달았습니다. 인방과 문설주는 오각형으로 만들었습니다. 솔로몬은 올리브 나무로 만든 그 두 문짝에 그룹과 종려나무와 꽃 모양을 새겼습니다. 그리고 그 새긴 것 위에 금을 입혔습니다.

솔로몬은 거룩한 곳인 성소에 올리브 나무로 문틀을 만들었는데 그 문설주는 사각형이었습니다. 그리고 잣나무로 문 두 짝을 만들었습니다. 각 문은 두 부분으로 만들어져서 접히게 되어 있었습니다. 그 문에도 그룹과 종려나무와 꽃 모양을 새기고 그 위에 골고루 금을 입혔습니다. 안뜰에는 벽을 둘렀습니다. 그 벽은 다듬은 돌 세 겹과 백향목 널빤지 한 겹으로 쌓은 것입니다.

성전을 짓기 시작한 때는 솔로몬이 이스라엘의 왕으로 있은 지 사 년째 되는 해의 시브 월, 곧 둘째 달이었습니다. 성전 짓는 일을 마친 때는 솔로몬이 왕으로 있은 지 십일 년째 되는 해의 여덟째 달, 곧 불 월이었습니다. 성전은 설계한 대로 정확하게 지어졌습니다. 솔로몬이 성전을 짓는 데는 칠 년이 걸렸습니다.

솔로몬의 왕궁

솔로몬 왕은 자기가 살 왕궁도 지었습니다. 왕궁을 짓는 데는 모두 십삼 년이 걸렸습니다.

솔로몬은 레바논 나무로 궁을 지었습니다. 그 궁은 길이가 백 규빗, 너비가 오십 규빗, 높이가 삼십 규빗이었습니다. 그 궁에 있는 네 줄로 된 백향목 기둥이 백향목 서까래를 받치고 있었습니다. 천장에는 서까래 위에 백향목을 덮었습니다. 서까래는 한 줄에 열다섯 개씩 모두 마흔다섯 개가 있었습니다. 창틀은 세 줄로 되어 있고, 또 창은 삼단으로 되어 있는데 서로 마주 보고 있었습니다. 문과 문설주는 모두 네모난 모양이었습니다. 삼단으로 된 창문은 서로 마주 보고 있었습니다.

솔로몬은 기둥들이 늘어선 현관을 만들었습니다. 그 길이는 오십 규빗, 너비는 삼십 규빗이었습니다. 현관 앞에도 기둥들이 늘어서 있었는데 그 위에는 처마 끝에 덧붙인 작은 지붕이 덮여 있었습니다.

솔로몬은 법정을 만든 뒤에 왕좌를 놓고 재판을 했습니다. 이 방에는 마루에서 천장까지 백향목이 깔려 있었습니다.

솔로몬이 살 왕궁은 법정 뒤뜰에 있었습니다. 왕궁은 법정과 비슷하게 지어졌습니다. 솔로몬은 그가 결혼한 파라오의 딸을 위해서도 같은 모양의 궁을 지었습니다.

이 모든 건물은 톱으로 자른 다음 앞면과 뒷면을 곱게 다듬은 같은 크기의 돌로 지었습니다. 건물의 기초에서부터 벽의 꼭대기에 이르기까지 이러한 돌을 사용하여 지었습니다. 심지어 뜰까지도 이러한 돌을 사용하여 만들었습니다. 건물의 기초가 되는 돌도 값지고 큰 것이었습니다. 어떤 돌은 길이가 십 규빗이었고, 어떤 돌은 길이가 팔 규빗이었습니다. 그 돌들 위에는 치수대로 다듬은 값진 돌과 백향목을 쌓았습니다. 큰 뜰 둘레에는 두꺼운 판자로 둘러 현관을 만들었습니다. 그것은 마치 여호와의 성전 안뜰에 만든 현관과 같았습니다.

성전 내부 장식

솔로몬 왕은 사람을 보내어 두로에 있는 히람을 불러왔습니다. 히람의 어머니는 납달리 지파 사람이며 과부입니다. 히람의 아버지는 두로 사람으로서 놋을 다루는 대장장이였습니다. 히람도 놋을 다루는 기술이 뛰어났고, 지혜와 총명이 있었습니다. 히람이 솔로몬 왕에게 불려 와서 모든 일을 도맡아 했습니다.

히람은 놋기둥 두 개를 만들었습니다. 각 놋기둥의 높이는 십팔 규빗이었고, 둘레는 십이 규빗이었습니다. 그는 또 오 규빗 되는 높이의 기둥머리를 만들어서 기둥 위에 놓았습니다. 그리고 기둥머리를 장식할 그물을 일곱 개씩 만들어서 두 기둥 위에 놓여 있는 기둥머리 위에 덮었습니다. 또 놋석류 두 줄을 만들어서 그물 위에 두었습니다. 그것은 기둥 꼭대기에 있는 기둥머리를 덮는 것이었습니다. 기둥 꼭대기의 기둥머리는 나리꽃 모양으로 만들었습니다. 그 높이는 사 규빗이었습니다. 기둥머리는 두 기둥의 꼭대기에 놓였습니다. 그것은 그물 곁에 둥그렇게 튀어나온 부분 위에 놓였습니다. 그 둘레에는 석류 이백 개가 줄을 지어 있었습니다. 히람은 이 두 놋기둥을 성전 현관에 세웠습니다. 그리고 남쪽 기둥의 이름을 '하나님이 세우다'라는 뜻의 야긴이라고 했고, 북쪽 기둥의 이름은 '그에게 힘이 있다'라는 뜻의 보아스라고 붙였습니다. 기둥 위의 기둥머리는 나리꽃 모양으로 만들었습니다. 이렇게 해서 기둥 만드는 일이 끝났습니다.

그리고 나서 히람은 놋으로 크고 둥근 그릇을 만들어 바다라고 불렀습니다. 바다는 둘레가 삼십 규빗, 지름이 십 규빗, 깊이가 오 규빗이었습니다. 그 가장자리 아래로는 빙 둘러가며 놋으로 박 모양이 새겨졌는데 매 규빗마다 박이 열 개씩 새겨졌습니다. 그것은 놋을 녹여 그릇을 만들 때에 두 줄로 만든 것입니다. 이 바다는 놋황소 열두 마리의 등 위에 올려져 있었습니다. 세 마리는 북쪽을 바라보고, 세 마리는 동쪽을 바라보고, 세 마리는 남쪽을 바라보고, 세 마리는 서쪽을 바라보고 있었습니다. 그릇의 두께는 한 손 너비만 했고, 그 가장자리는 잔의 테두리 같기도 했고, 나리꽃 같기도 했습니다. 그 그릇은 물을 이천 바트가량 담을 수 있었습니다.

히람은 또 놋받침대 열 개를 만들었는데 각 받침대는 길이와 너비가 사 규빗이고, 높이는 삼 규빗이었습니다. 받침대에는 널빤지 테두리가 있었고 그 테두리는 틀 안에 있었습니다. 테두리 위에는 사자와 소와 날개 달린 생물인 그룹 모양이 있었습니다. 사자와 소의 위, 아래 틀에는 꽃무늬를 새겨 넣었습니다. 각 받침대에는 놋바퀴 네 개와 놋축이 있었습니다. 네 모퉁이에는 물동이를 괴기 위한 놋버팀대가 있었습니다. 그 버팀대에는 꽃무늬가 새겨져 있었습니다. 물동이 위쪽으로 일 규빗 높이 되는 곳에 테두리가 있었습니다. 둥그런 모양의 물동이 입구는 그 지름이 일 규빗 반이었습니다. 입구에는 무늬를 아로새겼으며 테두리는 둥글지 않고 네모난 모양이었습니다. 테두리 아래에는 네 바퀴가 있었는데 그 높이는 일 규빗 반이었습니다. 바퀴 사이의 축은 받침대와 한 몸으로 만들었습니다. 바퀴는 전차 바퀴처럼 만들었습니다. 바퀴 위에 있는 것은 다 놋으로 만들었으며, 축과 테두리와 바퀴살과 바퀴통도 다 놋으로 만들었습니다. 각 받침대의 네 모퉁이에는 네 버팀대가 있었습니다. 버팀대와 받침대는 하나로 만들었습니다. 받침대 꼭대기에는 반 규빗 높이의 둥그런 띠가 있었습니다. 그것도 받침대와 하나로 만들었습니다. 받침대의 겉과 널빤지 테두리에는 날개 달린 생물인 그룹과 사자와 종려나무와 꽃을 새겨 넣었습니다. 히람은 이런 방법으로 받침대 열 개를 만들었습니다. 모두 다 같은 틀에 부어 만들었기 때문에 크기와 모양이 똑같았습니다.

히람은 또 놋대야 열 개를 만들었습니다. 받침대 열 개에 대야가 하나씩 있었습니다. 각 대야는 지름이 사 규빗이었고, 사십 바트가량의 물을 담을 수 있었습니다. 받침대 다섯 개는 성전 남쪽에 두고, 나머지 다섯 개는 성전 북쪽에 두었습니다. 그리고 바다는 남동쪽 모퉁이에 두었습니다.

히람은 솥과 부삽과 대접들도 만들었습니다. 마침내 히람은 솔로몬 왕이 지시한 것을 다 만들었습니다. 히람이 여호와의 성전을 위해 만든 것들은 이러합니다. 기둥 두 개와 두 기둥 꼭대기에 얹는 공 모양의 기둥머리 두 개, 두 기둥 꼭대기에 얹는 공 모양의 기둥머리를 덮는 그물 두 개, 그물에 장식할 석류 사백 개, 받침대 열 개와 받침대 위에 놓을 대야 열 개, 바다와 바다를 받치는 황소 열두 마리,

솥과 부삽과 대접과 여호와의 성전에서 쓸 온갖 접시들입니다. 히람은 솔로몬 왕을 위하여 이것들을 모두 놋으로 만들었습니다. 솔로몬 왕은 이 모든 것을 숙곳과 사르단 사이에 있는 요단 강 가까이에서 진흙틀에 부어 만들게 했습니다. 너무 많이 만들었으므로 솔로몬은 그 무게를 달아 보지 못했습니다. 그래서 놋의 무게가 모두 얼마인지는 알 수가 없습니다.

솔로몬은 성전에 두기 위해 금으로 여러 가지 물건을 만들게 했습니다. 금제단, 하나님의 백성이 하나님 앞에 있음을 보여 주는 빵을 차려 놓는 금상, 지성소 앞의 오른쪽과 왼쪽에 다섯 개씩 놓을 순금 등잔대와 금꽃 장식과 등잔, 부집게, 순금 잔, 심지 다듬는 집게, 작은 그릇, 향로, 불 옮기는 접시, 지성소와 성소에 달 금돌쩌귀들이었습니다.

그리하여 솔로몬 왕은 여호와의 성전을 짓는 일을 마쳤습니다. 솔로몬은 그의 아버지 다윗이 거룩하게 구별하여 여호와께 드린 은과 금과 여러 기구들을 성전으로 가져가서 성전의 창고에 넣어 두었습니다.

언약궤를 성전으로 옮기다

솔로몬 왕이 이스라엘의 모든 지도자를 불러 자기가 있는 예루살렘으로 나오게 했습니다. 솔로몬은 장로들과 각 지파의 지도자들과 각 집안의 어른들을 불렀습니다. 솔로몬이 그들을 부른 까닭은 여호와의 언약궤를 다윗 성에서 옮겨 오기 위해서였습니

다. 그래서 이스라엘의 모든 백성이 솔로몬 왕 앞으로 모였습니다. 그때는 에다님 월, 곧 일곱째 달의 절기였습니다. 이스라엘의 모든 장로들이 모이고 제사장들은 궤를 메어 옮겼습니다. 그들은 여호와의 궤와 회막과 그 안에 있는 거룩한 물건들을 옮겼습니다. 제사장과 레위 사람들이 함께 옮겼습니다. 솔로몬 왕과 이스라엘의 모든 백성이 궤 앞에 모였습니다. 그들은 셀 수도 없을 만큼 많은 양과 소를 제물로 바쳤습니다. 그런 다음에 제사장들이 여호와의 언약궤를 제자리, 곧 성전 안의 지성소에 놓았습니다. 언약궤는 금을 두드려서 만든 날개 달린 생물인 그룹의 날개 아래에 두었습니다. 그 그룹들의 날개는 궤를 놓아둔 곳에 펼쳐져 궤와 그 궤를 메는 채를 덮었습니다. 궤를 메는 채는 매우 길었습니다. 지성소 앞에 있는 성소에서도 채의 끝을 볼 수 있었습니다. 그러나 성소 밖에서는 보이지 않았습니다. 그 채들은 아직까지도 거기에 놓여 있습니다. 궤 안에는 돌판 두 개만 들어 있었습니다. 그 돌판은 이스라엘 백성이 이집트에서 나온 뒤 여호와께서 시내 산에서 그들과 언약을 맺을 때에 모세가 넣었던 것입니다. 제사장들이 성소에서 나오자 구름이 여호와의 성전에 가득 찼습니다. 제사장들은 일을 계속할 수 없었습니다. 왜냐하면 여호와의 영광이 성전 안에 가득 찼기 때문입니다.

솔로몬이 백성에게 연설을 하다

솔로몬이 말했습니다. "여호와께서는 캄캄한 구름 속에 계시겠다고 말씀하셨습니다. 그러나 저는 주님을 위해 훌륭한 성전을 지었습니다. 이 성전은 주께서 영원히 계실 곳입니다." 그리고 나서 솔로몬 왕은 몸을 돌려 거기에 서 있는 이스라엘의 모든 백성에게 복을 빌어 주었습니다. 솔로몬이 말했습니다. "이스라엘 하나님 여호와를 찬양합시다. 여호와께서는 내 아버지 다윗에게 약속하신 것을 이루어 주셨습니다. 여호와께서는 내 아버지에게 이렇게 말씀하셨습니다. '나는 내 백성 이스라엘을 이집트에서 인도해 냈다. 그러나 아직 이스라엘의 어느 지파에서도 나에게 예배드릴 성전을 선택하지 않았다. 나는 다윗을 선택하여 내 백성 이스라엘을 다스리게 하였다.' 내 아버지 다윗은 이스라엘 하나님 여호와께 예배드릴 성전을 짓고 싶어 했습니다. 그러나 여호와께서는 내 아버지 다윗에게 이렇게 말씀하셨습니다. '나는 네가 나의 이름을 위하여 성전을 짓고 싶어 한다는 것을 알고 있다. 그것은 좋은 일이다. 그러나 너는 성전을 지을 사람이 아니다. 내 이름을 위한 성전은 네 몸에서 태어날 네 아들이 지을 것이다.' 이제 여호와께서는 약속하신 것을 이루어 주셨습니다. 나는 이제 여호와께서 약속하신 대로 내 아버지 다윗의 뒤를 이어 이스라엘 왕이 되었습니다. 그리고 나는 이스라엘 하나님 여호와께 예배드릴 성전을 지었습니다. 나는 여호와께서 우리 조상을 이집트에서 인도해 내실 때에 그들과 맺으신 언약의 궤를 넣어 둘 곳을 이 성전 안에 마련해 놓았습니다."

솔로몬의 기도

솔로몬은 여호와의 제단 앞에 이스라엘의 모든 백성과 마주 보고 서 있었습니다. 솔로몬은 하늘을 향해 팔을 치켜들었습니다. 그리고 이렇게 말했습니다. "이스라엘 하나님 여호와여, 주님 같으신 분은 어디에도 없습니다. 저 하늘에도 없고, 저 땅에도 없습니다. 주께서는 주님의 백성을 사랑하셔서 그들과 언약을 맺어 주셨습니다. 그리고 참마음으로 주님을 따르는 사람들에게는 그 언약을 지켜 주셨습니다. 주께서는 주의 종인 내 아버지 다윗에게 하신 약속을 지켜 주셨습니다. 주님의 입으로 말씀하신 그 약속을 오늘 주님의 크신 능력으로 이루어 주셨습니다. 이스라엘의 하나님 여호와시여, 주의 종이요, 내 아버지인 다윗에게 하신 다른 약속도 지켜 주십시오. 주께서는 '네가 나에게 복종했듯이 네 자손도 조심하여 나에게 복종하면 이스라엘을 다스릴 사람이 네 집안에서 끊이지 않고 나올 것이다'라고 말씀하셨습니다. 이스라엘의 하나님이시여, 주의 종이요, 내 아버지인 다윗에게 하신 약속을 이루어 주십시오.

하나님이시여, 하나님께서 정말로 땅에서 사시겠습니까? 하늘과 하늘의 가장 높은 곳이라도 하나님을 모실 수 없을 텐데 제가 지은 이 집에 주님을 모실 수 있겠습니까? 그러나 저의 기도와 소원을 들어주십시오. 저는 여호와의 종이고, 주님은 저의 주 하나님이십니다. 제가 오늘 주께 드리는 이 기도를 들어주십시오. 주께서는 전에 '내 이름이 거기 있을 것이다'라고 말씀하셨습니다. 그러니 밤낮으로 이 성전을 지켜봐 주십시오. 이곳에서 제가 드리는 기도를 들어주십시오. 저와 주님의 백성 이스라엘이 이곳을 향해 기도할 때에 주님은 하늘에서 들으시고 우리 죄를 용서해 주십시오.

만약 어떤 사람이 이웃에게 죄를 지었다고 생각되면 이 성전으로 나아오게 될 것입니다. 그런데 그 사람이 자기에게는 죄가 없다고 제단에서 맹세하면 주께서는 하늘에서 그 맹세를 들으시고 판단해 주십시오. 죄 있는 사람에게는 벌을 내리시고 올바른 사람에게는 죄가 없음을 밝혀 주십시오.

주님의 백성 이스라엘이 주께 죄를 지어 적에게 패한 후 주께 돌아와 주님을 찬양하고 이 성전에서 주께 기도드리면 주께서는 하늘에서 그들의 기도를 들으시고 주님의 백성 이스라엘의 죄를 용서해 주십시오. 주께서 그들의 조상에게 주신 그 땅을 다시 찾을 수 있게 해 주십시오.

만약 주님의 백성 이스라엘이 주께 죄를 지어 주님이 그 벌로 비를 내리지 않으실 때 그들이 이곳을 향해 기도하고 주님을 찬양하며 죄에서 돌아서면 주님은 하늘에서 그들이 하는 기도를 들으시고 주님의 종들과 이스라엘 백성의 죄를 용서해 주십시오. 그들에게 올바르게 살아가는 법을 가르쳐 주십시오. 그리고 주께서 주님의 백성에게 주신 이 땅에 비를 내려 주십시오.

만약 이 땅에 가뭄이 들거나 백성들 사이에 무서운 전염병이 돌거나 병충해나 메뚜기 떼가 온갖 곡식을 갉아먹거나 주님의 백성이 적의 공격을 받게 되거나 그들에게 병이 생길 때 그들이 참마음으로 죄를 뉘우치고 주님의 백성 이스라엘 가운데서 어느 누구든지 이 성전을 향해 팔을 벌려 기도드리면 주께서는 하늘에서 그 기도를 들으시고 백성을 용서해 주십시오. 주님만이 사람의 속마음을 아십니다. 그러니 각 사람을 판단하시고 그들이 한 일대로 그들에게 갚아 주십시오. 그렇게 하시면 주님의 백성은 주께서 우리 조상에게 주신 이 땅에서 사는 동안 늘 주님을 섬길 것입니다.

이스라엘에 속하지 아니한 외국인이 주의 크신 이름과 주께서 행하신 큰일에 대해 듣고 먼 땅에서 와서 이 성전을 향하여 기도하면 주께서는 하늘에서 그들의 기도를 들으시고 그들이 구하는 대로 이루어 주십시오. 그러면 주님의 백성 이스라엘처럼 온 땅의 백성이 주님을 알고 주님을 두려워할 것입니다. 또한 제가 지은 이 성전이 주님의 이름이 있는 곳임을 알게 될 것입니다.

주님의 백성이 적과 싸우라는 주님의 명령을 받고 나갈 때에 그들이 주께서 선택하신 이 성과 제가 주님의 이름을 위하여 지은 이 성전을 향해 여호와께 기도드리면 주께서는 하늘에서 그들의 기도를 들으시고 그들을 도와주십시오.

죄를 짓지 않는 사람은 없습니다. 주님의 백성도 주께 죄를 지을 것입니다. 이것 때문에 주께서 분노하시어 그들을 싸움에서 지게 하시면 적들은 그들을 사로잡아 자기 나라로 끌고 갈 것입니다. 그때 주님의 백성이 포로로 끌려간 그 땅에서 정신을 차리고 마음을 돌려 '우리가 죄를 지었습니다. 우리가 잘못했습니다'라고 주께 기도하며 그들이 포로로 있는 원수의 땅에서 온 마음과 정성을 다하여 주께 회개하고 주께서 그들의 조상에게 주신 땅과 주께서 선택하신 이 성과 제가 주님의 이름을 위하여 지은 이 성전을 향해 주께 기도드리면 주께서는 하늘에서 그들이 하는 기도를 들으시고 사정을 살펴 주십시오. 주님의 백성을 용서해 주십시오. 주님을 배반한 그들을 용서해 주십시오. 그래서 그들을 사로잡아 간 사람들이 그들을 불쌍히 여기도록 해 주십시오. 그들이 주님의 백성이라는 것을 기억해 주십시오. 주께서 그들을 용광로와도 같은 이집트에서 인도해 내셨다는 것을 기억해 주십시오. 제가 드리는 기도와 주님의 백성 이스라엘이 드리는 기도에 귀를 기울여 주십시오. 그들이 주께 부르짖을 때마다 그 기도를 들어주십시오. 주 여호와여, 주께서는 우리의 조상을 이집트에서 인도해 내실 때에 주의 종 모세를 통하여 약속하신 대로 이 땅의 모든 나라들 가운데서 우리를 선택하셔서 주님의 백성으로 삼으셨습니다."

솔로몬은 제단 앞에 무릎을 꿇고 하늘을 향해 팔을 벌리고 이런 기도를 드렸습니다. 기도를 마친 솔로몬은 여호와의 제단 앞에서 일어났습니다. 솔로몬은 서서 큰 소리로 이스라엘 모든 백성에게 복을 빌어 주었습니다. "여호와를 찬양합시다! 주께서는 당신의 백성 이스라엘에게 약속하신 대로 안식을 주셨습니다. 주께서 그의 종 모세를 통해 말씀하신 좋은 약속 가운데서 하나라도 이루시지 않은 것이 없습니다. 우리의 하나님 여호와께서 우리 조상들과 함께 계셨던 것처럼 우리와도 함께 계시기를 원합니다. 결코 우리를 떠나시지도 않고 버리시지도 않기를 원합니다. 우리의 마음이 주께 기울게 하시고 주님을 따르게 하시기를 바랍니다. 주께서 우리 조상에게 주신 모든 율법과 계명을 우리가 지킬 수 있도록 해 주시기를 원합니다. 우리의 주 하나님께서 제가 드린 이 기도를 언제나 기억해 주시기를 바랍니다. 주님의 종과 주님의 백성 이스라엘에 가까이 계시기를 바랍니다. 날마다 우리가 필요한 대로 우리를 도와주시기 바랍니다. 그러면 세계의 모든 백성이 주님만이 참하나님이심을 알게 될 것입니다. 여러분은 우리의 주 하나님 여호와께 완전히 복종하십시오. 주님의 모든 율법과 계명을 지키십시오."

성전 봉헌식

그런 다음에 솔로몬 왕과 온 이스라엘은 여호와께 제사를 드렸습니다. 솔로몬은 화목 제물로 소 이만 이천 마리와 양 십이만 마리를 잡아서 여호와께 바쳤습니다. 이러한 방법으로 왕과 이스라엘 백성은 여호와께 성전을 바쳤습니다. 그날에 솔로몬 왕은 성전 앞뜰을 거룩하게 구별했습니다. 솔로몬은 거기서 태워 드리는 제물인 번제물과 곡식 제물을 바쳤습니다. 그리고 화목 제물의 기름도 바쳤습니다. 여호와 앞에 있는 놋제단이 너무 작아서 제물들을 다 담을 수 없었기 때문에 성전 앞뜰에서 이 제물들을 바쳤습니다.

그때에 솔로몬 왕과 이스라엘의 모든 백성은 절기를 지켰습니다. 북쪽으로는 하맛 어귀에서부터 남쪽으로는 이집트 시내에 이르기까지 그 지역에 사는 많은 사람들이 모여들었습니다. 그들은 칠 일을 두 번 합한 십사 일 동안 절기를 지켰습니다. 절기 팔 일째 되는 날에 솔로몬은 백성을 집으로 돌려보냈습니다. 그들은 왕에게 복을 빌어 주며 집으로 돌아갔습니다. 그들은 여호와께서 그의 종 다윗과 그의 백성 이스라엘에게 베풀어 주신 온갖 은혜로 말미암아 기뻐했습니다.

여호와께서 다시 솔로몬에게 나타나시다

솔로몬은 여호와의 성전과 자기가 살 왕궁과 자기가 짓고 싶어 하던 모든 것을 다 지었습니다. 여호와께서 기브온에서 나타나셨던 것처럼 솔로몬에게 나타나셔서 "내 앞에서 기도한 것과 네가 나에게 구한 것을 들었다. 네가 지은 이 성전을 내가 거룩하게 구별하였으므로 내가 내 이름을 영원히 거기에 둘 것이다. 내가 그 성전을 보살피며 항상 지킬 것이다. 만약 네가 네 아버지 다윗처럼 올바르고 성실하게 내 율법과 내가 명령한 모든 것을 지키면 네 집안이 영원토록 이스라엘을 다스릴 수 있게 해 주겠다. 나는 다윗의 집안에서 이스라엘을 다스릴 왕이 끊이지 않고 나올 것이라고 다윗에게 약속했다. 그러나 만약 너나 네 자녀가 나를 따르지 않고 내가 너에게 준 규례와 계명도 지키지 않고 다른 신들을 섬기거나 예배한다면 나는 이스라엘 백성들을 이 땅에서 쫓아내겠다. 그리고 내 이름을 위하여 내가 거룩히 구별한 성전도 헐어 버리겠다. 이스라엘은 다른 백성들에게 속담거리와 웃음거리가 되고 말 것이다. 성전이 무너지면 그 모습을 보는 모든 사람들이 놀랄 것이다. 그들은 너희를 놀리며 '여호와께서 어찌하여 이 땅과 이 성전을 이런 지경으로 만드셨을까?' 하고 비웃을 것이다. 그러면 다른 백성이 '이렇게 된 까닭은 그들의 조상을 이집트에서 인도해 낸 여호와 하나님을 그들이 버렸기 때문이다. 그들은 다른 신들에게 마음이 끌려 그들을 예배하고 섬겼다. 그래서 여호와께서 이런 재앙을 그들에게 내린 것이다'라고 대답할 것이다" 하고 솔로몬에게 말씀하셨습니다.

솔로몬의 다른 활동

이십 년에 걸쳐 솔로몬 왕은 여호와의 성전과 왕궁을 완성하였습니다. 솔로몬 왕은 그가 원하는 대로 백향목과 잣나무와 금을 보내 주었던 두로 왕 히람에게 갈릴리에 있는 스무 개의 마을을 주었습니다. 히람은 두로에서 와서 솔로몬이 준 마을들을 둘러보았습니다. 그러나 그 마을들은 그의 마음에 들지 않았습니다. 히람이 말했습니다. "나의 형제여, 그대가 나에게 준 마을들이 이 정도밖에 안 되오?" 그래서 지금까지 사람들은 그 마을들을 '쓸모없는 땅'이라는 뜻으로 가불 땅이라고 부르고 있습니다. 히람이 솔로몬에게 보낸 금은 전부 다하여 백이십 달란트였습니다.

솔로몬 왕은 일꾼들을 불러 모아 성전과 왕궁을 지었습니다. 솔로몬은 일꾼들에게 밀로와 예루살렘 성벽 쌓는 일을 시켰습니다. 또한 하솔과 므깃도와 게셀 성을 다시 쌓는 일도 시켰습니다. 옛날에 이집트 왕이 게셀을 공격하여 점령한 일이 있었습니다. 이집트 왕은 게셀을 불태우고 거기에 살던 가나안 사람들을 죽였습니다. 그리고 그 성을 자기 딸의 결혼 선물로 솔로몬에게 주었습니다. 솔로몬은 게셀과 아래쪽 벧호론과 바알랏과 유다 광야에 있는 다드몰을 세웠습니다. 솔로몬 왕은 또 곡식과 그 밖의 물건을 저장해 둘 수 있는 성과 전차를 두는 성과 전차 모는 군인들을 위한 성도 세웠습니다. 솔로몬은 예루살렘과 레바논과 그가 다스리는 모든 땅에 원하는 것을 다 지었습니다. 그 땅에는 이스라엘 백성이 아닌 사람들, 곧 아모리 사람과 헷 사람과 브리스 사람과 히위 사람과 여부스 사람들이 남아서 살고 있었습니다. 이스라엘 백성은 그들을 완전히 멸망시키지 못했습니다. 그래서 솔로몬은 그들을 노예로 삼아서 일을 시켰습니다. 그들은 지금까지도 노예로 있습니다. 솔로몬은 이스라엘 백성 중에서는 어느 누구도 노예로 삼지 않았습니다. 이스라엘 백성은 솔로몬의 군인, 신하, 장교, 전차 지휘관, 전차병으로 일했습니다.

솔로몬이 맡긴 일을 지휘하는 감독은 오백오십 명이었습니다.

그들은 사람들이 하는 일을 감독하였습니다.

파라오의 딸이 다윗 성에서 왕궁으로 옮겨 왔습니다. 그 왕궁은 솔로몬이 이집트 왕의 딸을 위해 지어 준 것입니다. 솔로몬은 밀로를 건축하였습니다.

솔로몬은 한 해에 세 번씩 자기가 여호와를 위해 쌓은 제단 위에 태워 드리는 제물인 번제물과 화목 제물을 바쳤습니다. 그리고 여호와 앞에 놓인 향단에서 향을 피웠습니다. 이렇게 솔로몬은 성전 짓는 일을 마쳤습니다.

솔로몬은 에돔 땅 홍해 해안에 있는 엘랏 근처 에시온게벨에서 배를 만들기도 했습니다. 히람 왕은 바다에 대해 잘 알고 있는 뱃사람들을 두고 있었습니다. 히람은 그 사람들을 솔로몬에게 보내어 솔로몬의 신하들을 돕게 했습니다. 그들은 솔로몬의 배를 타고 오빌에 이르러 금 사백이십 달란트를 솔로몬 왕에게 가져왔습니다.

스바의 여왕이 솔로몬을 찾아오다

스바의 여왕이 솔로몬의 명성을 듣고 솔로몬을 시험해 보기 위해 어려운 문제를 가지고 왔습니다. 스바의 여왕은 수많은 신하들을 거느리고 예루살렘으로 왔습니다. 향료와 보석과 금을 실은 낙타도 매우 많았습니다. 스바의 여왕은 솔로몬에게 와서 마음속에 있는 모든 생각을 솔로몬과 함께 이야기했습니다. 솔로몬은 여왕의 질문에 빠짐없이 대답해 주었습니다. 설명할 수 없는 어려운 문제는 하나도 없었습니다. 스바의 여왕은 솔로몬이 매우 지혜롭다는 것을 깨달았습니다. 여왕은 솔로몬이 지은 왕궁과 솔로몬의 식탁 위에 놓인 음식과 솔로몬의 신하들과 왕궁 관리들과 그들이 차려입은 옷, 식탁에서 시중드는 종들의 모습 그리고 솔로몬이 여호와의 성전에서 드리는 번제를 보고 너무나 놀랐습니다.

여왕이 솔로몬 왕에게 말했습니다. "내 나라에서 들은 왕의 업적과 지혜에 대한 소문이 사실이군요. 거기에서는 믿을 수 없었는데 여기에 와서 내 눈으로 보니 들던 것보다도 더 놀랍군요. 왕의 지혜와 부유함은 내가 듣던 것보다 훨씬 뛰어납니다. 언제나 왕을 섬기면서 왕의 지혜를 들을 수 있는 왕의 백성과 신하들은 행복할 것입니다. 왕의 하나님 여호와를 찬양합니다. 여호와께서는 당신을 좋아하셔서 이스라엘의 왕좌에 앉히셨습니다. 여호와께서는 언제나 이스라엘을 사랑하십니다. 그래서 당신을 왕좌에 앉게 하시고 정의를 지키면서 공평하게 다스리도록 하셨습니다." 스바의 여왕은 솔로몬 왕에게 금 백이십 달란트와 많은 향료와 보석을 주었습니다. 그때부터 지금까지 스바의 여왕이 솔로몬 왕에게 가져온 것보다 더 많은 향료를 가져온 사람은 없었습니다.

(히람의 배는 오빌에서 금을 가져왔고 그 밖에도 백단목과 보석을 매우 많이 가져왔습니다. 솔로몬은 백단목을 여호와의 성전과 왕궁의 계단을 만드는 데 썼습니다. 그리고 음악가들이 쓸 수금과 비파를 만드는 데도 썼습니다. 지금까지 그렇게 좋은 백단목은 들어온 일도 없었고 본 적도 없었습니다.)

솔로몬 왕은 스바의 여왕에게 많은 선물을 주었습니다. 보통 관례에 따라 한 나라 왕이 다른 통치자에게 주는 만큼의 선물 외에도 여왕이 가지고 싶어 하는 것과 달라는 것을 다 주었습니다. 여왕은 신하들과 함께 자기 나라로 돌아갔습니다.

솔로몬의 부와 지혜

솔로몬은 해마다 금 육백육십육 달란트를 세금으로 받았습니다. 그것 말고도 무역업자와 상인들이 바치는 금과 함께 아라비아 왕들과 이스라엘 땅의 장관들이 바치는 금도 받았습니다. 솔로몬 왕은 금을 두드려서 큰 방패 이백 개를 만들었습니다. 방패 하나에 들어간 금은 육백 세겔이나 되었습니다. 솔로몬은 또 금을 두드려서 작은 방패 삼백 개를 만들었습니다. 그 방패 하나에 들어간 금은 삼 마네였습니다. 왕은 그 방패들을 '레바논 수풀의 궁'에 두었습니다. 솔로몬 왕은 상아로 커다란 왕좌를 만들었습니다. 그리고 거기에 금을 입혔습니다. 왕좌로 올라가는 계단은 여섯 개였습니다. 왕좌의 꼭대기는 뒤가 둥그렇게 되어 있었습니다. 왕좌의 양쪽에는 팔걸이가 있었고, 팔걸이 양옆에는 사자 상이 있었습니다. 여섯 계단 양옆에는 열두 사자상이 있었습니다. 다른 어떤 나라에서도 이런 것은 만들지 못했습니다. 솔로몬 왕이 마시는 데 쓰는 모든 그릇은 금으로 만들었습니다. 그리고 '레바논 수풀의 궁'에서 쓰는 모든 그릇도 다 순금으로 만들었습니다. 은으로 만든 것은 하나도 없었는데 솔로몬의 시대에는 사람들이 은을 귀하게 여기지 않았기 때문입니다. 솔로몬 왕은 바다에 다시스 배들을 두어 히람의 배들과 함께 있게 했습니다. 그 배들은 삼 년에 한 번씩 금과 은과 상아와 원숭이와 공작새들을 싣고 돌아왔습니다.

솔로몬은 이 세상의 어떤 왕보다 재산이 많았으며 뛰어난 지혜를 갖고 있었습니다. 모든 세상의 백성들이 솔로몬을 보고 싶어 했습니다. 그들은 하나님께서 솔로몬에게 주신 지혜를 듣고 싶어 했습니다. 그래서 그들은 해마다 선물을 가지고 찾아왔습니다. 그들은 금이나 은으로 만든 물건들과 옷과 무기와 향료와 말과 노새를 가지고 찾아왔습니다.

솔로몬은 전차와 말을 많이 가지고 있었습니다. 솔로몬은 전차 천사백 대와 전차를 모는 사람 만 이천 명을 두고 있었습니다. 솔로몬은 그들을 전차를 두는 성과 예루살렘에 두었습니다. 솔로몬이 왕으로 있는 동안 예루살렘에서는 은이 돌처럼 흔했습니다. 그리고 백향목은 언덕에서 자라는 뽕나무처럼 흔했습니다. 솔로몬은 이집트와 길리기아에서 말을 수입했습니다. 말은 솔로몬의 무역업자들이 길리기아에서 값을 치르고 사 왔습니다. 이집트에서 들여오는 전차의 값은 한 대에 은 육백 세겔이었습니다. 그리고 말 한 마리의 값은 은 백오십 세겔이었습니다. 무역업자들은 전차와 말을 헷 사람과 아람 사람의 왕들에게도 팔았습니다.

솔로몬의 이방인 아내들

솔로몬 왕은 다른 여러 나라 여자들을 좋아했습니다. 솔로몬은 파라오의 딸을 좋아했을 뿐만 아니라 모압 여자, 암몬 여자, 에돔 여자, 시돈 여자, 헷 여자도 좋아했습니다. 여호와께서 전에 이스라엘 백성에게 이렇게 말씀하셨습니다. "너희는 다른 나라의 백성과 결혼하지 마라. 그들과 결혼하면 그들이 너희의 마음을 돌려놓아 너희가 그들의 우상을 섬기도록 만들 것이다." 그러나 솔로몬은 이 여자들과 사랑에 빠졌습니다. 솔로몬은 칠백 명의 후궁과 삼백 명의 첩을 두었습니다. 솔로몬의 아내들은 솔로몬의 마음이 하나님으로부터 멀어지도록 만들었습니다. 솔로몬이 늙어 감에 따라 그의 아내들은 그의 마음을 돌려 다른 우상들을 섬기게 했습니다. 솔로몬은 그의 아버지 다윗처럼 여호와를 참되게 섬기지 못했습니다. 솔로몬은 시돈 백성의 여신 아스다롯을 섬겼습니다. 그리고 암몬 사람들이 섬기는 역겨운 신인 밀곰에게 예배했습니다. 이처럼 솔로몬은 여호와께서 보시기에 악한 일을 저질렀습니다. 솔로몬은 그의 아버지 다윗처럼 여호와를 참되게 섬기지 않았습니다. 솔로몬은 예루살렘 양쪽 언덕 위에 산당을 지었습니다. 그곳에서 모압 사람들은 역겨운 신인 그모스를 섬겼고, 암몬 사람들은 역겨운 신인 몰렉을 섬겼습니다. 솔로몬은 외국인 아내 모두에게 이와 같은 일을 해 주었습니다. 그래서 그 아내들은 자기들의 신에게 향을 피우고 제물을 바쳤습니다.

여호와께서는 솔로몬에게 두 번이나 나타나셔서 다른 신을 섬기지 말라고 말씀하셨습니다. 그럼에도 솔로몬이 이스라엘의 하나님 여호와를 따르지 않자 여호와께서 솔로몬에게 분노하셨습니다. 여호와께서는 솔로몬에게 다른 신을 따르지 말라고 명령하셨지만 솔로몬은 여호와의 명령에 복종하지 않았습니다. 그래서 여호와께서는 솔로몬에게 "너는 나와 맺은 언약을 어기고 내 명령을 따르지 않았다. 그러므로 나는 네 나라를 너에게서 빼앗아 네 신하에게 줄 것이다. 그러나 네가 살아 있는 동안에는 그렇게 하지 않겠다. 왜냐하면 내가 네 아버지 다윗을 사랑하기 때문이다. 네 아들이 왕이 될 때에 이 나라를 갈라 놓겠다. 나라 전체를 다 빼앗지 않는 것은 내 종 다윗과 내가 선택한 성 예루살렘을 위해서 한 지파를 네 아들에게 남겨주어 다스리도록 하기 위함이다"라고 말씀하셨습니다.

솔로몬의 적

그때 여호와께서 에돔 사람 하닷을 일으켜 솔로몬의 적이 되게 하셨습니다. 하닷은 에돔의 왕족이었습니다. 전에 다윗이 에돔에 있을 때에 다윗의 군대 사령관이었던 요압이 죽은 사람을 묻어 주려고 갔다가 에돔의 남자들을 다 죽인 일이 있었습니다. 요압과 모든 이스라엘 백성은 에돔에 여섯 달 동안 머물러 있으면서 에돔의 남자들을 다 죽였습니다. 그때 아직 어린아이였던 하닷은 그의 아버지의 신하들과 함께 이집트로 도망쳤습니다. 그들은 미디안을 떠나 바란에 이르렀습니다. 그들은 바란에서 몇 사람을 데리고 이집트로 가서 이집트 왕 파라오를 만났습니다. 파라오가 하닷에게 집과 땅과 먹을 것을 주었습니다. 파라오는 하닷을 매우 좋아하여 자기 아내, 곧 다브네스 왕비의 동생을 그의 아내로 주었습니다. 그들은 그누밧이라는 아들을 낳았고, 다브네스 왕비는 그누밧을 왕궁에서 길렀습니다. 그래서 그누밧은 왕의 자녀들과 함께 자랐습니다. 하닷은 이집트에 있는 동안 다윗이 그 조상의 무덤에 묻힌 것과 군대 사령관인 요압이 죽었다는 소식을 듣고 파라오에게 말했습니다. "나를 보내 주십시오. 내 나라로 돌아가고 싶습니다." 그러자 파라오가 말했습니다. "왜 네 나라로 돌아가려고 하느냐? 내가 너에게 잘못한 것이라도 있느냐?" 하닷이 대답했습니다. "아닙니다. 그냥 돌아가게 해 주십시오."

하나님께서는 또 엘리아다의 아들 르손을 일으켜서 솔로몬의 적이 되게 하셨습니다. 르손은 자기의 주인인 소바 왕 하닷에셀로부터 도망친 사람입니다. 다윗이 소바의 군대를 물리친 뒤에 르손은 사람들을 모아 작은 군대를 만들고 그들의 지도자가 되었습니다. 르손과 그 무리들은 다마스커스로 가서 살다가 르손을 다마스커스의 왕으로 세웠습니다. 르손은 아람을 다스리면서 이스라엘을 미워했습니다. 그래서 르손은 솔로몬이 살아 있는 동안 끊임없이 이스라엘을 괴롭혔습니다. 르손과 하닷은 계속하여 이스라엘을 적으로 삼고 미워했습니다.

느밧의 아들 여로보암은 솔로몬의 신하였습니다. 여로보암은 에브라임 사람으로서 스레다 마을 출신이었고, 그의 어머니는 스루아라는 과부였습니다. 여로보암은 솔로몬 왕에게 반역했습니다. 여로보암이 솔로몬 왕을 반역하게 된 까닭은 이러합니다. 솔로몬 왕이 밀로를 건축하고 자기 아버지의 성인 다윗 성의 성벽을 고치고 있었습니다. 여로보암은 유능한 사람이었는데 솔로몬은 이 젊은이가 일을 잘한다는 것을 알고 그에게 에브라임과 므낫세 지파, 즉 요셉 가문의 모든 일꾼들을 감독하는 일을 맡겼습니다. 어느 날 여로보암이 예루살렘을 떠나 다른 곳으로 가는 길에 실로 사람 예언자 아히야를 만났습니다. 아히야는 새 옷을 입고 있었습니다. 들에는 그 두 사람만 있었습니다. 아히야는 입고 있던 새 옷을 찢어 열두 조각으로 나누었습니다. 아히야가 여로보암에게 말했습니다. "열 조각은 당신이 가지시오. 이스라엘 하나님 여호와께서 말씀하셨소. '내가 솔로몬에게서 그 나라를 빼앗겠다. 그래서 열 지파는 여로보암에게 주겠다. 그러나 한 지파는 내 종 다윗과 내가 선택한 예루살렘 성을 위해서 솔로몬에게 남겨 줄 것이다. 내가 이렇게 하는 까닭은 솔로몬이 나를 버렸기 때문이다. 솔로몬은 시돈 사람의 신 아스다롯과 모압 사람의 신 그모스와 암몬 사람의 신 밀곰을 섬기고 있다. 솔로몬은 내 말을 듣지 않았고, 내가 보기에 옳은 일도 하지 않았다. 내 율법과 계명을 지키지도 않았다. 그는 그의 아버지 다윗을 본받아 살지 않고 있다. 그러나 내가 선택한 내 종 다윗이 내 계명과 규례를 지킨 것을 생각하여 솔로몬이 살아 있는 동안에는 그의 나라를 다 빼앗지 않고 왕으로 있게 해 주겠다. 그의 아들로부터 이 나라를 빼앗아 열 지파를 너에게 주겠다. 솔로몬의 아들에게는 한 지파를 남겨주어 계속 다스리게 할 것이다. 그래서 내가 내 이름을 두려고 선택한 성 예루살렘에서 다윗의 후손이 계속해서 나라를 다스릴 수 있게 하겠다. 여로보암아, 나는 너를 선택하여 네가 원하는 모든 것을 다스릴 수 있도록 할 것이다. 너는 온 이스라엘을 다스리는 왕이 될 것이다. 내가 보기에 옳은 일을 하기만 하면 나는 너와 함께하겠다. 너는 내 명령을 지켜라. 다윗처럼 내 율법과 계명을 지키면 너와 함께해 주겠다. 다윗에게 해 준 것처럼 네 집안을 왕의 집안에서 끊이지 않게 하겠다. 이스라엘을 너에게 주겠다. 솔로몬의 죄 때문에 다윗의 후손들에게 벌을 주겠지만 그 벌이 영원히 계속되지는 않을 것이다.'" 솔로몬이 여로보암을 죽이려

하자 여로보암은 이집트로 도망쳤습니다. 여로보암은 이집트 왕 시삭에게 도망가서 솔로몬이 죽을 때까지 이집트에 머물렀습니다.

솔로몬의 죽음

솔로몬이 한 다른 모든 일과 그의 지혜에 관한 것은 솔로몬의 역사책에 적혀 있습니다. 솔로몬은 예루살렘에서 사십 년 동안 온 이스라엘을 다스렸습니다. 솔로몬은 죽어서 그의 아버지 다윗의 성에 묻혔습니다. 그의 아들 르호보암이 뒤를 이어 왕이 되었습니다.

이스라엘이 르호보암에게 반역하다

온 이스라엘이 르호보암을 왕으로 세우려고 세겜에 모였습니다. 르호보암도 세겜으로 갔습니다. 솔로몬을 피해서 이집트로 도망쳤던 느밧의 아들 여로보암은 이집트에 있을 때에 르호보암이 왕이 되었다는 소식을 들었습니다. 그러자 이스라엘 백성들은 여로보암을 불렀습니다. 여로보암이 이스라엘 모든 무리와 함께 르호보암에게 가서 말했습니다. "왕의 아버지는 우리에게 매우 고된 일을 시켰습니다. 이제 우리의 일을 좀 덜어 주십시오. 왕의 아버지처럼 우리에게 고된 일을 시키지 마십시오. 그렇게 해 주시면 왕을 섬기겠습니다." 르호보암이 대답했습니다. "삼 일 뒤에 다시 오너라. 그때에 대답해 주겠다." 그래서 백성은 그 자리를 떠났습니다.

르호보암 왕은 솔로몬을 섬겼던 나이 든 지도자들과 의논했습니다. "이 백성에게 어떻게 대답하면 좋겠소?" 그들이 대답했습니다. "왕은 오늘 이 백성들에게 종이 하는 것처럼 그들을 섬겨야 합니다. 그들에게 친절한 말로 대답해 주십시오. 그러면 그들이 언제나 왕을 섬길 것입니다." 그러나 르호보암은 그들의 충고를 듣지 않고 자기와 함께 자라 자기를 섬기고 있는 젊은 사람들과 의논을 했습니다. 르호보암이 그들에게 말했습니다. "백성이 '왕의 아버지처럼 우리에게 고된 일을 시키지 마십시오'라고 말하고 있는데 내가 어떻게 대답하면 좋겠소? 그대들의 생각은 어떠하오?" 왕과 함께 자란 젊은 사람들이 대답했습니다. "이 백성이 왕에게 '왕의 아버지는 우리에게 매우 고된 일을 시켰지만 왕은 우리의 일을 덜어 주십시오'라고 말했습니다. 그러니 왕은 이렇게 말하십시오. '내 새끼손가락은 내 아버지의 허리보다 더 굵다. 내 아버지는 너희에게 고된 일을 시켰지만 나는 너희에게 훨씬 더 고된 일을 시키겠다. 내 아버지는 너희를 가죽 채찍으로 쳤지만 나는 너희를 가시 돋친 채찍으로 치겠다.'"

르호보암이 백성에게 "삼 일 뒤에 다시 오라"고 말했으므로 모든 백성이 삼 일 뒤에 다시 르호보암에게 왔습니다. 르호보암 왕은 백성에게 무자비한 말을 했습니다. 르호보암은 나이 든 지도자들의 충고를 듣지 않고 젊은 사람들이 일러 준 대로 말했습니다. "내 아버지는 너희에게 힘든 일을 시켰지만 나는 너희에게 훨씬 더 힘든 일을 시키겠다. 내 아버지는 너희를 가죽 채찍으로 쳤지만 나는 너희를 가시 돋친 채찍으로 치겠다." 이처럼 르호보암 왕은 백성이 원하는 것을 들어주지 않았습니다. 이 일은 여호와께서 그렇게 되도록 하신 것이었는데, 이는 실로 사람 아히야를 통해 느밧의 아들 여로보암에게 하신 약속을 이루시기 위함이었습니다.

이스라엘 모든 백성은 새 왕이 자기들의 말을 듣지 않으려는 것을 보고 왕에게 이렇게 대답했습니다. "우리가 다윗과 무슨 관계가 있느냐? 우리는 이새의 아들과 상관이 없다. 이스라엘 백성아, 우리 집으로 돌아가자. 다윗의 아들이여, 이제 네 가족이나 다스려라." 이스라엘 백성은 집으로 돌아갔습니다. 그러나 유다의 여러 마을에 사는 이스라엘 백성만은 르호보암을 왕으로 섬겼습니다. 아도니람은 강제로 동원된 일꾼들을 감독하는 사람이었습니다. 르호보암 왕이 아도니람을 백성에게 보냈습니다. 모든 이스라엘 백성이 돌을 던져 아도니람을 죽였습니다. 그러자 르호보암 왕은 서둘러 수레를 타고 예루살렘으로 도망쳤습니다. 그때부터 이스라엘은 다윗의 집안을 반역하기 시작하여 오늘날까지 이르게 되었습니다. 모든 이스라엘 백성은 여로보암이 돌아왔다는 소식을 듣고 사람을 보내어 그를 이스라엘 백성의 모임에 나오게 하였습니다. 그들은 그를 온 이스라엘의 왕으로 세웠습니다. 그러나 유다 지파는 여전히 다윗의 집안을 따랐습니다.

르호보암은 예루살렘에 이르러서 유다와 베냐민 지파를 모았습니다. 그러자 십팔만 명의 군사가 모였습니다. 르호보암은 이스라엘 백성과 싸워 자기 나라를 되찾으려 했습니다. 하나님께서 하나님의 사람 스마야에게 말씀하셨습니다. "유다 왕 솔로몬의 아들 르호보암에게 전하여라. 그리고 유다와 베냐민 백성과 그 밖의 모든 백성에게 전하여라. '너는 너희 형제인 이스라엘 백성과 싸우러 나가지 마라. 모두 집으로 돌아가거라. 이 일은 나의 뜻대로 된 일이다.'" 그러자 르호보암의 군대 사람들은 여호와의 명령에 복종했습니다. 그들은 여호와의 말씀대로 모두 집으로 돌아갔습니다.

여로보암이 금송아지를 만들다

여로보암은 에브라임 산지에 있는 세겜 성을 건축하고 그곳에서 살았습니다. 그리고 그곳에서 나와 부느엘 성을 세웠습니다. 여로보암이 속으로 생각했습니다. '이 나라가 다시 다윗의 집으로 돌아갈지도 모르겠다. 백성은 앞으로도 예루살렘에 있는 여호와의 성전으로 제사드리러 갈 것이다. 그렇게 가다 보면 그들의 마음이 다시 유다 왕 르호보암에게 기울어질지도 모른다. 결국 그들은 나를 죽이고 유다 왕 르호보암을 따를 것이다.' 여로보암 왕은 신하들과 의논한 끝에 금송아지 두 개를 만들고 백성에게 말했습니다. "예루살렘으로 가서 예배드리는 것은 너무 어려운 일이다. 이스라엘아, 너희를 이집트에서 인도해 내신 너희의 신이 여기에 계시다." 여로보암 왕은 금송아지 하나를 벧엘 성에 두고 다른 하나는 단 성에 두었습니다. 이 일은 여호와께 매우 큰 죄가 되었습니다. 백성은 단까지 가서 그곳의 금송아지 앞에 예배드렸습니다. 여로보암은 여러 산당을 지었습니다. 그리고 레위 사람이 아닌 보통 백성 가운데서 제사장을 뽑았습니다. 여로보암은 여덟째 달 십오일에 새로운 절기를 정했습니다. 그 절기는 유다의 절기와 비슷하게 지켜졌습니다. 여로보암은 그 절기 때에 제단 위에 제물을 바쳤습니다. 그리고 그는 그가 만든 벧엘의 송아지에게 제물을 바쳤습니다. 그는 또 그가 뽑은 산당의 제사장들을 벧엘의 제사장으로 일하게 했습니다. 여로보암은 자기 마음대로 정한 여덟째 달 십오일 절기 때에 자기가 만든 벧엘의 제단에 가서 제물을 바쳤습니다. 이처럼 그는 이스라엘 백성을 위해 절기를 정하고 제단으로 올라가 향을 피웠습니다.

하나님의 사람이 벧엘에 대해 말하다

여호와께서 하나님의 사람에게 명령하여 유다를 떠나 벧엘로 가게 하셨습니다. 그가 이르렀을 때에 여로보암은 제단 곁에 서서 제물을 바치고 있었습니다. 하나님의 사람이 그 제단을 향하여 여호와의 말씀으로 외쳤습니다. "제단아 제단아! 여호와께서 너에게 이렇게 말씀하셨다. '다윗의 집안에 요시야라는 아들이 태어날 것이다. 그는 네 위에서 제사를 드리고 있는 산당의 제사장들을 네 위에 제물로 바칠 것이며 인간의 뼈를 네 위에서 태울 것이다.'" 하나님의 사람은 이 일이 일어날 것이라는 증거로 "이 제단은 갈라질 것이고, 그 위의 재는 땅에 쏟아질 것이다"라고 말했습니다. 여로보암 왕은 하나님의 사람이 벧엘의 제단에 대해 말한 것을 듣고 제단 위에서 손을 뻗어 그 사람을 가리키며 "저놈을 잡아라" 하고 소리쳤습니다. 그러나 왕이 내민 팔은 마비되어 움직일 수가 없었습니다. 곧이어 제단이 갈라지고 그 모든 재가 땅에 쏟아졌습니다. 하나님의 사람이 말한 증거대로 일이 이루어졌습니다. 왕이 하나님의 사람에게 말했습니다. "나를 위해 그대의 하나님 여호와께 기도해 주시오. 제발 내 팔을 고쳐 달라고 기도해 주시오." 하나님의 사람이 여호와께 은혜를 베풀어 달라고 기도드리자 왕의 팔은 나아서 그 전처럼 되었습니다. 왕이 하나님의 사람에게 말했습니다. "나와 함께 집으로 가서 음식을 듭시다. 그대에게 선물을 드리고 싶소." 하나님의 사람이 왕에게 대답했습니다. "왕과 함께 갈 수 없습니다. 왕이 나라의 절반을 준다 해도 갈 수 없습니다. 이곳에서는 아무것도 먹거나 마실 수 없습니다. 여호와께서 나에게 아무것도 먹거나 마시지 말라고 명령하셨습니다. 그리고 내가 온 길로 되돌아가지도 말라고 명령하셨습니다." 그래서 그 사람은 다른 길로 갔습니다. 벧엘에 올라왔던 길로 되돌아가지 않았습니다.

그때에 벧엘에 늙은 예언자가 한 사람 살고 있었습니다. 그의 아들들이 와서 그날 하나님의 사람이 한 일에 대해 이야기해 주었고 하나님의 사람이 여로보암에게 한 말도 들려주었습니다. 그러자 그 아버지는 "그 사람이 어느 길로 돌아갔느냐?" 하고 물었습니다. 그의 아들들은 유다에서 온 하나님의 사람이 돌아간 길을 아버지에게 일러 주었습니다. 그 예언자는 아들들에게 자기 나귀에 안장을 얹어 달라고 말했습니다. 아들들이 안장을 얹어 주자 그 예언자는 나귀를 탔습니다. 그는 하나님의 사람을 뒤쫓아가서 그가 상수리나무 아래에 앉아 있는 것을 발견하고 다가가서 물었습니다. "그대가 유다에서 온 하나님의 사람이오?" 그 사람이 대답했습니다. "그렇습니다. 내가 그 사람입니다." 예언자가 말했습니다. "나와 함께 집으로 가서 음식을 같이 드십시다." 그러자 하나님의 사람이 대답했습니다. "당신과 함께 돌아갈 수 없습니다. 그리고 당신의 집에 들어갈 수도 없습니다. 이곳에서 당신과 함께 무엇이든 먹거나 마실 수 없습니다. 여호와께서 나에게 '너는 그곳에서 아무것도 먹거나 마시지 마라. 그리고 오던 길로 다시 돌아가지 마라' 하고 말씀하셨습니다." 그러자 늙은 예언자가 "하지만 나도 그대와 같은 예언자요"라고 하면서 거짓말을 했습니다. "주님의 천사가 나에게 와서 그대를 내 집으로 데려가 먹을 것과 마실 것을 대접하라고 하셨소." 하나님의 사람은 그 늙은 예언자의 집으로 가서 그와 함께 먹고 마셨습니다.

그들이 식탁에 앉아 있는데 여호와의 말씀이 하나님의 사람을 데리고 온 늙은 예언자에게 내렸습니다. 늙은 예언자가 유다에서 온 하나님의 사람에게 외쳤습니다. "여호와께서 당신에게 이렇게 말씀하셨소. '너는 여호와의 말씀을 듣지 않았다. 너는 너의 하나님 여호와께서 명령하신 것을 따르지 않았다. 여호와께서 너에게 이곳에서는 아무것도 먹지 말고 마시지도 말라고 하셨는데 너는 길을 돌이켜 먹기도 하고 마시기도 했다. 그러므로 너의 시체는 너의 가족 무덤에 묻히지 못할 것이다.' " 하나님의 사람이 먹고 마시기를 마치자 늙은 예언자는 그의 나귀에 안장을 채워 주었습니다. 그 사람이 집으로 돌아가고 있는데 사자 한 마리가 나타나 그를 물어 죽였습니다. 그의 시체는 길에 버려졌으며 나귀와 사자가 시체 곁에 서 있었습니다. 마침 그때 어떤 사람들이 그 길을 가고 있었는데 그들은 시체 옆에 사자가 서 있는 것을 보았습니다. 그래서 그들은 늙은 예언자가 살고 있는 성으로 가서 그 사실을 알려 주었습니다.

하나님의 사람을 자기 집으로 데려왔던 늙은 예언자도 그 소식을 듣고 말했습니다. "그 사람은 여호와의 명령을 따르지 않았던 하나님의 사람이다. 그래서 여호와께서 전에 말씀하신 대로 사자를 보내어 그 사람을 죽이신 것이다." 늙은 예언자가 자기 아들들에게 말했습니다. "나귀에 안장을 채워라." 아들들은 말씀대로 했습니다. 늙은 예언자는 밖으로 나가서 길에 버려져 있는 그 사람의 시체를 찾아냈습니다. 그 곁에는 나귀와 사자가 서 있었습니다. 사자는 그 시체를 먹지 않았을 뿐더러 나귀도 해치지 않았습니다. 늙은 예언자가 그 시체를 자기 나귀에 싣고 성으로 돌아왔습니다. 그리고 그의 죽음을 슬퍼해 주고 그를 묻어 주었습니다. 늙은 예언자는 그의 시체를 자기 집안 무덤에 묻었습니다. 그리고 "오, 내 형제여!" 하면서 하나님의 사람이 죽은 것을 슬퍼했습니다. 예언자가 그를 묻어 준 다음에 자기 아들들에게 말했습니다. "내가 죽거든 하나님의 사람이 묻혀 있는 이 무덤에 나를 묻어라. 내 뼈를 그의 뼈 옆에 두어라. 여호와께서 이 사람을 통해 벧엘의 제단과 사마리아의 여러 마을의 산당들에 대해 말씀하신 것은 반드시 이루어질 것이다."

그러나 여로보암 왕은 나쁜 짓을 그만두지 않았습니다. 그는 여전히 일반 백성 가운데서 산당의 제사장을 뽑았고 누구든지 산당의 제사장이 되고 싶은 사람은 그렇게 될 수 있게 하였습니다. 이와 같이 여로보암의 집안은 죄를 지었습니다. 그 죄 때문에 그의 집안은 멸망하여 땅에서 사라졌습니다.

여로보암의 아들이 죽다

그 때에 여로보암의 아들 아비야가 병들었습니다. 여로보암이 자기 아내에게 말했습니다. "실로로 가서 예언자 아히야를 만나시오. 그는 전에 내가 이스라엘의 왕이 될 것이라고 말한 사람이오. 당신이 내 아내라는 것을 사람들이 모르게 변장하고 가시오. 그 예언자에게 빵 열 개와 과자와 꿀 한 병을 선물로 가져가시오. 그가 우리 아들이 어떻게 될 것인지 알려 줄 것이오."

여로보암의 아내는 그대로 했습니다. 그는 실로에 있는 아히야의 집으로 갔습니다. 아히야는 너무 늙어서 앞을 보지 못했습니다. 여호와께서 그에게 말씀하셨습니다. "여로보암의 아들이 병들었다. 그래서 여로보암의 아내가 그 아들에 대해 물어보려고 너에게 오고 있다. 그는 다른 사람인 것처럼 변장을 하고 올 것이다."

여호와께서는 아히야에게 무슨 말을 해야 할지 가르쳐 주셨습니다. 여로보암의 아내가 문에 들어서는 소리를 듣고 아히야가 말했습니다. "여로보암의 아내여, 들어오시오. 어찌하여 다른 사람인 것처럼 변장을 했소? 내가 하나님의 명령을 받아 좋지 않은 소식을 당신에게 전해야겠소. 돌아가서 여로보암에게 전하시오. 이스라엘의 하나님 여호와께서 이렇게 말씀하셨소. '여로보암아, 나는 너를 이스라엘 모든 백성 가운데서 뽑아 내 백성의 지도자가 되게 하였다. 다윗의 집안에서 나라를 쪼개어 너에게 주었다. 그러나 너는 내 종 다윗이 언제나 내 계명을 지키고 온 마음으로 나에게 복종하며 정직하게 행하였던 것처럼 살지 않았다. 너는 너보다 먼저 나라를 다스렸던 자들보다도 더 나쁜 일을 했다. 너는 나를 배반하고 다른 신들과 우상을 만들어 나를 크게 화나게 했다. 그러므로 내가 여로보암 집안에 벌을 주겠다. 종이든지 자유인이든지 네 집안의 모든 남자는 다 죽이겠다. 쓰레기를 불로 태우듯이 네 집안을 완전히 멸망시키겠다. 네 집안 사람 가운데 성에서 죽는 사람은 개들이 그 시체를 먹을 것이요, 들에서 죽는 사람은 새들이 그 시체를 먹을 것이다.'" 아히야가 다시 여로보암의 아내에게 말했습니다. "집으로 돌아가시오. 당신이 성문에 들어설 시간에 당신 아들이 죽을 것이오. 온 이스라엘이 그의 죽음을 슬퍼하며 당신 아들을 묻어 줄 것이오. 여로보암의 집안 사람 가운데 그 아들만이 무덤에 묻힐 수 있을 것이오. 여로보암의 집안 사람 가운데 그 아들만 여호와를 기쁘게 했기 때문이오. 여호와께서 이스라엘에 새 왕을 세우실 텐데 그 왕은 여로보암의 집안을 멸망시킬 것이오. 이 일은 곧 일어날 것이오. 또 여호와께서 이스라엘을 심판하셔서 이스라엘은 마치 물에 떠다니는 풀과 같이 될 것이며 여호와께서는 그들의 조상에게 주신 좋은 땅에서 이스라엘을 쫓아내어 유프라테스 강 저쪽으로 흩어 버리실 것이오. 이런 일이 일어나는 것은 그들이 아세라 상을 만들어 섬김으로 여호와를 진노하시게 만들었기 때문이오. 여로보암은 자기 자신도 죄를 지었을 뿐 아니라 이스라엘 백성에게도 죄를 짓게 했소. 그러므로 여호와께서 이스라엘 백성을 버리실 것이오."

여로보암의 아내는 일어나서 디르사로 돌아갔습니다. 그가 집 안으로 들어설 때에 아이가 죽었습니다. 온 이스라엘은 그를 묻어 주고 그의 죽음을 슬퍼했습니다. 이 모든 일이 여호와께서 그의 종 예언자 아히야를 통해서 말씀하신 대로 이루어졌습니다.

여로보암이 한 다른 모든 일, 곧 그가 전쟁을 하고 백성을 다스린 모든 일은 이스라엘 왕들의 역사책에 적혀 있습니다. 여로보암은 이십이 년 동안 이스라엘을 다스렸습니다. 그가 죽자 그의 아들 나답이 뒤를 이어 왕이 되었습니다.

유다 왕 르호보암

솔로몬의 아들 르호보암이 유다의 왕이 되었을 때 그의 나이는 사십일 세였습니다. 그의 어머니는 암몬 사람 나아마였습니다. 르호보암은 예루살렘에서 십칠 년 동안 다스렸습니다. 예루살렘은 여호와께서 자기 이름을 두시려고 이스라엘 온 땅 중에서 선택하신 성읍이었습니다. 유다 백성은 여호와께서 보시기에 악한 일을 저질렀습니다. 그들은 조상들보다도 더 많은 죄를 지어 여호와를 화나게 만들었습니다. 백성은 높은 언덕과 푸른 나무 아래마다 산당과 우상과 아세라 신상을 만들어 세웠습니다. 심지어 산당에는 남자 창기들까지 있었습니다. 이스라엘 백성보다 먼저 그 땅에 살던 사람들은 악한 일을 많이 했기 때문에 여호와께서는 그들을 그 땅에서 쫓아내셨습니다. 그런데 유다 백성까지 그들과 똑같은 일을 했습니다.

르호보암이 왕으로 있은 지 오 년째 되던 해에 이집트 왕 시삭이 예루살렘에 쳐들어왔습니다. 시삭은 여호와의 성전과 왕궁에서 보물을 모두 빼앗아 갔습니다. 솔로몬이 만든 금방패들까지 가져갔습니다. 르호보암 왕은 그 대신에 놋방패를 만들어서 왕궁문을 지키는 경호대장에게 주었습니다. 왕이 여호와의 성전에 들어갈 때마다 경호원들은 그 방패들을 가지고 갔다가 일이 끝나면 다시 경호실에 놓아두었습니다.

르호보암 왕이 한 다른 모든 일은 유다 왕들의 역사책에 적혀 있습니다. 르호보암과 여로보암은 살아 있는 동안 늘 서로 전쟁을 했습니다. 르호보암은 죽어서 조상들과 함께 예루살렘에 묻혔습니다. 암몬 여자인 나아마의 아들 르호보암이 죽자 그의 아들 아비얌이 그의 뒤를 이어 왕이 되었습니다.

유다의 아비얌 왕

느밧의 아들 여로보암이 이스라엘을 다스린 지 십팔 년째 되던 해에 아비얌이 유다의 왕이 되었습니다. 아비얌은 예루살렘에서 삼 년 동안 다스렸습니다. 그의 어머니는 아비살롬의 딸 마아가였습니다. 아비얌은 그의 아버지가 지은 모든 죄를 그대로 따라 했습니다. 아비얌은 그의 조상인 다윗과는 달리 그의 하나님 여호와께 충성하지 않았습니다. 하나님 여호와께서는 다윗을 위하여 예루살렘을 지켜 주셨습니다. 그리고 그의 아들이 예루살렘에서 왕위를 이어 가도록 해 주셨습니다. 왜냐하면 다윗은 언제나 여호와께서 보시기에 옳은 일을 했기 때문입니다. 다윗은 헷 사람 우리아의 일 외에는 그의 평생에 하나님의 명령을 어긴 적이 없었습니다. 르호보암과 여로보암 사이에는 사는 날 동안 계속 전쟁이 있었습니다. 아비얌이 다스리는 동안에도 아비얌과 여로보암 사이에 전쟁이 있었습니다. 아비얌이 한 모든 일은 유다 왕들의 역사책에 적혀 있습니다. 아비얌은 죽어 예루살렘에 묻혔습니다. 아비얌의 아들 아사가 뒤를 이어 왕이 되었습니다.

유다의 아사 왕

여로보암이 이스라엘의 왕으로 있은 지 이십 년째 되는 해에 아사가 유다의 왕이 되었습니다. 아사는 사십일 년 동안 예루살렘을 다스렸습니다. 그의 할머니는 아비살롬의 딸 마아가입니다. 아사는 그의 조상 다윗처럼 여호와께서 보시기에 올바르게 살았습니다. 그는 남자 창기들을 그 땅에서 쫓아버리고 그의 조상들이 만든 온갖 우상을 없애 버렸습니다. 그의 할머니 마아가는 더러운 아세라 우상을 만들어 가지고 있었는데 아사는 그것 때문에 마아가를 왕비의 자리에서 쫓아냈습니다. 그리고 그 우상을 부숴 기드론 골짜기에서 태웠습니다. 아사는 평생토록 여호와께 충성했습니다. 그러나 그는 산당만은 없애지 않았습니다. 아사는 그의 아버지가 준비한 거룩한 물건인 성물과 자신이 준비한 성물을 여호와의 성전에 바쳤습니다. 그것은 금과 은과 그 밖의 물건들이었습니다.

아사와 이스라엘 왕 바아사 사이에는 늘 전쟁이 있었습니다. 바아사는 유다를 공격하기 위해서 올라왔습니다. 그는 어느 누구도 유다로 들어가지 못하게 하고 또 유다에서 나오지 못하게 하려고 했습니다. 그래서 그는 라마 성을 굳건하게 쌓았습니다. 아사는 여호와의 성전과 자기 왕궁의 보물 가운데 남아 있는 금과 은을 다 모아 신하들에게 주었습니다. 그리고 그들을 아람 왕 벤하닷에게 보냈습니다. 벤하닷은 다브림몬의 아들이고, 다브림몬은 헤시온의 아들입니다. 벤하닷은 다마스커스 성에서 다스리고 있었습니다. 그들이 아사의 말을 벤하닷에게 전했습니다. "내 아버지와 그대의 아버지는 평화 조약을 맺었습니다. 그대에게 금과 은을 선물로 보냅니다. 이스라엘 왕 바아사와 맺은 조약을 끊고 그가 내 땅에서 떠나게 해 주십시오." 벤하닷은 아사 왕의 말을 들어주었습니다. 그래서 그는 자기 군대를 보내어 이스라엘 마을들을 공격하게 했습니다. 그는 이욘과 단, 아벨벧마아가와 긴네렛 전 지역과 납달리 지역을 침입했습니다. 바아사가 그 소식을 듣고는 라마 성 쌓는 일을 멈추고 디르사로 돌아갔습니다. 아사는 유다의 모든 백성에게 명령을 내려 한 사람도 빠짐없이 바아사가 라마 성을 쌓을 때 쓰던 돌과 나무를 나르게 했습니다. 아사는 그것으로 베냐민 땅에 있는 게바와 미스바 성을 건축하였습니다. 아사가 한 다른 모든 일, 곧 그가 전쟁에서 승리한 일과 그가 성들을 건축한 것에 대한 이야기는 유다 왕들의 역사책에 적혀 있습니다. 아사는 늙어서 발에 병이 났습니다. 아사가 죽어 조상들과 함께 그의 조상 다윗의 성에 묻혔습니다. 아사의 아들 여호사밧이 뒤를 이어 왕이 되었습니다.

이스라엘의 나답 왕

아사가 유다의 왕으로 있은 지 이 년째 되던 해에 여로보암의 아들 나답이 이스라엘의 왕이 되었습니다. 나답은 이 년 동안 이스라엘을 다스렸습니다. 나답은 여호와께서 보시기에 악한 왕이었습니다. 전에 여로보암이 이스라엘 백성에게 죄를 짓게 했는데 나답 역시 여로보암이 지은 모든 죄를 그대로 따라 했습니다.

잇사갈 지파 사람 아히야의 아들 바아사가 나답을 배반했습니다. 나답과 온 이스라엘이 블레셋 사람의 마을인 깁브돈을 공격하고 있을 때 바아사는 그곳에서 나답을 죽였습니다. 아사가 유다의 왕으로 있은 지 삼 년째 되던 해에 바아사가 나답을 죽이고 그의 뒤를 이어 이스라엘의 왕이 되었습니다.

이스라엘의 바아사 왕

바아사는 왕이 되자마자 여로보암의 집안 사람들을 한 사람도 남김없이 다 죽였습니다. 그리하여 여호와께서 그의 종 실로 사람 아히야를 통해서 하신 말씀을 그대로 이루셨습니다. 그런 일이 일어난 것은 여로보암 왕이 많은 죄를 지었기 때문입니다. 뿐만 아니라 그는 이스라엘 백성들까지도 죄를 짓게 하여 여호와를 노하게 하였습니다.

나답이 한 다른 모든 일은 이스라엘 왕들의 역사책에 적혀 있습니다. 유다 왕 아사와 이스라엘 왕 바아사 사이에 전쟁이 끊이지 않았습니다.

아사가 유다의 왕이 된 지 삼 년째 되는 해에 아히야의 아들 바아사가 이스라엘의 왕이 되었습니다. 바아사는 이십사 년 동안 디르사에서 다스렸습니다. 그러나 바아사는 여호와께서 보시기에 악하게 살았습니다. 전에 여로보암이 이스라엘 백성에게 죄를 짓게 했는데 바아사도 여로보암이 지은 모든 죄를 그대로 따라 했습니다.

여호와의 말씀이 하나니의 아들 예후에게 내려왔습니다. 예후가 바아사를 향하여 말했습니다. "너는 아무것도 아니었는데 내가 너를 높여서 내 백성 이스라엘의 지도자로 삼았다. 그런데 너는 여로보암처럼 내 백성 이스라엘이 죄를 짓도록 했고, 그들의 죄 때문에 나를 화나게 만들었다. 바아사야, 그러므로 내가 너와 네 집안을 멸망시키겠다. 느밧의 아들 여로보암에게 벌을 내렸던 것처럼 너에게 벌을 내려 네 집안 사람 가운데 성에서 죽는 사람은 개들이 그 시체를 먹을 것이고, 들에서 죽는 사람은 새들이 그 시체를 먹을 것이다."

바아사가 한 다른 모든 일과 전쟁에서 승리한 이야기는 이스라엘 왕들의 역사책에 적혀 있습니다. 바아사는 죽어 디르사에 묻혔습니다. 그의 아들 엘라가 뒤를 이어 왕이 되었습니다. 여호와께서 하나니의 아들인 예언자 예후를 통하여 바아사와 그의 집안에 대하여 말씀하셨습니다. 바아사는 여호와께서 보시기에 악한 일을 많이 했습니다. 그래서 주께서 크게 노하셨습니다. 바아사는 전에 여로보암의 집안이 한 일과 똑같이 악한 일을 저질렀습니다. 게다가 그는 여로보암의 집안 사람들을 다 죽여 여호와를 더욱 화나게 했습니다.

이스라엘의 엘라 왕

아사가 유다의 왕으로 있은 지 이십육 년째 되는 해에 바아사의 아들 엘라가 이스라엘의 왕이 되었습니다. 엘라는 디르사에서 이 년 동안 다스렸습니다. 시므리는 엘라의 신하로서 엘라의 전차들 가운데 절반을 지휘하는 장군이었습니다. 엘라가 왕궁을 관리하는 아르사의 집에서 술에 취해 있을 때에 시므리는 엘라를 반역했습니다. 시므리가 아르사의 집으로 들어가 엘라를 죽였습니다. 그때는 아사가 유다의 왕으로 있은 지 이십칠 년째 되는 해였습니다. 시므리가 엘라의 뒤를 이어 이스라엘의 왕이 되었습니다.

이스라엘의 시므리 왕

시므리는 왕이 되자마자 바아사의 집안 사람들을 다 죽였습니다. 그는 바아사의 집안 사람과 그 친구들을 한 사람도 살려 두지 않았습니다. 이처럼 시므리는 바아사의 집안을 완전히 멸망시켰습니다. 그리하여 여호와께서 예언자 예후를 통해 바아사에게 말씀하신 것이 그대로 이루어졌습니다. 이런 일은 바아사와 그의 아들 엘라가 저지른 모든 죄 때문에 일어났습니다. 그들은 자기들뿐만 아니라 이스라엘 백성까지 죄를 짓게 만들었습니다. 그들은 헛된 우상들을 만들어 이스라엘 하나님 여호와를 노하시게 했습니다. 엘라가 행한 다른 모든 일은 이스라엘 왕들의 역사책에 적혀 있습니다.

시므리는 아사가 유다의 왕으로 있은 지 이십칠 년째 되는 해에 이스라엘의 왕이 되어서 칠 일 동안 디르사에서 다스렸습니다. 그때에 이스라엘 군대가 블레셋 마을인 깁브돈에서 가까운 곳에 진을 치고 있었습니다. 진에 있던 사람들은 시므리가 반역하여 왕을 죽였다는 소식을 듣게 되었습니다. 그래서 그들은 그날로 군대 사령관인 오므리를 이스라엘의 왕으로 세웠습니다. 오므리와 모든 이스라엘 백성은 깁브돈을 떠나 디르사로 쳐들어갔습니다. 시므리는 성이 점령되는 것을 보고 왕궁으로 들어가 불을 지르고 자기도 타 죽었습니다. 이와 같은 일은 시므리가 여호와께서 보시기에 악한 일을 하여 죄를 지었기 때문에 일어났습니다. 전에 여로보암이 이스라엘 백성에게 죄를 짓게 했는데 시므리도 여로보암이 지은 모든 죄를 그대로 따라 했습니다. 시므리가 한 다른 모든 일과 엘라 왕에게 반역한 이야기는 이스라엘 왕들의 역사책에 적혀 있습니다.

이스라엘의 오므리 왕

이스라엘 백성이 두 무리로 나뉘었습니다. 한 무리는 기낫의 아들 디브니를 왕으로 삼길 원했고, 다른 무리는 오므리가 왕이 되는 것을 원했습니다. 오므리를 따르는 사람들은 기낫의 아들 디브니를 따르는 사람들보다 강했기 때문에 싸움에서 그들을 이겼습니다. 그래서 디브니가 죽고 오므리가 왕이 되었습니다. 아사가 유다의 왕으로 있은 지 삼십일 년째 되는 해에 오므리가 이스라엘의 왕이 되었습니다. 오므리는 십이 년 동안 이스라엘을 다스렸는데 처음 육 년은 디르사에서 다스렸습니다. 오므리는 세멜에게 은 두 달란트를 주고 사마리아 언덕을 샀습니다. 오므리는 그 언덕 위에 성을 쌓고 그 성을 원래 주인이었던 세멜의 이름을 따서 사마리아라고 불렀습니다.

그러나 오므리는 여호와께서 보시기에 악한 일을 저질렀습니다. 오므리는 전에 있던 다른 왕들보다 더 악했습니다. 느밧의 아들 여로보암이 이스라엘 백성에게 죄를 짓게 했던 것처럼 오므리도 여로보암이 지은 모든 죄를 그대로 따라 했습니다. 이스라엘 백성은 헛된 우상들을 섬겨서 이스라엘 하나님 여호와를 노하게 만들었습니다. 오므리가 한 다른 모든 일과 승리한 일들은 이스라엘 왕들의 역사책에 적혀 있습니다. 오므리는 죽어서 조상들과 함께 사마리아에 묻혔습니다. 그의 아들 아합이 뒤를 이어 왕이 되었습니다.

이스라엘의 아합 왕

아사가 유다의 왕으로 있은 지 삼십팔 년째 되던 해에 오므리의 아들 아합이 이스라엘의 왕이 되었습니다. 아합은 사마리아에서 이십이 년 동안 이스라엘을 다스렸습니다. 오므리의 아들 아합은 여호와께서 보시기에 악한 일을 많이 했습니다. 아합은 전에 있던 다른 왕들보다 더 악했습니다. 아합은 느밧의 아들 여로보암이 지은 죄를 그대로 따라 했을 뿐만 아니라 그보다 더 큰 죄도 지었습니다. 아합은 시돈 사람의 왕 엣바알의 딸 이세벨과 결혼했습니다. 아합은 바알 신을 섬기고 예배하기 시작했습니다. 아합은 사마리아에 바알의 신전을 세웠습니다. 그리고 그곳에 바알을 섬기는 제단을 쌓았습니다. 아합은 아세라 우상도 만들어 섬겼습니다. 아합은 전에 있던 다른 어떤 왕보다도 더 이스라엘의 하나님 여호와를 노하게 했습니다. 아합이 왕으로 있는 동안에 벧엘 사람 히엘이 여리고를 다시 세웠습니다. 히엘은 여리고 성을 쌓기 시작하면서 맏아들 아비람을 잃었습니다. 그리고 성문을 세울 때에는 막내아들 스굽을 잃었습니다. 그래서 여호와께서 눈의 아들 여호수아를 통해서 하신 말씀이 이루어졌습니다.

엘리야가 가뭄을 예고하다

길르앗 땅 디셉 사람인 예언자 엘리야가 아합 왕에게 말했습니다. "나는 이스라엘 하나님 여호와를 섬깁니다. 여호와의 살아 계심을 두고 맹세하지만 내가 다시 명령하기까지 앞으로 몇 년 동안 비나 이슬이 내리지 않을 것입니다." 여호와께서 엘리야에게 말씀하셨습니다. "여기를 떠나 동쪽으로 가서 요단 강 동쪽에 있는 그릿 시냇가에 숨고 그곳의 시냇물을 마셔라. 내가 까마귀들을 시켜 네게 먹을 것을 가져다 주겠다." 엘리야는 여호와께서 명령하신 대로 했습니다. 그는 요단 강 동쪽에 있는 그릿 시냇가로 가서 살았습니다. 까마귀들이 아침저녁으로 엘리야에게 빵과 고기를 가져다 주었습니다. 그리고 엘리야는 그곳의 시냇물을 마셨습니다. 땅에 비가 내리지 않자 얼마 뒤에 그 시냇물도 말라 버렸습니다.

여호와께서 엘리야에게 말씀하셨습니다. "너는 일어나서 시돈 땅 사르밧으로 가서 살아라. 그곳의 한 과부에게 너를 돌보아 주라고 명령했다." 그래서 엘리야는 사르밧으로 갔습니다. 그가 성문으로 들어설 때에 한 과부가 땔감을 줍고 있었습니다. 엘리야가 말했습니다. "마실 물을 한 그릇만 떠다 주시오." 그 과부가 물을 가지러 가려고 할 때 엘리야가 또 말했습니다. "빵도 조금만 가져다 주시오." 그 여자가 대답했습니다. "당신의 하나님 여호와께서 살아 계심을 두고 맹세하지만 나에게는 빵이 없습니다. 항아리에 밀가루가 조금 있고 기름병에 기름이 조금 있을 뿐입니다. 이곳에 땔감을 주으려고 왔는데 땔감을 주워 집에 가져가서 나와 내 아들이 죽기 전에 마지막으로 먹을 음식을 준비하려던 참이었습니다." 엘리야가 말했습니다. "걱정하지 마시오. 집으로 가서 당신이 말한 대로 음식을 준비하시오. 그러나 먼저 조그마한 빵을 만들어서 나에게 가져오시오. 그리고 나서 당신과 당신 아들이 먹을 것을 준비하시오. 이스라엘 하나님 여호와께서 말씀하셨소. '나 여호와가 이 땅에 비를 내리기까지 그 항아리의 밀가루가 결코 떨어지지 않을 것이며 병의 기름도 떨어지지 않을 것이다.' " 여자는 집으로 가서 엘리야가 말한 대로 했습니다. 그리고 엘리야와 여자와 그의 아들이 날마다 음식을 넉넉히 먹었습니다. 여호와께서 엘리야를 통해 말씀하신 대로 항아리의 밀가루와 병에 있는 기름은 떨어지지 않았습니다.

엘리야가 과부의 아이를 살려내다

얼마 뒤에 그 집 사르밧 과부의 아들이 병이 들었는데, 그 병이 점점 깊어지더니 마침내 숨을 거두고 말았습니다. 그러자 그 여자가 엘리야에게 말했습니다. "당신은 하나님의 사람입니다. 어째서 당신은 나에게 와서 내 죄를 생각나게 하십니까? 내 아들을 죽이려고 나에게 오셨습니까?" 엘리야가 말했습니다. "그 아이를 이리로 주시오." 엘리야는 여자가 내주는 아들을 받아 안고 위층으로 올라갔습니다. 엘리야는 그 아이를 자기가 묵고 있는 방 침상에 눕혀 놓았습니다. 그리고 여호와께 기도했습니다. "나의 하나님 여호와여! 이 과부는 나를 자기 집에서 묵게 해 주었습니다. 그런데 어찌하여 그녀에게 이런 재앙을 내리십니까? 어찌하여 그녀의 아이를 죽게 하셨습니까?" 그런 다음에 엘리야는 아이의 몸 위에 세 번 엎드렸습니다. 그리고 또 여호와께 기도했습니다. "내 하나님 여호와여, 이 아이가 다시 살아나게 해 주십시오." 여호와께서 엘리야의 기도를 들어주셨습니다. 그리하여 아이가 다시 숨을 쉬기 시작했습니다. 아이가 살아난 것입니다. 엘리야가 아이를 안고 아래층으로 내려갔습니다. 그리고 아이를 그의 어머니에게 보여 주면서 말했습니다. "보시오. 당신 아들이 살아났소." 여자가 엘리야에게 말했습니다. "이제 보니 당신은 정말로 하나님의 사람입니다. 여호와께서 당신을 통해서 하시는 말씀이 참으로 진실인 줄 알겠습니다."

엘리야와 바알의 예언자들

세월이 흘렀습니다. 가뭄이 든 지 삼 년째 되던 해에 여호와께서 엘리야에게 말씀하셨습니다. "가서 아합 왕을 만나라. 내가 곧 땅에 비를 내리겠다." 그리하여 엘리야는 아합을 만나러 갔습니다. 그 무렵 사마리아에는 심한 가뭄이 들었습니다. 그래서 아합 왕은 왕궁을 관리하는 사람인 오바댜를 부르러 사람을 보냈습니다. 오바댜는 참마음으로 여호와를 따르는 사람이었습니다. 언젠가 이세벨이 여호와의 예언자들을 죽일 때에 오바댜는 그 가운데서 예언자 백 명을 오십 명씩 두 동굴에 나누어 숨겨 주고 그들에게 먹을 것과 마실 것을 가져다 준 일이 있었습니다. 아합 왕이 오바댜에게 말했습니다. "모든 땅에 있는 샘과 시내를 다 뒤져 보자. 풀이 넉넉히 있는 곳을 알아내면 우리의 말과 노새들을 살릴 수 있을 것이고 더 이상 짐승들을 잃지 않게 될 것이다." 왕과 오바댜는 땅을 둘로 나누어 찾아다니기로 했습니다. 그래서 아합과 오바댜는 제각기 자기가 맡은 땅으로 떠났습니다.

오바댜가 길을 가다가 엘리야를 만났습니다. 오바댜가 엘리야를 알아보고 고개를 숙여 인사했습니다. "당신은 나의 주 엘리야가 아니십니까?" 엘리야가 대답했습니다. "그렇소. 그대의 왕에게 가서 내가 여기에 있다고 이르시오." 오바댜가 말했습니다. "내가 무슨 죄를 지었기에 당신이 나를 아합의 손에 넘겨 나를 죽이려 하십니까? 당신의 하나님 여호와의 살아 계심을 두고 맹세하지만 왕은 당신을 찾으려고 사람들을 보내어 모든 나라 안을 샅샅이 뒤졌습니다. 그 나라에서 '엘리야는 여기에 없소'라고 말하면 아합은 그 나라 왕까지 의심하면서 정말 엘리야를 찾지 못했다는 맹세를 하게 했습니다. 그런데 지금 당신은 나더러 가서 나의 왕에게 당신이 여기에 있다고 말하라는 것입니까? 내가 떠나면 여호와의 영이 당신을 다른 곳으로 데려갈지도 모릅니다. 내가 가서 아합 왕에게 당신이 여기에 있다고 말하였다가 아합 왕이 이곳에 와서 당신을 찾지 못한다면 그는 나를 죽이고 말 것입니다. 나는 어릴 때부터 여호와를 따랐습니다. 혹시 내가 한 일을 듣지 못하셨습니까? 이세벨이 여호와의 예언자들을 죽일 때에 내가 그 가운데서 예언자 백 명을 오십 명씩 두 동굴에 나누어 숨겨 주고 먹을 것과 마실 것을 가져다 주었습니다. 그런데도 당신은 나더러 가서 나의 왕에게 엘리야가 여기에 있다고 말하라는 것입니까? 그는 틀림없이 나를 죽일 것입니다." 엘리야가 대답했습니다. "나는 만군의 여호와를 섬기는 사람이오. 여호와의 살아 계심을 두고 맹세하지만 나는 오늘 반드시 아합을 만날 것이오." 오바댜가 아합에게 가서 엘리야가 있는 곳을 일러 주었습니다. 그리하여 아합이 엘리야를 만나러 갔습니다.

아합이 엘리야를 보고 말했습니다. "바로 네가 이스라엘을 괴롭히는 자냐?" 엘리야가 대답했습니다. "이스라엘을 괴롭히는 사람은 내가 아니라 왕과 왕의 집안이오. 왕은 여호와의 명령에 복종하지 않았고 바알 신을 따랐소. 모든 이스라엘 백성에게 나를 만나러 갈멜 산으로 오라고 이르시오. 이세벨에게서 얻어먹고 사는 바알의 예언자 사백오십 명과 아세라의 예언자 사백 명도 데려오시오."

아합이 모든 이스라엘 백성과 그 예언자들을 갈멜 산으로 불러 모았습니다. 엘리야가 백성 앞에 서서 말했습니다. "여러분은 언제까지 바알과 여호와 두 사이에서 머뭇거리고 있으렵니까? 여호와와 바알을 함께 섬길 것이오? 여호와가 참하나님이시면 여호와를 따르고 바알이 참하나님이면 바알을 따르시오." 그러나 백성은 아무 말도 하지 않고 잠잠히 있었습니다. 엘리야가 말했습니다. "여호와의 예언자라고는 나밖에 남은 사람이 없소. 그러나 바알의 예언자들은 사백오십 명이나 있소. 소 두 마리를 가져와 바알의 예언자들에게 한 마리를 고르게 하고, 그 소를 잡아서 여러 조각으로 나눈 다음에 장작 위에 올려놓게 하시오. 그러나 거기에 불을 지피지는 마오. 나도 나머지 소 한 마리를 잡아서 장작 위에 올려놓겠소. 나도 거기에 불을 지피지 않겠소. 당신들 바알의 예언자들이여, 당신들의 신에게 기도하시오. 나도 여호와께 기도하겠소. 기도를 들어주셔서 불을 내리시는 신이 참하나님이시오." 그러자 모든 백성이 그렇게 하는 것이 좋겠다고 말했습니다. 엘리야가 바알의 예언자들에게 말했습니다. "당신들은 수가 많으니 먼저 하시오. 소 한 마리를 잡아서 준비하고 당신들의 신에게 기도하시오. 그러나 불을 지피지는 마시오.” 그리하여 그들은 소 한 마리를 잡아다가 준비해 놓고 아침부터 한낮이 될 때까지 바알에게 기도했습니다. 그들은 “바알이여, 우리의 기도를 들어주십시오”라고 외쳤습니다. 그러나 아무런 소리도 들리지 않았으며 아무런 대답도 없었습니다. 그들은 자기들이 만든 제단 둘레를 돌며 춤을 추었습니다. 한낮이 되자 엘리야가 그들을 부추겼습니다. “더 크게 기도해 보시오. 바알이 정말로 신이라면 지금 생각에 빠져 있는지도 모르고 아니면 다른 일로 바쁘거나 어디 먼 길을 떠났는지도 모르지 않소? 어쩌면 자고 있는지도 모르겠소. 그렇다면 깨워야 하지 않겠소?” 그들은 더 큰 소리로 기도했습니다. 그리고 그들은 자기들의 예배 관습에 따라 칼과 창으로 자기 몸을 찔러서 피가 나게 했습니다. 그들은 그런 식으로 자기들의 신을 예배하기도 했습니다. 낮이 지나서 저녁 제사를 드릴 시간이 다 되도록 바알의 예언자들은 계속해서 미친 듯이 날뛰었습니다. 그러나 아무런 소리도 들리지 않았습니다. 아무런 대답도 없었고 어떤 움직임도 보이지 않았습니다.

엘리야가 모든 백성에게 말했습니다. “이제는 나에게로 오시오.” 백성이 엘리야 곁으로 모여들자 엘리야는 무너진 여호와의 제단을 다시 쌓았습니다. 엘리야는 야곱의 아들들의 지파 수에 따라 돌 열두 개를 준비했습니다. 야곱은 옛날에 여호와께서 “네 이름을 이스라엘이라 하여라”고 말씀했던 사람입니다. 엘리야는 그 돌들을 가지고 여호와를 위해 제단을 쌓았습니다. 그리고 나서 제단 둘레에 곡식 종자를 두 세아 정도 담을 수 있는 작은 도랑을 팠습니다. 엘리야는 제단 위에 장작을 놓고 소를 잡아서 여러 조각으로 나눈 다음에 장작 위에 올려놓았습니다. 그런 다음 “항아리 네 개에 물을 가득 채워서 제물과 장작 위에 부으시오”라고 말했습니다. 엘리야가 “한 번 더 부으시오”라고 말하자 사람들이 그대로 했습니다. 엘리야가 또 말했습니다. "한 번 더 부으시오." 사람들이 세 번째로 물을 부었습니다. 그리하여 물이 제단 위로 넘쳐흘러 도랑을 가득 채웠습니다.

저녁 제사를 드릴 때가 되자 예언자 엘리야가 제단 앞으로 나아가 기도했습니다. "여호와여, 주님은 아브라함과 이삭과 이스라엘의 하나님이십니다. 주님이 이스라엘의 하나님이심을 증명해 주십시오. 그리고 제가 주님의 종이라는 것과 주께서 저에게 명령하여 이 모든 일을 하게 하셨음을 이 백성에게 보여 주십시오. 여호와여, 제 기도를 들어주십시오. 여호와께서 하나님이시라는 것을 이 백성들이 알게 하소서. 주님이야말로 이 백성을 주께로 돌아오게 하시는 분이라는 것을 알게 하소서." 여호와의 불이 하늘에서 떨어져 제물과 장작과 제단 둘레의 돌과 흙을 태우고 도랑의 물을 말렸습니다. 모든 백성이 그 모습을 보고 땅에 엎드려 외쳤습니다. "여호와 그는 하나님이시다! 여호와 그는 하나님이시다!" 엘리야가 말했습니다. "바알의 예언자들을 붙잡으시오! 한 사람도 도망가지 못하게 하시오!" 백성이 예언자들을 다 붙잡자 엘리야가 그들을 기손 시냇가로 끌고 가서 다 죽였습니다.

가뭄이 끝나다

엘리야가 아합에게 말했습니다. "이제 올라가서 먹고 마시십시오. 곧 큰비가 내릴 것이오." 아합이 돌아가서 먹고 마셨습니다. 엘리야는 갈멜 산 꼭대기로 올라가서 몸을 굽혀 머리를 무릎 사이에 파묻었습니다. 엘리야가 자기 종에게 말했습니다. "가서 바다 쪽을 살펴보아라." 종이 가서 살펴본 후 말했습니다. "아무것도 안 보입니다." 엘리야가 다시 가서 살펴보라고 말했습니다. 그가 가서 살펴보는 일이 일곱 번이나 되풀이되었습니다. 일곱 번째가 되자 종이 말했습니다. "사람 손바닥만한 작은 구름이 바다에서 올라오고 있습니다." 엘리야가 종에게 말했습니다. "가서 아합에게 비가 와서 길이 막히기 전에 마차를 준비해서 당장 집으로 돌아가라고 전하여라." 얼마 지나지 않아서 검은 구름이 하늘을 덮었습니다. 그리고 바람이 불더니 큰비가 내리기 시작했습니다. 아합은 자기 마차를 타고 이스르엘로 돌아갔습니다. 여호와께서 엘리야에게 큰 능력을 주셔서 엘리야는 허리를 동여매고 아합 왕보다 앞서서 이스르엘로 달려갔습니다.

시내 산의 엘리야

아합 왕은 이세벨에게 가서 엘리야가 한 일을 다 들려주었습니다. 엘리야가 모든 예언자들을 칼로 죽인 일도 말해 주었습니다. 그러자 이세벨이 엘리야에게 사자를 보내서 말했습니다. "내일 이맘때까지 너를 죽이고 말겠다. 네가 그 예언자들을 죽였듯이 나도 너를 죽이겠다. 내가 너를 죽이지 못한다면 신들이 나에게 무서운 벌을 내려도 좋다." 엘리야는 이 말을 듣고 무서워서 도망쳤습니다. 엘리야는 자기 종을 데리고 갔는데 유다 땅 브엘세바에 이르렀을 때에 그 종을 거기에 남겨 두었습니다.

엘리야는 하루 종일 광야로 걸어 들어갔습니다. 그러다가 한 로뎀 나무 밑에 앉아서 하나님께 죽여 달라고 기도했습니다. "여호와여, 이제는 다 되었습니다. 내 목숨을 거두어 가십시오. 나는 내 조상들보다 나을 것이 없습니다." 그리고 엘리야는 로뎀 나무 밑에 누워 잠이 들었습니다. 그때 한 천사가 와서 엘리야를 깨우며 말했습니다. "일어나 먹어라." 엘리야가 보니 뜨거운 돌 위에 놓인 구운 과자 하나와 물 한 병이 그의 머리맡에 있었습니다. 그는 먹고 마신 다음에 다시 자리에 누웠습니다. 여호와의 천사가 그에게 두 번째로 나타났습니다. 천사가 그를 깨우며 말했습니다. "일어나 먹어라. 아직도 갈 길이 멀다." 그래서 엘리야는 자리에서 일어나 먹고 마셨습니다. 그 음식을 먹고 힘을 얻어 엘리야는 사십 일 동안 밤낮으로 걸어서 하나님의 산인 시내 산으로 갔습니다.

시내 산에 도착한 엘리야는 한 동굴 속에 들어가 밤을 지냈습니다. 여호와께서 그에게 말씀하셨습니다. "엘리야야, 어찌하여 여기에 있느냐?" 엘리야가 대답했습니다. "만군의 하나님 여호와여, 저는 언제나 제 힘을 다해 주님을 섬겼습니다. 그러나 이스라엘 백성은 주님과 맺은 언약을 어겼습니다. 그들은 주님의 제단을 부수고 주님의 예언자들을 칼로 죽였습니다. 살아남은 예언자는 저밖에 없습니다. 그런데 지금 그들은 저까지 죽이려 합니다." 여호와께서 엘리야에게 말씀하셨습니다. "가거라. 산 위에서 내 앞에 서 있어라. 내가 네 앞으로 지나가겠다." 그러더니 매우 센 바람이 불어와 여호와 앞에서 산을 가르고 큰 바위를 쪼갰습니다. 그러나 여호와께서는 그 바람 속에 계시지 않았습니다. 바람이 불고 난 뒤에 지진이 일어났습니다. 그러나 그 지진 속에도 여호와께서는 계시지 않았습니다. 지진이 일어난 뒤에 또 불이 났지만 그 불 속에도 여호와께서는 계시지 않았습니다. 불이 난 뒤에는 조용하고 부드러운 목소리가 들렸습니다. 엘리야는 그 소리를 듣고 겉옷으로 얼굴을 가렸습니다. 그리고 밖으로 나가서 동굴 입구에 섰습니다. 그때에 어떤 소리가 들려왔습니다. "엘리야야! 어찌하여 여기에 있느냐?" 엘리야가 대답했습니다. "만군의 하나님 여호와여, 저는 언제나 제 힘을 다해 주님을 섬겼습니다. 그러나 이스라엘 백성은 주님과 맺은 언약을 어겼습니다. 그들은 주님의 제단을 부수고 주님의 예언자들을 칼로 죽였습니다. 살아남은 예언자는 저밖에 없습니다. 그런데 지금 그들은 저까지 죽이려 합니다." 여호와께서 엘리야에게 말씀하셨습니다. "네가 왔던 광야 길로 돌아가 다마스커스로 가거라. 그 성에 들어가서 하사엘에게 기름을 부어 아람 왕으로 세워라. 그런 다음에 님시의 아들 예후에게 기름을 부어 이스라엘 왕으로 세워라. 그리고 아벨므홀라 사람 사밧의 아들 엘리사에게 기름을 부어라. 그는 너의 뒤를 이을 예언자가 될 것이다. 하사엘의 칼을 피해서 도망치는 사람은 예후가 죽일 것이요, 예후의 칼을 피해서 도망치는 사람은 엘리사가 죽일 것이다. 또한 내가 이스라엘에 칠천 명을 남겨두었는데, 그들은 한 번도 바알에게 절한 적이 없고 바알의 우상에게 입을 맞춘 적이 없는 사람들이다."

엘리사가 예언자가 되다

엘리야가 그곳을 떠나서 사밧의 아들 엘리사를 찾았습니다. 엘리사는 밭에서 열두 쌍의 소가 끄는 쟁기로 밭을 갈고 있었습니다. 엘리사는 열한 쌍의 소를 앞세우고 열두 번째 소가 끄는 쟁기로 밭을 갈고 있었는데 엘리야는 엘리사 곁으로 지나가면서 입고 있던 겉옷을 그에게 입혀 주었습니다. 그러자 엘리사가 소를 버려두고 엘리야에게 달려와서 말했습니다. "내 아버지와 어머니에게 작별 인사를 하고 오게 해 주십시오. 그런 다음에 선생님을 따라가겠습니다." 엘리야가 대답했습니다. "돌아가거라. 말리지 않겠다." 엘리사가 집으로 돌아가 소 두 마리를 잡고 소가 메던 멍에로 불을 때서 고기 요리를 만들어 사람들에게 주었습니다. 사람들이 요리를 먹은 뒤에 엘리사는 그곳을 떠나 엘리야를 따라가 그의 제자가 되었습니다.

벤하닷과 아합의 전쟁

아람 왕 벤하닷이 모든 군대를 모았습니다. 삼십이 명의 왕이 말과 전차를 이끌고 모여들었습니다. 벤하닷은 사마리아로 가서 그 성을 포위하고 공격했습니다. 벤하닷 왕이 성안에 있는 이스라엘의 아합 왕에게 사자들을 보내어 말했습니다. "벤하닷이 이렇게 말씀하셨다. '너의 은과 금도 내놓고 너의 아름다운 아내들과 자녀들도 내놓아라.' " 이스라엘의 아합 왕이 대답했습니다. "내 주 왕이시여, 왕의 말씀대로 하겠습니다. 나와 내가 가진 모든 것을 다 드리겠습니다." 그러자 사자들이 다시 아합에게 와서 말했습니다. "벤하닷이 이렇게 말씀하셨다. '전에 내가 너에게 은과 금도 내놓고 너의 아내들과 자녀들도 내놓으라고 말한 적이 있다. 내일 이맘때에 내 신하들을 보내 네 집과 네 신하들의 집을 뒤질 것이다. 마음에 드는 것이 있으면 다 가져갈 것이다.' "

아합이 온 나라의 장로들을 다 모아 놓고 말했습니다. "벤하닷이 우리를 괴롭히고 있소. 내 아내와 자녀, 그리고 내 은과 금을 내놓으라고 사람을 보내왔는데 나는 거절하지 못했소." 그러자 장로들과 모든 백성이 말했습니다. "그의 말을 무시하고 들어주지 마십시오." 아합이 벤하닷의 사자들에게 말했습니다. "내 주 왕에게 전하시오. 처음에 말씀하신 것은 들어줄 수 있지만 두 번째로 말씀하신 것은 들어줄 수 없소." 그러자 벤하닷 왕의 사자들이 돌아가서 그 말을 전했습니다. 벤하닷이 다시 아합에게 사람들을 보내어 말했습니다. "내가 내 군인들을 보내 사마리아를 완전히 멸망시켜 버리겠다. 내 군인들이 이 성에서 재를 한 줌이라도 모을 수 있다면 신들이 나에게 무서운 벌을 내려도 좋다." 아합이 대답했습니다. "벤하닷에게 전하여라. 아직 싸우고 있는 군인은 이미 이긴 것처럼 뽐내어서는 안 된다고 일러라." 그때에 벤하닷은 자기 장막에서 다른 왕들과 함께 술을 마시고 있었습니다. 아합에게서 돌아온 사자들이 전한 말을 들은 벤하닷은 신하들에게 성을 공격할 준비를 하라고 명령했습니다. 그래서 모두들 싸울 준비를 갖추었습니다.

어떤 예언자가 이스라엘의 왕 아합에게 와서 말했습니다. "여호와께서 이렇게 말씀하셨소. '저 큰 군대가 보이느냐? 내가 오늘 저 군대를 너에게 넘겨주어 싸움에서 이기도록 해 주겠다. 그러면 너는 내가 여호와인 줄을 알게 될 것이다.' " 아합이 말했습니다. "누구를 통해서 저들을 물리치실 것입니까?" 예언자가 대답했습니다. "여호와께서 이렇게 말씀하셨소. '각 지역 장관들의 젊은 장교들이 그들을 물리칠 것이다.' " 왕이 다시 물었습니다. "누가 군대를 지휘합니까?" 예언자가 대답했습니다. "왕이 지휘하십시오." 아합이 각 지역 장관들의 젊은 장교들을 모았습니다. 모아 보니 모두 이백삼십이 명이었습니다. 그런 다음에 이스라엘 군대를 모아 보니 모두 칠천 명이었습니다.

그들은 낮 12시에 공격을 시작했습니다. 그때에 벤하닷과 그를 따르는 왕 삼십이 명은 장막 안에서 술에 취해 있었습니다. 각 지역 장관들의 젊은 장교들이 먼저 그들을 공격했습니다. 벤하닷의 정찰병들은 군인들이 사마리아에서 나오고 있다고 왕에게 보고했습니다. 그러자 벤하닷이 말했습니다. "싸우러 나오는 것이든지 협상을 하러 나오는 것이든지 저들을 무조건 잡아라."

각 지역 장관들의 젊은 장교들과 그들을 따르는 군대는 이미 성 바깥으로 나와 있었습니다. 이스라엘의 장교들은 적군을 닥치는 대로 죽였습니다. 아람 사람들은 도망쳤고, 이스라엘 군인들은 그들을 뒤쫓았습니다. 아람 왕 벤하닷은 기병들과 함께 말을 타고 도망쳤습니다. 이스라엘의 왕이 군대를 이끌고 나가서 말과 전차들을 공격하고 아람 군대를 크게 무찔렀습니다.

그 예언자가 이스라엘의 왕 아합에게 가서 말했습니다. "아람의 왕은 이듬해 봄에 다시 쳐들어올 것입니다. 그러므로 이제 돌아가시면 강한 군대를 만들어야 합니다. 적을 막을 계획을 세우셔야 합니다."

아람 왕의 장교들이 그들의 왕에게 말했습니다. "이스라엘의 신은 산의 신입니다. 우리가 산에서 싸웠기 때문에 이스라엘이 이긴 것입니다. 그러므로 그들과 싸우려면 평지에서 싸워야 합니다. 그러면 우리가 이길 것입니다. 삼십이 명의 왕들을 자리에서 쫓아내고 그들 자리에 지휘관들을 임명하십시오. 싸움에 져서 잃어버린 군대만큼 다시 군대를 모으십시오. 그리고 말과 전차도 그만큼 모으십시오. 우리는 이제 평지에서 싸울 것입니다. 그러면 반드시 이깁니다." 벤하닷은 그들의 말을 좋게 여겨서 그대로 했습니다.

이듬해 봄에 벤하닷이 아람 백성을 모았습니다. 그는 이스라엘과 싸우려고 아벡으로 갔습니다. 이스라엘 백성도 전쟁 준비를 하여 아람 사람들을 맞으러 나가서 그들 앞에 진을 쳤습니다. 이스라엘 군대는 적은 수의 두 염소 떼처럼 보였으나 아람 군대는 온 땅을 덮었습니다. 하나님의 사람이 이스라엘의 왕에게 와서 말했습니다. "여호와께서 이렇게 말씀하셨소. '아람 백성은 나 여호와가 산의 신이지 평지의 신이 아니라고 말하고 있다. 그러므로 내가 이 큰 군대를 너에게 넘겨주어 싸움에서 이기게 하겠다. 그러면 너희는 내가 여호와인 줄을 알게 될 것이다.'" 두 군대는 서로 마주 보며 칠 일 동안 진을 치고 있었습니다. 칠 일째 되는 날에 싸움이 시작되었습니다. 이스라엘 군대가 하루 만에 아람 군인 십만 명을 죽였습니다. 나머지는 아벡 성으로 도망쳤는데, 그 성의 성벽이 그들 위에 무너져 내려서 이만 칠천 명이 죽었습니다.

그때 벤하닷은 그 성으로 도망쳐서 어떤 방 안에 숨었습니다. 벤하닷의 신하들이 그에게 말했습니다. "이스라엘의 왕들은 자비롭다고 들었습니다. 베옷을 입어 우리의 슬픔을 나타내고 머리에 줄을 동여매어 항복의 표시를 보입시다. 그리고 나서 이스라엘의 왕에게 갑시다. 왕이 우리를 살려 줄지도 모릅니다." 신하들은 베옷을 입고 머리에 줄을 동여맸습니다. 그리고 이스라엘의 왕에게 가서 말했습니다. "왕의 종 벤하닷이 제발 목숨만 살려 달라고 말했습니다." 아합이 대답했습니다. "그가 아직 살아 있느냐? 그는 내 형제다." 벤하닷의 신하들은 아합의 말을 좋은 징조로 여겨 재빨리 그 말에 대답했습니다. "그렇습니다. 벤하닷은 왕의 형제입니다." 아합이 말했습니다. "벤하닷을 데려오너라." 벤하닷이 오자 아합은 그를 자기 전차에 태웠습니다. 벤하닷이 아합에게 말했습니다. "아합이여, 내 아버지가 왕의 아버지로부터 빼앗은 마을들을 다 돌려 드리겠습니다. 그리고 내 아버지가 사마리아에 상점들을 두었던 것같이 왕도 다마스커스에 상점들을 만드십시오." 아합이 말했습니다. "그런 조건이라면 당신을 보내 주겠소." 그리하여 두 왕은 평화 조약을 맺었습니다. 그런 다음에 아합은 벤하닷을 풀어 주었습니다.

어떤 예언자가 아합을 나무라다

예언자 가운데서 한 사람이 여호와의 명령을 받아 다른 예언자에게 자기를 때리라고 말했습니다. 그러나 그 예언자는 때리지 않았습니다. 첫 번째 예언자가 말했습니다. "당신은 여호와의 명령에 복종하지 않았소. 그러므로 당신이 나에게서 떠나가는 순간 사자가 당신을 죽일 것이오." 두 번째 예언자가 떠나자 사자가 나타나서 그를 죽였습니다. 첫 번째 예언자가 또 다른 예언자에게 가서 자기를 때리라고 말했습니다. 그러자 그 예언자가 첫 번째 예언자를 때려서 다치게 했습니다. 맞은 예언자가 천으로 얼굴을 가려서 아무도 자기를 알아보지 못하게 했습니다. 그리고 그는 길가로 나가서 왕을 기다렸습니다. 이스라엘의 아합 왕이 지나가자 그가 왕을 불러서 말했습니다. "나는 전쟁터에 갔었습니다. 그런데 우리 편 군인 가운데 한 사람이 적군 한 명을 데려오더니 이렇게 말했습니다. '이 사람을 지켜라. 만약 이 사람이 도망치면 네가 대신해서 죽어야 한다. 죽지 않으려면 은 한 달란트를 내야 한다.' 그러나 내가 다른 일로 바쁜 사이에 그 사람이 도망치고 말았습니다." 이스라엘의 왕이 대답했습니다. "네가 스스로 정한 벌이니 너는 그 벌을 받아야 한다." 그 예언자가 재빨리 자기 얼굴을 가린 천을 벗어 버렸습니다. 이스라엘의 왕은 그를 보고 그가 예언자 가운데 한 사람이라는 것을 알았습니다. 예언자가 왕에게 말했습니다. "여호와께서 이렇게 말씀하셨소. '너는 내가 죽이라고 한 사람을 살려 주었다. 그러므로 그 대신에 네가 죽을 것이며 그의 백성 대신에 네 백성이 죽을 것이다.' " 이스라엘 왕은 무겁고 우울한 마음으로 사마리아로 돌아갔습니다.

나봇의 포도밭

그 일이 있은 후였습니다. 나봇이라는 사람이 이스르엘에 포도밭을 가지고 있었습니다. 그 밭은 아합의 궁에서 가까운 곳에 있었습니다. 어느 날 아합이 나봇에게 말했습니다. "그대의 포도밭이 내 왕궁에서 가까우니 나에게 주시오. 그 밭을 내 정원으로 만들고 싶소. 그 대신에 그대에게 더 좋은 포도밭을 주겠소. 그대가 원하면 그 값만큼 돈으로 줄 수도 있소." 나봇이 대답했습니다. "조상에게서 물려받은 땅을 왕에게 드리는 것은 여호와께서 금하신 일입니다." 그러자 아합은 분하고 상한 마음으로 집에 돌아왔습니다. 왜냐하면 이스르엘 사람 나봇이 '내 조상에게서 물려받은 땅을 왕에게 드릴 수 없습니다'라고 말했기 때문입니다. 아합은 침대에 누워 얼굴을 벽쪽으로 돌리고 음식도 먹지 않았습니다.

그의 아내 이세벨이 와서 물었습니다. "무슨 일로 그렇게 마음이 상하셨습니까? 왜 음식을 드시지 않습니까?" 아합이 대답했습니다. "이스르엘 사람 나봇에게 '그대의 포도밭을 파시오. 그대가 원하면 다른 포도밭을 주겠소'라고 말했더니 그가 자기 포도밭을 줄 수 없다고 하였소. 그래서 그러오." 이세벨이 말했습니다. "그러고도 당신이 이스라엘의 왕이십니까? 일어나셔서 음식을 드시고 기운을 차리십시오. 이스르엘 사람 나봇의 포도밭을 왕의 것으로 만들어 드리겠습니다."

이세벨이 아합의 이름으로 편지 몇 통을 쓰고 거기에 왕의 도장을 찍었습니다. 그리고 나서 그 편지들을 나봇의 마을에 사는 장로들과 귀족들에게 보냈습니다. 이세벨은 편지에 이렇게 썼습니다. "금식일을 선포하고 백성을 불러 모으시오. 그리고 나봇을 높은 자리에 앉히고 불량배 두 사람을 나봇의 맞은편에 앉히시오. 그들더러 나봇이 하나님과 왕을 욕하는 말을 들었다고 거짓으로 말하게 하시오. 그런 다음에 나봇을 성에서 끌어내 돌로 쳐 죽이시오." 이스르엘의 장로들과 귀족들은 이세벨의 명령을 그대로 따랐습니다. 그들은 백성이 아무 음식도 먹지 않는 날을 선포하고 백성을 불러 모았습니다. 그리고 나봇을 높은 자리에 앉혔습니다. 불량배 두 사람이 들어와서 나봇의 맞은편에 앉았습니다. 그들은 나봇이 하나님과 왕을 욕하는 말을 들었다고 말했습니다. 그러자 백성이 나봇을 성 밖으로 끌고 가서 돌로 쳐 죽였습니다. 마을의 지도자들이 나봇이 돌에 맞아 죽었다는 말을 이세벨에게 전했습니다.

이세벨은 나봇이 죽었다는 말을 전해 듣고 아합에게 말했습니다. "이스르엘 사람 나봇이 죽었습니다. 가셔서 왕에게 팔기를 거절했던 그의 포도밭을 차지하십시오." 아합은 나봇이 죽었다는 말을 듣고 이스르엘 사람 나봇의 포도밭을 차지하려고 그 포도밭으로 갔습니다.

그때에 여호와께서 디셉 사람 예언자 엘리야에게 말씀하셨습니다. "너는 일어나 사마리아에서 다스리고 있는 이스라엘 왕 아합에게 가거라. 그는 나봇의 포도밭을 차지하려고 그곳으로 내려갔다. 아합에게 나의 말을 전하여라. '여호와께서 말씀하셨다. 아합아, 너는 나봇을 죽이고 그의 땅을 빼앗았다. 그러므로 개들이 나봇의 피를 핥았던 그곳에서 네 피도 핥을 것이다.'"

아합이 자기를 찾아온 엘리야를 보고 말했습니다. "이 원수, 네가 또 나를 찾아왔구나." 엘리야가 대답했습니다. "그렇소. 내가 왕을 찾아왔소. 내가 찾아온 까닭은 왕이 여호와께서 보시기에 나쁜 짓을 저질렀기 때문이오. 여호와께서 이렇게 말씀하셨소. '내가 너에게 재앙을 내리겠다. 너뿐만 아니라 종이든지 자유인이든지 네 집안의 남자란 남자는 다 죽이겠다. 네 집안은 느밧의 아들 여로보암 왕의 집안처럼 될 것이다. 그리고 아히야의 아들 바아사의 집안처럼 될 것이다. 내가 너의 집안에 이런 벌을 내리는 까닭은 네가 나를 화나게 했고 네가 이스라엘 백성으로 하여금 죄를 짓게 했기 때문이다.' 여호와께서 이세벨에게도 이렇게 말씀하셨소. '개들이 이스르엘 성에서 이세벨의 시체를 먹을 것이다. 아합 집안의 사람이 성에서 죽으면 개들이 먹을 것이요, 들에서 죽으면 공중의 새들이 먹을 것이다.'"

아합처럼 여호와 앞에서 나쁜 짓을 그렇게 자주 한 사람은 없었습니다. 아합은 그의 아내 이세벨이 시키는 대로 나쁜 짓을 했습니다. 아합은 아모리 백성들과 같이 우상들을 섬기는 무서운 죄를 지었습니다. 아모리 사람들이 그런 죄를 지었기 때문에 여호와께서는 그들을 그 땅에서 쫓아내셨습니다.

엘리야가 여호와의 말씀을 다 전하자 아합이 자기 옷을 찢었습니다. 그는 베옷을 입고 음식을 먹지 않았습니다. 누울 때에도 베옷을 입은 채로 누웠습니다. 그가 그렇게 한 까닭은 여호와의 말씀을 듣고서 두렵고 슬펐기 때문입니다. 여호와께서 디셉 사람인 예언자 엘리야에게 말씀하셨습니다. "아합이 내 앞에서 겸손해진 것을 보았다. 그가 내 앞에서 겸손해졌으므로 그가 살아 있는 동안에는 그에게 재앙을 내리지 않고 그의 아들이 왕이 될 때 그의 집안에 재앙을 내리겠다."

아합의 죽음

이스라엘과 아람 사이에 삼 년 동안 평화가 있었습니다. 삼 년째 되는 해에 유다의 여호사밧 왕이 이스라엘의 왕을 찾아왔습니다. 그때 아합이 자기 신하들에게 말했습니다. "아람의 왕이 길르앗 라못을 우리에게서 빼앗아 간 것을 잊었소? 어찌하여 그대들은 그 땅을 다시 찾을 생각도 하지 않고 있소?" 아합이 여호사밧 왕에게 물었습니다. "우리와 함께 가서 길르앗 라못에 있는 아람의 군대와 싸우지 않겠습니까?" 여호사밧이 대답했습니다. "왕과 함께 가겠습니다. 내 군대와 말들은 당신의 군대와 말들과 마찬가지입니다."

그러나 여호사밧이 이스라엘 왕에게 다시 말했습니다. "싸우러 가기 전에 먼저 여호와께 여쭈어 봅시다." 아합이 예언자들을 불렀습니다. 모인 예언자는 사백 명가량 되었습니다. 아합이 그들에게 물었습니다. "길르앗 라못에 있는 아람의 군대와 싸우러 나가는 것이 좋겠소, 아니면 기다리는 것이 좋겠소?" 예언자들이 대답했습니다. "싸우러 가십시오. 주께서 그들을 왕의 손에 넘겨주실 것입니다." 여호사밧이 물었습니다. "여호와께 여쭤 볼 다른 예언자는 없습니까?" 이스라엘의 왕이 대답했습니다. "여호와의 뜻을 여쭤 볼 다른 예언자가 있기는 합니다. 그는 이믈라의 아들 미가야인데 나는 그를 미워합니다. 그는 한 번도 나에게 좋은 예언을 해 준 적이 없습니다. 그는 언제나 나쁜 말만 합니다." 여호사밧이 말했습니다. "왕이여, 그렇게 말씀하시면 안 됩니다." 그래서 이스라엘의 왕이 신하들 가운데 한 사람을 불러 당장 미가야를 데려오라고 말했습니다. 이스라엘의 왕과 유다의 여호사밧 왕은 왕의 옷을 입고 있었습니다. 그들은 사마리아 성문 앞 마당에 보좌를 놓고 앉아 있었습니다. 모든 예언자들은 왕들 앞에 서서 예언을 하였습니다. 그 예언자들 가운데에 그나아나의 아들 시드기야가 있었는데 그는 쇠뿔을 만들어 가지고 있었습니다. 그가 아합에게 말했습니다. "여호와께서 이렇게 말씀하셨습니다. '너는 이 뿔들을 가지고 아람 사람과 싸워라. 너는 그들을 멸망시킬 것이다.' " 다른 예언자들도 다 똑같은 말을 했습니다. "길르앗 라못을 치십시오. 그러면 이기실 것입니다. 여호와께서 아람 사람을 왕에게 넘겨주실 것입니다."

미가야를 데리러 갔던 사람이 미가야에게 말했습니다. "다른 예언자들은 한결같이 왕이 이길 것이라고 말하고 있소. 당신도 같은 말을 하시오. 왕에게 좋은 말을 해 주시오." 그러나 미가야가 대답했습니다. "여호와께서 살아 계심을 두고 맹세하지만 나는 오직 여호와께서 말씀해 주시는 것만을 전할 뿐이오." 미가야가 아합에게 오자 왕이 그에게 물었습니다. "미가야여, 우리가 길르앗 라못으로 싸우러 가는 것이 좋겠소, 가지 않는 것이 좋겠소?" 미가야가 대답했습니다. "싸우러 가서 이기시오. 여호와께서 그들을 왕에게 넘겨주실 것이오." 왕이 그에게 말했습니다. "여호와의 이름으로 진실만을 이야기하시오. 몇 번이나 말해야 알아듣겠소?" 미가야가 대답했습니다. "온 이스라엘이 목자 없는 양처럼 이 산 저 산에 흩어져 있는 것이 보이오. 여호와께서 말씀하셨소. '이들에게 지도자가 없으니 싸우지 말고 집으로 돌아가게 하여라.'" 이스라엘의 아합 왕이 여호사밧에게 말했습니다. "그것 보십시오. 이 예언자는 한 번도 좋은 말을 해 준 적이 없습니다. 언제나 나쁜 말만 합니다." 미가야가 계속해서 말했습니다. "여호와의 말씀을 들으시오. 여호와께서 보좌에 앉아 계시고 천사가 여호와의 양쪽 옆에 서 있는 것이 보이오. 여호와께서 말씀하셨소. '누가 아합을 속여 길르앗 라못으로 싸우러 나가게 하겠느냐?' 그러자 천사들마다 서로 다른 의견을 말했소. 그때에 한 천사가 나아와 여호와 앞에 서서 '내가 그를 속이겠습니다' 하고 말했소. 여호와께서 그에게 물으셨소. '어떻게 아합을 속이겠느냐?' 그 천사가 대답했소. '아합의 예언자들에게 가서 거짓말을 하도록 시키겠습니다.' 그러자 여호와께서 말씀하셨소. '좋다. 너는 그를 속일 수 있을 것이다. 가서 말한 대로 하여라.'" 미가야가 말했습니다. "아합이여, 이 일은 이미 일어났습니다. 여호와께서는 왕의 예언자들이 왕에게 거짓말을 하게 하셨습니다. 여호와께서는 왕에게 큰 재앙을 내리셨습니다."

그러자 그나아나의 아들 시드기야가 미가야에게 가서 미가야의 뺨을 때리며 말했습니다. "여호와의 영이 언제 내게서 나가 너에게 말씀하셨느냐?" 미가야가 대답했습니다. "네가 구석방으로 들어가서 숨는 날에 그 사실을 알게 될 것이다." 이스라엘의 아합 왕이 명령했습니다. "미가야를 붙잡아서 이 성의 영주인 아몬과 왕자 요아스에게 데려가거라. 그리고 미가야를 감옥에 넣으라고 그들에게 말하여라. 내가 전쟁터에서 돌아올 때까지 그를 감옥에 가두어 놓고 빵하고 물만 죽지 않을 만큼 조금씩 주어라." 미가야가 말했습니다. "아합이여, 만약 왕이 전쟁터에서 무사히 돌아온다면 내가 전한 말은 여호와께서 하신 말씀이 아닙니다. 여기에 있는 모든 백성이여, 내 말을 기억하시오."

이스라엘의 아합 왕과 유다의 여호사밧 왕은 길르앗 라못으로 갔습니다. 아합이 여호사밧에게 말했습니다. "나는 변장을 하고 싸움터에 갈 테니 왕은 왕의 옷을 입으십시오." 아합은 변장을 하고 싸움터로 갔습니다. 아람의 왕은 삼십이 명의 전차 지휘관을 두고 있었습니다. 그가 그들에게 명령했습니다. "너희들은 높은 사람이든지 낮은 사람이든지 다른 사람과는 싸우지 말고 오직 이스라엘의 왕하고만 싸워라." 이 지휘관들은 여호사밧을 보고 그가 이스라엘의 왕인 줄 알았습니다. 그래서 그에게 달려들었습니다. 그러자 여호사밧이 소리를 질렀습니다. 그때에야 그 지휘관들은 그가 아합이 아니라는 것을 알았습니다. 그들은 여호사밧을 더 이상 뒤쫓지 않았습니다. 어떤 군인이 화살을 쏘았는데 그 화살이 우연히 이스라엘의 아합 왕에게 맞았습니다. 화살이 갑옷 틈새를 뚫고 아합의 몸에 꽂혔습니다. 아합 왕이 전차를 모는 군인에게 말했습니다. "전차를 돌려서 이 싸움터에서 빠져나가거라. 내가 다쳤다." 싸움은 하루 종일 계속되었습니다. 아합 왕은 전차 안에서 겨우 버티고 서서 아람 사람들과 싸웠습니다. 그러다가 저녁 때에 숨을 거두었습니다. 상처에서 흘러나온 피가 전차 바닥에 흥건히 고였습니다. 해 질 무렵에 이스라엘 군대 안에서 외치는 소리가 들렸습니다. "각자 자기 성으로 돌아가거라. 각자 자기 고향으로 돌아가거라."

아합 왕은 이처럼 죽었습니다. 그의 시체는 사마리아로 옮겨져서 거기에 묻혔습니다. 사람들이 아합의 전차를 사마리아의 연못에서 씻었는데 개들이 와서 아합의 피를 핥았습니다. 그 연못은 창녀들이 목욕하는 곳이었습니다. 모든 일이 여호와께서 말씀하신 대로 이루어졌습니다. 아합이 한 다른 모든 일은 이스라엘 왕들의 역사책에 적혀 있습니다. 그 책에는 또 아합이 짓고 상아로 장식한 왕궁과 아합이 지은 여러 성에 대한 이야기도 적혀 있습니다. 아합이 죽고 그의 아들 아하시야가 뒤를 이어 왕이 되었습니다.

유다의 여호사밧 왕

아합이 이스라엘의 왕으로 있은 지 사 년째 되는 해에 아사의 아들 여호사밧이 유다의 왕이 되었습니다. 여호사밧은 삼십오 세에 왕이 되어 이십오 년 동안 예루살렘에서 다스렸습니다. 그의 어머니는 실히의 딸 아수바입니다. 여호사밧은 그의 아버지 아사처럼 살면서 여호와께서 보시기에 올바른 일을 했습니다. 그러나 산당은 없애 버리지 않았습니다. 그래서 백성들은 계속해서 산당에서 제물을 바치고 향을 피웠습니다. 여호사밧은 이스라엘의 왕과 평화롭게 지냈습니다.

여호사밧은 전쟁을 많이 했습니다. 그의 전쟁 이야기와 전쟁에서 승리한 이야기들은 유다 왕들의 역사책에 적혀 있습니다. 나쁜 신들을 섬기는 신전에는 남자 창기들이 있었습니다. 여호사밧의 아버지인 아사는 그 남자 창기들을 다 쫓아내지 않았습니다. 그러나 여호사밧은 남은 남자 창기들을 다 쫓아냈습니다.

그때에 에돔에는 왕이 없었습니다. 그래서 유다 왕이 보낸 장관이 에돔을 다스렸습니다. 여호사밧 왕은 오빌에서 금을 실어 오려고 다시스의 배를 만들었습니다. 그러나 그 배들은 에시온게벨에서 부서졌고 다시는 그 배들을 띄우지 못했습니다. 아합의 아들 아하시야가 여호사밧을 도와주러 갔습니다. 아하시야는 여호사밧의 사람들과 함께 배에 탈 사람들을 보내 주겠다고 말했지만 여호사밧은 거절했습니다. 여호사밧은 죽어서 조상들과 함께 묻혔습니다. 그는 예루살렘, 곧 그의 조상인 다윗 성에 묻혔습니다. 그의 아들 여호람이 왕이 되었습니다.

이스라엘의 아하시야 왕

여호사밧이 유다의 왕으로 있은 지 십칠 년째 되는 해에 아합의 아들 아하시야가 사마리아에서 이스라엘의 왕이 되었습니다. 아하시야는 이 년 동안 이스라엘을 다스렸습니다. 아하시야는 여호와께서 보시기에 악한 일을 저질렀습니다. 그는 그의 아버지 아합과 어머니 이세벨과 느밧의 아들 여로보암이 지은 죄를 그대로 따라 했습니다. 이들은 모두 이스라엘을 죄의 길로 인도했습니다. 아하시야는 바알을 섬기고 그에게 예배했습니다. 그래서 아하시야는 그의 아버지처럼 이스라엘 하나님 여호와를 크게 노하게 했습니다.

열왕기하

엘리야와 아하시야 왕

아합 왕이 죽은 뒤에 모압이 이스라엘을 배반했습니다.

아하시야 왕이 사마리아에 있는 그의 이층 방 난간에서 떨어져 크게 다쳤습니다. 그는 명령을 받고 심부름하는 사람들을 보내며 말했습니다. "에그론의 신 바알세붑에게 가서 내 다친 몸이 나을 수 있는지 물어보아라." 여호와의 천사가 디셉 사람 엘리야에게 말했습니다. "일어나 가서 아하시야 왕이 보낸 사람들을 만나라. 그들에게 이렇게 말하여라. '이스라엘에 하나님이 안 계셔서 에그론의 신 바알세붑에게 물으러 가느냐? 여호와께서 아하시야에게 말씀하셨다. 너는 지금 누워 있는 침대에서 일어나지 못하고 죽을 것이다.' " 그 후 엘리야는 길을 떠나 여호와의 천사가 일러 준 말을 그들에게 그대로 전했습니다.

그러자 심부름하는 사람들이 즉시 아하시야 왕에게 돌아왔습니다. 아하시야 왕이 그들에게 물었습니다. "왜 돌아왔느냐?" 그들이 대답했습니다. "어떤 사람이 우리에게 오더니 왕께 이렇게 전하라고 했습니다. '여호와께서 말씀하셨다. 이스라엘에 하나님이 안 계셔서 에그론의 신 바알세붑에게 물으러 가느냐? 그러므로 너는 지금 누워 있는 침대에서 일어나지 못하고 죽을 것이다.' " 아하시야 왕이 그들에게 물었습니다. "그대들을 만나서 그 말을 한 사람이 어떻게 생겼더냐?" 심부름하는 사람들이 대답했습니다. "그 사람은 털옷을 입고, 허리에는 가죽띠를 매고 있었습니다." 아하시야 왕이 말했습니다. "그 사람은 디셉 사람 엘리야다."

아하시야 왕이 오십부장과 그의 부하 오십 명을 엘리야에게 보냈습니다. 그들이 갔을 때 엘리야는 산꼭대기에 앉아 있었습니다. 오십부장이 엘리야에게 말했습니다. "하나님의 사람이여, 왕이 내려오라고 말씀하셨소." 엘리야가 대답했습니다. "내가 하나님의 사람이라면 하늘에서 불이 내려와 너와 네 부하 오십 명을 태워 버릴 것이다." 그러자 하늘에서 불이 내려와 오십부장과 그의 부하 오십 명을 태워 버렸습니다.

아하시야 왕이 다른 오십부장과 그의 부하 오십 명을 엘리야에게 보냈습니다. 오십부장이 엘리야에게 말했습니다. "하나님의 사람이여, 왕의 말씀이오. 어서 내려오시오." 엘리야가 대답했습니다. "내가 하나님의 사람이라면 하늘에서 불이 내려와 너와 네 부하 오십 명을 태워 버릴 것이다." 그러자 또 하늘에서 불이 내려와 오십부장과 그의 부하 오십 명을 태워 버렸습니다.

아하시야 왕이 세 번째로 또 다른 오십부장과 그의 부하 오십 명을 엘리야에게 보냈습니다. 세 번째 오십부장이 가서 엘리야 앞에 무릎을 꿇었습니다. 그가 엘리야에게 빌었습니다. "하나님의 사람이여, 내 목숨과 내 부하 오십 명의 목숨을 하찮게 여기지 말아 주십시오. 보십시오. 하늘에서 불이 내려와 먼저 왔던 두 명의 오십부장과 그들의 부하들을 다 태워 버렸습니다. 그러나 이번에는 제 목숨을 귀하게 여겨 주십시오." 여호와의 천사가 엘리야에게 말했습니다. "저 사람과 함께 가거라. 저 사람을 두려워하지 마라." 그리하여 엘리야가 일어나 그 사람과 함께 왕을 보러 갔습니다. 엘리야가 아하시야 왕에게 말했습니다. "여호와께서 이렇게 말씀하셨소. '너는 에그론의 신 바알세붑에게 네 병에 관해 물어보려고 사람들을 보냈다. 이스라엘에는 여쭈어 볼 하나님이 계시지 않다고 생각했느냐? 그러므로 너는 네 병상에서 일어나지 못하고 죽을 것이다.'"

아하시야 왕은 여호와께서 엘리야를 통해 하신 말씀대로 죽었습니다. 아하시야 왕은 아들이 없었으므로 여호람이 아하시야의 뒤를 이어 왕이 되었습니다. 그때는 여호사밧의 아들 여호람이 유다의 왕으로 있은 지 이 년째 되던 해였습니다. 아하시야가 행한 다른 모든 일은 이스라엘 왕들의 역사책에 적혀 있습니다.

엘리야가 하늘로 올라가다

여호와께서 엘리야를 회오리바람에 실어 하늘로 데려가려고 하셨습니다. 그때에 엘리야와 엘리사는 길갈에 있었습니다. 엘리야가 엘리사에게 말했습니다. "여기에 남아 있어라. 여호와께서 나에게 벧엘로 가라고 말씀하셨다." 그러자 엘리사가 말했습니다. "여호와의 살아 계심과 선생님의 살아 계심을 두고 맹세합니다. 저는 결코 선생님을 떠나지 않겠습니다." 그래서 그들은 함께 벧엘로 갔습니다. 벧엘에 있는 예언자의 무리가 엘리사에게 와서 말했습니다. "여호와께서 오늘 당신의 선생님을 하늘로 데려가실 것을 알고 있습니까?" 엘리사가 말했습니다. "그렇소. 알고 있소. 아무 말도 하지 마시오."

엘리야가 엘리사에게 말했습니다. "여기에 남아 있어라. 여호와께서 나를 여리고로 보내셨다." 엘리사가 말했습니다. "여호와의 살아 계심과 선생님의 살아 계심을 두고 맹세합니다. 저는 결코 선생님을 떠나지 않겠습니다." 그래서 두 사람은 함께 여리고로 갔습니다. 여리고에 있는 예언자의 무리가 엘리사에게 와서 말했습니다. "여호와께서 오늘 당신의 선생님을 하늘로 데려가실 것을 알고 있습니까?" 엘리사가 말했습니다. "그렇소. 알고 있소. 아무 말도 하지 마시오."

엘리야가 엘리사에게 말했습니다. "여기에 남아 있어라. 여호와께서 나를 요단 강으로 보내셨다." 엘리사가 대답했습니다. "여호와의 살아 계심과 선생님의 살아 계심을 두고 맹세합니다. 저는 결코 선생님을 떠나지 않겠습니다." 그래서 두 사람은 함께 요단 강으로 갔습니다. 예언자의 무리 가운데 오십 명도 따라갔습니다. 그들은 요단 강가에 있는 엘리야와 엘리사에게서 멀찌감치 떨어져 두 사람을 바라보았습니다. 엘리야가 자기 겉옷을 벗어 둘둘 말더니 그것으로 강물을 쳤습니다. 그러자 강물이 양쪽으로 갈라졌습니다. 엘리야와 엘리사는 강물 사이로 드러난 마른 땅 위로 강을 건넜습니다.

강을 건넌 뒤에 엘리야가 엘리사에게 말했습니다. "여호와께서 나를 데려가시기 전에 내가 너에게 무엇을 해 주기를 원하느냐?" 엘리사가 말했습니다. "선생님의 영적인 능력에 두 배를 나에게 주십시오." 엘리야가 말했습니다. "어려운 것을 구하는구나. 그러나 여호와께서 나를 데려가시는 것을 네가 보면 그것을 받을 수 있을 것이다. 하지만 보지 못하면 받지 못할 것이다." 엘리야와 엘리사가 걸어가며 이야기하고 있을 때에 불전차와 불말들이 나타나 두 사람을 갈라놓았습니다. 그러자 엘리야가 회오리바람을 타고 하늘로 올라갔습니다. 엘리사가 그 모습을 보고 외쳤습니다. "내 아버지여, 내 아버지여, 이스라엘의 전차와 기병이여!" 엘리야는 다시 보이지 않았습니다.

엘리사는 너무 슬퍼서 자기 옷을 두 조각으로 찢었습니다. 엘리사는 엘리야가 떨어뜨린 겉옷을 주워 들었습니다. 그리고 다시 돌아가 요단 강가에 섰습니다. 엘리사가 엘리야의 옷으로 강물을 치며 말했습니다. "엘리야의 하나님 여호와께서는 어디에 계십니까?" 그가 강물을 치자 강물이 양쪽으로 갈라졌습니다. 엘리사가 그 갈라진 곳으로 강을 건넜습니다.

여리고에 있는 예언자의 무리가 엘리사를 지켜보고 있다가 말했습니다. "엘리야의 영이 지금은 엘리사 위에 있도다." 그들은 엘리사를 맞으러 나와서 그 앞에 엎드려 절했습니다. 그들이 엘리사에게 말했습니다. "우리에게 힘센 사람 오십 명이 있습니다. 그들을 보내서 당신의 선생님을 찾게 하십시오. 어쩌면 여호와의 영이 엘리야를 데려가시다가 산이나 골짜기에 떨어뜨렸는지도 모르지 않습니까?" 엘리사가 대답했습니다. "아니오. 보내지 마시오." 그러나 예언자의 무리가 하도 졸라대는 바람에 엘리사는 "그 사람들을 보내시오"라고 말했습니다. 그러자 그들은 예언자의 무리 오십 명을 보내어 삼 일 동안 찾아다녔으나 찾지 못했습니다. 그들이 여리고에 머무르고 있는 엘리사에게 돌아왔을 때 엘리사는 "그것 보시오. 내가 가지 말라고 하지 않았소?" 하고 말했습니다.

엘리사의 첫 번째 기적

그 성에 사는 사람들이 엘리사에게 말했습니다. "선생님, 보십시오. 선생님도 보시듯이 이 성은 살기 좋은 곳이지만 물이 좋지 않습니다. 그래서 이 땅에서는 열매가 익지 못하고 곧 떨어집니다." 엘리사가 말했습니다. "새 대접에 소금을 담아 오시오." 사람들이 소금을 담아 왔습니다. 엘리사가 샘이 솟는 곳으로 가서 소금을 뿌리며 말했습니다. "여호와께서 이렇게 말씀하셨소. '내가 이 물을 고치니 지금부터는 이 물 때문에 죽는 일이 없을 것이다. 그리고 이 물 때문에 열매 맺지 못하는 일도 없을 것이다.' " 엘리사가 말한 것과 같이 그 물은 오늘날까지도 깨끗한 상태로 남아 있습니다.

엘리사가 그곳을 떠나 벧엘로 갔습니다. 벧엘로 가는 길에 어린아이들이 성에서 나와 엘리사를 놀려 대며 말했습니다. "가거라, 이 대머리야. 가거라, 이 대머리야." 엘리사가 몸을 돌려 그들을 바라보며 여호와의 이름으로 저주했습니다. 그러자 암곰 두 마리가 숲에서 나와 어린아이 마흔두 명을 찢어 죽였습니다. 엘리사가 그곳을 떠나 갈멜 산으로 갔다가 다시 사마리아로 돌아갔습니다.

이스라엘과 모압이 전쟁을 하다

여호사밧이 유다 왕으로 있은 지 십팔 년째 되는 해에 아합의 아들 요람이 사마리아에서 이스라엘의 왕이 되었습니다. 요람 왕은 십이 년 동안 이스라엘을 다스렸습니다. 요람 왕은 여호와께서 보시기에 악한 일을 했으나 그의 부모처럼 악하지는 않았습니다. 그는 그의 아버지가 바알을 위해 세운 돌 우상들을 없애 버렸습니다. 그러나 이스라엘 백성이 죄를 짓도록 만든 느밧의 아들 여로보암의 죄는 그대로 따라 했습니다. 그는 죄에서 돌이키지 않았습니다.

모압 왕 메사는 양을 치는 사람이었습니다. 그는 이스라엘의 왕에게 어린 양 십만 마리와 숫양 십만 마리의 털을 바쳐야 했습니다. 그러나 아합이 죽자 모압 왕은 이스라엘을 배반했습니다. 요람 왕은 사마리아에 나가서 모든 이스라엘 백성을 불러 모았습니다. 요람이 유다의 왕 여호사밧에게 사람들을 보내어 말했습니다. "모압 왕이 우리를 반역했습니다. 나와 함께 모압과 싸우러 가지 않겠습니까?" 여호사밧이 말했습니다. "왕과 함께 가겠습니다. 기꺼이 왕과 함께 싸우러 가겠습니다. 나는 당신과 하나이고, 내 군인들과 내 말들은 왕의 군대나 마찬가지입니다." 그리고 나서 여호사밧이 물었습니다. "어느 길로 모압을 치러 가는 것이 좋겠습니까?" 요람이 대답했습니다. "에돔 광야 길로 갑시다."

그리하여 이스라엘 왕과 유다 왕은 에돔 왕과 함께 길을 떠났습니다. 그들이 칠 일 동안 행군하던 중에 군인들과 짐승들이 마실 물이 다 떨어졌습니다. 이스라엘 왕이 말했습니다. "이런 일이 일어나다니! 여호와께서 우리 세 왕을 모압 사람들에게 넘겨주시려고 부르셨나 보다." 여호사밧이 물었습니다. "혹시 여기에 여호와의 예언자는 없습니까? 예언자가 있으면 그를 통해서 여호와의 뜻을 여쭈어 볼 수 있을 것입니다." 이스라엘 왕의 신하들이 대답했습니다. "엘리야를 섬겼던 그의 제자 사밧의 아들 엘리사가 여기에 있습니다." 여호사밧이 말했습니다. "여호와께서 그를 통해 말씀하실 것입니다." 그래서 이스라엘 왕과 여호사밧과 에돔 왕이 엘리사를 만나러 갔습니다.

엘리사가 이스라엘 왕에게 말했습니다. "나는 왕과 아무런 상관이 없습니다. 왕의 부모님의 예언자들에게 가 보십시오." 이스라엘 왕이 엘리사에게 말했습니다. "아니오. 여호와께서 우리 세 왕을 부르시더니 우리를 모압 사람들에게 넘겨주려 하오." 엘리사가 말했습니다. "내가 섬기는 만군의 여호와의 살아 계심을 두고 맹세하지만 유다의 왕 여호사밧만 여기에 없었어도 나는 왕을 쳐다보지도 않았고 왕에게 관심을 두지도 않았을 것이오. 거문고를 타는 사람을 데려오시오." 거문고를 타는 사람이 거문고를 타자 여호와께서 엘리사에게 능력을 주셨습니다. 엘리사가 말했습니다. "여호와께서 골짜기에 도랑을 여러 개 파라고 말씀하셨소. 여호와께서 이렇게 말씀하셨소. '너희는 바람이 부는 것도 비가 내리는 것도 보지 못할 것이나 이 골짜기에는 물이 가득 차게 될 것이다.

그리하여 너희와 너희가 기르는 가축과 짐승이 물을 마시게 될 것이다.' 여호와께서 보시기에 이 일은 작은 일에 불과하오. 여호와께서 왕들이 모압을 이길 수 있게 해 주실 것이오. 왕들은 성벽이 있는 굳건한 성과 모든 중요한 성을 멸망시킬 것이오. 모든 좋은 나무를 넘어뜨릴 것이며 모든 우물도 못 쓰게 만들 것이오. 그리고 그 땅의 모든 기름진 들을 돌무더기로 만들 것이오." 이튿날 아침, 제물을 바칠 때에 에돔 쪽에서 물이 흘러나오기 시작하더니 골짜기에 물이 가득 찼습니다.

모든 모압 백성들은 왕들이 자기들과 싸우러 왔다는 소식을 들었습니다. 군복을 입을 나이가 된 사람은 다 모여서 국경에 줄을 지어 섰습니다. 이튿날 아침 모압 사람들이 일찍 일어나 보니 해가 물 위를 비추고 있었는데 건너편 물이 피처럼 붉게 보였습니다. 모압 사람들이 말했습니다. "이것은 피다! 왕들이 자기들끼리 싸우다가 서로 죽인 것이 틀림없다. 모압 사람들이여, 가자! 물건들을 빼앗으러 가자!" 모압 사람들이 이스라엘의 진에 이르렀을 때 이스라엘 사람들은 일어나 모압 사람들을 공격했습니다. 모압 사람들이 도망치니 이스라엘 사람들은 모압 땅까지 쳐들어가 그들과 싸웠습니다. 이스라엘 백성은 모압의 성들을 무너뜨리고 모든 기름진 들에 돌을 던져 돌무더기를 만들었습니다. 모든 우물도 못 쓰게 만들었습니다. 그리고 모든 좋은 나무를 넘어뜨렸습니다. 오직 길하레셋 성에만 돌 성벽이 남아 있었는데 물매를 든 사람들이 그곳마저 점령했습니다. 모압 왕은 전쟁이 자기에게 불리하게 돌아가는 것을 보고 칼을 쓰는 군인 칠백 명을 이끌고 에돔 왕이 있는 쪽을 뚫고 나가려 했습니다. 그러나 그들은 그것조차도 실패했습니다. 그러자 모압 왕은 자기의 뒤를 이어 왕이 될 맏아들을 성벽 위에서 자기 신에게 태워 드리는 번제로 바쳤습니다. 그러자 이스라엘을 향한 맹렬한 분노가 일어났습니다. 이것을 본 이스라엘 군대는 그곳을 떠나 자기 나라로 돌아갔습니다.

과부가 엘리사에게 도움을 요청하다

예언자의 무리에 속한 한 사람의 아내가 엘리사에게 와서 말했습니다. "선생님의 종인 내 남편이 죽었습니다. 선생님도 아시듯이 내 남편은 여호와를 잘 섬기던 사람이었습니다. 그런데 내 남편이 죽자 빚쟁이가 찾아와 내 두 아들을 데려다가 종으로 삼으려 하고 있습니다." 엘리사가 대답했습니다. "내가 어떻게 하는 것이 도움이 되겠소? 당신 집에 무엇이 있는지 알려 주시오." 여자가 말했습니다. "가진 것이라고는 기름 한 병이 전부입니다." 엘리사가 말했습니다. "이웃 사람들에게 가서 빈 그릇을 있는 대로 빌려 오시오. 그릇을 조금 빌리지 말고 많이 빌리시오. 그리고 당신은 두 아들만 데리고 집에 들어가서 문을 닫으시오. 그런 다음 빌려 온 항아리마다 기름을 부어 채워지는 대로 옮겨 놓으시오." 그 여자는 엘리사 앞에서 물러난 뒤 아들들만 데리고 집으로 들어가 문을 닫았습니다. 아들들이 빈 그릇을 가져오면 여자가 거기에 기름을 부었습니다. 그릇마다 기름이 가득 차게 되자 여자가 아들에게 말했습니다. "다른 그릇을 가져오너라." 아들이 말했습니다. "이제는 그릇이 더 없습니다." 그러자 기름이 더 이상 나오지 않았습니다. 여자가 엘리사에게 가서 그 사실을 알려 주었습니다. 엘리사가 여자에게 말했습니다. "가서 기름을 팔아 빚을 갚으시오. 당신과 당신의 아들들은 남은 것을 가지고 살아갈 수 있을 것이오."

수넴 여자의 아들을 살리다

어느 날 엘리사가 수넴으로 갔습니다. 그곳에는 한 귀부인이 살고 있었습니다. 그 여자는 엘리사에게 자기 집에서 머물며 음식을 먹으라고 간절히 부탁했습니다. 그래서 엘리사는 그곳을 지날 때마다 그 집에 들러 음식을 먹고 갔습니다. 여자가 자기 남편에게 말했습니다. "내가 보기에 우리 집 앞으로 자주 지나다니는 엘리사는 하나님께서 거룩하다고 여기는 사람입니다. 지붕 위에 작은 방 하나를 만들고 그 방에 엘리사를 위해 침대와 책상과 의자와 등잔대를 들여놓읍시다. 그래서 엘리사가 우리 집에 들를 때마다 그 방에서 묵어갈 수 있게 합시다."

어느 날 엘리사가 그 여자의 집에 와서 그 방에 들어가 쉬었습니다. 엘리사가 자기 종 게하시에게 말했습니다. "수넴 여자를 불러오너라." 게하시가 수넴 여자를 불러왔습니다. 그녀가 엘리사 앞에 섰습니다. 엘리사가 게하시에게 말했습니다. "여자에게 이렇게 말하여라. '보시오. 당신이 우리를 위해 이렇게 세밀하게 준비했군요. 내가 당신을 위해 무엇을 해 주면 좋겠소? 왕이나 군대 사령관에게 부탁할 것이 있으면 말해 보시오.'" 여자가 대답했습니다. "아닙니다. 나는 내 백성과 함께 살고 있으니 별 어려움이 없습니다." 엘리사가 말했습니다. "그렇다면 저 여자를 위해 무엇을 해 주면 좋을까?" 게하시가 대답했습니다. "저 여자는 아들이 없고 남편은 늙었습니다." 엘리사가 말했습니다. "여자를 불러오너라." 게하시가 다시 여자를 부르자 여자가 문간에 와서 섰습니다. 엘리사가 말했습니다. "내년 이맘때쯤에 당신은 아들을 품에 안고 있을 것이오." 여자가 말했습니다. "아닙니다. 하나님의 사람이시여, 당신의 여종을 속이지 마십시오." 그 여자는 엘리사가 말한 대로 임신하여 그 다음 해에 아들을 낳았습니다.

아이가 자랐습니다. 어느 날 그 아이가 자기 아버지에게 갔습니다. 그의 아버지는 곡식을 거두는 사람들과 함께 있었습니다. 아이가 갑자기 자기 아버지 앞에서 외쳤습니다. "아이고, 머리야. 아이고, 내 머리야." 아버지가 종에게 말했습니다. "이 아이를 어머니에게 데려가거라." 종이 그 아이를 그의 어머니에게 데려갔습니다. 아이는 낮 12시까지 어머니 무릎 위에 누워 있다가 죽고 말았습니다. 어머니가 아이를 안고 올라가 하나님의 사람이 쓰는 침대에 눕혀 놓았습니다. 그리고 문을 닫고 나왔습니다. 여자가 자기 남편을 불러 말했습니다. "종 한 명과 나귀 한 마리를 보내 주세요. 빨리 하나님의 사람에게 다녀와야겠어요." 여자의 남편이 말했습니다. "왜 오늘 그에게 가려 하오? 오늘은 초하루도 아니고 안식일도 아니지 않소?" 여자가 말했습니다. "걱정하지 말아요. 괜찮을 거예요." 여자가 나귀에 안장을 지우고 종에게 말했습니다. "나귀를 몰아라. 내가 말하기 전에는 늦추지 마라." 그리하여 여자는 갈멜 산에 있는 엘리사에게 갔습니다.

엘리사는 멀리서 여자가 오는 모습을 보고 자기 종 게하시에게 말했습니다. "저기를 보아라. 수넴 여자가 오고 있구나. 달려가 여자를 맞이하여라. 그리고 '안녕하십니까? 남편도 안녕하시고 아이도 잘 있습니까?' 하고 물어보아라." 여자가 대답했습니다. "다들 잘 있습니다." 그러더니 여자가 산에 있는 엘리사에게 와서 그의 발을 붙잡았습니다. 게하시가 가까이 와서 여자를 떼어 놓으려 하자 엘리사가 말했습니다. "그대로 두어라. 여자가 큰 슬픔에 빠져 있다. 여호와께서는 이 일을 나에게 숨기시고 아무 말씀도 해 주지 않으셨다." 여자가 말했습니다. "선생님, 나는 아들을 달라고 말한 적이 없습니다. 오히려 거짓말을 하지 말라고 말씀드리지 않았습니까?" 엘리사가 게하시에게 말했습니다. "길을 떠날 채비를 하여라. 내 지팡이를 손에 들고 서둘러 떠나라. 가다가 누구를 만나도 인사하지 마라. 누가 인사를 하더라도 대꾸하지 마라. 내 지팡이를 그 아이의 얼굴 위에 놓아라.” 그러나 아이의 어머니가 말했습니다. “여호와의 살아 계심과 당신의 살아 계심을 두고 맹세하지만 나는 선생님 곁을 떠나지 않겠습니다.” 그래서 엘리사도 자리에서 일어나 여자를 따라갔습니다. 게하시가 먼저 가서 지팡이를 아이의 얼굴 위에 올려놓았습니다. 그러나 아이는 소리도 내지 않고 움직이지도 않았습니다. 게하시가 돌아와서 엘리사를 맞이하며 말했습니다. “아이가 깨어나지 않습니다.”

엘리사가 집으로 들어가 보니 아이가 죽은 채 자기 침대에 누워 있었습니다. 엘리사는 방으로 들어가서 문을 닫았습니다. 방 안에는 엘리사와 아이밖에 없었습니다. 엘리사가 여호와께 기도를 드렸습니다. 그리고 나서 침대로 가서 아이 위에 엎드렸습니다. 자기 입을 아이의 입에 맞추고 자기 눈을 아이의 눈에 맞추고 자기 손을 아이의 손 위에 올려놓았습니다. 그렇게 아이 위에 엎드려 있는 사이에 아이의 몸이 따뜻해지기 시작했습니다. 엘리사는 침대에서 내려와 방 안에서 왔다 갔다 한 다음 다시 침대에 올라가 아이 위에 엎드렸습니다. 그러자 아이가 재채기를 일곱 번 하더니 눈을 떴습니다. 엘리사가 게하시를 불러 말했습니다. “수넴 여자를 불러오너라.” 게하시가 수넴 여자를 불렀습니다. 여자가 오자 엘리사가 말했습니다. “아들을 데리고 가시오.” 여자가 들어와서 엘리사의 발 앞에 엎드려 절한 다음 아이를 데리고 밖으로 나갔습니다.

엘리사가 독을 없애다

엘리사가 길갈로 돌아왔을 때 그 땅에는 가뭄이 들었습니다. 예언자의 무리가 엘리사 앞에 앉아 있었습니다. 엘리사가 자기 종에게 말했습니다. “불 위에 큰 솥을 올려놓고 이 사람들을 위해 국을 끓여라.” 그 가운데서 한 사람이 나물을 캐려고 들에 나갔다가 야생 덩굴을 발견했습니다. 그는 그 야생 덩굴에서 박을 따서 자기 옷에 가득 담아 왔습니다. 그리고 그것을 국을 끓이고 있는 솥에 썰어 넣었습니다. 그들은 그것이 어떤 열매인지 몰랐습니다. 사람들이 국을 그릇에 담은 뒤 먹기 시작했습니다. 그러던 중에 그들이 소리를 질렀습니다. "하나님의 사람이여, 국에 독이 있습니다." 그들은 더 이상 국을 먹을 수 없었습니다. 엘리사가 사람들에게 밀가루를 가져오라고 말했습니다. 밀가루를 가져오자 엘리사가 그것을 국에다 넣고 말했습니다. "사람들에게 국을 떠 주어 먹게 하시오." 그러자 국 안에 있는 독이 없어졌습니다.

엘리사가 여러 사람에게 빵을 먹이다

어떤 사람이 바알 살리사에서 엘리사에게 왔습니다. 그는 햇곡식으로 만든 보리빵 이십 개와 햇곡식을 자루에 담아서 엘리사에게 가져왔습니다. 엘리사가 말했습니다. "그것을 사람들에게 주어서 먹게 하여라." 엘리사의 종이 말했습니다. "이렇게 적은 것을 가지고 어떻게 백 명에게 먹일 수 있겠습니까?" 엘리사가 말했습니다. "그 빵을 사람들에게 주어서 먹게 하여라. 여호와께서 이렇게 말씀하셨다. '그들이 먹고도 남을 것이다.' " 그래서 그 빵을 사람들에게 주니 여호와께서 말씀하신 대로 사람들이 먹고도 남았습니다.

나아만의 병을 고치다

아람 왕의 군대 사령관인 나아만은 왕이 사랑하고 아끼던 사람이었습니다. 왜냐하면 여호와께서 그를 통해 아람이 승리하게 하셨기 때문입니다. 그는 강하고 용감한 사람이었지만 문둥병에 걸려 있었습니다. 아람 사람들이 전에 이스라엘에 쳐들어가서 어린 소녀 한 명을 잡아온 일이 있었습니다. 그 소녀는 나아만 아내의 시중을 들었습니다. 그 소녀가 여주인에게 말했습니다. "주인님이 사마리아에 사는 예언자를 만나 보시면 좋겠습니다. 그 예언자는 주인님의 병을 고칠 수 있을 것입니다." 나아만이 왕에게 가서 이스라엘에서 잡아온 소녀가 한 말을 일러 주었습니다. 아람 왕이 말했습니다. "그렇다면 가 보시오. 내가 이스라엘 왕에게 편지를 써 보내겠소."

나아만은 은 십 달란트가량과 금 육천 세겔과 옷 열 벌을 가지고 길을 떠났습니다. 나아만은 이스라엘 왕에게 편지를 전해 주었습니다. 그 편지에는 "내 종 나아만을 왕에게 보내니 그의 문둥병을 고쳐 주시오"라고 적혀 있었습니다. 그 편지를 읽은 이스라엘 왕은 기가 막혀 자기 옷을 찢었습니다. 왕이 말했습니다. "나는 하나님이 아니다. 내가 어떻게 사람을 죽이기도 하고 살리기도 하겠느냐? 어찌하여 이렇게 사람을 보내어 나더러 문둥병을 고치라고 하느냐? 아람 왕이 싸울 구실을 찾으려고 이런 일을 꾸민 것이 틀림없다."

하나님의 사람인 엘리사는 이스라엘 왕이 자기 옷을 찢었다는 소식을 들었습니다. 그래서 왕에게 심부름꾼을 보내어 말했습니다. "어찌하여 옷을 찢으셨습니까? 그 사람을 나에게 보내십시오. 이스라엘에 예언자가 있음을 그에게 알려 주겠습니다." 그래서 나아만은 말과 전차를 몰아 엘리사의 집으로 가서 문밖에 섰습니다. 엘리사가 나아만에게 심부름하는 사람을 보내어 말했습니다. "요단 강으로 가서 일곱 번 씻으시오. 그러면 당신의 피부가 고침을 받아 깨끗해질 것이오." 나아만이 화가 나서 그곳을 떠나며 말했습니다. "나는 적어도 엘리사가 밖으로 나와 내 앞에 서서 그의 주 하나님의 이름을 부르며 병든 자리에 손을 얹고 문둥병을 고칠 줄 알았다. 다마스커스에 있는 아마나 강이나 바르발 강이 이스라엘에 있는 어떤 강보다 좋지 않느냐? 몸을 씻어서 병이 낫는다면 그런 강에서 씻는 것이 낫겠다." 나아만은 크게 화를 내며 발길을 돌렸습니다. 그러자 나아만의 종들이 가까이 와서 말했습니다. "주인님, 만약 저 예언자가 그보다 더 큰일을 하라고 했더라도 그대로 하지 않았겠습니까? 그런데 기껏해야 몸을 씻으라는 것뿐인데 그 정도도 하지 못하시겠습니까?" 그리하여 나아만은 내려가서 엘리사가 말한 대로 요단 강에 몸을 일곱 번 담갔습니다. 그러자 나아만의 살결이 마치 어린아이의 살결처럼 깨끗해졌습니다. 그렇게 해서 나아만의 병이 나았습니다.

나아만과 그를 따르는 모든 무리가 엘리사에게 돌아왔습니다. 나아만이 엘리사 앞에 서서 말했습니다. "온 땅 가운데서 하나님이 계시는 곳은 오직 이스라엘밖에 없다는 것을 이제야 알았소. 부디 내 선물을 받아 주시오." 엘리사가 말했습니다. "내가 섬기는 여호와의 살아 계심을 두고 맹세하지만 나는 아무것도 받지 않겠소." 나아만이 선물을 받아 달라고 간청했으나 엘리사는 거절했습니다. 그러자 나아만이 말했습니다. "그러시다면 나에게 나귀 두 마리에 실을 수 있는 분량의 흙을 주시오. 이제부터 불에 태워 드리는 제물인 번제물이나 그 밖의 제물을 바칠 때는 다른 신들에게 바치지 않고 오직 여호와께만 바치겠소. 그러나 여호와께서 한 가지만은 용서해 주시기 원합니다. 내 주인이 림몬 신전에 들어가서 예배할 때는 내 부축을 받아서 신전에 들어갑니다. 그때는 나도 머리를 숙여야 하는데 이것만은 여호와께서 용서해 주시기 원합니다." 엘리사가 말했습니다. "평안히 가시오."

나아만이 엘리사를 떠나 얼마쯤 가고 있었습니다. 하나님의 사람 엘리사의 종 게하시가 생각했습니다. '내 주인은 아람 사람 나아만이 가져온 것을 받지 않았다. 내가 하나님께서 살아 계심으로 결심하노니 나아만을 뒤쫓아가서 뭔가 하나라도 꼭 받아 오고 말 것이다.' 그리하여 게하시는 나아만을 뒤쫓아갔습니다. 나아만은 누군가가 자기를 뒤쫓아오는 것을 보고 전차에서 내려 그를 맞이하며 말했습니다. "안녕하시오?" 게하시가 말했습니다. "그렇습니다. 그런데 내 주인이 나를 보내며 말했습니다. '지금 막 예언자의 무리 가운데 두 사람이 에브라임 산지에서 왔습니다. 그들에게 필요한 은 한 달란트와 옷 두 벌을 주면 좋겠습니다.'" 나아만이 말했습니다. "은 두 달란트를 받으시오." 그러면서 나아만은 게하시에게 은을 억지로 주었습니다. 나아만은 은 두 달란트를 자루 두 개에 담아 옷 두 벌과 함께 자기 종들에게 주며 게하시 앞에서 지고 가게 했습니다. 그들이 언덕에 이르렀을 때에 게하시는 그 물건들을 나아만의 종에게서 받아 집에 들여놓았습니다. 그리고 나아만의 종들을 돌려보냈습니다. 게하시가 들어가 주인 앞에 섰습니다. 엘리사가 그에게 물었습니다. "게하시야, 어디에 갔다 왔느냐?" 게하시가 대답했습니다. "아무 데도 가지 않았습니다." 엘리사가 말했습니다. "어떤 사람이 전차에서 내려 너를 맞이할 때 내 영이 너와 함께 있었다. 지금이 돈이나 옷이나 기름이나 포도를 받을 때냐? 지금이 양이나 소나 남종이나 여종을 받을 때냐? 나아만의 문둥병이 너와 네 자손에게 영원히 옮겨질 것이다." 게하시가 엘리사 앞에서 물러나오자 그에게 문둥병이 생겨 눈처럼 하얗게 되었습니다.

잃어버린 도끼를 찾다

예언자의 무리가 엘리사에게 말했습니다. "우리가 선생님을 모시고 사는 이곳은 너무나 좁습니다. 모두들 요단 강으로 가서 나무를 주워다가 살 곳을 짓도록 합시다." 엘리사가 말했습니다. "그렇게 하자." 그 가운데 한 사람이 말했습니다. "선생님도 같이 가시지요." 엘리사가 말했습니다. "그래, 나도 가마." 그리하여 엘리사도 그들과 함께 갔습니다. 그들은 요단 강에 이르러서 나무를 베기 시작했습니다. 어떤 사람이 나무를 찍다가 도끼를 물에 빠뜨리고 말았습니다. 그러자 그가 소리쳤습니다. "선생님, 빌려 온 도끼인데 어쩌면 좋습니까?" 엘리사가 물었습니다. "어디에 빠졌느냐?" 그 사람이 엘리사에게 도끼가 빠진 곳을 가리켰습니다. 엘리사가 나뭇가지 하나를 꺾어서 그곳에 던지자 도끼가 떠올랐습니다. 엘리사가 말했습니다. "도끼를 건져 내어라." 그가 손을 내밀어 도끼를 건져 냈습니다.

아람의 첫 번째 침입

아람 왕이 이스라엘과 전쟁을 할 때였습니다. 아람 왕이 신하들과 회의를 하던 중에 말했습니다. "이곳에 진을 쳐야겠소." 엘리사가 이스라엘 왕에게 심부름하는 사람을 보내어 말했습니다. "조심하시오. 그곳으로 지나가지 마시오. 아람 사람들이 그리로 내려가고 있소." 이스라엘 왕은 엘리사가 말해 준 곳에 사람들을 보냈습니다. 그리고 그곳을 특별히 잘 지키게 했습니다. 엘리사가 그렇게 알려 주어 미리 방비한 것이 한두 번이 아니었습니다.

아람 왕이 그 일 때문에 화가 났습니다. 그가 신하들을 불러 놓고 말했습니다. "우리 가운데서 이스라엘 왕과 내통하는 사람이 도대체 누구요?" 신하들 가운데서 한 사람이 아람 왕에게 말했습니다. "내 주 왕이시여, 그렇지 않습니다. 그런 일을 하는 사람은 이스라엘의 예언자 엘리사입니다. 그는 왕이 침대에서 하는 말까지도 이스라엘 왕에게 알려 주는 사람입니다." 왕이 말했습니다. "가서 그 사람이 어디에 있는지 알아보시오. 내가 사람을 보내어 그를 붙잡아 오겠소." 신하들이 돌아와서 왕에게 보고했습니다. "그는 도단에 있습니다." 그러자 왕이 말과 전차와 큰 군대를 도단으로 보냈습니다. 그들은 밤에 그곳에 이르러 그 성을 에워쌌습니다.

엘리사의 종이 일찍 일어나 바깥으로 나가 보니 큰 군대가 말과 전차를 이끌고 성을 에워싸고 있었습니다. 종이 엘리사에게 말했습니다. "주인님, 어떻게 하면 좋겠습니까?" 엘리사가 말했습니다. "두려워하지 마라. 우리를 위해 싸우는 군대는 저 군대보다 더 강하다." 그리고 나서 엘리사가 기도드렸습니다. "여호와여, 내 종의 눈을 열어 주셔서 볼 수 있게 해 주십시오." 여호와께서 종의 눈을 열어 주시니 온 산에 불말과 불전차가 가득하여 엘리사를 에워싸고 있는 모습이 보였습니다. 적군이 엘리사에게 다가오자 엘리사가 여호와께 기도드렸습니다. "저 사람들의 눈이 멀게 해 주십시오." 그러자 엘리사의 기도대로 여호와께서 아람 군대의 눈을 멀게 하셨습니다. 엘리사가 그들에게 말했습니다. "이 길은 다른 길이요, 이 성도 다른 성이니 나를 따라오시오. 당신들이 찾고 있는 사람에게 데려다 주겠소." 그리하여 엘리사는 그들을 사마리아로 데려갔습니다.

그들이 사마리아에 들어서자 엘리사가 말했습니다. "여호와여, 이 사람들의 눈을 열어 주셔서 볼 수 있게 해 주십시오." 여호와께서 그들의 눈을 열어 주셨습니다. 아람 군대는 자기들이 사마리아 성에 와 있는 것을 알게 되었습니다. 이스라엘 왕이 아람 군대를 보고 엘리사에게 물었습니다. "내가 저들을 죽여도 되겠습니까?" 엘리사가 대답했습니다. "죽이지 마십시오. 저 사람들은 왕의 칼과 활로 사로잡은 것이 아니지 않습니까? 그들에게 먹을 것과 물을 주어서 먹고 마시게 한 다음 그들의 주인에게 돌려보내십시오." 그리하여 왕은 아람 군대를 위해 큰 잔치를 베풀었습니다. 그들이 먹고 마시게 한 뒤 왕은 그들을 돌려보냈습니다. 그들은 자기 주인에게 돌아갔습니다. 그 뒤로 얼마 동안 아람 군대는 이스라엘 땅에 쳐들어오지 않았습니다.

아람의 두 번째 침입

얼마 뒤에 아람의 벤하닷 왕이 온 군대를 불러 모아 사마리아로 가서 그곳을 에워싸고 공격했습니다. 그래서 사마리아에 엄청난 굶주림이 있었습니다. 심지어 나귀 머리 하나가 은 팔십 세겔가량에 팔리고 비둘기 똥 사분의 일가량이 은 오 세겔에 팔렸습니다. 이스라엘의 왕이 성벽 위를 지나가고 있는데 어떤 여자가 왕에게 부르짖었습니다. "내 주 왕이여, 좀 도와주십시오." 왕이 말했습니다. "여호와께서 돕지 않으시는데 내가 어찌 도울 수 있겠느냐? 나에게는 너를 도울 곡식도 없고 포도주도 없다." 그리고 왕이 또 물었습니다. "그런데 무슨 일로 그러느냐?" 여자가 대답했습니다. "이 여자가 나에게 '당신 아들을 내놓아라. 오늘은 당신 아들을 잡아먹고 내일은 내 아들을 잡아먹자'라고 말했습니다. 그래서 내 아들을 삶아서 먹었습니다. 다음 날 내가 여자에게 '당신 아들을 내놓아라. 그 아이를 같이 잡아먹자' 하고 말했더니 이 여자가 아이를 감추어 버렸습니다." 왕은 여자의 말을 듣고 너무나 기가 막혀 자기 옷을 찢었습니다. 왕이 성벽을 따라 걷고 있었기 때문에 왕이 겉옷 안에 베옷을 입고 있는 것을 백성이 볼 수 있었습니다. 왕이 말했습니다. "오늘 사밧의 아들 엘리사의 머리를 반드시 베어 내고 말겠다. 만약 그렇게 하지 못하면 하나님께서 나에게 무서운 벌을 내리실 것이다."

왕이 엘리사에게 명령을 받고 심부름하는 사람을 보냈습니다. 엘리사는 자기 집에 앉아 있었고, 장로들도 엘리사 곁에 앉아 있었습니다. 왕이 보낸 사람이 이르기도 전에 엘리사가 장로들에게 말했습니다. "보시오. 이 살인자가 사람들을 보내어 내 머리를 베려

하고 있소. 사자가 이르거든 문을 잠그고 열어 주지 마시오. 왕의 발자국 소리도 들리오." 엘리사가 아직 장로들과 말하고 있는데 왕의 심부름꾼이 와서 말했습니다. "이 재앙은 여호와께서 내리신 것이오. 내가 어찌 여호와께 더 기대할 수 있겠소?"

엘리사가 말했습니다. "여호와의 말씀을 들어 보시오. 여호와께서 이렇게 말씀하셨소. '내일 이맘때쯤에 사마리아 성문에서 고운 밀가루 한 스아를 은 한 세겔에, 보리 두 스아를 은 한 세겔에 살 수 있을 것이다.'" 그러자 왕 곁에 있던 보좌관이 엘리사에게 대답했습니다. "여호와께서 하늘의 창을 열고 곡식을 쏟아부어 주신다 하더라도 그런 일은 일어날 수 없소." 엘리사가 말했습니다. "당신은 당신 눈으로 그것을 볼 수 있을 것이오. 그러나 그것을 먹지는 못할 것이오."

성문 입구에 문둥병자 네 명이 있었습니다. 그들이 서로 말했습니다. "이렇게 앉아서 죽을 수는 없지 않느냐? 성안에 들어가 봐야 먹을 것이 없으니 굶어 죽을 테고 여기에 가만히 앉아 있어도 죽기는 마찬가지다. 그러니 아람 군대에게 가서 항복하자. 그들이 우리를 살려 주면 사는 것이고, 죽이면 죽는 것이다." 그들은 땅거미가 질 무렵 자리에서 일어나 아람 군대의 진으로 갔습니다. 그런데 그곳에는 아무도 없었습니다. 주께서는 아람 군대의 귀에 전차와 말과 큰 군대의 소리가 들리도록 하셨습니다. 그들이 서로 말했습니다. "이스라엘 왕이 헷과 이집트의 왕들을 불러 우리를 치려 한다." 그래서 그들은 땅거미가 질 때에 장막과 말과 나귀들을 버려두고 도망쳤습니다. 그들은 목숨을 건지려고 진을 그대로 내버려 둔 채 도망친 것입니다. 문둥병자들이 진의 가장자리로 가서 어느 장막 안으로 들어갔습니다. 그들은 거기에서 먹고 마셨습니다. 그리고 은과 금과 옷가지들을 진에서 가지고 나와 숨겨 두었습니다. 그런 다음에 그들은 다시 진으로 돌아가서 다른 장막으로 들어갔습니다. 거기에서도 여러 물건을 챙긴 뒤 숨겨 두었습니다.

그러다가 그들이 서로 말했습니다. "우리는 지금 옳지 않은 일을 하고 있네. 이렇게 좋은 소식이 있는데도 아무 말을 않고 해가 뜰 때까지 기다린다면 우리는 벌을 받을 것이네. 당장 가서 왕궁에 있는 사람들에게 이 사실을 알려 주세." 그리하여 그들은 성으로 가서 성의 문지기를 불러 말했습니다. "아람 군대의 진으로 갔더니 거기에 아무도 없었고, 아무 소리도 들리지 않았습니다. 말과 나귀들은 그대로 매여 있고 장막들도 그대로 세워져 있었습니다." 그러자 성의 문지기들이 소리를 지르며 왕궁 안에 있는 사람들에게 그 사실을 알려 주었습니다. 그 소리를 들은 왕이 밤중에 자리에서 일어나 신하들에게 말했습니다. "아람 사람들이 꾸민 계략을 내가 말해 보겠소. 그들은 우리가 굶주리고 있다는 것을 알고 있소. 그래서 그들은 진을 떠나 들에 숨어 있는 것이오. 그들은 '이스라엘 사람들이 성에서 나오면 그들을 사로잡고 그들의 성으로 쳐들어가자'고 말하고 있소." 신하 가운데서 한 사람이 대답했습니다. "이대로 있다가는 이 성안에 남아 있는 모든 이스라엘 백성도 이미 죽은 사람들처럼 죽게 될 것이 뻔합니다. 그러니 몇 사람에게 남아 있는 말 다섯 마리를 타고 밖으로 나가서 한번 살펴보게 하는 것이 어떻겠습니까?" 그래서 몇 명의 사람들이 전차 두 대와 말들을 끌고 왕 앞으로 나아왔습니다. 왕이 그들에게 말했습니다. "아람 군대의 뒤를 쫓아가서 무슨 일이 일어났는지 살펴보아라." 그들이 요단 강까지 아람 군대의 뒤를 쫓아가 보았습니다. 길에는 옷과 장비들이 잔뜩 널려 있었는데 그것은 아람 군대가 서둘러 도망치면서 내버린 것이었습니다. 사자들이 왕에게 돌아와서 그 사실을 알려 주었습니다.

그러자 백성들이 밖으로 나가 아람 군대의 진을 뒤져 온갖 물건들을 훔쳤습니다. 여호와께서 말씀하신 대로 고운 밀가루 한 스아를 은 한 세겔에, 보리 두 스아를 은 한 세겔에 살 수 있었습니다. 왕이 가까이에 있던 보좌관을 시켜 성문을 지키게 했습니다. 그러나 백성들이 그를 밟고 지나가 죽고 말았습니다. 모든 일이 하나님의 사람인 엘리사가 왕과 그 신하들에게 말한 대로 이루어졌습니다. 전에 엘리사는 왕에게 이렇게 말했습니다. "내일 이맘때쯤에 사마리아 성문에서 고운 밀가루 한 스아를 은 한 세겔에, 보리 두 스아를 은 한 세겔에 살 수 있을 것이오." 그러자 왕의 보좌관이 대답했습니다. "여호와께서 하늘의 창을 열고 곡식을 쏟아부어 주신다 하더라도 그런 일은 일어날 수 없소." 엘리사가 그에게 말했습니다. "당신 눈으로 틀림없이 볼 수 있을 것이오. 그러나 당신은 아무것도 먹지 못할 것이오." 그 보좌관은 엘리사의 말대로 되었습니다. 백성들이 성문에서 그를 밟고 지나가는 바람에 그는 죽고 말았습니다.

수넴 여자가 자기 땅을 돌려받다

엘리사가 전에 그 아들을 살려 준 적이 있는 수넴 여자에게 말했습니다. "일어나서 가족과 함께 떠나시오. 어디든지 살 만한 나라로 가서 머무르시오. 여호와께서 이 땅에 칠 년 동안 가뭄을 내리실 것이오." 그 여자는 엘리사가 말한 대로 가족과 함께 떠났습니다. 그들은 블레셋 사람들의 땅에서 칠 년 동안 머물렀습니다. 칠 년이 지난 뒤에 그 여자는 블레셋 사람들의 땅에서 돌아와 자기 집과 땅을 돌려 달라고 말하기 위해 왕에게 갔습니다. 그 때 왕은 엘리사의 종인 게하시와 이야기를 나누고 있었습니다. 왕이 게하시에게 말했습니다. "엘리사가 보여 준 놀라운 일들을 다 이야기해 보아라." 그러자 게하시는 왕에게 엘리사가 죽은 사람을 다시 살려 낸 이야기를 들려주었습니다. 그때 마침 엘리사로 말미암아 아들의 목숨을 살린 적이 있는 수넴 여자가 들어와서 왕에게 자기 집과 땅을 돌려 달라고 부탁했습니다. 게하시가 말했습니다. "내 주 왕이시여, 이 여자가 바로 그 여자입니다. 그리고 엘리사가 이 아이를 살려 주었습니다." 왕이 여자에게 물었습니다. 그러자 여자가 그 일에 대해 이야기했습니다. 왕이 한 신하를 불러서 여자를 도와주도록 명령했습니다. 왕이 말했습니다. "이 여자의 재산을 다 돌려주어라. 그리고 이 여자가 떠난 날부터 지금까지 이 여자의 땅에서 생긴 수입도 다 돌려주어라."

벤하닷이 죽임을 당하다

엘리사가 다마스커스에 갔습니다. 그때 아람 왕 벤하닷은 병들어 있었습니다. 누군가가 그에게 말했습니다. "하나님의 사람이 여기에 와 있습니다." 그러자 왕이 하사엘에게 말했습니다. "손에 선물을 들고 하나님의 사람을 만나러 가시오. 여호와께 내 병이 나을지 낫지 않을지 여쭤 봐 달라고 하시오." 하사엘이 선물을 가지고 엘리사를 만나러 갔습니다. 그는 다마스커스에서 나는 온갖 좋은 물건을 사십 마리의 낙타에 싣고 갔습니다. 하사엘이 말했습니다. "아람 왕 벤하닷이 나를 선생님에게 보냈습니다. 그가 지금 앓고 있는 병이 나을지 낫지 않을지 여쭈어 보라고 했습니다." 엘리사가 말했습니다. "벤하닷에게 가서 틀림없이 나을 것이라고 전하시오. 그러나 여호와께서는 그가 틀림없이 죽을 것이라고 나에게 가르쳐 주셨소." 그리고 엘리사는 하사엘이 부끄러움을 느낄 정도로 하사엘의 얼굴을 뚫어지게 쳐다보더니 갑자기 울음을 터뜨렸습니다. 하사엘이 물었습니다. "아니 선생님, 왜 그러십니까?" 엘리사가 대답했습니다. "당신이 이스라엘 백성에게 어떤 악한 일을 할지 내가 알고 있기 때문이오. 당신은 이스라엘의 강하고 굳건한 성을 불태울 것이고, 젊은이들을 칼로 죽일 것이며, 아이들을 땅에 메어칠 것이고, 임신한 여자들의 배를 가를 것이오." 하사엘이 말했습니다. "나는 개만도 못한 사람인데 어떻게 그런 일을 할 수 있겠습니까?" 엘리사가 대답했습니다. "당신이 아람의 왕이 될 것을 여호와께서 나에게 보여 주셨소." 하사엘이 엘리사 곁을 떠나 그의 주인에게 돌아갔습니다. 벤하닷이 하사엘에게 물었습니다. "엘리사가 무슨 말을 했소?" 하사엘이 대답했습니다. "왕이 틀림없이 나을 것이라고 말했습니다." 그러나 이튿날 하사엘은 담요를 물에 적셔서 벤하닷의 얼굴을 덮어 그를 죽였습니다. 그리고 그의 뒤를 이어 왕이 되었습니다.

유다의 여호람 왕

아합의 아들 요람이 이스라엘 왕으로 있은 지 오 년째 되는 해에 여호사밧의 아들 여호람이 유다의 왕이 되었습니다. 여호람이 왕이 되었을 때 그의 나이는 서른두 살이었습니다. 그는 예루살렘에서 팔 년 동안 다스렸습니다. 그러나 여호람은 아합의 딸을 아내로 맞아들인 탓에 아합의 집안이 행한 것처럼 이스라엘 왕들의 길을 그대로 따랐습니다. 여호와께서는 자기 종 다윗 때문에 유다를 멸망시키려 하지는 않으셨습니다. 왜냐하면 주께서는 다윗과 그의 자손이 영원히 나라를 가지게 될 것이라고 약속하셨기 때문입니다.

여호람 왕이 유다를 다스리고 있을 때에 에돔이 유다에 반역했습니다. 에돔 백성은 자기들의 왕을 따로 세웠습니다. 그래서 여호람은 모든 전차를 이끌고 사일로 갔습니다. 밤중에 에돔 사람들이 여호람과 그의 전차 부대를 에워쌌습니다. 여호람이 일어나 에돔 사람들을 공격했으나 그의 군대는 자기 장막으로 도망쳤습니다. 이처럼 에돔 사람이 유다를 배반해서 오늘날까지 에돔이 유다의 지배를 벗어나 있습니다. 그때에 립나도 유다를 배반했습니다. 여호람이 한 다른 모든 일은 유다 왕들의 역사책에 기록되어 있습니다. 여호람이 죽어 조상들과 함께 다윗 성에 묻히고 그의 아들 아하시야가 여호람의 뒤를 이어 왕이 되었습니다.

유다의 아하시야 왕

아합의 아들 요람이 이스라엘의 왕으로 있은 지 십이 년째 되는 해에 여호람의 아들 아하시야가 유다의 왕이 되었습니다. 아하시야가 왕이 되었을 때 그의 나이는 스물두 살이었습니다. 그는 예루살렘에서 일 년 동안 다스렸습니다. 그의 어머니의 이름은 아달랴인데 아달랴는 이스라엘의 오므리 왕의 손녀입니다. 아하시야는 아합의 집안이 했던 길을 그대로 따랐습니다. 그는 아합의 집안과 마찬가지로 여호와께서 보시기에 악한 일을 했습니다. 그것은 그가 아합 집안의 사위였기 때문입니다.

아하시야는 아합의 아들 요람과 함께 길르앗 땅 라못으로 갔습니다. 그들은 그곳에서 아람 왕 하사엘과 싸웠습니다. 요람은 아람 사람들과 싸우던 중 부상을 당했습니다. 요람 왕은 그 상처를 치료하려고 이스르엘로 돌아왔습니다. 여호람의 아들이며 유다의 왕인 아하시야가 부상을 당한 아합의 아들 요람을 문병하기 위해 이스르엘로 내려갔습니다.

예후가 왕으로 뽑히다

엘리사가 예언자의 무리 가운데서 한 사람을 불러 말했습니다. "옷을 단단히 동여매고 이 작은 기름병을 손에 들고 길르앗 땅 라못으로 가거라. 그곳에 이르거든 님시의 손자이며 여호사밧의 아들인 예후를 찾아라. 들어가서 예후를 형제들 가운데서 불러내어 골방으로 데려가거라. 기름병을 가지고 예후의 머리에 기름을 부으면서 '여호와께서 당신을 이스라엘의 왕으로 세우셨다고 말씀하셨소' 하고 말하여라. 그런 다음에 문을 열고 빨리 도망쳐라. 머뭇거리지 마라."

그리하여 예언자인 그 젊은이가 일어나 길르앗 땅 라못으로 갔습니다. 그가 들어가서 보니 군대에 있는 장군들이 회의를 하고 있었습니다. 그가 말했습니다. "장군님, 전할 말씀이 있습니다." 예후가 물었습니다. "우리 가운데서 누구에게 말을 전하겠다는 거요?" 젊은이가 말했습니다. "바로 장군님입니다." 예후가 자리에서 일어나 집으로 들어갔습니다. 그러자 젊은 예언자가 예후의 머리에 기름을 부으며 말했습니다. "이스라엘의 하나님 여호와께서 이렇게 말씀하셨습니다. '내가 너를 여호와의 백성, 곧 이스라엘의 왕으로 세웠다. 너는 네 주인인 아합의 집안을 멸망시켜야 한다. 나는 내 종인 예언자들을 죽이고 여호와의 모든 종들을 죽인 이세벨에게 벌을 내려 그 죄값을 꼭 치르도록 하겠다. 아합의 집안은 다 죽을 것이다. 아합 집안의 남자는 종이든지 자유인이든지 한 명도 살려 두지 않겠다. 아합의 집안을 느밧의 아들 여로보암의 집안처럼 만들고 아히야의 아들 바아사의 집안처럼 만들겠다. 개들이 이스르엘 땅에서 이세벨의 시체를 뜯어먹을 것이며 아무도 이세벨을 묻어 주지 않을 것이다.'" 이 말을 한 다음에 젊은 예언자는 문을 열고 도망쳤습니다.

예후가 자기 주인인 왕의 신하들에게 돌아오자 그들 가운데 한 사람이 물었습니다. "평안하오? 그 미친 녀석이 무슨 일로 왔소?" 예후가 대답했습니다. "그 사람이 누구며, 그 사람이 무슨 말을 하는지 당신들도 알고 있지 않소?" 그들이 말했습니다. "그런 말 말고 그 사람이 무슨 말을 했는지 우리에게도 일러 주시오." 예후가 말했습니다. "그는 '여호와께서 이렇게 말씀하셨소. 내가 너를 이스라엘의 왕으로 세웠다' 하고 말했소." 이 말을 들은 신하들은 급히 입고 있던 옷을 벗어 돌층계 위에 깔고 예후를 그 위에 모셨습니다. 그리고 나팔을 불며 외쳤습니다. "예후가 왕이다."

요람과 아하시야가 죽임을 당하다

그리하여 님시의 손자요, 여호사밧의 아들인 예후가 요람을 배반했습니다. 그 당시 요람과 온 이스라엘은 아람 왕 하사엘과 맞서 싸우며 길르앗 땅 라못을 지키고 있었습니다. 요람 왕은 아람 왕 하사엘과 싸우다가 부상을 당했기 때문에 상처를 치료하려고 이스르엘로 돌아와야 했습니다. 예후가 자기를 따르기로 한 사람들에게 말했습니다. "당신들의 뜻이 내 뜻과 같다면 아무도 이 성을 빠져나가지 못하게 하시오. 이스르엘에 있는 왕에게 가서 우리의 상황을 알리는 사람이 있으면 안 되기 때문이오." 그런 다음에 예후는 자기 전차에 올라타고 요람이 쉬고 있는 이스르엘로 떠났습니다. 유다 왕 아하시야도 요람을 문병하러 그곳에 와 있었습니다.

이스르엘의 망대를 지키는 파수꾼이 예후의 군대가 오는 모습을 보고 말했습니다. "웬 군대가 보입니다." 요람이 말했습니다. "기마병을 불러라. 그를 보내어 그들을 맞이하게 하고 좋은 소식을 가져오는지 물어보게 하여라." 그리하여 기마병이 말을 타고 달려나가 예후를 맞이했습니다. 기마병이 말했습니다. "왕이 좋은 소식을 가져오는지 물어보라고 하셨습니다." 예후가 말했습니다. "너와 상관없는 일이다. 너는 내 뒤를 따라라." 파수꾼이 보고했습니다. "기마병이 저들에게 가기는 갔는데 돌아오지 않고 있습니다." 그래서 요람이 두 번째 기마병을 보냈습니다. 그 기마병이 그들에게 가서 말했습니다. “왕이 좋은 소식을 가져오는지 물어보라고 하셨습니다.” 예후가 대답했습니다. “너와 상관없는 일이다. 너는 내 뒤를 따라라.” 파수꾼이 보고했습니다. “두 번째 기마병도 저들에게 가기는 갔는데 돌아오지 않고 있습니다. 전차를 몰고 오는 사람은 님시의 아들 예후인 것 같습니다. 마치 미친 사람처럼 전차를 몰고 있습니다.”

요람이 말했습니다. “내 전차를 준비하여라.” 신하들이 요람의 전차를 준비하자 이스라엘 왕 요람과 유다 왕 아하시야가 각자 자기 전차를 타고 예후를 만나러 나갔습니다. 그들은 이스르엘 사람 나봇의 땅에서 예후를 만났습니다. 요람이 예후를 보고 말했습니다. “예후여, 좋은 소식을 가지고 오는가?” 예후가 대답했습니다. “왕의 어머니 이세벨이 우상을 섬기고 요술을 부리고 있는데 어떻게 좋은 소식이 있을 수 있겠소?” 요람이 말을 돌려 도망치며 아하시야에게 소리쳤습니다. “아하시야여, 반역입니다!” 예후가 활로 요람의 두 팔 사이를 쏘았습니다. 화살이 요람의 심장을 꿰뚫고 나왔습니다. 그가 전차에서 쓰러져 죽었습니다. 예후가 자기의 신하인 빗갈에게 말했습니다. “요람의 시체를 들어서 이스르엘 사람 나봇의 밭에 던져라. 그대와 내가 요람의 아버지 아합의 뒤를 따라 나란히 말을 타고 달릴 때에 여호와께서 아합에 대해 하신 말씀을 기억하여라. 여호와께서 이렇게 말씀하셨다. ‘나는 어제 나봇과 그의 아들들이 흘린 피를 보았다. 그러므로 내가 나봇의 밭에서 아합에게 벌을 내릴 것이다.’ 그러니 여호와께서 말씀하신 대로 요람의 시체를 들어서 나봇의 밭에 던져라.”

유다 왕 아하시야가 이 모습을 보고 동산 별장 길로 도망쳤습니다. 예후가 그를 뒤쫓아가며 “전차에 탄 아하시야도 죽여라!” 하고 말했습니다. 아하시야는 이블르암에서 가까운 구르로 올라가는 길에서 전차를 타고 달리다 부상을 당했습니다. 아하시야는 므깃도까지 도망쳤지만 그곳에서 죽고 말았습니다. 아하시야의 신하들이 그의 시체를 전차에 실어 예루살렘으로 옮겨 가서 그의 조상들이 묻혀 있는 다윗 성에 묻어 주었습니다.

아하시야는 아합의 아들 요람이 왕으로 있은 지 십일 년째 되는 해에 유다의 왕이 되었습니다.

이세벨이 죽다

그 후 예후가 이스르엘에 돌아왔을 때에 이세벨이 그 소식을 들었습니다. 이세벨은 눈에 화장을 하고 머리를 손질한 뒤에 창밖을 내다보았습니다. 예후가 성문으로 들어오자 이세벨이 말했습니다. "자기 주인을 죽인 너 시므리야! 평안하냐?" 예후가 창문을 쳐다보며 말했습니다. "내 편에 설 사람이 아무도 없느냐?" 그러자 내시 두세 사람이 밖을 내다보았습니다. 예후가 그들에게 명령했습니다. "저 여자를 내던져라!" 그들이 이세벨을 내던지자 말들이 그 시체를 밟았습니다. 이세벨의 피가 담과 말에 튀었습니다. 예후가 집으로 들어가 먹고 마신 뒤에 말했습니다. "그 저주받은 여자가 어떻게 되었는지 보고 묻어 주어라. 그래도 그 여자는 왕의 딸이다." 사람들이 이세벨을 묻어 주러 갔지만 이세벨의 시체를 찾을 수 없었습니다. 찾아낸 것이라고는 두골과 발과 손바닥뿐이었습니다. 그들이 돌아와서 예후에게 보고하니 예후가 말했습니다. "여호와께서 그의 종 디셉 사람 엘리야를 통해 이 일에 대해 말씀하신 일이 있다. '개들이 이세벨의 시체를 이스르엘 땅에서 먹을 것이며, 이세벨의 시체는 이스르엘 땅에 있는 밭의 거름처럼 될 것이다. 그러므로 아무도 그 시체를 보고 이것이 이세벨이라고 말할 수 없을 것이다.' "

아합과 아하시야의 집안이 죽임을 당하다

아합의 아들 칠십 명은 사마리아에 살고 있었습니다. 예후는 사마리아에 있는 이스르엘의 관리와 장로와 아합의 아들을 보호하고 있는 사람들에게 편지를 써서 보냈습니다. 예후는 그 편지에 이렇게 썼습니다. "왕의 아들들이 당신과 함께 있소. 당신들에게는 전차와 말들이 있고 성벽이 있는 굳건한 성과 무기가 있소. 그러므로 이 편지를 받거든 즉시 왕의 아들들 가운데 가장 뛰어나고 쓸 만한 사람을 왕으로 세우고 당신들은 왕의 집안을 위해 나와 싸울 준비를 하시오." 그러나 사마리아의 관리와 장로들은 매우 두려워하며 말했습니다. "두 왕도 예후를 막지 못했는데 우리가 어떻게 막을 수 있겠소?" 왕궁 관리와 성의 지도자와 장로와 아합의 아들을 보호하고 있는 사람들이 예후에게 사자를 보내어 말했습니다. "우리는 당신의 종입니다. 당신 말이라면 무엇이든지 따르겠습니다. 우리는 누구도 왕으로 세우지 않겠습니다. 당신 마음에 좋을 대로 하십시오." 그러자 예후가 두 번째 편지를 써서 보냈습니다. "당신들이 내 편을 들고 내 뜻을 따르겠다면 왕의 아들들의 목을 베시오. 그리고 내일 이맘때쯤 이스르엘로 나를 만나러 오시오." 왕의 집안에는 아들이 칠십 명 있었습니다. 그들은 왕자들을 보호해 주던 그 성의 지도자들과 함께 있었습니다. 그들은 편지를 받고 왕자 칠십 명을 붙잡아 모두 죽였습니다. 그리고 그들의 머리를 광주리에 담아 이스르엘에 있는 예후에게 보냈습니다. 사자가 예후에게 와서 전했습니다. "그들이 왕자들의 머리를 가져왔습니다." 그러자 예후가 말했습니다. "그 머리들을 두 무더기로 나누어 아침까지 성문에 놓아두어라." 아침이 되자 예후가 나아가 백성 앞에 서서 말했습니다. "여러분에게는 죄가 없소. 보시오, 요람 왕을 없앨 계획을 세운 사람은 나요. 내가 그를 죽였소. 하지만 이들을 죽인 사람은 누구요? 여호와께서 하신 말씀은 절대로 어긋나지 않는다는 것을 여러분은 아셔야 하오. 여호와께서 아합의 집안에 대해 하신 말씀은 다 이루어질 것이오. 여호와께서는 그의 종 엘리야를 통해서 말씀하셨고 말씀하신 것을 그대로 이루셨소." 그리하여 예후는 아직 이스르엘에 살아남아 있는 아합의 집안 사람들을 모두 죽였습니다. 그리고 아합을 섬기던 지도자와 아합의 가까운 친구와 제사장들도 다 죽였습니다. 아합에게 속한 사람 중에는 한 사람도 살아남은 사람이 없었습니다.

그런 다음 예후는 그곳을 떠나 사마리아로 갔습니다. 사마리아로 가는 길에 목자가 양털 깎는 집에 이르렀습니다. 그곳에서 예후는 유다 왕 아하시야의 형제들을 만나서 말했습니다. "당신들은 누구요?" 그들이 대답했습니다. "우리는 아하시야의 형제들인데 왕의 가족들과 왕의 어머니를 만나러 가는 길이오." 그러자 예후가 외쳤습니다. "이 사람들을 붙잡아라!" 예후를 따르던 사람들이 그들을 붙잡아 양털 깎는 집의 한 웅덩이에서 그들을 죽였습니다. 죽은 사람은 모두 마흔두 명이었습니다. 예후는 한 사람도 살려 두지 않았습니다.

예후는 그곳을 떠나 계속 길을 가다가 레갑의 아들 여호나답을 만났습니다. 여호나답도 예후를 만나러 오던 길이었습니다. 예후가 그에게 인사하며 말했습니다. "나는 그대를 믿는데 그대도 나를 믿소?" 여호나답이 대답했습니다. "예, 믿습니다." 예후가 말했습니다. "그렇다면 손을 내미시오." 여호나답이 손을 내밀자 예후가 그를 이끌어 자기 전차로 올라오게 했습니다. 예후가 말했습니다. "나와 함께 가서 내가 얼마나 여호와를 위해 열성적인지 보시오." 예후는 여호나답을 자기 전차에 태웠습니다. 예후는 사마리아로 가서 아합의 집안 사람을 한 사람도 남김없이 다 죽였습니다. 여호와께서 엘리야를 통해 말씀하신 대로 된 것입니다.

바알의 숭배자들이 죽임을 당하다

예후가 모든 백성을 불러 모은 뒤에 말했습니다. "아합은 바알을 조금 섬겼으나 나는 많이 섬길 것이오. 이제 바알의 예언자와 제사장들을 다 불러 주시오. 바알을 위해 큰 제사를 지내려 하니 한 사람도 빠지지 않게 하시오. 거기에 빠지는 사람은 살아남지 못할 것이오." 이는 예후가 바알을 섬기는 사람들을 없애기 위해 그들에게 거짓말을 한 것입니다. 예후가 말했습니다. "바알을 위해 거룩한 모임을 준비하시오." 그리하여 사람들이 거룩한 모임을 선포했습니다. 예후가 온 이스라엘에 자기 말을 전하게 하니 바알을 섬기는 사람들이 하나도 빠짐없이 다 모였습니다. 그들은 바알의 신전으로 들어갔습니다. 그곳은 사람들로 꽉 찼습니다. 예후가 예복을 맡은 사람에게 말했습니다. "예복을 꺼내서 바알을 섬기는 사람들에게 주어라." 그리하여 그가 예복을 내왔습니다. 예후와 레갑의 아들 여호나답이 바알의 신전으로 들어갔습니다. 예후가 바알을 섬기는 사람들에게 말했습니다. "여러분 가운데 여호와의 종은 한 명도 있지 못하게 하시오. 여기에는 바알을 섬기는 사람들만 있어야 하오." 이처럼 바알을 섬기는 사람들이 태워 드리는 제사인 번제와 다른 제사들을 드리려고 신전으로 들어가자

예후는 자기 부하 팔십 명을 밖에서 기다리게 해 놓고 말했습니다. "아무도 도망치지 못하게 하여라. 한 사람이라도 놓치면 놓치는 사람이 대신 죽을 것이다." 예후는 번제 드리기를 마치자마자 호위병과 장교들에게 말했습니다. "들어가서 바알을 섬기는 사람들을 죽여라. 한 사람도 빠져나가지 못하게 하여라." 그리하여 호위병과 장교들이 바알을 섬기는 사람들을 칼로 죽이고 그 시체를 밖으로

내던졌습니다. 그런 다음에 그들은 바알의 신전 내실로 들어갔습니다. 그들은 바알 신전의 나무 우상들을 끌어내어 불태우고 바알의 돌 우상도 깨뜨렸습니다. 그들은 바알 신전까지 무너뜨리고 그곳을 변소로 만들었습니다. 그 변소는 지금까지도 있습니다.

이처럼 예후는 이스라엘에서 바알 종교를 없애 버렸습니다. 그러나 예후도 느밧의 아들 여로보암이 저지른 죄의 길에서 완전히 돌아서지는 않았습니다. 여로보암은 이스라엘 백성이 벧엘과 단에 있는 금송아지를 섬기도록 했습니다. 여호와께서 예후에게 말씀하셨습니다. "잘했다. 너는 내가 보기에 옳은 일을 했다. 네가 아합 집안에게 행한 일이 내 마음에 든다. 그러므로 너의 사 대 자손까지 이스라엘 왕좌에 앉게 될 것이다." 그러나 예후는 마음을 다하여 하나님 여호와의 율법을 지켜 따르지 않았습니다. 예후는 여로보암의 죄를 그대로 따랐습니다.

예후의 죽음

그러자 여호와께서 이스라엘 나라의 땅들을 떼어서 다른 나라에게 주기 시작하셨습니다. 아람 왕 하사엘이 온 이스라엘 땅에서 이스라엘 백성을 물리쳤습니다. 하사엘은 요단 강 동쪽 땅, 곧 길르앗 땅을 다 차지했습니다. 그 땅은 갓과 르우벤과 므낫세의 땅입니다. 하사엘은 아르논 강 옆의 아로엘에서부터 길르앗을 지나 바산까지 차지했습니다. 예후가 행한 다른 모든 일과 전쟁에서 승리한 일은 이스라엘 왕들의 역사책에 기록되어 있습니다. 예후가 죽어서 사마리아에 묻히고, 그의 아들 여호아하스가 뒤를 이어 왕이 되었습니다. 예후는 사마리아에서 이십팔 년 동안 이스라엘의 왕으로 있었습니다.

아달랴의 반역과 요아스

유다 왕 아하시야의 어머니 아달랴는 자기 아들이 죽는 것을 보고 왕의 집안 사람들을 다 죽이기 시작했습니다. 그러나 요람 왕의 딸이요, 아하시야의 누이인 여호세바가 죽임을 당하는 왕자들 가운데 아하시야의 아들 요아스를 빼내어 요아스와 그의 유모를 침실에 숨겼습니다. 그래서 요아스는 아달랴로부터 죽임을 당하지 않게 되었습니다. 요아스는 여호세바와 함께 여호와의 성전에서 육 년 동안을 숨어 지냈습니다. 그동안 아달랴가 그 나라를 다스렸습니다.

칠 년째 되던 해에 제사장 여호야다가 가리 사람의 군인 백 명을 지휘하는 백부장들과 호위병의 백부장들을 불렀습니다. 여호야다는 그들을 데리고 여호와의 성전으로 가서 그들과 언약을 맺고 그들에게 충성을 맹세하게 한 다음에 요아스 왕자를 보여 주었습니다. 여호야다가 그들에게 명령했습니다. "그대들이 해야 할 일은 이러하오. 그대들 가운데 안식일에 왕궁을 지키는 사람이 있을 것이오. 그 사람 중 삼분의 일은 왕궁을 지키고, 삼분의 일은 수르 문을 지키시오. 그리고 나머지 삼분의 일은 호위대 뒤에 있는 문을 지키시오. 그렇게 해서 왕궁을 지키시오. 안식일에 왕궁을 지키지 않아도 되는 사람은 왕을 위해서 여호와의 성전을 지키시오. 그대들 모두는 손에 무기를 들고 왕이 가는 곳마다 따라다니며 왕을 지켜야 하오. 누구든지 가까이 다가오는 사람은 죽이시오. 왕이 나가고 들어올 때 왕에게 바짝 붙어서 지키시오."

군인 백 명을 지휘하는 그 백부장들은 제사장 여호야다가 명령한 것을 다 지켰습니다. 그들은 안식일에 일할 사람들과 쉬는 사람들을 이끌고 제사장 여호야다에게 왔습니다. 여호야다가 백부장들에게 창과 방패를 나누어 주었습니다. 그 창과 방패들은 다윗 왕이 쓰던 것으로 여호와의 성전 안에 보관되어 있던 것입니다.

요아스가 왕이 되다

그리하여 성전 오른쪽에서부터 왼쪽까지, 호위병들이 손에 무기를 들고 섰습니다. 그들은 제단과 성전 둘레에 서서 왕을 지켰습니다. 여호야다가 왕자 요아스를 데려와서 머리에 왕관을 씌우고 여호와의 율법책을 그에게 주었습니다. 그들은 요아스에게 기름을 부어 왕으로 세웠습니다. 그리고 손뼉을 치며 외쳤습니다. "왕 만세!"

호위병과 백성이 외치는 소리를 들은 아달랴는 여호와의 성전에 있는 백성에게 갔습니다. 아달랴가 보니 거기에 왕이 있었습니다. 왕은 관습대로 받침대 위에 서 있었고, 관리들과 나팔 부는 사람들이 그 곁에 서 있었습니다. 온 땅의 백성이 매우 기뻐하며 나팔을 불고 있었습니다. 아달랴는 옷을 찢으며 "반역이다! 반역이다!" 하고 소리 질렀습니다. 제사장 여호야다가 군대를 이끌고 있는 장교들에게 명령했습니다. "저 여자를 쫓아내시오. 그리고 누구든지 저 여자를 따르는 사람은 칼로 죽이시오." 이렇게 명령한 것은 그가 전에 "여호와의 성전 안에서 아달랴를 죽이지 마시오"라고 말한 적이 있었기 때문입니다. 그들은 아달랴가 나갈 길을 열어 주었습니다. 그녀는 왕궁의 말이 다니는 길에서 죽임을 당했습니다.

여호야다가 여호와와 왕과 백성 사이에 언약을 세웠습니다. 그리하여 그들이 여호와의 백성이 되게 하고, 왕과 백성 사이에도 언약을 맺게 했습니다. 그 땅의 모든 백성들이 바알 신전으로 가서 제단과 우상들을 부숴 버리고 신전을 무너뜨렸습니다. 그리고 바알의 제사장 맛단을 제단 앞에서 죽였습니다. 제사장 여호야다는 여호와의 성전에 호위병들을 세웠습니다. 여호야다는 군인 백 명을 거느리는 지휘관인 백부장과 가리 사람과 호위병들과 그 땅의 모든 백성이 보는 중에 여호와의 성전에서 왕을 모시고 나와 호위병들이 지키는 문을 통해 왕궁으로 인도했습니다. 왕이 보좌에 앉게 되자 유다의 모든 백성은 매우 기뻐했습니다. 아달랴가 왕궁에서 칼에 맞아 죽었기 때문에 예루살렘에 다시 평화가 찾아오게 되었습니다.

요아스는 그의 나이 일곱 살에 왕이 되었습니다.

요아스는 예후가 이스라엘 왕으로 있은 지 칠 년째 되던 해에 유다의 왕이 되었습니다. 요아스는 사십 년 동안을 예루살렘에서 다스렸는데 그의 어머니는 브엘세바 사람인 시비아입니다. 요아스는 제사장 여호야다가 가르쳐 준 대로 여호와가 보시기에 옳은 일을 했습니다. 그러나 산당은 없애지 않았으므로 백성들은 여전히 그곳에서 제사를 지내고 향을 피웠습니다.

성전을 수리하다

요아스가 제사장들에게 말했습니다. "백성들이 여호와의 성전에 예물로 바친 모든 돈, 곧 각 사람이 세금으로 바친 돈과 각 사람이 약속하여 바친 돈과 스스로 원해서 바친 돈을 받아 두시오. 제사장마다 그가 섬기는 백성들에게 돈을 받아서 성전을 수리할 일이 있을 때마다 수리하도록 하시오." 그러나 요아스가 왕이 된 지 이십삼 년째가 되었는데도 제사장들은 성전을 수리하지 않았습니다. 요아스 왕은 제사장 여호야다와 다른 제사장들을 불러 이렇게 말했습니다. "어찌하여 성전을 수리하지 않고 있소? 이제부터는 당신들이 섬기는 백성들에게 돈을 받지 말고 그들이 성전을 수리하는 데 직접 바치도록 하시오." 제사장들은 백성에게 돈을 받지 않기로 하고 또 성전 수리도 자신들이 하지 않고 다른 사람들에게 맡기기로 했습니다.

제사장 여호야다가 상자 하나를 가져다가 그 위쪽에 구멍을 뚫고 제단 곁에 놓아두었는데, 그 상자는 성전에 들어가는 백성이 볼 때 오른쪽에 있었습니다. 현관을 지키는 제사장들은 백성이 여호와의 성전으로 가져오는 모든 돈을 그 상자에 넣었습니다. 그 안에 돈이 가득 차면 왕의 신하와 대제사장이 와서 여호와의 성전에 가져온 돈을 계산하고 그 돈을 자루에 담았습니다. 돈 계산이 끝난 뒤에는 그 돈을 성전 공사를 맡은 사람들에게 주어 여호와의 성전에서 일하는 목수와 돌 쌓는 사람들의 품삯으로 쓰게 했습니다. 그리고 그 돈으로 미장이와 석수들에게 품삯을 주고 여호와의 성전을 수리하는 데 필요한 나무와 돌을 사들이는 데에도 썼습니다. 그 밖에 성전을 수리하는 데에 드는 모든 비용에도 그 돈을 사용했습니다. 여호와의 성전으로 들어온 돈으로는 은잔을 만들지도 않았고 부집게와 그릇, 나팔, 금그릇과 은그릇을 만들 때도 쓰지 않았습니다. 그들은 그 돈을 일꾼들에게 주어 여호와의 성전을 수리하는 데에만 쓰게 했습니다. 그들은 일꾼들이 정직했기 때문에 그 돈을 어디에 썼는지 물어보지 않았습니다. 허물을 벗는 제사인 속건제의 은과 죄를 씻는 제사인 속죄제의 은은 여호와의 성전에 드리지 않고 제사장에게 주었습니다.

요아스가 예루살렘을 구하다

그 무렵 아람 왕 하사엘이 가드로 쳐들어와 그 땅을 점령한 후 이어 예루살렘을 치려고 올라왔습니다. 그러자 유다 왕 요아스는 그의 조상이자 유다의 왕이었던 여호사밧과 여호람, 아하시야가 하나님께 바쳤던 모든 거룩한 물건인 성물을 아람 왕 하사엘에게 보냈습니다. 또 자기가 하나님께 바친 거룩한 물건인 성물과 성전의 보물 창고에 있는 금과 왕궁에 있는 금을 다 하사엘에게 보냈습니다. 그러자 하사엘이 예루살렘에서 물러갔습니다.

요아스가 행한 다른 모든 일은 유다 왕들의 역사책에 기록되어 있습니다. 그의 두 신하가 그를 배신하여 실라로 내려가는 길에 있는 밀로 궁에서 요아스를 죽였습니다. 요아스를 죽인 신하들은 시므앗의 아들 요사갈과 소멜의 아들 여호사바드였습니다. 요아스가 죽어 그의 조상들과 함께 다윗 성에 묻혔습니다. 그의 아들 아마샤가 뒤를 이어 왕이 되었습니다.

이스라엘의 여호아하스 왕

아하시야의 아들 요아스가 유다의 왕으로 있은 지 이십삼 년째 되던 해에 예후의 아들 여호아하스가 사마리아에서 이스라엘의 왕이 되었습니다. 여호아하스는 십칠 년 동안 이스라엘을 다스렸습니다. 그는 여호와께서 보시기에 악한 일을 저질렀습니다. 그는 이스라엘 백성이 죄를 짓도록 만든 느밧의 아들 여로보암의 죄를 그대로 따라 했습니다. 그는 죄에서 돌이키지 않았습니다. 이스라엘에게 화가 나신 여호와께서는 이스라엘을 아람 왕 하사엘과 그 아들 벤하닷에게 넘겨주어 그들의 지배를 받게 하셨습니다. 그러자 여호아하스는 여호와께 간절히 기도드렸습니다. 여호와께서는 그의 기도를 들으시고 이스라엘이 당하고 있는 고통을 보셨습니다. 아람 왕이 이스라엘 백성을 심하게 괴롭히는 것을 보시고 이스라엘 백성을 구해 줄 사람을 보내 주셨습니다. 이스라엘 백성은 아람의 손아귀에서 벗어나 예전처럼 자기 집에서 살게 되었습니다. 그러나 이스라엘 백성은 여전히 여로보암 집안의 죄에서 돌이키지 않고 계속해서 죄를 지었습니다. 그리고 사마리아에 아세라 우상을 그대로 남겨 두었습니다. 여호아하스의 군대에는 기마병 오십 명과 전차 열 대와 보병 만 명밖에 남지 않았습니다. 아람 왕이 그들을 짓밟아 타작마당의 먼지같이 만들어 버렸기 때문입니다. 여호아하스가 행한 다른 모든 일과 전쟁에서 승리한 일은 이스라엘 왕들의 역사책에 기록되어 있습니다. 여호아하스가 죽어서 사마리아에 묻히고 그의 아들 요아스가 뒤를 이어 왕이 되었습니다.

이스라엘의 요아스 왕

요아스가 유다의 왕으로 있은 지 삼십칠 년째 되던 해에 여호아하스의 아들 요아스가 사마리아에서 이스라엘의 왕이 되었습니다. 요아스는 십육 년 동안 이스라엘을 다스렸습니다. 그는 여호와께서 보시기에 악한 일을 저질렀습니다. 그는 이스라엘로 하여금 죄를 짓게 한 느밧의 아들 여로보암의 죄를 그대로 따라 했습니다. 그는 죄에서 돌이키지 않았습니다. 요아스가 행한 다른 모든 일과 전쟁에서 승리한 일과 유다 왕 아마샤와 싸운 일은 이스라엘 왕들의 역사책에 기록되어 있습니다. 요아스가 죽고 여로보암 2세가 뒤를 이어 왕이 되었습니다. 요아스는 이스라엘의 왕들과 함께 사마리아에 묻혔습니다.

엘리사가 죽다

엘리사가 병들어 죽게 되었습니다. 이스라엘 왕 요아스가 엘리사에게 가서 울며 말했습니다. "내 아버지여, 내 아버지여! 이스라엘의 전차와 기마병이여!" 엘리사가 요아스에게 말했습니다. "활과 화살을 가져오시오." 그가 활과 화살을 가져왔습니다. 엘리사가 말했습니다. "활을 잡으시오." 그가 활을 잡자 엘리사가 자기 손을 왕의 손 위에 얹었습니다. 엘리사가 말했습니다. "동쪽 창문을 여시오." 그가 창문을 열자 엘리사가 말했습니다. "쏘시오." 요아스가

활을 쏘자, 엘리사가 말했습니다. "아람을 이길 여호와의 승리의 화살이여! 왕은 아벡에서 아람 군대와 싸워 이기고 그들을 멸망시킬 것이오." 엘리사가 말했습니다. "활을 잡으시오." 그가 활을 잡자 엘리사가 말했습니다. "땅을 치시오." 요아스가 세 번 땅을 치고 그만두었습니다. 하나님의 사람이 왕에게 화를 내며 말했습니다. "어찌하여 대여섯 번 치지 않았소? 그렇게만 했으면 아람을 완전히 멸망시킬 때까지 크게 이길 수 있었는데. 그러나 이제는 고작 세 번밖에 이기지 못할 것이오."

엘리사가 죽어 땅에 묻혔습니다. 해마다 봄이 되면 모압 나라의 도적 떼가 이스라엘 땅에 쳐들어왔는데 이스라엘 백성이 어떤 시체를 묻고 있던 중에 도적 떼가 쳐들어오는 것을 보고 놀란 나머지 그 시체를 엘리사의 무덤에 던졌습니다. 그런데 그 시체가 엘리사의 뼈에 닿자 다시 살아나 제 발로 일어서게 되었습니다.

이스라엘이 아람과 전쟁을 하다

여호아하스가 왕으로 있는 동안 아람 왕 하사엘이 줄곧 이스라엘을 괴롭혔습니다. 그러나 여호와께서는 아브라함과 이삭과 야곱과 맺으신 언약 때문에 이스라엘 백성을 도우셨습니다. 여호와께서 이스라엘 백성에게 은혜와 자비를 베푸셔서 그들을 멸망시키거나 저버리지 않으셨습니다.

아람 왕 하사엘이 죽고 아들 벤하닷이 뒤를 이어 왕이 되었습니다. 전쟁을 하는 동안 하사엘이 요아스의 아버지인 여호아하스가 갖고 있는 성 몇 개를 빼앗은 적이 있습니다. 그런데 요아스가 그 성들을 하사엘의 아들 벤하닷으로부터 도로 빼앗아 왔습니다. 요아스는 벤하닷을 세 번 물리쳐 이기고 이스라엘의 성들을 되찾았습니다.

유다의 아마샤 왕

여호아하스의 아들 요아스가 이스라엘의 왕으로 있은 지 이 년째 되는 해에 유다 왕 요아스의 아들 아마샤가 왕이 되었습니다. 아마샤가 왕이 되었을 때 나이는 스물다섯 살이었습니다. 그는 예루살렘에서 이십구 년 동안을 다스렸습니다. 그의 어머니는 예루살렘 사람 여호앗단입니다. 아마샤는 여호와께서 보시기에 옳은 일을 했습니다. 아마샤는 그의 아버지 요아스가 행한 대로 모두 행하였습니다. 그러나 그의 조상 다윗만큼은 못했습니다. 산당을 없애지 않은 까닭에 백성이 여전히 그곳에서 제사를 지내고 향을 피웠습니다. 아마샤는 왕권을 굳게 세운 뒤에 자기 아버지를 살해한 신하들을 죽였습니다. 그러나 그들의 자녀는 죽이지 않았습니다. 그것은 모세의 율법책에 적혀 있는 말씀을 따른 것입니다. 여호와께서는 "자녀가 잘못했다고 해서 아버지를 죽이면 안 된다. 또한 아버지가 잘못했다고 해서 자녀를 죽여도 안 된다. 각 사람은 자기가 지은 죄에 따라 죽어야 한다"라고 명령하셨습니다.

아마샤는 '소금 골짜기'에서 에돔 사람 만 명을 죽였습니다. 그는 전쟁 중에 셀라 성을 점령하고 그 이름을 욕드엘이라고 불렀는데 그 성은 지금까지도 그렇게 불립니다.

아마샤가 예후의 손자요, 여호아하스의 아들인 이스라엘 왕 요아스에게 사신들을 보내어 말했습니다. "자, 한번 만나서 겨루어 보자." 이스라엘 왕 요아스가 유다 왕 아마샤에게 대답했습니다. "레바논의 가시나무가 레바논의 백향목에게 사자를 보내어 '그대의 딸을 내 아들과 결혼시키자' 하고 말했다. 그러나 레바논에서 들짐승이 지나가다가 그 가시나무를 짓밟았다. 네가 에돔을 물리쳐 이겼다고 해서 교만해졌다. 그 기분으로 집안에 머물러 있어라. 괜히 나에게 싸움을 걸어 스스로 재앙을 부르지 마라. 그랬다가는 너와 유다가 망하고 말 것이다."

그래도 아마샤가 듣지 않자 이스라엘 왕 요아스가 유다를 치러 나섰습니다. 요아스와 유다의 아마샤 왕은 유다 땅 벧세메스에서 마주쳤습니다. 싸운 결과 이스라엘이 유다를 물리쳐 이겼습니다. 유다 사람들은 뿔뿔이 흩어져 자기 집으로 도망쳤습니다. 벧세메스에서 이스라엘 왕 요아스가 아하시야의 손자요, 요아스의 아들인 유다 왕 아마샤를 사로잡았습니다. 요아스는 예루살렘으로 가서 에브라임 문에서부터 모퉁이 문에 이르기까지 예루살렘 성벽을 부쉈습니다. 부서진 성벽의 길이는 사백 규빗가량 되었습니다. 그런 다음에 요아스는 여호와의 성전 안에 있는 금과 은과 그 밖의 모든 것을 빼앗아 갔습니다. 그리고 왕궁의 보물도 다 가져갔습니다. 그는 사람들을 인질로 잡아 사마리아로 돌아갔습니다.

요아스가 행한 다른 모든 일과 전쟁에서 승리한 일과 유다 왕 아마샤와 싸운 일은 이스라엘 왕들의 역사책에 기록되어 있습니다. 요아스가 죽어 이스라엘의 왕들과 함께 사마리아에 묻혔습니다. 그의 아들 여로보암 2세가 뒤를 이어 왕이 되었습니다.

유다 왕 요아스의 아들 아마샤는 이스라엘 왕 여호아하스의 아들 요아스 왕이 죽은 뒤에도 십오 년을 더 살았습니다. 아마샤가 행한 다른 모든 일은 유다 왕들의 역사책에 기록되어 있습니다. 백성들이 예루살렘에서 아마샤에게 반란을 일으켰습니다. 아마샤는 라기스 성으로 도망쳤습니다. 그러나 백성들은 라기스로 사람들을 보내어 아마샤를 죽였습니다. 그들은 아마샤의 시체를 말 위에 실어 와 예루살렘에 있는 그의 조상들과 함께 다윗 성에 묻어 주었습니다. 유다의 모든 백성들이 아사랴를 왕으로 세워 그의 아버지 아마샤의 뒤를 잇게 했습니다. 그때 아사랴의 나이는 열여섯 살이었습니다. 아사랴는 아마샤 왕이 죽은 뒤에 엘랏 마을을 다시 건설하여 유다 땅의 일부를 되돌려 놓았습니다.

이스라엘의 여로보암 2세

요아스의 아들 아마샤가 유다의 왕으로 있은 지 십오 년째 되던 해에 이스라엘 왕 요아스의 아들 여로보암 2세가 사마리아에서 이스라엘의 왕이 되었습니다. 여로보암 2세는 사십일 년 동안 이스라엘을 다스렸습니다. 그는 여호와께서 보시기에 악한 일을 저질렀습니다. 그는 이스라엘로 하여금 죄를 짓게 한 느밧의 아들 여로보암의 죄를 그대로 따라 했습니다. 그는 그의 죄에서 돌이키지 않았습니다. 여로보암 2세는 하맛에서부터 사해까지 이르는 이스라엘의 국경을 다시 찾았습니다. 그것은 이스라엘의 하나님 여호와께서 그의 종 요나를 통해 말씀하신 대로였습니다. 아밋대의 아들인 요나는 가드헤벨 사람으로 예언자였습니다. 여호와께서는 모든 이스라엘 백성이 큰 고통을 당하는 것을 보셨습니다. 이스라엘에 종이나 자유자나 남아 있는 사람이 없었으며, 도와줄 사람은 한 명도 남지 않았습니다. 그러나 여호와께서는 이스라엘을 완전히 없애 버리겠다고 말씀하신 적이 없었습니다. 여호와께서는 요아스의 아들 여로보암 2세를 통해 이스라엘 백성을 구원하셨습니다.

여로보암 2세가 행한 다른 모든 일과 전쟁에서 승리한 일과 또 유다가 차지하고 있었던 다마스커스와 하맛 땅을 다시 찾은 일들은 이스라엘 왕들의 역사책에 기록되어 있습니다. 여로보암 2세가 죽자 그는 그의 조상들, 곧 이스라엘의 왕들과 함께 사마리아에 묻혔습니다. 그의 아들 스가랴가 뒤를 이어 왕이 되었습니다.

유다의 아사랴 왕

여로보암 2세가 이스라엘의 왕으로 있은 지 이십칠 년째 되던 해에 아마샤의 아들 아사랴가 유다의 왕이 되었습니다. 아사랴가 왕이 되었을 때의 나이는 열여섯 살이었습니다. 그는 오십이 년 동안 예루살렘에서 다스렸습니다. 그의 어머니는 예루살렘 사람 여골리야입니다. 아사랴는 그의 아버지 아마샤처럼 여호와께서 보시기에 옳은 일을 하였습니다. 그러나 산당을 없애지 않았으므로 백성들은 여전히 그곳에서 제사를 지내고 향을 피웠습니다. 여호와께서 아사랴에게 벌을 내리셔서 그는 죽을 때까지 문둥병으로 고생했습니다. 그는 특별히 따로 지은 궁전에서 살았고, 그의 아들 요담이 왕궁을 관리하며 그 땅의 백성을 다스렸습니다. 아사랴가 행한 다른 모든 일은 유다 왕들의 역사책에 기록되어 있습니다. 아사랴가 죽자 그의 조상들과 함께 다윗 성에 묻혔습니다. 그리고 그의 아들 요담이 뒤를 이어 왕이 되었습니다.

이스라엘의 스가랴 왕

아사랴가 유다의 왕으로 있은 지 삼십팔 년째 되던 해에 여로보암 2세의 아들 스가랴가 사마리아에서 이스라엘의 왕이 되었습니다. 그는 여섯 달 동안 나라를 다스렸습니다. 스가랴는 여호와께서 보시기에 악한 일을 저질렀습니다. 그는 죄에서 돌이키지 않았으며 이스라엘이 죄를 짓게 만든 느밧의 아들 여로보암의 죄를 그대로 따라 했습니다. 야베스의 아들 살룸이 스가랴를 없애기 위해 남이 모르게 나쁜 일을 꾸몄습니다. 그는 스가랴를 그 백성들 앞에서 죽이고 스가랴의 뒤를 이어 왕이 되었습니다. 스가랴가 행한 다른 모든 일은 이스라엘 왕들의 역사책에 기록되어 있습니다. 그리하여 여호와께서 전에 예후에게 "너의 사 대 자손까지는 이스라엘의 왕좌에 앉게 될 것이다"라고 약속하신 말씀이 그대로 이루어졌습니다.

이스라엘의 살룸 왕

웃시야가 유다의 왕으로 있은 지 삼십구 년째 되던 해에 야베스의 아들 살룸이 왕이 되었습니다. 그는 사마리아에서 한 달 동안 다스렸습니다. 가디의 아들 므나헴이 디르사에서 사마리아로 올라와 야베스의 아들 살룸을 공격했습니다. 그리하여 므나헴이 살룸을 죽이고 살룸의 뒤를 이어 왕이 되었습니다. 살룸이 행한 다른 모든 일과 음모를 꾸민 일은 이스라엘 왕들의 역사책에 기록되어 있습니다.

이스라엘의 므나헴 왕

그때에 므나헴이 디르사를 떠나 딥사를 공격했습니다. 그는 딥사 성의 사람들이 문을 열어 주지 않은 것을 이유로 그 성과 성의 주변 지역을 파괴하고 임신한 여자들의 배를 갈랐습니다.

아사랴가 유다의 왕으로 있은 지 삼십구 년째 되던 해에 가디의 아들 므나헴이 이스라엘의 왕이 되었습니다. 므나헴은 사마리아에서 십 년 동안 나라를 다스렸습니다. 그는 여호와가 보시기에 악한 일을 저질렀습니다. 그는 왕으로 있는 동안 이스라엘로 하여금 죄를 짓게 한 느밧의 아들 여로보암의 죄를 그대로 따라 했습니다. 그는 죄에서 돌이키지 않았습니다. 앗시리아 왕 불이 와서 그 땅을 공격했습니다. 므나헴은 불의 도움을 받아 왕권을 굳게 세우기 위해 그에게 은 천 달란트가량을 주었습니다. 므나헴은 이스라엘의 모든 부자들에게 세금을 매겨 그 돈을 거두었습니다. 그는 한 사람마다 은 오십 세겔을 바치게 했습니다. 므나헴이 그렇게 거둔 돈을 앗시리아 왕에게 주자 앗시리아 왕은 그 땅에 머물지 않고 떠났습니다. 므나헴이 행한 다른 모든 일은 이스라엘 왕들의 역사책에 기록되어 있습니다. 므나헴이 죽고 그의 아들 *브가히야*가 뒤를 *이어* 왕이 되었습니다.

이스라엘의 브가히야 왕

아사랴가 유다의 왕으로 있은 지 오십 년째 되는 해에 므나헴의 아들 브가히야가 사마리아에서 이스라엘의 왕이 되었습니다. 브가히야는 이 년 동안 나라를 다스렸습니다. 그는 여호와께서 보시기에 악한 일을 저질렀습니다. 그는 이스라엘로 하여금 죄를 짓게 한 느밧의 아들 여로보암의 죄를 그대로 따라 했습니다. 브가히야는 죄에서 돌이키지 않았습니다. 브가히야의 장교인 르말랴의 아들 베가가 브가히야를 배신했습니다. 그는 길르앗 사람 오십 명을 이끌고 사마리아 왕궁에서 브가히야와 아르곱과 아리에를 죽였습니다. 그리고 베가가 브가히야의 뒤를 이어 왕이 되었습니다. 브가히야가 행한 다른 모든 일은 이스라엘 왕들의 역사책에 기록되어 있습니다.

이스라엘의 베가 왕

아사랴가 유다의 왕으로 있은 지 오십이 년째 되는 해에 르말랴의 아들 베가가 사마리아에서 이스라엘의 왕이 되었습니다. 베가는 이십 년 동안 나라를 다스렸습니다. 베가는 여호와께서 보시기에 악한 일을 저질렀습니다. 베가는 이스라엘로 하여금 죄를 짓게 한 느밧의 아들 여로보암의 죄를 그대로 따라 했습니다. 베가는 죄에서 돌이키지 않았습니다.

베가가 이스라엘의 왕으로 있던 때에 앗시리아 왕 디글랏빌레셀이 쳐들어와서 이욘과 아벨벳마아가와 야노아와 게데스와 하솔과 길르앗과 갈릴리와 납달리 온 땅을 점령했습니다. 그리고 그곳의 백성들을 앗시리아로 잡아갔습니다. 엘라의 아들 호세아가 르말랴의 아들 베가를 죽이고 왕이 되었습니다. 그때는 웃시야의 아들 요담이 왕으로 있은 지 이십 년째 되던 해였습니다. 베가가 행한 다른 모든 일은 이스라엘 왕들의 역사책에 기록되어 있습니다.

유다의 요담 왕

르말랴의 아들 베가가 이스라엘의 왕으로 있은 지 이 년째 되던 해에 웃시야의 아들 요담이 유다의 왕이 되었습니다. 요담이 왕이 되었을 때의 나이는 스물다섯 살이었습니다. 그는 예루살렘에서 십육 년 동안 다스렸습니다. 그의 어머니는 사독의 딸 여루사입니다. 요담은 그의 아버지 웃시야처럼 여호와께서 보시기에 옳은 일을 했습니다. 그러나 산당을 없애지 않았으므로 백성이 여전히 그곳에서 제사를 지내고 향을 피웠습니다. 요담은 여호와의 성전의 '윗문'을 건축하였습니다. 요담이 행한 다른 모든 일은 유다 왕들의 역사책에 기록되어 있습니다. 그때에 여호와께서 아람 왕 르신과 르말랴의 아들 베가를 보내어 유다를 치게 하셨습니다. 요담이 죽어 그의 조상들과 함께 그의 조상 다윗 성에 묻혔습니다. 뒤를 이어 아하스가 왕이 되었습니다.

유다의 아하스 왕

르말랴의 아들 베가가 이스라엘의 왕으로 있은 지 십칠 년째 되던 해에 요담의 아들 아하스가 유다 왕이 되었습니다. 아하스가 왕이 되었을 때의 나이는 스무 살이었습니다. 아하스는 예루살렘에서 십육 년 동안 다스렸습니다. 그는 그의 조상 다윗과 달리 여호와께서 보시기에 악한 일을 하였습니다. 아하스는 이스라엘 왕들이 행했던 죄의 길을 따라갔습니다. 그는 심지어 자기 아들까지도 불에 태워 제물로 바쳤습니다. 그는 여호와께서 이스라엘 백성 앞에서 쫓아내신 다른 나라들처럼 그들이 저질렀던 더러운 죄를 그대로 따라 했습니다. 아하스는 산당과 언덕과 모든 푸른 나무 아래에서 제사를 지내고 향을 피웠습니다.

아람 왕 르신과 이스라엘 왕 르말랴의 아들 베가가 예루살렘을 치러 올라왔습니다. 그들은 아하스를 에워쌌으나 정복하지는 못했습니다. 그때에 아람 왕 르신이 엘랏 성을 도로 찾으면서 그곳에 살고 있던 유다 백성을 쫓아냈습니다. 그리고 아람 사람들이 엘랏으로 옮겨 왔습니다. 그들은 지금까지도 그곳에서 살고 있습니다. 아하스가 앗시리아 왕 디글랏빌레셀에게 명령을 받고 심부름하는 사람들을 보내어 말했습니다. "나는 왕의 종입니다. 오셔서 나를 아람 왕과 이스라엘 왕에게서 구해 주십시오. 그들이 나를 치고 있습니다." 아하스는 여호와의 성전에 있는 은과 금과 왕궁에 있는 보물들을 가져와서 앗시리아 왕에게 선물로 주었습니다. 그리하여 앗시리아 왕이 아하스의 부탁을 받아들여 다마스커스를 쳐서 점령했습니다. 그는 다마스커스의 모든 백성들을 길 성으로 보내고 르신을 죽였습니다.

아하스 왕이 앗시리아 왕 디글랏빌레셀을 만나려고 다마스커스로 갔습니다. 아하스가 거기에서 한 제단을 보고 그 제단의 설계도와 모형을 제사장 우리야에게 보냈습니다. 우리야는 아하스 왕이 다마스커스에서 보내 준 설계도에 따라 제단을 만들었습니다. 우리야는 아하스 왕이 다마스커스에서 돌아오기 전에 제단을 모두 완성했습니다. 아하스 왕이 다마스커스에서 돌아와서 그 제단을 보고 가까이 나아가 그 위에 제물을 바쳤습니다. 그는 태워 드리는 제물인 번제물과 곡식 제물을 바쳤고, 부어 드리는 제물인 전제물도 부었으며, 화목 제물의 피를 제단 위에 뿌리기도 했습니다. 아하스는 여호와 앞, 곧 성전 앞에 있던 놋제단을 새로 만든 제단과 여호와의 성전 사이에 옮겨 놓았습니다. 아하스는 놋제단을 새로 만든 제단의 북쪽에 두었습니다. 아하스 왕이 제사장 우리야에게 명령했습니다. "아침 번제물과 저녁의 곡식 제물과 왕의 번제물과 곡식 제물과 이 땅의 모든 백성의 번제물과 그들의 곡식 제물과 그들의 전제물을 이 큰 제단 위에서 바치도록 하시오. 그리고 모든 번제물의 피와 희생 제물의 피를 이 제단 위에 뿌리시오. 그러나 놋제단은 내가 여호와의 뜻을 여쭈어 볼 때만 쓰겠소." 제사장 우리야는 아하스가 명령한 대로 했습니다.

그 뒤에 아하스 왕은 물을 운반할 수 있는 놋받침대에서 옆에 있던 널빤지를 떼어 내고 위에 있던 놋대야도 뜯어냈습니다. 그는 놋황소 위에 놓여 있던 바다라고 불리는 커다란 대야를 떼어 내서 돌받침 위에 놓았습니다. 또 아하스는 안식일에 사용하는 성전 뜰의 현관과 왕이 밖에서 여호와의 성전으로 들어가는 현관을 없애 버렸습니다. 그가 이런 일을 한 까닭은 앗시리아 왕에게 잘 보이기 위한 것이었습니다. 아하스가 행한 다른 모든 일은 유다 왕들의 역사책에 기록되어 있습니다. 아하스는 죽어서 그의 조상들과 함께 다윗 성에 묻혔습니다. 그의 아들 히스기야가 뒤를 이어 왕이 되었습니다.

이스라엘의 마지막 왕 호세아

아하스가 유다의 왕으로 있은 지 십이 년째 되는 해에 엘라의 아들 호세아가 이스라엘의 왕이 되었습니다. 호세아는 사마리아에서 구 년 동안 이스라엘을 다스렸습니다. 호세아는 여호와께서 보시기에 악한 일을 했지만, 그전의 이스라엘 왕들만큼 악하지는 않았습니다. 앗시리아 왕 살만에셀이 호세아를 치러 올라왔습니다. 호세아는 살만에셀의 종이 되어 그가 달라는 대로 예물을 바쳤습니다. 그러나 앗시리아 왕 살만에셀은 호세아가 반역을 꾀하고 있다는 것을 알았습니다. 호세아가 이집트 왕 소에게 사신들을 보내는가 하면 해마다 바치던 조공도 바치지 않았던 것입니다. 그래서 살만에셀 왕은 호세아를 감옥에 가두었습니다. 그 뒤에 앗시리아의 왕이 이스라엘 온 땅을 공격하고 사마리아로 와서 삼 년 동안 그곳을 에워쌌습니다.

호세아가 왕으로 있은 지 구 년째 되는 해에 앗시리아 왕이 사마리아를 점령했습니다. 그는 이스라엘 백성을 앗시리아로 끌고 가서 할라와 고산 강가의 하볼과 메대의 여러 성에서 살게 했습니다.

이스라엘 백성이 죄값을 치르다

이 모든 일이 일어난 것은 이스라엘 백성이 그들의 하나님 여호와께 죄를 지었기 때문입니다. 여호와는 이스라엘 백성을 이집트에서 인도해 내셨고, 이집트 왕 파라오의 손에서 벗어나게 해 주셨습니다. 그런데도 이스라엘 백성은 다른 신들을 섬겼습니다. 그들은 여호와께서 그들 앞에서 쫓아내신 다른 민족들의 관습을 좇아 악한 왕들이 저지른 죄를 그대로 따라 했습니다. 그들은 하나님 여호와께서 보시기에 옳지 않은 일을 몰래 저질렀습니다. 그들은 마을마다 우상을 섬기는 산당을 지었습니다. 망대에서부터 성벽이 있는 굳건한 성에 이르기까지 산당이 없는 곳이 없었습니다. 그리고 높은 언덕 위와 푸른 나무 아래마다 돌기둥과 아세라 우상을 만들어 세웠습니다. 그들은 여호와께서 그들 앞에서 쫓아내신 다른 나라들처럼 모든 산당에서 향을 피우고 여호와를 노하게 하는 악한 일들을 했습니다. 여호와께서 "너희는 우상을 섬기지 마라" 하고 말씀하셨는데도 그들은 우상을 섬겼습니다. 여호와께서는 모든 예언자와 선견자들을 보내셔서 이스라엘과 유다에 경고하셨습니다. "너희는 악한 길에서 돌이켜서 내 명령과 규례를 지켜라. 내가 나의 종 예언자들을 통해 너희 조상에게 준 가르침에 복종하여라."

그러나 이스라엘 백성은 들으려 하지 않았습니다. 그들은 여호와 하나님을 믿지 않았던 그들의 조상들처럼 고집을 부렸습니다. 그들은 여호와의 율법과 여호와께서 그들의 조상과 맺어 주신 언약을 받아들이지 않았습니다. 그들은 여호와께서 주신 경고를 무시했습니다. 그리고 헛된 우상들을 섬기며 어리석은 길에 빠져들었습니다. 그들은 여호와께서 하지 말라고 경고하셨음에도 불구하고 주변의 다른 나라들이 하는 것처럼 악한 우상을 섬기며 살았습니다. 이스라엘 백성은 여호와 하나님께서 내리신 모든 명령에 복종하지 않았습니다. 그들은 쇠를 녹여 두 개의 송아지 형상을 만들었으며 아세라 우상도 만들었습니다. 그들은 하늘의 모든 별에게 절하고 바알을 섬겼습니다. 그들은 자식을 불에 태워 제물로 바치기도 하고 마술이나 요술을 부려 점을 치기도 했습니다. 그들은 언제나 여호와께서 보시기에 악한 일만 골라서 하므로 여호와를 노하시게 만들었습니다. 이 때문에 여호와께서 이스라엘 백성에게 크게 노하셨습니다. 그래서 여호와께서는 그들을 자기 앞에서 내쫓으셨으며 오직 유다 지파만을 남겨 두셨습니다.

그러나 유다도 그들의 하나님 여호와의 명령에 복종하지 않았습니다. 그들도 이스라엘 백성의 관습을 그대로 따라 했습니다. 여호와께서는 이스라엘의 모든 백성을 내버리셨습니다. 그들을 벌하셔서 침략자들에게 넘겨주시고 이스라엘 땅에서 내쫓으셨습니다.

여호와께서 다윗의 집안을 찢어 그들을 두 나라로 갈라놓으셨습니다. 그때 이스라엘 백성은 느밧의 아들 여로보암을 자기 왕으로 삼았고, 여로보암은 이스라엘 백성을 잘못된 길로 이끌었습니다. 그는 이스라엘 백성으로 하여금 여호와를 떠나 큰 죄를 짓게 했습니다. 이스라엘 백성은 여로보암이 지은 죄를 그대로 따라 했습니다. 그들은 죄에서 돌이키지 않았습니다. 마침내 여호와께서는 그의 종인 예언자들을 통해 말씀하신 대로 그 백성을 자기 앞에서 내쫓으셨습니다. 그래서 이스라엘 백성은 자기 땅에서 쫓겨나 앗시리아로 끌려간 뒤 지금까지 거기에서 살고 있습니다.

사마리아에 이방인을 이주시키다

앗시리아 왕은 바빌론과 구다와 아와와 하맛과 스발와임에서 사람들을 데려다가 이스라엘 백성을 대신해서 사마리아의 여러 성에서 살게 했습니다. 그래서 그들은 사마리아를 차지하고 여러 성에서 살았습니다. 그들은 여호와를 섬기지 않았기 때문에 여호와께서 사나운 사자들을 그들 가운데 보내어 몇 명을 물어 죽게 하셨습니다. 앗시리아 왕이 이 소식을 들었습니다. 그가 전해 들은 말은 이러합니다. "왕께서 사마리아의 여러 성에 보낸 외국인들은 그 땅의 하나님에 대한 법을 알지 못합니다. 그래서 그 땅의 하나님이 그들에게 사자들을 보내어 죽게 하셨습니다. 이는 그 땅의 하나님의 법을 알지 못하였기 때문입니다." 그러자 앗시리아 왕이 명령을 내렸습니다. "사마리아에서 붙잡아 온 제사장들 가운데서 한 명을 돌려보내어 그 땅에서 살게 하여라. 그리고 그 땅의 하나님에 대한 법을 백성에게 가르쳐 주게 하여라." 사마리아에서 붙잡혀 간 제사장들 가운데서 한 명이 돌아와 벧엘에 살면서 여호와를 섬기는 방법을 백성에게 가르쳐 주었습니다.

그러나 각 민족은 제각기 자기들의 신을 만들어 성안에 두었습니다. 그들은 사마리아 사람들이 만든 산당 안에 자기들의 신을 두었습니다. 바빌론 사람은 숙곳브놋을 만들고, 구다 사람은 네르갈을 만들고, 하맛 사람은 아시마를 만들었습니다. 아와 사람은 닙하스와 다르닥을 만들고, 스발와임 사람은 자기들의 신인 아드람멜렉과 아남멜렉에게 자기 자녀를 불에 태워 바쳤습니다. 그들은 여호와도 섬겼습니다. 그들은 자기들 중에 산당에서 일할 제사장을 뽑았습니다. 그렇게 뽑힌 제사장은 그들을 위해 제사를 지냈습니다. 백성은 여호와께 예배를 드리면서 자기들의 신도 섬겼습니다. 그들은 잡혀 오기 전에 살던 나라에서 섬기던 방법대로 자기들의 신을 섬겼습니다.

그들은 오늘날까지도 옛 관습을 그대로 따르고 있습니다. 그들은 여호와를 섬기지 않고 있으며, 여호와께서 이스라엘이라고 명하신 야곱의 자녀들에게 주셨던 여호와의 명령과 규례와 가르침과 계명을 따르지 않습니다. 여호와께서 전에 야곱의 자손들과 언약을 맺으시며 명령하셨습니다. "다른 신을 섬기지 마라. 다른 신에게 절하거나 예배하지 마라. 다른 신에게 제물을 바치지도 마라. 크신 능력과 힘으로 너희를 이집트 땅에서 인도해 내신 여호와께 예배드려라. 여호와께만 절하고 제물을 바쳐라. 언제나 여호와께서 너희에게 써 주신 규례와 명령과 계명과 가르침을 지켜라. 다른 신을 섬기지 마라. 내가 너희와 맺은 언약을 잊지 마라. 다른 신을 섬기지 마라. 오직 너희 하나님 여호와만을 섬겨라. 그가 너희의 모든 원수에게서 너희를 구원해 주실 것이다." 그러나 이스라엘 백성은 들으려 하지 않았습니다. 그들은 옛 관습을 그대로 따랐습니다.

이스라엘 땅으로 옮겨 와 살게 된 다른 민족들도 여호와께 예배드리기는 했지만 여전히 자기들이 만든 우상을 같이 섬겼습니다. 그들의 자녀와 자손도 오늘날까지도 조상들이 한 일을 그대로 따라 하고 있습니다.

유다의 히스기야 왕

엘라의 아들 호세아가 이스라엘의 왕으로 있은 지 삼 년째 되던 해에 아하스의 아들 히스기야가 유다의 왕이 되었습니다. 히스기야가 왕이 되었을 때의 나이는 스물다섯 살이었습니다. 그는 예루살렘에서 이십구 년 동안 다스렸습니다. 그의 어머니는 스가랴의 딸 아비입니다. 히스기야는 그의 조상 다윗처럼 여호와께서 보시기에 옳은 일을 했습니다. 그는 산당들을 없애고, 돌기둥들을 부수고, 아세라 우상을 찍어 버렸습니다. 그는 또 이스라엘 백성들이 그때까지도 모세가 만든 놋뱀에게 향을 피워 섬기는 것을 보고 그 놋뱀도 부숴 버렸습니다. 그 놋뱀은 느후스단이라고 불렸던 것입니다. 히스기야는 이스라엘 하나님 여호와를 믿고 의지했습니다. 유다의 모든 왕 가운데서 히스기야 같은 사람은 전에도 없었고, 그 뒤에도 없었습니다. 히스기야는 여호와께 충성했습니다. 그는 여호와를 떠나지 않고 여호와께서 모세에게 명령하신 계명을 다 지켰습니다. 여호와께서 히스기야와 함께하셔서 히스기야는 하는 일마다 성공했습니다. 히스기야는 앗시리아 왕에게 등을 돌리고 섬기는 일을 그만두었습니다. 히스기야는 가사와 그 국경까지 블레셋 사람들을 공격했습니다. 그는 블레셋 땅의 망대에서부터 성벽이 있는 굳건한 성에 이르기까지 쳤습니다.

히스기야가 왕으로 있은 지 사 년째 되는 해, 곧 엘라의 아들 호세아가 이스라엘 왕으로 있은 지 칠 년째 되던 해에 앗시리아 왕 살만에셀이 사마리아를 에워싸고 공격했습니다. 삼 년 뒤에 살만에셀이 사마리아를 점령했습니다. 그때는 히스기야가 왕으로 있은 지 육 년째 되는 해였고, 호세아가 이스라엘의 왕으로 있은 지 구 년째 되는 해였습니다. 앗시리아 왕은 이스라엘 백성을 앗시리아로 잡아가서 고산 강가의 할라와 하볼과 메대의 여러 성에서 살게 했습니다. 이런 일이 일어난 것은 이스라엘 백성이 그들의 하나님인 여호와께 복종하지 않았기 때문입니다. 그들은 여호와의 언약을 어기고 여호와의 종인 모세가 명령한 모든 것에 복종하지 않았습니다. 그들은 그 명령을 들으려 하지도 않았고, 지키지도 않았습니다.

앗시리아가 유다를 공격하다

히스기야가 왕으로 있은 지 십사 년째 되던 해에 앗시리아 왕 산헤립이 유다를 공격했습니다. 산헤립은 성벽으로 굳건하게 둘러싸인 유다의 모든 성을 공격하여 점령했습니다. 그러자 유다 왕 히스기야가 라기스에 있는 앗시리아 왕에게 사신을 보내어 말했습니다. "내가 잘못했습니다. 이곳에서 떠나 주십시오. 그러면 요구하시는 대로 다 드리겠습니다." 그러자 앗시리아 왕이 히스기야에게 은 삼백 달란트가량과 금 삼십 달란트가량을 요구했습니다. 히스기야는 여호와의 성전과 왕궁 보물 창고에 있는 모든 은을 산헤립에게 주었습니다. 히스기야는 여호와의 성전 문과 문기둥에 자기가 입혀 놓은 금을 벗겨 내어 앗시리아 왕에게 모두 주었습니다.

산헤립의 두 번째 침입

앗시리아 왕이 군대 장관 다르단과 랍사리스와 랍사게를 큰 군대와 함께 라기스에서 예루살렘에 있는 히스기야 왕에게 보내며 히스기야 왕을 치라고 명령하였습니다. 그들은 예루살렘에 도착하여 윗연못에서 흘러나오는 물길 곁에 멈추어 섰습니다. 윗연못은 '빨랫집 밭'으로 가는 길가에 있었습니다. 그들이 왕을 부르자 엘리야김과 셉나와 요아가 그들을 맞으러 나갔습니다. 힐기야의 아들 엘리야김은 왕궁 관리인이었고, 셉나는 왕의 서기관이었고, 아삽의 아들 요아는 역사 기록관이었습니다.

랍사게가 그들에게 말했습니다. "히스기야에게 위대하신 앗시리아 왕의 말씀을 전하여라. '너는 누가 너를 도와줄 것이라고 믿느냐? 군사 전략을 짜고 전쟁할 힘을 갖는 것이 입만 가지고 되느냐? 너는 누구를 믿고 나에게 반역하느냐? 보아라. 네가 이집트를 믿고 의지하는 모양인데, 이집트는 부서진 지팡이에 지나지 않는다. 그것에 의지했다가는 찔려서 다칠 뿐이다. 이집트의 왕을 의지하는 사람은 누구나 다 그렇게 될 것이다.'" 랍사게가 계속 말했습니다. "혹시 너희가 '우리는 우리 하나님 여호와를 의지한다'고 말할지도 모르겠다. 히스기야가 여호와의 제단과 산당을 없애 버리면서 유다와 예루살렘 백성에게 '너희는 이 예루살렘의 제단에서만 예배드려야 한다'고 말하지 않았느냐? 그렇다면 내 주이신 앗시리아 왕과 내기를 해 보자. 네가 말을 탈 사람 이천 명을 구할 수 있다면 내가 너에게 말 이천 마리를 주겠다. 너희가 앗시리아의 가장 약한 병사라도 물리칠 수 있겠느냐? 그러면서도 전차와 기마병의 도움을 받으려고 이집트를 의지하느냐? 내가 이곳에 와서 멸망시키는 일도 다 여호와의 허락을 받고 하는 것이다. 여호와께서 나에게 이 땅으로 가서 이 땅을 멸망시키라고 말씀하셨다."

힐기야의 아들 엘리야김과 셉나와 요아가 랍사게에게 말했습니다. "우리에게 아람 말로 말씀해 주십시오. 우리가 아람 말을 알아듣습니다. 성벽 위에 있는 백성이 듣고 있으니 히브리 말로 말씀하지 말아 주십시오." 그러자 랍사게가 말했습니다. "아니다. 앗시리아 왕이 나를 보내신 것은 이 말을 너희와 너희의 왕에게만 전하라고 보내신 것이 아니다. 이 말을 성벽 위에 앉아 있는 백성에게도 전하라고 보내신 것이다. 그들도 너희처럼 자기 똥을 먹고 자기 오줌을 마시게 될 것이다."

사령관이 일어나서 히브리 말로 크게 외쳤습니다. "위대하신 앗시리아 왕의 말씀을 들어라. 왕은 너희더러 히스기야에게 속지 말라고 말씀하셨다. 히스기야는 너희를 내 손에서 구할 수 없다. 히스기야가 너희에게 '여호와께서 틀림없이 우리를 구하실 것이다. 이 성은 앗시리아의 왕에게 넘어가지 않을 것이다'라고 말하면서 여호와를 의지하게 하여도 믿지 마라. 히스기야의 말을 듣지 마라. 앗시리아 왕이 이렇게 말씀하셨다. '너희는 항복하고 나에게 나오너라. 그러면 누구나 자유롭게 자기의 포도나무와 무화과나무의 열매를 먹을 수 있을 것이다. 누구나 자유롭게 자기의 샘에서 물을 마실 수 있을 것이다. 내가 다시 와서 너희를 너희가 전에 살던 곳과 같은 땅으로 데려가 살게 하겠다. 그 땅은 곡식과 새 포도주의 땅이며, 빵과 포도나무의 땅이며, 올리브 기름과 꿀의 땅이다. 너희는 그 땅에 가서 살 수 있다. 결코 너희를 죽이지 않겠다.' 히스기야의 말을 듣지 마라. '여호와께서 우리를 구하실 것이다'라는 히스기야의 말은 거짓말이다. 다른 어떤 나라의 신도 그 백성을 앗시리아 왕의 손에서 구해 내지 못했다. '하맛과 아르밧의 신들은 어디에 있느냐? 스발와임과 헤나와 아와의 신들은 어디에 있느냐? 그들이 사마리아를 내 손에서 구해 냈느냐? 이 모든 나라의 그 어떤 신도 그 백성을 내 손에서 구해 내지 못했다. 그러니 여호와도 예루살렘을 내 손에서 구해 내지 못할 것이다.' "

백성은 잠잠히 있었습니다. 그들은 랍사게의 말에 대답하지 않았습니다. 히스기야 왕이 그에게 대답하지 말라고 명령했기 때문입니다. 엘리야김과 셉나와 요아가 기가 막혀 옷을 찢었습니다. 힐기야의 아들 엘리야김은 왕궁 관리인이었고, 셉나는 왕의 서기관이었고, 아삽의 아들 요아는 역사 기록관이었습니다. 세 사람은 히스기야에게 돌아와서 랍사게가 한 말을 전해 주었습니다.

이사야의 예언

히스기야 왕도 그 말을 듣고 자기 옷을 찢었습니다. 그는 너무나 슬퍼서 베옷을 입고 여호와의 성전으로 갔습니다. 히스기야는 엘리야김과 셉나와 나이 든 제사장들을 아모스의 아들인 예언자 이사야에게 보냈습니다. 엘리야김은 왕궁 관리인이었고, 셉나는 왕의 서기관이었습니다. 그들은 모두 베옷을 입고 이사야에게 갔습니다. 그 사람들이 이사야에게 말했습니다. "히스기야 왕께서 이렇게 말씀하셨습니다. '오늘은 슬픔과 심판과 부끄러움의 날이오. 마치 아이를 낳을 때가 되었는데도 아이를 낳을 힘이 없는 여자와도 같소. 앗시리아 왕이 랍사게를 보내어 살아 계신 하나님을 조롱했소. 당신의 하나님 여호와께서도 그 말을 들으셨을 것이요. 당신의 하나님 여호와께서도 그를 책망하실 것이요. 그러니 살아남은 이스라엘 백성을 위해 기도드려 주시오.'" 이와 같이 히스기야의 신하들이 이사야에게 오자 이사야가 말했습니다. "그대들의 왕께 여호와께서 하신 말씀을 전하시오. '너는 앗시리아 왕의 신하들이 한 말 때문에 두려워하지 마라. 내가 앗시리아의 왕에게 한 영을 넣으리니 그는 자기 나라에서 들려오는 어떤 소문을 듣고 자기 나라로 돌아가게 될 것이다. 그러면 내가 그를 그곳에서 칼에 맞아 죽게 하겠다.'"

그때 랍사게가 돌아가다가 앗시리아 왕이 라기스에서 떠났다는 말을 듣고 립나로 가서 만났습니다. 왕은 립나 성에서 싸우는 중이었습니다. 앗시리아 왕은 에티오피아 왕 디르하가가 자기를 치려 한다는 보고를 듣고 히스기야에게 사람들을 보내어 말했습니다. "네가 의지하는 하나님께 속지 마라. 앗시리아 왕이 예루살렘을 정복하지 못할 것이라는 네 하나님의 말을 믿지 마라. 너는 앗시리아의 왕들이 여러 나라들을 멸망시킨 일을 들어 알고 있을 것이다. 너라고 해서 구원받을 것이라고 생각하지 마라. 나의 조상들은 고산과 하란과 레셉을 멸망시켰고, 들라살에 사는 에덴 백성을 멸망시켰다. 하지만 그 백성들의 신들도 그들을 구원하지는 못했다. 하맛과 아르밧의 왕들이 어디에 있느냐? 스발와임 성의 왕이 어디에 있느냐? 헤나와 아와의 왕들이 어디에 있느냐?"

히스기야가 여호와께 기도드리다

히스기야는 사신들이 보낸 편지를 받아 읽고는 여호와의 성전으로 올라가 그 편지를 여호와 앞에 펼쳐 놓았습니다. 히스기야가 여호와께 기도드렸습니다. "이스라엘의 하나님 여호와여, 주의 보좌는 날개 달린 생물인 그룹들 사이에 있습니다. 오직 주만이 땅 위 온 나라의 하나님이십니다. 주께서는 하늘과 땅을 지으셨습니다. 여호와여, 귀를 기울여 들어 주십시오. 여호와여, 눈을 열어 보아 주십시오. 산헤립이 살아 계신 하나님을 조롱한 말을 들어 주십시오. 여호와여, 앗시리아의 왕들은 정말로 여러 나라와 그 땅을 멸망시켰습니다. 그 왕들은 여러 나라의 신들을 불 속에 던져 넣었습니다. 그러나 그 신들은 사람이 만든 나무요, 돌에 지나지 않습니다. 그래서 그 왕들이 그것을 없앨 수 있었습니다. 우리 하나님 여호와시여, 우리를 저 왕의 손에서 구해 주십시오. 그러면 온 땅의 나라들이 주만이 오직 한 분이신 하나님이라는 것을 알게 될 것입니다."

하나님께서 히스기야에게 대답하시다

아모스의 아들 이사야가 히스기야에게 사람을 보내어 말했습니다. "이스라엘 하나님 여호와께서 왕이 앗시리아 왕 산헤립에 대해 기도한 것을 들으셨소. 그리고 산헤립에 대해 여호와께서 이렇게 말씀하셨소.

'시온 백성이 너를 미워하고 조롱할 것이다.
예루살렘 백성이 도망치는 너를 보고 비웃을 것이다.

네가 누구를 꾸짖으며 조롱하였느냐?
네가 누구에게 목소리를 높였느냐?
네가 누구에게 눈을 부릅떴느냐?
이스라엘의 거룩하신 분에게냐?
너는 사자들을 보내어 여호와를 조롱하며 이렇게 비아냥거렸다.
나에게는 전차가 많이 있다.
나는 그 전차를 타고 산꼭대기로 올라갔으며
거기서 레바논의 가장 높은 산으로 올라갔다.
레바논의 키 큰 백향목과 훌륭한 잣나무를 베어 버렸다.
가장 깊숙한 곳까지 들어갔고, 가장 울창한 숲까지 들어갔다.
또 나는 내가 빼앗은 다른 나라에서 샘을 파서 그 물을 마셨다.
내 발바닥으로 이집트의 모든 강물을 마르게 했다.

앗시리아 왕아, 나 여호와가 오래전에 이 일들을 결정했고
옛날에 이 일들을 계획했다는 것을 네가 틀림없이 들었을 것이다.
네가 성벽이 있는 저 굳건한 성들을 쳐서
잿더미로 만들 수 있게 한 것도 바로 나 여호와이다.
그래서 그 성에 사는 백성들이 겁을 내고 두려움에 떤 것이다.
그들은 들의 식물과 같았고, 연약한 풀과 같았다.
자라기도 전에 말라 버리는 지붕 위의 풀과 같았다.

나는 네가 어디에 살고 있으며,
언제 나가고 들어가는지도 다 알고 있다.
네가 나에게 악한 말을 하고 있는 것과
분을 품고 있는 것도 알고 있다.
너는 나에게 반역하였고, 네 교만이 내 귀에까지 들렸으므로
네 코에 갈고리를 걸고, 네 입에 재갈을 물리겠다.
그리고 네가 왔던 그 길로 다시 돌아가게 하겠다.

히스기야야, 내가 너에게 이 증거를 보이겠다. 너는 금년에 들에서 저절로 자란 곡식을 먹겠고, 내년에도 들에서 저절로 자란 곡식을 먹을 것이다. 그러나 삼 년째 되는 해에는 심고 거두며 포도밭을 가꾸어서 그 열매를 먹을 것이다. 유다 집안의 남은 백성은 뿌리를 내리고 튼튼하게 자라나서 많은 열매를 맺게 될 것이다. 예루살렘에서 살아남은 사람이 나오겠고, 시온 산에서 살아남은 사람이 나올 것이다. 나 여호와는 열심으로 그 일을 이룰 것이다.'

여호와께서 앗시리아 왕에 대하여 이렇게 말씀하셨소. '그는 이 성에 들어오지 못한다. 그는 화살 한 발도 쏘지 못하며, 방패를 가지고 가까이 오지도 못하고, 성을 공격할 흙 언덕도 쌓지 못할 것이다. 그는 왔던 길로 다시 자기 나라로 돌아갈 것이다. 그는 이 성에 들어오지 못한다. 이것은 나 여호와의 말이다. 나를 위해 그리고 내 종 다윗을 위해 이 성을 지켜 구원해 주겠다.'"

그날 밤에 여호와의 천사가 앗시리아의 진으로 나아가서 앗시리아군 십팔만 오천 명을 죽였습니다. 백성이 이튿날 아침 일찍 일어나 보니, 그들이 모두 죽어 있었습니다. 그리하여 앗시리아 왕 산헤립은 그곳을 떠나 니느웨로 돌아가서 그곳에 머물렀습니다. 어느 날 산헤립이 자기의 신 니스록의 신전에서 예배하고 있을 때에 그의

아들 아드람멜렉과 사레셀이 그를 칼로 죽이고 아라랏 땅으로 도망쳤습니다. 그리하여 산헤립의 아들 에살핫돈이 앗시리아의 왕이 되었습니다.

히스기야의 병

그 무렵에 히스기야가 심한 병에 걸려 거의 죽게 되었습니다. 아모스의 아들인 예언자 이사야가 그를 보러 와서 말했습니다. "여호와께서 이렇게 말씀하셨소. '너는 이제 죽을 것이다. 그러니 네 집안일을 정리하여라. 너는 회복되지 못할 것이다.'" 히스기야가 벽쪽을 바라보며 여호와께 기도드렸습니다. "여호와여, 제가 언제나 마음을 다하여 여호와께 복종하고 여호와께서 보시기에 옳은 일을 한 것을 기억해 주십시오." 기도를 하던 히스기야가 슬프게 울었습니다. 이사야가 안뜰을 지날 때에 여호와께서 이사야에게 말씀하셨습니다. "다시 돌아가서 내 백성의 지도자인 히스기야에게 전하여라. '네 조상 다윗의 하나님 여호와께서 이렇게 말씀하셨다. 내가 네 기도를 들었고, 네 눈물을 보았다. 그러므로 내가 너를 고쳐 주겠다. 지금부터 삼 일 만에 너는 여호와의 성전으로 올라갈 것이다. 내가 네 목숨을 십오 년 더 연장해 주겠다. 그리고 너와 이 성을 앗시리아의 왕에게서 구해 주겠다. 나를 위해 그리고 내 종 다윗을 위해 이 성을 지켜 주겠다.'" 이사야가 신하들에게 말했습니다. "무화과로 만든 연고를 가져오시오." 그들이 연고를 만들어 가져와서 왕의 상처 위에 바르니 왕의 병이 나았습니다.

히스기야가 이사야에게 물었습니다. "여호와께서 나를 고쳐 주시고 내가 삼 일 만에 여호와의 성전에 올라가게 될 것이라 하였는데 그 표적이 무엇이오?" 이사야가 말했습니다. "여호와께서 약속하신 것을 그대로 이루신다는 표적이 임할 것이오. 왕은 해 그림자가 해시계 위에서 열 칸 앞으로 나아가게 하는 것이 좋겠소, 아니면 열 칸 뒤로 물러나게 하는 것이 좋겠소?" 히스기야가 대답했습니다. "열 칸 앞으로 나아가게 하는 것은 쉬운 일이니 열 칸 뒤로 물러나게 해 주시오." 예언자 이사야가 여호와께 부르짖자 여호와께서는 아하스 왕이 만들어 놓은 해시계의 해 그림자를 열 칸 뒤로 물러나게 해 주셨습니다.

바빌로니아에서 온 사자들

그 무렵에 발라단의 아들인 바빌로니아 왕 부로닥발라단이 히스기야가 병들었다가 나았다는 소식을 듣고 그에게 편지와 선물을 보내왔습니다. 히스기야는 부로닥발라단이 보낸 사자들을 보고 매우 기뻐서 그들에게 자기 보물 창고에 있는 것을 다 보여 주었습니다. 은과 금과 향료와 값진 향유를 보여 주고 자기의 칼과 방패들도 보여 주었습니다. 히스기야는 자기가 가진 귀한 것들과 왕궁과 나라 안에 있는 것을 하나도 빠짐없이 보여 주었습니다. 예언자 이사야가 왕에게 가서 물었습니다. "이 사람들이 무슨 말을 했소? 이 사람들은 어디에서 온 사람들이오?" 히스기야가 대답했습니다. "이 사람들은 먼 나라 바빌로니아에서 왔소." 이사야가 왕에게 물었습니다. "그들이 왕궁에서 무엇을 보았소?" 히스기야가 대답했습니다. "내 집에 있는 것은 다 보았소. 내 보물 창고에 있는 것은 하나도 빠짐없이 다 보여 주었소."

그러자 이사야가 히스기야에게 말했습니다. "여호와의 말씀을 들으시오. '장차 네 왕궁 안에 있는 모든 것을 바빌로니아에 빼앗길 날이 올 것이다. 네 조상들이 이날까지 쌓아 놓은 모든 것을 빼앗겨 아무것도 남지 않을 것이다. 이것은 나 여호와의 말이다. 또 네가 낳은 자녀들도 포로로 끌려가서 바빌로니아 왕궁의 내시가 될 것이다.' " 히스기야가 이사야에게 말했습니다. "당신이 전한 여호와의 말씀은 옳은 말씀이오." 그가 이렇게 말한 것은 그가 마음속으로 '내가 왕으로 있는 동안에는 평화와 안정이 있겠지'라고 생각했기 때문입니다.

히스기야가 한, 다른 모든 일과 전쟁에서 승리한 일과 연못과 물길을 만들어 물을 성안으로 끌어들인 일은 유다 왕들의 역사책에 기록되어 있습니다. 히스기야가 죽고, 그의 아들 므낫세가 뒤를 이어 왕이 되었습니다.

유다의 므낫세 왕

므낫세가 왕이 되었을 때의 나이는 열두 살이었습니다. 그는 오십오 년 동안 예루살렘에서 다스렸습니다. 그의 어머니의 이름은 헵시바입니다. 므낫세는 여호와께서 보시기에 악한 일을 저질렀습니다. 그는 여호와께서 이스라엘 백성 앞에서 쫓아낸 다른 나라들이 했던 것처럼 더러운 짓들을 그대로 했습니다. 므낫세는 그의 아버지 히스기야가 없앤 산당들을 다시 짓고 바알을 위해 제단들을 쌓았습니다. 그리고 그는 이스라엘의 아합 왕처럼 아세라 우상을 만들었으며, 하늘의 온갖 별들을 예배하고 섬겼습니다. 므낫세는 여호와께서 "내가 예루살렘에 내 이름을 둘 것이다"라고 하셨던 여호와의 성전에 제단들을 쌓았습니다. 그는 여호와의 성전 안에 있는 두 뜰에 하늘의 별들을 섬기는 제단을 쌓았습니다. 그는 자기 아들까지도 제물로 바쳤습니다. 그는 요술을 부렸으며, 표적과 꿈을 풀어 점을 치기도 했습니다. 그는 무당과 점쟁이를 불러 의논하기도 했습니다. 그는 여호와께서 악하다고 말씀하신 일을 많이 했습니다. 그래서 여호와를 노하시게 만들었습니다. 므낫세는 아세라 우상을 새겨서 성전 안에 놓아두었습니다. 여호와께서는 예전에 그 성전에 대해 다윗과 그의 아들 솔로몬에게 이렇게 말씀하신 적이 있습니다. “내가 이스라엘 모든 지파 중에서 뽑은 이 성전과 예루살렘에 내 이름을 영원히 둘 것이다. 이스라엘 백성이 내가 명령한 모든 말에 복종하고 내 종 모세가 명령한 모든 계명대로 살기만 하면 다시는 내가 그들을 이 땅에서 떠나 방황하지 않게 하겠다.” 그러나 그들은 그 말씀을 듣지 않았습니다. 므낫세는 이스라엘을 잘못된 길로 이끌었을 뿐만 아니라 여호와께서 이스라엘 백성 앞에서 멸망시키신 다른 나라들보다 더 악한 일을 하게 했습니다.

여호와께서 그의 종인 예언자들을 통해 말씀하셨습니다. “유다 왕 므낫세가 이런 악한 일을 저질렀다. 그는 그전의 아모리 사람들보다 더 악한 일을 저질렀다. 그는 또 유다 백성들이 우상 섬기는 죄를 짓도록 만들었다. 그러므로 이스라엘 하나님 여호와가 말한다. 내가 예루살렘과 유다에 큰 재앙을 내리겠다. 누구든지 그 재앙에 대한 이야기를 듣는 사람은 무서워서 벌벌 떨게 될 것이다. 내가 사마리아와 아합의 집안에 벌을 내렸던 것처럼 예루살렘에도 벌을 내리겠다. 사람이 접시를 닦아 엎어 놓듯 내가 예루살렘을 말끔히 씻어 버리겠다. 또 내가 준 땅에서 살아남은 내 백성을 내쫓아서 원수에게 넘겨주겠다. 그들은 원수들로부터 모두 빼앗기고 도적질당할 것이다. 그들의 조상이 이집트에서 나오던 날부터 오늘까지 내 백성은 내가 보기에 악한 일을 하여 나를 분노하게 했다.”

므낫세는 유다 백성들이 죄를 짓게 만들었습니다. 유다 백성은 여호와께서 보시기에 악한 일을 했습니다. 더구나 므낫세는 죄 없는 사람을 많이 죽여 예루살렘을 이쪽 끝에서 저쪽 끝까지 피로 가득 채웠습니다.

므낫세가 행한 다른 모든 일과 저지른 죄는 유다 왕들의 역사책에 기록되어 있습니다. 므낫세가 죽어 그의 왕궁 정원, 곧 웃사의 정원에 묻혔습니다. 그리고 므낫세의 아들 아몬이 뒤를 이어 왕이 되었습니다.

유다의 아몬 왕

아몬이 왕이 되었을 때의 나이는 스물두 살이었습니다. 그는 예루살렘에서 이 년 동안 다스렸습니다. 그의 어머니는 므슐레멧인데 욧바 사람인 하루스의 딸입니다. 아몬은 그의 아버지 므낫세처럼 여호와께서 보시기에 악한 일을 저질렀습니다. 아몬은 그의 아버지 므낫세가 산 것처럼 살았습니다. 그는 그의 아버지와 마찬가지로 우상을 섬겼고 그 앞에서 절을 했습니다. 아몬은 그의 조상의 하나님 여호와를 저버리고 여호와의 길을 따르지 않았습니다. 아몬의 신하들이 아몬을 배신하여 왕궁에서 그를 죽였습니다. 그러자 유다 백성은 아몬 왕을 반역하였던 사람들을 다 죽이고 그의 아들 요시야를 왕으로 세웠습니다. 아몬이 행한 다른 모든 일은 유다 왕들의 역사책에 기록되어 있습니다. 아몬이 웃사의 정원에 묻히고, 그의 아들 요시야가 뒤를 이어 왕이 되었습니다.

유다의 요시야 왕

요시야가 왕이 되었을 때의 나이는 여덟 살이었습니다. 그는 삼십일 년 동안 예루살렘에서 다스렸습니다. 그의 어머니는 여디다인데 보스갓 사람 아다야의 딸입니다. 요시야는 여호와께서 보시기에 옳은 일을 했습니다. 그는 그의 조상 다윗이 했던 대로 행하였으며 나쁜 일을 하지 않았습니다.

요시야가 왕으로 있은 지 십팔 년째 되던 해에 므술람의 손자요, 아살리야의 아들인 왕의 서기관 사반을 여호와의 성전으로 보냈습니다. 요시야가 말했습니다. "대제사장 힐기야에게 올라가시오. 가서 문지기들이 백성에게서 모은 돈, 곧 백성이 여호와의 성전으로 가져온 돈을 계산하라고 하시오. 그리고 그 돈을 성전 수리하는 일을 감독하는 사람들에게 주어 성전에서 부서진 곳을 고치도록 하시오. 곧 목수와 돌 쌓는 사람과 미장이에게 주게 하시오. 그리고 그 돈으로 성전을 수리하는 데에 필요한 나무와 돌을 사들이게 하시오. 그러나 그 돈을 어디에 썼는지 보고하게 할 필요는 없소. 왜냐하면 그들이 정직하게 일하고 있기 때문이오."

율법책을 발견하다

대제사장 힐기야가 왕의 서기관 사반에게 말했습니다. "내가 여호와의 성전에서 율법책을 발견했소." 힐기야가 그 책을 사반에게 주자 사반이 그 책을 읽었습니다. 서기관 사반이 왕에게 가서 보고했습니다. "왕의 신하들이 여호와의 성전에서 꺼낸 돈을 여호와의 성전에서 일하는 감독들에게 주었습니다." 그리고 또 왕에게 말했습니다. "제사장 힐기야가 저에게 책 한 권을 주었습니다." 그리고 사반이 소리 내어 그 책을 왕에게 읽어 주었습니다.

왕이 율법책의 말씀을 듣더니 너무나 슬퍼서 자기 옷을 찢었습니다. 왕이 제사장 힐기야와 사반의 아들 아히감과 미가야의 아들 악볼과 서기관 사반과 왕의 조언자 아사야에게 명령했습니다. "가서 나와 모든 백성과 온 유다를 위하여 지금 발견된 이 책의 말씀에 대해 여호와의 뜻을 여쭈어 보도록 하시오. 우리 조상이 이 책의 말씀에 복종하지 않았기 때문에 우리를 향한 여호와의 분노가 너무나 크오. 우리 조상은 우리가 지켜야 할 것을 적어 주신 이 책의 말씀대로 따라 살지 않았소."

그리하여 제사장 힐기야와 아히감과 악볼과 사반과 아사야가 여자 예언자 훌다에게 가서 여호와의 뜻을 여쭈어 보았습니다. 훌다는 할하스의 손자이며, 디과의 아들인 왕의 옷을 관리하는 살룸의 아내입니다. 훌다는 예루살렘 성의 새 구역에서 살고 있었습니다. 훌다가 그들에게 말했습니다. "이스라엘의 하나님 여호와께서 이렇게 말씀하셨소. 당신들을 나에게 보낸 왕에게 전하시오. '내가 이곳과 여기에 사는 백성에게 재앙을 내리겠다. 유다 왕 요시야가 읽은 책에 따라 내가 재앙을 내리겠다. 유다 백성은 나를 저버리고 다른 신들에게 향을 피우며 온갖 우상을 만들어 나를 노하게 했다. 나의 분노가 이곳을 향해 불붙는 듯하다. 아무도 나의 분노를 그치게 하지 못할 것이다.' 여호와의 뜻을 여쭤 보라고 당신들을 보낸 유다의 왕에게 전하시오. 이스라엘의 하나님 여호와께서 이렇게 말씀하셨소. '너는 이곳과 여기에 사는 백성에 대한 내 말, 곧 그들이 저주를 받아 멸망할 것이라는 말을 듣고 내 앞에서 뉘우치는 마음과 겸손한 모습을 보였다. 너는 너무나 슬퍼서 네 옷을 찢었으며 내 앞에서 흐느꼈다. 나는 네 기도를 들어주겠다. 이것은 나 여호와의 말씀이다. 그러므로 나는 너를 평안히 죽게 하여 너의 조상들의 묘실에 묻히게 하겠다. 너는 내가 이곳에 내릴 온갖 재앙을 네 눈으로 보지 않게 될 것이다.'" 그들은 왕에게 돌아가서 이 말을 전했습니다.

백성이 율법의 말씀을 듣다

왕이 유다와 예루살렘의 장로들을 불러 모았습니다. 왕이 여호와의 성전으로 올라가자 유다와 예루살렘에 사는 모든 백성도 그와 함께 올라갔습니다. 제사장과 예언자와 젊은 사람, 늙은 사람 할 것 없이 모든 백성들이 왕과 함께 올라갔습니다. 왕이 그들에게 여호와의 성전에서 발견한 언약의 책에 있는 모든 말씀을 읽어 주었습니다. 왕은 성전 기둥 곁에 서서 여호와 앞에서 언약을 맺었습니다. 그는 여호와를 따르고 여호와의 계명과 규례와 율법을 마음과 정성을 다하여 지키기로 약속했습니다. 그는 또 그 책에 적혀 있는 언약의 말씀을 다 지키기로 약속했습니다. 모든 백성도 그 언약을 지키기로 약속했습니다.

요시야가 산당을 헐어 버리다

왕이 대제사장 힐기야와 그 아래 제사장들과 문지기들에게 바알과 아세라와 하늘의 모든 별을 위해 만든 것들을 여호와의 성전에서 다 내오라고 명령했습니다. 요시야는 그것들을 예루살렘 바깥 기드론 들에서 태워 버렸습니다. 그리고 그 남은 재는 벧엘로 가져갔습니다. 이전에 있던 유다의 왕들은 우상을 섬기는 제사장들을 뽑아 유다의 여러 성과 예루살렘 가까이에 있는 산당에서 향을 피우게 했습니다. 그 제사장들은 바알과 해와 달에게 제사를 지냈고, 하늘의 행성과 모든 별에게도 제사를 지냈습니다. 그러나 요시야는 그런 제사장들을 쫓아냈습니다. 요시야는 여호와의 성전에서 아세라 우상을 없애기 위해 예루살렘 바깥 기드론 들로 가져가서 불에 태워 재로 만든 다음에 그 재를 보통 사람들의 무덤 위에 뿌렸습니다. 왕은 또 여호와의 성전에 있던 남자 창기들의 집을 헐어 버렸습니다. 그 집은 여자들이 아세라를 위해 천을 짜던 곳이기도 합니다. 그리고 그는 유다의 여러 성에 사는 모든 제사장들을 예루살렘으로 불러들였습니다. 그리고 게바에서 브엘세바에 이르기까지 그들이 제사를 지내던 산당들을 모두 못 쓰게 만들었습니다. '여호수아의 문' 입구, 곧 성문 왼쪽에 있는 산당들도 부쉈습니다. 여호수아는 그 성을 다스리던 사람입니다. 산당에 있었던 제사장들은 예루살렘에 있는 여호와의 제단에서 여호와를 섬길 수는 없었으나 누룩을 넣지 않고 만든 빵인 무교병은 다른 제사장들과 함께 나누어 먹을 수 있었습니다. 요시야는 힌놈 골짜기에 있던 도벳을 더럽혀 놓았습니다. 그래서 아무도 그곳에서 자기 아들이나 딸을 몰렉에게 제물로 바칠 수 없게 되었습니다. 요시야는 유다의 왕들이 여호와의 성전 입구에 놓아둔 말들을 없앴습니다. 그 말들은 내시인 나단멜렉의 집 곁에 있었고, 해를 섬기려고 만든 것이었습니다. 요시야는 해를 섬길 때 쓰는 수레들도 다 태워 버렸습니다. 요시야는 그전에 유다의 왕들이 아하스의 윗방 지붕 위에 만들어 놓았던 제단들도 헐어 버렸습니다. 그리고 므낫세가 여호와의 성전 안 두 뜰에 만들어 놓은 제단들도 부수고 그 재를 기드론 골짜기에 뿌렸습니다. 요시야 왕은 예루살렘 맞은편, 곧 '멸망의 산' 오른쪽에 있던 산당들을 더럽혀 놓았습니다. 그 산당들은 솔로몬 왕이 시돈 사람들의 역겨운 여신 아스다롯과 모압의 역겨운 신 그모스와 암몬 사람들의 역겨운 신 밀곰을 위해 세운 것입니다. 요시야는 돌 우상들을 부숴 버리고 아세라 우상을 베어 버렸습니다. 그리고 그곳을 죽은 사람들의 뼈로 덮었습니다.

요시야는 느밧의 아들 여로보암이 세운 벧엘의 제단도 헐어 버렸습니다. 여로보암은 이스라엘 백성들이 죄를 짓게 만든 왕이었습니다. 요시야는 그곳을 불태우고 제단의 돌들을 부숴서 가루로 만들었습니다. 그리고 아세라 우상도 불태웠습니다. 요시야가 몸을 돌이켜 보니 산 위에 무덤들이 있었습니다. 그는 사람들을 보내어 무덤에서 뼈를 꺼내게 하고 그 뼈를 제단 위에서 태워 제단을 부정하게 만들어 놓았습니다. 이로써 여호와께서 하나님의 사람을 통해서 하신 말씀을 모두 이루었습니다. 요시야가 물었습니다. "저기 보이는 저 비석은 무엇이냐?" 그 성의 백성이 대답했습니다. "그것은 유다에서 온 하나님의 사람이 묻혀 있는 무덤입니다. 그는 왕이 벧엘의 제단에 대해서 하실 일을 예언한 사람입니다." 왕이 말했습니다. "그 무덤은 그대로 두어라. 아무도 그 사람의 뼈를 옮기지 못하게 하여라." 그래서 그 뼈와 사마리아에서 온 예언자의 뼈를 그대로 두었습니다. 이스라엘의 왕들은 사마리아의 여러 성에 우상을 섬기는 신전들을 세워 여호와를 노하시게 했는데, 요시야는 벧엘에서 한 것처럼 그 신전들을 다 헐어 버렸습니다. 요시야는 그런 산당의 제사장들을 제단 위에서 다 죽였습니다. 그리고 그들의 뼈를 제단 위에서 불태우고 예루살렘으로 돌아갔습니다.

유월절을 다시 지키다

왕이 모든 백성에게 명령했습니다. "언약의 책에 적혀 있는 대로 여러분의 하나님 여호와를 위해 유월절을 지키시오." 사사들이 이스라엘을 다스리던 때부터 이스라엘과 유다의 왕들이 나라를 다스리던 때까지 유월절을 지킨 적은 한 번도 없었습니다. 요시야가 왕으로 있은 지 십팔 년째 되던 해에 예루살렘에서 여호와께 유월절을 지켰습니다.

요시야는 유다 땅과 예루살렘에 있는 무당과 점쟁이와 집귀신과 우상들과 온갖 역겨운 신들을 없애 버렸습니다. 이렇게 하여 그는 제사장 힐기야가 여호와의 성전에서 발견한 율법책에 적혀 있는 대로 말씀을 지켰습니다. 요시야와 같은 왕은 전에도 없었고, 그 뒤에도 없었습니다. 그는 마음과 정성과 힘을 다하여 여호와를 섬겼습니다. 그리고 모세의 가르침을 다 지켰습니다.

그러나 여호와께서는 유다를 향한 크고 무서운 진노를 거두지 않으셨습니다. 여호와의 분노는 유다를 향해 불붙었습니다. 그것은 므낫세가 저지른 온갖 죄 때문이었습니다. 여호와께서 말씀하셨습니다. "내가 이스라엘을 없앴듯이 유다도 내 눈앞에서 없애겠다. 그리고 내가 선택한 이 성 예루살렘과 '내가 그곳에 내 이름을 두겠다'라고 말했던 이 성전도 내버리고 말겠다."

요시야가 행한 다른 모든 일은 유다 왕들의 역사책에 기록되어 있습니다. 요시야가 왕으로 있을 때에 이집트 왕 느고가 앗시리아를 돕기 위해 유프라테스 강으로 올라갔습니다. 요시야 왕이 이것을 막으려고 나갔으나 이집트 왕이 므깃도에서 요시야를 죽이고 말았습니다. 요시야의 신하들이 므깃도에서 그의 시체를 전차에 싣고 예루살렘으로 옮겨 와서 묻어 주었습니다. 유다 백성은 요시야의 아들 여호아하스를 뽑아 그에게 기름을 붓고 아버지의 뒤를 이어 왕이 되게 하였습니다.

유다의 여호아하스 왕

여호아하스가 왕이 되었을 때의 나이는 스물세 살이었습니다. 그는 예루살렘에서 세 달 동안 다스렸습니다. 그의 어머니의 이름은 하무달입니다. 하무달은 립나 사람인 예레미야의 딸입니다. 여호아하스는 그의 조상들처럼 여호와께서 보시기에 악한 일을 저질렀습니다. 이집트 왕 느고가 하맛 땅 립나에서 여호아하스를 사로잡았습니다. 그래서 여호아하스는 예루살렘에서 다스릴 수 없게 되었습니다. 느고는 유다 백성에게 은 백 달란트가량과 금 한 달란트가량을 바치게 했습니다. 느고 왕은 요시야의 다른 아들인 엘리아김을 왕으로 세우고 그의 이름을 여호야김으로 고치게 하였습니다. 여호아하스는 이집트로 끌려가 그곳에서 죽었습니다. 여호야김은 이집트 왕 느고가 달라는 대로 은과 금을 주었습니다. 여호야김은 느고가 달라는 것을 채우기 위해 백성들의 재산이 많고 적음에 따라 세금을 매겨 은과 금을 거두어들였습니다.

유다의 여호야김 왕

여호야김이 왕이 되었을 때의 나이는 스물다섯 살이었습니다. 그는 예루살렘에서 십일 년 동안 다스렸습니다. 그의 어머니의 이름은 스비다입니다. 스비다는 루마 사람인 브다야의 딸입니다. 여호야김은 그의 조상들처럼 여호와께서 보시기에 악한 일을 했습니다.

여호야김이 왕으로 있을 때 바빌로니아 왕 느부갓네살이 유다 땅으로 쳐들어왔습니다. 그래서 여호야김은 삼 년 동안 느부갓네살의 종이 되었습니다. 그 뒤에 여호야김이 느부갓네살에게 반역하였습니다. 여호와께서 바빌로니아와 아람과 모압과 암몬의 군대를 유다에 보내셔서 유다를 멸망시키게 하셨습니다. 그래서 여호와께서 그의 종인 예언자들을 통해서 하신 말씀을 이루셨습니다. 이 일이 유다 백성에게 일어난 것은 여호와의 명령에 따른 것입니다. 여호와께서는 므낫세가 저지른 모든 죄 때문에 유다 백성을 여호와 앞에서 내쫓으셨습니다. 므낫세는 죄 없는 사람을 많이 죽였습니다. 므낫세는 예루살렘을 피로 가득 차게 만들었습니다. 여호와께서는 그런 죄를 용서하려 하지 않으셨습니다. 여호야김이 왕으로 있는 동안 일어난 일과 그가 행한 다른 모든 일은 유다 왕들의 역사책에 기록되어 있습니다. 여호야김이 죽고, 그의 아들 여호야긴이 뒤를 이어 왕이 되었습니다. 이집트 왕은 자기 땅 밖으로 다시는 나오지 못했습니다. 그것은 바빌로니아 왕이 이집트 시내에서 유프라테스 강에 이르는 이집트 왕의 땅을 다 점령했기 때문이었습니다.

유다의 여호야긴 왕

여호야긴이 왕이 되었을 때의 나이는 열여덟 살이었습니다. 그는 예루살렘에서 세 달 동안 다스렸습니다. 그의 어머니의 이름은 느후스다입니다. 느후스다는 예루살렘 사람인 엘라단의 딸입니다. 여호야긴은 그의 조상들처럼 여호와께서 보시기에 악한 일을 저질렀습니다.

그 무렵 바빌로니아 왕 느부갓네살의 신하들이 예루살렘으로 올라와서 그 성을 에워쌌습니다. 느부갓네살 왕도 그의 신하들이 그 성을 에워싸고 있는 사이에 그 성에 왔습니다. 유다 왕 여호야긴이 자기 어머니와 신하들과 장교들과 관리들과 함께 느부갓네살 왕에게 항복했습니다. 그러자 바빌로니아 왕이 여호야긴을 사로잡았습니다. 그때는 느부갓네살이 왕으로 있은 지 팔 년째 되던 해였습니다. 느부갓네살은 여호와의 성전과 왕궁에 있는 보물을 다 빼앗아 갔습니다. 그리고 이스라엘의 왕 솔로몬이 성전에서 쓰려고 만든 금그릇들을 다 깨뜨렸습니다. 이 모든 일이 여호와께서 말씀하신 대로 이루어졌습니다. 느부갓네살은 예루살렘에 있는 모든 백성을 사로잡아 갔습니다. 모든 관리와 모든 용사와 모든 기술자와 대장장이들을 데려갔는데, 그가 잡아간 사람은 모두 만 명에 이릅니다. 그 땅에는 가장 천한 사람만이 남았습니다. 느부갓네살은 여호야긴을 바빌론으로 사로잡아 갔을 뿐만 아니라 여호야긴 왕의 어머니와 왕의 아내들 그리고 왕의 관리들과 그 땅의 지도자들도 데려갔습니다. 바빌로니아 왕은 군인 칠천 명도 사로잡아 갔습니다. 그들은 모두 강하고 용감한 군인들이었습니다. 그리고 기술자와 대장장이들 천 명도 사로잡아 갔습니다. 바빌로니아 왕은 여호야긴을 대신해서 여호야긴의 삼촌 맛다니야를 왕으로 세우고 이름을 시드기야로 고쳤습니다.

유다의 시드기야 왕

시드기야가 왕이 되었을 때의 나이는 스물한 살이었습니다. 그는 예루살렘에서 십일 년 동안 다스렸습니다. 그의 어머니는 하무달로서 립나 사람인 예레미야의 딸입니다. 시드기야는 여호야김처럼 여호와께서 보시기에 악한 일을 저질렀습니다. 이 모든 일이 예루살렘과 유다에 일어난 까닭은 여호와께서 그들에게 노하셨기 때문입니다. 여호와께서 마침내 그들을 여호와 앞에서 내쫓으셨습니다.

시드기야 왕이 바빌론 왕을 배반했습니다.

예루살렘의 멸망

시드기야가 왕으로 있은 지 구 년째 되는 해의 열째 달 십 일에 바빌로니아 왕 느부갓네살이 모든 군대를 이끌고 예루살렘으로 쳐들어왔습니다. 느부갓네살은 성을 공격하기 위해서 그 주변을 에워싸고 흙 언덕을 성 둘레에 쌓았습니다. 성은 시드기야가 왕으로 있은 지 십일 년째 되던 해까지 포위되어 있었습니다. 그해 넷째 달 구 일이 되자 성안에 기근이 심해졌습니다. 백성들은 먹을 것을 하나도 구할 수 없었습니다. 그리고 때맞춰 성벽도 뚫리고 말았습니다. 모든 군대가 밤중에 도망쳤습니다. 그들은 왕의 정원 곁에 있는 두 성벽 사이에 있는 성문 길로 빠져나갔습니다. 그때까지도 바빌로니아 사람들은 성을 에워싸고 있었습니다. 시드기야와 그의 군대는 아라바 길로 달려갔습니다. 그러나 바빌로니아 군대가 시드기야 왕을 여리고 평야에서 붙잡았습니다. 시드기야 왕의 모든 군대는 뿔뿔이 흩어졌습니다. 바빌로니아 군대가 시드기야 왕을 사로잡아 리블라에 있는 바빌로니아 왕에게 끌고 갔습니다. 바빌로니아 왕이 시드기야를 심문했습니다. 그들은 시드기야가 보는 앞에서 그의 아들들을 죽이고, 그의 눈을 뺀 뒤 쇠사슬로 묶어 바빌론으로 끌고 갔습니다.

바빌로니아의 느부갓네살이 왕으로 있은 지 십구 년째 되던 해의 다섯째 달 칠 일에 경호대장인 느부사라단이 예루살렘으로 왔습니다. 느부사라단은 여호와의 성전과 왕궁에 불을 지르고 예루살렘의 모든 집을 불태웠습니다. 그래서 중요한 건물은 다 불타고 말았습니다. 바빌로니아의 모든 군대가 예루살렘의 성벽을 헐어 버렸습니다. 그 군대는 왕의 경호대장이 지휘했습니다. 경호대장인 느부사라단은 예루살렘에 남아 있는 백성과 바빌로니아 왕에게 항복한 백성과 나머지 백성을 사로잡아 갔습니다. 그러나 그 땅의 가장 천한 사람들은 남겨 두어 포도밭을 가꾸고 농사를 짓게 했습니다.

바빌로니아 군대는 여호와의 성전에 있는 놋기둥과 놋받침대와 바다라고 부르는 커다란 놋대야를 깨뜨려 그 놋쇠를 바빌론으로 가져갔습니다. 그들은 또 성전에서 제사드릴 때 쓰는 솥과 부삽과 부집게와 접시와 온갖 놋기구들도 가져갔습니다. 왕의 경호대장은 화로와 대야들도 가져갔고, 금이나 은으로 만든 것도 다 가져갔습니다. 또 놋기둥 두 개와 커다란 놋대야 하나와 솔로몬이 여호와의 성전을 위해 만든 놋받침대도 모두 가져갔습니다. 경호대장이 가져간 놋은 너무 많아서 무게를 달 수 없을 정도였습니다. 그 기둥은 각각 높이가 십팔 규빗이었습니다. 기둥 꼭대기에는 높이가 삼 규빗 되는 기둥머리가 놓여 있었습니다. 기둥머리의 둘레는 그물과 놋석류로 장식되어 있었습니다. 다른 기둥에도 그물 장식이 있었는데 첫 번째 기둥과 같은 모양이었습니다.

유다 백성이 포로가 되어 끌려가다

경호대장은 대제사장 스라야와 그 아래 제사장 스바냐와 문지기 세 사람을 붙잡았습니다. 그리고 성안에 남아 있던 사람들, 곧 군인들을 지휘하던 장교 한 사람과 왕에게 도움말을 주던 신하 다섯 사람과 군대에 갈 사람들을 뽑았던 왕의 시종 한 사람과 그 밖에 성안에 있던 다른 백성 육십 명을 붙잡았습니다. 경호대장 느부사라단은 그들을 붙잡아서 립나에 있는 바빌로니아 왕에게 끌고 갔습니다. 바빌로니아 왕은 하맛 땅 립나에서 그들을 죽였습니다. 이처럼 유다 백성은 그들의 땅에서 쫓겨나 포로가 되어 끌려갔습니다.

그달리야가 총독이 되다

바빌로니아 왕 느부갓네살은 유다 땅에 남아 있는 백성을 다스릴 총독으로 그달리야를 세웠는데 그는 사반의 손자이며, 아히감의 아들이었습니다. 바빌로니아 왕이 그달리야를 총독으로 세웠다는 소식을 듣고 유다 군대의 장교들과 그 부하들이 모두 미스바에 있는 그달리야에게 모여들었습니다. 그곳에 모인 사람은 느다냐의 아들 이스마엘과 가레아의 아들 요하난과 느도바 사람 단후멧의 아들 스라야와 마아가 사람의 아들 야아사냐와 그 부하들입니다. 그러자 그달리야가 군대 장교들과 그들의 부하들에게 약속했습니다. "바빌로니아의 관리들을 두려워하지 마시오. 이 땅에 살면서 바빌로니아 왕을 섬기시오. 그러면 모든 것이 잘될 것이오." 그러나 그해 칠월에 이스마엘이 부하 열 사람을 데리고 와서 그달리야를 죽였습니다. 이스마엘은 엘리사마의 손자이며 느다냐의 아들로서 왕족이었습니다. 그들은 또 미스바에 그달리야와 함께 있던 유다 사람과 바빌로니아 사람들도 죽였습니다. 그런 다음에 젊은 사람이나 늙은 사람 할 것 없이 다 이집트로 도망쳤습니다. 군대 장교들도 이집트로 도망쳤습니다. 이는 바빌로니아 사람들을 두려워한 까닭입니다.

여호야긴이 풀려나다

유다 왕 여호야긴이 사로잡혀 간 지 삼십칠 년째 되던 해, 곧 에윌므로닥이 바빌로니아 왕이 된 해 십이월 이십칠 일에 에윌므로닥이 여호야긴을 감옥에서 풀어 주었습니다. 에윌므로닥은 여호야긴에게 친절하게 대하면서 바빌론에 와 있던 다른 왕들의 자리보다 더 높은 자리를 주었습니다. 그리하여 여호야긴은 죄수가 입는 옷을 벗었습니다. 그는 죽기 전까지 왕의 상에서 왕과 함께 먹었습니다. 왕은 여호야긴이 살아 있는 동안에 날마다 그에게 용돈을 주었습니다.

역대상

아담에서 아브라함까지

아담은 셋의 아버지입니다. 셋은 에노스의 아버지이고, 에노스는 게난의 아버지입니다. 게난은 마할랄렐의 아버지이고, 마할랄렐은 야렛의 아버지이고, 야렛은 에녹의 아버지입니다. 에녹은 므두셀라의 아버지이고, 므두셀라는 라멕의 아버지이고, 라멕은 노아의 아버지입니다. 노아의 아들은 셈과 함과 야벳입니다.

야벳의 아들은 고멜과 마곡과 마대와 야완과 두발과 메섹과 디라스입니다. 고멜의 아들은 아스그나스와 디밧과 도갈마입니다. 야완의 아들은 엘리사와 다시스와 깃딤과 도다님입니다.

함의 아들은 구스와 미스라임과 붓과 가나안입니다. 구스의 아들은 스바와 하윌라와 삽다와 라아마와 삽드가입니다. 라아마의 아들은 스바와 드단입니다. 구스는 니므롯의 아버지인데 니므롯은 그 땅에서 뛰어난 용사가 되었습니다.

미스라임은 루딤과 아나밈과 르하빔과 납두힘에 사는 백성의 조상이며 또 바드루심과 가슬루힘과 갑도림의 조상이기도 합니다. 블레셋 백성은 가슬루힘에서 나왔습니다.

가나안의 맏아들은 시돈이고 또 다른 아들은 헷입니다. 가나안은 여부스 사람과 아모리 사람과 기르가스 사람의 조상이며 또 히위 사람과 알가 사람과 신 사람과 아르왓 사람과 스말 사람과 하맛 사람의 조상이기도 합니다.

셈의 아들은 엘람과 앗수르와 아르박삿과 룻과 아람입니다. 아람의 아들은 우스와 훌과 게델과 메섹입니다. 아르박삿의 아들은 셀라이고, 셀라의 아들은 에벨입니다. 에벨에게는 두 아들이 있었습니다. 한 아들의 이름은 벨렉입니다. 그에게 이런 이름이 붙은 것은 그 시대에 그 땅이 나누어졌기 때문입니다. 벨렉의 동생은 욕단입니다. 욕단은 알모닷과 셀렙과 하살마웻과 예라와 하도람과 우살과 디글라와 에발과 아비마엘과 스바와 오빌과 하윌라와 요밥의 아버지입니다.

셈에서 아브라함까지의 족보는 셈, 아르박삿, 셀라, 에벨, 벨렉, 르우, 스룩, 나홀, 데라, 아브람, 곧 아브라함의 순서로 되어 있습니다.

아브라함의 자손

아브라함의 아들은 이삭과 이스마엘입니다. 이삭과 이스마엘의 아들은 이러합니다. 이스마엘의 맏아들은 느바욧입니다. 그 밖에 다른 아들의 이름은 게달과 앗브엘과 밉삼과 미스마와 두마와 맛사와 하닷과 데마와 여둘과 나비스와 게드마입니다. 아브라함의 첩인 그두라는 시므란과 욕산과 므단과 미디안과 이스박과 수아를 낳았습니다. 욕산의 아들은 스바와 드단입니다. 미디안의 아들은 에바와 에벨과 하녹과 아비다와 엘다아입니다. 이들은 모두 그두라의 자손입니다.

아브라함은 이삭의 아버지입니다. 이삭의 아들은 에서와 이스라엘입니다.

에서의 자손

에서의 아들은 엘리바스와 르우엘과 여우스와 얄람과 고라입니다. 엘리바스의 아들은 데만과 오말과 스비와 가담과 그나스와 딤나와 아말렉입니다. 르우엘의 아들은 나핫과 세라와 삼마와 밋사입니다.

세일의 아들은 로단과 소발과 시브온과 아나와 디손과 에셀과 디산입니다. 로단의 아들은 호리와 호맘입니다. 로단에게는 딤나라는 누이가 있습니다. 소발의 아들은 알랸과 마나핫과 에발과 스비와 오남이며, 시브온의 아들은 아야와 아나입니다. 아나의 아들은 디손이며, 디손의 아들은 하므란과 에스반과 이드란과 그란입니다. 에셀의 아들은 빌한과 사아완과 야아간이며, 디산의 아들은 우스와 아란입니다.

에돔의 왕들

이스라엘에 왕이 있기 전에 에돔에는 그 땅을 다스리던 왕들이 있었습니다. 브올의 아들 벨라는 에돔의 왕이었는데 그가 다스린 성의 이름은 딘하바였습니다. 벨라가 죽자 세라의 아들 보스라 사람 요밥이 왕이 되었습니다. 요밥이 죽자 데만 사람 후삼이 왕이 되었습니다. 후삼이 죽자 브닷의 아들 하닷이 왕이 되었습니다. 하닷은 모압 땅에서 미디안을 무찔렀습니다. 그가 다스린 성의 이름은 아윗입니다. 하닷이 죽자 사믈라가 왕이 되었습니다. 사믈라는 마스레가 사람입니다. 사믈라가 죽자 사울이 왕이 되었습니다. 사울은 강가에 위치한 르호봇 사람입니다. 사울이 죽자 악볼의 아들 바알하난이 왕이 되었습니다. 바알하난이 죽자 하닷이 왕이 되었습니다. 그가 다스린 성의 이름은 바이입니다. 하닷의 아내는 므헤다벨입니다. 므헤다벨은 마드렛의 딸이요, 메사합의 손녀입니다. 하닷이 죽었습니다.

에돔의 족장은 딤나와 알랴와 여뎃과 오홀리바마와 엘라와 비논과 그나스와 데만과 밉살과 막디엘과 이람입니다. 이들이 에돔의 족장입니다.

이스라엘의 자손

이스라엘의 아들들은 다음과 같습니다. 르우벤과 시므온과 레위와 유다와 잇사갈과 스불론과 단과 요셉과 베냐민과 납달리와 갓과 아셀입니다.

유다의 자손

유다의 아들들은 에르와 오난과 셀라입니다. 이들의 어머니는 가나안 여자 수아의 딸입니다. 유다의 맏아들 에르는 여호와 앞에서 악한 일을 하였으므로 여호와께서는 그를 죽이셨습니다. 유다의 며느리 다말은 유다에게 베레스와 세라를 낳아 주었습니다. 그래서 그의 아들은 모두 다섯 명이 되었습니다.

베레스의 아들은 헤스론과 하물입니다. 세라의 아들은 모두 다섯 명인데 그들의 이름은 시므리와 에단과 헤만과 갈골과 다라입니다. 가르미의 아들은 아간입니다. 아간은 완전히 없애 버려야 할 물건들을 숨겨 놓았다가 이스라엘에 재앙을 불러일으켰습니다. 에단의 아들은 아사랴입니다.

헤스론의 아들은 여라므엘과 람과 글루배입니다. 람은 암미나답의 아버지이고, 암미나답은 나손의 아버지입니다. 나손은 유다 백성의 지도자입니다. 나손은 살마의 아버지이고, 살마는 보아스의 아버지입니다. 보아스는 오벳의 아버지이고, 오벳은 이새의 아버지입니다. 이새의 맏아들은 엘리압입니다. 둘째 아들은 아비나답이고, 셋째 아들은 시므아입니다. 넷째 아들은 느다넬이고, 다섯째 아들은 랏대입니다. 여섯째 아들은 오셈이고, 일곱째 아들은 다윗입니다. 이들의 누이는 스루야와 아비가일입니다. 스루야의 아들은 세 명이고, 그들의 이름은 아비새와 요압과 아사헬입니다. 아비가일은 아마사의 어머니이고, 아마사의 아버지는 이스마엘 사람 예델입니다.

헤스론의 자손

헤스론의 아들 갈렙은 그의 두 아내 아수바와 여리옷을 통해 아들을 낳았습니다. 갈렙과 아수바 사이에서 태어난 아들은 예셀과 소밥과 아르돈입니다. 아수바가 죽자 갈렙은 에브랏과 결혼했습니다. 그들 사이에서 태어난 아들은 훌입니다. 훌은 우리의 아버지이고, 우리는 브살렐의 아버지입니다.

그 뒤 헤스론이 육십 세에 길르앗의 아버지 마길의 딸과 결혼했습니다. 헤스론이 마길의 딸과 잠자리를 같이하니 마길의 딸이 스굽을 낳았습니다. 스굽은 야일의 아버지입니다. 야일은 길르앗 땅에 있는 성 스물세 개를 다스렸습니다. 그러나 그술과 아람이 야일의 마을들을 빼앗았습니다. 그들은 그낫과 그 주변의 작은 마을들도 빼앗았습니다. 그들이 점령한 마을은 모두 육십 개입니다. 이들은 모두 길르앗의 아버지인 마길의 자손입니다. 헤스론이 갈렙 에브라다에서 죽은 뒤에 그의 아내 아비야가 헤스론의 아들을 낳았습니다. 그 아들의 이름은 아스훌입니다. 아스훌은 드고아의 아버지가 되었습니다.

여라므엘의 자손

여라므엘은 헤스론의 맏아들입니다. 여라므엘의 아들은 람과 브나와 오렌과 오셈과 아히야입니다. 여라므엘에게 다른 아내가 있었는데 그의 이름은 아다라입니다. 아다라는 오남의 어머니입니다. 여라므엘의 맏아들 람의 아들은 마아스와 야민과 에겔입니다. 오남의 아들은 삼매와 야다이며, 삼매의 아들은 나답과 아비술입니다. 아비술의 아내는 아비하일입니다. 아비술과 아비하일 사이에서 태어난 아들은 아반과 몰릿입니다. 나답의 아들은 셀렛과 압바임입니다. 셀렛은 자녀를 낳지 못하고 죽었습니다. 압바임의 아들은 이시입니다. 이시는 세산의 아버지이며, 세산은 알래의 아버지입니다. 야다는 삼매의 동생입니다. 야다의 아들은 예델과 요나단입니다. 예델은 자녀 없이 죽었습니다. 요나단의 아들은 벨렛과 사사입니다. 이들은 여라므엘의 자손입니다. 세산은 아들이 없고 딸만 있었습니다. 그에게는 야르하라는 이집트 종이 있었습니다. 세산은 자기 딸을 야르하와 결혼시켰는데 세산의 딸이 앗대를 낳았습니다. 앗대는 나단의 아버지이고, 나단은 사밧의 아버지입니다. 사밧은 에블랄의 아버지이고, 에블랄은 오벳의 아버지입니다. 오벳은 예후의 아버지이고, 예후는 아사랴의 아버지입니다. 아사랴는 헬레스의 아버지이고, 헬레스는 엘르아사의 아버지입니다. 엘르아사는 시스매의 아버지이고, 시스매는 살룸의 아버지입니다. 살룸은 여가먀의 아버지이고, 여가먀는 엘리사마의 아버지입니다.

갈렙의 자손

갈렙은 여라므엘의 동생입니다. 갈렙의 맏아들은 메사이고, 메사는 십의 아버지입니다. 십의 아들은 마레사이고, 마레사는 헤브론의 아버지입니다. 헤브론의 아들은 고라와 답부아와 레겜과 세마입니다. 세마는 라함의 아버지이고, 라함은 요르그암의 아버지입니다. 레겜은 삼매의 아버지입니다. 삼매의 아들은 마온입니다. 마온은 벳술의 아버지입니다. 갈렙의 첩 에바는 하란과 모사와 가세스를 낳았습니다. 하란도 가세스라는 아들을 두었습니다. 야대의 아들은 레겜과 요단과 게산과 벨렛과 에바와 사압입니다. 갈렙은 마아가라는 첩을 또 두었습니다. 마아가는 세벨과 디르하나의 어머니입니다. 또 마아가는 사압과 스와의 어머니이기도 합니다. 사압은 맛만나의 아버지입니다. 스와는 막베나와 기브아의 아버지입니다. 갈렙의 딸은 악사입니다. 갈렙의 자손은 이러합니다.

훌은 에브라다의 맏아들입니다. 훌의 아들은 소발과 살마와 하렙입니다. 소발은 기럇여아림의 아버지이고, 살마는 베들레헴의 아버지이며, 하렙은 벧가델의 아버지입니다. 기럇여아림의 아버지인 소발은 하로에와 므누홋 사람의 절반을 자손으로 두었습니다. 기럇여아림 족속은 이델 족속과 붓 족속과 수맛 족속과 미스라 족속의 조상이기도 합니다. 이들 족속에서 소라 족속과 에스다올 족속이 나왔습니다. 살마의 자손은 베들레헴과 느도바 족속과 아다롯벳요압과 마나핫 족속 절반과 소라 족속입니다. 야베스에 사는 서기관 족속은 디랏 족속과 시므앗 족속과 수갓 족속입니다. 이들은 레갑 가문의 조상 함맛에게서 나온 겐 족속입니다.

다윗의 자손

헤브론에서 태어난 다윗의 아들은 이러합니다. 그의 맏아들은 암논입니다. 암논의 어머니는 이스르엘 사람 아히노암입니다. 둘째 아들은 다니엘이고, 그의 어머니는 갈멜 사람 아비가일입니다. 셋째 아들은 압살롬이고, 그의 어머니는 그술 왕 달매의 딸 마아가입니다. 넷째 아들은 아도니야이고, 그의 어머니는 학깃입니다. 다섯째 아들은 스바댜이고, 그의 어머니는 아비달입니다. 여섯째 아들은 이드르암이고, 그의 어머니는 다윗의 아내 에글라입니다. 다윗의 여섯 아들은 헤브론에서 태어났습니다. 다윗은 헤브론을 칠 년 육 개월 동안 다스렸으며, 예루살렘을 삼십삼 년 동안 다스렸습니다. 예루살렘에서 태어난 다윗의 아들은 이러합니다. 다윗과 암미엘의 딸 밧세바 사이에서 태어난 아들은 시므아와 소밥과 나단과 솔로몬입니다. 다윗의 다른 아들은 입할과 엘리사마와 엘리벨렛과 노가와 네벡과 야비야와 엘리사마와 엘랴다와 엘리벨렛이고, 모두 아홉 명입니다. 이들은 모두 다윗의 아들입니다. 그 밖에 첩이 낳은 아들들도 있었습니다. 다윗은 또 다말이라는 딸도 두었습니다.

유다의 왕들

솔로몬의 아들은 르호보암이고, 르호보암의 아들은 아비야입니다. 아비야의 아들은 아사이고, 아사의 아들은 여호사밧입니다. 여호사밧의 아들은 요람이고, 요람의 아들은 아하시야이며, 아하시야의 아들은 요아스입니다. 요아스의 아들은 아마샤이고, 아마샤의 아들은 아사랴이며, 아사랴의 아들은 요담입니다. 요담의 아들은 아하스이고, 아하스의 아들은 히스기야이며, 히스기야의 아들은 므낫세입니다. 므낫세의 아들은 아몬이고, 아몬의 아들은 요시야입니다. 요시야의 아들은 이러합니다. 맏아들은 요하난이고, 둘째 아들은 여호야김입니다. 셋째 아들은 시드기야이고, 넷째 아들은 살룸입니다. 여호야김의 뒤를 이은 사람은 여고냐이고, 여고냐의 뒤를 이은 사람은 시드기야입니다.

바빌로니아 포로 시대 후 다윗의 자손

여호야긴은 포로로 끌려갔습니다. 여호야긴의 아들은 스알디엘과 말기람과 브다야와 세낫살과 여가먀와 호사마와 느다뱌입니다. 브다야의 아들은 스룹바벨과 시므이이고, 스룹바벨의 아들은 므술람과 하나냐입니다. 그들의 누이는 슬로밋입니다. 스룹바벨은 다섯 아들을 또 두었는데, 그들은 하수바와 오헬과 베레갸와 하사댜와 유삽헤셋입니다. 하나냐의 자손은 블라댜와 여사야입니다. 여사야의 아들은 르바야이고, 르바야의 아들은 아르난입니다. 아르난의 아들은 오바댜이고, 오바댜의 아들은 스가냐입니다. 스가냐의 자손은 그의 아들 스마야와 스마야의 아들 핫두스와 이갈과 바리야와 느아랴와 사밧으로 모두 여섯 명입니다. 느아랴의 아들은 에료에내와 히스기야와 아스리감으로 모두 세 명입니다. 에료에내의 아들은 호다위야와 엘리아십과 블라야와 악굽과 요하난과 들라야와 아나니로 모두 일곱 명입니다.

유다의 자손

유다의 자손은 베레스와 헤스론과 갈미와 훌과 소발입니다. 소발의 아들 르아야는 야핫의 아버지이고, 야핫은 아후매와 라핫의 아버지입니다. 이들은 소라 가문입니다. 에담의 아들은 이스르엘과 이스마와 잇바스이고, 그들의 누이는 하술렐보니입니다. 브누엘은 그돌의 아버지이고, 에셀은 후사의 아버지입니다. 이들은 베들레헴의 아비 에브라다의 맏아들 훌의 후손들입니다. 드고아의 아버지는 아스훌입니다. 아스훌은 헬라와 나아라라는 두 아내를 두었습니다. 아스훌과 나아라의 아들은 아훗삼과 헤벨과 데므니와 하아하스다리입니다. 이들은 나아라의 자손입니다. 헬라의 아들은 세렛과 이소할과 에드난입니다. 고스는 아눕과 소베바의 아버지입니다. 고스는 하룸의 아들 아하헬 가문의 조상이기도 합니다. 야베스라는 사람이 있었는데 그는 다른 형제들보다 더 존경을 받았습니다. 야베스의 어머니는 '고통 중에 아들을 낳았다'는 뜻으로 그의 이름을 야베스라고 지었습니다. 야베스가 이스라엘의 하나님께 기도드렸습니다. "나에게 복을 주십시오. 나에게 땅을 더 많이 주십시오. 나와 함께 계셔 주시고 아무도 나를 해치지 못하게 해 주십시오. 내가 누구한테도 고통을 당하지 않게 해 주십시오." 하나님께서는 야베스의 기도를 들어주셨습니다. 수하의 형제 글룹은 므힐의 아버지이고, 므힐은 에스돈의 아버지입니다. 에스돈은 베드라바와 바세아와 드힌나의 아버지이고, 드힌나는 이르나하스의 아버지입니다. 이들은 모두 레가의 자손들입니다. 그나스의 아들은 옷니엘과 스라야이고, 옷니엘의 아들은 하닷과 므오노대입니다. 므오노대는 오브라의 아버지입니다. 스라야는 요압의 아버지이고, 요압은 게하라심에 사는 사람들의 조상입니다. 그곳에는 기술자들이 살았기 때문에 '기술자 골짜기'라는 뜻으로 게하라심이라는 이름이 붙었습니다. 갈렙은 여분네의 아들이고, 갈렙의 아들은 이루와 엘라와 나암이며, 엘라의 아들은 그나스입니다. 여할렐렐의 아들은 십과 시바와 디리아와 아사렐입니다. 에스라의 아들은 예델과 메렛과 에벨과 얄론입니다. 메렛은 파라오의 딸 비디아와 결혼하여 미리암과 삼매와 에스드모아의 아버지가 되는 이스바를 낳았습니다. 메렛은 유다 사람인 아내를 또 두었습니다. 그 아내는 예렛과 헤벨과 여구디엘을 낳았습니다. 예렛은 그돌의 아버지가 되었고, 헤벨은 소고의 아버지가 되었습니다. 그리고 여구디엘은 사노아의 아버지가 되었습니다. 호디야의 아내는 나함의 누이입니다. 호디야 아내의 아들은 에스드모아와 그일라의 아버지입니다. 그일라는 가미 사람이고, 에스드모아는 마아가 사람입니다. 시몬의 아들은 암논과 린나와 벤하난과 딜론이고, 이시의 아들은 소헷과 벤소헷입니다. 유다의 아들 셀라의 자손은 셀라의 아들이며, 레가의 아버지인 에르와 마레사의 아버지인 라아다와 베를 짜는 집안의 아버지 아스베야이며, 모압과 야수비네헴을 다스렸던 요김과 고세바 사람과 요아스와 사랍입니다. 이 가문에 대한 기록은 매우 오래된 것입니다. 셀라의 아들들은 옹기장이입니다. 그들은 느다임과 그데라에서 왕을 섬기면서 살았습니다.

시므온의 자손

시므온의 아들은 느무엘과 야민과 야립과 세라와 사울입니다. 사울의 아들은 살룸입니다. 살룸의 아들은 밉삼이고, 밉삼의 아들은 미스마입니다. 미스마의 아들은 함무엘이고, 함무엘의 아들은 삭굴입니다. 삭굴의 아들은 시므이입니다. 시므이는 아들 열여섯 명과 딸 여섯 명을 두었으나 그의 형제들은 자녀를 많이 두지 않았습니다. 그래서 그들의 가문은 유다만큼 사람이 많지 않았습니다. 시므이의 자녀는 브엘세바와 몰라다와 하살수알과 빌하와 에셈과 돌랏과 브두엘과 호르마와 시글락과 벧말가봇과 하살수심과 벧비리와 사아라임에서 살았습니다. 이 성들은 다윗 왕 때까지 그들이 다스렸습니다. 그 성들에서 가까운 다섯 마을은 에담과 아인과 림몬과 도겐과 아산입니다. 바알까지 다른 마을들도 있었는데 그들은 이 마을들에서 살았습니다. 그리고 그들은 자기 가문의 기록을 남겼습니다.

또 메소밥과 야믈렉과 아마시야의 아들 요사와 요엘과 예후가 있는데 예후는 요시비야의 아들이고, 요시비야는 스라야의 아들이고, 스라야는 아시엘의 아들입니다. 그리고 엘료에내와 야아고바와 여소하야와 아사야와 아디엘과 여시미엘과 브나야와 시사가 있는데, 시사는 시비의 아들이고, 시비는 알론의 아들이고, 알론은 여다야의 아들이고, 여다야는 시므리의 아들이며, 시므리는 스마야의 아들입니다. 이들은 각 가문의 어른들이며, 이들의 집안은 크게 불어났습니다. 이들은 양을 칠 목장을 찾으려고 그돌 성 입구인 골짜기 동쪽까지 나아갔습니다. 이들은 기름지고 좋은 목장을 발견했습니다. 그 땅은 매우 넓고 평화로웠으며 옛적에 함의 자손이 살던 땅이었습니다. 위에 기록된 사람들은 유다 왕 히스기야 때 그돌에 왔습니다. 그들은 함 백성의 장막을 쳐서 그들을 멸망시키고 그 땅을 빼앗았습니다. 그리고 그곳에 살던 모우님 백성도 멸망시켰습니다. 그래서 지금도 그곳에는 모우님 백성이 남아 있지 않습니다. 양을 칠 수 있는 목장이 있었으므로 그들은 그곳에서 살기 시작했습니다. 이시의 아들인 블라댜와 느아랴와 르바야와 웃시엘은 시므온 백성 오백 명을 이끌고 세일 산지에 사는 사람들을 공격했습니다. 그들은 그곳에 남아 있던 아말렉 사람들을 죽이고 지금까지 거기에서 살고 있습니다.

르우벤의 자손

르우벤은 이스라엘의 맏아들입니다. 그는 맏아들로서 특별한 권리를 누릴 수 있었지만 아버지의 첩과 잠자리를 같이한 까닭에 이스라엘의 아들인 요셉의 아들들에게 그 특권을 넘겨주어야 했습니다. 심지어 족보에도 르우벤의 이름은 맏아들로 기록되지 못했습니다. 유다는 그의 형제들보다 더 강했고 그의 집안에서 지도자가 나왔으나 맏아들의 권리는 요셉의 집안에게 돌아갔습니다. 이스라엘의 맏아들인 르우벤의 아들은 하녹과 발루와 헤스론과 갈미입니다. 요엘의 자손은 이러합니다. 스마야는 요엘의 아들이고, 스마야의 아들은 곡이며, 곡의 아들은 시므이입니다. 시므이의 아들은 미가이고, 미가의 아들은 르아야이며, 르아야의 아들은 바알입니다. 바알의 아들은 브에라이고, 브에라는 르우벤 지파의 지도자입니다. 앗시리아 왕 디글랏빌레셀이 브에라를 사로잡아 갔습니다. 요엘의 형제들과 그의 전체 가문은 그들의 족보에 적혀 있는 대로입니다. 여이엘이 족장이고, 그 다음이 스가랴와 벨라입니다. 벨라는 아사스의 아들이고, 아사스는 세마의 아들이며, 세마는 요엘의 아들입니다. 그들은 느보 산과 바알므온까지 이르는 아로엘 지역에서 살았습니다. 그들은 또한 동쪽에서도 살았습니다. 그들의 땅은 유프라테스 강가의 사막까지 이르렀습니다. 길르앗 땅에서 살기에는 가축이 너무 많았기 때문에 그곳으로 옮겨 가 살았습니다. 사울이 왕이 되었을 때, 벨라의 자손은 하갈 사람들과 싸워서 그들을 물리치고 하갈 사람들의 장막에서 살았습니다. 그들은 길르앗 동쪽의 모든 지역에서 살았습니다.

갓의 자손

갓 지파 사람들은 르우벤 자손 가까이에서 살았습니다. 갓 자손은 살르가까지 이르는 바산 땅에서 살았습니다. 요엘이 족장이고, 그 다음 인물은 사밤입니다. 야내와 사밧도 지도자입니다. 갓 자손의 친척은 미가엘과 므술람과 세바와 요래와 야간과 시아와 에벨로서 모두 일곱 명입니다. 이들은 아비하일의 자손입니다. 아비하일은 후리의 아들이고, 후리는 야로아의 아들입니다. 야로아는 길르앗의 아들이고, 길르앗은 미가엘의 아들입니다. 미가엘은 여시새의 아들이고, 여시새는 야도의 아들입니다. 야도는 부스의 아들입니다. 아히는 압디엘의 아들이고, 압디엘은 구니의 아들입니다. 아히는 그들 집안의 지도자입니다. 갓 자손은 길르앗과 바산과 바산 근처의 작은 마을들에서 살았습니다. 그들은 또한 사론의 모든 목장 끝에까지 퍼져 살았습니다. 유다 왕 요담과 이스라엘 왕 여로보암 때에 이들의 이름은 모두 갓 가문의 족보에 올랐습니다.

르우벤, 갓, 므낫세 반 지파의 용사들

르우벤과 갓과 동쪽 므낫세 반 지파는 사만 사천칠백육십 명의 군인을 두고 있었습니다. 그들은 방패와 칼을 쓸 줄 알고 활도 잘 다루는 용감한 군인들로서 전쟁 용사들입니다. 그들은 하갈 사람과 여두르와 나비스와 노답 백성과 전쟁을 했습니다. 르우벤과 갓과 동쪽 므낫세 반 지파 군인들은 전쟁을 할 때 하나님께 도와 달라고 기도드렸습니다. 그들이 하나님을 믿고 의지하니 하나님께서는 그들이 하갈 사람들을 물리칠 수 있게 도와주셨습니다. 그리하여 마침내 하갈 사람들과 힘을 합해 싸운 사람들까지도 모두 물리쳤습니다. 그들은 하갈 사람들이 가지고 있었던 낙타 오만 마리와 양 이십오만 마리와 나귀 이천 마리를 빼앗았으며, 십만 명의 사람을 사로잡았습니다. 하갈 사람들이 많이 죽었습니다. 하나님께서 르우벤과 갓과 므낫세 자손을 도와주셨으므로 그들은 바빌로니아 사람들에게 사로잡혀 갈 때까지 그곳에서 살았습니다.

동쪽 므낫세 반 지파

동쪽 므낫세 반 지파에는 많은 백성이 있었습니다. 그들은 바산에서부터 바알헤르몬과 스닐과 헤르몬 산까지 이르는 땅 전체에 흩어져 살았습니다. 각 가문의 지도자는 에벨과 이시와 엘리엘과 아스리엘과 예레미야와 호다위야와 야디엘입니다. 이들은 모두 용감하고 유명한 사람들로서 각 가문의 지도자입니다. 그러나 그들은 그들의 조상이 섬기던 하나님께 죄를 지었습니다. 그들은 그 땅의 백성 곧 하나님께서 멸망시킨 백성의 신들을 섬기기 시작했습니다. 이스라엘 하나님께서 디글랏빌레셀이라고도 하는 앗시리아의 불 왕의 마음을 움직이셔서 전쟁을 일으키게 하셨습니다. 불 왕은 르우벤과 갓과 동쪽 므낫세 반 지파의 백성을 사로잡아서 할라와 하볼과 하라와 고산 강가로 끌고 갔습니다. 그래서 그들은 지금까지 거기에서 살고 있습니다.

레위의 자손

레위의 아들은 게르손과 고핫과 므라리입니다. 고핫의 아들은 아므람과 이스할과 헤브론과 웃시엘입니다. 아므람의 자녀는 아론과 모세와 미리암입니다. 아론의 아들은 나답과 아비후와 엘르아살과 이다말입니다. 엘르아살은 비느하스의 아버지이고, 비느하스는 아비수아의 아버지입니다. 아비수아는 북기의 아버지이고, 북기는 웃시의 아버지입니다. 웃시는 스라히야의 아버지이고, 스라히야는 므라욧의 아버지입니다. 므라욧은 아마랴의 아버지이고, 아마랴는 아히둡의 아버지입니다. 아히둡은 사독의 아버지이고, 사독은 아히마아스의 아버지입니다. 아히마아스는 아사랴의 아버지이고, 아사랴는 요하난의 아버지입니다. 요하난은 아사랴의 아버지입니다. 아사랴는 솔로몬이 예루살렘에 지은 성전에서 제사장으로 하나님을 섬겼습니다. 아사랴는 아마랴의 아버지이고, 아마랴는 아히둡의 아버지입니다. 아히둡은 사독의 아버지이고, 사독은 살룸의 아버지입니다. 살룸은 힐기야의 아버지이고, 힐기야는 아사랴의 아버지입니다. 아사랴는 스라야의 아버지이고, 스라야는 여호사닥의 아버지입니다. 여호와께서 느부갓네살을 시켜 유다와 예루살렘 백성을 사로잡아 가게 하셨을 때에 여호사닥도 끌려갔습니다.

레위의 아들은 게르손과 고핫과 므라리입니다. 게르손의 아들은 립니와 시므이입니다. 고핫의 아들은 아므람과 이스할과 헤브론과 웃시엘입니다. 므라리의 아들은 마흘리와 무시입니다. 이들은 레위의 각 가문의 조상입니다. 게르손의 아들은 립니이고, 립니의 아들은 야핫이며, 야핫의 아들은 심마입니다. 심마의 아들은 요아이고, 요아의 아들은 잇도입니다. 잇도의 아들은 세라이고, 세라의 아들은 여아드래입니다. 고핫의 아들은 암미나답이고, 암미나답의 아들은 고라이며, 고라의 아들은 앗실입니다. 앗실의 아들은 엘가나이고, 엘가나의 아들은 에비아삽이며, 에비아삽의 아들은 앗실입니다. 앗실의 아들은 다핫이고, 다핫의 아들은 우리엘입니다. 우리엘의 아들은 웃시야이고, 웃시야의 아들은 사울입니다. 엘가나의 아들은 아마새와 아히못입니다. 아히못의 아들은 엘가나이고, 엘가나의 아들은 소배이며, 소배의 아들은 나핫입니다. 나핫의 아들은 엘리압이고, 엘리압의 아들은 여로함입니다. 여로함의 아들은 엘가나이고, 엘가나의 아들은 사무엘입니다. 사무엘은 맏아들 요엘과 둘째 아들 아비야를 두었습니다. 므라리의 아들은 마흘리이고, 마흘리의 아들은 립니이며, 립니의 아들은 시므이입니다. 시므이의 아들은 웃사입니다. 웃사의 아들은 시므아이고, 시므아의 아들은 학기야이며, 학기야의 아들은 아사야입니다.

성전 음악가

다윗은 여호와의 집에서 음악을 맡을 사람들을 뽑았습니다. 그들은 여호와의 집에 언약궤가 들어온 후부터 일을 시작했습니다. 그들은 솔로몬이 예루살렘에 여호와의 성전을 지을 때까지 회막에서 찬양을 맡았습니다. 성막은 회막이라고도 부릅니다. 그들은 규칙에 따라 일을 했습니다. 음악가들과 그들의 자손의 이름은 이러합니다. 고핫의 집안 중에 노래하는 사람 헤만이 있습니다. 헤만은 요엘의 아들이고, 요엘은 사무엘의 아들입니다. 사무엘은 엘가나의 아들이고, 엘가나는 여로함의 아들입니다. 여로함은 엘리엘의 아들이고, 엘리엘은 도아의 아들입니다. 도아는 숩의 아들이고, 숩은 엘가나의 아들입니다. 엘가나는 마핫의 아들이고, 마핫은 아마새의 아들입니다. 아마새는 엘가나의 아들이고, 엘가나는 요엘의 아들입니다. 요엘은 아사랴의 아들이고, 아사랴는 스바냐의 아들입니다. 스바냐는 다핫의 아들이고, 다핫은 앗실의 아들입니다. 앗실은 에비아삽의 아들이고, 에비아삽은 고라의 아들입니다. 고라는 이스할의 아들이고, 이스할은 고핫의 아들입니다. 고핫은 레위의 아들이고, 레위는 이스라엘의 아들입니다. 헤만의 오른쪽에 서서 헤만을 돕는 아삽은 헤만의 형제였습니다. 아삽은 베레갸의 아들이고, 베레갸는 시므아의 아들입니다. 시므아는 미가엘의 아들이고, 미가엘은 바아세야의 아들이며, 바아세야는 말기야의 아들입니다. 말기야는 에드니의 아들이고, 에드니는 세라의 아들이며, 세라는 아다야의 아들입니다. 아다야는 에단의 아들이고, 에단은 심마의 아들이며, 심마는 시므이의 아들입니다. 시므이는 야핫의 아들이고, 야핫은 게르손의 아들이며, 게르손은 레위의 아들입니다. 헤만의 왼쪽에 서서 헤만을 돕는 또 한 사람은 에단이었는데 그는 므라리 집안의 대표자입니다. 에단은 기시의 아들이고, 기시는 압디의 아들이며, 압디는 말룩의 아들입니다. 말룩은 하사뱌의 아들이고, 하사뱌는 아마시야의 아들이며, 아마시야는 힐기야의 아들입니다. 힐기야는 암시의 아들이고, 암시는 바니의 아들이며, 바니는 세멜의 아들입니다. 세멜은 마흘리의 아들이고, 마흘리는 무시의 아들입니다. 무시는 므라리의 아들이고, 므라리는 레위의 아들입니다. 다른 레위 사람은 하나님의 집인 성막에서 제각기 특별한 일을 맡았습니다.

아론과 그의 자손은 번제단 위에서 제물을 바치는 일과 향단 위에서 향을 피우는 일을 했습니다. 그들은 이스라엘을 위하여 죄를 씻는 제물인 속죄 제물을 하나님께 바쳤으며 지성소에서 해야 할 모든 일들을 맡아 했습니다. 그들은 하나님의 종 모세가 명령한 것을 다 지켰습니다. 아론의 아들은 이러합니다. 엘르아살은 아론의 아들이고, 엘르아살의 아들은 비느하스이며, 비느하스의 아들은 아비수아입니다. 아비수아의 아들은 북기이고, 북기의 아들은 웃시이며, 웃시의 아들은 스라히야입니다. 스라히야의 아들은 므라욧이고, 므라욧의 아들은 아마랴이며, 아마랴의 아들은 아히둡입니다. 아히둡의 아들은 사독이고, 사독의 아들은 아히마아스입니다.

레위 사람의 땅

아론의 자손이 산 곳은 이러합니다. 아론의 자손 가운데서 고핫 가문이 먼저 제비를 뽑아 레위 사람 몫의 땅을 받았습니다. 그들은 유다 땅 헤브론 성과 그 주변의 목초지를 받았습니다. 그러나 성 주변의 밭과 마을들은 여분네의 아들 갈렙이 받았습니다. 이처럼 아론의 자손은 도피성 가운데 하나인 헤브론을 받았습니다. 아론의 자손은 그 밖에도 립나와 얏딜과 에스드모아와 힐렌과 드빌과 아산과 벧세메스를 받았습니다. 그들은 이 성들과 그 주변의 목초지를 받았습니다. 그들은 베냐민 지파로부터도 여러 성을 받았습니다. 그들은 게바와 알레멧과 아나돗과 그 목초지를 받았습니다. 이들 고핫 가문은 모두 열세 개의 성을 받았습니다.

고핫 가문의 나머지 사람들은 제비를 뽑아 서쪽 므낫세 반 지파로부터 열 개의 성을 받았습니다. 게르손 가문은 잇사갈 지파와 아셀 지파와 납달리 지파와 바산에 사는 므낫세 지파로부터 열세 개의 성을 받았습니다. 므라리 가문은 제비를 뽑아 르우벤 지파와 갓 지파와 스불론 지파로부터 열두 개의 성을 받았습니다. 이스라엘 백성이 레위 사람에게 이 모든 성과 목초지를 주었습니다. 유다 지파와 시므온 지파와 베냐민 지파가 갖고 있는 여러 성도 제비뽑기를 통해 레위 사람들에게 나누어 주었습니다.

고핫 가문의 일부 집안은 에브라임 지파로부터 성과 목초지를 받았습니다. 그들은 에브라임 산지의 세겜을 받았는데 그곳은 도피성 가운데 하나입니다. 그 밖에 그들이 받은 성은 게셀과 욕므암과 벧호론과 아얄론과 가드림몬입니다. 그들은 이 성들과 그 주변에 있는 목초지를 받았습니다. 고핫 가문의 나머지 집안은 서쪽 므낫세 반 지파로부터 아넬과 그 목초지 그리고 빌르암과 그 목초지를 받았습니다.

게르손 가문은 동쪽 므낫세 반 지파로부터 바산 땅 골란과 그 목초지 그리고 아스다롯과 그 목초지를 받았습니다. 잇사갈 지파로부터는 게데스와 그 목초지, 다브랏과 그 목초지와 라못과 그 목초지 그리고 아넴과 그 목초지를 받았습니다. 아셀 지파로부터는 마살과 그 목초지, 압돈과 그 목초지와 후곡과 그 목초지 그리고 르홉과 그 목초지를 받았습니다. 납달리 지파로부터는 갈릴리 땅 게데스와 그 목초지, 함몬과 그 목초지 그리고 기랴다임과 그 목초지를 받았습니다. 므라리의 남은 자손은 스불론 지파로부터 림모노와 그 목초지 그리고 다볼과 그 목초지를 받았습니다. 요단 강 동쪽 곧 여리고 건너편에 사는 르우벤 지파에게서 베셀과 그 목초지 그리고 야사와 그 목초지를 받았으며, 그데못과 그 목초지, 메바앗과 그 목초지를 받았습니다. 갓 지파로부터는 길르앗 땅 라못과 그 목초지, 마하나임과 그 목초지, 헤스본과 그 목초지 그리고 야셀과 그 목초지를 받았습니다.

잇사갈의 자손

잇사갈의 아들은 돌라와 부아와 야숩과 시므론으로 모두 네 명입니다. 돌라의 아들은 웃시와 르바야와 여리엘과 야매와 입삼과 스므엘입니다. 이들은 각기 자기 집안의 지도자입니다. 다윗 왕 때에 돌라의 족보에 오른 용사의 수는 이만 이천육백 명입니다. 웃시의 아들은 이스라히야이고, 이스라히야의 아들은 미가엘과 오바댜와 요엘과 잇시야입니다. 이 다섯 사람은 모두 지도자입니다. 그들의 족보에 오른 사람 중 군대에 나갈 만한 용사는 다 합하여 삼만 육천 명입니다. 그렇게 군인이 많은 것은 그들의 아내와 자녀가 많았기 때문입니다. 잇사갈의 각 가문의 족보에 나타난 용사는 모두 팔만 칠천 명입니다.

베냐민의 자손

베냐민의 아들은 벨라와 베겔과 여디아엘 모두 세 명입니다. 벨라의 아들은 에스본과 우시와 웃시엘과 여리못과 이리로 모두 다섯 명입니다. 이들은 각기 자기 집안의 지도자입니다. 그들의 족보에 오른 사람들 중에 군대에 나갈 만한 용사는 모두 이만 이천삼십사 명입니다. 베겔의 아들은 스미라와 요아스와 엘리에셀과 엘료에내와 오므리와 여레못과 아비야와 아나돗과 알레멧입니다. 이들은 모두 베겔의 아들입니다. 이들의 족보에 올라 있는 용사는 이만 이백 명입니다. 여디아엘의 아들은 빌한이고, 빌한의 아들은 여우스와 베냐민과 에훗과 그나아나와 세단과 다시스와 아히사할입니다. 이 여디아엘의 아들들은 모두 각 집안의 지도자입니다. 군대에 나갈 만한 용사는 만 칠천이백 명입니다. 숩빔과 훕빔은 모두 일의 아들입니다. 후심은 아헬의 아들입니다.

납달리의 자손

납달리의 아들은 야시엘과 구니와 예셀과 살룸입니다. 이들은 모두 야곱의 아내 빌하의 손자들입니다.

므낫세의 자손

므낫세의 자손은 이러합니다. 므낫세는 아람 여자를 첩으로 두었습니다. 그 첩은 아스리엘과 마길을 낳았습니다. 마길은 길르앗의 아버지입니다. 마길은 훕빔과 숩빔의 누이 마아가를 아내로 얻었습니다. 므낫세의 둘째 아들은 슬로브핫입니다. 그는 딸만 두었습니다. 마길의 아내 마아가는 아들을 낳고 그 이름을 베레스라고 지었습니다. 베레스의 동생은 세레스이고, 세레스의 아들은 울람과 라겜입니다. 울람의 아들은 브단입니다. 이들은 길르앗의 자손입니다. 길르앗은 마길의 아들이고, 마길은 므낫세의 아들입니다. 마길의 누이 함몰레겟은 이스훗과 아비에셀과 말라를 낳았습니다. 스미다의 아들은 아히안과 세겜과 릭히와 아니암입니다.

에브라임의 자손

에브라임의 자손은 이러합니다. 에브라임의 아들은 수델라이고, 수델라의 아들은 베렛이며, 베렛의 아들은 다핫입니다. 다핫의 아들은 엘르아다이고, 엘르아다의 아들은 다핫입니다. 다핫의 아들은 사밧이고, 사밧의 아들은 수델라입니다. 에브라임이 또 에셀과 엘르앗이라는 아들을 두었는데 그들이 가드로 가서 그 성 백성의 소와 양을 훔친 적이 있었습니다. 그래서 가드 원주민들이 에셀과 엘르앗을 죽였습니다. 이 일 때문에 그들의 아버지 에브라임이 여러 날 동안을 슬퍼하자 그의 가족이 와서 그를 위로했습니다. 그 뒤에 그가 다시 아내와 잠자리를 같이하여 아내가 임신을 하였습니다. 에브라임은 아들을 얻었으나 자기 집에 재앙이 내렸으므로 그 아들을 브리아라고 불렀습니다. 에브라임의 딸은 세에라입니다. 세에라는 아래 벧호론과 위 벧호론과 우센세에라 성을 세웠습니다. 브리아의 아들은 레바와 레셉입니다. 레셉의 아들은 델라이고, 델라의 아들은 다한입니다. 다한의 아들은 라단이고, 라단의 아들은 암미훗이고, 암미훗의 아들은 엘리사마입니다. 엘리사마의 아들은 눈이고, 눈의 아들은 여호수아입니다. 에브라임의 자손은 벧엘과 그 주변 마을에 살았으며, 동쪽으로는 나아란과 그 주변 마을, 서쪽으로는 게셀과 그 주변 마을 그리고 세겜과 그 주변 마을에 살았습니다. 그들의 땅은 아사와 그 주변 마을까지 이르렀습니다. 므낫세 땅의 경계는 벧스안의 여러 마을과 다아낙과 그 주변 마을, 므깃도와 그 주변 마을과 돌과 그 주변 마을입니다. 이스라엘의 아들인 요셉의 자손이 이 마을들에서 살았습니다.

아셀의 자손

아셀의 아들은 임나와 이스와와 이스위와 브리아입니다. 그들의 누이는 세라입니다. 브리아의 아들은 헤벨과 말기엘이며, 말기엘은 비르사잇의 아버지입니다. 헤벨은 야블렛과 소멜과 호담과 그들의 누이 수아를 낳았습니다. 야블렛의 아들은 바삭과 빔할과 아스왓이니, 이들이 야블렛의 아들입니다. 소멜의 아들은 아히와 로가와 호바와 아람입니다. 소멜의 동생 헬렘의 아들은 소바와 임나와 셀레스와 아말입니다. 소바의 아들은 수아와 하르네벨과 수알과 베리와 이므라와 베셀과 홋과 사마와 실사와 이드란과 브에라입니다. 예델의 아들은 여분네와 비스바와 아라입니다. 울라의 아들은 아라와 한니엘과 리시아입니다. 이들은 모두 아셀의 자손으로서 각 집안의 지도자이며, 뛰어나고 훌륭한 용사들입니다. 이들의 족보에는 군대에 나갈 만한 용사 이만 육천 명이 올라 있습니다.

베냐민의 자손

베냐민의 맏아들은 벨라입니다. 둘째 아들은 아스벨이고, 셋째 아들은 아하라입니다. 베냐민의 넷째 아들은 노하이고, 다섯째 아들은 라바입니다. 벨라의 아들은 앗달과 게라와 아비훗과 아비수아와 나아만과 아호아와 게라와 스부반과 후람입니다. 에훗의 자손은 이러합니다. 그들은 게바에 살고 있던 각 가문의 지도자로서 포로로 사로잡혀 마나핫으로 끌려갔습니다. 에훗의 자손은 나아만과 아히야와 게라입니다. 게라는 웃사와 아히훗의 아버지입니다. 사하라임은 자기 두 아내 후심과 바아라를 쫓아낸 후에 모압 땅에서 아들을 낳았습니다. 사하라임과 새로 얻은 그의 아내 호데스는 요밥과 시비야와 메사와 말감을 낳았고, 여우스와 사갸와 미르마를 낳았습니다. 이 아들들은 각 집안의 지도자가 되었습니다. 사하라임은 또 아내 후심을 통해 아비둡과 엘바알을 낳았습니다. 엘바알의 아들은 에벨과 미삼과 세멧과 브리아와 세마입니다. 세멧은 오노와 롯과 그 주변 마을들을 세웠습니다. 브리아와 세마는 아얄론에 사는 집안들의 지도자입니다. 이들은 가드에 사는 사람들을 쫓아냈습니다. 브리아의 아들은 아히요와 사삭과 여레못과 스바댜와 아랏과 에델과 미가엘과 이스바와 요하입니다. 엘바알의 아들은 스바댜와 므술람과 히스기와 헤벨과 이스므래와 이슬리아와 요밥입니다. 시므이의 아들은 야김과 시그리와 삽디와 엘리에내와 실르대와 엘리엘과 아다야와 브라야와 시므랏입니다. 사삭의 아들은 이스반과 에벨과 엘리엘과 압돈과 시그리와 하난과 하나냐와 엘람과 안도디야와 이브드야와 브누엘입니다. 여로함의 아들은 삼스래와 스하랴와 아달랴와 야아레시야와 엘리야와 시그리입니다. 이들은 족보에 오른 각 집안의 지도자이며, 예루살렘에서 살았습니다.

여이엘은 기브온에서 살면서 그곳의 지도자로 있었습니다. 그의 아내 이름은 마아가입니다. 여이엘의 맏아들은 압돈입니다. 그의 다음 아들은 술과 기스와 바알과 나답과 그돌과 아히오와 세겔과 미글롯입니다. 미글롯은 시므아의 아버지입니다. 이들도 예루살렘에서 친척들과 함께 살았습니다. 넬은 기스의 아버지이고, 기스는 사울의 아버지입니다. 사울은 요나단과 말기수아와 아비나답과 에스바알의 아버지입니다. 요나단의 아들은 므립바알이고, 므립바알은 미가의 아버지입니다. 미가의 아들은 비돈과 멜렉과 다레아와 아하스입니다. 아하스는 여호앗다의 아버지이고, 여호앗다는 알레멧과 아스마웻과 시므리의 아버지입니다. 시므리는 모사의 아버지입니다. 모사는 비느아의 아버지입니다. 비느아의 아들은 라바이고, 라바의 아들은 엘르아사이고, 엘르아사의 아들은 아셀입니다. 아셀은 여섯 명의 아들을 두었습니다. 그들의 이름은 아스리감과 보그루와 이스마엘과 스아랴와 오바댜와 하난입니다. 이들은 모두 아셀의 아들입니다. 아셀의 동생 에섹의 맏아들은 울람입니다. 둘째 아들은 여우스이고, 셋째 아들은 엘리벨렛입니다. 울람의 아들들은 활을 잘 쏘는 용사들입니다. 그들은 모두 백오십 명의 아들과 손자를 두었습니다. 이들은 모두 베냐민의 자손입니다.

모든 이스라엘 백성의 이름이 다 족보에 올라 있습니다. 그리고 그 내용은 이스라엘 왕들의 책에 적혀 있습니다.

예루살렘으로 돌아온 백성

유다 백성은 하나님께 충성하지 않았기 때문에 바빌론으로 끌려갔습니다. 그중 가장 먼저 자기 땅과 마을로 돌아와서 살게 된 사람들은 이스라엘 제사장들과 레위 사람들과 성전에 있던 종들이었습니다. 유다와 베냐민과 에브라임과 므낫세 지파 사람들 가운데 예루살렘에서 산 사람들의 이름은 이러합니다. 유다의 아들 베레스 자손 중에 우대는 암미훗의 아들이고, 오므리는 이므리의 아들이고, 이므리는 바니의 아들입니다. 실로 사람 중에서는 맏아들 아사야와 그의 아들들입니다. 세라 사람 중에서는 여우엘과 세라의 친척들 육백구십 명입니다. 베냐민 지파 가운데 살루는 므술람의 아들이고, 므술람은 호다위아의 아들이고, 호다위아는 핫스누아의 아들입니다. 여로함의 아들 이브느야와 미그리의 손자인 웃시의 아들 엘라와 스바댜의 아들 므술람입니다. 그의 아버지 스바댜는 르우엘의 아들이고, 르우엘은 이브니야의 아들입니다. 베냐민의 족보에 오른 사람 구백오십육 명이 예루살렘으로 돌아와 살았습니다. 이들은 각 집안의 지도자입니다.

제사장 가운데 이스라엘로 돌아온 사람은 여다야와 여호야립과 야긴과 하나님의 성전을 책임진 힐기야의 아들 아사랴입니다. 힐기야는 므술람의 아들이고, 므술람은 사독의 아들이고, 사독은 므라욧의 아들이고, 므라욧은 아히둡의 아들입니다. 그 밖에는 여로함의 아들 아다야와 아디엘의 아들 마아새가 있습니다. 여로함은 바스훌의 아들이고, 바스훌은 말기야의 아들입니다. 마아새의 아버지 아디엘은 야세라의 아들이고, 야세라는 므술람의 아들이고, 므술람은 므실레밋의 아들이고, 므실레밋은 임멜의 아들입니다. 예루살렘으로 돌아온 제사장은 모두 천칠백육십 명입니다. 이들은 각 집안의 지도자들이며, 하나님의 성전에서 하는 모든 일을 맡았습니다.

레위 사람 가운데는 므라리 자손 핫숩의 아들 스마야가 있습니다. 핫숩은 아스리감의 아들이고, 아스리감은 하사뱌의 아들입니다. 그 밖에 박박갈과 헤레스와 갈랄과 미가의 아들 맛다냐가 있습니다. 미가는 시그리의 아들이고, 시그리는 아삽의 아들입니다. 스마야의 아들 오바댜가 있는데 그의 아버지 스마야는 갈랄의 아들이고, 갈랄은 여두둔의 아들입니다. 그리고 아사의 아들 베레갸가 있습니다. 아사는 엘가나의 아들입니다. 엘가나는 느도바 사람의 마을에서 살았습니다.

문지기 가운데는 살룸과 악굽과 달몬과 아히만과 그 친척들이 있었는데 살룸이 그들의 지도자입니다. 이 레위 지파 문지기들은 지금도 성 동쪽의 '왕의 문' 곁을 지키고 서 있습니다. 살룸은 고레의 아들입니다. 고레는 에비아삽의 아들이고, 에비아삽은 고라의 아들입니다. 살룸과 그의 친척 곧 고라 가문은 문지기입니다. 그들은 거룩한 집인 성소의 입구를 지키는 일을 맡았습니다. 그들의 조상도 성전 입구를 지키는 사람이었습니다. 옛적에 엘르아살의 아들 비느하스가 문지기들의 감독이었습니다. 여호와께서는 항상 비느하스와 함께 계셨습니다. 므셀레먀의 아들 스가랴도 회막을 지키는 문지기였습니다. 문지기로 뽑힌 사람은 모두 이백십이 명입니다. 그들의 이름은 마을에 따라 족보에 올라 있습니다. 다윗과 선견자 사무엘이 그들을 믿음직스럽게 여겨 그들에게 그 일을 맡겼습니다. 이 문지기들과 그들의 자손은 여호와의 집, 곧 성막을 지키는 일을 맡았습니다. 문지기들은 성전의 네 면, 곧 동서남북을 지켰습니다. 마을에 사는 문지기들의 친척들은 번갈아 가며 그들을 도와야 했습니다. 친척들은 한 번 올 때마다 칠 일 간 문지기들을 도왔습니다. 문지기 가운데 네 사람은 믿을 만했으므로 다른 모든 문지기의 지도자가 되었습니다. 그 네 문지기는 레위 사람입니다. 그들은 성전의 방과 창고들을 맡았습니다. 그들은 밤새도록 하나님의 성전을 지키고 아침마다 성전 문을 열었습니다.

문지기 가운데 몇 사람은 성전에서 쓰는 기구와 그릇들을 맡았습니다. 그들은 기구와 그릇들을 내가고 들여올 때마다 그것들을 세는 일을 했습니다. 다른 문지기들은 가구들과 성소에 있는 물건들을 맡았습니다. 그들은 고운 가루와 포도주와 기름과 향과 향품도 맡았습니다. 그러나 향품을 섞는 일은 제사장들이 했습니다. 맛디댜라는 레위 사람이 있었습니다. 그는 믿을 만한 사람이었으므로 제물로 쓸 빵을 굽는 일을 했습니다. 그는 고라 가문 사람인 살룸의 맏아들입니다. 어떤 문지기들은 특별한 빵을 준비하는 일을 맡았습니다. 그 빵은 안식일에 쓰이는 상 위에 쌓아 두는 빵인 진설병입니다. 이 일을 맡은 사람은 고핫 가문 사람입니다.

어떤 레위 사람은 음악을 맡았습니다. 각 레위 집안의 지도자인 그들은 성전 안에 있는 방에 머물면서 밤낮으로 그 일만 하고 다른 일은 하지 않았습니다. 이들은 레위 자손 각 집안의 지도자들로서 족보에 이름이 올라 있습니다. 이들은 예루살렘에서 살았습니다.

사울 왕의 족보

여이엘은 기브온에서 살면서 그곳의 지도자로 있었습니다. 그의 아내의 이름은 마아가입니다. 여이엘의 맏아들은 압돈이고, 그의 다른 아들은 술과 기스와 바알과 넬과 나답과 그돌과 아히오와 스가랴와 미글롯입니다. 미글롯은 시므암의 아버지입니다. 여이엘의 집안은 예루살렘에서 친척들과 함께 살았습니다. 넬은 기스의 아버지이고, 기스는 사울의 아버지이며, 사울은 요나단과 말기수아와 아비나답과 에스바알의 아버지입니다. 요나단의 아들은 므립바알이고, 므립바알은 미가의 아버지입니다. 미가의 아들은 비돈과 멜렉과 다레아와 아하스입니다. 아하스는 야라의 아버지이고, 야라는 알레멧과 아스마웻과 시므리의 아버지입니다. 시므리는 모사의 아버지입니다. 모사는 비느아의 아버지이고, 비느아의 아들은 르바야입니다. 르바야의 아들은 엘르아사이고, 엘르아사의 아들은 아셀입니다. 아셀은 여섯 명의 아들을 두었습니다. 그들의 이름은 아스리감과 보그루와 이스마엘과 스아랴와 오바댜와 하난입니다.

사울 왕의 죽음

블레셋 사람들이 이스라엘 백성과 맞서 싸웠습니다. 이스라엘 백성은 블레셋 사람들 앞에서 도망쳤습니다. 많은 이스라엘 백성이 길보아 산에서 죽었습니다. 블레셋 사람들은 사울과 그의 아들들을 끝까지 쫓아와서 사울의 아들 요나단과 아비나답과 말기수아를 죽였습니다. 싸움은 사울에게 불리하게 돌아갔습니다. 그는 화살에 맞아 크게 다쳤습니다. 사울이 자기 무기를 들고 다니는 병사에게 말했습니다. "네 칼을 뽑아서 나를 죽여다오. 저 할례받지 않은 자들이 나를 조롱하고 죽이기 전에 네가 나를 죽여다오." 하지만 사울의 병사는 두려워서 그를 죽이지 못했습니다. 그래서 사울은 자기 칼을 뽑아 세우고 그 위에 자기 몸을 던졌습니다. 사울의 병사는 그가 죽은 것을 보고, 그도 자기 칼 위에 몸을 던져 죽었습니다. 이와 같이 사울과 사울의 세 아들과 그의 온 집안 사람들이 함께 죽었습니다. 골짜기에 살던 이스라엘 백성은 이스라엘 군대가 도망치는 모습과 사울과 그의 아들들이 죽은 것을 보고서 자기들이 살던 성읍을 버리고 달아났습니다. 그래서 블레셋 사람들이 그곳에 와서 살게 되었습니다.

이튿날 블레셋 사람들이 죽은 군인들의 옷을 벗기려고 왔다가 길보아 산 위에 사울과 그의 아들들이 죽어 있는 것을 발견했습니다. 그들은 사울의 갑옷을 벗기고 그의 머리를 자르고 갑옷을 빼앗은 후 사람을 보내어 블레셋 사람들의 모든 땅에 그 소식을 전하게 했습니다. 그들은 자기들의 우상과 백성들이 있는 곳에 그 소식을 전했습니다. 블레셋 사람들은 사울의 갑옷을 그들의 신전에 두었고, 사울의 시체는 다곤 신전에 매달았습니다. 블레셋 사람들이 사울에게 한 일을 길르앗의 야베스에 사는 백성들이 들었습니다. 그래서 길르앗 땅 야베스의 용감한 군인들이 사울과 그의 아들들의 시체를 거두어 길르앗의 야베스로 돌아왔습니다. 그들은 사울과 그의 아들들의 뼈를 야베스에 있는 상수리나무 밑에 묻었습니다. 그리고 칠 일 동안 아무것도 먹지 않았습니다.

사울이 죽은 것은 그가 여호와께 충성하지 않았기 때문입니다. 그는 여호와께 복종하지 않았습니다. 심지어 무당한테까지 찾아가 무당의 도움을 받으려 했습니다. 사울은 여호와께 찾아가 도움을 구하지 않았습니다. 그래서 여호와께서는 사울을 죽이고 그의 나라를 이새의 아들 다윗에게 주셨습니다.

다윗이 왕이 되다

모든 이스라엘 백성이 헤브론에 있는 다윗에게 와서 말했습니다. "우리는 당신의 백성입니다. 사울이 우리 왕이었을 때에도 싸움터에서 이스라엘을 이끈 사람은 당신입니다. 당신의 하나님 여호와께서 당신에게 '다윗아, 너는 내 백성 이스라엘의 목자가 될 것이다. 너는 그들의 지도자가 될 것이다'라고 말씀하셨습니다." 이스라엘의 모든 장로들이 헤브론에 있던 다윗 왕에게 왔습니다. 헤브론에서 다윗은 여호와 앞에서 그들과 언약을 맺었습니다. 장로들은 다윗에게 기름을 부어 그를 이스라엘의 왕으로 세웠습니다. 여호와께서 사무엘에게 약속하신 대로 모든 것이 이루어졌습니다.

다윗이 예루살렘을 정복하다

다윗과 모든 이스라엘의 백성이 예루살렘 성으로 갔습니다. 그때는 예루살렘을 여부스라고 불렀으며 그 성에 사는 원주민도 여부스 사람이라고 불렀습니다. 여부스 사람들이 다윗에게 말했습니다. "너는 우리 성에 들어오지 못한다." 그러나 다윗은 굳건한 성벽으로 둘러싸인 시온 산성, 곧 다윗 성을 점령했습니다. 다윗이 말했습니다. "여부스 사람들을 무찌르는 데에 앞장서는 사람은 온 군대의 사령관이 될 것이다." 스루야의 아들 요압이 앞장서서 공격했습니다. 그래서 그가 군대 사령관이 되었습니다. 다윗은 굳건한 성벽으로 둘러싸인 성에서 살게 되었습니다. 그래서 사람들은 그 성을 다윗 성이라고 불렀습니다. 다윗은 성을 다시 쌓았습니다. 그는 밀로에서부터 시작해서 한 바퀴 돌아가며 성을 쌓았습니다. 성의 나머지 부분은 요압이 쌓았습니다. 만군의 여호와께서 다윗과 함께 계셨으므로 다윗은 점점 강해졌습니다.

다윗의 용사들

다윗이 거느리는 용사들의 우두머리는 이러합니다. 이 용사들은 여호와께서 약속하신 대로 모든 이스라엘과 더불어 다윗을 도와 나라를 강하게 한 뒤 다윗을 왕으로 세웠습니다. 다윗의 용사들은 이러합니다. 첫째는 학몬 사람 야소브암입니다. 그는 삼십 인 용사의 우두머리입니다. 그는 삼백 명을 상대로 창을 휘둘러 한꺼번에 그들 모두를 죽였습니다.

그 다음에는 아호아 사람 도도의 아들 엘르아살이 있습니다. 그는 세 용사 중 하나였습니다. 엘르아살은 블레셋 사람들이 이스라엘과 싸우러 왔을 때에 다윗과 더불어 바스담밈에 있던 사람입니다. 거기에는 보리밭이 있었습니다. 이스라엘 군대는 블레셋 사람들 앞에서 도망쳤습니다. 그러나 엘르아살과 다윗은 도망치지 않고, 보리밭 한가운데에서 블레셋 사람들과 싸워 그들을 죽였습니다. 여호와께서 이스라엘이 크게 이기도록 해 주셨습니다.

삼십 명의 두목 가운데 세 용사가 다윗에게 왔습니다. 그때 다윗은 아둘람 동굴에 있었고, 블레셋 군대는 르바임 골짜기에 진을 치고 있었습니다. 그때 다윗은 안전한 요새에 있었으며, 블레셋 군대는 베들레헴에 머물고 있었습니다. 다윗은 갑자기 물이 몹시 마시고 싶어졌습니다. 그가 말했습니다. “누가 베들레헴 성문 가까이에 있는 샘에 가서 물을 길어다 주었으면 좋겠다.” 그 말을 들은 세 용사는 블레셋 군대를 뚫고 나가 베들레헴 성문 가까이에 있는 샘에서 물을 길어 다윗에게 가지고 왔습니다. 하지만 다윗은 그 물을 마시지 않고 여호와께 부어 드렸습니다. 다윗이 말했습니다. "하나님이여, 저는 이 물을 마실 수 없습니다. 이 물을 마시는 것은 곧 이 물을 길어 오려고 자기 목숨을 내건 이 사람들의 피를 마시는 것과 같습니다." 결국 다윗은 그 물을 마시지 않았습니다. 세 용사는 이렇게 용감한 일을 했습니다.

요압의 동생 아비새가 바로 이 세 용사의 우두머리였습니다. 아비새는 창으로 적 삼백 명을 죽인 일이 있습니다. 이 일로 아비새는 세 용사 중에 유명해졌습니다. 아비새는 세 용사의 지휘관이 되었지만 처음 세 용사만큼은 못했습니다.

여호야다의 아들 브나야는 갑스엘 사람으로서 용감한 군인이었습니다. 브나야는 용감한 일을 많이 했습니다. 그는 모압의 최고 군인인 아리엘의 두 아들을 죽인 일이 있습니다. 또 눈이 내리는 날 구덩이에 내려가서 사자를 죽인 일도 있습니다. 브나야는 키가 다섯 규빗이나 되는 이집트의 거인도 죽인 일이 있습니다. 그 이집트 사람은 베틀채 같은 창을 손에 들고 있었는데 브나야는 작은 막대기 하나만을 들고 있었습니다. 브나야는 이집트 사람의 손에서 창을 빼앗아 그 창으로 거인을 죽였습니다. 여호야다의 아들 브나야는 이처럼 용감한 일들을 했습니다. 그는 세 용사만큼이나 유명해졌습니다. 브나야는 삼십 명의 용사보다도 더 존경을 받았습니다. 그러나 처음 세 용사만큼은 못했습니다. 다윗은 브나야를 자기 경호대장으로 삼았습니다.

그 밖의 용사들은 이러합니다. 요압의 동생 아사헬과 베들레헴 사람 도도의 아들 엘하난과 하롤 사람 삼훗과 블론 사람 헬레스와 드고아 사람 익게스의 아들 이라와 아나돗 사람 아비에셀과 후사 사람 십브개와 아호아 사람 일래와 느도바 사람 마하래와 느도바 사람 바아나의 아들 헬렛과 베냐민 땅 기브아 사람 리배의 아들 이대와 비라돈 사람 브나야와 가아스 골짜기에 사는 후래와 아르바 사람 아비엘과 바하룸 사람 아스마웻과 사알본 사람 엘리아바와 기손 사람 하셈의 아들들과 하랄 사람 사게의 아들 요나단과 하랄 사람 사갈의 아들 아히암과 울의 아들 엘리발과 므게랏 사람 헤벨과 블론 사람 아히야와 갈멜 사람 헤스로와 에스배의 아들 나아래와 나단의 동생 요엘과 하그리의 아들 밉할과 암몬 사람 셀렉과 스루야의 아들 요압의 무기를 들고 다녔던 베롯 사람 나하래와 이델 사람 이라와 이델 사람 가렙과 헷 사람 우리아와 알래의 아들 사밧과 르우벤 자손 시사의 아들이며 르우벤 자손의 지도자로서 군인 삼십 명을 거느린 아디나와 마아가의 아들 하난과 미텐 사람 요사밧과 아스드랏 사람 웃시야와 아로엘 사람 호담의 아들 사마와 여이엘과 시므리의 아들 여디아엘과 여디아엘의 동생 디스 사람 요하와 마하위 사람 엘리엘과 엘라암의 아들 여리배와 요사위야와 모압 사람 이드마와 엘리엘과 오벳과 므소바 사람 야아시엘입니다.

용사들이 다윗을 따르다

다음은 다윗이 기스의 아들 사울에게 쫓겨 다닐 때에 시글락으로 다윗을 찾아온 사람들입니다. 그들은 싸움터에서 다윗을 도운 용사이기도 합니다. 그들은 활을 가지고 다녔고 화살을 쏠 때나 물맷돌을 던질 때에 양손을 다 사용할 줄 알았습니다. 그들은 베냐민 지파 사람으로서 사울의 친척입니다. 그들의 지도자는 아히에셀이며, 요아스도 그들 가운데 한 사람입니다. 아히에셀과 요아스는 모두 기브아 사람 스마아의 아들입니다. 아스마웻의 아들 여시엘과 벨렛과 브라가와 아나돗 사람 예후도 당시의 용사들입니다. 기브온 사람 이스마야도 그때의 용사입니다. 이스마야는 '삼십 명의 용사' 가운데 한 사람일 뿐만 아니라 지도자입니다. 그 밖에 예레미야와 야하시엘과 요하난과 그데라 사람 요사밧과 엘루새와 여리못과 브아랴와 스마랴와 하룹 사람 스바댜와 고라 사람 엘가나와 잇시야와 아사렐과 요에셀과 야소브암과 그돌 사람 여로함의 아들 요엘라와 스바댜도 그때의 용사입니다.

갓 지파의 사람들 중에 광야의 요새에 있던 다윗을 찾아온 이들이 있었습니다. 그들 역시 전쟁에 익숙한 용사들이었습니다. 따라서 방패와 창을 다룰 뿐만 아니라 사자처럼 사나웠으며 산의 노루처럼 빨리 달렸습니다. 그 우두머리는 에셀입니다. 둘째는 오바댜이고, 셋째는 엘리압이며, 넷째는 미스만나이고, 다섯째는 예레미야입니다. 여섯째는 앗대이고, 일곱째는 엘리엘이며, 여덟째는 요하난입니다. 아홉째는 엘사밧이고, 열째는 예레미야이며, 제일 마지막은 막반내입니다. 이들은 갓 지파 군대의 지휘관입니다. 이들 가운데 가장 낮은 사람은 백 명을 지휘하고 가장 높은 사람은 천 명을 지휘합니다. 그들은 요단 강물이 넘쳐흐르던 어느 해 첫째 달에 요단 강을 건너가 골짜기에 살던 백성을 쫓아냈습니다. 그들은 동쪽과 서쪽으로 도망쳤습니다.

베냐민 지파와 유다 지파 가운데서도 요새에 있던 다윗을 찾아간 사람들이 있었습니다. 다윗이 그들을 맞으며 말했습니다. "여러분이 좋은 뜻으로 나를 도우러 왔다면 여러분을 환영하지만 나에게 아무 잘못이 없는데도 나를 내 원수들에게 넘겨주러 왔다면 우리 조상의 하나님께서 이 일을 보시고 여러분에게 벌을 내리실 것이오." 그때에 '삼십 인 용사'의 지도자 아마새에게 성령이 들어갔습니다. 아마새가 말했습니다.

"다윗이여, 우리는 당신의 사람입니다.
이새의 아들이여, 우리는 당신과 함께 있습니다.
당신의 하나님께서 당신을 돕고 계시니
평강 위에 평강이 당신에게 있기를 바라며
또한 당신을 돕는 이들에게 평강이 있기를 바랍니다."

그리하여 다윗은 그 사람들을 환영하고 그들을 자기 군대의 지도자로 삼았습니다.

므낫세 지파 가운데서도 다윗을 따른 사람들이 있었습니다. 다윗이 블레셋 사람들에게 가서 그들과 함께 사울을 무찌르고자 할 때에 다윗과 그의 부하들은 블레셋 사람들을 돕지 못했습니다. 왜냐하면 블레셋의 지도자들이 서로 의논한 뒤에 다윗을 돌려보냈기 때문입니다. 그들은 '다윗이 우리를 죽이고 그의 주인 사울에게 항복할지도 모른다'라고 생각했습니다. 다윗이 시글락으로 갈 때에 므낫세 지파 사람들이 다윗의 뒤를 따랐는데, 그들은 아드나와 요사밧과 여디아엘과 미가엘과 요사밧과 엘리후와 실르대입니다. 그들은 므낫세 지파의 군인 천 명씩을 지휘하는 지도자이며, 모두 용사들입니다. 그들은 다윗을 도와 온 나라를 휘젓고 다니는 도적들과 싸웠으며, 다윗 군대의 사령관이 되었습니다. 날마다 더 많은 사람들이 다윗을 따랐습니다. 그래서 그의 군대는 하나님의 군대와 같은 큰 군대가 되었습니다.

헤브론에서 다윗을 따른 사람들

다음은 헤브론에서 다윗을 따른 사람들의 숫자입니다. 그들은 여호와의 말씀대로 사울의 나라를 다윗에게 주기 위해 싸울 준비를 하고 다윗에게 왔습니다. 유다 자손 중에서는 육천팔백 명이 방패와 창을 들고 왔습니다. 시므온 자손 중에서는 칠천백 명이 왔습니다. 그들은 용사들입니다. 레위 자손 중에서는 사천육백 명이 왔습니다. 이들 중 아론 가문의 지도자인 여호야다가 삼천칠백 명을 거느렸습니다. 젊은 용사 사독도 그의 가문의 지휘관 이십이 명과 함께 왔습니다. 베냐민 자손 중에서는 삼천 명이 왔는데, 그들은 사울의 친척으로서 그때까지 사울의 집안에 충성했던 사람들입니다. 에브라임 자손 중에서는 이만 팔백 명이 왔는데 그들은 각기 자기 가문 중에서 용감한 용사들이었습니다. 서쪽 므낫세 반 지파에서는 만 팔천 명이 왔습니다. 이 사람들은 다윗을 왕으로 세우고자 특별히 뽑혀서 온 사람들입니다. 잇사갈 자손 중에서는 지도자 이백 명이 왔습니다. 그들은 이스라엘이 해야 할 일을 알고 있었으며 때를 분간할 줄 아는 사람들이었습니다. 그들의 친척들도 그들의 지휘를 받고 왔습니다. 스불론 자손 중에서는 오만 명이 왔습니다. 그들은 훈련을 받은 군인들로서 온갖 전쟁 무기를 다룰 수 있는 기술을 익힌 사람들이었습니다. 그들은 오직 다윗에게만 충성을 바쳤습니다. 납달리 자손 중에서는 방패와 창을 든 군인 삼만 칠천 명을 거느리고 지휘관 천 명이 왔습니다. 단 자손 중에서는 이만 팔천육백 명이 싸울 준비를 하고 왔습니다. 아셀 자손 중에서는 훈련된 군인 사만 명이 싸울 준비를 하고 왔습니다. 요단 강 동쪽의 르우벤 자손과 갓 자손 그리고 므낫세 반 지파에서도 십이만 명이 온갖 무기를 가지고 왔습니다.

이 모든 군인들은 싸울 준비를 한 뒤 다윗을 이스라엘 왕으로 세우려는 단 한마음으로 나아왔습니다. 다른 이스라엘 백성도 다윗을 왕으로 세우기를 원했습니다. 그들은 거기에서 다윗과 함께 삼 일 동안 머무르면서 먹고 마셨습니다. 그들이 먹은 음식은 친척들이 준비해 준 것입니다. 그리고 그들의 이웃도 음식을 가져왔습니다. 그들은 잇사갈과 스불론과 납달리 땅에서 나귀와 낙타와 노새와 소에 음식을 실어 왔습니다. 또한 곡식 가루와 무화과 과자와 건포도와 포도주와 기름과 소와 양을 많이 가져왔습니다. 이스라엘 백성 가운데 기쁨이 넘쳤습니다.

하나님의 궤를 다시 옮기다

다윗이 군인 백 명을 지휘하는 백부장과 군인 천 명을 지휘하는 천부장을 비롯하여 자기 군대의 모든 지도자들과 의논했습니다. 그런 다음에 모든 이스라엘 백성에게 말했습니다. "여러분이 좋게 여기고 또한 그것이 우리 하나님 여호와의 뜻이라면 이스라엘 모든 땅에 남아 있는 우리 형제들과 더불어 마을과 목초지에서 살고 있는 제사장과 레위 사람들에게 편지를 보내어 우리에게 오라고 합시다. 그런 후에 우리 하나님의 궤를 옮겨 옵시다. 사울이 왕으로 있을 때에는 우리가 궤 앞에서 하나님의 뜻을 여쭈어 보지 못했습니다." 모든 백성이 다윗의 말을 옳게 여겼으므로 그렇게 따르기로 했습니다.

그리하여 다윗은 이집트의 시홀 강에서부터 하맛 어귀에 걸쳐 사는 모든 이스라엘 백성을 불러 모았습니다. 그들은 기럇여아림에서 하나님의 궤를 옮겨 와야 했습니다. 다윗과 그를 따르는 모든 이스라엘 백성은 여호와 하나님의 궤를 옮겨 오려고 유다 땅 바알라, 곧 기럇여아림으로 갔습니다. 하나님의 궤는 두 그룹 사이에 모셔져 있었습니다. 백성이 아비나답의 집에서 하나님의 궤를 옮겼습니다. 그들이 새 수레에 궤를 싣자 웃사와 아히오가 수레를 몰았습니다. 다윗과 모든 이스라엘 백성은 하나님 앞에서 온 힘을 다하여 기뻐했습니다. 그들은 노래하며 수금과 비파를 타고 소고와 제금과 나팔을 불었습니다.

그러나 그들이 기돈의 타작마당에 이르렀을 때, 수레를 끌던 소들이 갑자기 뛰었습니다. 그래서 웃사가 손을 내밀어 궤를 붙잡았습니다. 웃사가 궤를 만졌기 때문에 여호와께서 웃사에게 크게 노하셨습니다. 여호와께서 웃사를 치시니 웃사가 하나님 앞에서 죽었습니다. 다윗은 여호와께서 웃사를 죽이셨기 때문에 화가 났습니다. 그래서 지금까지도 '웃사를 벌하심'이란 뜻으로 그곳을 '베레스 웃사'라고 부릅니다. 다윗은 그날 하나님을 무서워했습니다. 다윗은 "어떻게 하나님의 궤를 내가 있는 곳으로 옮길 수 있겠느냐?"라고 말했습니다. 그래서 다윗은 하나님의 궤를 예루살렘으로 옮기지 않고 가드 사람 오벧에돔의 집으로 옮겼습니다. 하나님의 궤는 오벧에돔의 집에 세 달 동안 머물러 있었습니다. 여호와께서 오벧에돔과 그의 온 집안에 복을 주셨습니다.

다윗의 나라가 크게 되다

두로 왕 히람이 다윗에게 사신들을 보냈습니다. 히람은 백향목을 보내고 목수와 석수들도 보내어 다윗의 왕궁을 짓게 했습니다. 그때에 다윗은 여호와께서 자기를 이스라엘 왕으로 세우셨다는 것과 자기 나라를 매우 강한 나라로 만드셨다는 것을 깨달았습니다. 그것은 여호와께서 자기 백성 이스라엘을 사랑하셨기 때문이었습니다.

다윗은 예루살렘에서 아내를 더 많이 맞아들여 아들과 딸들을 많이 낳았습니다. 다윗이 예루살렘에서 낳은 아들들은 삼무아와 소밥과 나단과 솔로몬과 입할과 엘리수아와 엘벨렛과 노가와 네벡과 야비아와 엘리사마와 브엘랴다와 엘리벨렛입니다.

다윗이 블레셋을 물리치다

다윗이 기름부음을 받아 이스라엘의 왕이 되었다는 이야기를 블레셋 사람들이 듣고 그를 잡으러 왔습니다. 다윗은 그 소식을 듣고 그들과 맞서 싸우러 나갔습니다. 블레셋 사람들은 르바임 골짜기를 생각지 않았던 때에 갑자기 공격했습니다. 다윗이 하나님께 여쭈어 보았습니다. "가서 블레셋 사람들을 공격할까요? 제가 그들을 물리칠 수 있게 해 주시겠습니까?" 여호와께서 대답하셨습니다. "가거라! 그들을 물리치도록 해 주겠다." 그래서 다윗은 바알브라심으로 올라가 그곳에서 블레셋 사람들을 물리쳤습니다. 다윗이 말했습니다. "하나님께서는 마치 홍수처럼 나의 원수들을 덮치셨다." 다윗은 그곳을 바알브라심이라고 불렀습니다. 블레셋 사람들은 바알브라심에 자기들의 우상을 버리고 도망갔습니다. 다윗은 그 우상들을 태워 버리라고 명령했습니다.

또다시 블레셋 사람들이 와서 골짜기에 있는 백성들을 공격했습니다. 다윗이 하나님께 다시 기도드리자 하나님께서 말씀하셨습니다. "블레셋 사람들을 앞쪽에서 공격하지 마라. 그들 뒤로 돌아가서 뽕나무 숲 맞은편에서 그들을 공격하여라. 뽕나무 밭 위쪽에서 행군하는 소리가 나거든 재빨리 블레셋 사람들을 공격하여라. 내가 너보다 먼저 가서 블레셋 군대를 물리치겠다." 다윗은 하나님께서 명령하신 대로 했습니다. 그래서 그는 블레셋 사람들을 물리치고 기브온에서 게셀까지 이르는 모든 길에서 블레셋 사람들을 죽였습니다. 다윗의 이름이 모든 나라에 알려졌습니다. 여호와께서는 모든 나라들이 다윗을 두려워하도록 만드셨습니다.

언약궤를 예루살렘으로 옮기다

다윗이 예루살렘에 자기 왕궁을 지었습니다. 그런 다음에 하나님의 궤를 모실 곳을 준비하고 거기에 장막을 세웠습니다. 다윗이 말했습니다. “레위 사람만이 하나님의 궤를 멜 수 있다. 여호와께서 그들을 뽑아 하나님의 궤를 메게 하셨으며 영원히 하나님을 섬기게 하셨다.” 다윗이 모든 이스라엘 백성을 예루살렘으로 불러 모았습니다. 다윗은 여호와의 궤를 자기가 준비한 곳에 모시려 했습니다. 다윗은 아론의 자손과 레위 사람을 불러 모았습니다. 고핫 가문에서 백이십 명이 모였고, 우리엘이 지도자가 되었습니다. 므라리 가문에서는 이백이십 명이 모였고, 아사야가 지도자가 되었습니다. 게르솜 가문에서는 백삼십 명이 모였고, 요엘이 지도자가 되었습니다. 엘리사반 가문에서는 이백 명이 모였고, 스마야가 지도자가 되었습니다. 헤브론 가문에서는 팔십 명이 모였고, 엘리엘이 지도자가 되었습니다. 웃시엘 가문에서는 백십이 명이 모였고, 암미나답이 지도자가 되었습니다. 다윗이 제사장 사독과 아비아달을 불렀습니다. 그리고 레위 사람 우리엘과 아사야와 요엘과 스마야와 엘리엘과 암미나답을 불렀습니다. 다윗이 그들에게 말했습니다. “여러분은 레위 가문의 지도자들이오. 여러분을 비롯해서 모든 레위 사람들은 스스로를 거룩하게 해야 하오. 그런 다음에 이스라엘 하나님 여호와의 궤를 옮겨 오시오. 지난번에는 여러분이 이 상자를 메지 않고 다른 사람이 겁 없이 다루었기 때문에 하나님께서 벌을 내리신 것이오.” 그리하여 제사장과 레위 사람들은 이스라엘 하나님 여호와의 궤를 메기 위해 스스로를 거룩하게 준비했습니다. 레위 사람은 모세가 여호와의 말씀에 따라 명령한 대로 하나님의 궤를 채에 꿰어 어깨에 멨습니다.

다윗이 레위 사람의 지도자들에게 명령하여 그들의 형제를 노래하는 사람으로 세웠습니다. 비파와 수금을 타고 제금을 울리면서 기쁜 노래를 부르도록 했습니다. 레위 사람들은 헤만과 그의 친척인 아삽과 에단을 세웠습니다. 헤만은 요엘의 아들이고, 아삽은 베레야의 아들입니다. 므라리 가문 사람인 에단은 구사야의 아들입니다. 이들을 도와줄 두 번째 무리도 세웠는데 그 무리는 스가랴와 벤과 야아시엘과 스미라못과 여히엘과 운니와 엘리압과 브나야와 마아세야와 맛디디야와 엘리블레후와 믹네야와 문지기 오벧에돔과 여이엘입니다. 노래하는 사람 헤만과 아삽과 에단은 놋으로 만든 제금을 연주했습니다. 스가랴와 아시엘과 스미라못과 여히엘과 운니와 엘리압과 마아세야와 브나야는 높은 음으로 비파를 탔습니다. 맛디디야와 엘리블레후와 믹네야와 오벧에돔과 여이엘과 아사시야는 낮은 음으로 수금을 탔습니다. 레위 사람 지도자 그나냐는 노래를 아는 사람이었으므로, 찬양하는 사람들을 지휘하였습니다. 베레갸와 엘가나는 궤를 지키는 문지기입니다. 제사장 스바냐와 요사밧과 느다넬과 아미새와 스가랴와 브나야와 엘리에셀은 하나님의 궤 앞에서 나팔 부는 일을 맡았습니다. 오벧에돔과 여히야도 궤를 지키는 문지기 역할을 했습니다.

다윗과 이스라엘의 장로들과 천부장들이 오벧에돔의 집에서 여호와의 언약궤를 메고 기쁜 마음으로 올라왔습니다. 하나님께서 여호와의 언약궤를 메는 레위 사람들을 도우셨습니다. 그래서 그들은 소 일곱 마리와 숫양 일곱 마리를 제물로 바쳤습니다. 궤를 멘 레위 사람들은 누구나 다 세마포로 된 겉옷을 입고 있었습니다. 찬양대를 지휘하는 그나냐와 노래하는 사람들도 세마포로 된 옷을 입고 있었습니다. 다윗은 세마포로 만든 에봇을 입고 있었습니다. 모든 이스라엘 백성들이 여호와의 언약궤를 옮겨 왔습니다. 그들은 소리를 지르며 각과 나팔을 불고 제금을 치며 비파와 수금을 연주했습니다.

여호와의 언약궤가 예루살렘으로 들어올 때에 사울의 딸 미갈이 창밖을 내다보다가 다윗 왕이 춤을 추며 즐거워하는 모습을 보고 마음속으로 그를 업신여겼습니다.

그들이 하나님의 궤를 옮겨 와서 장막 안에 놓아두었습니다. 그 장막은 다윗이 궤를 놓아두려고 세운 것입니다. 그런 다음에 그들은 태워 드리는 제물인 번제물과 화목 제물을 하나님께 바쳤습니다. 태워 드리는 번제물과 화목 제물을 바친 다윗이 여호와의 이름으로 백성에게 복을 빌어 주었습니다. 다윗은 모든 이스라엘의 남자와 여자들에게 빵 한 조각과 고기 한 점과 건포도 과자 한 개씩을 나누어 주었습니다.

다윗은 레위 사람 몇 명을 뽑아 여호와의 궤를 섬기며 이스라엘 하나님 여호와께 예배드리는 것을 인도하게 했습니다. 그들은 여호와께 감사드리며 찬양하는 일을 했습니다. 지도자인 아삽은 제금을 연주했습니다. 그 밑에서 일한 레위 사람은 스가랴와 여이엘과 스미라못과 여히엘과 맛디디아와 엘리압과 브나야와 오벧에돔과 여이엘입니다. 그들은 비파와 수금을 탔습니다. 제사장 브나야와 야하시엘은 하나님의 언약궤 앞에서 정해진 때마다 나팔을 불었습니다. 그날 다윗은 아삽과 그의 친척들을 시켜 여호와께 감사하게 하고, 찬양하는 일을 처음으로 하게 했습니다.

다윗의 감사 노래

"여호와께 감사드리고 그의 이름을 불러라.
그가 하신 일을 모든 나라에 알려라.
그를 노래하여라. 그를 찬양하여라.

그가 하신 모든 놀라운 일을 전하여라.
그의 거룩하신 이름을 찬양하여라.
여호와를 찾는 사람은 기뻐하여라.
여호와를 찾고 그의 능력을 찾아라.
언제나 그의 도움을 구하여라.
여호와께서 하신 놀라운 일들을 기억하여라.
그 기적과 그의 판단을 기억하여라.
그의 종 이스라엘의 자손아, 그가 선택하신 야곱의 자녀야.

그는 여호와 우리 하나님이시며, 그는 온 세계를 심판하신다.
그는 언약을 영원토록 기억하시며
명하신 말씀을 천 대에까지 기억하신다.
그는 아브라함과 맺으신 언약을 지키시고
이삭에게 하신 맹세를 기억하신다.
그는 야곱에게 율례를 세우시고
이스라엘과 영원한 언약을 맺으셨다.
그는 말씀하셨다. '내가 가나안 땅을 너희에게 주겠다.
이 약속의 땅을 너희의 몫으로 주겠다.'

그때에 하나님의 백성은 매우 적었고
그 땅에서 나그네로 있었다.
그들은 이 나라에서 저 나라로
이 백성 가운데서 저 백성 가운데로 떠돌아다녔다.
그러나 그는 아무도 너희를 해치지 못하게 하셨고
너희를 억누르지 말라고 왕들에게 경고하셨다.
'내가 기름부어 세운 사람을 건드리지 말고

내 예언자들을 해치지 마라' 하고 말씀하셨다.

온 땅아, 여호와께 노래하여라. 날마다 그의 구원을 전하여라.
모든 나라에 주님의 영광을 알리고
백성들에게 그의 놀라운 일을 전하여라.
여호와는 위대하시니 그를 찬양하며
다른 어떤 신들보다 그를 두려워해야 한다.
모든 나라의 신들은 우상에 불과하나
여호와께서는 하늘을 지으신 분이다.
그에게는 영광과 위엄이 있고
그의 성전에는 능력과 기쁨이 있다.

땅 위의 모든 나라들아, 여호와를 찬양하여라.
여호와의 영광과 능력을 찬양하여라.
여호와의 이름에 걸맞는 영광을 그에게 돌리고
제물을 가지고 그 앞에 나아가
아름답고 거룩한 것으로 여호와께 예배드려라.
온 땅이여, 그 앞에서 떨어라!
세계가 굳게 서고 움직이지 않는도다.
하늘아, 기뻐하고, 땅아, 즐거워하여라.
모든 나라들 가운데 '여호와는 왕이시다'라고 외쳐라.
바다와 거기에 가득 찬 모든 것들아 외쳐라!
들과 그 안에 있는 모든 것들아 기뻐하여라!
주께서 세계를 심판하러 오시니
숲의 나무들도 여호와 앞에서 즐거이 노래할 것이다.
여호와께 감사드려라. 그는 선하시며 그의 사랑은 영원하시다.

너희는 외쳐라.

‘우리 구원의 하나님이시여, 우리를 구해 주십시오.
우리를 모아 주시고
모든 나라들 가운데서 우리를 구해 주십시오.
그러면 주께 감사드리고 기쁘게 찬양하겠습니다.’
영원히, 영원히, 여호와 이스라엘의 하나님을 찬양하여라.”

그러자 모든 백성이 “아멘!”을 외치면서 여호와를 찬양했습니다.

다윗은 아삽과 다른 레위 사람들을 여호와의 언약궤 앞에 남겨 두고 거기에서 날마다 규정대로 섬기게 했습니다. 다윗은 또 오벧에돔과 다른 레위 사람 육십팔 명에게 그들과 더불어 섬기게 했습니다. 호사와 여두둔의 아들 오벧에돔은 문지기입니다. 다윗은 제사장 사독과 다른 제사장들을 기브온의 산당에 있는 여호와의 성막 앞에 남겨 두었습니다. 그들은 여호와께서 이스라엘에게 주신 율법책에 적혀 있는 규례를 따라 아침저녁으로 제단 위에 태워 드리는 제물인 번제물을 바쳤습니다. 헤만과 여두둔과 다른 레위 사람들도 함께 일했는데 그들은 여호와의 영원하신 사랑에 감사하며 그것을 찬양하였습니다. 헤만과 여두둔은 나팔을 불며 제금을 치는 일을 했고, 하나님께 노래 부를 때에는 다른 악기들도 연주했습니다. 여두둔의 아들들은 문지기로 일했습니다.

그 뒤에 모든 백성들이 자기 집으로 돌아갔습니다. 다윗도 자기 가족에게 복을 빌어 주려고 집으로 돌아갔습니다.

하나님께서 다윗에게 약속하시다

다윗이 자기 왕궁으로 옮긴 뒤에 예언자 나단에게 말했습니다. "나는 백향목으로 지은 집에 살고 있는데 여호와의 언약궤는 장막에 있소." 나단이 다윗에게 말했습니다. "하나님께서는 왕과 함께 계시니 무엇이든지 왕의 뜻대로 하십시오."

그날 밤에 하나님께서 나단에게 말씀하셨습니다. "가서 내 종 다윗에게 이렇게 전하여라. '너는 내가 살 집을 지을 사람이 아니다. 나는 이스라엘 백성을 이집트에서 이끌어 낼 때, 어떤 집에서도 살지 않았다. 나는 지금까지 장막을 내 집으로 여기면서 옮겨 다녔다. 나는 계속해서 이스라엘의 지파들과 함께 옮겨 다녔지만 한 번도 이스라엘의 지도자들에게 백향목 집을 지어 달라고 하지 않았다.' 너는 내 종 다윗에게 전하여라. '나는 네가 양 떼를 따라다니며 돌볼 때에 너를 내 백성 이스라엘의 지도자로 세웠다. 나는 네가 어디로 가든지 너와 함께 있었고, 너를 위해 네 원수들을 물리쳐 주었다. 앞으로 나는 네 이름을 이 땅의 위대한 사람들의 이름처럼 위대하게 해 줄 것이다. 그리고 내 백성 이스라엘을 위해 한 곳을 정해 주어 다시는 떠돌아다니지 않고 머물러 살도록 해 주겠다. 그들은 이제 더 이상 괴로움을 당하지 않을 것이며 악한 백성도 전처럼 그들을 괴롭히지 못할 것이다. 내가 사사들을 세웠을 때부터 너희를 계속해서 괴롭히던 악한 나라들과 너의 모든 원수들을 물리쳐 주겠다. 이제 내가 선언한다. 네 뒤를 이어 네 자손을 이스라엘 왕으로 세울 것이다. 너의 날이 끝나서 네가 조상들에게 돌아갈 때에 너의 아들 중 하나를 새 왕으로 삼겠다. 그러면 그가 나를 위해 성전을 지을 것이며, 나는 그의 집안이 이 나라를 영원히 다스릴 수 있게 하겠다. 나는 그의 아버지가 되고, 그는 나의 아들이 될 것이다. 나는 사울에게 베푼 사랑을 거두어들였으나 너의 아들은 영원히 사랑해 줄 것이다. 내 집과 나라를 그에게 영원히 맡기겠고, 그의 왕좌를 영원토록 없애지 않을 것이다.' " 나단은 자기에게 들려주신 하나님의 모든 말씀을 다윗에게 전했습니다.

다윗의 기도

그 후에 다윗 왕은 여호와 앞에 들어가 앉았습니다. 다윗이 말했습니다. "여호와 하나님 제가 누구이기에 저를 그토록 위해 주십니까? 제 집안이 무엇이기에 그토록 위해 주십니까? 하나님, 주께서는 제 집안에 일어날 일들에 대해서까지 친절하게 말씀해 주셨습니다. 저는 주의 종입니다. 여호와 하나님께서는 저를 존귀한 사람과 같이 높이셨습니다. 주께서 주의 종인 저를 귀하게 대해 주시니 주께 무슨 말씀을 더 드리겠습니까? 주께서는 주의 종을 잘 아십니다. 여호와께서는 주의 종을 위하여 주의 뜻대로 이처럼 놀라운 일을 해 주셨고, 이 큰일들을 저에게 모두 알게 하셨습니다. 오! 여호와시여, 우리가 귀로 들은 것처럼 주와 같으신 분은 어디에도 없습니다. 주밖에는 다른 참 신이 없습니다. 그리고 이스라엘과 같은 주의 백성이 어디에 또 있겠습니까? 이스라엘은 하나님께서 자기 백성으로 삼기 위해 구원하신 유일한 백성입니다. 하나님께서는 그들을 통해 하나님의 이름을 널리 알리셨습니다. 하나님께서는 그 백성에게 위대하고 놀라운 기적을 일으키셨습니다. 그들을 이끄셔서 다른 나라를 그 땅에서 쫓아내셨습니다. 또한 이집트의 노예로 있던 그 백성을 구해 주셨습니다. 주께서는 이스라엘 백성을 영원히 주의 백성으로 삼으셨습니다. 그리고 친히 그들의 하나님이 되어 주셨습니다. 여호와여 저의 집안과 주의 종인 저에게 하신 약속을 지켜 주십시오. 말씀하신 대로 이루어 주십시오. 그렇게 해 주시면 백성이 주를 알고 영원히 섬길 것입니다. 모든 백성이 '만군의 여호와께서 이스라엘을 통치하시니 이스라엘의 하나님이시다!'라고 말할 것입니다. 그리고 주의 종인 저의 집안도 주 앞에서 굳게 설 것입니다. 나의 하나님 주께서 제 집안을 크게 해 주시겠다고 말씀하셨으므로 제가 감히 주께 기도드립니다. 여호와여, 오직 주는 하나님이십니다. 주께서 이 좋은 것을 주의 종인 저에게 약속해 주셨습니다. 주께서 저의 집안에 복을 주시고 기뻐하셨습니다. 여호와여, 주께서 복을 주셨으니 이 복을 영원히 누리겠습니다."

다윗이 여러 전쟁에서 이기다

그 후에 다윗은 블레셋 사람들을 물리쳤습니다. 다윗은 블레셋 사람들의 소유로 있던 가드와 그 주변 마을들을 빼앗았습니다.

그는 또 모압을 물리쳤습니다. 모압 백성은 다윗의 종이 되어서 그가 요구하는 대로 조공을 바쳤습니다.

소바 왕 하닷에셀이 자기 나라를 넓히려고 유프라테스 강까지 나아가려 하자 다윗이 그와 싸워 그의 군대를 하맛까지 쫓아냈습니다. 다윗은 하닷에셀의 전차 천 대와 기마병 칠천 명과 보병 이만 명을 사로잡았습니다. 그는 전차를 끌던 말 백 마리만을 남겨 두고, 나머지 말들은 다리를 못 쓰게 만들었습니다. 다마스커스의 아람 사람들이 소바 왕 하닷에셀을 도우려고 왔으나 다윗은 그 아람 사람 이만 이천 명을 죽였습니다. 다윗은 자기 군대를 아람의 다마스커스에 두었습니다. 아람 사람들은 다윗의 종이 되어 다윗이 요구하는 대로 조공을 바쳤습니다. 여호와께서는 다윗이 가는 곳마다 승리하게 해 주셨습니다. 다윗은 하닷에셀의 신하들이 가지고 있던 금방패를 빼앗아 예루살렘으로 가져왔습니다. 또 하닷에셀이 다스리던 디브핫과 군에서 놋쇠로 만든 물건들을 많이 빼앗아 왔습니다. 후에 솔로몬은 그것으로 바다라고도 부르는 커다란 놋대야와 기둥과 놋그릇들을 만들었습니다.

하맛 왕 도우가 다윗이 소바 왕 하닷에셀의 모든 군대를 물리쳤다는 이야기를 들었습니다. 그래서 도우는 자기 아들 하도람을 보내어 다윗 왕을 축하해 주도록 했습니다. 하도람은 다윗이 하닷에셀을 물리친 것을 축하해 주었습니다. 하닷에셀은 전에 도우와 맞서 싸운 일이 있습니다. 하도람은 은과 금과 놋쇠로 만든 물건들을 가져왔습니다. 다윗 왕은 그 물건들을 받아서 여호와께 바쳤습니다. 또 자기가 물리친 나라, 곧 에돔과 모압과 암몬과 블레셋과 아말렉에서 빼앗은 은과 금도 함께 바쳤습니다.

스루야의 아들 아비새가 '소금 골짜기'에서 에돔 사람 만 팔천 명을 죽였습니다. 다윗은 에돔 땅에 군대를 두어 머물게 했습니다. 모든 에돔 사람이 다윗의 종이 되었습니다. 여호와께서는 다윗이 가는 곳마다 승리하게 해 주셨습니다.

다윗의 곁에 있는 중요한 신하들

다윗은 온 이스라엘을 다스렸습니다. 그는 누구에게나 올바르고 공정하게 대했습니다. 스루야의 아들 요압은 다윗의 군대 사령관이고, 아힐룻의 아들 여호사밧은 역사 기록관입니다. 아히둡의 아들 사독과 아비아달의 아들 아히멜렉은 제사장이고, 사워사는 왕의 서기관입니다. 여호야다의 아들 브나야는 왕의 경호대인 그렛 사람과 블렛 사람을 지휘했습니다. 그리고 다윗의 아들들은 다윗 왕을 모시는 중요한 자리를 차지하였습니다.

다윗이 암몬과 싸우다

얼마 후 암몬 사람들의 왕 나하스가 죽었습니다. 그의 아들 하눈이 뒤를 이어 왕이 되었습니다. 다윗이 말했습니다. "나하스는 나를 사랑했다. 그러니 나도 그의 아들 하눈에게 은혜를 베풀어야겠다." 그래서 다윗은 자기 신하들을 하눈에게 보내어 그의 아버지 나하스 왕의 죽음을 위로하게 했습니다. 다윗의 신하들이 하눈을 위로하러 암몬 땅으로 갔습니다. 그러나 암몬 자손의 지도자들은 하눈에게 이렇게 말했습니다. "다윗이 사람들을 보내어 왕을 위로하는 것이 정말로 왕의 아버지를 공경했기 때문인 줄 아십니까? 그렇지 않습니다! 다윗은 이 성을 엿보게 하려고 사람들을 보낸 것입니다. 그들은 이 성을 정복하려 하고 있습니다." 그래서 하눈은 다윗의 신하들을 붙잡아 수염을 절반쯤 깎고 엉덩이 부분의 옷을 잘라 내어 그들을 부끄럽게 했습니다. 그런 다음에 하눈은 그들을 다시 돌려보냈습니다. 사람들이 이 일을 다윗에게 알리자 다윗은 사람들을 보내어 자기 신하들을 맞이하게 하였습니다. 이는 모욕을 당한 신하들이 매우 부끄러워했기 때문입니다. 다윗은 "수염이 다 자랄 때까지 여리고에서 기다리시오. 그런 다음에 예루살렘으로 돌아오시오"라고 그들에게 지시하였습니다.

그때에 암몬 사람들은 자기들이 다윗의 원수가 되었다는 사실을 깨달았습니다. 그래서 하눈과 암몬 사람들은 아람나하라임과 아람마아가와 소바에 은 천 달란트를 보내어 전차와 기마병을 고용했습니다. 암몬 사람들은 전차 삼만 이천 대를 빌리고 기마병들을 고용했습니다. 그들은 또 마아가 왕과 그의 군대도 고용했습니다. 그래서 마아가와 그의 군대가 와서 메드바 근처에 진을 쳤습니다. 암몬 사람들도 자기들의 성에서 나와 싸울 준비를 했습니다. 이 소식을 들은 다윗은 요압을 비롯한 모든 용사들을 보냈습니다. 암몬 사람들도 나와서 싸울 준비를 했습니다. 그들은 성문 곁에 서 있었습니다. 도우러 온 왕들은 암몬 사람들과 따로 떨어져 들에 있었습니다.

요압은 자기들의 앞과 뒤에 적이 진을 치고 있는 것을 보고 이스라엘에서 가장 뛰어난 용사들을 뽑아서 아람 사람들과 싸울 준비를 하게 했습니다. 그리고 요압은 나머지 군대를 자기 동생 아비새에게 맡겨 암몬 사람들과 맞서 싸우게 했습니다. 요압이 아비새에게 말했습니다. "만약 아람 사람들이 너무 강해서 내가 어려워지면 나를 도우러 오너라. 만약 암몬 사람들이 너무 강해서 네가 어려워지면 내가 도우러 가겠다. 용기를 내어라. 우리 백성과 우리 하나님의 성들을 위해 용감히 싸우자. 여호와께서 스스로 보시기에 옳으신 대로 하실 것이다." 요압과 그의 군대가 아람 사람들을 공격하자 아람 사람들은 도망쳤습니다. 암몬 군대는 아람 사람들이 도망치는 모습을 보고 아비새 앞에서 도망쳐 자기들 성으로 돌아가 버렸습니다. 그래서 요압은 예루살렘으로 돌아갔습니다.

아람 사람들은 자기들이 이스라엘에게 진 것을 보고 전령들을 보내어 유프라테스 강 동쪽에 살고 있던 아람 사람들을 불렀습니다. 하닷에셀의 군대 사령관인 소박이 그들을 지휘했습니다. 다윗은 이 소식을 듣고 모든 이스라엘 군대를 불러 모아 그들을 이끌고 요단 강을 건넜습니다. 다윗이 그곳에서 아람 사람들과 맞섰을 때 아람 사람들이 이스라엘 군대를 공격했습니다. 그러나 아람 사람들은 이스라엘 군대에게 쫓겨 도망쳤습니다. 다윗과 그의 군대는 아람의 전차병 칠천 명과 아람의 보병 사만 명을 죽였습니다. 그들은 또 아람 군대의 사령관인 소박도 죽였습니다. 하닷에셀의 신하들은 이스라엘이 그들을 물리쳤다는 소식을 듣고 다윗과 평화롭게 지내기로 하고 다윗을 섬겼습니다. 그 뒤로 아람 사람들은 암몬 사람들을 도우려 하지 않았습니다.

요압이 암몬을 멸망시키다

봄이 되어 요압이 이스라엘 군대를 이끌고 전쟁터로 나갔습니다. 그때는 왕들이 전쟁터에 나갈 때였으나 다윗은 예루살렘에 머물러 있었습니다. 이스라엘 군대는 암몬 땅을 멸망시키고 랍바 성으로 가 성을 공격하여 멸망시켰습니다. 다윗이 그들 왕의 머리에서 금관을 벗겨 냈습니다. 한 달란트나 되는 금관에는 값진 보석들이 박혀 있었습니다. 그 금관은 다윗의 머리에 씌워졌습니다. 다윗은 그 성에서 값진 물건들을 많이 빼앗았습니다. 다윗은 랍바 성에 있던 사람들을 끌어내어 톱질과 곡괭이질과 도끼질을 시켰습니다. 또한 다윗은 암몬 사람들의 모든 성에서도 그와 똑같은 일을 한 뒤, 군대를 거느리고 예루살렘으로 돌아왔습니다.

블레셋의 거인들을 죽이다

오래지 않아 게셀에서 이스라엘과 블레셋 사이에 전쟁이 일어났습니다. 그때에 후사 사람 십브개가 거인족의 자손 십배를 죽였습니다. 그래서 블레셋 사람들은 항복했습니다. 이스라엘과 블레셋 사이에 또다시 전쟁이 일어났습니다. 야일의 아들 엘하난이 가드 사람 골리앗의 동생 라흐미를 죽였습니다. 라흐미의 창은 베틀채처럼 컸습니다. 그 뒤에 가드에서 이스라엘과 블레셋 사이에 또다시 전쟁이 일어났습니다. 가드에는 굉장히 큰 사람이 있었습니다. 그는 손가락과 발가락이 여섯 개씩 모두 스물네 개가 있었습니다. 그도 역시 거인족의 자손이었습니다. 그가 이스라엘을 조롱하자 다윗의 형 시므아의 아들 요나단이 그를 죽였습니다. 이 블레셋 사람들은 가드에 살던 거인족의 자손입니다. 다윗과 그의 부하들이 그들을 죽였습니다.

다윗이 인구 조사를 하다

사탄이 이스라엘을 괴롭히려고 일어났습니다. 사탄이 다윗의 마음속에 이스라엘 백성의 수를 세어 보고 싶은 욕심을 주었습니다. 다윗이 요압과 군대 지휘관들에게 말했습니다. "가서 브엘세바에서부터 단에 이르기까지 모든 이스라엘 백성의 수를 세시오. 그래서 그 수가 얼마나 되는지 나에게 알려 주시오." 요압이 대답했습니다. "여호와께서는 왕에게 백 배나 더 많은 백성을 주시기 원하십니다. 내 주 왕이시여, 모든 이스라엘 백성이 다 왕의 종이 아닙니까? 그런데 어찌하여 이런 일을 하려 하십니까?" 그래도 다윗 왕은 요압에게 명령대로 하라고 했습니다. 그래서 요압은 다윗 앞에서 물러나와 온 이스라엘을 다니며 인구 조사를 한 다음 예루살렘으로 돌아왔습니다. 요압이 왕에게 백성의 수를 보고했습니다. 이스라엘에는 칼을 쓸 수 있는 사람이 모두 백십만 명이었고, 유다에는 사십칠만 명이 있었습니다. 그러나 요압은 다윗 왕의 명령을 못마땅하게 여겨 레위 지파와 베냐민 지파의 수는 계산하지 않았습니다.

하나님께서도 이 일을 못마땅하게 생각하셨습니다. 그래서 이스라엘에게 벌을 내리셨습니다. 다윗이 하나님께 말했습니다. "제가 큰 죄를 지었습니다. 제발 저의 죄를 용서해 주십시오. 제가 너무나 어리석은 일을 했습니다." 여호와께서 다윗의 선견자 갓에게 말씀하셨습니다. "가서 다윗에게 이렇게 전하여라. '내가 너에게 세 가지 벌을 보여 줄 테니 그중에서 하나를 골라라. 네가 고른 대로 너에게 벌을 내리겠다.' " 갓이 다윗에게 가서 말했습니다. "여호와께서 이렇게 말씀하셨습니다. '네가 받을 벌을 골라라. 삼 년 동안 가뭄이 들게 할 것인지, 칼을 들고 쫓아오는 원수를 피해 세 달 동안 숨어 다닐 것인지, 아니면 삼 일 동안 여호와께서 내리시는 칼을 받을 것인지 결정하여라. 그 삼 일 동안은 온 나라에 무서운 병이 돌 것이다. 여호와의 천사가 온 이스라엘을 두루 돌아다니며 백성을 칠 것이다.' 이제 저를 보내신 이에게 대답할 말을 정해 주십시오." 다윗이 갓에게 말했습니다. "너무나 고통스럽소. 사람들 손에 벌을 받는 것은 싫소. 여호와께서는 매우 자비로우신 분이오. 그러니 여호와께서 주시는 벌을 받는 편이 낫겠소."

여호와께서 이스라엘에 무서운 병을 내리사 칠만 명이나 되는 사람이 죽었습니다. 하나님께서 천사를 보내시어 예루살렘을 치게 하셨습니다. 천사가 예루살렘을 멸망시키려 사람들을 치자 여호와께서 그 모습을 보시고 마음을 돌이키셨습니다. 여호와께서 벌을 주고 있는 천사에게 말씀하셨습니다. "이젠 되었다. 그만두어라." 그때 여호와의 천사는 여부스 사람 오르난의 타작마당 곁에 서 있었습니다. 다윗이 눈을 들어 보니 여호와의 천사가 하늘과 땅 사이에 서서 칼을 빼어 손에 들고 예루살렘을 겨누고 있었습니다. 그 모습을 보고 다윗과 장로들이 얼굴을 땅에 대고 엎드렸습니다. 그들은 슬픔을 나타내는 베옷을 입고 있었습니다. 다윗이 하나님께 말했습니다. "백성의 인구를 조사하라고 명령한 사람은 제가 아니었습니까? 제가 죄를 지었습니다. 제가 잘못했습니다. 이 백성들은 양처럼 저를 따르기만 했습니다. 그들이 무슨 잘못을 했습니까? 나의 하나님 여호와여, 저와 제 집안에만 벌을 내려 주십시오. 주의 백성을 죽이고 있는 이 무서운 병을 멈춰 주십시오."

그러자 여호와의 천사가 갓을 통해 다윗에게 명령했습니다. "여부스 사람 오르난의 타작마당에 제단을 쌓아 여호와께 예배를 드려라." 갓이 여호와의 이름으로 말씀을 전하자 다윗은 순종하여 오르난의 타작마당으로 갔습니다. 오르난이 밀을 타작하다 몸을 돌려 보니 천사가 있었습니다. 그와 함께 있던 그의 네 아들이 몸을 숨겼습니다. 다윗이 오르난에게 갔습니다. 오르난은 다윗이 오는 것을 보고 밖으로 나가 얼굴을 땅에 대고 절을 했습니다. 다윗이 오르난에게 말했습니다. "여호와께 제단을 쌓으려 하니 이 타작마당을 나에게 파시오. 그러면 이 무서운 병이 그칠 것이오. 값은 넉넉히 계산해 주겠소." 오르난이 다윗에게 말했습니다. "이 타작마당을 가지십시오. 내 주 왕이시여, 좋으실 대로 하십시오. 태워 드리는 제물인 번제물로 쓸 소와 땔감으로 쓸 타작판과 곡식 제물로 쓸 밀을 드리겠습니다. 모두 다 왕에게 드리겠습니다." 왕이 오르난에게 대답했습니다. "아니오. 제값을 다 주고 사겠소. 그대의 것을 가져다가 여호와께 드리지는 않겠소. 거저 얻은 것을 태워 드리는 제물인 번제물로 바칠 수는 없소." 그리하여 다윗은 금 육백 세겔을 주고 그 땅을 샀습니다. 다윗은 그곳에서 여호와께 제단을 쌓고 태워 드리는 제사인 번제와 화목제를 드렸습니다. 다윗이 여호와의 이름을 부르자 여호와께서는 하늘로부터 번제물을 바치는 제단 위로 불을 내리사 그의 기도에 응답해 주셨습니다. 여호와께서 천사에게 칼을 칼집에 꽂으라고 명령하셨습니다.

다윗은 여호와께서 오르난의 타작마당에서 자기에게 대답해 주신 것을 보고 그곳에서 제사를 드렸습니다. 그때에 여호와의 성막과 번제단은 기브온 언덕에 있었습니다. 그 성막은 이스라엘 백성이 광야에 있을 때 모세가 만든 것입니다. 그러나 다윗은 여호와의 천사와 그의 칼이 무서워 그 성막으로 들어가 하나님의 뜻을 여쭈어 볼 수 없었습니다.

다윗이 성전 지을 계획을 세우다

다윗이 말했습니다. "이곳에 여호와 하나님의 성전을 짓고 번제단을 쌓을 것이다."

다윗이 이스라엘에 사는 모든 외국인을 불러 모으라고 명령했습니다. 다윗은 그들 가운데서 석수들을 뽑아 성전을 짓는 데 필요한 돌을 다듬게 했습니다. 다윗은 쇠를 굉장히 많이 준비했습니다. 그 쇠는 문짝에 쓸 못과 돌쩌귀를 만드는 데에 쓰였습니다. 다윗은 또 무게를 달 수 없을 만큼 많은 놋쇠를 준비했습니다. 그리고 셀 수 없이 많은 백향목도 준비했습니다. 그 백향목은 시돈과 두로 사람들이 다윗에게 가져온 것입니다. 다윗이 말했습니다. "우리가 여호와를 위해 짓는 성전은 세상에 이름을 떨칠 수 있을 정도로 크고 아름다워야 한다. 그런데 내 아들은 아직 어리고 배워야 할 것도 많으므로 내가 성전 지을 준비를 해 놓아야겠다." 그래서 다윗은 죽기 전에 필요한 것을 많이 준비해 놓았습니다.

그런 다음 다윗은 자기 아들 솔로몬을 불러서 이스라엘 하나님 여호와를 위해 성전을 지으라고 일러 주었습니다. 다윗이 솔로몬에게 말했습니다. "내 아들아, 나는 하나님 여호와께 예배드릴 성전을 짓고 싶지만 여호와께서 나에게 이렇게 말씀하셨다. '네가 전쟁을 많이 치르는 동안 사람을 수없이 죽였으므로 너는 내 이름을 위하여 성전을 지을 수 없다. 그러나 너에게 아들을 줄 것인데 그는 평화의 사람이 될 것이다. 내가 사방의 모든 원수로부터 그를 지킬 것이며 그에게 평화를 주도록 하겠다. 그 이름은 솔로몬이라 하리니 그가 왕으로 있는 동안 이스라엘은 평화와 안정을 누릴 것이다. 그가 나의 이름을 위하여 성전을 지을 것이다. 그는 나의 아들이 되고, 나는 그의 아버지가 될 것이다. 그의 나라를 강하게 하며 그의 자손 가운데서 이스라엘 왕을 세우고 그 보좌가 영원히 이어지게 할 것이다.' "

다윗이 또 말했습니다. "내 아들아, 여호와께서 너와 함께하시기를 바라고 너를 번영케 하시기를 바란다. 여호와께서 너를 두고 말씀하신 대로 네 하나님을 위해 성전을 짓기를 바란다. 또한 여호와께서 너를 이스라엘의 왕으로 세워 주실 텐데 아무쪼록 여호와께서 너에게 슬기와 깨달음을 주셔서 너의 하나님 여호와의 율법을 잘 지킬 수 있게 하시기를 바란다. 여호와께서 이스라엘을 위해 모세에게 주신 규례와 율법을 잘 지켜라. 지키기만 하면 성공할 것이다. 강하고 용감하여라. 두려워하거나 용기를 잃지 마라. 솔로몬아, 내가 어려운 가운데서 여호와의 성전을 짓는 데 필요한 금 십만 달란트와 은 백만 달란트와 무게를 달 수도 없을 만큼 많은 구리와 쇠를 준비해 놓았다. 또한 나무와 돌도 준비해 놓았다. 그러나 네가 보태야 할 것들이 있다. 너에게는 일꾼이 많이 있다. 채석공과 석수와 목수가 있고, 온갖 일을 잘하는 기술자들이 있다. 그들은 금과 은과 구리와 쇠로 만드는 일을 잘한다. 기술자는 셀 수도 없이 많다. 이제 일을 시작하여라. 여호와께서 너와 함께하실 것이다."

다윗이 이스라엘의 모든 지도자에게 자기 아들 솔로몬을 도우라고 말했습니다. 다윗이 말했습니다. "여러분의 하나님 여호와께서 여러분과 함께 계셔 우리에게 평화를 주셨소. 그리고 이 땅 주민을 나에게 넘겨주어 여호와와 그의 백성 앞에 굴복시키셨소. 이제 여러분은 마음과 정성을 다하여 여러분의 하나님 여호와를 찾으시오. 일어나서 여호와 하나님의 성소를 지으시오. 여호와께 예배드릴 성전을 지으시오. 그리고 여호와의 언약궤를 성전으로 옮기고 하나님의 거룩한 그릇들도 옮기시오."

레위 사람의 직무

다윗이 나이가 많이 들어 늙게 되자 자기 아들 솔로몬을 이스라엘의 새 왕으로 세웠습니다.

다윗이 이스라엘의 지도자와 제사장과 레위 사람들을 다 불러 모았습니다. 삼십 세 이상 된 레위 사람의 수를 계산해 보았더니 모두 삼만 팔천 명이었습니다. 이들 가운데 이만 사천 명은 여호와의 성전 일을 맡았고, 육천 명은 관리와 재판관의 일을 맡았습니다. 사천 명은 문지기가 되었고, 나머지 사천 명은 다윗이 찬양하는 데에 쓰려고 만든 악기로 여호와를 찬양하는 일을 맡았습니다. 다윗은 레위 사람을 레위의 아들인 게르손과 고핫과 므라리의 가문에 따라 세 무리로 나누었습니다.

게르손의 자손

게르손 자손 가운데는 라단과 시므이가 있습니다. 라단의 맏아들은 여히엘이고, 그 아래로 세담과 요엘이 있습니다. 시므이의 아들은 슬로밋과 하시엘과 하란이며, 이들은 라단 가문의 지도자입니다. 시므이의 다른 아들은 야핫과 시나와 여우스와 브리아입니다. 야핫은 맏아들이고, 시사가 둘째 아들입니다. 그러나 여우스와 브리아는 자녀가 많지 않으므로 그들은 한 집안으로 묶어 취급되었습니다.

고핫의 자손

고핫의 아들은 아므람과 이스할과 헤브론과 웃시엘로 모두 네 명입니다. 아므람의 아들은 아론과 모세입니다. 아론은 그의 자손과 함께 영원히 구별되었습니다. 그들은 여호와를 섬기는 데 필요한 거룩한 물건인 성물들을 준비하고, 여호와 앞에 제물을 바치고, 제사장으로서 여호와를 섬기며, 영원히 그의 이름으로 복을 빌어 주는 일을 위해 뽑혔습니다. 하나님의 사람 모세의 아들들은 레위 지파에만 속했습니다. 모세의 아들은 게르솜과 엘리에셀입니다. 게르솜의 맏아들은 스브엘입니다. 엘리에셀의 맏아들은 르하뱌입니다. 엘리에셀은 다른 아들이 없었으나 르하뱌는 아들이 많았습니다. 이스할의 맏아들은 슬로밋이고, 헤브론의 맏아들은 여리야입니다. 둘째 아들은 아마랴이고, 셋째 아들은 야하시엘이고, 넷째 아들은 여가므암입니다. 웃시엘의 맏아들은 미가이고, 둘째 아들은 잇시야입니다.

므라리 자손

므라리의 아들은 마흘리와 무시이며, 마흘리의 아들은 엘르아살과 기스입니다. 엘르아살은 아들 없이 딸들만 두고 죽었습니다. 엘르아살의 딸들은 사촌인 기스의 아들들과 결혼했습니다. 무시의 아들은 마흘리와 에델과 여레못으로 모두 세 명입니다.

레위 사람의 할 일

이들이 가문별로 적은 레위의 자손이며, 각 가문의 지도자입니다. 이십 세 이상의 사람은 모두 이름이 올라 있습니다. 그들은 여호와의 성전에서 섬기는 일을 했습니다. 다윗이 말했습니다. "이스라엘 하나님 여호와께서는 그의 백성을 편안하게 쉴 수 있도록 해 주시며 영원히 예루살렘에 계실 것이다. 그러므로 이제는 레위 사람이 주님의 장막인 성막을 옮길 필요가 없고, 여호와를 섬기는 데에 필요한 물건들도 옮길 필요가 없다." 다윗의 마지막 지시는 레위 사람의 수를 세라는 것이었습니다. 그래서 이십 세 이상 된 사람의 수를 다 세었습니다. 레위 사람은 아론의 자손을 돕는 일을 맡았습니다. 그들은 여호와의 성전에서 섬기는 일을 도왔습니다. 성전 뜰과 방을 관리하고, 모든 거룩한 것을 깨끗이 하고, 그 밖에 하나님의 성전에서 섬기는 모든 일을 맡아 했습니다. 상 위에 쌓아 두는 빵인 진설병과 곡식 제물로 쓸 고운 가루와 누룩을 넣지 않고 만든 빵인 무교전병을 관리하는 일이 그들의 몫이었습니다. 그 밖에 굽고 반죽하고 온갖 물건의 부피나 크기를 재는 일도 맡아 했습니다. 또한 레위 사람들은 날마다 아침저녁으로 여호와 앞에 서서 감사드리고 찬양하는 일을 했습니다. 그리고 안식일과 초하루와 절기마다 여호와께 태워 드리는 제사인 번제를 드렸습니다. 그들은 규례에 정해진 수효에 따라 날마다 여호와 앞에서 섬겼습니다. 이처럼 레위 사람은 만남의 장막인 회막과 거룩한 곳인 성소를 관리하고, 그들의 친척 아론의 자손이 여호와의 성전에서 섬기는 일을 도왔습니다.

제사장의 할 일

아론의 자손은 다음과 같이 나뉩니다. 아론의 아들은 나답과 아비후와 엘르아살과 이다말입니다. 나답과 아비후는 그들의 아버지보다도 먼저 죽었습니다. 그들은 아들이 없었습니다. 그래서 엘르아살과 이다말이 제사장이 되었습니다. 다윗은 엘르아살 가문과 이다말 가문을 둘로 나누어서 따로따로 일을 맡겼습니다. 엘르아살의 자손 사독과 이다말의 자손 아히멜렉이 다윗을 도왔습니다. 이다말의 가문보다 엘르아살의 가문에 지도자가 더 많았습니다. 엘르아살의 가문에는 지도자가 열여섯 명 있었고, 이다말의 가문에는 여덟 명 있었습니다. 제비를 뽑아 엘르아살과 이다말의 가문에서 사람들을 선택했습니다. 각 가문에서 뽑힌 사람 가운데서 어떤 사람은 거룩한 곳인 성소를 맡고, 어떤 사람은 제사장이 되었습니다. 레위 사람이며 느다넬의 아들인 서기관 스마야가 다윗 왕과 제사장 사독과 아비아달의 아들 아히멜렉과 제사장과 레위 사람의 각 가문의 지도자들 앞에서 그 자손들의 이름을 적었습니다. 그리고 제비를 뽑아 엘르아살과 이다말 가문이 맡을 일을 나누었습니다. 그래서 뽑힌 사람은 다음과 같습니다.

처음으로 뽑힌 사람은 여호야립이고, 둘째는 여다야입니다. 셋째는 하림이고, 넷째는 스오림입니다. 다섯째는 말기야이고, 여섯째는 미야민입니다. 일곱째는 학고스이고, 여덟째는 아비야입니다. 아홉째는 예수아이고, 열째는 스가냐입니다. 열한째는 엘리아십이고, 열두째는 야김입니다. 열셋째는 훕바이고, 열넷째는 예세브압입니다. 열다섯째는 빌가이고, 열여섯째는 임멜입니다. 열일곱째는 헤실이고, 열여덟째는 합비세스입니다. 열아홉째는 브다히야이고, 스무째는 여헤스겔입니다. 스물한째는 야긴이고, 스물두째는 가물입니다. 스물셋째는 들라야이고, 스물넷째는 마아시야입니다. 이들은 여호와의 성전에서 섬기도록 뽑힌 사람입니다. 이들은 이스라엘 하나님 여호와께서 명령하신 대로 아론이 세운 규례에 복종했습니다.

나머지 레위 자손

나머지 레위 자손의 이름은 이러합니다. 수바엘은 아므람의 자손이며, 수바엘의 자손은 예드야입니다. 잇시야는 르하뱌의 맏아들입니다. 이스할 가문에는 슬로못이 있고, 슬로못의 자손은 야핫입니다. 헤브론의 맏아들은 여리야이며, 둘째는 아마랴이고, 셋째는 야하시엘이고, 넷째는 여가므암입니다. 웃시엘의 아들은 미가이며, 미가의 아들은 사밀입니다. 미가의 동생은 잇시야이고, 잇시야의 아들은 스가랴입니다. 므라리의 자손은 마흘리와 무시입니다. 야아시야의 아들은 브노입니다. 야아시야의 또 다른 아들은 소함과 삭굴과 이브리입니다. 마흘리의 아들은 엘르아살이고, 엘르아살은 아들이 없었습니다. 기스의 아들은 여라므엘입니다. 무시의 아들은 마흘리와 에델과 여리못입니다. 이들이 가문별로 적은 레위 사람입니다. 그들도 그들의 친척인 아론 자손의 제사장들처럼 다윗 왕과 사독과 아히멜렉과 제사장과 레위 사람의 각 가문의 지도자들 앞에서 일을 맡기 위해 제비를 뽑았습니다. 맏아들의 집안이나 막내 아들의 집안이나 똑같이 제비를 뽑았습니다.

음악을 맡은 사람들

다윗과 군대 사령관들이 아삽과 헤만과 여두둔의 자손을 뽑아 하나님의 말씀을 전하면서 수금과 비파와 제금을 연주하게 했습니다. 이런 일을 맡은 사람은 다음과 같습니다. 아삽의 아들 삭굴과 요셉과 느다냐와 아사렐라입니다. 다윗 왕은 아삽의 아들들을 뽑아 그들 아버지의 지도하에 왕의 명령을 따라 거룩한 노래를 부르게 했습니다. 여두둔의 아들 그달리야와 스리와 여사야와 하사뱌와 맛디디야는 여두둔의 지도를 받았습니다. 여두둔은 하나님의 말씀을 전하면서 수금을 가지고 하나님께 감사와 찬양을 드렸습니다. 헤만의 아들은 북기야와 맛다냐와 웃시엘과 스브엘과 여리못과 하나냐와 하나니와 엘리아다와 깃달디와 로암디에셀과 요스브가사와 말로디와 호딜과 마하시옷입니다. 이들은 모두 다윗의 선견자 헤만의 아들입니다. 하나님께서는 헤만에게 그를 높여 주겠다고 약속하셨습니다. 그리고 헤만에게 아들 열네 명과 딸 세 명을 주셨습니다. 헤만은 아들들을 지도하여 여호와 하나님의 성전에서 제금과 비파와 수금을 연주하며 노래를 하게 했습니다. 그들은 그런 방법으로 하나님의 성전에서 섬기는 일을 했습니다. 아삽과 여두둔과 헤만은 다윗 왕의 지도를 받았습니다. 이들과 이들의 친척 레위 사람은 모두 이백팔십팔 명이며 여호와께 찬양하는 일에 익숙한 사람들입니다. 각 사람이 제비를 뽑아 성전에서 일할 순서를 정했습니다. 젊은이나 늙은이나 선생이나 배우는 사람이나 모두 똑같이 제비를 뽑았습니다.

첫째로 아삽 가문의 요셉과 그의 아들과 친척 열두 명이 뽑혔습니다. 둘째는 그달리야와 그의 아들과 친척 열두 명이 뽑혔습니다. 셋째는 삭굴과 그의 아들과 친척 열두 명이 뽑혔습니다. 넷째는 이스리와 그의 아들과 친척 열두 명이 뽑혔습니다. 다섯째는 느다냐와 그의 아들과 친척 열두 명이 뽑혔습니다. 여섯째는 북기야와 그의 아들과 친척 열두 명이 뽑혔습니다. 일곱째는 여사렐라와 그의 아들과 친척 열두 명이 뽑혔습니다. 여덟째는 여사야와 그의 아들과 친척 열두 명이 뽑혔습니다. 아홉째는 맛다냐와 그의 아들과 친척 열두 명이 뽑혔습니다. 열째는 시므이와 그의 아들과 친척 열두 명이 뽑혔습니다. 열한째는 아사렐과 그의 아들과 친척 열두 명이 뽑혔습니다. 열두째는 하사뱌와 그의 아들과 친척 열두 명이 뽑혔습니다. 열셋째는 수바엘과 그의 아들과 친척 열두 명이 뽑혔습니다. 열넷째는 맛디디야와 그의 아들과 친척 열두 명이 뽑혔습니다. 열다섯째는 여레못과 그의 아들과 친척 열두 명이 뽑혔습니다. 열여섯째는 하나냐와 그의 아들과 친척 열두 명이 뽑혔습니다. 열일곱째는 요스브가사와 그의 아들과 친척 열두 명이 뽑혔습니다. 열여덟째는 하나니와 그의 아들과 친척 열두 명이 뽑혔습니다. 열아홉째는 말로디와 그의 아들과 친척 열두 명이 뽑혔습니다. 스무째는 엘리아다와 그의 아들과 친척 열두 명이 뽑혔습니다. 스물한째는 호딜과 그의 아들과 친척 열두 명이 뽑혔습니다. 스물두째는 깃달디와 그의 아들과 친척 열두 명이 뽑혔습니다. 스물셋째는 마하시옷과 그의 아들과 친척 열두 명이 뽑혔습니다. 스물넷째는 로암디에셀과 그의 아들과 친척 열두 명이 뽑혔습니다.

문지기

문지기는 다음과 같이 나뉩니다. 고라 가문에서는 므셀레먀와 그의 아들들입니다. 고레의 아들 므셀레먀는 아삽의 자손입니다. 므셀레먀는 아들들이 있었습니다. 맏아들은 스가랴이고, 둘째는 여디아엘이고, 셋째는 스바댜이고, 넷째는 야드니엘입니다. 다섯째는 엘람이고, 여섯째는 여호하난이고, 일곱째는 엘여호에내입니다. 오벧에돔과 그의 아들들도 있었습니다. 오벧에돔의 맏아들은 스마야입니다. 둘째는 여호사밧이고, 셋째는 요아이고, 넷째는 사갈이고, 다섯째는 느다넬입니다. 여섯째는 암미엘이고, 일곱째는 잇사갈이고, 여덟째는 브울래대입니다. 이들은 하나님께서 오벧에돔을 복 주셔서 주신 자녀들입니다. 오벧에돔의 아들 스마야도 아들들이 있었습니다. 그들은 능력 있는 사람들이라 각 집안의 지도자가 되었습니다. 스마야의 아들은 오드니와 르바엘과 오벳과 엘사밧과 엘리후와 스마갸입니다. 엘리후와 스마갸는 능력 있는 사람입니다. 이들은 모두 오벧에돔의 자손입니다. 그들과 그들의 아들과 친척들은 맡은 일을 잘할 수 있는 능력이 있는 사람들입니다. 오벧에돔의 자손은 모두 육십이 명입니다. 므셀레먀도 아들과 친척이 있었습니다. 그들도 능력 있는 사람들이며 모두 열여덟 명입니다. 므라리의 자손 호사의 아들들 가운데는 시므리가 우두머리입니다. 그는 맏아들은 아니었으나 그의 아버지가 그를 우두머리로 삼았습니다. 그의 둘째 아들은 힐기야입니다. 셋째 아들은 드발리야이고, 넷째는 스가랴입니다. 호사의 아들과 친척은 모두 열세 명입니다.

이들이 각 가문별 우두머리로 문지기가 된 자들입니다. 이들은 그 친척과 마찬가지로 여호와의 성전에서 섬기는 일을 맡았습니다. 이들은 제비를 뽑아 각 가문이 지킬 문을 정했습니다. 젊은이나 늙은이나 똑같이 제비를 뽑았습니다. 셀레먀는 제비를 뽑아 동문을 지키게 되었습니다. 그의 아들 스가랴는 슬기로운 참모인데 제비를 뽑아 북문을 지키게 되었습니다. 오벧에돔은 남문을 지키게 되었고, 그의 아들들은 창고를 지키게 되었습니다. 숩빔과 호사는 서문과 함께 길가에 있는 '살래겟 문'도 지키게 되었습니다. 문지기들은 나란히 늘어서서 자기들이 지킬 곳을 지켰습니다. 동문은 날마다 레위 사람 여섯 명이 지켰고, 북문은 네 명, 남문도 네 명, 창고에는 각각 두 명씩 서서 날마다 지켰습니다. 서쪽 뜰에서 두 명이 지켰고, 뜰로 가는 길에서는 네 명이 지켰습니다. 이것이 고라와 므라리 가문의 문지기 업무입니다.

성전 창고지기와 성전 외적 직무

레위 사람은 하나님의 성전 창고와 거룩한 물건인 성물들을 보관해 두는 곳을 맡았습니다. 게르손의 아들 라단은 여러 가문의 조상입니다. 그 가운데 한 가문의 지도자가 여히엘리인데 여히엘리의 아들은 스담과 그의 동생 요엘입니다. 이들은 여호와의 성전 창고를 맡았습니다. 아므람과 이스할과 헤브론과 웃시엘 가문에서도 지도자들을 뽑았습니다. 모세의 아들 게르솜의 자손 스브엘이 성전 창고의 책임자입니다. 그의 친척 가운데 엘리에셀의 자손은 이러합니다. 엘리에셀의 아들은 르하뱌이고, 르하뱌의 아들은 여사야이고, 여사야의 아들은 요람이고, 요람의 아들은 시그리이고, 시그리의 아들은 슬로못입니다. 슬로못과 그의 친척은 성전에 바친 모든 것, 곧 다윗 왕과 각 가문의 지도자와 군인 천 명을 거느리는 천부장과 군인 백 명을 거느리는 백부장과 지휘관들이 성전에 바친 모든 것을 관리했습니다. 그들은 또 전쟁에서 빼앗은 물건도 여호와의 성전을 고치는 데에 쓰라고 바쳤습니다. 슬로못과 그의 친척은 거룩한 물건인 성물들을 관리했습니다. 그 가운데 어떤 것은 선견자 사무엘과 기스의 아들 사울과 넬의 아들 아브넬과 스루야의 아들 요압이 바친 것도 있었습니다.

이스할 가문 사람 그나냐와 그의 아들들은 성전 밖에서 일했습니다. 그들은 이스라엘의 여러 곳에서 관리와 재판관으로 일했습니다. 헤브론 가문 사람 하사뱌와 그의 친척은 요단 강 서쪽 이스라엘에서 여호와의 일과 왕을 섬기는 일을 감독했습니다. 하사뱌의 가문에는 능력 있는 사람 천칠백 명이 있었습니다. 헤브론 가문에서는 여리야가 지도자입니다. 다윗이 왕으로 있은 지 사십 년째 되던 해에 족보에 따라 헤브론 가문의 능력 있는 사람들을 길르앗 땅 야셀에서 찾아냈습니다. 여리야의 친척 이천칠백 명은 능력 있는 사람들이며 각 집안의 지도자들입니다. 다윗 왕은 그들에게 르우벤과 갓과 동쪽 므낫세 반 지파를 관리할 책임을 맡겼습니다. 그래서 그들은 모든 하나님의 일과 왕의 일을 맡아서 했습니다.

군대의 여러 갈래

군대에서 일하며 왕을 섬긴 이스라엘 백성의 이름은 이러합니다. 각 부대는 한 해에 한 달씩 당번을 맡았습니다. 각 부대에는 가문의 지도자와 군인 백 명을 거느리는 백부장과 군인 천 명을 거느리는 천부장과 그 밖의 지휘관들을 합하여 모두 이만 사천 명이 속해 있었습니다.

첫째 달에 일할 첫째 부대는 삽디엘의 아들 야소브암이 맡았습니다. 이 부대에는 모두 이만 사천 명이 있었습니다. 야소브암은 베레스의 자손으로서 첫째 달에 일할 모든 지휘관의 우두머리입니다. 둘째 달에 일할 둘째 부대는 아호아 사람 도대가 맡았습니다. 이 부대의 부지휘관은 미글롯입니다. 도대의 부대에는 모두 이만 사천 명이 있었습니다. 셋째 달에 일할 셋째 부대는 제사장 여호야다의 아들 브나야가 맡았습니다. 이 부대에는 모두 이만 사천 명이 있었습니다. 브나야는 '삼십 명의 용사' 가운데 한 사람으로서 그 삼십 명의 용사를 지휘한 바로 그 브나야입니다. 브나야의 아들 암미사밧이 그의 부대를 지휘했습니다. 넷째 달에 일할 넷째 부대는 요압의 동생 아사헬이 맡았습니다. 아사헬의 뒤를 이어 그의 아들 스바댜가 지휘관이 되었습니다. 이 부대에는 모두 이만 사천 명이 있었습니다. 다섯째 달에 일할 다섯째 부대는 이스라 가문 사람 삼훗이 맡았습니다. 이 부대에는 모두 이만 사천 명이 있었습니다. 여섯째 달에 일할 여섯째 부대는 드고아 사람 익게스의 아들 이라가 맡았습니다. 이 부대에는 모두 이만 사천 명이 있었습니다. 일곱째 달에 일할 일곱째 부대는 에브라임 자손인 발론 사람 헬레스가 맡았습니다. 이 부대에는 모두 이만 사천 명이 있었습니다. 여덟째 달에 일할 여덟째 부대는 세라 자손인 후사 사람 십브개가 맡았습니다. 이 부대에는 모두 이만 사천 명이 있었습니다. 아홉째 달에 일할 아홉째 부대는 베냐민 자손 아나돗 사람 아비에셀이 맡았습니다. 이 부대에는 모두 이만 사천 명이 있었습니다. 열째 달에 일할 열째 부대는 세라 자손 느도바 사람 마하래가 맡았습니다. 이 부대에는 모두 이만 사천 명이 있었습니다. 열한째 달에 일할 열한째 부대는 에브라임 자손 비라돈 사람 브나야가 맡았습니다. 이 부대에는 모두 이만 사천 명이 있었습니다. 열두째 달에 일할 열두째 부대는 옷니엘 가문의 느도바 사람 헬대가 맡았습니다. 이 부대에는 모두 이만 사천 명이 있었습니다.

각 지파의 지도자

이스라엘 각 지파의 지도자는 이러합니다. 르우벤 지파의 지도자는 시그리의 아들 엘리에셀이고, 시므온 지파의 지도자는 마아가의 아들 스바댜입니다. 레위 지파의 지도자는 그무엘의 아들 하사뱌이고, 아론 자손의 지도자는 사독입니다. 유다 지파의 지도자는 다윗의 형 엘리후이고, 잇사갈 지파의 지도자는 미가엘의 아들 오므리입니다. 스불론 지파의 지도자는 오바댜의 아들 이스마야이고, 납달리 지파의 지도자는 아스리엘의 아들 여레못입니다. 에브라임 지파의 지도자는 아사시야의 아들 호세아이고, 서쪽 므낫세 반 지파의 지도자는 브다야의 아들 요엘입니다. 길르앗의 므낫세 반 지파의 지도자는 스가랴의 아들 잇도이고, 베냐민 지파의 지도자는 아브넬의 아들 야아시엘입니다. 단 지파의 지도자는 여로함의 아들 아사렐입니다. 이들이 이스라엘 각 지파의 지도자입니다. 여호와께서는 이스라엘 백성을 하늘의 별처럼 많게 해 주시겠다고 약속하셨습니다. 그래서 다윗은 이십 세 이상의 사람들의 수만 세었습니다. 스루야의 아들 요압이 인구 조사를 시작했지만 끝마치지는 못했습니다. 이는 백성의 수를 헤아린 일로 하나님께서 이스라엘에게 노하셨기 때문입니다. 그래서 다윗 왕의 통치를 적은 역사책에는 백성의 숫자가 적혀 있지 않습니다.

다윗의 신하들

아디엘의 아들 아스마웻은 왕의 창고를 맡았습니다. 웃시야의 아들 요나단은 들과 성과 마을과 요새에 있는 창고를 맡았습니다. 글룹의 아들 에스리는 밭에서 농사짓는 사람들을 맡았습니다. 라마 사람 시므이는 포도밭을 맡았습니다. 스밤 사람 삽디는 포도밭에서 나는 포도주를 저장하는 일을 맡았습니다. 게델 사람 바알하난은 서쪽 평야의 올리브 나무와 뽕나무를 맡았고, 요아스는 기름 창고를 맡았습니다. 사론 사람 시드래는 사론 평야에서 키우는 소 떼를 맡았습니다. 아들래의 아들 사밧은 골짜기의 소 떼를 맡았습니다. 이스마엘 사람 오빌은 낙타를 맡았습니다. 메로놋 사람 예드야는 나귀를 맡았습니다. 하갈 사람 야시스는 양 떼를 맡았습니다. 이들이 다윗 왕의 재산을 관리한 사람들입니다.

다윗의 삼촌 요나단은 다윗의 상담자입니다. 그는 슬기로운 사람이며 율법 선생님입니다. 학모니의 아들 여히엘은 왕자들을 보살폈습니다. 아히도벨은 왕의 조언자입니다. 아렉 사람 후새는 왕의 친구입니다. 여호야다와 아비아달은 아히도벨의 뒤를 이어 왕의 조언자가 되었습니다. 여호야다는 브나야의 아들입니다. 요압은 왕의 군대 사령관입니다.

다윗이 성전 지을 계획을 세우다

다윗이 이스라엘의 모든 지도자를 예루살렘으로 불러 모았습니다. 부름을 받은 사람은 다음과 같습니다. 각 지파의 지도자와 왕을 섬기는 각 부대의 지휘관과 군인 천 명을 거느리는 천부장과 군인 백 명을 거느리는 백부장과 왕과 왕자의 재산과 가축을 돌보는 신하, 왕궁 관리들, 강하고 용감한 용사들이 부름받은 사람입니다. 다윗 왕이 일어나서 말했습니다. "내 형제들과 내 백성이여, 내 말을 들으시오. 나는 여호와의 언약궤를 놓아둘 집을 지으려 하오. 그것은 우리 하나님의 발판이 될 것이오. 나는 하나님께 예배드릴 성전을 지으려고 준비해 왔소. 그러나 하나님께서는 나에게 '너는 나에게 예배드릴 성전을 지을 수 없다. 너는 군인으로서 너무나 많은 사람을 죽였기 때문에 그 일을 할 수 없다'고 말씀하셨소. 이스라엘 하나님 여호와께서는 우리 온 가문 중에서 나를 뽑아 영원히 이스라엘의 왕이 되게 해 주셨소. 여호와께서는 유다 지파를 지도자로 뽑으시고 유다 자손 가운데서 내 아버지의 집안을 뽑으셨소. 특별히 그 집안 가운데서도 나를 이스라엘의 왕으로 세우시기를 기뻐하셨소. 여호와께서는 나에게 아들을 많이 주시고 그 아들들 가운데서 솔로몬을 뽑으셨소. 솔로몬은 여호와의 나라인 이스라엘의 왕이 될 것이오. 여호와께서 나에게 말씀하셨소. '네 아들 솔로몬이 나의 성전을 짓고 성전 뜰을 만들 것이다. 내가 솔로몬을 뽑아 내 아들로 삼았으니 내가 그의 아버지가 되어 주겠다. 솔로몬이 지금처럼 앞으로도 내 율법과 명령을 잘 지키면 나는 그의 나라를 영원히 세워 줄 것이다.'" 다윗이 또 말했습니다. "그러므로 온 이스라엘 앞에서 그리고 하나님 앞에서 여러분의 하나님 여호와의 명령을 잘 지키시오. 그러면 이 좋은 땅을 차지할 수 있을 것이고, 여러분의 자손에게 이 땅을 영원토록 넘겨줄 수 있을 것이오.

나의 아들 솔로몬아, 네 조상의 하나님을 모셔 들이고 마음을 다하여 기쁨으로 하나님을 섬겨라. 여호와께서는 모든 사람의 마음을 다 아시고 사람의 생각도 다 헤아리신다. 하나님께 도움을 구하면 대답을 얻을 수 있을 것이다. 그러나 그에게서 떠나가면 그도 너를 영원히 버리실 것이다. 솔로몬아, 여호와께서 성소가 될 성전을 짓게 하시려고 너를 뽑으셨다는 것을 알아야 한다. 힘을 내서 성전 짓는 일을 마쳐라."

그런 다음 다윗은 그의 아들 솔로몬에게 성전의 설계도를 주었습니다. 그것은 성전 둘레의 현관과 성전 건물과 창고 그리고 윗방과 내실의 설계도였습니다. 그리고 속죄소의 설계도도 주었습니다. 또한 성령께서 그에게 가르쳐 준 성전 짓는 일에 관한 모든 것, 즉 여호와의 성전 둘레의 뜰과 성전 안의 모든 방과 성전 창고와 성전에서 쓰는 거룩한 물건인 성물들을 보관할 창고의 설계도를 주었습니다. 다윗은 솔로몬에게 제사장과 레위 사람의 업무에 대해서 또 여호와의 성전에서 해야 하는 모든 일에 대해서 그리고 성전 예배 때에 쓰는 모든 물건에 대해서 설명해 주었습니다. 성전에서는 금이나 은으로 만든 물건들을 많이 쓰게 될 텐데 다윗은 그 물건들을 만들 때 금이나 은이 어느 만큼씩 들어가는지도 설명해 주었습니다. 금등잔대와 금등잔 하나에 금이 얼마씩 들어가며 은등잔대와 은등잔 하나에 은이 얼마씩 들어가는지도 설명해 주었습니다. 등잔대나 등잔은 어디에 쓰느냐에 따라서 무게나 모양이 달랐습니다. 다윗은 또 진설병을 놓을 상에는 금이 얼마씩 들어가며, 은상에는 은이 얼마씩 들어가는지도 설명해 주었습니다. 또 갈고리와 접시와 주전자에는 순금이 얼마씩 들어가며, 금잔에는 금이 얼마씩 들어가며, 은잔에는 은이 얼마씩 들어가는지도 설명해 주었습니다. 또 향을 피우는 제단인 향단에 순금이 얼마나 들어가는지도 설명해 주었습니다. 그리고 금수레의 설계도도 주었습니다. 그 수레는 날개 달린 생물인 그룹이 여호와의 언약궤 위에서 날개를 펴고 있는 것입니다. 다윗이 말했습니다. "이 모든 설계도는 여호와께서 친히 손으로 써서 나에게 알려 주셨다."

다윗이 또 그의 아들 솔로몬에게 말했습니다. "강하고 용감한 마음으로 이 일을 하여라. 두려워하거나 용기를 잃지 마라. 나의 하나님 여호와께서 너와 함께 계시니 성전 짓는 모든 일을 마칠 때까지 너를 도우실 것이다. 너를 떠나지 않으실 것이다. 제사장과 레위 사람들도 하나님의 성전을 짓는 데 필요한 모든 일을 할 준비가 다 되어 있다. 모든 기술자들이 너를 도울 것이고, 지도자들과 모든 백성이 네 명령에 복종할 것이다."

성전을 짓기 위해 바친 예물

다윗이 모여 있는 모든 이스라엘 백성에게 말했습니다. "하나님께서 내 아들 솔로몬을 선택하셨습니다. 솔로몬은 아직 젊고 배울 것도 다 배우지 못했습니다. 그러나 이 일은 중요합니다. 왜냐하면 이 성전은 인간을 위한 집이 아니라 하나님을 위한 집이기 때문입니다. 나는 모든 힘을 다해 하나님의 성전 짓는 일을 준비했습니다. 금으로 만들 물건을 위해 금을 준비했고, 은으로 만들 물건을 위해 은을 준비했습니다. 구리로 만들 물건을 위해 구리를 준비했으며, 쇠로 만들 물건을 위해 쇠를 준비했습니다. 또 나무로 만들 물건을 위해 나무도 준비했습니다. 박아 끼울 마노와 옥도 준비했고, 색깔이 있는 돌과 여러 가지 보석과 대리석도 많이 준비했습니다. 나는 이미 이 모든 것을 성전을 위해 바쳤습니다. 뿐만 아니라 오직 하나님의 성전 짓기를 바라는 마음으로 내가 가지고 있던 은과 금도 바쳤습니다. 곧 오빌의 금 삼천 달란트와 순은 칠천 달란트로 이것을 가지고 성전의 벽을 입힐 것입니다. 또한 온갖 금기구와 은기구도 만들 것입니다. 기술자들이 그 금과 은을 가지고 성전에서 쓸 물건을 만들 것입니다. 오늘 기쁜 마음으로 여호와께 예물을 바칠 사람은 없습니까?"

그러자 각 가문의 지도자와 이스라엘 각 지파의 지도자와 천부장과 백부장과 왕의 일을 맡아 하는 지도자들이 값진 것을 바쳤습니다. 그들이 하나님의 성전을 위해 바친 것은 금 오천 달란트와 금 만 다릭과 은 만 달란트, 구리 만 팔천 달란트, 쇠 십만 달란트입니다. 보물이 있는 사람도 여호와의 성전 창고에 바쳤습니다. 게르손 가문의 여히엘이 보물을 관리했습니다. 지도자들은 기쁜 마음으로 여호와께 예물을 바쳤습니다. 그들이 한결같이 기쁜 마음으로 여호와께 바쳤으므로 백성도 기뻐했고, 다윗도 기뻐했습니다.

다윗의 기도

다윗이 모여 있는 모든 백성 앞에서 여호와를 찬양했습니다. "여호와여, 여호와를 찬양합니다! 여호와께서는 우리 조상 이스라엘의 하나님이십니다. 여호와를 영원토록 찬양합니다. 여호와여, 여호와는 위대하시고, 능력이 많으시며, 영광과 승리와 위엄이 주의 손에 있나이다. 하늘과 땅의 모든 것이 주의 것이고, 나라도 주의 것입니다. 여호와여, 주는 모든 것을 다스리시는 분이십니다. 부와 명예도 주에게서 나오며, 주는 모든 것을 다스리십니다. 누구든지 위대하고 강하게 할 수 있는 힘과 능력이 주께 있습니다. 우리 하나님 감사합니다. 주의 영광스런 이름을 찬양합니다.

사실 이 일들은 저와 제 백성에게서 나온 것이 아닙니다. 모든 것이 주께로부터 나왔습니다. 우리는 주께서 주신 것을 돌려드린 것뿐입니다. 우리는 주 앞에서 우리 조상들처럼 외국인이나 나그네에 지나지 않습니다. 이 땅에 사는 우리의 시간은 그림자와 같아서 아무런 희망이 없습니다. 우리 하나님 여호와여, 우리는 주의 성전을 지으려고 이 모든 것을 모았습니다. 성전을 지어 주께 예배드리려고 합니다. 하지만 모든 것이 주께로부터 나왔으며 모든 것이 주의 것입니다. 나의 하나님, 주께서는 사람의 마음을 시험하시며 백성이 옳은 일을 할 때 기뻐하신다는 것을 나는 압니다. 저는 정직한 마음으로 이 모든 것을 기꺼이 주께 바쳤습니다. 여기에 모인 주의 백성도 기꺼이 주께 바쳤습니다. 그 모습을 보니 저도 기쁩니다. 여호와여, 주는 우리 조상의 하나님이십니다. 아브라함과 이삭과 야곱의 하나님이십니다. 주의 백성에게 언제나 주를 섬기는 마음을 주시고 복종하는 마음을 주십시오. 내 아들 솔로몬이 마음을 다하여 주를 섬기게 하시고 주의 명령과 율법과 규례에 복종하게 해 주십시오. 내가 준비한 성전을 그가 지을 수 있게 해 주십시오."

다윗이 모여 있는 모든 백성에게 말했습니다. "여러분의 하나님 여호와를 찬양하시오." 그러자 모든 백성이 그들의 조상의 하나님 여호와를 찬양하고 여호와께 예배드렸습니다.

솔로몬이 왕이 되다

이튿날 백성들이 여호와께 제사를 드렸습니다. 그들은 태워 드리는 제물인 번제물을 바쳤습니다. 수소 천 마리와 숫양 천 마리와 어린 암양 천 마리를 바치고 부어 드리는 제물인 전제물도 바쳤습니다. 모든 이스라엘 백성을 위해 제물을 많이 바쳤습니다. 그날 백성은 큰 기쁨으로 먹고 마셨습니다. 여호와께서 그들과 함께하셨습니다.

백성들이 다윗의 아들 솔로몬을 다시 왕으로 세웠습니다. 그들은 여호와 앞에서 솔로몬에게 기름을 부어 왕으로 세웠습니다. 그리고 사독에게도 기름을 부어 제사장으로 세웠습니다.

솔로몬이 그의 아버지 다윗의 뒤를 이어 여호와께서 주신 보좌에 앉았습니다. 솔로몬은 아주 잘 다스렸습니다. 모든 이스라엘 백성이 솔로몬에게 복종했습니다. 모든 지도자와 군인과 다윗 왕의 아들들이 솔로몬을 왕으로 받아들였습니다. 그들은 솔로몬에게 복종하기로 약속했습니다. 여호와께서 솔로몬을 모든 이스라엘 백성 앞에서 크게 높여 주셨고, 그 전의 다른 어떤 왕도 누리지 못한 큰 권세를 누리게 해 주셨습니다.

다윗의 죽음

이새의 아들 다윗은 온 이스라엘의 왕이었습니다. 그는 사십 년 동안 왕으로 있었습니다. 그는 헤브론에서 칠 년을 다스리고, 예루살렘에서 삼십삼 년을 다스렸습니다. 다윗은 오랫동안 살다가 나이가 많이 들어서 죽었습니다. 그는 재산이 많고, 지위가 높았으며, 마음껏 권력을 누렸습니다. 다윗의 아들 솔로몬이 뒤를 이어 왕이 되었습니다. 다윗 왕이 한 모든 일은 처음부터 끝까지 선견자 사무엘의 기록과 예언자 나단의 기록과 선견자 갓의 기록에 적혀 있습니다. 거기에는 다윗이 이스라엘의 왕으로서 한 일과 다윗의 권세와 다윗에게 일어난 모든 일이 적혀 있고, 이스라엘과 그 주변 나라들에 일어난 일도 다 적혀 있습니다.

역대하

솔로몬이 지혜를 구하다

다윗의 아들 솔로몬은 강력한 왕이 되었습니다. 왜냐하면 그의 하나님 여호와께서 그와 함께 계셨기 때문입니다. 여호와께서 솔로몬을 위대한 왕으로 만드셨습니다.

솔로몬이 이스라엘 백성의 지도자들, 즉 천부장, 백부장, 재판관, 이스라엘의 모든 지도자, 각 가문의 지도자들을 불렀습니다. 솔로몬은 모든 백성을 거느리고 기브온에 있는 산당으로 갔습니다. 그곳에는 여호와의 종 모세가 광야에서 만든 하나님의 회막이 있었습니다. 다윗은 이미 하나님의 궤를 기럇여아림에서 예루살렘으로 가져왔습니다. 그리고 예루살렘에 궤를 놓아둘 곳을 마련하기 위해 그곳에 장막을 쳤습니다. 훌의 손자이며 우리의 아들인 브살렐이 놋제단을 만들었는데 그 제단은 기브온의 여호와의 성막 앞에 있었습니다. 그래서 솔로몬은 회중과 함께 그리로 나갔습니다. 솔로몬은 여호와 앞, 곧 회막 앞에 있는 놋제단으로 올라갔습니다. 솔로몬은 천 마리의 짐승을 그 제단에서 번제로 드렸습니다.

그날 밤 하나님께서 솔로몬에게 나타나 말씀하셨습니다. "솔로몬아, 무엇이든지 네가 원하는 것을 구하여라." 솔로몬이 하나님께 대답했습니다. "주께서는 내 아버지 다윗에게 큰 은혜를 베풀어 주셨습니다. 그리고 저를 선택하셔서 제 아버지의 뒤를 이어 왕이 되게 해 주셨습니다. 여호와 하나님이시여, 주께서 제 아버지 다윗에게 하신 약속을 이루어 주십시오. 주께서는 저를 매우 큰 나라의 왕으로 삼아 주셨습니다. 이 나라의 백성은 마치 땅의 먼지같이 많습니다. 그러므로 저에게 주의 백성을 올바른 길로 이끌 수 있는 지혜와 지식을 주십시오. 주께서 도와주지 않으시면 아무도 이 백성을 다스릴 수 없습니다." 하나님께서 솔로몬에게 말씀하셨습니다. "너는 나에게 바른 것을 구했다. 내가 너를 이 백성의 왕으로 뽑았는데 너는 부나 명예를 구하지 않았고, 원수들의 죽음도 구하지 않았다. 오래 사는 것도 구하지 않았고, 오직 내 백성을 인도할 지혜와 지식만을 구했다. 그러므로 내가 너에게 지혜와 지식을 줄 뿐만 아니라 어떤 왕도 누리지 못할 부와 명예를 주겠다. 전에도 후에도 너와 같은 이가 없을 것이다." 그 뒤에 솔로몬은 기브온의 산당에 있는 회막을 떠나 예루살렘으로 돌아가서 이스라엘을 다스렸습니다.

솔로몬의 부

솔로몬은 전차와 기마병을 모았는데 전차가 천사백 대였고, 기마병이 만 이천 명이었습니다. 솔로몬은 전차와 기마병 가운데 얼마는 전차들을 두는 성에 두고, 얼마는 예루살렘에 두었습니다. 솔로몬은 예루살렘에 은과 금을 많이 모아 두었습니다. 은과 금이 어찌나 많은지 마치 돌처럼 흔했습니다. 그리고 백향목도 많이 모았는데 백향목은 서쪽 경사지에서 자라는 돌무화과나무처럼 흔했습니다. 솔로몬은 또 이집트와 길리기아에서 말을 수입했는데 솔로몬의 무역업자들이 길리기아에서 말을 사서 이스라엘로 가져왔습니다. 이집트에서 들여오는 전차 한 대의 값은 은 육백 세겔이었습니다. 그리고 말 한 마리의 값은 은 백오십 세겔이었습니다. 무역업자들은 전차와 말을 헷 사람과 아람 사람의 왕들에게도 팔았습니다.

솔로몬이 성전 지을 준비를 하다

솔로몬이 여호와의 이름을 위하여 성전을 건축하고 자기를 위하여 왕궁을 짓기로 결정했습니다. 솔로몬은 짐을 운반할 사람 칠만 명과 산에서 돌을 캐낼 사람 팔만 명 그리고 그들을 감독할 사람 삼천육백 명을 뽑았습니다. 그런 다음에 솔로몬은 두로 성의 왕 히람에게 사람을 보내어 이렇게 말했습니다. "내 아버지 다윗을 도와주셨던 것처럼 나도 도와주십시오. 왕은 내 아버지 다윗에게 백향목을 보내어 왕궁을 지을 수 있게 해 주셨습니다. 나는 나의 하나님 여호와께 예배드릴 성전을 지어서 바치려고 합니다. 그리고 주 앞에 향기로운 향을 피우고, 우리가 하나님 앞에 있음을 보여 주는 빵을 놓아두며, 날마다 밤낮으로 번제를 드리려고 합니다. 우리는 안식일과 초하루마다 예배드릴 것이며, 우리 하나님 여호와께서 지키라고 명령하신 다른 절기에도 예배드릴 것입니다. 이것은 이스라엘이 지켜야 할 영원한 규례입니다. 나는 성전을 크게 지으려 합니다. 왜냐하면 우리 하나님은 다른 모든 신보다 크시기 때문입니다. 그러나 사실 우리 하나님을 모실 집을 지을 수 있는 사람은 아무도 없습니다. 하늘과 하늘의 하늘이라도 하나님을 모실 수 없는데 하물며 내가 어떻게 하나님을 모실 성전을 지을 수 있겠습니까? 나는 다만 하나님께 제물을 바칠 집을 짓고 싶을 뿐입니다. 왕은 저에게 금과 은과 놋과 쇠를 다루는 일에 익숙한 사람과 자주색 실, 빨간색 실 그리고 파란색 실을 잘 다룰 줄 알며 조각도 할 줄 아는 사람을 보내 주십시오. 그 사람은 유다와 예루살렘에 있는 기술자들, 곧 내 아버지 다윗이 뽑은 사람들과 함께 일하게 될 것입니다. 그리고 레바논에서 백향목과 잣나무와 백단목도 보내 주십시오. 왕의 종들은 레바논의 나무를 베는 데 익숙한 사람들이라는 것을 알고 있습니다. 내 종들을 시켜 그들을 돕게 하겠습니다. 내가 크고도 아름다운 성전을 지으려 하니 나무를 많이 보내 주십시오. 나무를 베는 왕의 종들에게는 밀 3,640킬로리터와 보리 3,640킬로리터와 포도주 420킬로리터와 기름 420킬로리터를 주겠습니다."

그러자 두로의 히람 왕이 솔로몬에게 답장을 보내왔습니다. "솔로몬이여, 여호와께서 자기 백성을 사랑하셔서, 당신을 그들의 왕으로 세우셨습니다." 히람의 편지는 계속 이어졌습니다. "하늘과 땅을 지으신 이스라엘의 하나님 여호와를 찬양합니다. 여호와께서는 다윗 왕에게 지혜로운 아들을 주셨습니다. 솔로몬이여, 당신에게는 지혜와 지식이 있습니다. 여호와께서는 당신이 성전과 왕궁을 지을 수 있게 도와주실 것입니다.

당신에게 후람이라는 지혜로운 기술자를 보내 드리겠습니다. 후람의 어머니는 단 사람이고, 그의 아버지는 두로 사람입니다. 후람은 금과 은과 놋과 쇠 그리고 돌과 나무를 다루는 일에 익숙하고, 자주색 실과 빨간색 실과 파란색 실과 모시를 다룰 줄 알며, 조각도 할 줄 압니다. 그는 어떤 모양이라도 부탁받은 대로 만들 줄 아는 사람입니다. 그는 왕의 기술자들과 왕의 아버지 다윗의 기술자들을 도와줄 것입니다. 약속하신 대로 내 종들에게 밀과 보리 그리고 기름과 포도주를 보내 주십시오. 레바논에서 왕이 필요한 만큼 나무를 베어 뗏목으로 엮어서 바다에 띄워 욥바까지 보내겠습니다. 욥바에서 예루살렘까지는 왕이 나르십시오."

솔로몬은 이스라엘에 사는 이방인의 수를 다시 세어 보았습니다. 이것은 그의 아버지 다윗이 인구 조사를 한 뒤에 한 일입니다.

세어 보니 이방인은 모두 십오만 삼천육백 명이었습니다. 솔로몬은 그 가운데에서 짐을 운반할 사람 칠만 명과 산에서 돌을 캐낼 사람 팔만 명 그리고 그들을 감독할 사람 삼천육백 명을 뽑았습니다.

솔로몬이 성전을 짓다

솔로몬이 예루살렘의 모리아 산 위에 여호와의 성전을 짓기 시작했습니다. 그곳은 여호와께서 솔로몬의 아버지 다윗에게 나타나셨던 곳입니다. 솔로몬은 다윗이 준비해 놓은 곳에 성전을 지었습니다. 그곳은 원래 여부스 사람 오르난의 타작마당이었습니다. 솔로몬이 성전을 짓기 시작한 때는 그가 이스라엘을 다스린 지 사 년째 되던 해의 둘째 달 이 일이었습니다. 솔로몬이 지은 하나님의 성전의 규모는 이러합니다. 성전은 길이가 육십 규빗, 너비가 이십 규빗이었습니다. 성전 앞 현관은 길이가 이십 규빗, 높이가 이십 규빗이었습니다. 솔로몬은 현관 안쪽 벽을 순금으로 입혔습니다. 솔로몬은 성전 본당 벽에 잣나무 판자를 대고 순금으로 입히고 종려나무와 금사슬 모양을 새겼습니다. 그리고 보석으로 성전을 아름답게 꾸몄습니다. 금은 바르와임에서 가져온 것을 썼습니다. 솔로몬은 성전의 들보와 문지방과 벽과 방들에 금을 입혔습니다. 그리고 벽에는 그룹들을 새겼습니다.

그런 다음에 솔로몬은 지성소를 만들었습니다. 그 방은 길이가 이십 규빗이고, 너비도 성전 너비와 마찬가지로 이십 규빗이었습니다. 솔로몬은 그 벽에 순금 육백 달란트를 입혔습니다. 그 방에 쓴 금못의 무게도 오십 세겔이나 되었습니다. 솔로몬은 다락방들도 금으로 입혔습니다.

솔로몬은 지성소 안에 두 그룹 형상을 만들어 금으로 입혔습니다. 두 그룹은 날개를 펴고 있었는데 그 길이를 합하면 이십 규빗이었습니다. 한 그룹의 한쪽 날개가 성전 벽에 닿았는데 그 길이가 오 규빗이었고, 다른 쪽 날개는 다른 그룹의 한쪽 날개 끝에 닿았는데 그 길이도 오 규빗이었습니다. 다른 그룹의 한쪽 날개도 성전 벽에 닿았는데 그 길이가 오 규빗이었고, 첫 번째 그룹의 날개 끝에 나머지 다른 쪽 날개가 닿았는데 그 길이도 오 규빗이었습니다. 그래서 두 그룹의 날개 길이는 모두 이십 규빗이 되었습니다. 두 그룹은 본당 쪽을 바라보고 서 있었습니다. 솔로몬은 파란색 실과 자주색 실과 빨간색 실 그리고 값비싼 모시로 휘장을 만들고 거기에 그룹 모양을 수놓았습니다.

솔로몬은 성전 앞에 기둥 둘을 세웠는데 각 기둥의 높이는 삼십오 규빗이었습니다. 각 기둥 위에는 높이가 오 규빗 되는 기둥머리가 놓여져 있고, 기둥머리를 장식할 둥근 사슬이 만들어져 기둥머리 위에 덮여 있었습니다. 또 석류 모양 백 개를 만들어서 둥근 사슬에 달았습니다. 솔로몬은 이 두 기둥을 성전 현관에 세웠습니다. 한 기둥은 남쪽에 세웠고, 다른 기둥은 북쪽에 세웠습니다. 남쪽 기둥의 이름은 '그가 세우다'라는 뜻의 '야긴'이고, 북쪽 기둥의 이름은 '그에게 힘이 있다'라는 뜻의 '보아스'입니다.

성전 안의 여러 가지 물건들

솔로몬은 놋제단을 만들었습니다. 놋제단은 길이가 이십 규빗, 너비가 이십 규빗, 높이가 십 규빗이었습니다. 그리고 나서 솔로몬은 놋을 녹여서 바다라고 부르는 커다란 그릇을 만들었습니다. 바다는 지름이 십 규빗, 깊이가 오 규빗, 둘레가 삼십 규빗이었습니다. 그 가장자리 아래로는 빙 둘러가며 황소 모양을 새겼습니다. 그것은 놋을 녹여 그릇을 만들 때에 같이 만든 것입니다. 이 놋그릇은 놋황소 열두 마리의 등 위에 올려져 있었습니다. 세 마리는 북쪽을 바라보고, 세 마리는 서쪽을 바라보고, 세 마리는 남쪽을 바라보고, 세 마리는 동쪽을 바라보고 있었습니다. 그릇의 두께는 손바닥 너비만 했습니다. 그 가장자리는 잔의 테두리 같기도 하고, 나리꽃 같기도 했습니다. 그 그릇은 물 삼천 바트를 담을 수 있었습니다. 그리고 나서 솔로몬은 씻기 위한 물통 열 개를 만들어 다섯 개는 성전 남쪽에, 다섯 개는 성전 북쪽에 두었습니다. 그 물통들은 태워 드리는 제물인 번제물을 씻기 위해 사용되는 것들입니다. 제사장들은 바다라고 부르는 커다란 놋그릇에 손을 씻었습니다.

솔로몬은 또 하나님이 지시하신 대로 금등대 열 개를 만들어 다섯 개는 성전 남쪽에, 다섯 개는 성전 북쪽에 두었습니다. 상도 열 개를 만들어 다섯 개는 성전 남쪽에, 다섯 개는 성전 북쪽에 두었습니다. 또한 금대접 백 개도 만들었습니다. 솔로몬은 제사장의 뜰과 큰 뜰과 뜰의 문을 만들었습니다. 그리고 그 문을 놋으로 입혔습니다. 바다라고 부르는 커다란 놋그릇은 성전 남쪽 남동향에 두었습니다.

후람은 솥과 부삽과 작은 그릇들도 만들었습니다. 마침내 후람은 솔로몬 왕이 만들라고 한 것을 다 만들었습니다. 후람이 하나님의 성전을 위해 만든 것들은 두 기둥과 두 기둥 꼭대기에 얹은 그릇 모양의 기둥머리 둘, 기둥머리를 덮는 둥근 그물 둘과 둥근 그물을 두 줄로 장식한 놋석류 사백 개와 받침대와 받침대 위에 놓을 대야와 바다와 바다를 받치는 놋소 열두 마리와 솥과 부삽과 고기 갈고리와 작은 그릇과 여호와의 성전에서 쓸 온갖 접시들이었습니다. 후람이 솔로몬 왕을 위해 만든 것은 모두 번쩍이는 놋으로 된 것이었습니다. 솔로몬 왕은 이 모든 것을 숙곳과 스레다 사이에 있는 요단 강 가까이에서 진흙 틀에 부어서 만들게 했습니다. 만든 것이 너무 많았기 때문에 솔로몬은 그것들의 무게를 달아 보지 않았습니다. 그래서 놋의 무게가 모두 얼마인지 알 수가 없었습니다.

솔로몬은 성전을 위해 금으로도 여러 가지 물건을 만들게 했습니다. 그 물건들은 금제단과 상 위에 쌓아 두는 빵인 진설병을 차려 놓는 금상과 지성소 앞에서 규례대로 불을 켤 순금 등잔대와 그 등잔, 순금으로 만든 꽃 장식, 등잔, 부젓가락과 순금 부집게, 순금 잔, 순금 숟가락, 불 옮기는 접시 그리고 성전의 맨 안쪽 지성소의 문짝과 성전 본당의 문짝이었습니다.

이렇게 해서 솔로몬은 여호와의 성전을 짓는 일을 모두 마쳤습니다. 솔로몬은 그의 아버지 다윗이 성전을 위해 바친 모든 것, 곧 금과 은과 모든 기구를 가져와서 성전의 창고에 넣어 두었습니다.

언약궤를 성전으로 옮기다

그런 다음에 솔로몬은 이스라엘의 모든 지도자들을 예루살렘으로 불러 모았습니다. 솔로몬은 장로들과 각 지파의 지도자들 그리고 각 집안의 어른들을 불렀습니다. 솔로몬이 그들을 부른 까닭은 여호와의 언약궤를 다윗 성, 곧 시온 성에서 옮겨 오기 위해서였습니다. 그리하여 이스라엘의 모든 백성이 솔로몬 왕 앞으로 모였습니다. 그때는 칠월의 초막절 때였습니다. 이스라엘의 모든 장로들이 도착하자 레위 사람들이 궤를 어깨에 메고 옮기기 시작했습니다. 제사장과 레위 사람들이 그 궤와 회막과 그 안의 거룩한 물건들을 다 옮겼습니다. 솔로몬 왕과 이스라엘의 모든 백성이 그 궤 앞에 모였습니다. 그들은 셀 수도 없을 만큼 많은 수의 양과 소를 제물로 바쳤습니다. 그런 다음에 제사장들이 여호와의 언약궤를 제

자리, 곧 성전 안의 지성소에 놓아두었습니다. 언약궤는 곧 그룹의 날개 아래에 두었는데 그 그룹의 날개는 궤를 놓아둔 곳 위에 펼쳐져 궤와 그 상자를 메는 채를 덮었습니다. 상자를 메는 채는 매우 길어서 지성소의 앞에서는 채의 끝이 보였습니다. 그러나 성소 밖에서는 보이지 않았습니다. 그 채들은 아직까지도 거기에 놓여 있습니다. 그 궤 안에는 돌판 두 개만 들어 있었습니다. 그 돌판은 시내 산에서 모세가 넣어 둔 것입니다. 시내 산은 이스라엘 백성이 이집트에서 나온 뒤에 여호와와 언약을 맺은 곳입니다. 그런 뒤에 모든 제사장들이 성소를 떠났습니다. 그곳에 있던 제사장들은 차례와 상관없이 몸을 깨끗이 한 뒤 여호와를 섬길 준비를 하고 있었습니다. 음악가인 레위 사람들, 곧 아삽과 헤만과 여두둔과 그들의 아들과 형제들은 제단 동쪽에 서 있었습니다. 그들은 하얀 모시옷을 입고 제금과 비파와 수금을 연주했습니다. 그들과 더불어 제사장 백이십 명이 나팔을 불었습니다. 나팔을 부는 사람들과 노래하는 사람들이 한 사람처럼 소리를 냈습니다. 그들은 찬양하며 여호와께 감사드렸습니다. 그들은 나팔과 제금과 그 밖의 악기를 연주하며 노래를 불렀습니다. 그들은 이런 노래로 여호와를 찬양했습니다.

"여호와는 선하시다. 그의 사랑은 영원하시다."

그때에 구름이 여호와의 성전을 덮었습니다. 제사장들은 그 구름 때문에 일을 계속할 수 없었습니다. 여호와의 영광이 하나님의 성전을 가득 채웠습니다.

그때에 솔로몬이 말했습니다. "여호와께서는 캄캄한 구름 속에 계시겠다고 말씀하셨습니다. 그러나 저는 주를 위해 훌

룽한 성전을 지었습니다. 이 성전은 주께서 영원히 계실 곳입니다."

솔로몬의 연설

그리고 나서 솔로몬 왕은 몸을 돌려 그곳에 서 있는 이스라엘의 모든 백성에게 복을 빌어 주었습니다. 솔로몬이 말했습니다. "이스라엘의 하나님이신 여호와를 찬양합시다. 여호와께서는 내 아버지 다윗에게 약속하신 것을 이루어 주셨습니다. 여호와께서는 내 아버지에게 이렇게 말씀하셨습니다. '나는 내 백성 이스라엘을 이집트에서 인도해 냈다. 그러나 나는 나에게 예배할 성전을 어느 곳에다 지을지 이스라엘의 어느 지파에서도 선택하지 않았다. 그리고 내 백성 이스라엘을 인도할 사람도 선택하지 않았다. 그러나 이제 나는 예배받을 곳으로 예루살렘을 선택했고, 다윗을 선택하여 내 백성 이스라엘을 다스리게 하였다.' 내 아버지 다윗은 이스라엘의 하나님이신 여호와께 예배드릴 성전을 짓고 싶어 했습니다. 그러나 여호와께서는 내 아버지 다윗에게 이렇게 말씀하셨습니다. '다윗아, 네가 나에게 예배드릴 성전을 짓고 싶어 하는 뜻은 좋다. 그러나 너는 성전을 지을 사람이 아니다. 나에게 예배드릴 성전은 네 아들이 짓게 될 것이다.' 이제 여호와께서는 약속하신 것을 이루어 주셨습니다. 나는 이제 여호와께서 약속하신 대로 내 아버지 다윗의 뒤를 이어 왕이 되었습니다. 그리고 나는 이스라엘의 하나님이신 여호와께 예배드릴 성전을 지었습니다. 나는 여호와께서 우리 조상과 맺으신 언약이 들어 있는 궤를 성전 안에 놓아두었습니다."

솔로몬의 기도

그런 다음에 솔로몬은 여호와의 제단을 바라보고 섰습니다. 솔로몬은 거기에 모인 모든 백성 앞에서 팔을 치켜들었습니다. 솔로몬은 예전에 놋단을 만들어 놓았습니다. 그 단은 길이가 오 규빗, 너비가 오 규빗, 높이가 삼 규빗입니다. 솔로몬은 그 단을 바깥뜰 한가운데에 두었습니다. 솔로몬은 그 단 위에 올라가서 거기에 모인 모든 이스라엘 백성 앞에서 무릎을 꿇고 하늘을 향해 팔을 치켜 들었습니다. 그리고 이렇게 말했습니다. "이스라엘의 하나님 여호와여, 주와 같으신 신은 저 위 하늘에도 없고, 저 아래 땅에도 없습니다. 주께서는 온 마음으로 주를 따르는 사람들에게 사랑의 언약을 지켜 주셨습니다. 주께서는 주의 종이요, 제 아버지인 다윗에게 하신 약속을 지켜 주셨습니다. 주의 입으로 말씀하신 그 약속을 오늘 주의 크신 능력으로 이루어 주셨습니다. 이스라엘의 하나님 여호와여! 주의 종이요, 제 아버지인 다윗에게 하신 다른 약속도 지켜 주십시오. 주께서는 '네가 나에게 복종했듯이 네 자손도 조심하여 나에게 복종하면 이스라엘을 다스릴 사람이 네 집안에서 끊이지 않고 나올 것이다'라고 말씀하셨습니다. 그러므로 이스라엘의 하나님 여호와여! 주의 종이요, 제 아버지인 다윗에게 하신 약속을 이루어 주십시오.

그러나 하나님이여, 하나님께서 정말로 땅에서 사시겠습니까? 하늘과 하늘의 하늘이라도 하나님을 모실 수 없을 텐데 제가 지은 이 집이야 더 말해 무엇하겠습니까? 그러나 제 기도와 소원을 들어 주십시오. 나의 하나님 여호와여! 제가 주께 드리는 이 기도를 들어 주십시오. 주께서는 전에 여기에 주의 이름을 두시겠다고 말씀하셨습니다. 그러니 밤낮으로 이 성전을 지켜봐 주십시오. 이 성전을 향해 기도드릴 때에 그 기도를 들어주십시오. 내 기도와 주의 백성 이스라엘의 기도를 들어주십시오. 우리가 이곳을 향해 기도할 때에 그 기도를 들어주십시오. 주께서 계시는 하늘에서 들어주시고 용서해 주십시오.

어떤 사람이 이웃에게 죄를 지으면 이 성전의 제단으로 나아오게 될 것입니다. 그런데 그 사람이 자기에게는 죄가 없다고 맹세하면 하늘에서 그 맹세를 들으시고 판단해 주십시오. 죄 있는 사람에게는 그가 이웃에게 고통을 준 것만큼 고통을 주시고, 올바른 사람에게는 죄가 없음을 밝혀 주십시오.

주의 백성 이스라엘이 주께 죄를 지어 싸움에서 졌을 때 주께 돌아와 주를 찬양하고 이 성전에서 주께 기도드리면 그들의 기도를 하늘에서 들으시고 주의 백성 이스라엘의 죄를 용서해 주십시오. 주께서 그들의 조상에게 주신 그 땅으로 그들이 다시 돌아오게 해 주십시오.

주의 백성 이스라엘이 주께 죄를 지어 그것 때문에 주께서 비를 내려 주지 않으실 때, 그들이 이곳을 향해 기도드리고 주를 찬양하며 더 이상 죄를 짓지 않으면 하늘에서 그들의 기도를 들으시고 주의 종, 이스라엘 백성의 죄를 용서해 주십시오. 그들에게 올바르게 사는 법을 가르쳐 주시고 주께서 주의 백성에게 주신 이 땅에 비를 내려 주십시오.

이 땅에 가뭄이 들거나 백성들 사이에 무서운 전염병이 돌거나 병충해나 메뚜기 떼가 온갖 곡식을 갉아먹거나 주의 백성이 적의 공격을 받게 되거나 그들에게 무슨 병이 생기든지, 주의 백성 이스라엘 가운데 한 사람 또는 모든 백성이 고통과 재앙을 깨닫고 이 성전을 향해 팔을 벌려 기도드리면 주께서 계시는 하늘에서 그 기도를 들으시고 백성을 용서하여 주시고 그들을 도와주십시오. 주만이 사람의 속마음을 아십니다. 그러니 각 사람을 판단하시고 그들의 한 일대로 그들에게 갚아 주십시오. 그러면 주의 백성이 주께서 주신 이 땅에서 주를 두려워하며 늘 주를 따를 것입니다.

주의 백성 이스라엘에 속하지 않은 이방인이 주의 크신 능력을 듣고 먼 땅에서 이 성전으로 기도하러 오면 주께서 계시는 하늘에서 그의 기도를 들으시고 그가 구하는 대로 해 주십시오. 그러면 주의 백성 이스라엘처럼 모든 땅의 백성이 주를 알고 두려워할 것입니다. 그리고 제가 지은 이 성전이 주의 이름을 일컫는 곳임을 알게 될 것입니다.

주께서 주의 백성에게 적과 싸우라고 명령하셔서 그들이 이 성과 주를 예배하려고 지은 이 성전을 향해 주께 기도드리면 하늘에서 그들의 기도를 들으시고 그들을 도와주십시오.

죄를 짓지 않는 사람은 없으니 주의 백성도 주께 죄를 지을 것입니다. 그러면 주께서는 노하셔서 그들을 적에게 넘겨주실 것입니다. 적들은 그들을 사로잡아 멀든지 가깝든지 자기 나라로 끌고 갈 것입니다. 그러면 주의 백성은 다른 나라로 끌려가 거기에서 정신을 차리고 마음을 돌려 그 사로잡혀 간 땅에서 주께 기도할지 모릅니다. '우리가 죄를 지었습니다. 우리가 잘못했습니다'라고 말할지 모릅니다. 그들이 원수의 땅에서 마음과 정성을 다하여 주께 돌아오고 주께서 그들의 조상에게 주신 땅과 주께서 선택하신 이 땅과 내가 주의 이름을 위하여 지은 이 성전을 향해 주께 기도드리면 주께서 계시는 하늘에서 그들의 기도를 들으시고 그들을 도와주십시오. 주께 죄를 지은 그들을 용서해 주십시오. 나의 하나님이여, 우리를 눈으로 살펴 주시고 이곳에서 드리는 기도를 들어주십시오.

여호와 하나님이여! 이제 일어나셔서 주의 쉬실 곳으로 오십시오.
주의 능력을 보여 주는 궤가 있는 이곳에 오셔서 편히 쉬십시오.
여호와 하나님이여! 주의 제사장들에게 구원을 베풀어 주십시오.
주의 선하심으로 주의 거룩한 백성에게 기쁨을 주십시오.
여호와 하나님이여! 주께서 세우신 사람을 버리지 마십시오.

주의 종 다윗에게 베푸신 사랑을 기억해 주십시오."

주께 성전을 바치다

솔로몬이 기도를 마치자 하늘에서 불이 내려와 태워 드리는 제물인 번제물과 제물들을 불태웠습니다. 그리고 여호와의 영광이 성전에 가득 찼습니다. 여호와의 영광이 성전에 가득 차서 제사장들도 여호와의 성전에 들어갈 수 없었습니다. 모든 이스라엘 백성도 불이 하늘에서 내려오는 모습과 여호와의 영광이 성전에 가득 찬 모습을 보았습니다. 그래서 그들은 넓은 돌을 깔아 놓은 땅 위에 얼굴을 대고 엎드렸습니다. 그들은 여호와께 예배하고 감사드리며, "여호와는 선하시다. 주의 사랑은 영원하시다"라고 말했습니다.

솔로몬 왕과 모든 이스라엘 백성은 여호와 앞에 제물을 바쳤습니다. 솔로몬 왕은 소 이만 이천 마리와 양 십이만 마리를 잡아서 제물로 바쳤습니다. 이렇게 왕과 모든 이스라엘 백성은 여호와께 성전을 바치는 예식을 올렸습니다. 제사장들은 여호와를 섬길 준비를 하고 서 있었습니다. 레위 사람들도 음악을 연주할 악기를 들고 서 있었습니다. 그 악기들은 다윗 왕이 여호와를 찬양하려고 만든 악기들입니다. 제사장과 레위 사람들은 "여호와의 사랑은 영원하시다"라고 노래했습니다. 레위 사람들 맞은편에 서 있던 제사장들이 나팔을 부는 동안 모든 이스라엘 백성은 그 자리에 서 있었습니다.

솔로몬은 여호와의 성전 앞에 있는 뜰 한가운데를 거룩하게 구별했습니다. 솔로몬은 거기에서 번제물과 화목제의 기름을 바쳤습니다. 솔로몬이 만든 놋제단에는 모든 제물, 곧 번제물과 곡식 제물과 기름을 다 놓을 수 없었기 때문에 뜰 한가운데를 사용한 것입니다.

솔로몬과 모든 이스라엘의 백성은 칠 일 동안 절기를 지켰습니다. 그때에 북쪽으로는 하맛 입구에서부터 남쪽으로는 이집트 시내까지 많은 이스라엘 사람들이 모여 있었습니다. 그들은 여호와께 성전을 바치는 예식을 올린 후, 칠 일 동안 절기를 지키고 팔 일째 되는 날에 모임을 가졌습니다. 솔로몬은 일곱째 달 이십삼 일에 백성을 집으로 돌려보냈습니다. 그들은 여호와께서 다윗과 솔로몬과 그의 백성 이스라엘에게 은혜를 베풀어 주신 것을 기뻐하며 즐거워했습니다.

주께서 솔로몬에게 다시 나타나시다

솔로몬이 여호와의 성전과 자기의 왕궁을 다 짓고 그 성전과 왕궁에 대해 마음속에 계획했던 일을 무사히 다 마쳤습니다. 그러자 여호와께서 밤에 솔로몬에게 나타나셔서 말씀하셨습니다. "솔로몬아, 네 기도를 들었다. 나는 네가 지은 이 성전을 선택해서 거기에서 제사를 받을 것이다. 내가 하늘을 닫아서 비를 내리지 않거나 메뚜기 떼에게 명령하여 땅을 망치게 하거나 내 백성에게 병을 보낼 때 내 이름으로 일컫는 내 백성이 자기들이 한 일을 뉘우치고 나에게 기도하고 내 말을 따르며 악한 길에서 돌이키면, 내가 하늘에서 그들의 기도를 듣고 그들의 죄를 용서해 주며 그들의 땅을 고쳐 줄 것이다. 내가 그들을 돌보아 주며 이곳에서 드리는 기도를 들어주겠다. 내가 이 성전을 선택하여 거룩하게 했으므로 내 이름이 영원히 이곳에 있게 하겠고, 내 눈과 내 마음이 영원토록 이곳에 머무르게 하겠다. 솔로몬아, 너는 네 아버지 다윗처럼 내 말을 들어라. 나의 모든 명령과 율법과 규례를 지켜라. 그렇게만 하면 내가 너의 나라를 강하게 해 주겠다. 이것은 내가 너의 아버지 다윗과 맺은 언약이다. 나는 네 아버지에게 '다윗아, 네 집안에서 이스라엘을 다스릴 왕이 끊임없이 나올 것이다'라고 말하였다.

그러나 나를 배반하면 안 된다. 내가 너희에게 준 계명과 율법을 어기면 안 된다. 다른 신들을 섬겨 예배해도 안 된다. 만약 그렇게 하면 이스라엘 백성을 내 땅, 곧 내가 그들에게 준 땅에서 쫓아내겠다. 그리고 내가 내 이름을 위하여 거룩하게 만든 이 성전을 버리겠다. 그러면 모든 나라들이 이 성전을 비웃으며 조롱할 것이다. 지금은 이 성전이 귀하게 여김을 받지만 그때에는 이곳을 지나는 사람마다 놀라며 '여호와께서 어찌하여 이 땅과 성전을 이 지경으로 만드셨을까?' 하고 말할 것이다. 그때에 사람들은 이렇게 대답할 것이다. '이렇게 된 까닭은 이스라엘 백성이 그들의 조상이 섬겼던 하나님, 곧 그들을 이집트에서 인도해 내신 여호와 하나님을 떠났기 때문이다. 그들은 다른 신들에게 마음이 끌려 그들을 예배하고 섬겼다. 그래서 여호와께서 이런 재앙을 그들에게 내리신 것이다.'"

솔로몬의 다른 활동

솔로몬이 여호와의 성전과 왕궁을 다 짓는 데는 이십 년이 걸렸습니다. 솔로몬은 히람 왕이 준 마을들도 다시 건설하였습니다. 그리고 솔로몬은 이스라엘 백성을 그 마을들로 보내어 거기에서 살게 했습니다.

그 뒤에 솔로몬은 하맛소바로 가서 그 성을 점령했습니다. 또 솔로몬은 광야에 다드몰 마을을 건설하였고, 하맛에는 갖가지 물건을 쌓아 두는 마을들도 건설했습니다. 그리고 위 벧호론과 아래 벧호론의 여러 마을도 다시 건설했습니다. 그는 그 마을들에 성벽을 쌓고 성문을 세우고 성문에 빗장을 질러 요새로 만들었습니다. 솔로몬은 또 바알랏을 다시 짓고 갖가지 물건을 쌓아 둘 성도 만들고 말과 전차를 둘 성도 만들었습니다. 솔로몬은 예루살렘과 레바논과 그가 다스리는 모든 땅 안에 자기가 건설하고 싶은 것을 건설했습니다. 그 땅에는 이스라엘 백성이 아닌 사람, 곧 헷 사람과 아모리 사람과 브리스 사람과 히위 사람과 여부스 사람들이 많이 남아서 살고 있었습니다. 그들은 이스라엘 백성이 멸망시키지 않고 남겨 둔 사람들의 자손입니다. 솔로몬은 그들 모두를 노예로 삼았습니다. 그들은 지금까지도 노예로 있습니다. 그러나 이스라엘 백성은 절대로 노예로 삼지 않았습니다. 이스라엘 백성은 솔로몬의 군인이 되었고, 솔로몬의 장교와 전차 지휘관과 전차병이 되었습니다. 어떤 사람들은 아주 중요한 관리가 되었습니다. 그들의 수는 이백오십 명이며 그들은 백성을 감독했습니다.

솔로몬은 이집트 왕의 딸을 다윗 성에서 왕궁으로 데려왔습니다. 그 왕궁은 솔로몬이 이집트 왕의 딸을 위해 지어 준 것입니다. 솔로몬이 말했습니다. "내 아내가 이스라엘 왕 다윗의 왕궁에서 살 수는 없다. 그곳은 여호와의 궤가 놓여 있는 거룩한 곳이기 때문이다."

솔로몬은 자기가 성전 현관 앞에 쌓은 여호와의 제단 위에서 태워 드리는 제사인 번제를 드렸습니다. 그는 모세가 명령한 대로 날마다 제물을 바쳤습니다. 제물을 바쳐야 할 날은 안식일과 초하루와 해마다 세 차례씩 지키는 절기, 곧 무교절과 칠칠절과 초막절입니다. 솔로몬은 자기 아버지 다윗의 가르침을 따라 제사장들을 뽑아 지파의 순서대로 일을 나누어 맡기고 레위 사람을 뽑아 찬양을 인도하게 했습니다. 그리고 제사장들이 날마다 하는 일을 도와주도록 했습니다. 그리고 문지기들을 뽑아 맡은 날에 따라 각 문을 지키게 했습니다. 이 모든 일은 하나님의 사람 다윗이 명령한 일입니다. 제사장과 레위 사람들은 솔로몬이 명령한 것을 다 지켰습니다. 그리고 창고에 대해 명령한 것도 그대로 따랐습니다.

솔로몬은 모든 일을 마쳤습니다. 여호와의 성전의 기초를 놓을 때부터 시작해서 성전 짓는 일을 다 마칠 때까지 모든 일이 솔로몬의 말대로 이루어졌습니다.

그 후 솔로몬은 에돔 땅 홍해에서 가까운 에시온게벨과 엘롯으로 갔습니다. 히람은 자기 신하들이 관리하는 배들과 바다에 대해 잘 알고 있는 신하들을 솔로몬에게 보내 주었습니다. 히람의 신하들은 솔로몬의 신하들과 함께 오빌로 가서 금 사백오십 달란트를 솔로몬 왕에게 가져왔습니다.

스바의 여왕이 솔로몬을 찾아오다

스바의 여왕이 솔로몬의 명성을 듣고 그를 시험해 보기 위해 어려운 문제를 가지고 예루살렘으로 왔습니다. 스바의 여왕은 수많은 신하들을 거느리고 왔습니다. 향료와 보석과 금을 가득 실은 낙타도 여러 마리 끌고 왔습니다. 스바의 여왕은 솔로몬에게 와서 마음속에 있는 모든 생각을 솔로몬과 더불어 이야기했습니다. 솔로몬은 여왕의 질문에 빠짐없이 대답해 주었습니다. 설명해 주기 어려운 문제는 하나도 없었습니다. 스바의 여왕은 솔로몬이 매우 지혜롭다는 것을 깨달았습니다. 여왕은 솔로몬이 지은 왕궁과 솔로몬의 식탁 위에 놓인 음식, 솔로몬의 신하들과 왕궁 관리들 그리고 그들이 차려입은 옷과 식탁에서 시중드는 종들의 모습, 여호와의 성전에 올라가는 계단을 보고 너무나 놀랐습니다.

여왕이 솔로몬 왕에게 말했습니다. "내 나라에서 들은 왕의 업적과 지혜에 대한 소문이 사실이군요. 거기에서는 믿을 수 없었는데 여기에 와서 내 눈으로 보니 듣던 것보다도 더 놀랍군요. 왕의 지혜와 부유함은 내가 듣던 것보다 훨씬 대단합니다. 언제나 왕을 섬기면서 왕의 지혜를 들을 수 있는 왕의 백성과 신하는 참 행복하겠습니다. 왕의 하나님이신 여호와를 찬양합니다. 여호와께서는 당신을 좋아하셔서 당신을 왕으로 삼으셨습니다. 여호와 하나님께서는 왕을 주의 보좌에 앉히셔서 하나님을 위해 이 땅을 다스리게 하셨습니다. 왕의 하나님께서는 이스라엘을 사랑하시고 영원히 이스라엘을 도우실 것입니다. 그래서 왕을 보좌에 앉히셔서 율법과 질서를 지키게 하고 공평하게 다스리도록 하셨습니다." 스바의 여왕은 솔로몬에게 금 백이십 달란트와 많은 향료와 보석을 주었습니다. 그때부터 지금까지 스바의 여왕처럼 많은 향료를 가져온 사람은 없었습니다.

(히람의 신하들과 솔로몬의 신하들은 오빌에서 금을 가져왔고 그 밖에도 백단목과 보석을 가져왔습니다. 솔로몬 왕은 백단목을 여호와의 성전과 왕궁의 계단을 만드는 데 썼습니다. 그리고 음악가들이 쓸 수금과 비파를 만드는 데도 썼습니다. 지금까지도 유다에서는 그렇게 좋은 백단목을 본 사람이 없습니다.)

솔로몬 왕은 스바의 여왕에게 여왕이 가지고 싶어 하는 것과 달라는 것을 다 주었습니다. 여왕이 가져온 것보다 더 많은 것을 여왕에게 주었습니다. 여왕은 신하들과 함께 자기 나라로 돌아갔습니다.

솔로몬의 부와 지혜

솔로몬은 해마다 금 육백육십육 달란트를 받았습니다. 그것 말고도 솔로몬은 무역업자와 상인들에게서 금을 받았고, 아라비아의 왕들과 이스라엘 땅의 장관들에게서도 금과 은을 받았습니다. 솔로몬 왕은 금을 두드려서 큰 방패 이백 개를 만들었습니다. 방패 하나에 들어간 금은 육백 세겔이었습니다. 솔로몬은 또 금을 두드려서 작은 방패 삼백 개를 만들었습니다. 그 방패 하나에 들어간 금은 삼백 세겔이었습니다. 왕은 그 방패들을 '레바논 숲의 궁'

에 두었습니다. 솔로몬 왕은 커다란 상아 보좌를 만들었습니다. 그리고 거기에 순금을 입혔습니다. 보좌로 올라가는 계단은 여섯 개였습니다. 보좌에는 금으로 만든 발받침대도 있었습니다. 보좌의 양쪽에는 팔걸이가 있었고, 팔걸이 양옆에는 사자상이 있었습니다. 여섯 계단 위에는 열두 사자가 있었습니다. 각 계단의 양쪽 끝에 사자가 한 마리씩 있었습니다. 다른 어떤 나라에서도 이런 것은 만들지 못했습니다. 솔로몬 왕이 마시는 데에 쓰는 모든 그릇은 금으로 만들었습니다. '레바논 숲의 궁'에서 쓰는 모든 그릇도 다 순금이었습니다. 은으로 만든 것은 하나도 없었습니다. 솔로몬의 시대에는 사람들이 은을 귀하게 여기지도 않았습니다. 솔로몬 왕에게는 무역을 하는 배가 많이 있었습니다. 그 배들은 히람의 사람들이 몰고 다시스로 다녔으며 삼 년에 한 번씩 금과 은, 상아와 원숭이와 공작새들을 싣고 돌아왔습니다.

솔로몬 왕은 이 세상의 어떤 왕보다 재산과 지혜가 많았습니다. 온 세상의 백성이 솔로몬을 보러 왔습니다. 그들은 하나님께서 솔로몬에게 주신 지혜를 듣고 싶어 했습니다. 해마다 솔로몬을 만나러 오는 사람들은 누구나 다 선물을 가지고 왔습니다. 그들은 금이나 은으로 만든 물건들과 옷과 무기와 향료와 말과 노새를 가지고 왔습니다. 솔로몬은 말과 전차들을 두는 마구간을 사천 개나 가지고 있었고, 말은 만 이천 마리나 가지고 있었습니다. 솔로몬은 그것들을 전차를 두는 특별한 성에 두기도 했고, 자기가 사는 예루살렘에 두기도 했습니다. 솔로몬은 유프라테스 강에서부터 블레셋 땅을 지나 이집트까지 모든 왕들의 왕이었습니다. 솔로몬이 왕으로 있는 동안 예루살렘에는 은이 돌처럼 흔했습니다. 백향목은 서쪽 경사지에서 자라는 돌무화과나무처럼 흔했습니다. 솔로몬은 이집트와 다른 모든 나라에서 말을 사들였습니다.

솔로몬이 죽다

솔로몬이 한 다른 일은 처음부터 끝까지 예언자 나단의 기록과 실로 사람 아히야의 예언과 잇도가 받은 계시에 적혀 있습니다. 잇도는 느밧의 아들 여로보암에 대해서 글을 쓴 선견자입니다. 솔로몬은 예루살렘에서 온 이스라엘을 사십 년 동안 다스렸습니다. 솔로몬이 죽어 예루살렘, 곧 그의 아버지 다윗 성에 묻혔습니다. 솔로몬의 아들 르호보암이 그의 뒤를 이어 왕이 되었습니다.

왕국의 분열

모든 이스라엘 백성이 르호보암을 왕으로 세우려고 세겜에 모이자 르호보암도 세겜으로 갔습니다. 솔로몬을 피해서 이집트로 도망쳤던 느밧의 아들 여로보암은 아직 이집트에 머물러 있었는데 이스라엘 백성이 르호보암을 왕으로 세우려 한다는 소식을 듣고 이집트에서 돌아왔습니다. 그러자 백성이 여로보암을 부르러 사람을 보냈습니다. 여로보암이 이스라엘 모든 무리와 함께 르호보암에게 가서 말했습니다. "왕의 아버지는 우리에게 매우 고된 일을 시켰습니다. 우리의 일을 좀 덜어 주십시오. 왕의 아버지처럼 우리에게 고된 일을 시키지 마십시오. 그렇게 해 주시면 왕을 섬기겠습니다." 르호보암이 대답했습니다. "삼 일 뒤에 다시 오너라." 그래서 백성이 그 자리를 떠났습니다.

르호보암 왕은 솔로몬을 섬겼던 나이 든 지도자들과 의논했습니다. "이 백성에게 어떻게 대답해 주면 좋겠소?" 그들이 대답했습니다. "왕은 이 백성에게 너그러워야 합니다. 그들을 기쁘게 해 주시고 그들에게 친절한 말로 대답해 주십시오. 그러면 백성들은 언제나 왕을 섬길 것입니다." 그러나 르호보암은 그들의 충고를 듣지 않고 자기와 함께 자라나서 지금은 자기를 섬기는 젊은 사람들과 의논을 했습니다. 르호보암이 그들에게 말했습니다. "백성은 '왕의 아버지처럼 우리에게 고된 일을 시키지 마십시오'라고 말하고 있는데 내가 어떻게 대답하면 좋겠소? 그대들의 생각은 어떻소?" 르호보암과 함께 자라난 젊은 사람들이 대답했습니다. "이 백성은 왕에게 '왕의 아버지는 우리에게 매우 고된 일을 시켰는데 왕은 우리의 일을 덜어 주십시오'라고 말하지만 왕은 그들에게 이렇게 말하십시오. '내 새끼손가락은 내 아버지의 허리보다 더 굵다. 내 아버지는 너희에게 고된 일을 시켰지만 나는 너희에게 훨씬 더 고된 일을 시키겠다. 내 아버지는 너희를 가죽 채찍으로 쳤지만 나는 너희를 전갈의 독침으로 치겠다.'"

르호보암이 백성에게 "삼 일 뒤에 다시 오너라" 하고 말했으므로 모든 백성이 삼 일 뒤에 다시 르호보암에게 왔습니다. 르호보암 왕은 백성에게 무자비한 말을 했습니다. 르호보암은 나이 든 지도자들의 충고를 듣지 않고 젊은 사람들이 일러 준 대로 말했습니다. "내 아버지는 너희에게 고된 일을 시켰지만 나는 너희에게 훨씬 더 고된 일을 시키겠다. 내 아버지는 너희를 가죽 채찍으로 쳤지만 나는 너희를 전갈의 독침으로 다스리겠다." 이처럼 르호보암 왕은 백성이 원하는 것을 들어주지 않았습니다. 이 일은 하나님께서 그렇게 하도록 하신 일입니다. 여호와께서 이 일을 하신 것은 실로의 예언자 아히야를 시켜 느밧의 아들 여로보암에게 하신 약속을 이루시기 위해서였습니다.

이스라엘 모든 백성은 르호보암 왕이 자기들의 말을 들어주지 않는 것을 보고 왕에게 말했습니다. "다윗에게 우리가 받을 몫이 없다. 우리는 이새의 아들과 상관없다. 이스라엘 백성아, 우리 집으로 돌아가자. 다윗의 아들아, 네 백성이나 다스려라." 그리하여 이스라엘 백성은 자기 집으로 돌아갔습니다. 그러나 유다의 여러 마을에 사는 이스라엘 백성은 르호보암을 섬겼습니다. 하도람은 강제로 동원된 일꾼들을 감독하는 사람이었는데 *르호보암 왕이 그* 하도람을 이스라엘 백성에게 보내자 백성은 돌을 던져서 하도람을 죽였습니다. 그러자 르호보암 왕은 서둘러 전차를 타고 예루살렘으로 도망쳤습니다. 그때부터 이스라엘은 다윗의 집안에 반역을 했습니다.

르호보암은 예루살렘에 이르러 가장 뛰어난 군인 십팔만 명을 모았습니다. 그들은 유다와 베냐민의 가문에서 모은 백성입니다. 르호보암은 이스라엘 백성과 싸워 자기 나라를 되찾으려 했습니다. 그러나 여호와께서 하나님의 사람 스마야에게 말씀하셨습니다. "스마야야, 유다 왕 솔로몬의 아들 르호보암에게 전하여라. 그리고 유다와 베냐민에 사는 모든 이스라엘 백성에게 이렇게 전하여라. '너희는 너희 형제인 이스라엘 백성과 싸우지 말고 모두 집으로 돌아가거라. 이 모든 일은 내가 일으킨 것이다.'" 그러자 르호보암 왕과 그의 군대는 여호와의 명령에 복종했습니다. 그들은 여로보암을 치러 가지 않고 돌아섰습니다.

르호보암이 여러 성을 요새화하다

르호보암은 예루살렘에 살면서 유다의 여러 성을 요새로 만들었습니다. 그는 베들레헴과 에담과 드고아와 벧술과 소고와 아둘람과 가드와 마레사와 십과 아도라임과 라기스와 아세가와 소라와 아얄론과 헤브론 성을 새로 쌓았습니다. 이 성들은 르호보암이 유다와 베냐민에 건설한 요새입니다. 르호보암은 그 성들을 요새로 만든 다음 그곳에 지휘관을 두었습니다. 그리고 음식과 기름과 포도주를 쌓아 두었습니다. 그리고 르호보암은 모든 성에 방패와 창을 두어 그 성들을 강하게 만들었습니다. 르호보암은 유다와 베냐민의 모든 성에 사는 백성을 자기 밑에 두고 다스렸습니다.

이스라엘 모든 땅의 제사장과 레위 사람들이 르호보암에게로 왔습니다. 레위 사람들은 목초지와 밭까지 버리고 유다와 예루살렘으로 왔습니다. 왜냐하면 그들이 여호와를 섬기는 제사장으로 일하는 것을 여로보암과 그의 아들들이 막았기 때문입니다. 여로보암은 자기 마음대로 제사장을 뽑았습니다. 그리고 그들에게 자기가 만든 염소 우상과 소 우상을 섬기게 했습니다. 이스라엘 모든 지파에는 이스라엘의 하나님이신 여호와를 섬기려는 사람들이 있었습니다. 그들은 여호와께 제사를 드리러 레위 사람들과 함께 예루살렘으로 가곤 했습니다. 이 사람들은 유다 나라를 강하게 해 주었습니다. 그리고 그들은 솔로몬의 아들 르호보암을 삼 년 동안 도와주었습니다. 그 삼 년 동안 그들은 다윗과 솔로몬의 본을 받아서 살았습니다.

르호보암의 집안

르호보암은 마할랏과 결혼했습니다. 마할랏은 여리못과 아비하일의 딸입니다. 여리못은 다윗의 아들이고 아비하일은 엘리압의 딸입니다. 엘리압은 이새의 아들입니다. 마할랏이 르호보암에게 낳아 준 아들은 여우스와 스마랴와 사함입니다. 그 뒤에 르호보암은 압살롬의 딸 마아가와 결혼했습니다. 마아가는 르호보암에게 아비야와 앗대와 시사와 슬로밋을 낳아 주었습니다. 르호보암은 다른 아내들과 첩들보다 마아가를 더 사랑했습니다. 르호보암에게는 아내 십팔 명과 첩 육십 명이 있었고, 아들 이십팔 명과 딸 육십 명이 있었습니다. 르호보암은 아비야를 뽑아 그의 형제들의 우두머리로 삼았습니다. 그것은 아비야를 왕으로 세우려 했기 때문입니다. 르호보암은 지혜롭게 행동했습니다. 그는 자기 아들들을 유다와 베냐민의 모든 지역으로 보냈습니다. 그는 모든 요새에 자기 아들들을 보냈습니다. 그리고 그들에게 양식을 넉넉하게 주었고, 아내들도 얻어 주었습니다.

시삭이 예루살렘을 공격하다

르호보암은 강한 왕이 되고, 나라도 견고하게 세웠습니다. 그러자 온 이스라엘 백성은 여호와의 가르침을 저버리기 시작했습니다. 르호보암이 왕으로 있은 지 오 년째 되던 해에 이집트의 왕 시삭이 예루살렘에 쳐들어왔습니다. 그 일이 일어난 까닭은 르호보암과 백성이 여호와를 따르지 않았기 때문입니다. 시삭은 전차 천이백 대와 기마병 육만 명을 거느리고 왔습니다. 그는 셀 수도 없이 많은 리비아와 숙과 에티오피아의 군대를 이끌고 이집트에서 쳐들어왔습니다. 시삭은 유다의 요새들을 점령하고 예루살렘까지 진격했습니다. 그때에 예언자 스마야가 시삭을 두려워해서 예루살렘에 모여 있던 르호보암과 유다의 지도자들에게 왔습니다. 스마야가 그들에게 말했습니다. “여호와께서 이렇게 말씀하셨소. ‘너희가 나를 저버렸으니 나도 너희를 버려 너희를 시삭에게 넘겨주겠다.’ ” 그러자 유다의 지도자들과 르호보암 왕이 잘못을 뉘우치고 말했습니다. “여호와께서는 옳은 일만 하십니다.” 여호와께서는 그들이 자기 잘못을 뉘우치는 모습을 보시고 스마야에게 말씀하셨습니다. “왕과 지도자들이 잘못을 뉘우치고 있으므로 그들을 멸망시키지 않고 곧 구해 주겠다. 시삭을 시켜 예루살렘을 멸망시키지는 않겠다. 그러나 예루살렘 백성은 시삭의 종이 될 것이다. 그래야 그들은 나를 섬기는 것과 다른 나라의 왕들을 섬기는 것이 어떻게 다른지 알게 될 것이다.”

이집트의 왕 시삭은 예루살렘을 공격하여 여호와의 성전과 왕궁에서 보물을 빼앗아 갔습니다. 그는 하나도 남김없이 다 털어 갔습니다. 솔로몬이 만든 금방패까지 다 가져갔습니다. 그래서 르호보암 왕은 금방패 대신에 놋방패를 만들어서 왕궁문을 지키는 사람들에게 주었습니다. 왕이 여호와의 성전에 들어갈 때마다 경호원들이 그 방패들을 가지고 갔다가 일이 끝나면 다시 경호실에 놓아두었습니다. 르호보암이 잘못을 뉘우치자 여호와께서 분노를 거두셨습니다. 그래서 르호보암을 완전히 멸망시키지는 않으셨습니다. 유다는 그래도 형편이 좋았습니다.

르호보암 왕은 예루살렘에서 강한 왕이 되었습니다. 그는 사십일 세에 왕이 되어 십칠 년 동안 예루살렘에서 왕으로 지냈습니다. 예루살렘은 여호와께서 예배를 받으시려고 이스라엘 모든 지파 가운데서 뽑으신 성입니다. 르호보암의 어머니는 암몬 사람 나아마입니다. 르호보암은 무슨 일을 할 때든지 여호와의 뜻을 여쭈어 보지 않고 악한 일을 했습니다.

르호보암이 한 일은 처음부터 끝까지 예언자 스마야와 선견자 잇도가 쓴 역사책에 적혀 있습니다. 르호보암과 여로보암 사이에는 늘 전쟁이 있었습니다. 르호보암이 죽어 다윗 성에 묻히고, 르호보암의 아들 아비야가 왕이 되었습니다.

유다의 아비야 왕

여로보암이 이스라엘의 왕으로 있은 지 십팔 년째 되는 해에 아비야가 유다의 왕이 되었습니다. 아비야는 예루살렘에서 삼 년 동안 다스렸습니다. 그의 어머니는 기브아 사람 우리엘의 딸 미가야였습니다.

아비야와 여로보암 사이에는 전쟁이 있었습니다. 아비야는 뛰어난 군인 사십만 명을 이끌고 전쟁터로 나갔고, 여로보암도 뛰어난 군인 팔십만 명을 이끌고 아비야와 싸울 준비를 했습니다. 아비야가 에브라임 산지의 스마라임 산 위에 서서 말했습니다. "여로보암과 모든 이스라엘아, 내 말을 들어라. 너희는 이것을 알아야 한다. 이스라엘의 하나님 여호와께서 다윗과 그의 아들들을 영원히 이스라엘의 왕이 되게 해 주셨다. 하나님께서 이 권리를 영원한 언약과 함께 다윗에게 주셨다. 그러나 솔로몬의 신하들 가운데 한 사람인 느밧의 아들 여로보암이 자기 주인을 배반했다. 그러자 건달과 불량배들이 여로보암의 친구가 되었다. 그들은 솔로몬의 아들 르호보암에게 반역했다. 르호보암은 어려서 어떻게 해야 할지 몰라 그들을 막지 못했다.

너희는 여호와의 나라에 대해 반역을 꾀하고 있다. 여호와의 나라는 다윗의 아들들의 것이다. 너희는 백성의 수도 많고, 여로보암이 너희의 신이라며 만들어 준 금송아지들을 가지고 있다. 너희는 아론의 자손인 여호와의 제사장과 레위 사람들을 쫓아내고 다른 나라 백성들처럼 너희 마음대로 제사장을 뽑았다. 누구든지 수송아지 한 마리와 숫양 일곱 마리만 갖다 바치면 제사장이 되었다. 하나님도 아닌 헛된 신들의 제사장이 되었다. 그러나 여호와께서 우리의 하나님이 되시니 우리가 여호와를 저버리지 않았다. 여호와를 섬기는 제사장은 아론의 자손이다. 그리고 레위 사람들이 제사장을 도와 제사장들과 함께 여호와를 섬긴다. 그들은 아침저녁으로 여호와께 번제를 드리며 성전 안의 특별한 상 위에 빵을 놓아두고 저녁마다 금등잔대에 불을 밝힌다. 우리는 우리 여호와 하나님의 명령에 복종하지만 너희는 그분을 저버렸다. 하나님께서 우리와 함께 계신다. 하나님은 우리를 다스리는 분이시며, 하나님의 제사장들이 우리와 함께 있다. 제사장들은 나팔을 불어 우리로 하여금 너희와 싸우게 한다. 이스라엘 사람들아, 여호와와 맞서서 싸우지 마라. 너희는 이기지 못한다. 여호와는 너희 조상의 하나님이시다."

그러나 여로보암은 몇몇 부대를 아비야의 군대 뒤로 몰래 보냈습니다. 여로보암이 아비야의 군대 앞에 있는 동안 여로보암의 군인들은 아비야의 군대 뒤에 있었습니다. 아비야의 군인들이 둘러보니 여로보암의 군대가 앞과 뒤 양쪽에서 공격해 오는 것이 보였습니다. 그래서 그들은 여호와께 부르짖었습니다. 그리고 제사장들은 나팔을 불었습니다. 유다의 군인들이 함성을 지르자 하나님께서 여로보암과 이스라엘 군대를 물리쳐 주셨습니다. 그들은 아비야와 유다 군대를 피해 도망쳤습니다. 이스라엘 군인들은 유다 군인들을 피해 도망쳤습니다. 하나님께서 유다 군대에게 승리를 안겨주셨습니다. 아비야의 군대는 이스라엘 군인들을 많이 죽였습니다. 이스라엘의 용사 오십만 명이 죽었습니다. 이렇게 이스라엘 백성이 싸움에서 지고 유다 백성이 이겼습니다. 유다 백성이 이긴 것은 그들이 그들의 조상의 하나님이신 여호와를 의지했기 때문입니다. 아비야의 군대가 여로보암의 군대를 뒤쫓았습니다. 아비야의 군대는 여로보암에게서 벧엘과 여사나와 에브론 성과 그 주변 마을들을 빼앗았습니다. 여로보암은 아비야가 살아 있는 동안에는 다시 더 강해지지 못했습니다. 여호와께서 여로보암을 치시니 여로보암이 죽었습니다. 반면 아비야는 매우 강해졌습니다. 아비야는 십사 명의 여자와 결혼하여 아들 이십이 명과 딸 십육 명을 두었습니다. 아비야가 한 다른 모든 일, 곧 그가 한 말과 행동은 선견자 잇도가 쓴 글에 적혀 있습니다.

아비야가 죽어 다윗 성에 묻혔습니다. 아비야의 아들 아사가 그의 뒤를 이어 왕이 되었습니다. 아사의 시대에 십 년 동안 그 땅에 평화가 있었습니다.

유다의 아사 왕

아사는 여호와께서 보시기에 올바른 일을 했습니다. 아사는 우상을 섬기는 데에 썼던 이방 제단과 산당들을 없애 버렸습니다. 그리고 헛된 신들을 기념하는 돌기둥들을 부숴 버리고, 아세라 우상들을 찍어 버렸습니다. 아사는 유다 백성에게 명령하여 그들의 조상이 섬기던 하나님께 복종하게 했습니다. 아사는 그들에게 여호와의 가르침과 계명을 지키라고 명령했습니다. 아사는 유다의 모든 마을에서 산당과 향 제단을 없애 버렸습니다. 그리하여 아사가 왕으로 있는 동안에는 평화가 있었습니다. 아사는 나라가 평화로운 때에 유다에 요새들을 건설했습니다. 여호와께서 아사에게 평화를 주셨기 때문에 아사는 전쟁을 하지 않아도 되었습니다. 아사가 유다 백성에게 말했습니다. "이 성들을 짓고 그 둘레에 성벽을 쌓읍시다. 망대와 성문과 성문 빗장도 만듭시다. 우리가 우리 하나님 여호와께 복종했으므로 이 성은 우리 것이오. 우리가 애써 주께 복종하니 주께서 온 둘레에 평화를 주셨소." 그리하여 그들은 지으려고 계획했던 것들을 잘 지었습니다. 아사에게는 유다 백성으로 이루어진 군대가 삼십만 명이 있었고, 베냐민 백성으로 이루어진 군대가 이십팔만 명 있었습니다. 유다의 군인들은 큰 방패와 창을 가지고 있었고, 베냐민의 군인들은 작은 방패와 활을 가지고 있었습니다. 이들은 모두 용감한 군인이었습니다.

에티오피아 사람 세라가 아사의 군대와 싸우러 왔습니다. 세라에게는 많은 군대와 전차 삼백 대가 있었습니다. 세라의 군대가 마레사 마을까지 왔습니다. 아사가 세라와 맞서 싸우려고 마레사의 스바다 골짜기에서 싸움을 준비했습니다. 아사가 그의 하나님 여호와께 부르짖었습니다. "여호와여, 약한 백성이 강한 백성과 맞서 싸울 때는 오직 주께서 도와주셔야 이길 수 있습니다. 우리의 여호와 하나님이시여, 우리를 도와주십시오. 우리는 여호와 하나님을 의지합니다. 우리는 주의 이름으로 이 큰 군대와 맞서 싸웁니다. 여호와여, 주는 우리의 하나님이십니다. 아무도 주와 싸워서 이기지 못하도록 해 주십시오." 그리고 나서 아사의 유다 군대는 에티오피아 사람들을 공격하였습니다. 그러자 여호와께서 에티오피아 사람들을 물리쳐 주셨습니다. 에티오피아 사람들은 도망쳤습니다. 아사의 군대는 그랄 마을까지 그들을 뒤쫓았습니다. 에티오피아 사람들이 너무나 많이 죽어서 그들의 군대는 다시 싸울 힘을 잃었습니다. 그들은 여호와와 그의 군대에 멸망당했습니다. 아사와 그의 군대는 적군으로부터 귀중한 물건들을 많이 빼앗았습니다. 그들은 그랄 주변의 마을들을 다 멸망시켰습니다. 그 마을들에 사는 백성은 여호와를 두려워했습니다. 그 마을들에도 귀중한 물건들이 많이 있었습니다. 아사의 군대는 그 물건들을 빼앗아 갔습니다. 아사의 군대는 목자들의 천막도 공격했습니다. 거기에서 양과 낙타를 많이 빼앗았습니다. 그런 다음에 그들은 예루살렘으로 돌아왔습니다.

아사의 개혁

하나님의 영이 오뎃의 아들 아사랴에게 들어갔습니다. 아사랴가 아사를 만나서 말했습니다. "아사 왕과 온 유다와 베냐민 백성은 내 말을 들으시오. 여러분이 여호와와 함께 있는 한 여호와도 여러분과 함께 계실 것이오. 여러분이 주를 찾으면 찾을 수 있겠지만, 주를 버리면 주께서도 여러분을 버리실 것이오. 이스라엘은 오랫동안 참된 하나님 없이 살아왔소. 그리고 그들을 가르칠 제사장도 없었고, 율법도 없었소. 그러나 그들은 어려움을 당하면 이스라엘의 여호와 하나님께 다시 돌아왔소. 주를 구하여 찾았소. 그러면 주께서 저희들을 만나 주셨소. 그때는 아무도 마음 놓고 다닐 수 없었소. 온 나라에 재앙이 가득했소. 한 나라가 다른 나라를 멸망시키고, 한 성이 다른 성을 멸망시켰소. 그것은 하나님께서 온갖 재앙으로 그들을 괴롭히셨기 때문이오. 그러나 여러분은 힘을 내시오. 낙심하지 마시오. 여러분이 한 좋은 일에 대해 상이 있을 것이오."

아사는 이 모든 말과 예언자 오뎃의 예언을 듣고 용기를 내어 온 유다와 베냐민에서 역겨운 우상들을 없애 버렸습니다. 그리고 그가 에브라임 산지에서 빼앗은 성에서도 우상들을 없애 버렸습니다. 아사는 성전의 현관 앞에 있는 여호와의 제단을 고쳤습니다. 그런 다음에 아사는 유다와 베냐민의 모든 백성을 불러 모았습니다. 그리고 유다에 사는 에브라임과 므낫세와 시므온 지파의 백성도 불러 모았습니다. 아사의 하나님 여호와께서 아사와 함께 계시는 것을 보고 이스라엘에서도 많은 백성이 왔습니다. 아사와 모든 백성은 예루살렘에 모였습니다. 그때는 아사가 왕으로 있은 지 십오 년째 되던 해의 셋째 달이었습니다. 그들은 그때에 여호와께 소 칠백 마리와 양 칠천 마리를 바쳤습니다. 그 짐승들은 적에게서 빼앗아 온 것입니다. 그런 다음에 그들은 언약을 맺었습니다. 그들은 마음을 다해 그들의 조상이 섬기던 여호와 하나님을 따르기로 약속했습니다. 누구든지 이스라엘의 하나님이신 여호와를 따르지 않는 사람은 죽이기로 했습니다. 그 사람이 귀한 사람이든지 귀하지 않은 사람이든지, 남자든지 여자든지 가리지 않고 죽이기로 했습니다. 아사와 모든 백성은 여호와 앞에서 맹세를 했습니다. 그들은 큰 소리로 함성을 질렀습니다. 그리고 피리와 나팔을 불었습니다.

온 유다 백성은 그런 맹세를 한 것이 기뻤습니다. 그들은 마음을 다해서 맹세했습니다. 그들은 하나님을 구하여 찾았습니다. 그래서 여호와께서도 그들을 만나 주시고 사방에 쉼을 주셨습니다.

아사 왕은 자기 어머니 마아가를 태후의 자리에서 물러나게 했습니다. 그것은 마아가가 주께서 역겨워하시는 아세라 우상을 만들었기 때문입니다. 아사는 그 우상을 베어서 토막을 낸 다음에 기드론 골짜기에서 불태워 버렸습니다. 그러나 헛된 신들을 섬기던 산당들이 유다에서 다 없어진 것은 아니었습니다. 아사는 평생토록 온전한 마음으로 주를 섬겼습니다. 아사는 자기와 자기 아버지의 거룩한 예물을 하나님의 성전에 바쳤습니다. 그 예물은 금과 은으로 만들어진 것입니다. 아사가 왕으로 있은 지 삼십오 년째 되던 해까지 전쟁이 없었습니다.

아사의 시대에 일어난 다른 일들

아사가 왕으로 있은 지 삼십육 년째 되는 해에 이스라엘의 바아사 왕이 유다로 쳐들어왔습니다. 바아사는 라마로 가서 그 성을 굳건하게 쌓고는 자기 나라 백성이 유다로 들어가거나 유다에서 나오는 것을 막으려 했습니다. 아사가 여호와의 성전과 자기 왕궁의 보물 가운데 남아 있는 금과 은을 꺼내어 사람들을 시켜 아람의 왕 벤하닷에게 보냈습니다. 벤하닷은 다마스커스 성에서 살고 있었습니다. 아사는 벤하닷에게 이렇게 전했습니다. "내 아버지와 그대의 아버지가 평화 조약을 맺었듯이, 그대와 나도 조약을 맺읍시다. 그대에게 금과 은을 보내니, 이스라엘의 왕 바아사와 맺은 조약을 깨뜨리시고, 그가 내 땅에서 자기 군대를 이끌고 떠나게 해 주십시오." 벤하닷은 아사 왕의 말에 찬성했습니다. 그래서 그는 자기 군대의 지휘관들을 보내어 이스라엘 마을들을 공격하게 했습니다. 그의 지휘관들은 이욘과 단과 아벨마임을 점령했습니다. 그리고 보물을 보관해 두는 납달리의 모든 성들도 점령했습니다. 바아사가 그 소식을 듣고 라마 성을 쌓는 일을 멈추었습니다. 아사가 유다의 모든 백성을 불러 모았습니다. 그들은 라마로 가서 바아사가 성을 쌓을 때 쓰던 돌과 나무를 날랐습니다. 그들은 그것으로 게바와 미스바를 지었습니다.

그때에 선견자 하나니가 유다의 아사 왕에게 와서 말했습니다. "왕은 왕의 하나님 여호와를 의지하지 않고 아람 왕을 의지했습니다. 그러므로 이제 아람 왕의 군대는 왕의 손에서 벗어났습니다. 에티오피아 사람과 리비아 사람들에게는 크고 강한 군대가 있습니다. 그들에게는 전차와 기마병도 많이 있습니다. 그러나 왕이 여호와를 의지했기 때문에 여호와께서 도우셔서 그들을 이길 수 있었습니다. 여호와께서는 온 땅에서 온전히 여호와께 몸을 맡기는 사람을 찾고 계십니다. 여호와께서는 그런 사람들을 강하게 해 주기를 원하십니다. 아사 왕이여, 왕은 어리석은 짓을 했습니다. 이제부터 왕은 여러 전쟁에 시달려야 할 것입니다." 아사는 선견자 하나니의 말을 듣고 화가 나서 그를 감옥에 가두었습니다. 아사는 그때에 다른 백성들도 압제했습니다.

아사가 한 일은 처음부터 끝까지 유다와 이스라엘 왕들의 역사책에 적혀 있습니다. 아사가 왕으로 있은 지 삼십구 년째 되던 해에 그의 발에 병이 났습니다. 그의 병은 아주 심한 병이었습니다. 그러나 아사는 그렇게 아프면서도 여호와를 찾지 않고 의사들만 찾았습니다. 그래서 아사는 왕으로 있은 지 사십일 년째 되던 해에 죽었습니다. 백성들은 아사가 다윗 성에 미리 준비해 둔 무덤에 묻어 주었습니다. 백성은 아사를 침대 위에 눕혔습니다. 그 침대는 온갖 향료를 섞어 만든 향으로 가득한 침대였습니다. 그리고 백성은 아사를 기념하기 위해 큰불을 밝혔습니다.

유다의 여호사밧 왕

아사의 아들 여호사밧이 아사의 뒤를 이어 유다 왕이 되었습니다. 여호사밧은 이스라엘과 맞서 싸우려고 유다를 강하게 만들었습니다. 그는 유다의 모든 요새에 군대를 두고 그의 아버지 아사가 점령한 에브라임의 여러 마을에도 군대를 두었습니다. 여호사밧이 올바른 일을 하였으므로 여호와께서 그와 함께 계셨습니다. 여호사밧은 처음 왕이 되었을 때에 그 조상 다윗처럼 살았습니다. 여호사밧은 바알 우상들을 찾지 않았습니다. 그는 그의 아버지 아사처럼 하나님을 찾으며 하나님의 명령에 복종했습니다. 그는 이스라엘 백성처럼 살지 않았습니다. 여호와께서 여호사밧을 유다의 강한 왕으로 만들어 주셨습니다. 유다의 모든 백성이 여호사밧에게 선물을 가져왔습니다. 그래서 여호사밧은 큰 부와 명예를 얻었습니다. 여호사밧은 열심으로 여호와를 섬겼습니다. 그는 유다에서 산당과 아세라 우상들을 없앴습니다.

여호사밧은 왕이 된 지 삼 년째 되던 해에 자기 신하들을 유다의 모든 마을에 보내어 백성을 가르치게 했습니다. 여호사밧이 보낸 신하는 벤하일과 오바댜와 스가랴와 느다넬과 미가야입니다. 여호사밧은 그들 말고도 레위 사람, 곧 스마야와 느다냐와 스바댜와 아사헬과 스미라못과 여호나단과 아도니야와 도비야와 도바도니야도 보냈습니다. 그리고 제사장 엘리사마와 여호람도 보냈습니다. 이 지도자와 레위 사람과 제사장들은 유다 백성을 가르쳤습니다. 그들은 율법책을 가지고 유다의 모든 마을을 다니며 백성을 가르쳤습니다.

유다 근처의 나라들은 여호와를 두려워했습니다. 그래서 그들은 여호사밧에게 싸움을 걸지 못했습니다. 어떤 블레셋 사람들은 여호사밧에게 선물과 은을 조공으로 바쳤습니다. 어떤 아라비아 사람들은 여호사밧에게 짐승들을 바쳤습니다. 그들은 숫양 칠천칠백 마리와 숫염소 칠천칠백 마리를 가져왔습니다. 여호사밧은 점점 더 강해졌습니다. 그는 유다 안에 요새와 국고성들을 지었습니다. 그는 유다의 여러 마을에 양식을 많이 저장해 두었습니다. 그리고 훈련된 군인들을 예루살렘에 두었습니다. 그 군인들은 집안별로 이름이 올라 있었습니다. 유다 집안 사람으로서 천부장은 이러합니다. 아드나는 군인 삼십만 명을 거느렸고, 여호하난은 군인 이십팔만 명을 거느렸습니다. 시그리의 아들 아마시야는 이십만 명을 거느렸습니다. 그는 스스로 나서서 여호와를 섬기기로 했습니다. 베냐민 집안 사람 가운데서는 엘리아다가 활과 방패를 쓰는 군인 이십만 명을 거느렸고, 여호사밧은 무장한 군인 십팔만 명을 거느렸습니다. 이 모든 군인들이 여호사밧 왕을 섬겼습니다. 왕은 다른 군인들도 유다 전체의 요새에 두었습니다.

미가야가 아합 왕에게 경고하다

여호사밧은 큰 부와 명예를 누렸습니다. 그는 결혼을 통해서 아합 왕과 동맹을 맺었습니다. 몇 해 뒤에 여호사밧이 사마리아로 내려가서 아합을 방문했습니다. 아합은 여호사밧과 그와 함께 온 사람들을 대접하려고 양과 소를 많이 잡았습니다. 아합은 여호사밧을 부추겨 길르앗 라못을 치게 했습니다. 이스라엘의 아합 왕이 유다의 여호사밧 왕에게 물었습니다. "나와 함께 길르앗 라못을 치러 가시겠습니까?" 여호사밧이 대답했습니다. "왕과 함께 가겠습니다. 내 군인들은 왕의 군인이나 마찬가지입니다. 왕과 함께 싸우러 나가겠습니다."

그리고 여호사밧이 또 아합에게 말했습니다. "그러나 싸우러 가기 전에 먼저 여호와께 여쭈어 보는 것이 좋겠습니다." 그래서 아합 왕이 예언자들을 불러 모았습니다. 모인 예언자는 사백 명가량 되었습니다. 아합이 그들에게 물었습니다. "길르앗 라못을 치러 가는 것이 좋겠소, 아니면 가지 않는 것이 좋겠소?" 예언자들이 대답했습니다. "싸우러 가십시오. 하나님께서 그들을 왕의 손에 넘겨주실 것입니다." 그러나 여호사밧이 물었습니다. "여기에 여호와의 뜻을 여쭤 볼 만한 다른 예언자는 없습니까?" 아합 왕이 여호사밧에게 말했습니다. "여호와의 뜻을 여쭤 볼 다른 예언자가 있기는 합니다만, 나는 그를 미워합니다. 그는 이믈라의 아들 미가야라고 하는데 그는 한 번도 나에게 좋은 예언을 해 준 적이 없습니다. 그는 언제나 나쁜 말만 합니다." 여호사밧이 말했습니다. "아합 왕이여, 그렇게 말씀하시면 안 됩니다." 그래서 아합 왕이 신하들 가운데 한 사람을 불러 당장 미가야를 데려오라고 말했습니다. 이스라엘의 아합 왕과 유다의 여호사밧 왕은 왕의 옷을 입고 있었습니다. 그들은 타작마당에 놓인 보좌 위에 앉아 있었습니다. 그곳은 사마리아 성문 입구에서 가까웠습니다. 예언자들은 두 왕 앞에 서서 예언을 하고 있었습니다. 그 예언자들 가운데에 그나아나의 아들 시드기야가 있었는데 그는 쇠뿔을 만들어 가지고 있었습니다. 그가 아합에게 말했습니다. "여호와께서 이렇게 말씀하셨습니다. '너는 이 뿔들을 가지고 아람 사람과 싸워라. 너는 그들을 멸망시킬 것이다.' " 다른 예언자들도 다 똑같은 말을 했습니다. "길르앗 라못을 치십시오. 그러면 이기실 것입니다. 여호와께서 아람 사람을 왕에게 넘겨주실 것입니다."

미가야를 데리러 갔던 사람이 미가야에게 말했습니다. "다른 예언자들은 한결같이 아합 왕이 아람 사람들과 싸워 이길 것이라고 말하고 있소. 당신도 같은 말을 하는 것이 좋을 것이오. 왕에게 좋은 말을 해 주시오." 그러나 미가야가 말했습니다. "여호와의 살아 계심을 두고 맹세하지만 나는 오직 하나님께서 말씀해 주시는 것만을 전할 뿐이오." 미가야가 아합 왕에게 이르자 왕이 미가야에게 물었습니다. "미가야여, 우리가 길르앗 라못을 치는 것이 좋겠소, 치지 않는 것이 좋겠소?" 미가야가 대답했습니다. "치시오. 그러면 이길 것이오. 그들을 물리칠 수 있을 것이오." 아합 왕이 미가야에게 말했습니다. "여호와의 이름으로 진실만을 이야기하시오. 몇 번이나 말해 줘야 알아듣겠소?" 그러자 미가야가 대답했습니다. "모든 이스라엘 군대가 목자 없는 양처럼 이 산 저 산에 흩어져 있는 것이 보이오. 여호와께서 말씀하셨소. '이들에게는 지도자가 없다. 싸우지 말고 집으로 돌아가게 하여라.' " 이스라엘의 아합 왕이 여호사밧에게 말했습니다. "그것 보십시오. 이 예언자는 한 번도 좋은 말을 해 준 적이 없습니다. 언제나 나에 대해 나쁜 말만 합니다." 그러나 미가야가 계속해서 말했습니다. "여호와의 말씀을 들으시오. 여호와께서 보좌에 앉아 계시고 하늘의 만군이 양쪽 옆에 서 있는 것이 보이오. 여호와께서 말씀하셨소. '누가 이스라엘의 아합 왕을 속여 길르앗 라못을 치러 가서 죽게 하겠느냐?' 그러자 영마다 서로 다른 의견을 말했소. 그때에 한 영이 나아와 여호와 앞에 서면서 '내가 그를 속이겠습니다' 하고 말했소. 여호와께서 그에게 물으셨소. '어떻게 아합을 속이겠느냐?' 그 영이 대답했소. '아합의 예언자들에게 가서 거짓말을 하게 하겠습니다.' 그러자 여호와께서 말씀하셨소. '너는 그를 속일 수 있을 것이다. 가서 그대로 하여라.' " 미가야가 말했습니다. "아합이여, 이 일은 이미 일어났소. 여호와께서는 왕의 예언자들이 왕에게 거짓말을 하게 하셨소. 여호와께서는 큰 재앙을 왕에게 내리셨소."

그러자 그나아나의 아들 시드기야가 미가야에게 가더니 미가야의 뺨을 때리며 말했습니다. "여호와의 영이 언제 나에게서 나가서 너에게 말씀하셨느냐?" 미가야가 대답했습니다. "네가 구석 방으로 들어가서 숨는 날에 그 사실을 알게 될 것이다." 아합 왕이 명령했습니다. "미가야를 붙잡아서 이 성의 영주인 아몬과 왕의 아들 요아스에게 데려가거라. 미가야를 감옥에 넣으라고 그들에게 일러라. 내가 전쟁터에서 돌아올 때까지 그를 감옥에 가두어 놓고 빵하고 물만 주어라." 미가야가 말했습니다. "아합이여, 만약 왕이 전쟁터에서 무사히 돌아온다면 내가 전한 말은 여호와께서 하신 말씀이 아닙니다. 여기에 있는 모든 백성이여, 내 말을 기억하시오."

아합이 죽다

이스라엘의 아합 왕과 유다의 여호사밧 왕은 길르앗 라못으로 갔습니다. 아합 왕이 여호사밧에게 말했습니다. "나는 변장을 하고 싸움터에 갈 테니 왕은 왕의 옷을 입으십시오." 아합은 변장을 하고 싸움터로 갔습니다. 아람의 왕이 자기의 전차 지휘관들에게 명령했습니다. "다른 사람은 높은 사람이든지 낮은 사람이든지 상대할 것 없고, 오직 이스라엘의 왕하고만 싸워라." 이 지휘관들은 여호사밧을 보고 그를 이스라엘의 왕으로 생각해서 그에게 달려들었습니다. 그러나 여호사밧이 소리를 지르자, 여호와께서 그를 도와주셨습니다. 지휘관들은 그가 아합 왕이 아니라는 것을 알고 여호사밧을 더 이상 뒤쫓지 않았습니다. 어떤 군인이 화살을 쏘았는데 그 화살이 우연히 이스라엘의 아합 왕에게 맞았습니다. 화살이 갑옷 틈새를 뚫고 아합의 몸에 꽂혔습니다. 아합 왕이 전차를 모는 군인에게 말했습니다. "전차를 돌려서 이 싸움터에서 빠져나가거라. 내가 다쳤다." 싸움은 하루 종일 계속되었습니다. 아합 왕은 전차 안에 겨우 버티고 서서 저녁 때까지 아람 사람들을 막았으나 해 질 무렵에 숨을 거두었습니다.

유다의 여호사밧 왕은 무사히 예루살렘의 자기 왕궁으로 돌아왔습니다. 하나니의 아들 예후가 와서 여호사밧 왕에게 말했습니다. 예후는 선견자였습니다. "어찌하여 악한 백성을 도와주셨습니까? 어찌하여 여호와를 미워하는 사람들을 사랑하십니까? 그 때문에 여호와께서 왕에게 노하셨습니다. 그러나 왕은 좋은 일도 하셨습니다. 그것은 왕이 아세라 우상들을 이 땅에서 쫓아내고, 열심히 하나님을 찾으려고 했던 것입니다."

여호사밧이 재판관들을 뽑다

여호사밧은 예루살렘에서 살았습니다. 그는 브엘세바에서 에브라임 산지까지 다니면서 백성의 사는 모습을 살피고 그들을 그들 조상의 여호와 하나님께로 돌아오게 했습니다. 여호사밧은 모든 땅에 재판관들을 세웠습니다. 그는 유다의 요새마다 재판관들을 세웠습니다. 여호사밧이 재판관들에게 말했습니다. "여러분은 백성을 위해 재판하는 것이 아니라 여호와를 위해 재판하는 것이오. 그러니 일을 할 때에 조심해서 하시오. 여러분이 재판을 할 때에 여호와께서 여러분과 함께 계실 것이오. 이제 여러분은 여호와를 두려워해야 하오. 우리 여호와 하나님께서는 모든 백성을 공평하게 다루기를 원하시며 뇌물을 받고 잘못 재판하는 것을 싫어하시오."

여호사밧은 예루살렘에서 레위 사람과 제사장과 이스라엘 각 집안의 지도자들을 재판관으로 세웠습니다. 그들은 여호와의 율법에 관한 일들을 결정하는 책임을 맡았습니다. 그리고 예루살렘에 사는 백성들 사이에서 일어나는 문제들을 해결해야 했습니다. 여호사밧이 그들에게 명령했습니다. "여러분은 언제나 마음을 다해 여호와를 섬겨야 하오. 여호와를 두려워해야 하오. 여러분은 살인이라든지 가르침, 명령, 규례 그리고 그 밖의 율법에 대해서 다루게 될 것이오. 각 성에 살고 있는 여러분의 백성들이 그것들에 관한 문제를 가지고 올 것이오. 그 모든 문제에 대해서 여러분은 백성에게 여호와께 죄를 짓지 말라고 경고해야 하오. 그렇게 하지 않으면 여호와께서 여러분과 여러분의 백성에게 노하실 것이오. 그러나 백성에게 경고를 해 주면 여러분의 죄는 없을 것이오. 여호와와 관계가 있는 모든 문제에 대해서는 대제사장 아마랴가 여러분의 우두머리가 될 것이오. 왕과 관계가 있는 모든 문제에 대해서는 유다 지파의 지도자 이스마엘의 아들 스바댜가 여러분의 우두머리가 될 것이오. 레위 사람들도 관리가 되어 여러분을 도울 것이오. 용기를 가지시오. 옳은 일을 하는 사람들에게 여호와께서 함께 계시기를 바라오."

여호사밧이 전쟁을 하다

그 뒤에 모압 사람과 암몬 사람이 마온 사람과 함께 와서 여호사밧에게 전쟁을 걸었습니다. 어떤 사람들이 여호사밧에게 와서 전했습니다. "큰 군대가 에돔, 곧 사해 건너편에서 왕을 향해 오고 있습니다. 그들은 벌써 하사손다말, 곧 엔게디에 와 있습니다." 여호사밧은 두려웠습니다. 그래서 여호사밧은 어찌해야 할지 여호와께 여쭤 보기로 했습니다. 그는 유다 백성에게 하나님께 특별히 기도드리는 기간에는 아무도 음식을 먹지 말라고 명령했습니다. 유다 백성이 유다의 모든 마을에 모여 여호와께 도와 달라는 기도를 드렸습니다.

유다와 예루살렘 백성이 여호와의 성전의 새 뜰 앞에 모였습니다. 그러자 여호사밧이 그들 앞에 섰습니다. 여호사밧이 말했습니다. "여호와여! 여호와께서는 우리 조상의 *하나님이시고*, 하늘의 하나님이십니다. 주께서 세계 모든 민족의 나라들을 다스리십니다. 주께는 권세와 능력이 있습니다. 아무도 주 앞에 설 수 없습니다. 우리 하나님, 주는 주의 백성이 보는 앞에서 이 땅에 살던 백성을 쫓아내셨습니다. 그리고 그 땅을 영원히 주의 벗 아브라함의 자손들에게 주셨습니다. 그들은 이 땅에 살면서 주를 섬길 성전을 지어 놓고 이렇게 말했습니다. '우리에게 재앙, 곧 전쟁이나 심판이나 질병이나 가뭄의 때가 찾아오면, 우리는 주의 앞과 이 성전 앞, 곧 주의 이름이 있는 이 성전 앞에 서서 주께 부르짖을 것이다. 그러면 주께서 우리 기도를 들어주시고 우리를 구해 주실 것이다.' 그런데 지금 암몬 사람과 모압 사람과 세일 산 사람이 우리를 치러 왔습니다. 이스라엘 백성이 이집트에서 나왔을 때 주께서는 이스라엘 백성이 그들의 땅에 들어가는 것을 허락하지 않으셨습니다. 그래서 이스라엘 백성은 길을 돌려 그들을 멸망시키지 않았습니다. 그런데 그들은 우리가 그들에게 해를 끼치지 않았는데도 우리에게 앙갚음을 하려 하고 있습니다. 그들은 주께서 우리에게 주신 땅에서 우리를 쫓아내려고 왔습니다. 우리 하나님, 저 백성들에게 심판을 내리십시오. 우리를 공격하고 있는 이 큰 군대를 당할 힘이 우리에게는 없습니다. 그래서 주의 도움을 구하는 것입니다."

유다의 모든 백성이 여호와 앞에 섰습니다. 그들의 아기와 아내와 아이들도 함께 섰습니다. 그때에 여호와의 영이 야하시엘에게 내렸습니다. 야하시엘은 스가랴의 아들입니다. 스가랴는 브나야의 아들이고, 브나야는 여이엘의 아들이고, 여이엘은 맛다냐의 아들입니다. 야하시엘은 레위 사람으로서 아삽의 자손입니다. 야하시엘이 말했습니다. "여호사밧 왕이여, 내 말을 들어 보십시오. 유다와 예루살렘에 사는 모든 백성이여, 내 말을 들어 보십시오. 여호와께서 여러분에게 이렇게 말씀하셨습니다. '이 군대가 아무리 크다 해도 겁내거나 두려워하지 마라. 이 전쟁은 너희의 전쟁이 아니라 하나님의 전쟁이다. 내일 내려가서 저 백성들과 싸워라. 그들은 시스 고개로 올라올 것이다. 너희는 여루엘 광야로 이어지는 골짜기 끝에서 그들을 만날 것이다. 너희는 이 전쟁에서 싸울 필요가 없다. 그저 너희의 장소에서 굳게 서 있기만 하여라. 그러면 여호와께서 너희를 구하시는 것을 보게 될 것이다. 유다와 예루살렘아, 두려워하지 마라. 용기를 잃지 마라. 여호와께서 너희와 함께 계시다. 그러니 내일 저 백성들에게로 나가거라.'"

여호사밧이 땅에 엎드려 절했습니다. 유다와 예루살렘의 모든 백성도 여호와 앞에 엎드려 경배드렸습니다. 그때에 고핫과 고라의 자손 레위 사람들이 자리에서 일어나 여호와를 찬양했습니다. 그들은 큰 목소리로 이스라엘의 하나님을 찬양했습니다.

여호사밧의 군대가 아침 일찍 드고아 광야로 나갔습니다. 그들이 길을 떠나려 할 때에 여호사밧이 서서 말했습니다. "유다와 예루살렘 백성이여, 내 말을 들으시오. 여러분의 하나님, 여호와를 믿으시오. 그러면 굳게 설 수 있을 것이오. 주의 예언자들을 믿으시오. 그러면 성공할 수 있을 것이오." 여호사밧은 백성과 의논하여 여호와께 노래할 사람, 곧 거룩하고 놀라우신 여호와를 찬양할 사람들을 뽑았습니다. 그들이 군대 앞에서 행진하며 찬양했습니다.

"여호와께 감사드리자. 여호와의 사랑은 영원하시다."

그들이 노래를 시작하며 주를 찬양하자, 여호와께서는 유다를 치러 온 암몬과 모압과 세일 산에서 온 사람을 공격할 복병을 숨겨 놓으셨습니다. 그리고 암몬과 모압과 세일 산 사람을 치게 하셨습니다. 그러자 암몬과 모압 사람이 세일 산 사람을 공격하기 시작했습니다. 그들은 세일 산 사람을 죽여 멸망시켰습니다. 그러더니 그들은 또 자기들끼리 서로 죽였습니다.

유다 사람들이 광야를 내려다볼 수 있는 곳에 이르러 적의 큰 군대를 살펴보았습니다. 그러나 보이는 것은 오직 땅 위에 널린 시체들뿐이었습니다. 아무도 도망치지 못했습니다. 여호사밧과 그의 군대가 시체들로부터 값나가는 물건을 빼앗으러 내려가 보니 양식과 옷가지와 그 밖의 값진 것들이 많았습니다. 너무나 많아서 다 가지고 갈 수 없을 정도였고, 다 거두어들이는 데 삼 일이나 걸렸습니다. 사 일째 되는 날에 여호사밧과 그의 군대가 브라가 골짜기에 모여서 여호와를 찬양했습니다. 그곳의 이름을 지금까지 브라가 골짜기라고 부르는 것도 그 까닭입니다. 그 뒤에 여호사밧이 유다와 예루살렘의 모든 백성을 거느리고 예루살렘으로 돌아갔습니다. 여호와께서 그들의 적을 물리쳐 주셔서 그들은 기뻤습니다. 그들은 비파와 수금과 나팔을 연주하며 여호와의 성전으로 나아갔습니다. 유다 주변의 모든 나라가 여호와께서 이스라엘의 적들을 물리쳐 주신 이야기를 듣고 하나님을 두려워했습니다. 그리하여 여호사밧의 나라는 평화를 누렸습니다. 여호사밧의 하나님께서 사방으로 그에게 평화를 허락해 주셨습니다.

여호사밧의 행적

여호사밧은 유다 땅을 다스렸습니다. 그가 왕이 되었을 때의 나이는 삼십오 세였습니다. 그는 이십오 년 동안 예루살렘에서 다스렸습니다. 그의 어머니는 실히의 딸 아수바입니다. 여호사밧은 그의 아버지 아사처럼 살면서 여호와께서 보시기에 올바른 일을 했습니다. 그러나 헛된 신들을 섬기는 산당은 없애 버리지 않았습니다. 그리고 백성은 그들의 조상들처럼 하나님을 열심으로 따르지 않았습니다.

여호사밧이 한 다른 모든 일은 처음부터 끝까지 하나니의 아들 예후의 글에 적혀 있습니다. 그 글은 이스라엘 왕들의 역사책에 있습니다.

그 뒤에 유다 왕 여호사밧은 이스라엘 왕 아하시야와 조약을 맺었습니다. 아하시야는 매우 악한 왕이었습니다. 여호사밧은 아하시야와 함께 에시온게벨 마을에서 무역을 하기 위한 배들을 만들었습니다. 그러자 마레사 사람 도다와후의 아들 엘리에셀이 여호사밧에게 말했습니다. "여호사밧이여, 왕이 아하시야와 손을 잡았으므로 여호와께서 왕이 만든 것을 부수실 것입니다." 그 말대로 배들은 부서졌습니다. 그래서 여호사밧과 아하시야는 그 배들을 띄우지 못했습니다.

여호사밧이 죽어 그의 조상들과 함께 다윗 성에 묻히고, 그의 아들 여호람이 그의 뒤를 이어 왕이 되었습니다. 여호람에게는 동생들이 있었는데 그들의 이름은 아사랴와 여히엘과 스가랴와 아사랴와 미가엘과 스바댜입니다. 이들은 유다 왕 여호사밧의 아들들입니다. 여호사밧은 자기 아들들에게 은과 금과 값진 물건들을 선물로 주었습니다. 그리고 그들에게 유다의 요새들도 주었습니다. 그러나 여호람이 맏아들이기 때문에 나라는 여호람에게 주었습니다.

유다의 여호람 왕

여호람은 자기 아버지의 나라를 손아귀에 넣은 뒤에 자기 동생들을 다 칼로 죽였습니다. 그리고 이스라엘의 지도자들도 몇 명 죽였습니다. 여호람이 왕이 되었을 때의 나이는 삼십이 세였습니다. 그는 예루살렘에서 팔 년 동안 다스렸습니다. 여호람은 아합의 집안처럼 이스라엘 왕들의 길을 그대로 따랐습니다. 이는 그가 아합의 딸과 결혼했기 때문입니다. 여호람은 여호와께서 보시기에 악한 일을 했습니다. 그러나 여호와께서는 다윗의 집안을 멸망시키려 하지는 않으셨습니다. 왜냐하면 여호와께서는 다윗과 언약을 맺으시고 다윗과 그의 자손이 영원히 왕위를 차지하게 될 것이라고 약속하셨기 때문입니다.

여호람이 왕으로 있을 때에 에돔이 유다에게 반역했습니다. 에돔 백성은 자기들의 왕을 따로 세웠습니다. 그래서 여호람이 그의 모든 지휘관과 전차를 이끌고 에돔으로 갔습니다. 그런데 에돔 군대가 여호람과 그의 전차 부대를 에워쌌습니다. 그러나 밤에 여호람이 일어나 에돔 군대를 뚫고 나왔습니다. 그때부터 에돔 나라는 유다에게 반역을 해서 두 나라는 지금까지 서로 떨어져 있습니다. 그때에 립나 백성도 여호람에게 반역했습니다. 그런 일이 일어난 것은 여호람이 그들의 조상이 섬기던 여호와 하나님을 저버렸기 때문입니다.

여호람은 유다의 언덕들 위에 헛된 신들을 섬기는 산당을 지었습니다. 그는 예루살렘 백성으로 하여금 죄를 짓게 했습니다. 그리고 유다 백성을 여호와로부터 멀어지게 했습니다. 여호람이 예언자 엘리야로부터 편지를 받았는데 그 편지에는 이렇게 적혀 있습니다. "왕의 조상 다윗이 섬기던 하나님 여호와께서 이렇게 말씀하셨소. '여호람아, 너는 네 아버지 여호사밧처럼 살지 않았다. 너는 유다의 아사 왕처럼 살지 않았다. 너는 이스라엘의 다른 왕들처럼 살았다. 너는 마치 아합과 그의 집안이 그러했듯이, 유다와 예루살렘의 백성으로 하여금 하나님께 죄를 짓게 만들었다. 너는 너보다 나은 네 형제들을 죽였다. 그러므로 이제 여호와께서 네 백성에게 끔찍한 벌을 내리시며 네 자녀와 아내들과 네 모든 재산에도 벌을 내리실 것이다. 네 창자에 심한 병이 걸릴 텐데 그 병은 날마다 심해질 것이다. 그리하여 마침내 네 창자가 밖으로 빠져나올 것이다.'"

여호와께서 블레셋과 아라비아 사람들의 마음을 움직여 여호람을 미워하게 하셨습니다. 그들은 에티오피아 사람들 가까이에서 살았습니다. 그리하여 블레셋과 아라비아 사람들이 유다를 공격했습니다. 그들은 여호람의 왕궁에 있는 모든 것을 빼앗고 여호람의 자녀와 아내들도 잡아갔습니다. 여호람의 막내아들 아하시야만이 붙잡혀 가지 않았습니다.

이 일들이 있은 뒤에 여호와께서 여호람의 창자에 병이 나게 하셨습니다. 그 병은 고칠 수 없는 병이었습니다. 여호람은 이 년 동안 그 병을 앓았는데 결국 그 병 때문에 창자가 빠져나오게 되었습니다. 그는 몹시 아파하다가 죽었습니다. 백성은 여호람의 조상을 위해서 죽음을 슬퍼하는 향불을 피웠지만 여호람을 위해서는 향불을 피우지 않았습니다. 여호람이 왕이 되었을 때의 나이는 삼십이 세였습니다. 그는 예루살렘에서 팔 년 동안을 왕으로 있었지만 그가 죽었을 때는 아무도 슬퍼하지 않았습니다. 그는 다윗 성에 묻혔지만 왕들의 무덤에는 묻히지 못했습니다.

유다의 아하시야 왕

예루살렘 백성이 아하시야를 왕으로 뽑아 여호람의 뒤를 잇게 했습니다. 아하시야는 여호람의 막내아들이었습니다. 아라비아 사람들과 더불어 여호람의 진에 쳐들어온 도둑들이 여호람의 다른 아들들을 다 죽였기 때문에 아하시야가 유다를 다스리게 된 것입니다. 아하시야가 왕이 되었을 때의 나이는 사십이 세였습니다. 그는 예루살렘에서 일 년 동안 다스렸습니다. 그의 어머니는 오므리의 손녀인 아달랴입니다. 아하시야도 역시 아합의 집안 사람들처럼 악한 일을 하며 살았습니다. 그의 어머니가 그를 부추겨 악한 일을 하게 했기 때문입니다. 아하시야는 아합의 집안처럼 여호와께서 보시기에 악한 일을 했습니다. 아하시야의 아버지가 죽은 뒤, 아합의 집안 사람들이 아하시야에게 나쁜 충고를 해 주었기 때문에 아하시야도 죽게 되었습니다. 아하시야는 그들의 충고를 받아들여 아람 왕 하사엘과 싸우러 나갔습니다. 아합의 아들인 이스라엘 왕 요람도 그와 함께 싸우러 나갔습니다. 그들은 길르앗 라못에서 하사엘을 만났습니다. 그 싸움에서 아람 사람들이 요람에게 부상을 입혔습니다. 요람은 길르앗에서 아람 왕 하사엘과 싸우다가 입은 상처를 치료하려고 이스르엘로 돌아왔습니다. 유다의 왕 아하시야가 부상을 당한 아합의 아들 요람을 보려고 이스르엘로 내려갔습니다.

그곳에서 아하시야는 죽게 되었는데 이는 하나님께서 계획하신 일입니다. 아하시야는 요람에게 갔다가 요람과 함께 임시의 아들 예후를 만나게 되었습니다. 예후는 여호와께서 아합의 집안을 멸망시키기 위해 세운 사람입니다. 예후는 아합의 집안을 징벌하다가 유다의 지도자들과 아하시야를 섬기던 아하시야의 친척들을 보고 그들도 죽였습니다. 그런 뒤에 예후는 아하시야를 찾았습니다. 예후의 부하들이 사마리아에 숨어 있던 아하시야를 붙잡아 예후에게 데려왔습니다. 그들은 아하시야를 죽이고 그 시체를 묻어 주며 "아하시야는 여호사밧의 자손이다. 여호사밧은 마음을 다해 여호와를 찾았다"고 말했습니다. 이제 아하시야의 집안에는 유다 나라를 다스릴 만한 사람이 하나도 없게 되었습니다.

유다의 아달랴 여왕

아하시야의 어머니 아달랴는 자기 아들이 죽은 것을 보고 유다에 있는 왕의 집안 사람들을 다 죽이기 시작했습니다. 그러나 여호사브앗은 아하시야의 아들 요아스가 죽임을 당하기 바로 전에 그를 구해 냈습니다. 여호사브앗은 요아스와 그의 유모를 침실에 숨겼습니다. 여호사브앗은 여호람 왕의 딸이자 아하시야의 누이입니다. 또한 여호사브앗은 제사장 여호야다의 아내이기도 합니다. 여호사브앗이 요아스를 숨겼기 때문에 아달랴는 요아스를 죽일 수 없었습니다. 요아스는 그들과 함께 육 년 동안 하나님의 성전에 숨어 있었습니다. 그동안에 아달랴가 그 땅을 다스렸습니다.

칠 년째 되던 해에 여호야다가 결정을 내렸습니다. 그는 백부장들과 언약을 맺었습니다. 그와 언약을 맺은 장교들은 여로함의 아들 아사랴와 여호하난의 아들 이스마엘과 오벳의 아들 아사랴와 아다야의 아들 마아세야와 시그리의 아들 엘리사밧입니다. 그들은 유다 모든 마을을 다니면서 레위 사람들을 불러 모았습니다. 그들은 또 이스라엘 각 집안의 지도자들도 불러 모았습니다. 그런 뒤에 그들은 예루살렘으로 갔습니다. 모든 백성이 다 함께 하나님의 성전에 있던 왕자 요아스와 언약을 맺었습니다. 여호야다가 그들에게 말했습니다. "왕의 아들이 나라를 다스려야 하오. 여호와께서도 다윗의 자손에 관해서 그렇게 약속하셨소. 여러분이 해야 할 일은 이러하오. 여러분 제사장과 레위 사람들은 안식일 당번을 맡을 텐데 그 가운데서 삼분의 일은 성전 문을 지키시오. 그리고 삼분의 일은 왕궁을 지키고, 나머지 삼분의 일은 '기초문'을 지키시오. 나머지 백성은 여호와의 성전 뜰에 머무르시오. 섬기는 일을 맡은 제사장과 레위 사람들 말고는 아무도 여호와의 성전에 들어

오지 못하게 하시오. 제사장과 레위 사람은 여호와를 섬기도록 따로 구별된 사람이므로 성전에 들어갈 수 있소. 그러나 다른 사람은 여호와께서 맡기신 일을 해야 하오. 레위 사람들은 왕 곁에 있어야 하오. 그들 모두는 손에 무기를 들고 지켜 서서 누구든지 성전에 들어오려 하는 사람은 죽이시오. 그리고 왕이 어디를 가든지 잘 지키시오."

레위 사람들과 유다의 모든 백성은 제사장 여호야다가 명령한 것을 다 지켰습니다. 여호야다는 당번 일을 마친 사람들까지도 쉬지 못하게 했습니다. 그래서 장교들은 안식일 당번인 사람과 안식일 당번이 아닌 사람을 모두 거느려야 했습니다. 여호야다가 백부장들에게 창과 크고 작은 방패를 나누어 주었습니다. 그 창과 방패들은 다윗 왕이 쓰던 것으로 하나님의 성전 안에 보관되어 있던 것입니다. 그 뒤에 여호야다가 사람들에게 서 있어야 할 곳을 일러 주었습니다. 사람들마다 손에 무기를 들고 서 있었습니다. 그들은 제단과 성전 둘레에 서서 왕을 지켰습니다. 그때에 여호야다와 그의 아들들이 왕자를 데려와서 그의 머리에 왕관을 씌우고 율법책을 그에게 주었습니다. 그들은 왕자를 왕으로 세우고, 그에게 기름을 부었습니다. 그리고 "왕 만세!" 하고 외쳤습니다.

백성이 이리저리 달리며 왕을 찬양하자 그 소리를 들은 아달랴는 백성이 모여 있는 여호와의 성전으로 갔습니다. 아달랴가 보니 왕이 성전 입구의 기둥 곁에 서 있었습니다. 관리들과 나팔 부는 사람들이 왕 곁에 서 있었고, 온 땅의 백성도 기뻐하며 나팔을 불고 있었습니다. 노래하는 자들은 악기를 연주하며 찬양을 인도하고 있었습니다. 아달랴는 너무나 놀란 나머지 옷을 찢으며 "반역이다! 반역이다!" 하고 소리 질렀습니다. 제사장 여호야다가 군대를 이끄는 백부장들에게 명령했습니다. "저 여자를 성전 밖으로 끌어내시오. 그리고 누구든지 저 여자를 따르는 사람은 칼로 죽이시오." 그는 또 "아달랴를 여호와의 성전 안에서는 죽이지 마시오"라고 명령했습니다. 그래서 사람들이 왕궁의 '말의 문' 입구로 들어가는 그 여자를 붙잡아 거기에서 그녀를 죽였습니다.

그런 뒤에 여호야다는 백성과 왕과 더불어 언약을 맺었습니다. 그들은 여호와의 백성이 되기로 약속했습니다. 모든 백성은 바알의 신전으로 가서 그것을 허물어 버렸습니다. 그리고 제단과 우상들을 부숴 버리고 바알의 제사장 맛단을 제단 앞에서 죽였습니다. 그런 다음에 제사장 여호야다는 여호와의 성전을 맡을 레위 사람 제사장들을 뽑았습니다. 예전에 다윗은 여호와의 성전에서 할 일을 그들에게 맡긴 일이 있습니다. 그들은 모세의 율법에 적힌 대로 여호와께 번제를 드려야 했습니다. 그들은 다윗이 명령한 대로 큰 기쁨으로 노래를 부르며 제물을 바쳤습니다. 여호야다는 성전의 문마다 호위병들을 세웠습니다. 그래서 누구든지 부정한 사람은 성전에 들어가지 못하게 했습니다. 여호야다는 백부장들과 귀한 사람들, 백성의 지도자들 그리고 그 땅의 모든 백성을 거느리고 왕을 여호와의 성전에서 모시고 나왔습니다. 그리고 그들은 '윗문'을 통해 왕궁으로 들어가서 왕을 왕좌에 앉혔습니다. 유다의 모든 백성은 매우 기뻐했습니다. 아달랴가 칼에 맞아 죽은 이후로 예루살렘에 다시 평화가 찾아왔습니다.

요아스가 성전을 다시 짓다

요아스가 왕이 되었을 때의 나이는 칠 세였습니다. 요아스는 예루살렘에서 사십 년 동안 다스렸습니다. 그의 어머니의 이름은 시비아입니다. 시비아는 브엘세바 사람입니다. 요아스는 제사장 여호야다가 살아 있는 동안 여호와께서 보시기에 옳은 일을 했습니다. 여호야다가 요아스에게 두 아내를 얻어 주었습니다. 요아스는 여러 아들과 딸을 낳았습니다.

얼마 뒤에 요아스가 여호와의 성전을 고치기로 결정했습니다. 요아스가 제사장과 레위 사람들을 불러서 말했습니다. "당신들은 유다의 여러 마을로 가서 모든 이스라엘 백성이 여호와의 성전에 바치는 돈을 해마다 모으시오. 그것을 가지고 하나님의 성전을 고치시오. 지금 당장 그렇게 하시오." 그러나 레위 사람들은 왕의 말을 듣고도 그 일을 서둘러 하지 않았습니다. 그러자 요아스가 대제사장 여호야다를 불러 말했습니다. "어찌하여 레위 사람들에게 유다와 예루살렘에서 세금을 거두어들이라고 하지 않았소? 여호와의 종 모세와 이스라엘 백성이 그 돈으로 거룩한 장막을 짓지 않았소?" 전에 악한 아달랴의 아들들이 하나님의 성전을 부수고 들어가 그 안에 있는 거룩한 물건들을 가지고 바알 우상들을 섬기는 데에 쓴 일이 있었습니다.

그래서 요아스 왕은 헌금을 넣을 상자를 만들어서 여호와의 성전 문밖에 놓으라고 명령했습니다. 레위 사람들이 유다와 예루살렘에 선포하여 여호와께 세금을 가져오라고 백성에게 말했습니다. 그 세금은 하나님의 종 모세가 광야에서 이스라엘 백성에게 바치라고 한 돈입니다. 모든 관리들과 백성은 기쁜 마음으로 돈을 바쳤습니다. 그들은 상자에 돈이 가득 찰 때까지 돈을 넣었습니다. 돈이 가득 차면, 레위 사람들이 그 상자를 왕의 관리들에게 가져갔습니다. 그러면 왕의 신하들과 대제사장의 관리들은 상자에 돈이 가득 들어 있나 살펴본 뒤에 돈을 꺼내고 상자는 제자리에 다시 가져다 놓았습니다. 그들은 이 일을 되풀이하여 많은 돈을 모았습니다. 요아스 왕과 여호야다는 그 돈을 성전 공사를 맡은 사람들에게 주었습니다. 그러면 그들은 그 돈으로 성전을 고칠 석수와 목수를 고용했습니다. 그리고 쇠와 놋을 다루는 사람들도 고용했습니다. 그 사람들은 열심히 일했습니다. 성전을 고치는 일은 잘되어 갔습니다. 그들은 하나님의 성전을 원래 모습대로 고쳤습니다. 그리고 그 성전을 더욱 굳건하게 만들었습니다. 일꾼들은 일을 마치고 나서 남은 돈을 요아스 왕과 여호야다에게 가져왔습니다. 그들은 그 돈으로 여호와의 성전에서 쓸 물건들을 만들었습니다. 그들은 성전에서 여호와를 섬길 때 쓰는 물건과 번제를 드릴 때 쓰는 물건들을 만들었고 또 여러 가지 그릇과 금그릇, 은그릇도 만들었습니다. 여호야다가 살아 있는 동안에는 날마다 여호와의 성전에서 번제를 드렸습니다.

여호야다는 점점 늙어 갔습니다. 그는 백삼십 세까지 살다가 죽었습니다. 여호야다는 왕들과 함께 다윗 성에 묻혔습니다. 그가 왕들이 묻히는 곳에 묻힌 것은 그가 하나님과 하나님의 성전을 위해 좋은 일을 많이 했기 때문입니다.

요아스가 악한 일을 하다

여호야다가 죽은 뒤에 유다의 관리들이 요아스 왕에게 와서 절을 했습니다. 왕은 그 사람들의 말을 들었습니다. 왕과 그 지도자들은 하나님 여호와의 성전에서 예배드리는 일을 그만두었습니다. 왕과 관리들은 아세라 우상들과 그 밖의 우상들을 섬기기 시작했습니다. 그들이 악한 일을 하자 하나님께서 유다와 예루살렘의 백성에게 노하셨습니다. 여호와께서 예언자들을 보내셔서 백성들을 여호와께로 돌아오게 하려 했지만 백성들은 예언자들의 말을 듣지 않았습니다.

그때에 하나님의 영이 제사장 여호야다의 아들 스가랴에게 내렸습니다. 스가랴가 백성 앞에 서서 말했습니다. "하나님께서 이렇게 말씀하셨소. '너희는 어찌하여 나의 명령을 어기느냐? 너희는 잘 살 수 없을 것이다. 너희가 여호와를 저버렸으므로 여호와께서도 너희를 저버리실 것이다.' " 하지만 사람들은 스가랴를 해칠 궁리를 하고 왕의 명령에 따라 성전 뜰에서 그를 돌로 쳐 죽였습니다. 요아스 왕은 여호야다가 자기에게 잘해 준 것을 기억하지 않고 여호야다의 아들 스가랴를 죽였습니다. 스가랴는 죽기 전에 "여호와께서 왕의 하는 일을 보시고 그대로 되갚아 주소서"라고 말했습니다.

그해가 다 갈 무렵에 아람 군대가 요아스를 치러 왔습니다. 그들은 유다와 예루살렘을 쳐서 백성의 지도자들을 다 죽였습니다. 그리고 그들은 온갖 귀한 물건들을 다마스커스에 있는 자기들의 왕에게 보냈습니다. 아람 군대는 사람의 수가 얼마 되지 않았지만 여호와께서 그들을 도와 유다의 큰 군대를 물리칠 수 있게 해 주셨습니다. 여호와께서 그렇게 하신 것은 유다 백성이 그들의 조상이 섬기던 하나님 여호와를 저버렸기 때문입니다. 이렇게 요아스는 벌을 받았습니다.

아람 사람들이 떠난 뒤에 보니 요아스가 심하게 부상을 당했습니다. 게다가 요아스가 제사장 여호야다의 아들 스가랴를 죽인 일 때문에 요아스의 관리들이 요아스에게 반역할 계획을 세웠습니다. 그리하여 그들은 요아스를 그의 침대 위에서 죽였습니다. 요아스는 죽어서 다윗 성에 묻혔지만 왕들의 무덤에 묻히지는 못했습니다. 요아스에게 반역할 계획을 세운 관리는 사밧과 여호사밧입니다. 사밧은 암몬 여자 시므앗의 아들입니다. 그리고 여호사밧은 모압 여자 시므릿의 아들입니다. 요아스의 아들들 이야기와 요아스에게 내린 중요한 예언들과 그가 하나님의 성전을 고친 이야기는 왕들의 역사책에 적혀 있습니다. 요아스의 아들 아마샤가 그의 뒤를 이어 왕이 되었습니다.

유다의 아마샤 왕

아마샤는 나이 이십오 세에 왕이 되었습니다. 아마샤는 예루살렘에서 이십구 년 동안 다스렸습니다. 그의 어머니는 예루살렘 사람 여호앗단입니다. 아마샤는 여호와께서 보시기에 옳은 일을 했지만 참마음으로 여호와를 섬기지는 않았습니다. 아마샤는 왕의 권위를 굳게 세운 뒤에 왕이었던 자기 아버지를 살해한 신하들을 죽였습니다. 그러나 그들의 자녀는 죽이지 않았습니다. 그것은 모세의 율법책에 그렇게 하라고 적혀 있기 때문입니다. 여호와께서는 그 책에서 이렇게 명령하셨습니다. "자녀가 잘못했다고 해서 아버지를 죽이면 안 된다. 또한 아버지가 잘못했다고 해서 자녀를 죽여도 안 된다. 각 사람은 자기가 지은 죄에 따라 죽어야 한다."

아마샤는 유다 백성을 불러 모은 다음에 유다와 베냐민 백성을 집안에 따라 나누었습니다. 그리고 천부장과 백부장을 세웠습니다. 아마샤가 이십 세 이상 된 남자들의 수를 세어 보니 싸울 수 있는 군인은 모두 삼십만 명이었습니다. 그들은 창과 방패를 잘 다루는 사람들이었습니다. 아마샤는 또 은 백 달란트를 주고 이스라엘에서 군인 십만 명을 고용했습니다. 그런데 어떤 하나님의 사람이 아마샤에게 와서 말했습니다. "내 왕이여, 이스라엘 군대와 함께 가지 마십시오. 여호와께서 이스라엘과 함께 계시지 않습니다. 여호와께서 에브라임 사람과 함께 계시지 않습니다. 왕이 전쟁 준비를 아무리 잘하더라도 하나님께서 왕을 물리치실 것입니다. 하나님께서는 왕을 이기게 하실 수도 있고, 지게 하실 수도 있습니다." 아마샤가 하나님의 사람에게 말했습니다. "하지만 내가 이스라엘 군대에게 준 은 백 달란트는 어떻게 하면 좋겠소?" 하나님의 사람이 대답했습니다. "여호와께서 그보다 더 많은 돈을 왕에게 주실 수 있습니다." 그리하여 아마샤는 에브라임에서 온 이스라엘 군대를 돌려보냈습니다. 그들은 유다 백성에게 크게 화를 내며 자기 나라로 돌아갔습니다. 아마샤가 용기를 내어 자기 군대를 이끌고, 에돔 땅에 있는 '소금 골짜기'로 나아갔습니다. 아마샤는 거기에서 세일 사람 만 명을 죽였습니다. 그리고 유다 군대는 또 만 명을 사로잡았습니다. 유다 군대는 사로잡은 사람들을 낭떠러지 꼭대기로 끌고 가서 떨어뜨렸습니다. 그래서 그들의 몸이 으스러졌습니다. 그 무렵, 아마샤가 전쟁에 데려가지 않고 되돌려 보낸 이스라엘 군대가 유다의 마을들에서 노략질을 하고 있었습니다. 그들은 사마리아에서 벧호론에 이르기까지 여러 마을에서 노략질을 했습니다. 그들은 사람을 삼천 명이나 죽이고, 값진 물건도 많이 빼앗아 갔습니다.

아마샤가 에돔 사람들을 물리친 뒤에 자기 나라로 돌아왔습니다. 그는 돌아오면서 에돔 사람들이 섬기던 우상들을 가져와서 그것들을 섬기기 시작했습니다. 그는 그 우상들에게 절을 하면서 제물도 바쳤습니다. 여호와께서 아마샤에게 크게 노하셨습니다. 여호와께서 한 예언자를 보내셨습니다. 그 예언자가 말했습니다. "왕은 어찌하여 그들의 신들에게 도움을 구하고 있습니까? 그 신들은 자기들의 백성조차 왕의 손에서 구해 내지 못한 신들이 아닙니까?" 예언자의 말이 끝나기도 전에 아마샤가 말했습니다. "우리가 언제 너에게 충고할 수 있는 권리를 주었느냐? 죽지 않으려거든 입을 닥쳐라." 그러자 예언자는 잠시 그쳤다가 다시 말했습니다. "왕이 내 충고를 귀담아듣지 않는 것을 보니 하나님께서 왕을 멸망시키기로 작정하신 것 같습니다."

유다 왕 아마샤가 신하들과 더불어 의논을 한 뒤에 예후의 손자요, 여호아하스의 아들인 이스라엘 왕 요아스에게 사자들을 보내어 말했습니다. "자, 한번 만나서 겨루어 보자." 이스라엘의 요아스 왕이 유다의 아마샤 왕에게 대답했습니다. "레바논의 가시나무가 레바논의 백향목에 사자를 보내어 '그대의 딸을 내 아들과 결혼시키자'고 말했다. 그러나 레바논에서 들짐승이 지나가다가 그 가시나무를 짓밟았다. 네가 에돔을 물리쳤다고 해서 교만해진 것 같은데 허풍을 떨려거든 집에 가만히 앉아서 떨어라. 괜히 나에게 싸움을 걸어 스스로 재앙을 부르지 마라. 그랬다가는 너와 유다가 망하고 말 것이다."

그래도 아마샤는 듣지 않았습니다. 이 일은 하나님께서 일으키신 일입니다. 하나님께서는 이스라엘의 요아스가 유다를 이기게 하려고 작정하셨습니다. 왜냐하면 유다가 에돔의 신들에게 도와 달라고 빌었기 때문입니다. 그리하여 이스라엘의 요아스 왕이 유다를 치러 나섰습니다. 요아스와 유다의 아마샤 왕은 유다 땅 벧세메스에서 마주쳤습니다. 싸운 결과 이스라엘이 유다를 물리쳤습니다. 유다 사람은 모두 뿔뿔이 흩어져 자기 집으로 도망쳤습니다. 벧세메스에서 이스라엘의 요아스 왕은 유다의 아마샤 왕을 사로잡아 예루살렘으로 데려갔습니다. 요아스는 '에브라임 문'에서부터 '모퉁이 문'에 이르기까지 예루살렘 성벽을 부쉈습니다. 그렇게 해서 부서진 성벽의 길이가 사백 규빗이나 되었습니다. 그런 다음에 요아스는 하나님의 성전 안에 있는 금과 은과 그 밖의 모든 것을 가져갔습니다. 그 모든 것은 오벧에돔이 지키던 것입니다. 그는 왕궁의 보물도 다 가져갔고, 사람들도 인질로 잡아 사마리아로 돌아갔습니다.

유다 왕 요아스의 아들 아마샤는 이스라엘 왕 여호아하스의 아들 요아스가 죽은 뒤에도 십오 년을 더 살았습니다. 아마샤가 한 다른 일은 처음부터 끝까지 유다와 이스라엘 왕들의 역사책에 적혀 있습니다. 아마샤가 마음을 돌이켜 여호와를 섬기는 일을 그만두자 백성이 예루살렘에서 아마샤에게 반란을 일으켰습니다. 그래서 아마샤는 라기스 마을로 도망쳤습니다. 그러나 백성들은 라기스로 사람을 보내어 아마샤를 붙잡아 죽였습니다. 그들은 아마샤의 시체를 말 위에 실어 와서 그의 조상들과 함께 다윗의 성에 묻어 주었습니다.

유다의 웃시야 왕

그 뒤에 유다의 모든 백성이 웃시야를 왕으로 뽑았습니다. 웃시야는 그의 아버지 아마샤의 뒤를 이어 십육 세에 왕이 되었습니다. 웃시야는 아마샤가 죽은 뒤, 엘롯 마을을 다시 세워 그 마을을 다시 유다 땅으로 넣었습니다. 웃시야는 십육 세의 나이에 왕이 되었습니다. 그는 오십이 년 동안 예루살렘에서 다스렸습니다. 그의 어머니는 예루살렘 사람 여골리아입니다. 그는 그의 아버지 아마샤처럼 여호와께서 보시기에 옳은 일을 했습니다. 웃시야는 스가랴가 살아 있는 동안 하나님께 복종했습니다. 스가랴는 웃시야에게 하나님을 두려워하는 법을 가르쳐 주었습니다. 웃시야가 하나님을 섬기는 동안에 하나님께서 웃시야의 하는 일을 잘되게 해 주셨습니다.

웃시야는 블레셋 백성과 전쟁을 했습니다. 그는 블레셋의 가드와 야브네와 아스돗 성을 헐어 버렸습니다. 그리고 아스돗 주변과 블레셋의 다른 지역에 새 마을들을 건설했습니다. 하나님께서 웃시야를 도와주셔서 그는 블레셋 사람과 구르바알에 사는 아라비아 사람과 마온 사람을 물리칠 수 있었습니다. 암몬 사람은 웃시야가 요구한 대로 조공을 바쳤습니다. 웃시야는 매우 강해졌습니다. 그래서 그의 이름이 이집트 국경에 이르기까지 널리 퍼졌습니다. 웃시야는 예루살렘에 망대들을 세워 놓고 그 망대들을 요새로 만들었습니다. 웃시야는 '모퉁이 문'과 '골짜기 문'과 성벽이 굽어지는 부분에 망대를 세웠습니다. 웃시야는 또한 광야에 망대를 세우고 샘도 많이 팠습니다. 그는 서쪽 경사지와 평야에 가축을 많이 가지고 있었으며, 자기 밭과 포도밭에 농부들을 보내어 일을 시켰습니다. 그들은 언덕과 비옥한 땅에서 일을 했습니다. 웃시야는 농사를 좋아했습니다. 웃시야에게는 훈련된 군인들로 이루어진 군대가 있었는데 왕의 신하인 여이엘과 관리인 마아세야가 그들의 수를 세어 부대별로 나누었습니다. 왕의 지휘관 가운데 한 사람인 하나냐가 그들을 지휘했습니다. 군인들 가운데 장교는 모두 이천육백 명이었습니다. 그들은 삼십만 칠천오백 명으로 이루어진 군대를 지휘했습니다. 그 군대는 대단히 강했습니다. 그들은 왕을 도와 적과 맞서 싸웠습니다. 웃시야는 자기 군대에게 방패와 창과 투구와 갑옷과 활과 물매를 주었습니다. 웃시야는 예루살렘에서 기술자들이 생각해 낸 기구를 만들어서 망대와 성벽 모퉁이에 두었습니다. 이 기구는 화살과 큰 돌을 쏘아 날리는 데 쓰는 것이었습니다. 그리하여 웃시야의 이름이 멀리까지 퍼졌습니다. 그는 하나님의 많은 도움을 받았기 때문에 강한 왕이 되었습니다.

그러나 웃시야는 강해지면서 교만해지기 시작했습니다. 그리고 그 때문에 망하게 되었습니다. 그는 그의 하나님 여호와를 섬기지 않았습니다. 그는 여호와의 성전에 들어가서 향을 피우는 제단 위에서 직접 향을 피웠습니다. 아사랴를 비롯해서 여호와를 섬기는 용감한 제사장 팔십 명이 웃시야의 뒤를 따라 성전으로 들어갔습니다. 그들은 웃시야가 하는 일을 말리면서 그에게 말했습니다. "왕은 여호와께 향을 피울 권리가 없습니다. 아론의 자손으로서 그 일을 위해 특별히 구별된 제사장만이 향을 피울 수 있습니다. 이 거룩한 곳을 떠나십시오. 왕은 여호와의 말씀을 듣지 않았습니다. 그러므로 여호와 하나님께서도 왕을 높여 주지 않으실 것입니다." 웃시야는 여호와의 성전 안에 있는 향을 피우는 제단 곁에 서 있었습니다. 손에는 향을 피우는 향로를 들고 있었습니다. 그는 제사장들에게 화를 냈습니다. 그런데 그가 제사장들 앞에 서서 화를 낼 때에 그의 이마에 문둥병이 생겨났습니다. 대제사장 아사랴와 다른 제사장들이 그를 살펴보니 그의 이마에 문둥병이 생겨난 것이 보였습니다. 그래서 그들은 서둘러 웃시야를 성전에서 쫓아냈습니다. 여호와께서 웃시야에게 벌을 내리셨으므로 그는 밖으로 뛰쳐나갔습니다. 그리하여 웃시야 왕은 죽을 때까지 그 병에 걸려 있었습니다. 그는 따로 떨어진 집에서 살아야 했습니다. 그는 여호와의 성전에도 들어갈 수 없었습니다. 왕의 아들 요담이 왕궁을 관리하며 그 땅의 백성을 다스렸습니다.

웃시야가 한 다른 일은 예언자 이사야의 글에 적혀 있습니다. 아모스의 아들 이사야는 웃시야가 다스린 것을 처음부터 끝까지 적어 두었습니다. 웃시야가 죽어 그의 조상들과 함께 묻혔습니다. 그가 묻힌 곳은 왕들의 무덤에서 조금 떨어진 묘지입니다. 그가 그런 곳에 묻힌 것은 문둥병에 걸렸기 때문입니다. 그의 아들 요담이 그의 뒤를 이어 왕이 되었습니다.

유다의 요담 왕

요담이 왕이 되었을 때의 나이는 이십오 세였습니다. 그는 예루살렘에서 십육 년 동안 다스렸습니다. 그의 어머니는 사독의 딸 여루사였습니다. 요담은 그의 아버지 웃시야처럼 여호와께서 보시기에 옳은 일을 했습니다. 그는 그의 아버지 웃시야처럼 향을 피우려고 여호와의 성전에 들어간 일은 없습니다. 하지만 백성은 계속해서 악한 일을 했습니다. 요담은 성전의 '윗문'을 다시 세우고, 오벨 성벽도 더 연장하여 쌓았습니다. 요담은 또한 유다의 산악 지방에 여러 마을을 건설했으며, 삼림 지대에는 요새와 망대를 세웠습니다. 요담은 암몬 백성의 왕과 싸워서 이기기도 했습니다. 그래서 암몬 백성은 삼 년 동안 해마다 요담에게 은 백 달란트와 밀 만 고르와 보리 만 고르를 바쳤습니다. 요담은 언제나 여호와 하나님께 복종했기 때문에 점점 강해졌습니다. 요담이 한 다른 일은 이스라엘과 유다 왕들의 역사책에 적혀 있습니다. 요담이 왕이 되었을 때의 나이는 이십오 세였습니다. 그는 예루살렘에서 십육 년 동안 다스렸습니다. 요담이 죽어 다윗 성에 묻혔습니다. 요담의 아들 아하스가 그의 뒤를 이어 왕이 되었습니다.

유다의 아하스 왕

아하스가 왕이 되었을 때의 나이는 이십 세였습니다. 그는 예루살렘에서 십육 년 동안 다스렸습니다. 그는 그의 조상 다윗과 달리 여호와께서 보시기에 나쁜 일을 저질렀습니다. 아하스는 이스라엘 왕들의 죄의 길을 그대로 따라 쇠로 우상들을 만들고 바알을 섬겼습니다. 그는 '힌놈의 아들 골짜기'에서 향을 피웠고, 자기 아들까지도 불에 태워 제물로 바쳤습니다. 그는 여호와께서 쫓아낸 다른 나라들의 역겨운 죄를 그대로 따라 했습니다. 아하스는 산당과 언덕, 모든 푸른 나무 아래에서 제사를 지내고 향을 피웠습니다.

그래서 하나님께서 아람 왕으로 하여금 아하스를 치게 하셨습니다. 아람 사람들은 아하스를 치고 많은 유다 백성을 포로로 붙잡아 다마스커스로 끌고 갔습니다. 여호와께서는 또 이스라엘 왕 베가로 하여금 아하스를 치게 하셨습니다. 베가의 군대가 아하스의 군인들을 많이 죽였습니다. 베가는 르말랴의 아들입니다. 베가의 군대는 하루 동안에 용감한 군인들을 십이만 명이나 죽였습니다. 베가가 그들을 칠 수 있었던 것은 그들이 여호와를 저버렸기 때문입니다. 시그리는 에브라임의 용사였는데 그가 아하스 왕의 아들 마아세야를 죽였습니다. 시그리는 또한 왕궁을 관리하던 신하 아스리감과 왕의 다음가는 신하 엘가나도 죽였습니다.

이스라엘 군대는 자기들의 동족 이십만 명을 사로잡았습니다. 그들은 유다에서 여자아이와 남자아이 그리고 부녀자들을 사로잡았으며, 값진 물건들도 많이 빼앗아 사마리아로 가져갔습니다. 그 때 오뎃이라는 여호와의 예언자가 있었는데 그는 사마리아로 돌아오는 이스라엘의 군대에게 말했습니다. "여러분이 유다를 이길 수 있었던 것은 여러분의 조상이 섬기던 하나님께서 유다 백성에게 노하셨기 때문입니다. 그러나 하나님께서 여러분이 유다 백성을 잔인하게 죽인 것을 보셨습니다. 여러분은 지금 유다와 예루살렘 백성을 여러분의 노예로 만들 계획을 세우고 있지만 여러분도 여호와 하나님께 죄를 지었다는 것을 알아야 합니다. 이제 내 말을 들으십시오. 여러분이 사로잡은 여러분의 형제와 자매들을 돌려보내십시오. 여호와께서 여러분에게 노하셨으므로 그렇게 해야만 합니다."

그때에 에브라임의 어떤 지도자들이 전쟁에서 돌아오는 군인들을 만났습니다. 그 지도자들의 이름은 요하난의 아들 아사랴, 무실레못의 아들 베레갸, 살룸의 아들 여히스기야, 하들래의 아들 아마사입니다. 그들이 군인들에게 경고를 했습니다. "유다에서 사로잡아 온 포로들을 이리로 데려오지 마시오. 그렇게 했다가는 우리가 죄인이 될 것이오. 그렇지 않아도 우리 죄가 커서 여호와께서 이스라엘에게 노하셨는데 그렇게 했다가는 우리의 죄와 허물이 더욱 커질 것이오." 그래서 군인들은 그곳의 관리와 백성이 보는 앞에서 포로들을 풀어 주고 값진 물건들을 내놓았습니다. 앞에서 말한 지도자들이 그 포로들을 넘겨받았습니다. 그 네 사람은 이스라엘 군대가 빼앗은 옷가지를 헐벗은 사람들에게 입혀 주었습니다. 그들은 포로들에게 옷과 신발과 먹을 것과 마실 것과 약을 주었습니다. 몸이 약한 포로들은 나귀에 태워 주었습니다. 그들은 포로들을 포로들의 친척이 있는 여리고, 곧 종려나무 성으로 데려다 준 다음 사마리아로 돌아갔습니다.

그때에 아하스 왕이 앗시리아 왕에게 사람을 보내어 도움을 요청했습니다. 그것은 에돔 사람들이 다시 쳐들어와서 유다를 공격하고 사람들을 포로로 사로잡아 갔기 때문입니다. 블레셋 사람들도 서쪽 경사지와 유다 남쪽의 여러 마을을 노략질했습니다. 그들은 벧세메스와 아얄론과 그데롯과 소고와 딤나와 김소와 그 주변 마을들을 점령하고 거기에서 살았습니다. 여호와께서 유다에게 재앙을 내리신 것은 그들의 왕 아하스 때문입니다. 아하스는 유다 백성으로 하여금 죄를 짓게 했습니다. 그는 여호와께 복종하지 않았습니다. 앗시리아의 디글랏빌레셀 왕이 아하스 왕에게 왔지만 그는 아하스를 도와주기는커녕 오히려 더 괴롭혔습니다. 아하스는 여호와의 성전과 왕궁과 귀족들의 집에서 값진 물건들을 꺼내어 앗시리아 왕에게 주었지만 아무런 소용이 없었습니다.

아하스는 괴로움을 당하면서도 오히려 여호와께 죄를 더 많이 지었습니다. 그는 자기를 물리친 다마스커스의 백성이 섬기던 신들에게 제물을 바쳤습니다. 그러면서 그는 '아람 왕들이 섬긴 신들이 그들을 도와주었으니 내가 그 신들에게 제물을 바치면 신들이 나도 도와주겠지'라고 생각했습니다. 그러나 그 일 때문에 아하스와 온 이스라엘은 멸망하고 말았습니다. 아하스는 하나님의 성전에서 기구들을 가져다가 부순 다음에 성전의 문들을 잠가 버렸습니다. 그리고 제단을 만들어서 예루살렘의 거리마다 그것을 놓아두었습니다. 아하스는 유다의 마을마다 다른 신들을 섬기는 산당을 만들었습니다. 아하스는 그의 조상들이 섬기던 여호와 하나님을 크게 노하게 만들었습니다. 아하스가 한 다른 일은 처음부터 끝까지 유다와 이스라엘 왕들의 역사책에 적혀 있습니다. 아하스가 죽어 예루살렘 성에 묻혔습니다. 그러나 이스라엘 왕들의 무덤에는 묻히지 못했습니다. 아하스의 아들 히스기야가 그의 뒤를 이어 왕이 되었습니다.

히스기야가 성전을 깨끗이 하다

히스기야가 왕이 되었을 때의 나이는 이십오 세였습니다. 그는 예루살렘에서 이십구 년 동안 다스렸습니다. 그의 어머니는 스가랴의 딸 아비야였습니다. 히스기야는 그의 조상 다윗처럼 여호와께서 보시기에 옳은 일을 했습니다.

히스기야는 왕이 된 첫해 첫째 달에 성전의 문들을 열고 그 문들을 고쳤습니다. 히스기야는 성전 동쪽 뜰로 제사장과 레위 사람들을 불러 모아 그들과 만났습니다. 히스기야가 말했습니다. “레위 사람들이여, 내 말을 들으시오. 그대들은 여호와를 섬길 준비를 하시오. 그리고 여호와의 성전을 거룩하게 하시오. 성전을 더럽히는 것들은 성전에서 다 없애시오. 우리 조상들은 하나님께 복종하지 않았고 여호와께서 보시기에 악한 일을 했소. 그들은 여호와를 저버렸소. 그들은 여호와가 계시는 성전에서 예배드리는 일을 멈추고 여호와를 배반했소. 그들은 성전 현관문들을 닫아 버리고, 등불도 꺼 버렸소. 그들은 거룩한 곳에서 하나님께 향을 피우지도 않았고, 번제도 드리지 않았소. 그래서 여호와께서 유다와 예루살렘의 백성에게 크게 노하시고 그들에게 벌을 내리신 것이오. 여호와께서 유다와 예루살렘에 하신 일을 보고 다른 백성들까지 놀라고 두려워했소. 다른 백성들은 유다 백성을 조롱했소. 내 말이 참말이라는 것을 그대들도 알 것이오. 우리 조상들이 전쟁에서 죽임을 당한 것도 다 그 때문이오. 우리의 아들과 딸과 아내가 포로로 사로잡혀 간 것도 다 그 때문이오. 이제 나 히스기야는 이스라엘의 하나님 여호와와 언약을 맺기로 다짐했소. 그러면 여호와께서 더 이상 우리에게 노하시지 않을 것이오. 그대들이여, 이제는 시간을 낭비하지 마시오. 여호와께서 그대들을 뽑아 여호와를 섬기게 하셨으니, 그대들은 여호와를 섬기고 여호와께 향을 피워 드려야 하오."

일을 시작한 레위 사람들의 이름은 이러합니다. 고핫 집안에서는 아마새의 아들 마핫과 아사랴의 아들 요엘입니다. 므라리 집안에서는 압디의 아들 기스와 여할렐렐의 아들 아사랴입니다. 게르손 집안에서는 심마의 아들 요아와 요아의 아들 에덴입니다. 엘리사반의 집안에서는 시므리와 여우엘입니다. 아삽의 집안에서는 스가랴와 맛다냐입니다. 헤만의 집안에서는 여후엘과 시므이입니다. 여두둔의 집안에서는 스마야와 웃시엘입니다. 이 레위 사람들은 자기 형제들을 불러 모은 다음, 성전에서 여호와를 섬기기 위해 자기들의 몸을 거룩하게 했습니다. 그들은 왕의 명령에 복종했습니다. 그들은 여호와의 성전을 깨끗하게 하려고 그곳으로 들어갔습니다. 제사장들도 여호와의 성전을 깨끗하게 하려고 그리로 들어갔습니다. 그들은 여호와의 성전에 들어가 부정한 것은 보이는 대로 다 꺼내서 성전 뜰에 두었습니다. 그러면 레위 사람들은 그것을 기드론 골짜기로 가져갔습니다. 그들은 첫째 달 초하루에 여호와의 성전을 깨끗하게 하기 시작했습니다. 그달 팔 일째 되는 날에 그들은 성전 현관에 이르렀습니다. 그들은 팔 일 동안 여호와의 성전을 깨끗하게 하는 일을 했습니다. 그리하여 그달 십육 일째 되던 날에 일을 마쳤습니다. 그들이 히스기야 왕에게 가서 말했습니다. "우리가 여호와의 성전 전체를 깨끗이 했습니다. 번제단과 거기에 딸린 기구들도 깨끗이 했고, 거룩한 빵을 놓아두는 상과 거기에 딸린 기구들도 깨끗하게 했습니다. 아하스 왕은 성전 안에 있는 물건들을 없앴지만 우리는 그것들을 제자리에 가져다 놓고 또 거룩하게 했습니다. 이 모든 것들이 이제 여호와의 제단 앞에 있습니다."

이튿날 아침 일찍 히스기야 왕은 그 성의 지도자들을 불러 모았습니다. 그들은 여호와의 성전으로 올라갔습니다. 그들은 황소 일곱 마리, 숫양 일곱 마리, 어린 양 일곱 마리 그리고 숫염소 일곱 마리를 가져왔습니다. 그 짐승들은 백성과 유다 나라의 죄를 씻고 성전을 깨끗이 하기 위한 제물이었습니다. 히스기야 왕은 아론 집안의 자손인 제사장들에게 명령하여 그 짐승들을 여호와의 제단 위에 바치게 했습니다. 그리하여 제사장들은 황소를 잡은 다음, 그 피를 제단 위에 뿌렸습니다. 숫양도 잡아서 그 피를 제단 위에 뿌렸습니다. 다음에는 어린 양을 잡아서 그 피를 제단 위에 뿌렸습니다. 그런 뒤에 제사장들은 숫염소들을 왕과 거기에 모인 백성 앞에 가져왔습니다. 그 숫염소들은 죄를 씻는 제물인 속죄 제물이었습니다. 왕과 백성은 숫염소들 위에 손을 얹었습니다. 그러자 제사장들이 숫염소를 잡고 그 피를 제단 위에 뿌려 속죄제로 삼았습니다. 이렇게 이스라엘의 죄를 씻기 위해 숫염소를 제물로 바쳤습니다. 이 모든 것은 왕의 명령대로 되었습니다.

히스기야 왕은 여호와의 성전에 레위 사람들을 두고 제금과 비파와 수금을 연주하게 했습니다. 그 일은 다윗 왕과 선견자 갓과 예언자 나단이 명령한 일이었습니다. 이는 여호와께서 이들을 시켜 내리신 명령이었습니다. 그리하여 레위 사람들은 다윗의 악기를 들고 섰습니다. 그리고 제사장들은 나팔을 들고 섰습니다. 히스기야가 제단 위에 태워 드리는 제물인 번제물을 바치라고 명령했습니다. 번제물을 바치기 시작하면서 여호와께 노래 부르는 일도 시작되었습니다. 나팔도 불었습니다. 그리고 이스라엘의 왕 다윗의 악기들도 연주되었습니다. 모든 백성은 예배를 드렸고, 노래하는 사람들은 노래를 불렀으며, 나팔 부는 사람들은 나팔을 불었습니다. 태워 드리는 제물인 번제물을 다 바칠 때까지 그렇게 했습니다. 제물을 모두 다 바치고 나서 히스기야 왕과 거기에 모인 백성이 다 하나님께 예배드렸습니다. 히스기야 왕과 그의 관리들은 레위 사람들에게 명령하여 다윗과 선견자 아삽이 지은 노래로 여호와를 찬양하게 했습니다. 그들은 기쁨에 겨워 하나님을 찬양했습니다. 그리고 하나님께 경배를 드렸습니다.

그런 뒤에 히스기야가 말했습니다. "이제 그대들 유다 백성은 여호와께 바친 몸이 되었소. 여호와의 성전으로 가까이 나아오시오. 제물과 예물을 바쳐 여호와께 감사드리시오." 그리하여 백성들은 여호와께 감사드리며 제물과 예물을 바쳤습니다. 원하는 사람은 누구나 번제물을 바쳤습니다. 백성이 번제물로 가져온 것은 수소가 칠십 마리, 숫양이 백 마리, 어린 양이 이백 마리였습니다. 이 짐승들은 모두 여호와께 태워 드리는 제물인 번제물로 바쳐졌습니다. 여호와를 위해 거룩히 구별한 예물은 황소가 육백 마리, 양이 삼천 마리였습니다. 번제물로 바칠 짐승들의 가죽을 다 벗기기에는 제사장들의 수가 모자랐습니다. 그래서 제사장들의 친척인 레위 사람들이 그 일을 도왔습니다. 그들은 그 일을 마칠 때까지 그리고 다른 제사장들이 여호와를 섬기기 위해 자기 몸을 거룩하게 할 때까지 제사장들을 도왔습니다. 오히려 레위 사람들이 제사장들보다 자기 몸을 거룩하게 하는 일에 더 열심이었습니다. 제사장들은 많은 번제물 외에도 화목 제물의 기름과 부어 드리는 제사인 전제도 드려야 했습니다. 여호와를 섬기는 일이 여호와의 성전에서 다시 시작되었습니다. 하나님께서 백성을 위해 모든 일을 잘 마칠 수 있도록 해 주셨고 그 때문에 히스기야와 백성은 매우 기뻤습니다.

히스기야가 유월절을 지키다

히스기야 왕이 모든 이스라엘과 유다 백성에게 전갈을 보냈습니다. 그는 에브라임과 므낫세 백성에게도 편지를 보냈습니다. 히스기야는 그 모든 백성에게 예루살렘에 있는 성전으로 와서 이스라엘의 하나님이신 여호와를 위해 유월절을 지키자고 말했습니다. 히스기야 왕과 그의 신하들 그리고 예루살렘의 모든 백성은 둘째 달에 유월절을 지키기로 했습니다. 유월절을 제때에 지키지 못한 것은 여호와를 섬기기 위해 자기 몸을 거룩히 구별한 제사장들이 부족한 데다 백성도 아직 예루살렘에 모이지 않았기 때문입니다. 이 계획은 히스기야 왕과 모든 백성의 마음에 들었습니다. 그래서 그들은 브엘세바에서 단까지 모든 이스라엘에 선포하고, 백성들로 하여금 예루살렘으로 나아와 이스라엘의 하나님 여호와의 유월절을 지키게 했습니다. 백성들 대부분은 유월절을 오랫동안 지키지 않고 있었습니다. 그리하여 사자들은 왕과 신하들의 편지를 가지고 온 이스라엘과 유다로 다니며 선포했습니다. 그 편지의 내용은 이러합니다. "이스라엘 백성이여, 아브라함과 이삭과 이스라엘의 하나님이신 여호와께로 돌아오시오. 그러면 하나님께서도 앗시리아 왕들의 손에서 벗어나 아직 살아 있는 그대들에게 돌아오실 것이오. 그대들의 조상이나 형제들을 본받지 마시오. 그들은 그들의 조상이 섬기던 여호와를 배반했소. 그래서 그대들도 알듯이 여호와께서 다른 백성을 시켜 그들을 멸망하게 하셨소. 그대들의 조상처럼 고집을 부리지 마시오. 기꺼이 여호와께 복종하시오. 여호와께서 섬김을 받으시려고 영원히 거룩하게 하신 성전으로 나아오시오. 그대들의 여호와 하나님을 섬기시오. 그러면 여호와께서도 그대들에게 노하지 않으실 것이오. 돌아와서 여호와께 복종하시오. 그러면 그대들의 친척과 자녀를 사로잡아 간 백성도 그들에게 자비를 베풀어서 이 땅으로 돌려보낼 것이오. 여호와 하나님께서는 자비롭고 은혜로우신 분이오. 그대들이 여호와께 돌아오기만 하면 여호와께서도 그대들을 저버리지 않으실 것이오."

왕의 명령을 받은 사람들은 에브라임과 므낫세의 모든 마을을 돌며 스불론까지 갔습니다. 그러나 그곳 백성은 그 사람들을 조롱하고 비웃었습니다. 하지만 아셀과 므낫세와 스불론의 백성 가운데 얼마는 자기 잘못을 뉘우치고 예루살렘으로 갔습니다. 하나님께서 모든 유다 백성의 마음을 움직이셔서 히스기야 왕과 그의 신하들의 말에 따르게 했습니다. 왕과 신하들이 내린 명령은 여호와께로부터 나온 명령이었습니다.

둘째 달에 큰 무리가 유월절을 지키려고 예루살렘에 모여들었습니다. 백성은 예루살렘에 있던 제단들과 거짓 신에게 향을 피우던 제단들을 헐어 기드론 골짜기에 던져 버렸습니다. 백성은 둘째 달 십사 일에 유월절 양을 잡았습니다. 제사장과 레위 사람들은 부끄러웠습니다. 그래서 그들은 여호와를 위해 자기 몸을 거룩하게 구별했습니다. 그들은 여호와의 성전으로 번제물을 가져왔습니다. 그들은 하나님의 사람 모세의 율법에 적힌 대로 성전 안에서 자기 자리를 잡고 섰습니다. 레위 사람들은 제사장에게 제물의 피를 주었습니다. 그러자 제사장들은 그 피를 제단 위에 뿌렸습니다. 무리 가운데서 아직 많은 백성이 여호와를 위해 자기 몸을 거룩하게 하지 못했습니다. 그 때문에 그들은 유월절 양을 잡을 수 없었습니다. 그래서 레위 사람들이 모든 부정한 사람을 위해 유월절 양을 잡는 책임을 맡았습니다. 레위 사람들은 여호와를 위해 모든 양을 거룩히 구별했습니다. 에브라임과 므낫세와 잇사갈과 스불론에서 온 많은 백성이 자기 몸을 깨끗하게 하지 않은 채 유월절 음식을 먹었습니다. 그것은 율법을 어기는 일이었습니다. 그래서 히스기야가 그들을 위해 기도했습니다. "좋으신 하나님, 용서해 주십시오. 여호와께서는 우리 조상이 섬기던 하나님이십니다. 여호와를 섬기려고 애쓴 사람들을 다 용서해 주십시오. 비록 그들이 성전 규칙에 따라 자기 몸을 깨끗하게 하지 않았지만 그들을 용서해 주십시오." 여호와께서 히스기야의 기도를 들으시고 백성을 벌하지 않으셨습니다. 예루살렘의 이스라엘 백성은 무교절을 칠 일 동안 지켰습니다. 그들은 매우 기뻐했습니다. 레위 사람과 제사장들은 날마다 큰 음악 소리로 여호와를 찬양했습니다. 어떤 레위 사람들은 여호와를 섬기는 일을 능숙하게 했습니다. 그래서 히스기야가 그들을 격려해 주었습니다. 백성은 칠 일 동안 절기 음식을 먹었습니다. 그리고 그들은 화목 제물을 바치고 그들의 조상이 섬기던 여호와를 찬양했습니다.

모든 백성은 칠 일 동안 더 머물러 있기로 결정했습니다. 그리하여 그들은 기쁜 마음으로 칠 일 동안 유월절을 더 지켰습니다. 유다의 왕 히스기야는 황소 천 마리와 양 칠천 마리를 백성에게 주었습니다. 신하들도 황소 천 마리와 양 만 마리를 백성에게 주었습니다. 제사장들 가운데 여러 사람이 여호와를 위해 자기 몸을 거룩하게 했습니다. 모든 유다 백성과 제사장들과 레위 사람들과 이스라엘에서 온 사람들과 이스라엘에서 온 외국인들과 유다에 사는 외국인들이 크게 기뻐했습니다. 예루살렘에는 기쁨이 넘쳐흘렀습니다. 이스라엘의 왕 다윗의 아들 솔로몬의 시대부터 그때까지 그런 일은 한 번도 없었습니다. 제사장과 레위 사람들이 일어나 백성에게 복을 빌어 주었습니다. 그들의 기도가 하나님의 거룩한 집인 하늘에 닿아 하나님께서 그 기도를 들으셨습니다.

히스기야의 개혁

유월절 행사가 다 끝나고 예루살렘에 있던 모든 이스라엘 백성은 유다의 여러 마을로 가서 거짓 신들을 섬길 때 쓰던 돌기둥들을 부수고 아세라 우상들을 찍어 버렸습니다. 그리고 유다와 베냐민과 에브라임과 므낫세 지역에 있는 제단과 산당들도 헐어 버렸습니다. 그들은 거짓 신들을 섬길 때에 쓰던 것을 하나도 남김없이 다 없애 버렸습니다. 그런 뒤에 모든 이스라엘 백성은 자기 마을과 고향으로 돌아갔습니다.

히스기야 왕이 제사장과 레위 사람들의 무리에게 특별한 임무를 맡겼는데 그들이 할 일은 번제와 화목제를 드리는 것과 여호와께서 사시는 성전의 여러 문에서 예배를 드리며, 감사와 찬양을 드리는 것이었습니다. 히스기야는 자기 짐승들 가운데서 얼마를 번제로 드리게 했습니다. 날마다 아침저녁으로 번제를 드렸습니다. 그리고 안식일에도 바쳤고, 초하루에도 바쳤고, 여호와의 율법이 명령하고 있는 다른 절기에도 바쳤습니다. 히스기야는 예루살렘에 사는 백성에게 제사장과 레위 사람들의 몫을 주게 했습니다. 그래야 제사장과 레위 사람들이 여호와의 율법을 위해 모든 시간을 바칠 수 있기 때문입니다. 왕이 이스라엘 백성에게 명령을 내리자마자 백성은 곡식과 포도주와 기름과 꿀과 밭에서 기른 모든 것의 첫 열매를 넘치도록 가져왔습니다. 그리고 모든 것의 십분의 일을 넉넉하게 가져왔습니다. 유다에 사는 이스라엘과 유다 사람들도 소와 양의 십분의 일을 가져왔습니다. 그리고 그들의 하나님 여호와께 바칠 거룩한 물건 가운데서도 십분의 일을 가져왔습니다. 그들은 이 모든 것을 차곡차곡 쌓아 두었습니다. 백성이 물건들을 가져오기 시작한 때는 셋째 달이었고, 가져오기를 마친 때는 일곱째 달이었습니다. 히스기야와 그의 신하들이 와서 산더미처럼 쌓인 물건을 보고 여호와와 여호와의 백성 이스라엘을 찬양했습니다. 히스기야가 제사장과 레위 사람들에게 그처럼 많은 물건에 대해 물었습니다. 사독 집안의 대제사장인 아사랴가 히스기야에게 대답했습니다. "백성이 여호와의 성전에 예물을 가져오기 시작한 뒤로부터 우리에게는 먹을 것이 너무 많아서 이렇게 남았습니다. 여호와께서 그의 백성에게 복을 주셨습니다. 그래서 이만큼이나 남았습니다."

히스기야가 제사장들에게 명령하여 여호와의 성전에 창고들을 준비하게 하니 그의 명령대로 되었습니다. 제사장들은 백성이 가져온 예물과 십일조와 여호와께 바친 모든 거룩한 것들을 창고 안에 넣어 두었습니다. 레위 사람 고나냐가 그 모든 것을 관리했고, 그의 아우 시므이가 버금가는 자리에 있었습니다. 고나냐와 그의 아우 시므이를 돕는 관리인들도 있었습니다. 그들은 여히엘, 아사시야, 나핫, 아사헬, 여리못, 요사밧, 엘리엘, 이스마갸, 마핫, 브나야였습니다. 그들은 히스기야 왕과 하나님의 성전을 관리하는 아사랴가 뽑은 사람들이었습니다. 고레는 백성이 스스로 원해서 하나님께 바치는 예물을 맡았습니다. 그가 해야 할 일은 여호와께 바친 예물과 가장 거룩한 제물을 나누는 일이었습니다. 고레는 레위 사람 임나의 아들이며 '동문'의 문지기였습니다. 에덴과 미냐민과 예수아와 스마야와 아마랴와 스가냐가 고레를 도와서 함께 일했습니다. 그들은 제사장들이 사는 마을에서 열심히 일했습니다. 그들은 모아들인 것을 다른 제사장들에게 나누어 주었습니다. 젊은이나 늙은이를 가리지 않고 골고루 나누어 주었습니다. 레위 집안의 족보에 적힌 삼 세 이상 된 사내아이에게도 나누어 주었습니다. 그들은 날마다 여호와의 성전에 들어가서 각자 맡은 일을 해야 했습니다. 제사장들은 족보에 적힌 대로 집안별로 자기 몫을 받았습니다. 이십 세 이상 된 레위 사람들도 맡은 일에 따라 무리별로 자기 몫을 받았습니다. 레위 사람들의 아기와 아내와 아들과 딸들도 족보에 적힌 대로 자기 몫을 받았습니다. 왜냐하면 그들은 성실하게 자신들을 거룩하게 했기 때문입니다. 아론의 자손 제사장들 가운데는 마을 근처 밭에서 사는 제사장도 있고, 마을에서 사는 제사장도 있었습니다. 그 제사장들의 집안 가운데서도 모든 남자와 족보에 이름이 적힌 레위 사람은 자기 몫을 받았습니다.

히스기야 왕은 모든 유다 땅에서 이 일을 했습니다. 그는 하나님 여호와 앞에서 올바른 일을 했으며 여호와께 복종했습니다. 히스기야는 정성을 들여 하나님의 성전에서 하는 모든 일을 했고, 하나님의 가르침과 명령을 지켰습니다. 그는 마음을 다해 하나님을 위해 일했습니다. 그래서 그가 하는 일은 모두 잘되었습니다.

산헤립이 히스기야를 괴롭히다

히스기야가 이 모든 일을 충성스럽게 했습니다. 그때에 앗시리아의 산헤립 왕이 유다에 쳐들어왔습니다. 산헤립과 그의 군대는 성벽이 있고 굳건한 유다의 모든 성을 에워싸고 공격해 왔습니다. 그는 그 성들을 점령하려고 했습니다. 히스기야는 산헤립이 예루살렘까지 와서 예루살렘을 공격할 것을 알고 신하와 군대 지휘관들을 불러 의논했습니다. 그들은 성 밖에 있는 샘의 물줄기를 막아 버릴 것을 결정했습니다. 신하와 군대 지휘관들이 히스기야를 도왔습니다. 백성도 많이 와서 도왔습니다. 그들은 모든 땅으로 흘러 나가는 샘과 시내의 물줄기를 막았습니다. 그러면서 "앗시리아의 왕은 이 때문에 물을 많이 얻지 못할 것이다"라고 말했습니다. 그런 뒤에 히스기야는 예루살렘을 더 굳건하게 하고 성벽의 무너진 부분을 다시 지었습니다. 그리고 성벽 위에 망대들도 세웠습니다. 그리고 나서 성벽 밖에 또다시 성벽을 쌓았습니다. 또한 다윗의 성

밀로를 굳건한 요새로 만들었습니다. 그리고 무기와 방패들도 많이 만들었습니다. 히스기야는 군대 지휘관들을 백성 위에 세웠습니다. 그리고 히스기야 왕은 성문 가까이에 있는 광장에서 그들을 만나 격려해 주었습니다. "마음을 굳세게 하고 용기를 내시오. 앗시리아 왕이나 그의 큰 군대를 보고 두려워하거나 걱정하지 마시오. 앗시리아 왕과 함께 있는 자보다 더 크신 분이 우리와 함께 계시오. 앗시리아 왕에게는 사람밖에 없지만 우리에게는 우리의 하나님 여호와께서 함께 계시오. 주께서 우리를 도우실 것이고, 우리를 위해 싸워 주실 것이오." 백성은 유다 왕 히스기야의 말을 듣고 용기를 얻었습니다.

앗시리아의 산헤립 왕과 그의 모든 군대가 라기스를 에워싸고 공격했습니다. 그런 뒤에 산헤립이 자기 신하들을 예루살렘에 보내어 유다의 히스기야 왕과 예루살렘에 사는 모든 유다 백성에게 말했습니다. "앗시리아의 산헤립 왕이 이렇게 말씀하셨다. '너희가 의지할 것은 아무것도 없다. 공격을 당하고 있는 예루살렘에 머물러 있어 봐야 아무 소용이 없다. 히스기야가 너희에게 하나님 여호와께서 너희를 앗시리아 왕에게서 구해 주실 것이라고 말하고 있지만 히스기야는 너희를 속이고 있다. 너희가 예루살렘에 머물러 있다가는 배고프고 목말라서 죽고 말 것이다. 히스기야도 이미 여호와의 산당과 제단을 없애지 않았느냐? 그리고 유다와 예루살렘에 이르기를 오직 한 제단에서만 예배를 드리고 그곳에 제물을 바치라고 하지 않았느냐? 내 조상과 내가 온 나라의 백성들에게 한 일을 너희도 알 것이다. 그 나라의 신들은 그 백성을 내 손에서 구해 내지 못했다. 내 조상들이 그 나라들을 멸망시켰으나 그들의 신 가운데 그 어느 누구도 그들을 내 손에서 구해 내지 못했다. 그러므로 너희의 신도 너희를 내 손에서 구해 내지 못할 것이다. 히스기야에게 속지 말고 그의 꾐에 빠지지 마라. 히스기야를 믿지 마라. 어떤 나라나 어떤 민족의 신들도 그 백성을 나나 내 조상의 손에서 구해 내지 못했다. 하물며 너희의 신이 어떻게 내 손에서 너희를 구해 내겠느냐?' "

산헤립의 신하들은 여호와 하나님과 그의 종 히스기야를 더욱 비방했습니다. 산헤립 왕도 이스라엘의 하나님이신 여호와를 욕하는 편지를 썼습니다. 그 편지에는 이러한 내용이 적혀 있었습니다. '다른 나라의 신들이 그 백성을 내 손에서 구해 내지 못했듯이 히스기야의 하나님도 너희를 내 손에서 구해 내지 못할 것이다.' 산헤립 왕의 신하들은 히브리 말로 외쳐 댔습니다. 그들은 예루살렘 성벽 위에 있는 백성에게 외쳐 댔습니다. 그들은 그런 방법으로 백성에게 겁을 주어 예루살렘을 점령하려 했습니다. 그들은 세상 백성이 섬기는 신들, 곧 인간이 손으로 지어 만든 신들을 욕하듯이 예루살렘의 하나님을 욕했습니다.

히스기야 왕과 아모스의 아들인 예언자 이사야가 이 일 때문에 하늘을 향해 기도드렸습니다. 그러자 여호와께서 천사를 앗시리아 왕의 진으로 보내셨습니다. 그 천사는 앗시리아 군대의 군인과 지휘관과 장교들을 다 죽였습니다. 그리하여 앗시리아 왕은 부끄러움을 당한 채 자기 나라로 돌아갔습니다. 그는 자기 신의 신전으로 들어갔는데 그때에 그의 아들들이 그를 칼로 쳐서 죽였습니다. 이처럼 여호와께서 히스기야와 예루살렘 백성을 구해 주셨습니다. 여호와께서는 앗시리아의 산헤립 왕과 온 나라 백성의 손에서 그들을 구해 주셨습니다. 여호와께서는 히스기야와 예루살렘 백성을 보호해 주셨습니다. 많은 백성이 여호와께 바칠 예물을 예루살렘으로 가지고 왔습니다. 그들은 유다의 히스기야 왕에게도 값진 선물을 가져왔습니다. 그때부터 온 나라가 히스기야를 존경했습니다.

히스기야가 죽다

그때에 히스기야가 심한 병에 걸려 죽게 되었습니다. 그는 여호와께 기도드렸습니다. 그랬더니 여호와께서 그에게 응답해 주시고 한 가지 표징을 주셨습니다. 그러나 히스기야는 교만해져서 자비를 베풀어 주신 하나님께 감사드리지 않았습니다. 그래서 여호와께서 히스기야와 유다와 예루살렘 백성에게 노하셨습니다. 그러자 히스기야와 예루살렘 백성이 자기 잘못을 뉘우치고 겸손해졌습니다. 그 때문에 여호와께서는 히스기야가 살아 있는 동안에는 그들에게 벌을 내리지 않으셨습니다.

히스기야는 부귀와 영화를 누렸습니다. 그는 은과 금과 보석과 향료와 방패, 그 밖의 값진 물건들을 보관할 보물창고를 만들었습니다. 그리고 곡식과 새 포도주와 기름을 보관할 창고도 지었습니다. 온갖 짐승을 위해 우리를 만들었고, 양 떼를 위해서도 우리를 만들었습니다. 히스기야는 마을도 더 건설했습니다. 그에게는 양 떼와 소 떼가 많았습니다. 하나님께서 히스기야에게 많은 재산을 주신 것입니다. 기혼 샘의 위 연못을 막은 사람도 히스기야입니다. 그는 기혼 샘의 물줄기를 옛 다윗 성의 서쪽으로 곧장 흐르게 했습니다. 히스기야는 하는 일마다 다 잘되었습니다. 그런데 한번은 바빌론의 지도자들이 히스기야에게 사신들을 보내어 그 땅에서 일어나는 이상한 표징에 대해 물어보았습니다. 그들이 왔을 때에 하나님께서 히스기야가 어떻게 하나 보시려고 히스기야가 하는 대로 내버려 두셨습니다. 하나님께서 히스기야가 마음속에 어떤 생각을 품고 있는지를 다 알고 싶어하셨습니다.

히스기야가 하나님을 사랑한 것과 그가 한 다른 일은 아모스의 아들인 예언자 이사야의 묵시록과 유다와 이스라엘 왕들의 역사책에 적혀 있습니다. 히스기야가 죽어 어떤 언덕 위에 묻혔습니다. 그곳은 다윗의 조상들의 무덤이 있는 곳입니다. 히스기야가 죽자 온 유다와 예루살렘의 백성이 그의 죽음을 슬퍼했습니다. 히스기야의 아들 므낫세가 그의 뒤를 이어 왕이 되었습니다.

유다의 므낫세 왕

므낫세가 왕이 되었을 때의 나이는 십이 세였습니다. 그는 예루살렘에서 오십오 년 동안 왕으로 있었습니다. 므낫세는 여호와께서 보시기에 악한 일을 저질렀습니다. 그는 여호와께서 쫓아낸 다른 나라들이 하던 역겨운 일들을 그대로 했습니다. 므낫세의 아버지 히스기야는 거짓 신들을 섬기던 산당들을 헐어 버렸지만 므낫세는 그것들을 다시 쌓았습니다. 그리고 므낫세는 바알 신들과 아세라 우상들을 위해 제단을 쌓았습니다. 그리고 하늘의 별들을 예배하고 섬겼습니다. 여호와께서 성전에 대해 "내가 영원히 예루살렘에서 예배를 받겠다"고 말씀하셨지만 므낫세는 여호와의 성전 안에 거짓 신들을 위한 제단을 쌓았습니다. 므낫세는 여호와의 성전의 두 뜰에도 별들을 섬기는 제단을 쌓았습니다. 그리고 그는 자기 아들들까지도 '힌놈의 아들 골짜기'에서 제물로 바쳤습니다. 그는 요술과 마술을 부렸으며 표적과 꿈을 풀어서 점을 치기도 했습니다. 또한 무당과 점쟁이를 불러 의논하기도 했습니다. 그는 여호와께서 악하다고 하신 일을 많이 했습니다. 그래서 여호와를 노하게 만들었습니다. 므낫세는 우상을 만들어서 하나님의 성전 안에 두었습니다. 여호와께서 그 성전에 관해 다윗과 솔로몬에게 이렇게 말씀하신 적이 있습니다. "내가 이 성전과 예루살렘에 내 이름을 영원히 두겠다. 예루살렘은 내가 이스라엘 온 지파 가운데서 선택한 곳이다. 이스라엘 백성이 내가 명령한 것을 다 지키고 내가 모세를 통해서 준 가르침과 규례와 계명에 복종하면 내가 다시는 그들을 그들의 조상에게 준 땅에서 쫓아내지 않겠다." 그러나 므낫세는 유다와 예루살렘 백성을 그릇된 길로 이끌었습니다. 그들은 여호와께서 멸망시키신 나라들보다 더 악한 일을 했습니다.

여호와께서 므낫세와 그의 백성에게 말을 해도 그들은 듣지 않았습니다. 그래서 여호와께서 앗시리아 왕의 군대를 보내 유다를 치게 하셨습니다. 그들은 므낫세를 사로잡아 쇠사슬로 손을 묶어 바빌론으로 끌고 갔습니다. 므낫세는 고통을 당하는 가운데 그의 하나님 여호와께 빌었습니다. 므낫세는 자기가 조상들의 하나님 앞에서 저지른 일들을 뉘우쳤습니다. 므낫세가 기도드리니 여호와께서 들으시고 그를 불쌍히 여기셨습니다. 그래서 여호와께서 그를 예루살렘으로 돌려보내 주셨습니다. 그때서야 므낫세는 여호와께서 참 하나님이신 것을 깨달았습니다.

그 일이 있은 뒤에 므낫세는 다윗 성의 바깥 성벽을 다시 쌓았습니다. 그 성벽은 기혼 샘의 서쪽 골짜기에서부터 '물고기 문' 입구를 지나 오벨 언덕 둘레까지 이어졌습니다. 므낫세는 또 성벽을 높이 쌓아 올리고 유다의 모든 요새에 지휘관들을 두었습니다. 므낫세는 다른 나라의 우상들을 없애 버리고 여호와의 성전에서도 우상을 없애 버렸습니다. 그는 성전 언덕과 예루살렘에 자기가 쌓아 놓은 제단들을 헐어 낸 다음 성 밖으로 던져 버렸습니다. 그런 뒤에 그는 여호와의 제단을 쌓았습니다. 그리고 그 위에 화목 제물과 감사 제물을 여호와께 바쳤습니다. 므낫세는 유다의 백성에게 명령하여 이스라엘의 하나님이신 여호와를 섬기라고 명령했습니다. 백성이 여전히 산당에서 제물을 바치기는 했지만 그들은 오직 여호와께만 제물을 바쳤습니다.

므낫세가 한 다른 일과 그가 하나님께 드린 기도와 예언자들이 여호와의 이름으로 그에게 한 말은 이스라엘 왕들의 역사책에 적혀 있습니다. 므낫세가 기도드린 것과 하나님께서 그를 불쌍히 여기신 것과 므낫세가 저지른 모든 죄와 그가 복종하지 않은 것, 또 그가 거짓 신들과 아세라 우상들을 위해 지은 산당들도 호새의 책에 다 적혀 있습니다. 그는 이 모든 일들을 했지만 그 뒤에 자기 잘못을 뉘우쳤습니다. 므낫세가 죽어 그의 왕궁에 묻혔습니다. 므낫세의 아들 아몬이 그의 뒤를 이어 왕이 되었습니다.

유다의 아몬 왕

아몬이 왕이 되었을 때의 나이는 이십이 세였습니다. 그는 예루살렘에서 이 년 동안 왕으로 있었습니다. 그는 그의 아버지 므낫세처럼 여호와께서 보시기에 악한 일을 저질렀습니다. 아몬은 므낫세가 만든 온갖 우상들을 섬기고 그것들에게 제물을 바쳤습니다. 아몬은 자기 아버지와는 달리 여호와 앞에서 저지른 잘못을 뉘우치지 않았습니다. 오히려 아몬은 더 많은 죄를 지었습니다. 아몬의 신하들이 반역을 꾀하고 아몬을 왕궁에서 죽였습니다. 그러나 유다 백성은 아몬에게 반역한 사람들을 다 죽이고 그의 아들 요시야를 왕으로 삼았습니다.

유다의 요시야 왕

요시야가 왕이 되었을 때의 나이는 팔 세였습니다. 그는 예루살렘에서 삼십일 년 동안 다스렸습니다. 그는 그의 조상 다윗처럼 여호와께서 보시기에 올바른 일을 했습니다. 요시야는 언제나 옳은 일만 했습니다. 요시야는 왕으로 있은 지 팔 년째 되던 해에 그의 조상 다윗이 따르던 하나님을 섬기기 시작했습니다. 그때는 요시야가 아직 어렸을 때였습니다. 요시야는 왕이 된 지 십이 년째 되던 해에 유다와 예루살렘에서 거짓 신들을 몰아내기 시작했습니다. 그는 거짓 신들을 섬기는 산당들을 다 헐어 버리고 아세라 우상과 나무로 만든 우상과 쇠로 만든 우상들을 없애 버렸습니다. 백성도 요시야의 명령을 받아서 바알을 섬기던 제단들을 헐어 버렸습니다. 요시야는 제단 위에 있던 향 제단들도 찍어 버렸습니다. 그는 아세라 우상과 나무로 만든 우상과 쇠로 만든 우상들을 부수어 가루로 만든 다음 그 가루를 그런 신들에게 제물을 바친 사람들의 무덤 위에 뿌렸습니다. 그는 또 우상을 섬기던 제사장들의 뼈도 그 제단 위에서 불태웠습니다. 이처럼 요시야는 유다와 예루살렘에서 우상 섬기던 것을 모두 없애 버렸습니다. 요시야는 므낫세와 에브라임과 시므온 땅의 여러 마을과 멀리 납달리 땅과 그 둘레의 폐허에서도 같은 일을 했습니다. 요시야는 제단과 아세라 우상들을 부수어 가루로 만들었습니다. 그는 온 이스라엘에 있는 분향단도 찍어 버렸습니다. 그런 뒤에 그는 예루살렘으로 돌아왔습니다.

요시야는 왕으로 있은 지 십팔 년째 되던 해에 그 땅과 성전을 깨끗하게 했습니다. 그는 아살랴의 아들 사반과 성의 지도자 마아세야와 요아하스의 아들인 서기관 요아를 보내어 요시야의 하나님이신 여호와의 성전을 수리하게 했습니다. 그들은 대제사장 힐기야에게 가서 백성이 하나님의 성전에 바친 돈을 주었습니다. 그 돈은 레위 사람 문지기들이 므낫세와 에브라임과 살아남은 모든 이스라엘 백성에게서 거둔 돈입니다. 그들은 또한 유다와 베냐민과 예루살렘 백성에게서도 돈을 거두었습니다. 레위 사람들은 성전 수리를 감독하는 사람들에게 그 돈을 주었습니다. 그 감독관들은 성전을 다시 짓고 수리하는 일꾼들에게 그 돈을 주었습니다. 그들은 목수와 돌을 쌓는 사람들에게 돈을 주어 채석한 돌과 나무를 사들이게 했습니다. 나무는 유다의 왕들이 폐허로 만들어 버린 건물들을 다시 짓고 들보를 만드는 데 쓸 것이었습니다. 사람들은 그 일을 열심히 했습니다. 그 일을 감독한 사람은 야핫과 오바댜와 스가랴와 무술람입니다. 야핫과 오바댜는 므라리 집안의 레위 사람입니다. 스가랴와 무술람은 고핫 집안 사람입니다. 이 레위 사람들은 모두 뛰어난 음악가였습니다. 그들은 물건을 나르는 일꾼들과 그 밖의 일꾼들을 감독했습니다. 어떤 레위 사람들은 서기관과 관리와 문지기로 일했습니다.

율법책을 발견하다

레위 사람들이 여호와의 성전에 있던 돈을 꺼내고 있는데 제사장 힐기야가 여호와의 율법책을 발견했습니다. 그 율법은 하나님께서 모세를 통해서 주신 것입니다. 힐기야가 서기관 사반에게 말했습니다. "여호와의 성전에서 율법책을 발견했다." 힐기야가 그 책을 사반에게 주었습니다. 사반이 그 책을 요시야 왕에게 가져가서 보고했습니다. "왕이 명령한 대로 신하들이 일을 잘하고 있습니다. 그들은 여호와의 성전에 있는 돈을 감독과 일꾼들에게 주었습니다." 그런 뒤에 서기관 사반이 왕에게 말했습니다. "제사장 힐기야가 나에게 책을 주었습니다." 사반이 그 책의 내용을 왕에게 읽어 주었습니다.

왕은 율법책의 말씀을 듣더니 너무 슬퍼서 자기 옷을 찢었습니다. 그는 힐기야와 사반의 아들 아히감과 미가의 아들 압돈과 서기관 사반과 왕의 종 아사야에게 명령을 내렸습니다. "가서 나와 이스라엘과 유다에 남아 있는 백성을 위하여 발견된 이 책의 말씀에 대해 여호와의 뜻을 여쭤 보시오. 우리 조상이 이 책의 말씀에 복종하지 않았기 때문에 우리를 향해 불붙는 여호와의 진노가 크오. 우리 조상은 우리가 지켜야 할 이 말씀을 따르지 않았소."

그리하여 힐기야를 비롯해서 왕이 보낸 사람들은 여예언자 훌다에게 가서 여호와의 뜻을 여쭤 보았습니다. 훌다는 하스라의 손자이며 독핫의 아들인 살룸의 아내였습니다. 살룸은 왕의 옷을 관리하는 사람이었습니다. 훌다는 예루살렘 성의 둘째 구역에서 살고 있었습니다. 훌다가 그들에게 말했습니다. "이스라엘의 하나님이신 여호와께서 이렇게 말씀하셨으니 당신들을 나에게 보낸 사람에게 전하시오. '내가 이곳과 여기에 사는 백성에게 재앙을 내리겠다. 내가 내릴 재앙은 유다의 왕이 읽은 책의 말씀 속에 있다. 유다 백성은 나를 저버리고 다른 신들에게 향을 피우며 온갖 악한 일을 하여 나를 노하게 했다. 내가 이곳을 향해 내 노를 쏟아부으리니 아무도 나의 노를 멈추지 못할 것이다.' 여호와의 뜻을 여쭤 보라고 당신들을 보낸 유다의 왕에게 전하시오. 이스라엘의 하나님이신 여호와께서 이렇게 말씀하셨소. '너는 이곳과 여기에 사는 백성에 대한 내 말을 듣고 여호와 앞에서 뉘우치는 마음과 겸손한 모습을 보였다. 너는 너무나 슬퍼서 네 옷을 찢었으며 내 앞에서 흐느꼈다. 그래서 내가 네 기도를 들어주겠다. 나 여호와의 말이다. 그러므로 네가 죽을 때 평안히 묻히겠고, 너는 내가 이곳에 사는 백성에게 내릴 온갖 재앙을 보지 않을 것이다.' " 그들이 훌다의 말을 받아 가지고 왕에게 돌아갔습니다.

왕이 유다와 예루살렘의 장로들을 다 불러 모았습니다. 왕은 여호와의 성전으로 올라갔습니다. 유다와 예루살렘에서 온 백성도 왕을 따라 올라갔습니다. 제사장과 레위 사람과 온 백성, 곧 보잘것없는 사람에서부터 귀한 사람에 이르기까지 모두 다 왕과 함께 올라갔습니다. 왕이 그들에게 여호와의 성전에서 발견한 '언약의 책'에 있는 말씀을 다 읽어 주었습니다. 그런 뒤에 왕은 기둥 곁에 섰습니다. 왕은 여호와 앞에서 언약을 맺었습니다. 그는 여호와를 따르고 여호와의 명령과 규례와 율법에 복종하기로 약속했습니다.

그리고 그 책에 적힌 언약의 말씀을 따르기로 약속했습니다. 그런 뒤에 요시야는 예루살렘과 베냐민의 모든 백성에게도 언약을 지키게 했습니다. 예루살렘의 백성은 그들의 조상이 섬기던 하나님의 언약에 복종했습니다. 요시야는 이스라엘 백성이 차지하고 있던 온 땅에서 역겨운 우상들을 없애 버렸습니다. 요시야는 이스라엘의 모든 사람으로 하여금 그들의 하나님 여호와를 섬기게 했습니다. 요시야가 살아 있는 동안 백성은 그들의 조상이 섬기던 여호와께 복종했습니다.

요시야가 유월절을 지키다

요시야 왕이 예루살렘에서 여호와께 유월절을 지켰습니다. 첫째 달 십사 일에 사람들이 유월절 양을 잡았습니다. 요시야는 제사장들을 뽑아 각자 할 일을 맡겼습니다. 그리고 여호와의 성전에서 일하는 그들을 격려해 주었습니다. 레위 사람들은 이스라엘 백성을 가르치며 여호와를 섬기기 위해 자기 몸을 거룩히 구별했습니다. 요시야가 그들에게 말했습니다. "다윗의 아들 솔로몬이 이스라엘의 왕으로 있으면서 지은 성전에 '거룩한 궤'를 놓아두시오. 이제부터는 그것을 어깨에 메고 이리저리 옮기지 마시오. 이제는 그대들의 하나님 여호와와 그 백성 이스라엘을 섬기시오. 집안별로 여호와를 섬길 준비를 하고, 다윗 왕과 그의 아들 솔로몬이 그대들에게 시킨 일을 하시오. 레위 사람들의 무리와 더불어 거룩한 곳에 서시오. 집안별로 준비하여 그들을 도우시오. 유월절 양을 잡으시오. 그대들을 여호와께 거룩히 구별하시오. 그리고 그대들의 형제인 이스라엘 백성을 위해 어린 양들을 준비하시오. 여호와께서 모세를 시켜 우리에게 내리신 명령을 그대로 따르시오."

요시야는 이스라엘 백성에게 자기가 가지고 있던 짐승들 가운데서 양과 염소 삼만 마리를 주어 유월절 제물로 쓰게 했습니다. 요시야는 또 소 삼천 마리도 주었습니다. 요시야의 신하들도 백성과 제사장과 레위 사람들에게 자기가 가지고 있는 것들을 기꺼이 내놓았습니다. 그들은 제사장들에게 어린 양과 염소 이천육백 마리와 소 삼백 마리를 유월절 제물로 주었습니다. 고나냐와 그의 동생들인 스마야와 느다넬과 하사뱌와 여이엘과 요사밧도 레위 사람들에게 양 오천 마리와 소 오백 마리를 주어 유월절 제물로 삼게 했습니다. 그들은 레위 사람의 지도자들이었습니다.

유월절을 지킬 준비가 다 되자 제사장과 레위 사람들은 왕이 명령한 대로 각자 맡은 곳으로 갔습니다. 유월절 양을 잡은 뒤에 레위 사람들은 짐승의 가죽을 벗기고, 그 피는 제사장들에게 주었습니다. 제사장들은 그 피를 제단 위에 뿌렸습니다. 그런 뒤에 그들은 번제물로 바칠 짐승들을 집안별로 주어 모세의 율법이 가르친 대로 여호와께 바칠 수 있게 했습니다. 소를 가지고도 그와 같이 하였습니다. 레위 사람들은 명령을 받은 대로 유월절 제물을 불에 구웠습니다. 그리고 거룩한 제물을 솥과 가마와 냄비에 삶아서 그 고기를 재빨리 백성에게 나누어 주었습니다. 모든 일을 마친 뒤에 레위 사람들은 자기들과 아론의 자손인 제사장들을 위해 고기를 준비했습니다. 제사장들은 번제를 드리고 제물의 기름을 태우면서 밤까지 일했습니다. 레위 사람 가운데 노래하는 사람은 아삽 집안 사람이었습니다. 그들은 다윗 왕과 아삽과 헤만과 선견자 여두둔이 정해 준 곳에 섰습니다. 각 문을 지키는 문지기들은 자기 자리를 떠날 필요가 없었습니다. 그것은 다른 레위 사람들이 유월절을 지킬 준비를 다 해 놓고 있었기 때문입니다.

그리하여 그날 여호와께 예배드릴 준비가 다 되었습니다. 모든 일이 요시야 왕이 명령한 대로 되었습니다. 사람들이 유월절을 지키고 여호와의 제단에 태워 드리는 제물인 번제물을 드렸습니다. 그곳에 있던 이스라엘 백성은 유월절을 지키고 연이어 무교절을 칠 일 동안 지켰습니다. 예언자 사무엘이 살아 있던 때로부터 그때까지 그렇게 유월절을 지킨 적은 한 번도 없었습니다. 이스라엘의 그 어떤 왕도 요시야가 제사장과 레위 사람과 온 유다와 이스라엘 무리와 예루살렘에 사는 사람들과 함께 지킨 유월절처럼 유월절 행사를 한 적은 한 번도 없었습니다. 이 유월절을 지킨 때는 요시야가 왕으로 있은 지 십팔 년째 되는 해입니다.

요시야가 죽다

요시야가 성전을 위해 이 모든 일을 한 후에 이집트의 느고 왕이 갈그미스를 치려고 군대를 이끌고 왔습니다. 갈그미스는 유프라테스 강가에 있는 마을입니다. 요시야는 느고와 맞서 싸우려고 나갔습니다. 그러자 느고가 요시야에게 사람들을 보내어 말했습니다. "요시야 왕이여, 그대와 나는 싸울 이유가 없소. 나는 내 원수와 싸우러 온 것이지 그대와 싸우러 온 것이 아니오. 하나님은 나더러 서두르라 하셨소. 하나님은 내 편이시오. 그러니 하나님과 싸우려 들지 마시오. 그랬다가는 하나님께서 그대를 멸망시키실 것이오." 그러나 요시야는 되돌아가지 않았습니다. 요시야는 아무도 알아보지 못하게 변장을 했습니다. 요시야는 느고가 하나님의 명령을 받아 한 말을 듣지 않았습니다. 요시야는 므깃도 골짜기로 싸우러 나갔습니다. 싸움을 하다가 요시야 왕은 화살에 맞았습니다. 요시야가 자기 신하들에게 말했습니다. "나를 다른 곳으로 데려가 다오. 내가 심하게 부상당했다." 그래서 신하들이 요시야를 들어 전차에서 내린 다음, 요시야가 전쟁터에 가져온 다른 전차에 옮겨 태워서 예루살렘으로 데려갔습니다. 요시야는 예루살렘에서 죽었습니다. 요시야는 그의 조상들이 묻힌 무덤에 묻혔습니다. 온 유다와 예루살렘 백성이 요시야의 죽음을 슬퍼했습니다. 예레미야가 요시야에 관해 슬픈 노래들을 지었습니다. 오늘날까지도 모든 노래하는 남자와 여자는 그 노래들을 부르며 요시야를 기억하고 기념합니다. 이스라엘에서는 그 노래들을 부르는 것이 관습이 되었습니다. 그 노래들은 애가집에 적혀 있습니다. 요시야가 행한 다른 일과 여호와의 율법에 기록된 대로 행한 선한 일들이 처음부터 끝까지 모두 이스라엘과 유다 왕들의 역사책에 기록되었습니다.

유다의 여호아하스 왕

유다 백성이 요시야의 아들 여호아하스를 뽑아 아버지의 뒤를 이어 예루살렘에서 왕이 되게 했습니다. 여호아하스가 왕이 되었을 때의 나이는 이십삼 세였습니다. 그는 예루살렘에서 석 달 동안 왕으로 있었습니다. 이집트의 느고 왕이 여호아하스를 예루살렘의 왕의 자리에서 쫓아냈습니다. 느고는 유다 백성에게 은 백 달란트와 금 한 달란트를 바치게 했습니다. 그리고 이집트 왕은 여호아하스의 형제 엘리아김을 유다와 예루살렘의 왕으로 세웠습니다. 느고는 엘리아김의 이름을 여호야김으로 바꾸고 엘리아김의 형제 여호아하스를 이집트로 끌고 갔습니다.

유다의 여호야김 왕

여호야김이 왕이 되었을 때의 나이는 이십오 세였습니다. 그는 예루살렘에서 십일 년 동안 왕으로 있었습니다. 여호야김은 여호와께서 보시기에 악한 일을 했습니다. 바빌로니아의 느부갓네살 왕이 유다로 쳐들어와서 여호야김을 붙잡아 쇠사슬로 묶어 바빌론으로 끌고 갔습니다. 느부갓네살은 여호와의 성전에 있던 기구들을 빼앗아 바빌론으로 가져간 다음 자기 왕궁에 놓아두었습니다. 여호야김이 한 다른 일과 그가 한 역겨운 짓과 그가 저지른 모든 악한 일은 이스라엘과 유다 왕들의 역사책에 적혀 있습니다. 여호야김의 아들 여호야긴이 그의 뒤를 이어 왕이 되었습니다.

유다의 여호야긴 왕

여호야긴이 유다 왕이 되었을 때의 나이는 십팔 세였습니다. 그는 예루살렘에서 석 달 열흘을 왕으로 있었습니다. 그는 여호와께서 보시기에 악한 일을 저질렀습니다. 봄에 느부갓네살 왕이 자기 신하들을 보내어 여호야긴을 데려오게 했습니다. 그의 신하들은 여호야긴을 사로잡아 갔을 뿐만 아니라 여호와의 성전에 있던 값진 보물들을 바빌론으로 가져갔습니다. 그런 뒤에 느부갓네살은 여호야긴의 친척 시드기야를 유다와 예루살렘의 왕으로 세웠습니다.

유다의 시드기야 왕

시드기야가 유다의 왕이 되었을 때의 나이는 이십일 세였습니다. 그는 예루살렘에서 십일 년 동안 왕으로 있었습니다. 시드기야는 그의 하나님 여호와께서 보시기에 악한 일을 저질렀습니다. 예언자 예레미야가 여호와의 말씀을 그에게 전했지만 그는 듣지 않았습니다.

예루살렘의 멸망

느부갓네살은 시드기야에게 충성을 맹세하게 했습니다. 시드기야는 하나님의 이름으로 충성을 맹세했습니다. 그러나 시드기야가 완고해져서 느부갓네살 왕을 배반했습니다. 그는 이스라엘의 하나님이신 여호와의 말씀을 들으려 하지 않았습니다. 뿐만 아니라

지도자인 제사장들과 유다 백성도 점점 악해졌습니다. 그들은 다른 나라들의 악한 것을 본받았습니다. 여호와께서는 예루살렘의 성전을 거룩하게 하라고 말씀하셨지만 지도자들은 성전을 더럽혔습니다.

그들의 조상의 하나님이신 여호와께서는 자기 백성과 성전을 불쌍히 여기셔서 계속 예언자들을 보내어 백성에게 경고하셨습니다. 그러나 그들은 하나님의 예언자들을 비웃었으며 하나님의 말씀을 미워했습니다. 또한 예언자들의 말씀을 듣지 않았습니다. 마침내 하나님께서 자기 백성에게 노하셨습니다. 아무도 여호와의 노를 멈추게 할 수 없었습니다.

그리하여 하나님께서 바빌로니아 왕을 보내셔서 그들을 치게 하셨습니다. 바빌로니아 왕은 젊은이들을 다 죽였습니다. 심지어 성전에 있는 젊은이까지도 죽였습니다. 바빌로니아 왕은 무자비했습니다. 그는 남자와 여자를 다 죽였습니다. 늙은이와 병든 사람까지도 죽였습니다. 느부갓네살이 유다와 예루살렘의 백성에게 벌을 준 이 모든 것은 하나님께서 허락하신 것입니다. 느부갓네살은 하나님의 성전에서 크고 작은 모든 것을 바빌론으로 가져갔습니다. 그는 여호와의 성전에 있던 보물과 왕과 그의 신하들이 가지고 있던 보물을 다 가져갔습니다. 느부갓네살과 그의 군대는 하나님의 성전에 불을 질렀습니다. 그들은 예루살렘 성벽을 무너뜨렸습니다. 그리고 왕궁을 다 불살랐습니다. 그들은 예루살렘에 있는 값진 것은 모두 가져가거나 없애 버렸습니다. 느부갓네살은 살아남은 백성을 바빌론으로 사로잡아 가서 자기와 자기 자손의 노예로 삼았습니다. 그들은 페르시아 왕국이 바빌로니아를 물리칠 때까지도 노예로 있었습니다. 그리하여 여호와께서 예언자 예레미야를 통해서 하신 말씀, 곧 그곳이 칠십 년 동안 황무지가 될 것이라고 하신 말씀이 이루어졌습니다. 그동안 칠 년마다 한 번씩 땅을 쉬게 하라는 여호와의 말씀이 지켜지지 않았는데 그런 일이 일어남으로 땅에 안식이 이루어졌습니다.

고레스의 칙령

고레스가 페르시아의 왕이 된 첫해에 여호와께서 고레스의 마음을 움직이셔서 예레미야를 시켜서 하신 말씀을 이루셨습니다. 고레스는 온 땅에 사람들을 보내어 글로 적은 칙령을 선포하게 했습니다. 페르시아의 고레스 왕이 선포한 칙령의 내용은 이러합니다. "하늘의 하나님이신 여호와께서 이 세상의 온 나라들을 나에게 주셨다. 그리고 나를 세우셔서 유다 땅 예루살렘에 여호와를 위해 성전을 짓게 하셨다. 이제 너희 모든 하나님의 백성은 예루살렘으로 돌아가도 좋다. 너희의 하나님 여호와께서 너희와 함께하시기를 바란다."

에스라

고레스가 포로들이 돌아가는 것을 허락하다

고레스가 페르시아의 왕이 된 첫해의 일입니다. 여호와께서 예레미야를 통하여 하신 말씀을 이루시려고, 고레스의 마음을 움직이셨습니다. 그래서 고레스가 온 땅에 사신을 보내어, 명령을 내렸습니다. 고레스가 명령한 내용은 아래와 같습니다.

"페르시아 왕 고레스가 말한다. 하늘의 하나님이신 여호와께서 이 세상 온 나라를 나에게 주셨다. 그리고 나를 세우셔서, 유다 땅 예루살렘에 성전을 짓게 하셨다. 이제 너희 모든 하나님의 백성은 예루살렘으로 돌아가거라. 너희 하나님께서 너희와 함께 계시기를 바란다. 너희는 예루살렘에 계신 이스라엘의 하나님을 위해 성전을 지어라. 나머지 사람들은 예루살렘으로 돌아가고자 하는 사람들을 도와주도록 하여라. 그들에게 은과 금과 갖가지 물건과 가축을 주고, 예루살렘에 지을 하나님의 성전을 위해 예물도 주도록 하여라."

그리하여 유다와 베냐민 집안의 지도자들이 예루살렘을 향해 길을 떠날 준비를 했습니다. 제사장과 레위 사람들도 준비를 했습니다. 그들은 예루살렘으로 가서 여호와의 성전을 지을 생각이었습니다. 하나님께서 그 모든 사람의 마음을 움직이셔서, 예루살렘을 향해 떠나도록 하셨습니다. 모든 이웃이 그들을 도왔습니다. 그들은 은 기구와 금과 갖가지 물건과 가축과 값진 선물을 주었습니다. 그리고 성전에 바칠 예물도 주었습니다. 고레스 왕은 원래 여호와의 성전에 있던 그릇들을 꺼내 왔습니다. 그 그릇들은 느부갓네살이 예루살렘에서 빼앗아 와서 자기 신의 신전에 놓아두었던 것들이었습니다. 페르시아 왕 고레스가 재무 관리인 미드르닷을 시켜서 그 그릇들을 꺼내 오게 했습니다. 미드르닷은 그것들을 낱낱이 세어서, 유다 총독 세스바살에게 넘겨주었습니다. 세스바살이 넘겨받은 것은 금그릇 삼십 개와 은그릇 천 개와 칼 이십구 개와 금대접 삼십 개와 다른 은대접 사백십 개와 그 밖의 그릇 천 개입니다. 금그릇과 은그릇을 모두 합하면 오천사백 개입니다. 세스바살은 포로들이 바빌론에서 예루살렘으로 갈 때, 그것들을 다 가져갔습니다.

돌아온 사람들

포로 생활을 마치고 돌아온 사람은 이러합니다. 그들은 바빌로니아 왕 느부갓네살이 통치할 때, 바빌론으로 사로잡혀 간 사람들이었습니다. 이제 그들은 고향인 예루살렘과 유다로 돌아왔습니다. 그들은 그들의 지도자 스룹바벨과 예수아와 느헤미야와 스라야와 르엘라야와 모르드개와 빌산과 미스발과 비그왜와 르훔과 바아나와 함께 돌아왔습니다.

이스라엘 백성의 숫자는 이러합니다. 바로스의 자손이 이천백칠십이 명이요, 스바댜의 자손이 삼백칠십이 명이요, 아라의 자손이 칠백칠십오 명이요, 바핫모압의 자손, 곧 예수아와 요압 집안의 자손이 이천팔백십이 명이요, 엘람의 자손이 천이백오십사 명이요, 삿두의 자손이 구백사십오 명이요, 삭개의 자손이 칠백육십 명이요, 바니의 자손이 육백사십이 명이요, 브배의 자손이 육백이십삼 명이요, 아스갓의 자손이 천이백이십이 명이요, 아도니감의 자손이 육백육십육 명이요, 비그왜의 자손이 이천오십육 명이요, 아딘의 자손이 사백오십사 명이요, 아델의 자손, 곧 히스기야 집안의 자손이 구십팔 명이요, 베새의 자손이 삼백이십삼 명이요, 요라의 자손이 백십이 명이요, 하숨의 자손이 이백이십삼 명이요, 깁발의 자손이 구십오 명입니다. 베들레헴 사람이 백이십삼 명이요, 느도바 사람이 오십육 명이요, 아나돗 사람이 백이십팔 명이요, 아스마웻 사람이 사십이 명이요, 기랏여아림 사람과 그비라 사람과 브에롯 사람이 칠백사십삼 명이요, 라마와 게바 사람이 육백이십일 명이요, 믹마스 사람이 백이십이 명이요, 벧엘과 아이 사람이 이백이십삼 명이요, 느보 자손이 오십이 명이요, 막비스 자손이 백오십육 명이요, 다른 엘람의 자손이 천이백오십사 명이요, 하림 자손이 삼백이십 명이요, 로드와 하딧과 오노 자손이 칠백이십오 명이요, 여리고 자손이 삼백사십오 명이요, 스나아 자손이 삼천육백삼십 명입니다.

제사장 중에서는 예수아 집안의 여다야의 자손이 구백칠십삼 명이요, 임멜 자손이 천오십이 명이요, 바스훌 자손이 천이백사십칠 명이요, 하림 자손이 천십칠 명입니다.

레위 사람은 호다위야 자손, 곧 예수아와 갓미엘의 자손이 칠십사 명입니다. 노래하는 사람 아삽의 자손이 백이십팔 명이요, 성전 문지기는 살룸과 아델과 달몬과 악굽과 하디다와 소배 자손이 백삼십구 명입니다.

느디님 사람들은 시하와 하수바와 답바옷과 게로스와 시아하와 바돈과 르바나와 하가바와 악굽과 하갑과 살매와 하난과 깃델과 가할과 르아야와 르신과 느고다와 갓삼과 웃사와 바세아와 베새와 아스나와 므우님과 느부심과 박북과 하그바와 할훌과 바슬룻과 므히다와 하르사와 바르고스와 시스라와 데마와 느시야와 하디바의 자손들입니다.

솔로몬의 종은 소대와 하소베렛과 브루다와 야알라와 다르곤과 깃델과 스바댜와 핫딜과 보게렛하스바임과 아미 자손입니다.

성전 종인 느디님 사람과 솔로몬이 거느린 종의 자손 중 돌아온 사람은 모두 삼백구십이 명입니다.

그 밖에 델멜라와 델하르사와 그룹과 앗단과 임멜에서도 예루살렘으로 돌아온 사람이 있습니다. 그러나 그들이 이스라엘 가문 사람인지 아닌지는 분명하지 않습니다. 그들은 들라야와 도비야와 느고다의 자손인데, 모두 육백오십이 명입니다. 그리고 제사장들 가운데는 하바야와 학고스와 바르실래의 자손이 예루살렘으로 돌아왔는데, 바르실래는 길르앗 사람 바르실래의 딸과 결혼하여 여자 쪽 집안의 이름을 이어받았습니다. 이 사람들의 집안 기록을 찾았으나 찾을 수가 없었습니다. 그래서 그들을 부정하게 여겨 제사장 일을 하지 못하게 했습니다. 총독은 제사장이 우림과 둠밈을 가지고 그들이 제사장의 자손인지 아닌지 결정을 내릴 때까지, 하나님께 바친 음식을 아무것도 먹지 못하게 했습니다.

돌아온 무리의 수는 모두 사만 이천삼백육십 명입니다. 그들의 남종과 여종 칠천삼백삼십칠 명은 그 수에 포함되지 않았습니다. 그 밖에 노래하는 남자와 여자도 이백 명이 있었습니다. 또 말이 칠백삼십육 마리, 노새가 이백사십오 마리, 낙타가 사백삼십오 마리, 나귀가 육천칠백이십 마리입니다.

그 모든 무리가 예루살렘에 있는 여호와의 성전에 이르렀습니다. 각 집안의 지도자 몇 사람이 특별 예물을 바쳤습니다. 그 예물은 하나님의 성전을 다시 짓는 데 바쳐진 것입니다. 성전은 전에 있던 곳에 다시 지어질 예정이었습니다. 그들은 육만 일천 다릭의 금과 오천 마네의 은과 제사장을 위한 옷 백 벌을 바쳤습니다.

제사장과 레위 사람과 노래하는 사람과 문지기와 성전 종들은 다른 이스라엘 사람들과 함께 고향에 자리를 잡았습니다.

제단을 다시 쌓음

이스라엘 사람들이 자기 고향에 자리를 잡고 살기 시작한 지 일곱째 달이 되었을 때, 그들은 예루살렘에 모였습니다. 요사닥의 아들 예수아와 그의 동료 제사장들과 스알디엘의 아들 스룹바벨이 모여서 하나님의 제단을 쌓기 시작했습니다. 그 제단은 모세의 율법에 적혀 있는 대로 태워 드리는 제물인 번제물을 바치는 제단입니다. 그들은 주변에 사는 다른 나라 백성들을 두려워했지만, 제단을 다시 쌓는 일을 게을리하지 않았습니다. 그리고 아침 저녁으로 그 위에 여호와께 번제물을 바쳤습니다. 그런 뒤에 율법에 적혀 있는 대로 초막절을 지켰습니다. 그들은 절기 기간 동안 날마다 정한 수대로 희생 제물을 바쳤는데, 초막절이 끝난 뒤에도 그들은 번제물과 달의 첫날에 드리는 초하루 제물과 여호와께서 명령하신 온갖 절기의 제물을 바쳤습니다. 그리고 여호와께 기쁘게 드리는 예물도 바쳤습니다. 일곱째 달 첫날에 그들은 여호와께 번제물을 바쳤습니다. 그러나 아직 성전의 기초는 놓지 않은 상태였습니다.

성전을 다시 짓다

그 뒤에 그들은 돌 다듬는 사람과 나무를 다루는 사람에게 돈을 주어 일을 시켰습니다. 시돈과 두로의 여러 성에 음식과 포도주와 기름을 보내 주고, 레바논에서 욥바 항구까지 백향목을 실어 오게 했습니다. 그 일은 페르시아 왕 고레스가 허락하였습니다.

그들이 예루살렘에 있는 하나님의 성전에 돌아온 지 이 년째 되는 해의 둘째 달에, 스알디엘의 아들 스룹바벨과 요사닥의 아들 예수아가 일을 시작했습니다. 그들의 동료 제사장과 레위 사람들과 포로 생활을 마치고 예루살렘으로 돌아온 사람들은 모두 일을 시작했습니다. 그들은 이십 세 이상 된 레위 사람을 뽑아서 여호와의 성전 짓는 일을 맡겼습니다. 하나님의 성전 짓는 일을 맡은 사람은 예수아와 그의 아들들과 형제들, 호다위야의 자손 갓미엘과 그의 아들들, 그리고 헤나닷의 아들들과 손자들과 형제들로, 모두 레위 사람들로 이루어졌습니다.

일꾼들이 여호와의 성전의 기초를 놓는 일을 마치자, 제사장들이 제사장 옷을 입고 나팔을 들었습니다. 레위 사람들과 아삽의 아들들도 제금을 들고 모두 자리를 잡았습니다. 그리고 이스라엘의 왕 다윗이 말한 대로 여호와를 찬양했습니다. 그들은 찬양하고 감사하며 여호와께 노래했습니다.

"여호와는 선하시며, 이스라엘에 대한 사랑은 영원하시다."

그러자 모든 백성도 성전의 기초를 놓은 것을 보고, 여호와를 찬양했습니다. 그러나 나이 든 제사장과 레위 사람, 각 집안의 지도자들은 큰 소리로 울었습니다. 왜냐하면 그들은 솔로몬 왕 때에 처음 지었던 아름다운 성전을 기억하고 있었기 때문입니다. 그들은 지금 놓여진 이 성전의 기초를 보고 큰 소리로 울었고, 다른 백성들은 기쁨에 겨워 소리를 질렀습니다. 백성이 내는 소리가 너무 시끄러웠으므로, 기쁨에 겨워 지르는 소리와 슬퍼서 우는 소리를 구분할 수 없었습니다. 그 소리는 멀리서도 들렸습니다.

성전 재건을 방해하는 사람들

유다와 베냐민의 적들은 돌아온 포로들이 이스라엘의 하나님이신 여호와를 위해 성전을 짓는다는 이야기를 듣고, 스룹바벨과 각 집안의 지도자들에게 와서 말했습니다. "성전 짓는 일을 우리도 돕게 해 주시오. 우리도 당신들의 하나님을 섬기고 싶소. 우리는 앗시리아 왕 에살핫돈에 의해 이곳에 온 첫날부터 지금까지 당신들의 하나님께 제물을 바쳐 왔소." 그러나 스룹바벨과 예수아와 이스라엘의 지도자들이 대답했습니다. "안 되오. 당신들은 우리 하나님의 성전을 짓는 일에 끼어들 필요가 없소. 성전은 우리가 지을 것이오. 이 성전은 이스라엘의 하나님 여호와를 위한 것이오. 페르시아 왕 고레스가 우리더러 그 성전을 지으라고 명령했소."

그러자 그 땅 백성이 유다 백성의 기를 꺾어 놓으려 했습니다. 그들은 유다 백성이 성전 짓는 일을 무서워하게 만들었습니다. 그리고 다른 사람들을 시켜 성전 짓는 일이 늦어지도록 방해했습니다. 그들의 방해는 페르시아 왕 고레스의 시대를 지나 페르시아 왕 다리오 시대까지 계속되었습니다.

아하수에로가 왕이 되자, 그 적들이 유다와 예루살렘 백성을 고발하는 편지를 썼습니다.

적들이 아닥사스다에게 고발 편지를 보내다

그 뒤에 아닥사스다가 왕이 되자 비슬람과 미드르닷과 다브엘을 비롯한 무리들이 페르시아 왕 아닥사스다에게 편지를 썼습니다. 그 편지는 아람어로 적혀 있습니다. 총독 르훔과 서기관 심새도 아닥사스다 왕에게 예루살렘을 고발하는 내용의 편지를 썼습니다. 그 편지에는 총독 르훔과 서기관 심새와 다른 보좌관들, 곧 재판관들과 중요한 관리들뿐만 아니라, 디나와 아바삿과 다블래와 아바

새와 아렉과 바빌로니아와 수산과 데해와 엘람 사람들의 이름이 적혀 있습니다. 그리고 오스납발이 쫓아낸 사람들의 이름도 함께 씌어 있습니다. 그들은 오스납발이 사마리아 성과 유프라테스 강 서쪽의 다른 지방에서 살게 한 사람들입니다. 그들이 아닥사스다 왕에게 보낸 편지의 내용은 이러합니다. "유프라테스 강 서쪽 지방에 사는 왕의 종들이 아닥사스다 왕에게 드립니다. 왕이시여, 왕께서 저희에게 보낸 유다인들을 기억하실 줄로 압니다. 왕도 아시겠지만, 그들은 예루살렘으로 가서 왕의 명령을 어기고, 저 악한 성을 다시 짓고 있습니다. 그들은 성벽을 다시 쌓고, 기초를 다시 놓고 있습니다. 아닥사스다 왕이시여, 장차 무슨 일이 일어날지 왕께서도 아셔야 합니다. 만약 예루살렘이 지어지고, 그 성벽이 고쳐지고 나면, 예루살렘은 아무런 세금도 내지 않을 것입니다. 그렇게 되면 왕께서 거두어들이는 돈도 줄어들 것입니다. 우리는 나라에 충성을 다할 것을 맹세했기 때문에, 왕에게 그런 명예롭지 못한 일이 생기는 것을 보고만 있을 수 없습니다. 그래서 왕께 그 사실을 알려 드리려고 이 편지를 쓰는 것입니다. 왕이시여, 이전 왕들의 기록을 살펴보십시오. 그러면 예루살렘 성이 반역의 성이라는 것을 발견하게 될 겁니다. 예루살렘은 왕들을 괴롭히던 곳이고, 페르시아가 다스렸던 다른 지역들까지 피해를 입혔던 곳입니다. 오래전부터 그곳은 반역을 일삼았습니다. 그 성이 멸망한 것도 그 때문입니다. 아닥사스다 왕이시여, 이 사실을 아셔야 합니다. 이 성을 다시 짓는 일과 성벽 보수 작업이 끝나게 되면, 왕께서는 유프라테스 강 서쪽 지방을 다 잃게 될 것입니다."

그러자 아닥사스다 왕이 이런 답장을 보냈습니다. "총독 르훔과 서기관 심새에게, 그리고 그들과 더불어 사마리아에 사는 모든 백성과 유프라테스 강 서쪽 지방에 있는 다른 사람들에게 보낸다.

너희들 모두 평안하기를 바란다. 그대들이 보낸 편지는 번역하여 잘 읽어 보았다. 내가 옛 기록을 찾아내라고 명령하여 알아본 결과, 예루살렘은 오랫동안 반역을 일삼던 곳임이 드러났다. 예루살렘은 문제를 일으키고, 말썽을 부리던 곳이다. 예루살렘에는 강한 왕들이 있었다. 그들은 유프라테스 강 서쪽 지방 전체를 다스리면서 온갖 세금을 거두어들였다. 이제 그들에게 명령을 내려 일을 멈추게 하여라. 내가 명령을 내리기 전까지는 예루살렘 성을 다시 짓지 못한다. 이 일을 틀림없이 하도록 하여라. 예루살렘 성을 짓는 일이 계속되면 나라가 피해를 입게 된다."

르훔과 서기관 심새와 다른 사람들이 이 편지를 읽었습니다. 그리고는 재빨리 예루살렘의 유다 사람들에게 가서 하던 일을 멈추게 했습니다. 그리하여 예루살렘에서 하나님의 성전을 짓는 일이 페르시아 왕 다리오 이 년까지 중단되었습니다.

다리오에게 보낸 닷드내의 편지

학개와 잇도의 아들 스가랴는 예언자입니다. 그들은 유다와 예루살렘에 사는 유다 사람들에게 이스라엘의 하나님의 이름으로 예언을 했습니다. 그때, 스알디엘의 아들 스룹바벨과 요사닥의 아들 예수아가 예루살렘에서 하나님의 성전을 다시 짓기 시작했습니다. 하나님의 예언자들이 그들에게 도움을 주었습니다.

닷드내가 유프라테스 강 서쪽 지방의 총독으로 있을 때, 닷드내와 스달보스내와 다른 사람들이 유다 사람들에게 가서 물었습니다. "누구의 허락으로 이 성전을 다시 짓고, 성벽을 보수하는 거요?" 그들이 또 물었습니다. "이 건물을 다시 짓는 사람들의 이름이 무엇이오?" 그러나 하나님께서 유다의 장로들을 돌봐 주셨으므로, 닷드내와 그의 부하들은 다리오 왕에게 보고하여 왕의 답장을 받을 때까지 성전 짓는 일을 막지 못했습니다.

다음은 닷드내와 스달보스내와 다른 사람들이 다리오 왕에게 보낸 편지를 베낀 것입니다. 닷드내는 유프라테스 강 서쪽 지방의 총독이었고, 다른 사람들은 그 지방의 중요한 관리들이었습니다. 그들이 보고한 내용은 이러합니다. "다리오 왕이시여, 평안하시기를 빕니다. 다리오 왕이시여, 왕도 저희가 유다 지방으로 간 것에 대해서 아실 줄로 믿습니다. 그곳에는 위대한 하나님의 성전이 있습니다. 그곳에 사는 백성들은 큰 돌로 그 성전을 짓고 있습니다. 그리고 성벽 안에 목재를 넣고 있습니다. 백성들은 열심히 일하고 있으며, 매우 빠른 속도로 성전을 짓고 있습니다. 우리는 그들의 장로들에게 '누구한테 허락을 받고 이 성전과 성벽을 다시 짓고 있소?'라고 물었습니다. 그리고 그들의 이름도 물었습니다. 왕께서 아실 수 있도록 우리는 그들의 이름을 적어 두었습니다. 그들은 우리에게 이렇게 대답했습니다. '우리는 하늘과 땅을 다스리시는 하나님의 종입니다. 우리는 이스라엘의 한 위대한 왕이 오래전에 지었던 성전을 다시 짓고 있습니다. 예전에 우리 조상들이 하늘의 하나님께 죄를 지어, 하나님께서 바빌로니아 왕 느부갓네살을 시켜 우리 조상들을 치게 하셨습니다. 느부갓네살이 이 성전을 무너뜨리고, 우리 백성을 바빌론으로 사로잡아 갔습니다. 그 뒤, 고레스가 바빌로니아 왕이 된 첫해에 특별 명령을 내려 이 성전을 다시 짓게 하셨습니다. 더구나 그 고레스 왕은 느부갓네살이 예루살렘에 있는 성전에서 빼앗은 금그릇과 은그릇들을 바빌론 신전에서 꺼내어 세스바살에게 주었습니다. 그는 세스바살을 총독으로 임명했습니다. 고레스가 세스바살에게 말했습니다. "이 금그릇과 은그릇들을 가져가서 예루살렘에 있는 성전에 다시 놓아두어라. 그리고 그 성전 터에 하나님의 성전을 다시 지어라." 그래서 세스바살이 와서,

예루살렘에 성전의 기초를 놓았습니다. 그때부터 지금까지 줄곧 그 일을 해 왔지만 아직 끝내지 못했습니다.' 왕이시여, 괜찮으시다면 한번 조사를 해 보십시오. 바빌론의 왕실 기록을 조사해서 고레스 왕이 정말로 예루살렘에 이 성전을 다시 지으라는 명령을 내렸는지를 알아보십시오. 그런 다음에 왕께서 결정하신 것을 저희에게 일러 주십시오."

다리오의 명령

그리하여 다리오 왕이 기록을 조사해 보라고 명령했습니다. 그 기록은 바빌론의 창고에 보관되어 있습니다. 메대 지방의 수도인 악메다 성에서 한 두루마리가 발견되었습니다. 거기에는 이런 내용이 적혀 있었습니다. "고레스 왕께서 왕이 되신 첫해에 예루살렘에 있는 하나님의 성전에 관해 명령을 내리셨다. 그 명령은 다음과 같다. 성전을 다시 짓도록 하여라. 그 성전은 제물을 바칠 곳이다. 그 기초를 놓도록 하여라. 성전은 높이가 육십 규빗, 너비도 육십 규빗이 되어야 한다. 잘 다듬은 돌 세 층마다 목재 한 층을 쌓아 올려라. 비용은 왕의 창고에서 내어주어라. 느부갓네살이 예루살렘에 있는 성전에서 빼앗아 바빌론 신전에 놓아둔 금그릇과 은그릇들을 돌려주어라. 그것들을 예루살렘에 있는 하나님의 성전 안, 원래 있던 자리에 놓아두어라."

그래서 다리오 왕은 다음과 같은 답장을 보냈습니다. "이제 나 다리오가 유프라테스 강 서쪽 지방의 총독인 닷드내에게 명령한다. 그리고 스달보스내와 그 지방의 모든 관리들에게 명령한다. 그곳을 가까이하지 마라. 하나님의 성전 짓는 일을 방해하거나 막지 마라. 유다의 총독과 장로들이 성전이 있던 곳에 그 성전을 다시 짓는 일을 내버려 두도록 하여라. 그리고 하나님의 성전을 짓는 유다의 장로들을 위해 그대들이 할 일을 내가 명령하겠다. 건축에 들어가는 비용은 왕의 창고에서 다 내어주어라. 그 돈은 유프라테스 강 서쪽 지방에서 거둔 세금에서 나올 것이다. 그렇게 하여 일이 중단되지 않도록 하여라. 그 백성에게 필요한 것을 다 주어라. 수송아지나 숫양이나 어린 양을 주어서 하늘의 하나님께 태워 드리는 번제물로 바칠 수 있게 하여라. 그리고 밀과 소금과 포도주와 올리브 기름도 주어라. 예루살렘의 제사장이 원하는 것은 무엇이든지 주어라. 날마다 빠짐없이 주어라. 그렇게 함으로 하늘의 하나님께서 기뻐 받으실 만한 제물을 그들이 바칠 수 있도록 하여라. 그리고 나와 내 아들들의 생명을 위해 기도할 수 있게 하여라. 내가 또 명령을 내린다. 누구든지 이 명령을 바꾸면 그 사람의 집에서 들보를 빼내고, 그의 몸을 그 들보에 묶은 다음에 박아 버릴 것이다. 그가 이런 죄를 지었으므로 그의 집을 거름더미로 만들 것이다. 하나님께서는 예루살렘을 예배받으실 곳으로 정하셨다. 왕과 백성을 가리지 않고 이 명령을 바꾸려 하거나 성전을 무너뜨리려는 사람은 하나님께서 물리치실 것이다. 나 다리오가 이 명령을 내리니, 즉시 받아들여 빠짐없이 지키도록 하여라."

성전 완공

그리하여 유프라테스 강 서쪽 지방의 총독인 닷드내와 스달보스내와 다른 사람들은 다리오 왕의 명령을 받자마자 빠짐없이 지켰습니다. 유다 장로들은 성전 짓기를 계속했습니다. 예언자 학개와 잇도의 아들 스가랴의 말씀 때문에 일이 잘되어 나갔습니다. 그들은 이스라엘의 하나님이 말씀하신 대로 성전 짓기를 마쳤습니다. 그 일은 페르시아 왕 고레스와 다리오와 아닥사스다의 명령에 따른 것이기도 합니다. 성전을 다 지은 때는 다리오가 왕이 된 지 육 년째 되던 해의 아달 월 삼 일입니다.

이스라엘 백성이 기뻐하며 성전을 하나님께 바치는 예배를 드렸습니다. 제사장들이나 레위 사람들이나 포로 생활을 마치고 돌아온 유다 백성들은 누구 할 것 없이 다 즐거워했습니다. 그들은 성전을 하나님께 바치면서, 수소 백 마리와 숫양 이백 마리와 어린 양 사백 마리를 제물로 바쳤습니다. 그리고 온 이스라엘의 죄를 씻기 위한 제물로 숫염소 열두 마리를 바쳤습니다. 이스라엘의 각 지파대로 한 마리씩을 바친 것입니다. 그런 뒤에 그들은 제사장과 레위 사람들을 여러 무리로 나누었습니다. 각 나누어진 무리는 예루살렘 성전에서 정한 시간 동안 하나님을 섬겨야 했습니다. 이 모든 일이 모세의 책에 적힌 대로 되었습니다.

유월절

포로 생활을 마치고 돌아온 유다 사람들이 첫째 달 십사 일에 유월절을 지켰습니다. 제사장과 레위 사람들은 자기 몸을 깨끗이 했습니다. 레위 사람들은 포로 생활을 마치고 돌아온 모든 유다 사람을 위해 유월절 양을 잡았습니다. 그리고 그들의 친척인 제사장들과 자기들을 위해서도 유월절 양을 잡았습니다. 그리하여 포로 생활을 마치고 돌아온 모든 이스라엘 사람이 유월절 양을 먹었습니다. 유다 사람이 아닌 이웃 사람들도 그들의 부정한 생활 방식을 버리고, 유다 사람들과 함께 유월절 양을 먹었습니다. 그들은 이스라엘의 하나님 여호와께 예배를 드렸습니다. 그들은 칠 일 동안, 무교절을 매우 즐겁게 지켰습니다. 여호와께서 당시 앗시리아 전역을 다스렸던 페르시아 다리오 왕의 마음을 바꾸셔서, 하나님의 성전 짓는 일을 돕도록 하셨습니다.

에스라가 예루살렘에 오다

이런 일이 있은 뒤, 몇십 년이 지났습니다. 페르시아 왕 아닥사스다가 다스리던 때에 에스라라는 사람이 있었습니다. 에스라는 스라야의 아들이고, 스라야는 아사랴의 아들이며, 아사랴는 힐기야의 아들입니다. 힐기야는 살룸의 아들이고, 살룸은 사독의 아들이며, 사독은 아히둡의 아들입니다. 아히둡은 아마랴의 아들이고, 아마랴는 아사랴의 아들이며, 아사랴는 므라욧의 아들입니다. 므라욧은 스라히야의 아들이고, 스라히야는 웃시엘의 아들이며, 웃시엘은 북기의 아들입니다. 북기는 아비수아의 아들이고, 아비수아는 비느하스의 아들이며, 비느하스는 엘르아살의 아들입니다. 엘르아살은 대제사장 아론의 아들입니다. 이 에스라가 바빌론에서 예루살렘으로 돌아왔는데, 그는 이스라엘의 하나님 여호와께서 주신 모세의 율법을 연구한 학자입니다. 그의 하나님 여호와께서 그를 도우셨으므로, 그는 원하는 것이 있으면 무엇이든지 왕으로부터 받을 수 있었습니다.

아닥사스다 왕 칠 년에 다른 이스라엘 사람들이 또 예루살렘으로 돌아왔습니다. 그들 가운데는 제사장과 레위 사람과 노래하는 사람과 문지기와 성전 종들이 있었습니다. 에스라가 예루살렘에 왔을 때는 아닥사스다 왕 칠 년 되던 해의 다섯째 달이었습니다. 에스라는 첫째 달 초하루에 바빌론을 떠나서, 다섯째 달 초하루에 예루살렘에 이르렀습니다. 하나님께서 에스라를 도우셨습니다. 에스라는 여호와의 가르침을 알기 위해, 그리고 그것을 지키기 위해 열심히 일했습니다. 에스라는 여호와의 명령과 규례를 이스라엘 사람들에게 가르치기도 했습니다.

아닥사스다가 에스라에게 보낸 편지

아닥사스다 왕이 제사장이면서 .율법학자인 에스라에게 편지를 보냈습니다. 그 편지의 내용은 이러합니다. "모든 왕의 왕 아닥사스다가 하나님의 율법을 연구하는 학자이며, 제사장인 에스라에게 보낸다. 이제 내가 명령을 내린다. 내 나라 안에 있는 이스라엘 사람 가운데 누구든지 원하는 사람은 그대와 함께 예루살렘으로 가도 좋다. 제사장과 레위 사람이라도 괜찮다. 나는 나의 참모 일곱 사람과 의논한 후, 하나님의 율법이 유다와 예루살렘에서 잘 지켜지고 있는지 살펴보기 위해 에스라, 당신을 그쪽으로 보내기로 했다. 그리고 나와 나의 참모가 기꺼이 내어준 은과 금도 가져가도 좋다. 그것은 예루살렘에 계시는 이스라엘의 하나님을 위해 주는 것이다. 또한 바빌론 지방에서 받은 은과 금도 가져가고, 이스라엘 사람과 그 제사장들이 여호와께 바친 제물, 곧 예루살렘에 있는 하나님의 성전을 위해 기꺼이 바친 예물도 가져가라. 그 돈으로 수소와 숫양과 어린 양을 사고 곡식 제물과 부어 드리는 제물인 전제물도 사라. 그것들을 예루살렘에 있는 하나님의 성전 제단 위에 바쳐라. 나머지 은과 금은 그대와 그대의 동료인 유다 사람들이 마음대로 쓰되, 하나님이 원하시는 대로 써라. 그대에게 맡긴 모든 것을 예루살렘의 하나님께 가져가라. 그것은 그대의 하나님의 성전에서 예배드릴 때에 쓸 것이다. 그 밖에도 하나님의 성전을 위해 필요한 것이 있다면 무엇이든지 가져가도 좋다. 왕의 창고에서 그것을 받아 가져가도록 하여라.

이제 나 아닥사스다가 유프라테스 강 서쪽 지방의 창고를 맡은 모든 사람에게 명령을 내린다. 제사장이자 하나님의 율법학자인 에스라가 달라고 하는 것은 무엇이든지 그대로 내주어라. 그에게 은은 백 달란트까지, 밀은 백 고르까지, 포도주는 백 바트까지, 올리브 기름도 백 바트까지 내주어라. 그리고 소금은 달라는 대로 주어라. 하늘의 하나님이 원하시는 것이라면, 하늘의 하나님의 성전을 위해 무엇이든지 그대로 하여라. 하나님께서 왕과 그의 자손에게 노하실까 염려된다. 그대들은 제사장이나 레위 사람이나 노래하는 사람이나 문지기나 성전 종이나, 그 밖에 하나님의 성전에서 일하는 다른 사람들에게 어떤 세금도 거두지 마라.

그리고 그대 에스라는 하나님에게서 받은 지혜를 가지고, 유프라테스 강 서쪽 지방의 유다 사람들을 다스릴 재판관과 법관을 뽑아라. 그들은 하나님의 율법을 잘 아는 사람이어야 한다. 그리고 율법을 잘 모르는 사람에게는 율법을 가르쳐라. 그대의 하나님의 율법과 왕의 명령을 지키지 않는 사람에게는 벌을 내릴 것이다. 그런 사람은 죽임을 당하거나 멀리 귀양을 가거나 재산을 빼앗기거나 감옥에 갇히게 될 것이다."

에스라가 예루살렘으로 돌아와 이렇게 말했습니다. "우리 조상의 하나님이신 여호와를 찬양하십시오. 여호와께서 왕에게 예루살렘에 있는 여호와의 성전을 높이고자 하는 마음을 주셨습니다. 여호와께서 왕과 왕의 참모들과 왕의 관리들 앞에서 나 에스라에게 여호와의 사랑을 보여 주셨습니다. 나의 하나님 여호와께서 나를 도와주셔서 용기를 얻었습니다. 그래서 내가 이스라엘의 지도자들을 불러 함께 돌아올 수 있었습니다."

에스라와 함께 돌아온 지도자들

아닥사스다 왕이 다스릴 때, 나 에스라와 함께 바빌론에서 돌아온 각 집안의 지도자들과 그들의 족보는 이러합니다. 비느하스의 자손 중에서는 게르솜입니다. 이다말의 자손 중에서는 다니엘입니다. 다윗의 자손 중에서는 핫두스입니다. 바로스는 스가냐의 자손인데 바로스의 자손 중에서는 스가랴입니다. 스가랴는 백오십 명과 함께 왔습니다. 바핫모압의 자손 중에서는 스라히야의 아들 엘여호에내와 그와 함께 온 이백 명이 있습니다. 스가냐의 자손 중에서는 야하시엘의 아들과 그와 함께 온 삼백 명이 있습니다. 아딘의 자손 중에서는 요나단의 아들 에벳과 그와 함께 온 오십 명이 있습니다. 엘람의 자손 중에서는 아달리야의 아들 여사야와 그와 함께 온 칠십 명이 있습니다. 스바댜의 자손 중에서는 미가엘의 아들 스바댜와 그와 함께 온 팔십 명이 있습니다. 요압의 자손 중에서는 여히엘의 아들 오바댜와 그와 함께 온 이백십팔 명이 있습니다. 슬로밋의 자손 중에서는 요시뱌의 아들과 그와 함께 온 백육십 명이 있습니다. 베배의 자손 중에서는 베배의 아들 스가랴와 그와 함께 온 이십팔 명이 있습니다. 아스갓의 자손 중에서는 학가단의 아들 요하난과 그와 함께 온 백십 명이 있습니다. 아도니감의 자손 중에서는 마지막에 온 사람들, 곧 엘리벨렛과 여우엘과 스마야와 그들과 함께 온 육십 명이 있습니다. 비그왜의 자손 중에서는 우대와 사붓과 그들과 함께 온 칠십 명이 있습니다.

예루살렘으로 돌아오는 여정

나 에스라는 그들을 아하와 강가에 불러 모아 삼 일 동안 진을 쳤습니다. 나는 제사장을 비롯한 모든 사람을 살펴보았지만, 레위 사람은 한 사람도 보이지 않았습니다. 그래서 나 에스라는 지도자인 엘리에셀과 아리엘과 스마야와 엘라단과 야립과 또 다른 사람 엘라단과 나단과 스가랴와 므술람을 불렀습니다. 그리고 학자인 요야립과 엘라단도 불렀습니다. 나는 그들을 가시뱌 지방의 지도자인 잇도에게 보냈습니다. 나는 그들에게 잇도와 그곳에서 성전 종으로 일하고 있는 그의 친척들에게 할 말을 일러 주었습니다. 내가 그들을 보낸 것은 하나님의 성전에서 일할 종들을 데려오기 위해서였습니다. 하나님께서 우리를 도우셨습니다. 그래서 잇도의 친척들이 우리에게 세레뱌를 보내 주었습니다. 세레뱌는 말리의 자손으로 지혜로운 사람입니다. 말리는 레위의 아들이고, 레위는 이스라엘의 아들입니다. 그리고 그들은 세레뱌의 아들과 형제들도 데려왔는데, 모두 열여덟 명이었습니다. 그들은 또 하사뱌와 므라리 자손 가운데 여사야와 자기 형제와 조카들을 포함해서 이십 명을 데려왔습니다. 그들은 성전 종 이백이십 명도 데려왔습니다. 그 사람들은 다윗과 그의 관리들이 레위 사람들을 돕기 위해 세운 사람들입니다. 이들의 이름은 예루살렘으로 돌아온 사람들의 명단에 있습니다.

그곳 아하와 강가에서 우리 모두는 금식을 선언했습니다. 우리는 하나님 앞에서 겸손해지기를 원했습니다. 그리고 우리 자녀와 함께 모든 재산을 가지고 안전하게 여행할 수 있게 되기를 하나님께 간구했습니다. 나는 왕에게 군대와 기마병을 보내 달라는 말을 하기가 부끄러웠습니다. 군대를 보내 준다면 길에서 만날지도 모르는 원수들을 물리쳐 이길 수 있겠지만, 우리는 이미 왕에게 "누구든지 하나님께 복종하는 사람은 하나님께서 도와주시지만, 하나님을 저버리는 사람은 진노를 받게 될 것입니다"라고 말한 적이 있기 때문입니다. 우리는 금식을 하면서 여행하는 동안 안전하게 지켜 달라고 하나님께 기도드렸습니다. 그러자 하나님께서는 우리의 기도를 들어주셨습니다.

나는 제사장들 가운데서 지도자 열두 사람을 뽑았습니다. 내가 뽑은 사람은 세레뱌와 하사뱌와 그들의 친척 열 명입니다. 나는 그들에게 금과 은과 그릇들을 달아 주었습니다. 그것은 왕과 그의 참모들과 그의 관리들과 거기에 있던 모든 이스라엘 사람이 우리 하나님의 성전을 위해서 바친 것입니다. 내가 그들에게 달아 준 것은 은 육백오십 달란트와 은그릇 백 달란트와 금 백 달란트입니다. 그리고 천 다릭가량 되는 금그릇 스무 개와 금만큼 값진 번쩍이는 좋은 놋그릇도 두 개 주었습니다. 그리고 나서 나는 제사장들에게 말했습니다. "그대들은 여호와께 거룩한 사람이요, 이 물건들도 여호와께 거룩한 물건입니다. 은과 금은 그대들의 조상이 여호와께 바친 예물입니다. 이것들을 조심스럽게 지키십시오. 이 물건들은 제사장 대표들과 레위 사람들과 이스라엘의 각 집안의 지도자들이 보는 앞에서 그 무게가 재어질 것입니다." 그리하여 제사장과 레위 사람들은, 예루살렘에 있는 하나님의 성전으로 옮기기 위해 무게를 달아 놓은 은과 금과 그릇들을 넘겨받았습니다.

첫째 달 십이 일에 우리는 아하와 강을 떠나 예루살렘으로 출발했습니다. 길을 가는 동안 우리 하나님께서 원수와 도적들로부터 우리를 지켜 주셨습니다. 마침내 우리는 예루살렘에 이르러 삼 일 동안 쉬었습니다. 사 일째 되던 날, 우리는 하나님의 성전에서 은과 금과 그릇들을 달아 우리아의 아들 제사장 므레못에게 넘겨주었습니다. 비느하스의 아들 엘르아살이 므레못과 함께 있었습니다. 그리고 레위 사람인 예수아의 아들 요사밧과 빈누이의 아들 노아댜도 그들과 함께 있었습니다. 우리는 숫자와 무게를 모두 살핀 다음에, 그 자리에서 전체 무게를 적었습니다.

포로 생활을 마치고 돌아온 사람들이 이스라엘의 하나님께 태워 드리는 제물인 번제물을 바쳤습니다. 그들은 온 이스라엘을 위해 수소 열두 마리와 숫양 아흔여섯 마리와 어린 양 일흔일곱 마리를 바쳤습니다. 그 모든 짐승을 여호와께 번제물로 바쳤습니다. 죄를 씻는 제물인 속죄 제물로는 숫염소 열두 마리를 바쳤습니다. 그들은 왕의 명령을 왕의 신하들과 유프라테스 강 서쪽 지방의 총독들에게 보냈습니다. 그러자 그 사람들이 그 백성과 하나님의 성전 짓는 일에 많은 도움을 주었습니다.

에스라의 기도

이 모든 일이 이루어진 뒤에 지도자들이 나 에스라에게 와서 말했습니다. "이스라엘 백성과 제사장과 레위 사람들은 아직도 우리 주위에 사는 다른 민족들과 구별된 생활을 하지 못하고 있습니다. 우리 이스라엘 백성들이 가나안 사람과 헷 사람과 브리스 사람과 여부스 사람과 암몬 사람과 모압 사람과 이집트 사람과 아모리 사람처럼 역겨운 일을 하고 있습니다. 이스라엘 사람들은 유다 사람이 아닌 다른 민족들의 딸을 아내와 며느리로 맞아들여, 이스라엘 백성의 거룩한 피가 이 땅에 사는 세상 민족들의 피와 섞이게 되었습니다. 이스라엘의 지도자와 관리라는 사람들이 오히려 이런 일에 앞장을 섰습니다." 나는 이 말을 듣고 화가 나서 겉옷과 속옷을 찢고, 머리털과 수염을 쥐어뜯으며 주저앉았습니다. 그러자 이스라엘의 하나님의 말씀을 두려워하는 모든 사람들이 내 곁으로 모여들었습니다. 그들은 포로 생활을 마치고 돌아온 사람들의 죄를 보았습니다. 나는 저녁 희생 제사를 드릴 때까지 그런 모습으로 주저앉아 있었습니다. 그러다가 저녁 희생 제사를 드릴 시간이 되었을 때, 나는 자리에서 일어났습니다. 내 겉옷과 속옷은 찢어져 있었습니다. 나는 무릎을 꿇고 앉아서, 내 하나님 여호와께 두 손을 들고 기도를 드렸습니다.

"나의 하나님이여, 하나님께 얼굴을 들기가 너무나 부끄러워 몸 둘 바를 모르겠습니다. 우리가 저지른 죄가 너무 많아 우리의 키를 넘어 하늘까지 닿았습니다. 우리 조상들의 시대로부터 지금까지 우리는 많은 죄를 지었습니다. 우리 죄 때문에 우리와 왕들과 제사장들은 벌을 받았습니다. 우리는 칼에 위협을 받고, 포로 생활을 함으로 벌을 받았습니다. 다른 나라 왕들이 우리의 물건을 빼앗아 가고, 우리에게 욕을 보였습니다. 그런 일은 지금도 마찬가지로 일어나고 있습니다. 하지만 우리 하나님 여호와께서 우리에게 자비를 베풀어 주셨으므로, 우리 가운데 몇몇은 포로 생활을 마치고 이곳으로 돌아오게 되었습니다. 이것은 여호와의 거룩한 곳에서 잠시나마 우리가 안전하게 살 수 있도록 해 주신 것입니다. 우리 하나님께서는 우리에게 소망을 주셨고, 노예 생활로부터 얼마 동안 안식을 얻게 해 주셨습니다. 우리가 종살이를 할 때도 하나님께서는 우리를 저버리지 않으셨습니다. 하나님께서 페르시아 왕들의 마음을 움직이셔서 우리를 돕게 하셨습니다. 하나님께서 우리에게 새로운 삶을 주셨습니다. 그래서 우리가 성전을 다시 짓고 허물어진 곳을 고칠 수 있게 하셨습니다. 그리고 유다와 예루살렘에 사는 우리를 보호해 줄 성벽을 쌓도록 하셨습니다.

우리 하나님이시여, 이 모든 일을 해 주신 하나님께 우리가 무슨 말씀을 드릴 수 있겠습니까? 우리는 하나님의 명령을 어겼습니다. 하나님께서 하나님의 종인 예언자들을 통해서 이렇게 명령하셨습니다. '너희가 들어가는 땅은 더러워진 땅이다. 그 땅에 사는 백성들이 역겨운 일을 하여 그 땅을 더럽혔다. 이쪽 끝에서부터 저쪽 끝까지 그 땅을 더러운 것으로 가득 채웠다. 그러므로 너희의 딸을 그들의 아들과 결혼시키지 마라. 그들의 딸도 너희의 아들과 결혼시키지 마라. 그들의 평화나 번영을 빌어 주지 마라. 그러면 너희가 강해지고 그 땅의 좋은 것들을 먹을 수 있을 것이다. 그리고 이 땅을 너희의 자손에게 영원히 남겨 줄 수 있을 것이다.' 우리에게 일어난 일은 우리 잘못 때문입니다. 우리는 악한 일을 했습니다. 하지만 하나님께서 우리가 마땅히 받아야 할 벌보다 더 적게 벌을 내리시고, 우리들 가운데 몇몇을 살려 주셨습니다. 우리는 이 역겨운 백성들과 결혼하여 또다시 하나님의 명령을 어기는 죄를 지었습니다. 그러므로 하나님의 진노 때문에 우리는 망하고 말 것이며, 우리들 가운데 아무도 살아남지 못하게 될 것입니다. 이스라엘의 하나님 여호와시여, 여호와께서 우리를 불쌍히 여기셨기 때문에 우리가 지금처럼 살아남았습니다. 우리는 죄를 지었으므로 우리들 가운데 여호와 앞에 서 있을 수 있는 사람은 아무도 없습니다."

백성이 죄를 고백하다

에스라가 죄를 고백하는 기도를 드리며 성전 앞에 엎드려 울었습니다. 그때에 이스라엘의 남자와 여자와 어린아이들의 큰 무리가 에스라 둘레에 모여들었습니다. 그들도 큰 소리로 울었습니다. 엘람 사람 여히엘의 아들 스가냐가 에스라에게 말했습니다. "우리가 우리 하나님께 죄를 지었습니다. 우리가 우리 주위에 있는 다른 민족들의 여자와 결혼했습니다. 그러나 이스라엘에게는 희망이 있습니다. 이제 우리 하나님 앞에서 언약을 맺읍시다. 당신의 충고와 하나님의 명령을 존중하는 사람들의 가르침대로 우리가 다른 민족의 여자와 그 자녀들을 다 쫓아내겠습니다. 하나님의 율법대로 하겠습니다. 에스라여, 일어나십시오. 당신이 이 일을 맡으셔야 합니다. 하지만 우리도 당신을 돕겠습니다. 그러니 용기를 가지고 하십시오." 에스라가 자리에서 일어났습니다. 에스라는 제사장과 레위 사람과 이스라엘의 모든 백성에게 약속을 하게 했습니다. 그들은 에스라가 시킨 대로 약속을 했습니다.

에스라는 성전 앞을 떠나 엘리아십의 아들 여호하난의 방으로 들어갔습니다. 에스라는 거기에 있으면서 먹지도 않고 마시지도 않았습니다. 에스라는 포로 생활을 마치고 돌아온 사람들의 믿음 없음에 대해 슬퍼했습니다. 포로 생활을 마치고 돌아온 모든 사람들에게 예루살렘에 모이라는 명령이 온 유다와 예루살렘에 내려졌습니다. 삼 일 안에 예루살렘에 오지 않는 사람은 재산을 빼앗기고, 포로 생활을 마치고 돌아온 사람들의 모임에서도 쫓겨날 것이라고 했습니다. 그것은 지도자와 장로들의 결정이었습니다.

그리하여 삼 일 안에 유다와 베냐민 사람들이 다 예루살렘에 모였습니다. 그때는 아홉째 달 이십 일이었습니다. 모든 백성이 성전 앞 광장에 앉아 그 일에 대한 심각성을 깨달으며 빗속에서 떨고 있었습니다. 그때 제사장 에스라가 일어나서 그들에게 말했습니다. "여러분은 죄를 지었소. 여러분은 유다 백성이 아닌 여자들과 결혼했소. 그리하여 이스라엘의 죄를 더 크게 만들었소. 이제 여러분의 하나님이신 주께 고백하시오. 주님의 뜻을 따르시오. 여러분 둘레에 사는 백성과 헤어지고, 여러분의 이방인 아내와도 헤어지시오." 그러자 모든 무리가 큰 목소리로 에스라에게 대답했습니다. "당신 말씀이 옳습니다. 우리는 당신 말씀대로 하겠습니다. 하지만 지금은 사람도 많은 데다가 장마철이기 때문에 바깥에 서 있을 수가 없습니다. 그리고 우리의 죄가 너무 크므로 이 문제는 하루 이틀 사이에 풀릴 수 없을 것입니다. 지도자들에게 모든 무리의 일을 결정하게 합시다. 그리고 유다 백성이 아닌 여자들과 결혼한 사람들은 모두 각 마을의 장로와 재판관들과 정한 시간에 만나 우리 하나님의 분노를 풀어 드리도록 합시다." 이 계획에 반대한 사람은 오로지 아사헬의 아들 요나단과 디과의 아들 야스야였으며, 므술람과 레위 사람 삽브대가 그들을 도왔습니다.

이외에 포로 생활을 마치고 돌아온 사람들은 그 의견을 따랐습니다. 제사장 에스라가 각 가문의 지도자를 뽑았습니다. 에스라는 각 집안에서 한 사람씩 이름을 불렀습니다. 열째 달 초하루에 그들은 자리에 앉아 그 문제를 조사하기 시작했습니다. 그 다음 해 첫째 달 초하루에 그 일이 다 끝났습니다. 그들은 다른 민족의 여자와 결혼한 사람들을 다 조사했습니다.

이방 여자와 결혼한 죄를 지은 사람들

이방 여자와 결혼한 제사장들의 자손은 이러합니다. 요사닥의 아들 예수아와 그 형제들의 자손 중에서는 마아세야와 엘리에셀과 야립과 그달랴입니다. 이들은 모두 아내와 헤어지기로 약속했습니다. 그리고 각 사람은 숫양 한 마리씩을 허물을 씻는 제물인 속건 제물로 바쳤습니다. 임멜의 자손 중에서는 하나니와 스바댜입니다. 하림의 자손 중에서는 마아세야와 엘리야와 스마야와 여히엘과 웃시야입니다. 바스훌의 자손 중에서는 엘료에내와 마아세야와 이스마엘과 느다넬과 요사밧과 엘라사입니다.

레위 사람들 중에서는 요사밧과 시므이와 글리다라고도 하는 글라야와 브다히야와 유다와 엘리에셀입니다. 노래하는 사람들 중에서는 엘리아십입니다. 문지기들 중에서는 살룸과 델렘과 우리입니다.

다른 이스라엘 사람들 가운데서 다른 민족의 여자와 결혼한 사람은 이러합니다. 바로스의 자손 중에서는 라먀와 잇시야와 말기야와 미야민과 엘르아살과 말기야와 브나야입니다. 엘람의 자손 중에서는 맛다냐와 스가랴와 여히엘과 압디와 여레못과 엘리야입니다. 삿두의 자손 중에서는 엘료에내와 엘리아십과 맛다냐와 여레못과 사밧과 아시사입니다. 베배의 자손 중에서는 여호하난과 하나냐와 삽배와 아들래입니다. 바니의 자손 중에서는 므술람과 말룩과 아다야와 야숩과 스알과 여레못입니다. 바핫모압의 자손 중에서는 앗나와 글랄과 브나야와 마아세야와 맛다냐와 브살렐과 빈누이와 므낫세입니다. 하림의 자손 중에서는 엘리에셀과 잇시야와 말기야와 스마야와 시므온과 베냐민과 말룩과 스마랴입니다. 하숨의 자손 중에서는 맛드내와 맛닷다와 사밧과 엘리벨렛과 여레매와 므낫세와 시므이입니다. 바니의 자손 중에서는 마아대와 아므람과 우엘과 브나야와 베드야와 글루히와 와냐와 므레못과 엘랴십과 맛다냐와 맛드내와 야아수와 빈누이와 시므이와 셀레먀와 나단과 아다야와 막나드배와 사새와 사래와 아사렐과 셀레먀와 스마랴와 살룸과 아마랴와 요셉입니다. 느보의 자손 중에서는 여이엘과 맛디디야와 사밧과 스비내와 잇도와 요엘과 브나야입니다. 이 사람들은 다 이방인 여자와 결혼했고, 그들 가운데 얼마는 그 아내들을 통해 자녀를 낳은 사람들도 있었습니다.

느헤미야

느헤미야의 기도

다음은 하가랴의 아들 느헤미야의 말입니다.

나 느헤미야가 아닥사스다 왕 이십 년 기슬르 월에 페르시아의 수도인 수산에 있을 때의 일입니다. 나의 형제인 하나니가 다른 사람들과 함께 유다에서 왔습니다. 나는 그들에게 포로로 끌려오지 않고 남아 있는 유다 사람들이 잘 있는지 그리고 예루살렘은 어떠한지 물었습니다. 그들이 대답했습니다. "포로로 끌려오지 않고 유다 지방에 남아 있는 사람들은 많은 고생을 하고 있으며 멸시당하고 있습니다. 예루살렘 성벽은 무너졌고, 그 성문들은 불타 버렸습니다."

나는 그 말을 듣고 자리에 주저앉아 여러 날 동안 울었습니다. 슬퍼서 음식도 먹지 않았습니다. 그리고 하늘의 하나님께 기도드렸습니다. 나는 이렇게 기도했습니다. "하늘의 하나님이신 여호와여, 여호와는 위대하고 두려운 하나님이시며 주를 사랑하고 주의 계명을 지키는 사람들에게 사랑의 언약을 지키시는 하나님이십니다. 주의 종이 이스라엘을 위해 밤낮으로 드리는 기도를 꼭 들어주십시오. 저희 이스라엘 백성이 주께 지은 죄를 제가 고백합니다. 제 아비의 집과 저 역시 주께 죄를 지었습니다. 저희가 주께 큰 잘못을 저질렀습니다. 주께서 주의 종 모세에게 주신 계명과 규례와 율법을 저희가 지키지 않았습니다. 주의 종 모세에게 말씀하신 것을 기억해 주십시오. 주님께서 이렇게 말씀하셨습니다. '만약 너희가 죄를 짓는다면 내가 너희를 나라들 가운데 흩어 놓겠다. 그러나 나에게 돌아와 내 명령을 따르고 지키면 흩어진 백성이 땅끝에 있더라도 내가 그들을 모을 것이다. 그리고 그들을 나의 이름을 두려고 택한 곳으로 데려올 것이다.' 주께서는 그들을 크신 능력과 힘으로 구원하셨습니다. 주여, 주의 종인 제 기도를 꼭 들어주십시오. 그리고 주의 이름을 섬기려는 주의 종들이 드리는 기도를 들어주십시오. 이제 주의 종인 제가 하는 일이 잘되게 해 주십시오. 페르시아의 왕이 저를 돕게 해 주십시오."

그때 나는 왕에게 술을 따라 올리던 사람이었습니다.

예루살렘으로 가게 되는 느헤미야

아닥사스다 왕 이십 년 니산 월에 일어난 일입니다. 왕이 포도주를 달라고 해서 나는 포도주를 가져다가 왕께 드렸습니다. 전과 달리 슬픔에 가득 찬 나의 모습을 보고, 왕이 나에게 말했습니다. "어찌하여 그렇게 슬픈 얼굴을 하고 있소? 아프지는 않은 것 같은데 무슨 걱정되는 일이라도 있소?" 나는 너무나 놀라서 왕에게 말했습니다. "왕이여, 오래오래 사시기를 빕니다. 제가 슬픈 얼굴을 한 까닭은 제 조상이 묻혀 있는 성이 폐허가 되고, 그 성문들이 불에 타 버렸기 때문입니다." 그러자 왕이 "그대가 원하는 것이 무엇이오?"라고 물었습니다. 나는 하늘의 하나님께 잠깐 기도드리고 나서 왕에게 대답했습니다. "괜찮으시다면 그리고 제가 왕의 마음에 드신다면 제 조상이 묻혀 있는 유다의 그 성으로 저를 보내 주십시오. 제가 그 성을 다시 짓겠습니다." 그때에 왕비도 왕의 곁에 앉아 있었습니다. 왕이 나에게 물었습니다. "그대가 여행하는 데 시간이 얼마나 걸리겠소? 언제쯤 돌아올 수 있겠소?" 왕은 나를 기꺼이 보내 주려 했습니다. 그래서 나는 시간이 얼마나 걸릴지 말씀드렸습니다. 내가 또 왕에게 말했습니다. "괜찮으시다면 유프라테스 강 서쪽 지방의 총독들에게 보내는 편지를 써 주십시오. 그래서 제가 유다까지 가는 길을 그들이 허락하게 해 주십시오. 그리고 왕의 숲을 관리하는 아삽에게도 편지를 써 주십시오. 아삽을 시켜 저에게 목재를 주게 해 주십시오. 성전 곁에 있는 성의 문짝을 만드는 데 목재가 필요하고, 성벽과 제가 살 집을 만드는 데도 나무가 필요합니다." 하나님께서 나에게 은혜를 베풀어 주셔서 왕이 내 말을 듣고 편지를 써 주었습니다.

그리하여 나는 유프라테스 강 서쪽 지방의 총독들에게 가서 왕이 쓴 편지를 건네주었습니다. 왕은 장교들과 기병들까지 주어 나와 함께 가게 하였습니다. 호론 사람 산발랏과 암몬 사람의 지도자 도비야가 그 말을 들었습니다. 그들은 이스라엘 백성을 도우러 온 사람이 있다는 말을 듣고 기분이 상했습니다.

예루살렘을 조사하는 느헤미야

나는 예루살렘에 이르러 삼 일 동안을 머물렀습니다. 그러다가 밤에 몇 사람을 데리고 길을 나섰습니다. 하나님께서 예루살렘을 위해 나에게 명하신 것을 아무에게도 말하지 않았습니다. 거기에는 내가 탄 당나귀 외에 다른 짐승은 한 마리도 없었습니다. 밤중에 나는 '골짜기문'을 지나 밖으로 나갔습니다. '용의 샘'을 지나 '거름문'으로 가면서 예루살렘 성벽을 조사했습니다. 성벽은 무너져 있었고, 문들은 불에 타 있었습니다. 나는 계속해서 '샘문'과 '왕의 연못'

으로 갔습니다. 하지만 내가 탄 짐승이 지나갈 길이 없었습니다. 그래서 그날 밤에는 골짜기를 따라 올라가면서 성벽을 조사했습니다. 그러다가 몸을 돌려 '골짜기문'을 지나서 되돌아왔습니다. 관리들은 내가 어디를 다녀왔으며, 무슨 일을 했는지 알지 못했습니다. 나는 그때까지도 유다 사람들이나 제사장들이나 귀족들이나 관리들이나 일을 맡아서 할 다른 사람들에게 아무 말도 하지 않았습니다.

그러다가 후에 그들에게 말했습니다. "여러분은 우리가 어떤 고통을 겪고 있는지 알 것입니다. 예루살렘은 폐허가 되었고, 그 성문들은 모두 불타 버렸습니다. 자, 이제 예루살렘 성벽을 다시 쌓읍시다. 그래서 더 이상 이런 부끄러움을 당하지 않도록 합시다." 나는 그들에게 하나님께서 내게 은혜를 베풀어 주신 것과 왕이 나에게 한 말을 일러 주었습니다. 그러자 그들이 대답했습니다. "성벽 쌓는 일을 시작합시다." 그들은 열심을 내서 일하기 시작했습니다. 호론 사람 산발랏과 암몬 사람의 지도자 도비야와 아라비아 사람 게셈은 이 일에 대해 듣자마자 우리를 놀리고 비웃으며 "무슨 일을 하고 있는 거요? 왕에게 반역을 하겠다는 거요?" 하고 말했습니다. 그래서 나는 그들에게 대답했습니다. "하늘의 하나님께서 우리가 하는 일이 성공할 수 있도록 도와주실 것이오. 우리는 하나님의 종이오. 우리는 성벽 쌓는 일을 시작할 것이오. 하지만 당신들은 예루살렘과 아무 상관이 없소. 당신들은 예루살렘에서 차지할 몫도 없고, 요구할 권한도 없소."

성벽을 쌓은 사람들

대제사장 엘리아십과 그의 동료 제사장들이 일을 하러 나섰습니다. 그들은 '양문'을 다시 세웠습니다. 그리고 그 문을 거룩히 구별하고 문짝을 제자리에 달았습니다. 그들은 '함메아 망대'

와 '하나넬 망대'까지 성벽을 쌓고 거룩하게 구별했습니다. 그 다음은 여리고 사람들이 쌓았고, 그 다음은 이므리의 아들 삭굴이 쌓았습니다.

하스나아의 아들들은 '물고기문'을 세웠습니다. 그들은 들보를 얹고 문짝과 자물쇠와 빗장을 달았습니다. 그 다음은 우리아의 아들 므레못이 보수했습니다. 우리아는 학고스의 아들입니다. 그 다음은 베레갸의 아들 므술람이 보수했습니다. 베레갸는 므세사벨의 아들입니다. 그 다음은 바아나의 아들 사독이 보수했습니다. 그 다음은 드고아 사람들이 보수했습니다. 그러나 드고아의 귀족들은 그 감독들 밑에서 일하지 않았습니다.

바세아의 아들 요야다와 브소드야의 아들 므술람이 '옛문'을 보수했습니다. 그들은 들보를 얹고 문짝과 자물쇠와 빗장을 달았습니다. 그 다음은 기브온 사람 믈라댜와 메로놋 사람 야돈이 기브온과 미스바 사람들과 함께 보수했습니다. 이들은 유프라테스 강 서쪽 지방을 다스리는 총독 아래 있던 사람들입니다. 그 다음은 금세공업자 할해야의 아들 웃시엘이 보수했습니다. 그 다음은 향품을 만드는 사람인 하나냐가 '넓은 벽'에 이르기까지 예루살렘을 복구했습니다. 그 다음은 후르의 아들 르바야가 보수했습니다. 르바야는 예루살렘의 절반을 다스리던 사람입니다. 그 다음은 하루맙의 아들 여다야가 보수했습니다. 그는 자기 집 맞은편에서 일했습니다. 그 다음은 하삽느야의 아들 핫두스가 보수했습니다. 하림의 아들 말기야와 바핫모압의 아들 핫숩이 성벽의 다른 부분을 보수했습니다. 그리고 그들은 '가마 망대'를 보수했습니다. 그 다음은 할로헤스의 아들 살룸이 보수했습니다. 그는 예루살렘의 절반을 다스리던 사람입니다. 그의 딸들이 그를 도와 함께 일했습니다.

하눈과 사노아 사람들이 '골짜기문'을 보수했습니다. 그들은 문을 세우고 문짝과 자물쇠와 빗장을 달았습니다. 그들은 또 '거름문'까지 성벽 천 규빗을 보수했습니다.

'거름문'은 레갑의 아들 말기야가 보수했습니다. 그는 벧학게렘 지역을 다스리던 사람입니다. 그는 문을 세우고 문짝과 자물쇠와 빗장을 달았습니다.

'샘문'은 골호세의 아들 살룬이 보수했습니다. 그는 미스바 지역을 다스리던 사람입니다. 그는 문을 세우고 그 위에 지붕을 얹었습니다. 그리고 들보를 얹고 문짝과 자물쇠와 빗장을 달았습니다. 그는 또한 '왕의 정원' 곁에 있는 '실로암 연못'의 성벽도 수리했습니다. 그는 그 성벽을 다윗 성에서 내려오는 계단까지 보수했습니다. 그 다음은 아스북의 아들 느헤미야가 보수했습니다. 느헤미야는 벧술 구역의 절반을 다스리던 사람입니다. 그는 다윗의 묘지 맞은편에서부터 사람들이 만든 연못과 '용사의 집'에 이르기까지 보수했습니다. 그 다음은 레위 사람들이 보수했습니다. 그들은 바니의 아들 르훔 밑에서 일했습니다. 그 다음은 하사뱌가 자기 구역을 보수했습니다. 하사뱌는 그일라 구역 절반을 다스리던 사람입니다. 그 다음은 헤나닷의 아들 바왜가 친척인 레위 사람들과 함께 일했습니다. 바왜는 그일라 구역의 나머지 절반을 다스리던 사람입니다. 그 다음은 예수아의 아들 에셀이 일했습니다. 에셀은 미스바를 다스리던 사람입니다. 그는 성벽의 다른 부분을 보수했습니다. 그는 무기 창고로 올라가는 길 맞은편에서부터 성벽이 꺾이는 곳까지 보수했습니다. 그 다음은 삽배의 아들 바룩이 열심히 보수했습니다. 그는 성벽이 꺾이는 곳에서부터 대제사장 엘리아십의 집 문까지 보수했습니다. 그 다음은 우리야의 아들 므레못이 보수했습니다. 우리야는 학고스의 아들입니다. 그는 성벽의 다른 부분, 곧 엘리아십의 집 문에서부터 그 집 끝까지 보수했습니다. 그 다음은 그 주위에 사는 제사장들이 보수했습니다. 그 다음은 베냐민과 핫숩이 자기 집 앞에서 일했습니다. 그 다음은 마아세야의 아들 아사랴가 자기 집 옆을 보수했습니다. 마아세야는 아나냐의 아들입니다. 그 다음은 헤나닷의 아들 빈누이가 성벽의 다른 부분, 곧 아사랴의 집에서부터 성벽이 꺾이는 곳을 지나 모퉁이까지 보수했습니다. 우새의 아들 발랄은 성벽이 꺾이는 곳의 맞은편과 윗 왕궁에서 튀어나온 망대를 보수했습니다. 그 망대는 왕의 경호대 뜰에서 가까운 곳에 있습니다. 그 다음은 바로스의 아들 브다야가 보수했습니다. 성전 종들인 느디님 사람들은 오벨 언덕 위에 살았습니다. 그들은 동쪽으로 '물문' 맞은편까지 그리고 왕궁에서 튀어나온 망대가 있는 곳까지 보수했습니다. 그 다음은 드고아 사람들이 보수했습니다. 그들은 왕궁에서 튀어나온 큰 망대에서부터 오벨 성벽까지 보수했습니다.

제사장들은 '말문'에서 성벽까지 보수했습니다. 그들은 각기 자기 집 앞 성벽을 보수했습니다. 그 다음은 임멜의 아들 사독이 자기 집 맞은편을 보수했습니다. 그 다음은 동문의 문지기인 스가냐의 아들 스마야가 보수했습니다. 그 다음은 셀레먀의 아들 하나냐와 살랍의 여섯째 아들 하눈이 다른 쪽 성벽을 보수했습니다. 그 다음은 베레갸의 아들 므술람이 자기 사는 곳 맞은편을 보수했습니다. 그 다음은 금세공업자 말기야가 보수했습니다. 말기야는 성전 종들과 상인들의 집, 곧 '점호문' 맞은편과 성벽 모퉁이 위의 방까지 보수했습니다. 성벽 모퉁이 위의 방에서 '양문'까지는 금세공업자들과 상인들이 보수했습니다.

성벽 쌓는 일을 방해하는 사람들

산발랏은 우리가 성벽을 보수하고 있다는 것을 듣고 몹시 화를 내며 분을 참지 못했습니다. 그는 유다 사람들을 비웃었습니다. 그가 자기 친구들과 사마리아 군대 장교들에게 말했습니다. "이 미약한 유다 사람들이 도대체 무슨 일을 하고 있는 건가? 그들이 성벽을 다시 쌓을 수 있을까? 그들이 제물을 바칠 수 있을까? 그들은 하루 만에 성벽을 다시 쌓을 수 있다고 생각하나 보다. 그러나 쓰레기요, 잿더미에 지나지 않는 돌들을 다시 세울 수는 없을 것이다." 암몬 사람 도비야가 산발랏 곁에 있다가 말했습니다. "그들이 쌓고 있는 성벽은 여우 한 마리가 올라가더라도 무너지게 될 것입니다." 나 느헤미야가 기도드렸습니다. "우리의 하나님, 우리의 기도를 들어주십시오. 우리는 미움을 받고 있습니다. 산발랏과 도비야가 하는 욕이 그들에게 되돌아가게 해 주십시오. 그들이 다른 나라로 잡혀가게 해 주십시오. 그들의 허물을 가리지 마십시오. 그들의 죄를 못 본 체하지 마십시오. 그들은 성벽을 쌓고 있는 사람들 앞에서 하나님을 욕되게 했습니다."

우리는 성벽 쌓는 일을 계속하여 절반쯤 쌓았습니다. 백성들은 힘닿는 데까지 열심히 일했습니다.

그러나 산발랏과 도비야와 아라비아 사람들과 암몬 사람들과 아스돗 사람들은 예루살렘 성벽을 보수하는 일이 계속되고 성벽의 틈새도 메워지고 있다는 말을 듣자 화를 냈습니다. 그들은 예루살렘에 해를 끼칠 궁리를 했습니다. 예루살렘에 와서 싸움을 걸고 혼란에 빠뜨릴 계획을 세운 것입니다. 그래서 우리는 하나님께 기도드렸습니다. 또한 경비병을 세워 밤낮으로 지키게 했습니다.

그때 유다 백성이 이렇게 말했습니다. "일꾼들이 지쳐 가고 있다. 온통 먼지와 흙더미뿐이다. 우린 이제 성벽 쌓는 일에 지쳤다." 더구나 우리의 원수들은 이렇게 말했습니다. "우리는 아무도 모르게 유다 사람들을 죽여 버리고, 그들이 하던 일을 그만두게 할 것이다." 원수들 가까이에 사는 유다 사람들이 와서 "적들이 우리를 공격하려고 호시탐탐 기회를 노리고 있습니다" 하고 열 번이나 일러 주었습니다. 그래서 나는 집안별로 몇 사람을 뽑아 성벽 뒤 가장 낮은 곳의 빈터에 두었습니다. 그들은 칼과 창과 활을 가지고 그 자리를 지켰습니다. 그런 뒤에 나는 둘레를 살펴보고 자리에서 일어나 귀족과 관리와 백성들에게 말했습니다. "그들을 두려워하지 마십시오. 주를 기억하십시오. 주는 두렵고 위대하신 분입니다. 여러분의 형제와 자녀와 가정을 위해 싸우십시오."

원수들은 자기들의 계획이 탄로났다는 것을 알게 되었습니다. 하나님께서 그들의 계획을 헛되게 하셨습니다. 그래서 우리 모두는 다시 성벽 쌓는 일을 시작했습니다. 사람마다 자기 일터로 돌아갔습니다. 그날부터 내 종들 가운데 절반은 성벽 쌓는 일을 하고, 나머지 절반은 창과 방패와 활과 갑옷으로 무장했습니다. 그리고 관리들은 성벽을 쌓는 유다 백성 뒤에 섰습니다. 짐을 나르는 사람은 한 손으로 짐을 나르고, 다른 한 손으로는 무기를 들었습니다. 성벽 쌓는 사람도 허리에 칼을 차고 일했습니다. 나팔을 부는 사람은 내 곁에 있었습니다. 나는 귀족과 관리와 백성들에게 말했습니다. "이 일은 매우 방대하오. 게다가 우리는 성벽을 따라 넓게 퍼져서 서로 떨어진 채 일하고 있소. 그러니 여러분은 어디에서든지 나팔 소리가 나거든 그곳으로 모이시오. 우리의 하나님께서 우리를 위해 싸워 주실 것이오."

그렇게 우리는 일을 계속했습니다. 절반은 창을 들고 일했습니다. 우리는 해가 뜰 때부터 별이 보일 때까지 일했습니다. 그때 내가 또 백성에게 말했습니다. "밤에는 누구나 다 자기의 부하와 함께 예루살렘 안으로 들어와 묵으면서 보초를 서고 낮에는 일을 하시오." 나와 형제들과 종들과 나를 따라다니는 경호병들은 그 누구도 자기 옷을 벗지 않았습니다. 물을 길으러 갈 때조차도 무기를 가지고 다녔습니다.

가난한 사람들의 부르짖음

백성 가운데 어떤 사람들이 자기 아내와 더불어 그 형제 유다 사람들에게 큰 소리로 불평했습니다. 그 사람들은 이렇게 말했습니다. "우리는 자식들이 많아서 식구가 많다. 살아남으려면 먹을 곡식이 필요하다." 어떤 사람들은 이렇게 말했습니다. "먹을 것이 너무 부족하다. 곡식을 얻으려면 밭과 포도원과 집을 저당 잡힐 수밖에 없다." 또 어떤 사람들은 이렇게 말했습니다. "왕에게 세금을 바치려면 밭과 포도원을 저당 잡히고 돈을 빌려 쓸 수밖에 없다. 우리는 다른 유다 민족과 다를 바가 없으며, 우리의 아이들도 그들의 자녀만큼 귀하다. 그런데도 우리는 아들딸을 노예로 팔아야 한다. 우리의 딸들 중에는 벌써 팔린 아이도 있다. 더구나 우리의 밭과 포도원이 이미 다른 사람들에게 넘어갔는데도 우리가 할 수 있는 일은 아무것도 없다."

그들의 불평하는 말을 듣고, 나 역시 너무나 화가 났습니다. 나는 그 일에 대해서 생각한 뒤 귀족들과 관리들을 나무랐습니다. 나는 이렇게 말했습니다. "여러분은 여러분의 형제들에게 빌려준 돈에 대해서 이자를 너무나 많이 받고 있소." 나는 이 문제를 다루기 위해 집회를 열었습니다. 나는 그들에게 이렇게 말했습니다. "우리의 동포 유다 사람들이 다른 나라에 팔려 갔지만 우리는 힘닿는 대로 그들의 몸값을 치르고 데려왔소. 그런데 지금 여러분은 여러분의 동포를 팔고 있소. 우리가 우리 동포를 같은 동포에게 몸값을 받고 팔다니 이게 말이나 되는 일이오?" 관리들은 잠자코 있었습니다. 그들은 아무 말도 할 수 없었습니다. 내가 또 말했습니다. "여러분이 하는 일은 옳지 않소. 여러분은 하나님을 두려워하며 살아야 하오. 우리의 이방인 원수들이 우리를 비웃는 일은 없어야 하지 않겠소? 나와 내 형제들과 내 종들도 이 백성들에게 돈과 곡식을 빌려주고 있소. 하지만 이자를 받는 일은 하지 맙시다. 그들의 밭과 포도원과 올리브 나무와 집을 당장 돌려주시오. 그리고 돈과 곡식과 새 포도주와 기름을 빌려주고 받은 이자도 돌려주시오." 그들이 말했습니다. "돌려주겠습니다. 그들에게서 아무것도 받지 않겠습니다. 당신이 말한 대로 하겠습니다." 나는 제사장들을 불렀습니다. 그리고 귀족과 관리들에게 그들이 한 말을 지키겠다는 맹세를 하게 했습니다. 나는 내 옷의 주머니를 털어 보이며 말했습니다. "누구든지 자기 약속을 지키지 않는 사람은 하나님께서 그 집과 재산을 이렇게 털어 버리실 것이오. 그런 사람은 빈털터리가 되고 말 것이오." 그러자 그곳에 있는 모든 사람이 "아멘"이라고 말했습니다. 그들은 여호와를 찬양했으며, 사람들은 약속을 지켰습니다.

나는 아닥사스다 왕 이십 년에 유다 땅의 총독으로 임명되었습니다. 나는 아닥사스다 왕 삼십이 년까지 십이 년 동안 총독으로 있었습니다. 그동안 나와 내 형제는 총독에게 지급되는 음식을 먹지 않았습니다. 나보다 먼저 총독으로 있던 사람들은 백성에게 무거운 짐을 지웠습니다. 그들은 각 사람에게서 은 사십 세겔을 거두었습니다. 그리고 그들은 음식과 포도주도 거두어들였습니다. 심지어 그들의 종들까지도 백성을 부려 먹었습니다. 그러나 나는 하나님을 두려워하기 때문에 그런 일은 하지 않았습니다. 나는 성벽 쌓는 일에 힘을 쏟았습니다. 그곳에 모인 내 종들도 그러했습니다. 우리는 밭을 사들이지 않았습니다. 게다가 나는 우리 주변의 여러 나라에서 온 사람 말고도 유다 사람과 관리 백오십 명을 먹여 살렸습니다. 그들을 먹여 살리기 위해 날마다 황소 한 마리와 기름진 양 여섯 마리와 닭들을 준비했습니다. 그리고 열흘에 한 번씩 각종 포도주도 준비했습니다. 그러나 나는 총독이 되면 당연히 받아야 할 음식을 한 번도 달라고 하지 않았습니다. 그렇게 한 까닭은 백성들의 짐이 너무 크다는 것을 알고 있었기 때문입니다. "나의 하나님, 내가 이 백성을 위해 한 모든 일을 기억하시고, 나에게 자비를 베풀어 주십시오."

원수들의 음모

내가 빈틈 하나 남기지 않고 성벽을 다 쌓았다는 말을 산발랏과 도비야와 아라비아 사람 게셈을 포함하여 우리의 원수들이 들었습니다. 하지만 그때까지도 문짝은 달지 못한 상태였습니다. 산발랏과 게셈이 나에게 전갈을 보냈습니다. "느헤미야여, 오노 평야의 한 마을에서 만납시다." 그러나 그들은 나를 해칠 계획을 꾸미고 있었습니다. 그래서 나는 사람들을 보내어 이렇게 말했습니다. "지금 중요한 일을 하고 있으므로 내려갈 수 없소. 이 일을 끝마치기 전까지는 당신들을 만날 수 없소." 산발랏과 게셈은 똑같은 전갈을 네 번이나 보냈습니다. 그때마다 나는 똑같은 대답을 하였습니다. 산발랏이 다섯 번째로 자기 종을 시켜 나에게 전갈을 보냈습니다. 그 종의 손에는 봉하지 않은 편지가 들려 있었습니다. 그 편지의 내용은 이러합니다. "당신과 유다 사람들이 왕에게 반역할 계획을 세우고 있다는 소문이 온 나라에 퍼지고 있소. 가스무도 그 소문이 옳다고 말하고 있소. 당신이 성벽을 쌓고 있는 것도 그 때문이라고 하오. 그 소문에 따르면 당신이 그들의 왕이 되려 하고 있다는 것이오. 또한 당신이 예언자들을 내세워 예루살렘에서 '유다에 왕이 있다!'라고 선언하게 한다는 것이오. 왕도 이 말을 듣게 될 것이오. 그러니 이 문제를 가지고 함께 이야기해 봅시다." 그래서 내가 그에게 답장을 보냈습니다. "당신이 한 말은 사실이 아니오.

그것은 당신이 마음대로 지어낸 생각일 뿐이오." 우리의 원수들은 우리에게 겁을 주려 했습니다. 그들은 그렇게 하면 우리가 힘을 잃고 성벽 쌓는 일도 하지 못할 줄 알았던 것입니다. 그러나 나는 "하나님, 내 손에 힘을 주십시오"라고 기도했습니다.

어느 날 나는 들라야의 아들 스마야의 집으로 갔습니다. 들라야는 므헤다벨의 아들입니다. 스마야는 자기 집 안에서 나오지 못하고 있었습니다. 스마야가 말했습니다. "느헤미야여, 하나님의 성전에서 만납시다. 성전 안으로 들어가 문을 닫고 잠가 버립시다. 밤이 되면 사람들이 당신을 죽이러 올 것입니다." 하지만 나는 이렇게 말했습니다. "나 같은 사람이 왜 도망을 가야 하오? 왜 내가 성전으로 도망가서 목숨을 건져야 하오? 나는 가지 않겠소." 나는 스마야의 말을 들으면서 그것이 하나님께 받은 말씀이 아니라는 사실을 깨달았습니다. 도비야와 산발랏이 그에게 돈을 주어 나에게 이런 예언을 하게 한 것입니다. 그들이 스마야에게 돈을 준 까닭은 나에게 겁을 주어 죄를 짓게 하려는 것이었습니다. 그렇게 되면 나에 대해 좋지 않은 소문을 퍼뜨려 나를 해칠 수 있기 때문입니다. 나는 이렇게 기도했습니다. "나의 하나님, 도비야와 산발랏을 잊지 말아 주십시오. 그들이 한 일을 잊지 말아 주십시오. 그리고 여예언자 노아다와 나에게 겁을 주려 한 다른 예언자들도 잊지 말아 주십시오."

성벽 쌓는 일을 마치다

마침내 예루살렘의 성벽 쌓는 일을 마쳤습니다. 그때는 엘룰 월 이십오 일이었습니다. 성벽을 다 쌓는 데 오십이 일이 걸렸습니다. 우리의 원수들이 그 소식을 들었고, 주변의 모든 나라들이 그 모습을 보았습니다. 그들은 이 일이 하나님의 도우심으로 이루어진 사실을 알고 두려워 떨며 겸손히 있었습니다. 그런데 성벽을 쌓을 동안 유다의 귀족들이 도비야와 편지를 여러 번 주고받았습니다. 많은 유다 사람들이 도비야에게 충성을 맹세했습니다. 왜냐하면 도비야는 아라의 아들 스가냐의 사위였기 때문입니다. 도비야의 아들 여호하난도 베레갸의 아들 므술람의 딸과 결혼했습니다. 그 귀족들은 내 앞에서 도비야를 칭찬한 뒤 내가 하는 말을 도비야에게 일러바쳤습니다. 그래서 도비야는 나에게 겁을 주는 편지를 보냈습니다.

성벽을 다 쌓은 뒤에 나는 문들을 제자리에 달고, 문지기와 노래하는 사람과 레위 사람들을 뽑아 각각 일을 맡겼습니다. 나는 내 동생인 하나니에게 왕궁의 지휘관인 하나냐와 더불어 예루살렘을 맡겼습니다. 하나냐는 정직하며, 다른 누구보다도 하나님을 두려워하는 사람이었습니다. 내가 그들에게 말했습니다. "해가 떠서 더워지기 전에는 예루살렘의 문을 열지 마시오. 문지기들이 문을 지키고 있을 때에 그들더러 문을 닫아걸고 빗장을 지르라고 하시오. 예루살렘에 사는 사람들을 경비원으로 세우시오. 경비 초소와 자기 집 앞에 사람들을 세워 지키게 하시오."

포로 생활을 마치고 돌아온 사람들

성은 크고 넓었지만 거기에 사는 사람은 얼마 되지 않았습니다. 그리고 아직 집들도 지어지지 않았습니다.

그래서 하나님께서 나에게 사람들을 모으게 하셨습니다. 나는 귀족과 지도자와 평민들을 모았습니다. 그런 다음 집안별로 족보에 등록하도록 하였습니다. 나는 가장 먼저 유다로 돌아온 사람들의 족보를 찾았습니다. 거기에는 다음과 같이 적혀 있었습니다.

바빌론의 느부갓네살 왕에게 포로로 잡혀갔다가 예루살렘과 유다의 자기 마을로 돌아온 사람들은 이러합니다. 그들을 이끌었던 지도자는 스룹바벨과 예수아와 느헤미야와 아사랴와 라아먀와 나하마니와 모르드개와 빌산과 미스베렛과 비그왜와 느훔과 바아나입니다.

이스라엘 백성의 수는 이러합니다. 바로스의 자손이 이천백칠십이 명, 스바댜의 자손이 삼백칠십이 명, 아라의 자손이 육백오십이 명, 바핫모압의 자손, 곧 예수아와 요압의 자손이 이천팔백십팔 명, 엘람의 자손이 천이백오십사 명, 삿두의 자손이 팔백사십오 명, 삭개의 자손이 칠백육십 명, 빈누이의 자손이 육백사십팔 명, 브배의 자손이 육백이십팔 명, 아스갓의 자손이 이천삼백이십이 명, 아도니감의 자손이 육백육십칠 명, 비그왜의 자손이 이천육십칠 명, 아딘의 자손이 육백오십오 명, 아델의 자손, 곧 히스기야의 자손이 구십팔 명, 하숨의 자손이 삼백이십팔 명, 베새의 자손이 삼백이십사 명, 하립의 자손이 백십이 명, 기브온의 자손이 구십오 명입니다. 베들레헴과 느도바 마을 사람이 백팔십팔 명, 아나돗 사람이 백이십팔 명, 벧아스마웻 사람이 사십이 명, 기럇여아림과 그비라와 브에롯 사람이 칠백사십삼 명, 라마와 게바 사람이 육백이십일 명, 믹마스 사람이 백이십이 명, 벧엘과 아이 사람이 백이십삼 명, 다른 느보 사람이 오십이 명, 다른 엘람 사람이 천이백오십사 명, 하림 사람이 삼백이십 명, 여리고 사람이 삼백사십오 명, 로드와 하딧과 오노 사람이 칠백이십일 명, 스나아 사람이 삼천구백삼십 명입니다.

제사장은 이러합니다. 예수아 집안 여다야의 자손이 구백칠십삼 명, 임멜의 자손이 천오십이 명, 바스훌의 자손이 천이백사십칠 명, 하림의 자손이 천십칠 명입니다.

레위 사람은 이러합니다. 호드야의 자손, 곧 예수아와 갓미엘의 자손이 칠십사 명입니다. 노래하는 사람은 이러합니다. 아삽의 자손이 백사십팔 명입니다. 문지기는 이러합니다. 살룸과 아델과 달몬과 악굽과 하디다와 소배의 자손이 백삼십팔 명입니다.

성전 종들은 이러합니다. 그들은 시하와 하수바와 답바옷과 게로스와 시아와 바돈과 르바나와 하가바와 살매와 하난과 깃델과 가할과 르아야와 르신과 느고다와 갓삼과 웃사와 바세아와 베새와 므우님과 느비스심과 박북과 하그바와 할훌과 바슬릿과 므히다와 하르사와 바르고스와 시스라와 데마와 느시야와 하디바의 자손입니다.

솔로몬 종들의 자손은 이러합니다. 그들은 소대와 소베렛과 브리다와 야알라와 다르곤과 깃델과 스바댜와 핫딜과 보게렛하스바임과 아몬의 자손입니다.

성전 종들과 솔로몬 종들의 자손은 모두 삼백구십이 명입니다.

다음은 델멜라와 델하르사와 그룹과 앗돈과 임멜에서 예루살렘으로 온 사람들입니다. 그러나 그들이 이스라엘 가문의 집안인지는 분명하지 않습니다. 그들의 이름과 수는 이러합니다. 들라야와 도비야와 느고다의 자손이 모두 육백사십이 명입니다. 제사장 가운데 그 집안이 이스라엘 가문의 집안인지 분명하지 않은 사람은 호바야와 학고스와 바르실래의 자손입니다. 바르실래는 길르앗 사람 바르실래의 딸과 결혼하여 여자쪽 집안의 이름을 이어받았습니다. 그들은 족보를 찾아보았으나 찾지 못했습니다. 그래서 그들은 부정한 사람으로 여겨져서 제사장이 되지 못했습니다. 유다 총독은 그들에게 하나님께 바친 음식은 아무것도 먹지 말라고 말했습니다. 그들은 제사장이 우림과 둠밈을 가지고 그들이 제사장의 자손인지 아닌지 결정을 내릴 때까지 기다려야 했습니다.

돌아온 사람의 수는 모두 사만 이천삼백육십 명입니다. 그러나

이 수에는 남종과 여종 칠천삼백삼십칠 명이 포함되어 있지 않았습니다. 그 밖에도 노래하는 남자와 여자가 이백사십오 명 있었습니다. 그리고 말이 칠백삼십육 마리, 노새가 이백사십오 마리, 낙타가 사백삼십오 마리, 당나귀가 육천칠백이십 마리 있었습니다.

집안의 지도자들 가운데는 성 쌓는 일을 위해 돈을 낸 사람이 있습니다. 총독은 창고에 금 천 다릭과 그릇 오십 개와 제사장의 옷 오백삼십 벌을 내놓았습니다. 어떤 지도자들은 성 쌓는 일을 위해 금 이만 다릭과 은 이천이백 마네를 창고에 내놓았습니다. 그 밖에 다른 백성이 바친 것을 모두 합하면 금이 이만 다릭이고, 은이 이천 마네이고, 제사장의 옷이 예순일곱 벌입니다.

그리하여 제사장과 레위 사람과 문지기와 노래하는 사람과 성전 종과 다른 모든 이스라엘 백성들이 저마다 자기 마을에 자리 잡고 살았습니다.

에스라가 율법을 읽다

일곱째 달이 되자 이스라엘 백성은 모두 자기 마을에 자리 잡고 살게 되었습니다. 이스라엘의 모든 백성이 '물문' 앞 광장에 모였습니다. 그들은 제사장이자 학자인 에스라에게 여호와께서 이스라엘에게 주신 모세의 율법책을 읽어 줄 것을 요청했습니다. 그래서 제사장 에스라가 무리를 위해 율법책을 가져왔습니다. 그때는 일곱째 달 초하루였습니다. 남녀노소 누구나 듣고 깨달을 만한 사람은 다 모여들었습니다. 에스라는 '물문' 앞 광장에서 이른 아침부터 한낮까지 율법책을 소리 내어 읽었습니다. 에스라는 듣고 깨달을 만한 모든 사람에게 율법책을 읽어 주었고, 그들은 율법책의 말씀에 귀를 기울였습니다. 에스라는 높은 나무 단 위에 섰습니다. 그 나무 단은 이번 일을 위해 따로 만든 것이었습니다. 에스라의 오른쪽에는 맛디댜와 스마와 아나야와 우리야와 힐기야와 마아세야가 섰고, 왼쪽에는 브다야와 미사엘과 말기야와 하숨과 하스밧다나와 스가랴와 므술람이 섰습니다. 에스라가 율법책을 폈습니다. 에스라가 높은 데에 서 있었기 때문에 누구나 다 그를 볼 수 있었습니다. 에스라가 책을 펴자 모든 백성이 자리에서 일어섰습니다. 에스라가 위대하신 하나님 여호와를 찬양했습니다. 그러자 모든 백성들이 손을 들고 "아멘! 아멘!" 하고 말하면서 엎드려 얼굴을 땅에 대고 여호와께 경배하였습니다. 낭독을 듣기 위해 서 있는 백성들에게 레위 사람인 예수아와 바니와 세레뱌와 야민과 악굽과 사브대와 호디야와 마아세야와 그리다와 아사랴와 요사밧과 하난과 블라야가 율법을 가르쳐 주었습니다. 그들은 하나님의 율법책을 백성들이 알아듣기 쉽게 읽어 주었습니다. 그리고 그 뜻을 설명해 주었으므로 백성들은 그들이 읽어 주는 말씀을 깨달았습니다.

그런 뒤에 총독 느헤미야와 제사장이자 학자인 에스라 그리고 백성들을 가르치던 레위 사람들이 모든 백성에게 말했습니다. "오늘은 여러분의 하나님 여호와의 거룩한 날이오. 울거나 슬퍼하지 마시오." 그들이 이 말을 한 것은 백성들이 율법의 말씀을 들으면서 울었기 때문입니다. 느헤미야가 말했습니다. "가서 기름진 음식을 먹고, 좋은 음료수를 드십시오. 그리고 아무것도 먹을 것이 없는 사람에게는 먹을 것을 주십시오. 오늘은 주의 거룩한 날이오. 슬퍼하지 마시오. 여호와를 기뻐하는 것이 곧 여러분에게 힘이 될 것이오." 레위 사람들이 백성을 달래며 말했습니다. "조용히 하시오. 오늘은 거룩한 날이니 슬퍼하지 마시오." 그러자 모든 백성이 가서 먹고 마셨습니다. 그들은 먹을 것을 다른 사람에게도 주었고, 크게 기뻐하며 즐거워했습니다. 그들이 마침내 들은 말씀을 깨달았기 때문입니다.

이튿날 모든 집안의 지도자들이 학자 에스라를 만나러 왔습니다. 그들은 율법의 말씀을 배우러 모였습니다. 그들은 율법을 배우다가 여호와께서 모세를 통해 이스라엘 백성에게 일곱째 달의 절기 동안 초막에서 살아야 한다고 명하셨다는 것을 발견했습니다. 그리고 "산으로 올라가거라. 말씀에 적힌 대로 올리브 나무와 들 올리브 나무와 화석류나무와 종려나무와 온갖 잎이 무성한 나무들의 가지를 가져다가 초막을 세워라" 하는 말을 온 마을과 예루살렘에 전해야 한다는 것도 알았습니다. 백성은 밖으로 나가 나뭇가지를 꺾어서 지붕 위와 마당에 초막을 세웠습니다. 그리고 성전 뜰과 '물문' 앞 광장과 '에브라임 문' 앞 광장에도 초막을 세웠습니다. 포로 생활을 마치고 돌아온 모든 무리가 초막을 세워 놓고 칠 일 동안 그 안에서 살았는데, 눈의 아들 여호수아 때로부터 이때까지 이스라엘 백성이 이처럼 경축하며 기뻐한 적이 없었습니다. 그들은 매우 기뻐했습니다. 에스라는 첫날부터 마지막 날까지 날마다 하나님의 율법책을 읽어 주었습니다. 이스라엘 백성은 칠 일 동안 절기를 지켰습니다. 그러다가 팔 일째 되는 날에 율법대로 다시 모였습니다.

이스라엘이 죄를 털어놓다

그 달 이십사 일에 이스라엘 백성이 모두 모였습니다. 그들은 금식했으며, 거친 베옷을 입고, 머리에 재를 뒤집어썼습니다. 이스라엘 사람들은 다른 모든 민족과의 관계를 끊었습니다. 그들은 서서 자기와 자기 조상의 죄를 털어놓았습니다. 그들은 세 시간 동안 제자리에 서서 그들의 여호와 하나님의 율법책을 읽었습니다. 그리고 그 다음 세 시간 동안은 자기들의 죄를 털어놓고 여호와 하나님께 예배드렸습니다. 단 위에는 레위 사람인 예수아와 바니와 갓미엘과 스바냐와 분니와 세레뱌와 또 다른 바니와 그나니가 서 있었습니다. 그들은 큰 소리로 여호와 하나님께 부르짖었습니다. 또 레위 사람인 예수아와 갓미엘과 바니와 하삽느야와 세레뱌와 호디야와 스바냐와 브다히야가 말했습니다. "일어나 영원하신 여러분의 하나님 여호와를 찬양하시오."

백성의 기도

"주여, 주의 놀라운 이름을 찬양합니다. 어떠한 말이나 행동으로도 주의 위대하심을 표현할 수 없습니다.

오직 주만이 우리의 여호와이십니다. 주께서는 하늘과 하늘 위의 하늘과 모든 별들을 지으셨습니다. 땅과 그 위의 모든 것을 지으시고, 바다와 그 속의 모든 것도 지으셨습니다. 그리고 모든 것에 생명을 주셨습니다. 모든 하늘의 천사들이 주께 경배드립니다. 주는 하나님 여호와이십니다. 주께서 아브람을 선택하셨습니다. 그를 갈대아 우르에서 불러내시고, 그의 이름을 아브라함이라고 부르셨습니다. 아브라함의 마음이 주 앞에서 진실됨을 보시고, 그와 언약을 맺으셨습니다. 그의 자손에게 가나안과 헷과 아모리와 브리스와 여부스와 기르가스 사람들의 땅을 주겠다고 약속하셨습니다. 주는 그 약속을 지키셨습니다. 주는 의로우십니다.

주는 우리 조상이 이집트에서 고통당하는 것을 보셨고, 홍해에서 부르짖는 것을 들으셨습니다. 주는 파라오와 그의 신하와 모든 이집트 백성 앞에서 기사와 이적을 일으키셨습니다. 주는 그들이 얼마나 교만한지 아시고, 모든 이에게 주의 이름을 알게 하셨습니다. 주의 이름은 오늘날까지도 명성을 떨치고 있습니다. 주는 우리 조상 앞에서 바다를 가르시고, 우리 조상을 마른 땅 위로 걸어가게 하셨습니다. 그러나 우리를 뒤쫓던 사람들은 깊은 물속에 처넣으셨습니다. 돌이 거친 물살 속으로 빠지듯이 그들은 바다 밑으로 가라앉았습니다. 낮에는 구름 기둥으로, 밤에는 불기둥으로 우리 조상이 가야 할 길을 인도하셨습니다. 또 시내 산에 내려오셔서 우리 조상에게 말씀하셨습니다. 주는 그들에게 바른 규례와 참된 율법을 주셨습니다. 그들에게 주의 거룩한 안식일을 가르치시고 주의 종 모세를 통해 계명과 규례와 율법을 주셨습니다. 그들이 굶주릴 때는 하늘로부터 양식을 주셨고, 목마를 때는 바위에서 물을 내셨습니다. 또 그들에게 주시겠다고 약속하신 땅으로 들어가 그 땅을 차지하라고 말씀하셨습니다.

그러나 우리 조상은 교만하여 고집을 피웠습니다. 그들은 주의 명령에 복종하지 않았습니다. 그들은 말씀을 듣지 않았고, 주께서 그들 가운데 행하신 기적을 잊어버렸습니다. 그들은 고집을 피우며 주께 반역을 꾀했고, 우두머리를 뽑아 종살이의 길로 되돌아가려고 했습니다. 그러나 주는 용서하는 하나님이십니다. 주는 은혜로우시고 자비로우시며 쉽게 노하지 않으시고 사랑이 많으신 분이라 그들을 버리지 않으셨습니다. 우리 조상은 송아지 우상까지 만들어 '이것이 우리를 이집트에서 인도해 낸 우리의 하나님이다'라고 말했습니다. 그들은 하나님을 멸시하고 죄를 지었습니다. 주는 사랑이 많으셔서 그들을 광야에 버리지 않으셨습니다. 낮에는 구름 기둥으로 길을 인도하셨고, 밤에는 불기둥으로 인도하셨습니다. 그들이 가는 길을 그 두 기둥이 밝혀 주었습니다. 또 주의 선한 영을 보내어 그들을 가르치셨고, 하늘에서 만나를 내려 먹게 하셨으며, 목마를 때는 물을 주셨습니다. 그들을 광야에서 사십 년 동안 돌봐 주셨습니다. 그들에게는 부족한 것이 없었습니다. 그들의 옷은 해어지지 않았고, 그들의 발은 부르트지 않았습니다.

주께서 많은 나라와 민족들로 하여금 우리 조상에게 복종하게 하시고 더 많은 땅을 주셨습니다. 그들은 헤스본 왕 시혼의 나라와 바산 왕 옥의 나라를 차지했습니다. 주께서 그들에게 하늘의 별처럼 많은 자녀를 주셨습니다. 그들의 조상에게 약속하신 땅으로 그 자녀들을 인도하셨습니다. 그래서 그 자녀들이 그 땅을 차지하게 되었습니다. 그곳에는 가나안 사람들이 살고 있었지만 주께서 우리 조상을 위해 그들을 물리치셨습니다. 우리 조상에게 그 땅에 살고 있는 가나안 백성들과 그들의 왕까지 넘겨주셔서 마음대로 하게 하셨습니다. 우리 조상은 성벽이 있는 강한 성들과 기름진 땅을 점령했습니다. 또한 좋은 것들로 가득한 집들과 다른 사람들이 파 놓은 우물과 함께 포도원과 올리브 밭과 온갖 과일나무도 차지했습니다. 배가 부르고 살이 찔 만큼 먹었으며, 주께서 주신 풍성한 복을 마음껏 누렸습니다.

그러나 그들은 주께 복종하지 않고 반역하였으며, 주의 가르침을 무시했습니다. 주께 돌아오라고 타이르던 예언자들을 죽이고, 주께 욕된 말을 했습니다. 그래서 주께서 그들의 원수들을 도와 그들을 무찌르고 억누르게 하셨습니다. 하지만 괴로움에 빠진 우리 조상이 주께 부르짖자 주께서는 하늘에서 들으시고 큰 자비를 베풀어 주셨습니다. 그들에게 구원자를 보내 주셔서 원수들의 손아귀에서 벗어나게 하셨습니다. 그러나 그들은 안식을 누리자마자 또다시 악한 일을 행했습니다. 그래서 주께서 원수들의 손에 넘겨주어 원수들이 그들을 다스리게 하셨습니다. 하지만 그들이 또다시 부르짖으면, 주께서는 하늘에서 들으시고 자비를 베푸셔서 그들을 구해 주셨습니다. 죄의 길에서 돌아와 주의 율법을 지키라고 타일렀지만, 그들은 교만해서 주의 계명을 듣지 않았습니다. 주의 율법을 지키면 살 수 있는데도 그들은 주의 율법을 어겼습니다. 그들은 고집을 피우고 교만했습니다. 그들은 말씀을 듣지 않았습니다. 그러나 주께서는 여러 해 동안을 참으셨습니다. 주의 예언자들을 보내셔서 주의 영으로 타일렀지만 그들은 귀를 기울이지 않았습니다. 그래서 주께서 다른 민족들의 손에 그들을 넘기시고, 원수들이 그들을 무찌르게 하셨습니다. 그러나 주는 사랑 그 자체이셔서 그들 모두를 죽이지는 않으셨습니다. 그들을 버리지도 않으셨습니다. 주는 은혜가 많으시고 자비로우신 하나님이십니다.

우리 하나님, 주는 위대하시고 능력이 많으시고 놀라우신 하나님이십니다. 주께서는 사랑의 언약을 지켜 주십니다. 앗시리아 왕 때로부터 지금까지 당한 이 고통, 곧 우리 왕과 지도자와 제사장과 예언자와 우리 조상들과 주의 모든 백성들이 겪은 이 고난을 작은 일로 여기지 말아 주십시오. 우리에게 닥친 모든 일에 주는 공의로우셨습니다. 우리는 죄를 많이 지었으므로 주께서 우리가 마땅히 받아야 할 벌을 받게 하셨습니다. 우리의 왕과 지도자와 제사장과 조상들은 주의 율법을 행하지 않았습니다. 그들은 주께서 주신 명령과 경계의 말씀에 순종하지 않았습니다. 우리 조상은 자기 나라를 가졌을 때도 주를 섬기지 않았습니다. 그들은 주께서 주신 온갖 복을 누리며 기름지고 넓은 땅에 살았지만 악한 길에서 벗어나지 않았습니다. 보십시오. 우리는 지금 주께서 주신 땅에서 노예가 되었습니다. 좋은 것들을 마음껏 누리라고 주신 이 땅에서 우리는 노예가 되고 말았습니다. 이 땅에서 나는 많은 것들은 이제 다른 나라 왕들의 것이 되었습니다. 이렇게 된 것은 다 우리가 지은 죄 때문입니다. 그 왕들은 자기 마음대로 우리와 우리 가축을 다스립니다. 우리는 큰 고통 가운데 있습니다."

백성의 약속

"이 모든 일을 생각하며 우리는 확고한 약속을 하고 그것을 글로 적었으며 우리 지도자들과 레위 사람들과 제사장들이 그 위에 자기가 직접 서명하였습니다."

약속의 글에 이름을 적은 사람은 다음과 같습니다. 하가랴의 아들 총독 느헤미야와 시드기야와 스라야와 아사랴와 예레미야와 바스훌과 아마랴와 말기야와 핫두스와 스바냐와 말룩과 하림과 므레못과 오바댜와 다니엘과 긴느돈과 바룩과 므술람과 아비야와 미야민과 마아시야와 빌개와 스마야입니다. 이들은 제사장입니다. 이름을 적은 레위 사람은 아사냐의 아들 예수아와 헤나닷의 자손인 빈누이와 갓미엘과 그들의 동료 스바냐와 호디야와 그리다와 블라야와 하난과 미가와 르홉과 하사뱌와 삭굴과 세레뱌와 또 다른 스바냐와 호디야와 바니와 브니누입니다. 백성의 지도자 가운데 이름을 적은 사람은 바로스와 바핫모압과 엘람과 삿두와 바니와 분니와 아스갓과 베배와 아도니야와 비그왜와 아딘과 아델과 히스기야와 앗술과 호디야와 하숨과 베새와 하립과 아나돗과 노배와 막비아스와 므술람과 헤실과 므세사벨과 사독과 얏두아와 블라댜와 하난과 아나야와 호세아와 하나냐와 핫숩과 할르헤스와 빌하와 소벡과 르훔과 하삽나와 마아세야와 아히야와 하난과 아난과 말룩과 하림과 바아나입니다.

나머지 백성, 곧 제사장과 레위 사람, 문지기, 노래하는 사람, 성전 종들은 맹세를 했습니다. 그리고 하나님의 율법을 지키려고 외국인과 관계를 끊은 사람들과 깨달을 만한 사람은 모두 다 맹세를 했습니다. 그들은 동료 이스라엘 백성 및 지도자들과 더불어 맹세를 했습니다. 그 맹세를 어기면 저주를 받게 됩니다. 그들은 하나님께서 종 모세를 통해 주신 하나님의 율법을 지키기로 약속했습니다. 그들은 또 우리 주 여호와의 모든 명령과 규례와 율법을 지키기로 약속했습니다. "우리는 우리 딸과 아들을 외국인과 결혼시키지 않기로 약속합니다. 외국인이 안식일에 물건이나 곡식을 팔러 오더라도 안식일이나 그 밖의 거룩한 날에는 물건을 사지 않겠습니다. 일곱째 되는 해마다 땅에 아무것도 심지 않겠습니다. 그리고 우리에게 빚진 사람들의 빚을 받지 않겠습니다.

우리는 계명을 지키겠습니다. 우리는 우리 하나님의 성전에서 드리는 예배를 위해 돈을 충분히 내겠습니다. 우리는 해마다 각기 삼분의 일 세겔씩 바치겠습니다. 그 돈은 상 위에 쌓아 두는 빵인 진설병을 위해 내는 돈이며, 늘 바치는 곡식 제물과 태워 드리는 제물인 번제물을 위해 드리는 돈입니다. 또한 그 돈은 안식일과 초하루 절기, 특별 절기에 바치는 예물이며 이스라엘의 죄를 씻는 제물인 속죄 제물을 위해 내는 돈입니다. 또 그 돈은 우리 하나님의 성전에서 하는 일을 위해 내는 돈이기도 합니다. 우리 백성들과 제사장들과 레위 사람들은 제비를 뽑아 어느 집안이 언제 하나님의 성전에 나무를 가져가야 할지 결정했습니다. 그래서 해마다 정한 때에 나무를 가져가기로 했습니다. 그 나무는 우리 하나님 여호와의 제단 위에 올려놓고 태울 나무입니다. 우리는 율법에 적힌 대로 그 일을 하겠습니다. 우리는 또한 추수한 첫 곡식을 가져오겠습니다. 그리고 해마다 모든 나무의 첫 열매를 여호와의 성전에 가져오겠습니다. 율법에 적힌 대로 우리는 맏아들을 하나님께 바치기 위해 성전 제사장들에게 데려가겠습니다. 또 소 떼와 양 떼의 첫 새끼도 가져가겠습니다. 이것들을 하나님의 성전에서 섬기는 제사장들에게 갖다 주겠습니다. 그리고 갖가지 물건을 하나님의 성전 창고를 담당하는 제사장들에게 가져가겠습니다. 땅에서 처음 거둔 밀과 예물과 온갖 나무의 열매와 새 포도주와 기름도 가져가겠습니다. 또 우리가 거둔 것의 십분의 일을 레위 사람들에게 가져가겠습니다. 레위 사람들이 우리가 일하는 모든 마을에서 그것을 거둘 것입니다. 레위 사람들이 십분의 일을 받을 때는 아론 집안의 제사장이 함께 있어야 합니다. 레위 사람은 자기가 받은 것 가운데 십분의 일을 또 하나님의 성전에 바치고 그것을 성전 창고에 넣어 두어야 합니다. 이스라엘 백성과 레위 사람은 창고에 예물을 가져와야 합니다. 예물로 가져올 것은 곡식과 새 포도주와 기름입니다. 성전에 바친 물건은 창고에 넣어 두어야 하는데 그곳은 하나님을 섬기는 제사장과 문지기와 노래하는 사람이 있는 곳입니다. 우리는 하나님의 성전을 돌보지 않은 채 내버려 두지 않겠습니다."

백성을 예루살렘으로 이주시키다

이스라엘의 지도자들은 예루살렘에 살았습니다. 백성들의 경우는 제비를 뽑아 십분의 일은 거룩한 성 예루살렘에서 살게 하고, 나머지는 자기 마을에서 살게 하였습니다. 백성들은 예루살렘에서 살겠다고 스스로 나선 사람에게 복을 빌어 주었습니다.

이스라엘 사람과 제사장과 레위 사람과 성전 종과 솔로몬이 거느린 종의 자손들은 유다의 여러 성에 있는 자기 마을에서 살았습니다. 예루살렘에서 살게 된 사람은 유다와 베냐민 집안의 일부 사람들입니다. 예루살렘으로 옮겨 온 유다 자손은 이러합니다. 웃시야의 아들 아다야가 있습니다. 웃시야는 스가랴의 아들이고, 스가랴는 아마랴의 아들입니다. 아마랴는 스바댜의 아들이고, 스바댜는 마할랄렐의 아들이고, 마할랄렐은 베레스의 자손입니다. 바룩의 아들 마아세야도 있습니다. 바룩은 골호세의 아들이고, 골호세는 하사야의 아들입니다. 하사야는 아다야의 아들이고, 아다야는 요야립의 아들입니다. 요야립은 스가랴의 아들이고, 스가랴는 실로 사람의 자손입니다. 예루살렘에서 산 베레스의 자손은 모두 사백육십팔 명입니다. 그들은 모두 능력 있는 사람들입니다.

예루살렘으로 옮겨 온 베냐민 자손은 이러합니다. 므술람의 아들 살루가 있습니다. 므술람은 요엣의 아들이고, 요엣은 브다야의 아들입니다. 브다야는 골라야의 아들이고, 골라야는 마아세야의 아들이며, 마아세야는 이디엘의 아들입니다. 이디엘은 여사야의 아들입니다. 살루를 따르는 사람은 갑배와 살래 등 모두 구백이십팔 명입니다. 시그리의 아들 요엘이 그들의 우두머리이고, 핫스누아의 아들 유다가 그 다음가는 자리를 맡았습니다.

예루살렘으로 옮겨 온 제사장은 이러합니다. 요야립의 아들 여다야와 야긴, 힐기야의 아들 스라야가 있는데 스라야는 하나님의 성전의 감독입니다. 힐기야는 므술람의 아들이고, 므술람은 사독의 아들입니다. 사독은 므라욧의 아들이고, 므라욧은 아히둡의 아들입니다. 그들과 더불어 성전을 위해 일한 사람은 모두 팔백이십이 명입니다. 또 여로함의 아들 아다야도 있습니다. 여로함은 블라야의 아들이고, 블라야는 암시의 아들입니다. 암시는 스가랴의 아들이고, 스가랴는 바스훌의 아들이고, 바스훌은 말기야의 아들입니다. 아다야와 함께 온 각 집안의 우두머리는 모두 이백사십이 명입니다. 또 아사렐의 아들 아맛새도 있습니다. 아사렐은 아흐새의 아들이고, 아흐새는 므실레못의 아들입니다. 므실레못은 임멜의 아들입니다. 아맛새와 함께 있던 용감한 사람은 모두 백이십팔 명입니다. 하그돌림의 아들 삽디엘이 그들의 우두머리입니다.

예루살렘으로 옮겨 온 레위 사람은 이러합니다. 핫숩의 아들 스마야가 있습니다. 핫숩은 아스리감의 아들이고, 아스리감은 하사뱌의 아들입니다. 하사뱌는 분니의 아들입니다. 또 레위 사람들의 지도자 삽브대와 요사밧도 있습니다. 이들은 하나님 성전의 바깥일을 맡았습니다. 미가의 아들 맛다냐도 있습니다. 미가는 삽디의 아들이고, 삽디는 아삽의 아들입니다. 맛다냐는 기도와 감사의 찬송을 이끄는 지휘자입니다. 그의 동료 레위 사람 가운데서 박부갸가 그 다음가는 자리를 맡았습니다. 삼무아의 아들 압다도 있습니다. 삼무아는 갈랄의 아들이고, 갈랄은 여두둔의 아들입니다. 거룩한 성에서 사는 레위 사람은 모두 이백팔십사 명입니다.

예루살렘으로 옮겨 온 문지기는 이러합니다. 악굽과 달몬을 비롯해서 모두 백칠십이 명이 있습니다. 그들은 성문을 지켰습니다. 그 밖의 이스라엘 백성과 제사장과 레위 사람들은 유다 모든 성에 흩어져 각각 자기 땅에서 살았습니다. 성전 종들은 오벨 언덕에서 살았습니다. 시하와 기스바가 그들을 감독했습니다.

바니의 아들 웃시가 예루살렘에 사는 레위 사람들을 감독했습니다. 바니는 하사뱌의 아들이고, 하사뱌는 맛다냐의 아들입니다. 맛다냐는 미가의 아들입니다. 웃시는 아삽의 자손인데 아삽의 자손은 노래하는 사람들로서 하나님의 성전에서 섬기는 일을 맡았습니다. 노래하는 사람들은 왕에게서 명령을 받았는데 왕은 노래하는 사람들이 날마다 해야 할 일을 일러 주었습니다. 므세사벨의 아들 브다히야가 왕 곁에서 왕의 모든 일을 도왔습니다. 므세사벨은 유다의 아들 세라의 자손입니다.

유다 백성 가운데 일부는 마을과 그 주변의 들판에서 살았습니다. 일부는 기럇 아바와 그 주위에서 살았고, 다른 일부는 디본과 그 주위에 살았습니다. 또 나머지 일부는 여갑스엘과 그 주위에서 살았습니다. 어떤 사람들은 예수아와 몰라다와 벧벨렛과 하살수알과 브엘세바에서 살았으며 그 주위에서도 살았습니다. 어떤 사람들은 시글락과 므고나와 그 주위에서 살았습니다. 어떤 사람들은 에느림몬과 소라와 야르뭇과 사노아와 아둘람과 그 주변의 마을에서 살았습니다. 어떤 사람들은 라기스와 그 주변의 들판에 살았고, 어떤 사람들은 아세가와 그 주변의 들판에서 살았습니다. 이처럼 그들은 브엘세바에서 힌놈 골짜기에 이르는 곳까지 퍼져 살았습니다. 베냐민 자손은 게바에서부터 믹마스와 아야와 벧엘과 그 주변의 마을에서 살았습니다. 아나돗과 놉과 아나냐와 하솔과 라마와 깃다임과 하딧과 스보임과 느발랏과 로드와 오노와 '기술자들의 골짜기'에서도 살았습니다. 유다에서 온 레위 사람들 가운데 일부는 베냐민 땅에서 살았습니다.

제사장과 레위 사람

스알디엘의 아들 스룹바벨과 예수아와 함께 돌아온 제사장과 레위 사람은 이러합니다. 스라야와 예레미야와 에스라와 아마랴와 말룩과 핫두스와 스가냐와 르훔과 므레못과 잇도와 긴느도이와 아비야와 미야민과 마아댜와 빌가와 스마야와 요야립과 여다야와 살루와 아목과 힐기야와 여다야입니다. 이들은 예수아 때의 제사장과 그 동료들의 지도자입니다.

레위 사람은 예수아와 빈누이와 갓미엘과 세레뱌와 유다와 맛다냐입니다. 맛다냐와 그의 친척들은 감사의 노래를 지휘했습니다. 그들의 친척 박부갸와 운노는 그들 맞은편에 서 있었습니다. 예수아는 요야김의 아버지입니다. 요야김은 엘리아십의 아버지입니다. 엘리아십은 요야다의 아버지입니다. 요야다는 요나단의 아버지입니다. 요나단은 얏두아의 아버지입니다.

요야김의 시대에 제사장 집안의 지도자로 있던 사람은 이러합니다. 스라야 집안의 지도자는 므라야입니다. 예레미야 집안의 지도자는 하나냐입니다. 에스라 집안의 지도자는 므술람입니다. 아마랴 집안의 지도자는 여호하난입니다. 말루기 집안의 지도자는 요나단입니다. 스바냐 집안의 지도자는 요셉입니다. 하림 집안의 지도자는 아드나입니다. 므라욧 집안의 지도자는 헬개입니다. 잇도 집안의 지도자는 스가랴입니다. 긴느돈 집안의 지도자는 므술람입니다. 아비야 집안의 지도자는 시그리입니다. 미냐민 집안과 모아댜 집안의 지도자는 빌대입니다. 빌가 집안의 지도자는 삼무아입니다. 스마야 집안의 지도자는 여호나단입니다. 요야립 집안의 지도자는 맛드내입니다. 여다야 집안의 지도자는 웃시입니다. 살래 집안의 지도자는 갈래입니다. 아목 집안의 지도자는 에벨입니다. 힐기야 집안의 지도자는 하사뱌입니다. 여다야 집안의 지도자는 느다넬입니다.

레위 사람과 제사장 집안의 지도자들의 이름이 명단에 기록되었습니다. 그들의 이름이 명단에 기록된 때는 엘리아십과 요야다와 요하난과 얏두아의 시대입니다. 그들의 이름은 페르시아 왕 다리오 때에 기록되었습니다. 레위 사람들 가운데서도 각 집안 지도자들의 이름이 역사책에 적혀 있습니다. 그들의 이름은 엘리아십의 아들 요하난 때까지 기록되었습니다. 레위 사람들의 지도자는 하사뱌와 세레뱌와 갓미엘의 아들 예수아와 그들의 동료들입니다. 동료들은 그들의 맞은편에 섰습니다. 한 무리가 하나님께 찬양과 감사를 드리면 다른 무리가 그것을 받아서 하나님께 찬양과 감사를 드렸습니다. 그것은 하나님의 사람 다윗이 명령한 것이었습니다. 성문 곁의 창고들을 지킨 문지기는 맛다냐와 박부갸와 오바댜와 므술람과 달몬과 악굽입니다. 그들은 예수아의 아들 요야김의 시대에 일했습니다. 예수아는 요사닥의 아들입니다. 그들은 총독 느헤미야와 제사장이자 학자인 에스라의 시대에도 일했습니다.

예루살렘 성벽을 하나님께 바치다

예루살렘 성벽을 하나님께 바치는 예배를 드리게 되었습니다. 사람들이 레위 사람들을 그 살던 곳에서부터 예루살렘으로 데려왔습니다. 데려온 이유는 성전을 바치게 된 것을 기뻐하며, 감사의 노래를 부르고, 제금과 비파와 수금을 연주하며, 하나님을 찬양하기 위해서였습니다. 노래하는 사람들도 예루살렘 주변과 느도바 사람들의 마을에서 왔고, 벧길갈과 게바와 아스마웻 땅에서도 왔습니다. 노래하는 사람들은 예루살렘 주변에 마을을 지어 놓고 살았습니다. 제사장과 레위 사람들은 자기 몸을 깨끗하게 한 후 백성과 성문과 성벽을 깨끗하게 했습니다.

나는 유다의 지도자들을 성벽 꼭대기로 올라가게 했습니다. 그리고 두 팀의 합창단을 세워 감사의 노래를 부르게 했습니다. 한 합창단은 성벽 오른쪽 꼭대기, 곧 '거름문' 쪽으로 걸어갔습니다. 그 뒤로 호세야를 비롯해서 유다의 지도자들 절반이 걸어갔습니다. 아사랴와 에스라와 므술람과 유다와 베냐민과 스마야와 예레미야도 그 뒤를 따랐습니다. 나팔을 든 일부 제사장들과 요나단의 아들 스가랴도 그 뒤를 따랐습니다. 요나단은 스마야의 아들이고, 스마야는 맛다냐의 아들입니다. 맛다냐는 미가야의 아들이고, 미가야는 삭굴의 아들이고, 삭굴은 아삽의 자손입니다. 스가랴의 동료들, 곧 스마야와 아사렐과 밀랄래와 길랄래와 마애와 느다넬과 유다와 하나니가 그 뒤를 따랐습니다. 그들은 하나님의 사람 다윗의 악기를 연주하는 사람들입니다. 학자 에스라가 그들 앞에서 걸었습니다. 그들은 '샘문'에서부터 비탈진 성벽 계단을 타고 다윗의 성 쪽으로 곧장 올라갔습니다. 그들은 다윗의 집을 지나 동쪽의 '물문'까지 갔습니다.

다른 합창단은 왼쪽으로 돌아갔습니다. 나는 백성 절반과 더불어 성벽 위로 그들 뒤를 따랐습니다. 우리는 '가마 망대'에서부터 '넓은 성벽'까지 갔습니다. 우리는 '에브라임 문'을 지나 '옛문'을 거쳐 '물고기문'으로 갔습니다. 그리고 '하나넬 망대'와 '함메아 망대'

를 지나 '양문'까지 갔다가 '경비대문'에서 멈추었습니다. 두 합창단은 하나님의 성전에서 자리를 잡고 섰습니다. 지도자들 가운데 절반은 나와 함께 자리를 잡았습니다. 나팔을 든 제사장은 엘리아김과 마아세야와 미냐민과 미가야와 엘료에내와 스가랴와 하나냐입니다. 거기에 마아세야와 스마야와 엘르아살과 웃시와 여호하난과 말기야와 엘람과 에셀도 있었습니다. 합창단은 예스라히야가 이끄는 대로 노래를 불렀습니다. 그날 백성들은 제물을 많이 바쳤습니다. 하나님께서 기쁨을 주셨기 때문에 그들은 즐거워했습니다. 여자와 아이들도 기뻐했습니다. 예루살렘에서 기뻐하는 소리가 멀리까지 퍼졌습니다.

그때 지도자들이 창고를 맡을 사람들을 세웠습니다. 그 창고는 예물과 첫 열매와 백성이 힘써 일해 얻은 것의 십분의 일을 보관하는 곳입니다. 율법에서는 마을 주변의 밭에서 난 것 가운데서도 제사장과 레위 사람들의 몫으로 얼마를 가져와야 한다고 가르치고 있습니다. 유다 백성은 제사장과 레위 사람들을 위해 기쁜 마음으로 바쳤습니다. 제사장과 레위 사람들은 하나님을 섬기는 일과 부정한 것을 깨끗하게 하는 일을 했습니다. 그리고 노래하는 사람과 문지기들도 다윗과 그의 아들 솔로몬이 명령한 대로 일했습니다. 옛날에 다윗과 아삽의 시대에도 노래하는 사람들의 지도자가 있었습니다. 그때도 하나님께 드리는 찬양과 감사의 노래가 있었습니다. 스룹바벨과 느헤미야의 시대에도 마찬가지입니다. 모든 이스라엘 백성은 노래하는 사람과 문지기들에게 쓸 것을 주었습니다. 레위 사람들을 위해서도 쓸 것을 따로 남겨 두었습니다. 레위 사람들은 또 아론 자손의 몫을 따로 남겨 두었습니다.

외국인을 내보내다

그 날에 그들은 모세의 책을 백성에게 읽어 주었습니다. 그러다가 그 책에 암몬 사람이나 모압 사람은 하나님의 회중에 참석할 수 없다고 적힌 것을 알게 되었습니다. 암몬 사람과 모압 사람은 이집트에서 탈출하여 나온 이스라엘 백성을 음식과 물을 가지고 따뜻하게 맞아들이지 않았습니다. 오히려 그들은 발람을 고용해서 이스라엘을 향해 저주하게 했습니다. 그러나 우리 하나님께서 그 저주를 복으로 바꾸어 주셨습니다. 백성은 이 가르침을 듣고 이스라엘 가운데서 모든 외국인을 구분해 놓았습니다.

그 밖의 느헤미야의 개혁들

그 일이 있기 전에 제사장 엘리아십은 하나님의 성전 창고를 맡고 있었습니다. 엘리아십은 도비야와 가깝게 지냈습니다. 엘리아십은 도비야가 큰 창고 가운데 하나를 쓰도록 허락했습니다. 그 방은 성전에서 쓸 곡식 제물과 향과 그릇과 곡식의 십일조와 포도주와 기름을 보관하던 곳입니다. 그 물건들은 레위 사람과 노래하는 사람과 문지기들의 것이며 제사장에게 주는 예물로 쓰였습니다. 그 일이 일어났을 때에 나는 예루살렘에 없었습니다. 나는 바빌론 왕 아닥사스다에게 돌아가 있었습니다. 내가 왕에게 돌아간 때는 그가 왕으로 있은 지 삼십이 년째 되는 해입니다. 얼마 뒤에 나는 왕에게 예루살렘으로 돌아가게 해 달라고 말했습니다. 나는 예루살렘으로 돌아왔습니다. 돌아와서야 엘리아십이 저지른 나쁜 짓에 대해 알게 되었습니다. 엘리아십은 도비야에게 성전 뜰에 있는 방 하나를 내어준 것입니다. 나는 너무나 화가 났습니다. 나는 도비야의 물건을 모두 방 밖으로 내던지고 사람들을 시켜 그 방을 깨끗이 하도록 했습니다. 그런 다음에 하나님의 성전에서 쓸 그릇들과 곡식 제물과 향을 다시 들여놓았습니다.

나는 또 백성들이 레위 사람들에게 주어야 할 몫을 주지 않은 것을 알게 되었습니다. 이미 레위 사람들과 노래하는 사람들은 자신이 맡은 일을 그만두고 각기 자기 고향으로 돌아가 버린 상태였습니다. 그래서 나는 "어찌하여 하나님의 성전을 돌보지 않았소?" 하고 관리들을 꾸짖었습니다. 나는 레위 사람들과 노래하는 사람들을 다시 불러 모아 일을 하게 했습니다. 그러자 모든 유다 백성이 곡식과 새 포도주와 올리브 기름의 십분의 일을 가져왔습니다. 그리고 창고에 놓아두었습니다. 나는 제사장 셀레먀와 서기관 사독과 레위 사람 브다야에게 창고를 맡겼습니다. 그리고 삭굴의 아들 하난에게 그들을 도우라고 했습니다. 삭굴은 맛다냐의 아들입니다. 그들이 정직하다는 것은 누구나 다 알고 있었습니다. 그들은 동료들에게 돌아갈 몫을 나누어 주었습니다. "나의 하나님, 이 일에 관하여 나를 기억해 주십시오. 내가 하나님의 성전을 위해 그리고 하나님을 섬기는 일을 위해 행한 모든 좋은 일들을 잊지 말아 주십시오."

그 무렵에 나는 유다 백성이 안식일에도 술틀을 밟는 것을 보았습니다. 그리고 안식일인데도 곡식을 날라다가 나귀 등에 싣는 것을 보았습니다. 그 밖에 안식일에 포도주와 포도와 무화과를 예루살렘으로 실어 나르는 것을 보았습니다. 나는 안식일에 음식을 팔지 말라고 경고했습니다. 그때에 두로 사람들도 예루살렘에서 살고 있었는데 그들도 물고기를 비롯해 갖가지 물건을 안식일에 유다 백성에게 팔고 있었습니다. 그래서 나는 유다의 귀족들을 꾸짖으며 이렇게 말했습니다. "어떻게 이런 악한 짓을 할 수가 있소? 어떻게 안식일을 더럽힐 수가 있소? 당신들의 조상이 이런 짓을 해서 우리 하나님께서 우리와 우리 성에 재앙을 내리셨소. 당신들은 안식일을 더럽혀서 하나님을 노하게 만들었소."

나는 안식일이 되기 전에 문을 닫게 하고 안식일이 끝나서야 문을 열게 했습니다. 그리고 내 종들에게 문을 지키게 했습니다. 그래서 안식일에는 잡상인들이 들어오지 못했습니다. 상인들과 갖가지 물건을 파는 사람들이 예루살렘 밖에서 잠을 자는 일이 한두 번 있었습니다. 그래서 나는 그들에게 경고했습니다. "어찌하여 성벽 앞에서 잠을 자는 거요? 한 번만 더 그랬다가는 쫓아내고 말겠소." 그 일이 있은 뒤로 안식일에는 그들이 나타나지 않았습니다. 나는 레위 사람들에게 몸을 깨끗이 하라고 명령했습니다. 또한 성문을 지켜 안식일을 거룩하게 지낼 수 있게 하라고 말했습니다. "나의 하나님, 이 일로 인해 나를 기억해 주십시오. 주의 크신 사랑으로 나를 불쌍히 여겨 주소서."

그 무렵에 나는 또 유다 남자들이 아스돗과 암몬과 모압의 여자들과 결혼한 것을 알았습니다. 그들 자녀의 절반은 아스돗 말이나 다른 나라 말은 하면서도 유다 말은 하지 못했습니다. 나는 그런 사람들을 꾸짖으며 저주했습니다. 나는 그들 가운데 몇 사람을 때리고 머리털을 뽑았습니다. 나는 그들에게 하나님의 이름으로 맹세하게 했습니다. 나는 이렇게 말했습니다. "당신들의 딸을 외국인의 아들과 결혼시키지 마시오. 외국인의 딸을 당신이나 당신 아들의 아내로 삼지 마시오. 이스라엘의 솔로몬 왕이 죄를 지은 것도 바로 그런 외국인 여자 때문이었소. 그 어떤 나라에도 솔로몬 같은 왕은 없었소. 솔로몬은 하나님의 사랑을 받은 사람이오. 그리고 하나님께서는 솔로몬을 온 이스라엘의 왕으로 삼으셨소. 그런데도 외국인 여자 때문에 솔로몬은 죄를 짓고 말았소. 당신들은 이런 악한 짓을 함으로써 하나님께 복종하지 않고 있소. 당신들은 외국인 여자와 결혼함으로써 우리 하나님께 죄를 지었소."

대제사장 엘리아십의 아들 요야다의 아들들 가운데 하나가 호론 사람 산발랏의 딸과 결혼했습니다. 그래서 나는 그 요야다의 아들을 내 앞에서 쫓아냈습니다. "나의 하나님, 그들을 잊지 말아 주십시오. 그들은 제사장 자리를 더럽혔습니다. 그들은 제사장과 레위 사람의 약속과 맹세를 어겼습니다."

그래서 나는 외국의 모든 부정한 것으로부터 그들을 깨끗이 했습니다. 그리고 제사장과 레위 사람들에게 해야 할 임무를 맡겨서 저마다 자기 할 일을 하게 했습니다. 그리고 나는 정한 때에 나무와 첫 열매를 제단에 가져오게 했습니다.

"나의 하나님, 나에게 은혜를 베풀어 주소서. 나를 기억하시고 복을 주소서."

에스더

왕의 명을 거절한 와스디 왕후

아하수에로 왕 때에 일어난 일입니다. 아하수에로는 인도에서 에티오피아까지 백이십칠 지역을 다스린 왕으로, 당시에 그는 수도인 수산에서 나라를 다스리고 있었습니다. 왕이 된 지 삼 년째 되는 해에 귀족들과 신하들을 위해 잔치를 베풀어 페르시아와 메대 지방의 군대 지휘관들과 각 지방의 귀족들과 총독들을 모두 초대했습니다. 잔치는 백팔십 일이나 계속되었고, 그동안 아하수에로 왕은 자기 왕국의 부와 위엄과 영광을 마음껏 뽐냈습니다. 그 잔치가 끝나자 왕은 신분의 높고 낮음을 따지지 않고 수산에 있는 모든 백성들을 초대하여 왕궁 정원 뜰에서 칠 일 동안 잔치를 베풀었습니다. 뜰에는 하얀색과 자주색 휘장이 대리석 기둥의 은고리에 자줏빛 끈으로 묶여서 걸려 있었고, 하얀 대리석과 조개와 보석이 깔린 바닥 위에는 금의자와 은의자가 놓여 있었습니다. 왕은 갖가지 모양의 금잔에 포도주를 담아 아낌없이 대접하였고, 손님들에게 마시고 싶은 만큼 마음껏 마시라고 말했으며, 왕궁 관리들에게는 손님이 원하는 대로 포도주를 가져다 주라고 명령했습니다. 와스디 왕후도 아하수에로 왕의 왕궁에 있는 여자들을 초대하여 잔치를 베풀었습니다.

칠 일째 되는 날이었습니다. 포도주를 마시고 기분이 좋아진 아하수에로 왕은 일곱 명의 내시, 곧 므후만과 비스다와 하르보나와 빅다와 아박다와 세달과 가르가스에게 와스디 왕후에게 왕후의 관을 씌워 자기 앞에 나오게 하라고 명령했습니다. 왕후가 매우 아름다웠기 때문에 왕은 왕후를 백성과 귀족들에게 보여 주고 싶어 했습니다. 내시들은 와스디 왕후에게 가서 왕의 명령을 전했습니다. 그러나 왕후는 왕에게 나오지 않았습니다. 왕은 몹시 화가 났습니다. 마음속에서 불 같은 분노가 일어났습니다.

당시에는 법과 제도를 잘 아는 사람들에게 의견을 묻는 관습이 있었으므로 아하수에로 왕은 박사들을 불러 의논을 했습니다. 왕이 늘 불러서 의논하던 지혜로운 사람은 가르스나와 세달과 아드마다와 다시스와 메레스와 마르스나와 므무간이었습니다. 이들은 페르시아와 메대의 일곱 귀족으로서 왕을 직접 만날 수 있는 특권을 가지고 있었으며 나라 안에서 가장 높은 지위를 차지하고 있었습니다. 왕이 그들에게 물었습니다. “내시들이 전한 내 명령을 와스디 왕후가 따르지 않았으니 이를 법대로 하려면 어떻게 해야 하오?” 므무간이 왕과 귀족들에게 말했습니다. “와스디 왕후는 왕에게만 잘못한 것이 아니라 이 나라의 모든 귀족과 백성에게도 잘못한 것입니다. 왜냐하면 페르시아와 메대의 여자들이 왕후가 한 일을 듣게 되면 ‘아하수에로 왕이 명령을 내려 와스디 왕후를 데려오게 했는데 왕후가 가지 않았다’고 말하면서 자기 남편을 업신여길 것이기 때문입니다. 결국 페르시아와 메대의 귀부인들이 왕후가 했던 것과 똑같이 자기 남편을 대할 것이고, 그렇게 되면 업신여김과 분노가 끝없이 이어지게 될 것입니다. 그러므로 왕만 좋으시다면 어명을 내려서 다시는 와스디를 왕 앞에 나오지 못하게 하시고, 그것을 페르시아와 메대의 법으로 정하여 누구도 고치지 못하게 하십시오. 그리고 왕후의 자리는 와스디보다 더 나은 사람에게 주시는 것이 좋을 것 같습니다. 그런 다음에 이 어명을 온 나라에 두루 알리신다면 높은 사람이든 낮은 사람이든 여자들이 다 자기 남편을 존경할 것입니다." 왕과 귀족들은 그의 충고를 옳게 여겼습니다. 아하수에로 왕은 므무간이 말한 대로 각 지방의 백성들에게 그 지방에서 쓰는 말로 편지를 보내어 각 가정을 남편이 다스리게 하고 남편이 쓰는 언어를 그 가정의 언어로 삼게 했습니다.

에스더가 왕후가 되다

그런 일이 있은 지 얼마 뒤에 아하수에로 왕의 분노가 가라앉으면서 와스디와 와스디가 한 일과 자기가 와스디에 관해 내린 어명이 생각났습니다. 그때 왕의 신하가 말했습니다. "이제 우리가 왕을 위해 아리따운 처녀를 찾게 하여 주십시오. 전국 각 지방에서 감독을 뽑아 아리따운 처녀를 수산 왕궁으로 데려오게 하십시오. 그들을 후궁에 보내어 궁녀들을 돌보는 내시 헤개에게 맡기고 몸을 가꿀 수 있도록 화장품을 보내 주십시오. 그런 뒤에 왕의 마음에 드는 여자를 와스디 대신 왕후로 삼으십시오." 왕은 이 말을 기쁘게 여겨서 그의 말대로 했습니다.

그 무렵 수산 성에는 모르드개라는 유다 사람이 있었는데 그는 베냐민 지파 사람으로서 야일의 아들이고, 시므이의 손자였으며, 기스의 증손자였습니다. 모르드개는 바벨론 왕 느부갓네살이 예루살렘에서 유다의 여고냐 왕을 사로잡아 끌고 왔을 때 함께 잡혀 온 사람이었습니다. 모르드개에게는 하닷사라는 사촌이 한 명 있었는데 부모가 계시지 않아 모르드개가 자기 딸로 삼았습니다. 하닷사는 에스더라고도 불렸으며, 몸매와 얼굴이 매우 아름다웠습니다.

왕의 명령이 내려지자 많은 여자들이 수산 왕궁으로 뽑혀 와 헤개에게 맡겨졌습니다. 에스더도 뽑혀 왕궁에 들어와 궁녀들을 돌보던 헤개의 보호를 받게 되었습니다. 에스더를 마음에 둔 헤개는 에스더에게 화장품과 귀한 음식을 주고 궁녀 일곱 명을 골라 그녀를 시중들게 했습니다. 헤개는 또 에스더와 그녀의 일곱 궁녀들을 후궁에서 가장 좋은 곳으로 옮기게 했습니다. 에스더는 누구에게도 자기의 집안과 민족에 대해 얘기하지 않았습니다. 왜냐하면 모르드개가 이에 대해 아무에게도 말하지 말라고 했기 때문이었습니다. 모르드개는 에스더가 잘 있는지 그리고 에스더에게 무슨 일이 일어났는지 알아보려고 날마다 후궁 근처를 서성거렸습니다.

처녀들은 아하수에로 왕 앞에 차례대로 나아가기 전에 열두 달 동안 몸을 가꿔야 했습니다. 여섯 달 동안은 기름과 몰약으로 그리고 나머지 여섯 달 동안은 향수와 화장품으로 몸을 치장하였습니다. 처녀가 왕에게 나아갈 때는 원하는 것을 다 주었으며 그것을 후궁에서 왕궁으로 가져갈 수 있게 하였습니다. 처녀는 저녁이 되면 왕궁으로 들어갔다가 다음 날 아침이 되면 다른 후궁으로 돌아와서 궁녀들을 돌보는 사아스가스라는 내시의 보호를 받게 되어 있었습니다. 그리고 왕의 마음에 들지 않아 다시 이름이 불리지 않는 처녀는 결코 왕에게 나아가지 못했습니다.

드디어 아비하일의 딸이며, 모르드개의 사촌이면서, 모르드개가 자기 딸로 삼은 에스더가 왕에게 나아갈 차례가 되었습니다. 에스더는 궁녀를 돌보는 내시인 헤개가 말한 꼭 필요한 장식 말고는 아무것도 요구하지 않았으나 누가 보아도 아리땁기 그지없었습니다. 에스더가 왕궁으로 들어가 왕 앞에 나아간 때는 아하수에로가 왕이 된 지 칠 년째 되는 해의 열째 달, 곧 데벳 월이었습니다. 왕은 모든 처녀들 가운데서도 에스더를 가장 좋아했습니다. 드디어 아하수에로 왕은 에스더의 머리에 왕관을 씌워 주고 와스디를 대신해서 에스더를 왕후로 삼았습니다. 왕은 에스더를 위해서 큰 잔치를 베풀고 귀족들과 신하들을 모두 초대했습니다. 그리고 전국에 휴일을 선포하고 사람들에게 푸짐한 선물을 나누어 주었습니다.

모르드개가 왕의 목숨을 구하다

처녀들을 두 번째로 불러 모았을 때 모르드개는 왕궁문에 앉아 있었습니다. 그때까지도 에스더는 모르드개의 지시대로 누구에게도 자기의 집안과 민족에 대해 말하지 않았습니다. 그녀는 모르드개 밑에서 자랄 때와 마찬가지로 그의 말을 잘 들었습니다. 모르드개가 왕궁문에 앉아 있을 때 문을 지키는 왕의 두 신하인 빅단과 데레스가 원한을 품고 아하수에로 왕을 죽일 음모를 꾸미는 것을 듣게 되었습니다. 이 음모를 알게 된 모르드개가 에스더 왕후에게 이 사실을 알려 주자 에스더는 모르드개가 일러 주었다고 하면서 그 사실을 왕에게 말했습니다. 사실을 조사한 후에 음모가 밝혀지자 그들은 나무에 달려 죽임을 당했습니다. 그리고 이 모든 사실은 왕이 보는 앞에서 왕궁 일지에 적혔습니다.

하만이 유다인을 없앨 음모를 꾸미다

이 일이 있은 뒤에 아하수에로 왕은 아각 사람 함므다다의 아들 하만을 높여 귀족들 가운데서도 가장 높은 자리에 앉혔습니다. 왕의 명령에 따라 왕궁의 모든 신하들은 하만 앞에서 무릎을 꿇고 절을 했습니다. 그러나 모르드개는 절을 하지도 않았으며 무릎을 꿇지도 않았습니다. 그러자 왕궁문에 있던 왕의 신하들이 모르드개에게 물었습니다. "어찌하여 당신은 왕의 명령을 따르지 않는 거요?" 날마다 모르드개에게 충고를 해도 듣지 않자 그들은 그 사실을 하만에게 알렸습니다. 모르드개가 스스로 유다인이라고 했으므로 그들은 하만이 모르드개의 행동을 그대로 내버려 둘지 지켜볼 생각이었습니다. 하만은 모르드개가 자기에게 절하지도 않고 무릎을 꿇지도 않는 것을 보고 크게 화가 났습니다. 그는 모르드개가 유다인인 것을 알고는 모르드개만 죽이는 것으로는 충분치 않다고 생각하여 아하수에로 왕국에 있는 모든 유다인, 곧 모르드개의 민족을 다 죽여 없앨 방법을 찾았습니다.

그때는 아하수에로가 왕이 된 지 십이 년째 되는 해의 첫째 달, 곧 니산 월이었습니다. 사람들은 유다인들을 죽일 날과 달을 정하기 위해 하만 앞에서 부르라고 불리는 제비를 뽑았습니다. 그리고 그날을 열두째 달인 아달 월로 정했습니다. 하만이 아하수에로 왕에게 말했습니다. "왕이 다스리시는 나라의 모든 지방에 걸쳐 다른 민족들 사이에 흩어져 사는 한 민족이 있는데 그들은 자기들끼리만 모여 삽니다. 그들은 어느 민족과도 다른 풍습을 갖고 있으며 왕의 법도 지키지 않고 있습니다. 그러므로 그들을 왕의 나라에서 그대로 살게 내버려 두는 것은 옳지 않다고 봅니다. 왕께서 좋으시다면 그 백성을 완전히 없애라는 명령을 내려 주십시오. 그러면 저는 왕의 재정을 맡은 관리에게 은 만 달란트를 주어 왕의 금고에 넣도록 하겠습니다." 왕은 손에서 인장 반지를 빼어 유다인의 원수인 아각 사람 함므다다의 아들 하만에게 주었습니다. 왕이 하만에게 말했습니다. "그 돈과 백성은 그대의 것이니 그대가 좋을 대로 하시오."

첫째 달 십삼 일에 왕의 서기관들이 부름을 받고 모였습니다. 그들은 하만이 시키는 대로 각 지방의 총독들과 군대 지휘관들과 각 민족의 귀족들에게 각 지방과 민족의 언어로 조서를 썼습니다. 그들은 조서를 아하수에로 왕의 이름으로 적어서 왕의 인장 반지로 봉인한 뒤 사신들을 시켜 전국에 조서를 보냈습니다. 조서의 내용은 열두째 달인 아달 월 십삼 일에 유다인을 젊은이, 늙은이, 여자, 어린이 할 것 없이 다 죽여 없애 버리고 그들의 재산을 다 빼앗으라는 것이었습니다. 각 지방에서는 이 조서를 베껴 법률로 선포하고 모든 백성에게 알려 그날을 준비하게 했습니다. 왕의 명령이 내려지자 사신들은 서둘러 길을 떠나고 수산 성에서도 조서가 선포되었습니다. 왕과 하만이 자리에 앉아 술을 마실 동안 수산 성은 어지러움과 혼란에 빠져 있었습니다.

모르드개가 에스더에게 도움을 청하다

이 모든 일을 알게 된 모르드개는 옷을 찢고 거친 베옷을 입은 다음 재를 뒤집어쓴 채 성안으로 들어가 큰 소리로 슬피 울었습니다. 그러나 거친 베옷을 입은 채 왕궁문 안으로 들어갈 수가 없기 때문에 모르드개는 왕궁문 앞에서 멈춰 섰습니다. 왕의 명령이 각 지방에 이르자 유다인들은 크게 슬퍼하고 금식하며 통곡했습니다. 그들 대부분은 거친 베옷을 입고 재 위에 누웠습니다.

에스더의 여종들과 내시들이 에스더에게 가서 모르드개에게 일어난 일을 일러 주자 그녀는 깊은 근심에 빠졌습니다. 에스더는 모르드개에게 옷을 보내어 거친 베옷을 벗고 다른 옷으로 갈아입기를 권했으나 모르드개는 에스더가 보낸 옷을 입지 않았습니다. 에스더는 왕이 자기를 돌보라고 보낸 내시 가운데 한 사람인 하닥을 불러 모르드개에게 무슨 일이 어떻게 일어났는지 알아보게 했습니다. 하닥은 왕궁문 앞 도성 광장에 있는 모르드개에게 갔습니다. 모르드개는 자기에게 일어난 일을 빠짐없이 하닥에게 일러 주었습니다. 그리고 하만이 유다인을 죽이기 위해 왕의 금고에 들여놓겠다고 약속한 돈이 얼마인지도 알려 주었습니다. 모르드개는 수산 성에 내려진 왕의 명령, 곧 유다인을 다 죽이라는 내용이 적힌 조서의 사본을 하닥에게 주었습니다. 모르드개는 하닥이 그것을 에스더에게 보이고 그 내용을 설명해 줄 것을 요청했습니다. 그리고 에스더가 왕 앞에 직접 나아가 자기 백성을 위해 왕에게 간절히 빌 것을 하닥에게 부탁했습니다. 하닥은 돌아가서 에스더에게 모르드개가 한 말을 그대로 전했습니다. 그러자 에스더는 모르드개에게 이렇게 전하라고 말했습니다. "남자든지 여자든지 왕이 부르시지 않으면 안뜰로 들어갈 수 없습니다. 이를 어기는 사람은 죽게 되어 있습니다. 이것은 왕의 신하들과 왕이 다스리는 각 지방의 백성들이 다 아는 사실입니다. 다만 왕이 금홀을 내밀 때만 그 사람은 살 수 있습니다. 그런데 왕이 나를 부르지 않으신 지 벌써 삼십 일이나 되었습니다."

에스더의 말이 모르드개에게 전해졌습니다. 그러자 모르드개가 다시 사람을 시켜 에스더에게 다음과 같은 말을 전했습니다. "지금 왕비께서 왕궁에 살고 계신다고 하여 다른 유다인이 다 당할 일을 왕비께서만 피하실 수 있다고 생각하지 마십시오. 지금 왕비가 잠잠히 있다 해도 다른 사람의 도움으로 유다인은 해방과 구원을 얻을 것입니다. 그러나 왕비와 왕비의 집안은 멸망을 당할 것입니다. 왕비가 지금 왕비의 자리에 오른 것도 바로 이런 때를 위한 것인지 누가 압니까?" 그러자 에스더가 다시 그들을 시켜 모르드개에게 전했습니다. "가서 수산 성에 있는 유다인들을 다 모으고 나를 위해 금식하게 하십시오. 밤낮으로 삼 일 동안 먹지 말고, 마시지도 말게 하십시오. 나와 내 여종들도 금식하겠습니다. 그런 뒤에 법을 어기고서라도 왕에게 나아가겠습니다. 그러다가 죽게 되면 죽겠습니다." 모르드개는 나가서 에스더가 일러 준 대로 했습니다.

에스더가 왕에게 나아가다

금식한 지 삼 일째 되는 날, 에스더는 왕비의 옷을 입고 왕의 방이 마주 보이는 왕궁 안뜰에 섰습니다. 그때 왕은 방 안 보좌에 앉아 현관 쪽을 바라보고 있었습니다. 왕은 에스더 왕비가 뜰에 서 있는 모습을 보고 그녀를 어여삐 여겨 손에 들고 있던 금홀을 내밀었습니다. 그러자 에스더가 가까이 다가가 금홀 끝에 손을 대었습니다. 왕이 물었습니다. "에스더 왕후여, 무슨 일이오? 내게 무슨 부탁이라도 있소? 당신이 원한다면 내 나라의 절반이라도 주겠소." 에스더가 대답했습니다. "제가 오늘 왕을 위해 잔치를 준비했으니 좋으시다면 하만과 함께 와 주십시오." 그러자 왕이 말했습니다. "곧 하만을 들라 하여라. 에스더의 소원을 들어주겠다." 왕과 하만은 에스더가 준비한 잔치에 갔습니다. 포도주를 마시던 왕이 에스더에게 말했습니다. "당신이 바라는 것이 무엇이오? 내가 들어주겠소. 당신이 요청하는 것이 대체 무엇이오? 내 나라의 절반이라도 주겠소." 에스더가 대답했습니다. "제가 바라고 요청하는 것은 이렇습니다. 왕이 저를 어여삐 보시고 제 소원과 요청을 들어주실 마음이 있으시다면 내일도 잔치를 열겠으니 하만과 함께 와 주십시오. 그때에 제 소원을 왕께 말씀드리겠습니다."

하만의 음모

그날 하만은 즐거운 마음으로 왕궁문을 나오던 중 모르드개를 만났습니다. 모르드개는 여전히 일어나지도 않고 자기를 두려워하지도 않았습니다. 이를 본 하만은 너무도 화가 났습니다. 하지만 그는 화를 참고 집으로 돌아가서 친구들과 자기 아내 세레스를 불렀습니다. 그는 그들에게 자기의 재산과 아들이 많은 것과 왕이 그에게 명예를 주어 다른 귀족이나 신하들보다 높여 주신 것을 자랑했습니다. 하만이 덧붙여서 말했습니다. "그뿐만이 아니라네. 에스더 왕후께서 잔치를 베풀어 놓고 초대한 사람은 왕을 제외하고 나밖에 없었다네. 그리고 왕후께서는 내일도 나더러 왕과 함께 와 달라고 하셨네. 하지만 유다인 모르드개가 왕궁문에 앉아 있는 것을 보면 기쁜 마음이 싹 가신다네." 하만의 아내 세레스와 모든 친구들이 말했습니다. "오십 규빗 되는 장대를 세우고 내일 아침 왕에게 모르드개를 거기에 매달아 달라고 부탁하세요. 그리고 나서 왕과 함께 기쁜 마음으로 잔치에 가세요." 하만은 그 말을 좋게 여기고 곧 장대를 세우라고 명령했습니다.

왕이 모르드개를 높이다

그날 밤 왕은 잠이 오지 않아 신하를 시켜 왕궁 일지를 가져오게 하여 자기 앞에서 읽으라고 명령했습니다. 그 일지에는 왕궁문을 지키던 왕의 두 내시인 빅다나와 데레스가 왕을 죽이려 한 음모를 모르드개가 일러 주었다는 내용이 적혀 있었습니다. 왕이 물었습니다. "이 일을 한 모르드개에게 어떤 영광과 상을 주었느냐?" 신하들이 대답했습니다. "아무것도 주지 않았습니다." 왕이 다시 물었습니다. "누가 뜰에 있느냐?" 마침 그때 하만이 자기가 세운 장대에 모르드개를 매달기 위해서 왕에게 부탁하고자 왕궁 바깥뜰에 와 있었습니다. 왕을 모시는 신하들이 말했습니다. "하만이 뜰에 서 있습니다." 그러자 왕이 말했습니다. "들라 하여라." 하만이 들어오자 왕이 그에게 물었습니다. "내가 크게 높여 주고 싶은 사람이 있는데 그 사람에게 어떻게 해 주면 좋겠소?" 하만은 속으로 '왕이 높여 주고 싶은 사람이 나 말고 또 누가 있을까'라고 생각하여 이렇게 대답했습니다. "왕께서 크게 높여 주고 싶은 사람이 있으시다면 먼저 종들을 시켜 왕께서 입으시는 옷과 왕께서 타시는 말을 내오게 하시고 그 말의 머리는 관으로 꾸미게 하십시오. 그런 다음에 그 옷과 말을 왕께서 높여 주고 싶은 사람에게 주십시오. 그리고 왕의 신하 가운데 가장 높은 사람을 시켜 그 사람에게 왕의 옷을 입히게 하고 말에 태운 사람을 성안 거리로 다니게 하면서 '왕은 높여 주고 싶은 사람에게 이렇게 해 주신다' 하며 외치게 하십시오." 왕이 하만에게 명령했습니다. "어서 가서 왕궁문에 앉아 있는 유다인 모르드개를 위해 그대가 말한 대로 옷과 말을 내어오시오. 그대가 말한 것에서 하나도 빠뜨리지 말고 그대로 하시오." 하만은 왕의 명령대로 옷과 말을 내어와서 모르드개에게 옷을 입히고, 그를 말에 태워 '왕은 높여 주고 싶은 사람에게 이렇게 해 주신다' 하고 성안 거리를 외치고 다녔습니다.

그런 뒤에 모르드개는 다시 왕궁문으로 돌아갔습니다. 하만은 당황하고 부끄러워 얼굴을 가린 채 서둘러 집으로 갔습니다. 하만은 아내 세레스와 모든 친구들에게 자기에게 일어난 일을 빠짐없이 이야기했습니다. 하만의 아내와 그의 친구들이 말했습니다. "당신은 유다인인 모르드개 앞에서 무릎을 꿇었으니 이제 그에게 맞서 이길 수 없소. 계속 맞서려 한다면 당신은 틀림없이 망할 것이오."

그들의 말이 끝나기도 전에 왕의 내시들이 하만의 집에 와서 에스더가 차린 잔치에 하만을 서둘러 데려갔습니다.

하만의 죽음

왕과 하만은 에스더가 차린 잔치에 갔습니다. 둘째 날에도 왕은 하만과 더불어 술을 마시다가 에스더에게 물었습니다. "당신이 바라는 것이 무엇이오? 내가 들어주겠소. 당신이 요청하는 것이 무엇이오? 내 나라의 절반이라도 주겠소." 그러자 에스더 왕후가 대답했습니다. "왕이 저를 어여삐 보신다면 그리고 제 요청을 들어주실 마음이 있으시다면 제 목숨을 살려 주십시오. 이것이 제 소원입니다. 그리고 제 민족도 살려 주십시오. 이것이 제 요청입니다. 제 민족이나 저나 이제는 다 죽고 망하여 완전히 없어지게 되었습니다. 우리가 남종이나 여종으로 팔려 가기만 해도 제가 잠자코 있었을 것입니다. 그만한 일을 가지고 왕을 번거롭게 해 드리지 않았을 것입니다." 아하수에로 왕이 에스더 왕후에게 물었습니다. "그가 누구요? 그가 어디에 있소? 누가 그런 짓을 하려 하오?" 에스더가 말했습니다. "우리의 적, 우리의 원수는 바로 이 악한 하만입니다." 그 말이 끝나자 하만은 왕과 왕후 앞에서 두려움에 사로잡혔습니다.

화가 머리끝까지 난 왕은 자리에서 일어나 왕궁 뜰로 나갔습니다. 하만은 왕이 이미 자기를 죽이기로 결심한 것을 알고 자리에 남아 에스더에게 목숨만 살려 달라고 빌었습니다. 왕이 왕궁 뜰에서 잔칫방으로 돌아와 보니 하만이 에스더가 기대는 침상에 엎드려 있었습니다. 그 모습을 보고 왕이 말했습니다. "내가 왕궁에 있는데도 이놈이 왕후를 덮치려 하는구나!" 왕의 그 말이 떨어지기가 무섭게 종들이 달려들어 하만의 얼굴을 가렸습니다. 그때 왕을 모시던 내시 가운데 하르보나가 말했습니다. "하만이 자기 집에 높이가 오십 규빗 되는 장대를 세워 놓았습니다. 그것은 왕을 해치려는 음모를 알려 준 모르드개를 매달려고 준비해 놓은 것입니다." 왕이 말했습니다. "하만을 거기에 매달아라!" 그러자 사람들이 모르드개를 달려고 하만이 세워 놓은 바로 그 장대에 하만을 매달았습니다. 그런 뒤에야 왕의 분노가 가라앉았습니다.

왕이 유다 민족을 돕다

바로 그날 아하수에로 왕은 유다인의 원수 하만의 모든 재산을 에스더 왕후에게 주었습니다. 에스더가 자기와 모르드개의 관계를 밝혔기 때문에 모르드개는 왕에게 나아가게 되었습니다. 왕은 하만에게서 되찾은 자기의 인장 반지를 빼서 모르드개에게 주었습니다. 에스더는 하만이 남긴 모든 재산을 모르드개에게 맡겼습니다.

에스더가 다시 왕에게 나아가 그의 발 앞에 꿇어 엎드려 울면서 하만의 악한 음모를 막아 달라고 간청했습니다. 왕이 금홀을 내밀자 에스더가 자리에서 일어나 왕에게 말했습니다. "왕이여, 저를 어여삐 보시고 이 일을 좋게 여기시며 이렇게 하는 것이 옳은 일이라 생각하신다면 하만이 쓴 조서를 취소해 주십시오. 제 민족에게 그런 끔찍한 일이 일어나는 것을 제가 어찌 볼 수 있으며 가족이 죽임당하는 것을 어찌 볼 수 있겠습니까?" 아하수에로 왕이 에스더 왕후와 유다인 모르드개에게 대답했습니다. "하만이 유다인을 죽이려 했기 때문에 내가 그의 재산을 에스더에게 주었고, 군인들을 시켜 그를 매달았소. 이제 나의 이름으로 다른 조서를 쓰시오. 그대들 보기에 좋을 대로 쓰고, 나의 인장 반지로 봉인하시오. 나의 이름으로 쓰여지고 나의 인장 반지로 봉인된 조서는 아무도 취소할 수 없소."

셋째 달, 곧 시완 월 이십삼 일에 왕의 서기관들이 불려 왔습니다. 그들은 모르드개가 시키는 대로 조서를 썼습니다. 그리고 인도에서부터 에티오피아에 이르기까지 백이십칠 지역에 있는 유다인들과 총독들과 군대 지휘관들과 귀족들에게 조서를 보냈습니다. 그것은 유다를 포함한 각 지방과 민족의 언어로 기록되었습니다. 모르드개는 아하수에로 왕의 이름으로 조서를 쓰고, 왕의 인장 반지로 봉인을 한 다음에 왕궁에서 쓰려고 특별히 기른 빠른 말들에 사신들을 태워 보내서 그 조서를 전했습니다. 왕의 조서 내용은 각 성에 사는 유다인들이 함께 모여서 목숨을 지킬 수 있도록 한 것이었습니다. 어느 지방의 민족이든 군대를 일으켜 유다인을 치려 하면 그들은 물론 그들의 아내와 자식들까지 다 죽이고 멸망시켜 완전히 없애 버릴 수 있을 뿐만 아니라 그들의 재산까지도 빼앗을 수 있게 하였습니다. 그러나 아하수에로 왕이 다스리는 모든 지방에서 유다인이 그렇게 할 수 있는 날은 열두째 달인 아달 월 십삼 일 하루 동안으로 정했습니다. 왕은 조서의 사본을 각 지방으로 보내어 법으로 삼게 했습니다. 그리고 그것을 왕이 다스리는 지방의 모든 민족에게 알려 유다인들이 원수에게 보복할 날을 미리 준비할 수 있게 했습니다. 사신들은 왕의 명령을 받고 서둘러 왕궁 말을 타고 나갔습니다. 수산 성에도 왕의 조서가 선포되었습니다.

모르드개가 푸른색과 흰색으로 된 왕궁 옷을 입고, 머리에는 큰 금관을 쓰고, 고운 모시로 만든 자줏빛 겉옷을 걸치고, 왕 앞에서 물러 나왔습니다. 그러자 수산 성 사람들이 환호하며 기뻐했습니다. 그날은 유다인에게 기쁘고 즐겁고 영광스런 날이었습니다. 왕의 조서가 전달된 지방과 성마다 그곳 유다인들이 기뻐하고 즐거워했습니다. 그들은 잔치를 베풀고 그날을 축제일로 삼았습니다. 그리고 그 땅에 사는 많은 사람이 유다인을 두려워하여 스스로 유다인이 되었습니다.

유다 민족의 승리

드디어 열두째 달인 아달 월 십삼 일이 되어 왕이 내린 명령을 지켜야 하는 날이 되었습니다. 그날은 유다인의 원수들이 유다인을 없애려고 한 날이었으나 이제는 유다인이 그 원수들을 물리칠 수 있는 날로 바뀌었습니다. 유다인들은 아하수에로 왕이 다스리는 모든 지방의 각 성에 모여 자기들을 해치려 하던 사람들을 공격했습니다. 나라 안의 모든 사람이 유다인을 두려워했으므로 아무도 그들을 막지 못했습니다. 게다가 각 지방의 귀족들과 총독들과 군대 지휘관들과 왕의 신하들도 모르드개를 두려워했기 때문에 유다인을 도왔습니다. 모르드개는 왕궁에서 높은 자리를 차지하고 있었으며, 그의 세력 또한 점점 커져서 나라 전체에 그의 이름을 모르는 사람이 없게 되었습니다. 유다인들은 모든 원수를 칼로 쳐 죽여 없앴습니다. 그리고 그들을 미워하던 민족에게 하고 싶은 대로 다 했습니다. 유다인들은 수산 성에서만 오백 명을 죽여 없앴습니다. 그들은 또한 함므다다의 아들이자 유다인의 원수인 하만의 열 아들, 곧 바산다다와 달본과 아스바다와 보라다와 아달리야와 아리다다와 바마스다와 아리새와 아리대와 왜사다를 죽였습니다. 그러나 유다인은 그들의 재산에는 손을 대지 않았습니다.

그날 수산 성에서 죽은 사람의 수가 왕에게 보고되었습니다. 왕이 에스더 왕후에게 말했습니다. "유다인들이 수산 성에서만 오백 명을 죽여 없앴고, 하만의 열 아들도 죽였소. 그러니 다른 지방에서는 어떠했을지 더 말할 나위도 없소. 이제 당신의 남은 소원을 말해 보시오. 내가 들어주겠소. 무엇을 더 바라시오? 당신이 바라는 대로 해 주겠소." 에스더가 대답했습니다. "왕만 좋으시다면 수산 성에 있는 유다인들이 내일도 오늘처럼 할 수 있게 해 주십시오. 그리고 하만의 열 아들의 주검을 장대에 매달아 주십시오." 왕이 에스더의 청을 허락하고 명령을 내렸습니다. 수산 성에 조서가 내려졌고, 하만의 열 아들의 주검이 장대에 매달렸습니다. 수산 성의 유다인들은 아달 월 십사 일에 모여서 수산 성에서 삼백 명을 죽였습니다. 그러나 그 재산에는 손을 대지 않았습니다.

다른 지방의 유다인들도 모여서 자기 생명을 지키고 원수들을 물리쳤습니다. 그들은 자기들을 미워하던 사람 칠만 오천 명을 죽였습니다. 그러나 재산에는 손을 대지 않았습니다. 이 일이 일어난 날은 아달 월 십삼 일이었습니다. 십사 일에는 쉬면서 즐거운 잔치를 열었습니다.

부림절

그러나 수산 성의 유다인들은 아달 월 십삼 일과 십사 일에 모였으므로 십오 일에 쉬면서 그날을 즐거운 잔칫날로 삼았습니다. 시골과 작은 마을에 사는 유다인들이 아달 월 십사 일에 잔치를 베풀면서 서로 선물을 나누는 것은 바로 이러한 이유 때문입니다.

모르드개는 이 모든 일을 다 적어 두었습니다. 그리고 먼 곳이든지 가까운 곳이든지 아하수에로 왕이 다스리는 나라의 모든 유다인에게 편지를 보내어 해마다 아달 월 십사 일과 십오 일을 명절로 지키게 했습니다. 그날은 유다인이 원수들을 물리친 날이고, 슬픔이 기쁨으로 바뀐 날이며, 통곡할 날이 즐거운 날로 바뀐 날입니다. 따라서 모르드개는 그날을 즐거운 명절로 정하고, 서로 음식을 나누며, 가난한 사람들에게 선물을 주는 날로 정하게 하였습니다.

유다인들은 모르드개의 말에 따라 해마다 그날을 명절로 지켰습니다. 모든 유다인의 원수였던 함므다다의 아들 아각 사람 하만은 유다인들을 없앨 음모를 꾸미고 부르, 곧 제비를 던져 유다인을 멸망시킬 날을 정했으나 왕이 그 음모를 알고 조서를 내려 유다인을 해치려고 꾸민 음모가 오히려 그에게 돌아가게 하였고, 하만뿐만 아니라 그의 열 아들까지도 장대에 매달게 했습니다. 그래서 제비를 뜻하는 부르라는 말을 따라 이 두 날을 부림이라 부르게 된 것입니다. 유다인들은 이 일을 관습으로 삼아 다른 민족에서 유다인이 된 사람들에 이르기까지 자손 대대로 이 두 날을 지키게 했으며, 모르드개가 편지에 명령한 대로 해마다 거르는 일이 없이 그 두 날을 지키게 했습니다. 어느 지방 어느 성에 살든지 유다인이라면 누구나 이 두 날을 기억하고 지켜야 했습니다. 부림절은 유다인들에게는 거를 수 없는 명절이 되었고, 자손들에게도 잊어서는 안 되는 날이 되었습니다.

아비하일의 딸 에스더 왕후는 유다인 모르드개와 함께 부림절에 관한 두 번째 편지를 써서 자기들의 권력으로 부림절을 확정했습니다. 모르드개는 아하수에로 왕이 다스리는 나라의 백이십칠 지역에 사는 모든 유다인에게 평화와 안녕을 비는 편지를 보냈습니다. 그는 그 편지에서 정한 날에 부림절을 지킬 것을 명령하고, 자신과 에스더 왕후를 비롯한 모든 유다인이 이 두 날에 금식을 하고 슬피 울며 지킬 것을 말하였습니다. 부림절 관습은 에스더의 편지로 확실히 정해졌고, 이 모든 일이 글로 적혔습니다.

높아진 모르드개

아하수에로 왕은 본토뿐만 아니라 바닷가의 성들도 조공을 바치게 했습니다. 아하수에로 왕이 큰 권세와 능력으로 이룬 모든 업적과 그가 모르드개를 높여 영화롭게 한 일은 메대와 페르시아의 왕들의 역사책에 적혀 있습니다. 유다인 모르드개는 아하수에로 왕 다음으로 높은 사람이었습니다. 그는 유다인 가운데서 가장 세력이 컸는데 자기 민족의 이익과 안전을 위해서 일했기 때문에 모든 유다인의 존경을 받았습니다.

Agape Story Bible

시가서

이렇게 말했습니다.
“내 어머니 태에서 벌거벗은 채로 나왔으니,
벌거벗은 채로 그곳으로 돌아갈 것입니다. 주신 분도 여호와시요,
가져가신 분도 여호와시니 여호와의 이름이 찬양을 받으시기 바랍니다!”
_욥기 1:21

행복한 사람은 나쁜 사람들의 꼬임에 따라가지 않는 사람입니다.
행복한 사람은 죄인들이 가는 길에 함께 서지 않으며,
빈정대는 사람들과 함께 자리에 앉지 않는 사람입니다.
그는 여호와의 가르침을 즐거워하고, 밤낮으로 그 가르침을 깊이 생각합니다.
그는 마치 시냇가에 옮겨 심은 나무와 같습니다.
계절을 따라 열매를 맺고 그 잎새가 시들지 않는 나무와 같습니다.
그러므로 그가 하는 일마다 다 잘될 것입니다.
_시편 1:1-3

욥기

의로운 사람 욥

우스 땅에 욥이라는 사람이 살고 있었습니다. 그 사람은 흠 없고 정직했으며, 하나님을 경외하고 악을 미워했습니다. 그에게는 일곱 명의 아들과 세 명의 딸이 있었습니다. 그는 양 칠천 마리, 낙타 삼천 마리, 겨릿소 오백 쌍, 암나귀 오백 마리를 가졌고, 수많은 종들을 거느렸습니다. 그는 동방에서 으뜸가는 부자였습니다. 욥의 아들들은 자신의 생일이 돌아오면 형제와 누이들을 초대하여 잔치를 베풀어 함께 먹고 마셨습니다. 이렇게 잔치가 끝날 때마다, 욥은 자녀들을 불러 몸과 마음을 깨끗하게 하고 아침 일찍 일어나 자녀 수대로 태워 드리는 제사인 번제를 함께 드렸습니다. 이는 '혹시 내 자녀들이 마음으로 죄를 짓거나 하나님을 저주했을지 모른다'고 생각했기 때문입니다. 이와 같이 욥은 항상 신앙적으로 행동하였습니다.

사탄이 여호와 앞에 서다

어느 날, 천사들과 사탄이 여호와 앞에 섰습니다. 여호와께서 사탄에게 "어디에서 왔느냐?"라고 물으셨습니다. 사탄이 여호와께

"세상 여기저기 두루 돌아다니다 왔습니다"라고 대답했습니다. 여호와께서는 사탄에게 "네가 내 종 욥을 주의하여 보았느냐? 욥처럼 흠 없고 정직하며, 하나님을 경외하고 악을 미워하는 자는 세상 어디에도 없다"라고 말씀하셨습니다. 그러자 사탄이 말했습니다. "욥이 아무런 이유 없이 하나님을 경외하는 줄 아십니까? 주께서 욥과 그 가정과 재산을 늘 지켜 주지 않으셨습니까? 주께서 그가 하는 일마다 복을 주셔서 부유해진 것입니다. 그러나 이제 주께서 손을 내미셔서 그가 가진 모든 것을 빼앗아 보십시오. 그러면 그가 주님을 똑바로 쳐다보며 저주할 것입니다." 여호와께서 사탄에게 말씀하셨습니다. "좋다. 그가 가진 모든 것에 대해 네 마음대로 시험해 보아라. 그러나 그의 몸에는 손대지 마라!" 그러자 사탄은 곧 여호와 앞에서 떠나갔습니다.

하루는 욥의 자녀들이 맏형 집에 모여 음식을 먹으며 포도주를 마시고 있었습니다. 그때, 한 심부름꾼이 욥에게 와서 이렇게 말했습니다. "소들은 쟁기질을 하고, 암나귀들은 그 곁에서 풀을 뜯고 있었습니다. 그런데 스바 사람들이 들이닥쳐 소들과 암나귀들을 빼앗고 종들을 칼로 쳐서 죽였습니다. 오직 저 혼자만 도망쳐 나와 이렇게 주인께 보고드리는 것입니다." 그의 말이 끝나기도 전에 다른 사람이 와서 말했습니다. "하늘에서 하나님의 불이 떨어져 양 떼와 종들을 태워 버렸습니다. 오직 저만 간신히 도망쳐 주인께 보고드리는 것입니다." 아직 이 사람의 말이 끝나기도 전에 또 다른 사람이 와서 말했습니다. "갈대아 강도가 세 무리나 들이닥쳐 낙타들을 빼앗고 종들을 칼로 쳐서 죽였습니다. 오직 저만 도망쳐 나와서 주인께 보고드리는 것입니다." 아직 이 사람의 말이 끝나기도 전에 또 다른 사람이 와서 말했습니다. "주인님의 자녀들이 큰아들 집에 모여서 음식을 먹으며 포도주를 마시고 있었습니다. 그런데 갑자기 사막에서 강풍이 불어와 집의 네 모퉁이를 덮쳐 자녀분들이 깔려 죽고, 오직 저만 홀로 피해 나와서 보고드리는 것입니다."

그러자 욥은 일어나 자기 옷을 찢으며 머리를 삭발하고 땅에 엎드려 하나님께 경배를 드리며 이렇게 말했습니다. "내 어머니 태에서 벌거벗은 채로 나왔으니, 벌거벗은 채로 그곳으로 돌아갈 것입니다. 주신 분도 여호와시요, 가져가신 분도 여호와시니 여호와의 이름이 찬양을 받으시기 바랍니다!"

이 모든 일을 겪고도 욥은 죄를 짓거나 어리석게 하나님을 원망하지 않았습니다.

사탄이 또다시 여호와 앞에 서다

어느 날, 천사들과 사탄이 또 여호와 앞에 섰습니다. 여호와께서 사탄에게 "네가 어디에서 왔느냐?" 하고 물으시자, 사탄이 "세상을 두루 돌아다녔습니다"라고 대답했습니다. 여호와께서 사탄에게 말씀하셨습니다. "네가 내 종 욥을 주의하여 보았느냐? 욥처럼 흠 없고 정직하며, 하나님을 경외하고 죄를 미워하는 자는 세상 어디에도 없다. 네가 아무런 이유 없이 나를 자극하여 그를 해치고자 했으나, 그가 오히려 신앙을 튼튼히 붙들고 있지 않느냐?" 그러자 사탄이 여호와께 대답하였습니다. "가죽은 가죽으로 바꿉니다. 사람은 자기의 목숨을 구하는 일이라면 무엇이든 내놓게 됩니다. 이제 주께서 그의 뼈와 몸을 병들게 해 보십시오. 그러면 그가 주님을 똑바로 쳐다보며 저주할 것입니다." 여호와께서 사탄에게 대답하셨습니다. "좋다. 그를 네 맘대로 해도 좋다. 그러나 그의 생명만은 건드리지 마라."

사탄이 여호와 앞에서 물러나 욥을 쳐서, 그의 발끝에서 머리끝까지 온몸에 종기가 나게 했습니다. 그는 잿더미에 앉아 기와 조각을 주워서 온몸을 긁었습니다.

그때, 욥의 아내가 그에게 말했습니다. “그래도 당신은 신앙을 지킬 것입니까? 차라리 하나님을 저주하고 죽어 버려요!” 욥이 그녀에게 대답했습니다. “당신은 어리석은 여자들처럼 말하는군요. 우리가 하나님께 복을 받았는데, 재앙인들 못 받겠소?” 이 모든 일에도 욥은 입술로 범죄하지 않았습니다.

욥의 세 친구

욥의 세 친구인 데만 사람 엘리바스, 수아 사람 빌닷, 나아마 사람 소발은 욥이 당한 모든 재앙들을 듣고, 집을 떠나 함께 모여 욥을 위로하기로 했습니다. 그들은 멀리서 욥을 바라보았지만 알아볼 수가 없었습니다. 욥의 친구들은 크게 울부짖으며, 각자 자기의 겉옷을 찢고 티끌을 머리 위에 뿌렸습니다. 그들은 칠 일 밤낮을 욥과 함께 땅에 앉아 있었지만, 그의 고통이 너무나 커 보여 그에게 한마디도 하지 못했습니다.

욥이 자기의 생일을 저주하다

그 후, 욥은 입을 열어 자기의 생일을 저주하며 이렇게 말했습니다.

“내가 태어났던 그날이 없었더라면,
‘아들을 가졌다’고 말하던 그 밤이 없었더라면!
그날이 어둠에 가려 하나님께서 그날을 찾지 않으시고,
빛도 그날에 광채를 발하지 않았더라면.
어둠과 그늘이 그날을 삼켜 버리고,
구름이 그날을 덮어 버리고, 흑암이 그날을 덮쳤더라면.

그날 밤이 칠흑같이 캄캄하며, 일 년 중 그날이 없었더라면,
어느 달에도 그날이 없었더라면.
아, 그 밤에 아무도 아이를 가질 수 없었더라면,
그 밤에 기쁜 외침이 없었더라면.
바다 괴물을 깨우기에 익숙한 사람들이 그날을 저주했더라면.
그 밤의 새벽 별들이 빛나지 않았더라면,
바라던 빛도 없고, 새벽 햇살도 보이지 않았더라면.
나를 낳던 어머니의 자궁 문이 열리지 않았더라면,
내 눈이 슬픔을 보지 않았을 것을.

내가 어머니의 배에서 죽어 나왔더라면, 나오자마자 죽었더라면,
어찌하여 어머니의 두 무릎이 나를 받았던가?
어찌하여 어머니의 가슴이 나에게 젖을 먹였던가?
그렇지 않았다면 나는 편히 누워 있을 텐데.
그렇지 않았다면 나는 잠자며 쉬고 있을 텐데.
폐허 위에 성을 건축한 왕과 장관과 함께,
금과 은으로 집을 채웠던 귀족들과 함께 누워 쉴 텐데.
어찌하여 나는 죽은 채 태어나,
빛을 보지 못한 아기처럼 묻히지 못했던가?
그곳에서는 악인이 날뛰지 못하고, 피곤한 자들이 휴식을 얻나니,
포로들도 마음을 푹 놓고,
더 이상 혹사시키는 주인들의 고함 소리도 들리지 않는구나.
그곳에서는 보통 사람이나 위대한 사람이나 다 똑같으며,
종이 자기 주인으로부터 자유로운데.

어찌하여 비참한 사람에게 빛이 주어졌는가?

어찌하여 마음이 괴로운 자들에게 생명이 주어졌는가?
저들은 숨겨진 보물을 찾는 것보다 죽기를 더욱 바라나
헛될 뿐이니, 저들이 무덤에 이를 때 얼마나 기뻐할까?
그 얼마나 즐거워할까?
아무 미래가 없이 비탄에 빠져 일생을 살아갈 자에게
왜 생명을 주셨는가?
한숨 때문에 먹지 못하며, 탄식이 물처럼 쏟아져 나오는구나!
내가 가장 두려워하던 것이 임하였고,
무서워하던 모든 것이 닥쳤구나.
나에게는 평안도, 쉼도, 안식도 없이 고통만이 찾아오는구나!"

엘리바스가 말하다

그러자 데만 사람 엘리바스가 이렇게 대답했습니다.

"누군가 자네에게 충고 한마디 하려고 한다면,
자네는 귀찮아하겠지? 그렇지만 이제 더 이상 참을 수가 없네.
자네는 전에 많은 사람에게 신앙을 가르치고,
약한 자들을 도와주었네.
또한 믿음이 약해져 넘어지는 자들을 격려하고,
연약한 무릎을 굳세게 했었지.
그런데 이제 자네에게 이런 일이 닥치니 감당하지 못하고,
자신이 이런 일을 당하니 좌절하는군.
하나님을 경외하는 것이 자네에게 힘을 주지 않았는가?
자네의 소망은 흠 없는 삶이 아니었나?

생각해 보게. 죄 없이 망한 자가 있던가?

정직한 사람이 갑자기 죽던가?
내가 본 바로는,
악의 밭을 갈고 죄를 심는 자들은 뿌린 대로 거두며,
하나님의 숨결에 망하고, 하나님의 진노에 끝장이 난다네.
난폭한 사자의 부르짖음도 그치고,
젊은 사자의 이빨도 부러지며, 강한 사자라도 먹이가 없어 죽고,
암사자의 새끼들이 흩어지지 않는가?

어떤 소리가 나지막이 내게 속삭이는 것을 들었다네.
밤의 환상으로 머리가 뒤숭숭할 때
두려움과 떨림으로 인해 내 모든 뼈들이 흔들렸지.
그때, 한 영이 내 앞을 지나갔는데 온몸의 털이 쭈뼛 섰다네.
그 영이 멈춰 서 있었지.
그 형상을 볼 수는 없었으나,
그것이 내 앞에 있다는 것을 알 수 있었다네.
조용한 가운데 이런 소리가 들렸어.
'사람이 어떻게 하나님 앞에서 의로울 수 있으며,
인간이 어떻게 창조주 앞에서 깨끗할 수 있겠느냐?'
그분은 자기 종들도 믿지 아니하시며,
그의 천사들 중에서도 허물을 찾으신다네.
하물며 진흙 집에서 사는 자들, 먼지로 돌아갈 자들,
나방보다 쉽게 죽는 자들이야 오죽하겠는가?
하루 사이에 인생이 끝나고,
죽어도 안타까워하는 이가 없네.
그들의 장막이 무너지니,
미련하게 죽어 가지 않는가?"

"불러 보게나, 자네에게 대답할 자가 있겠는가?
천사에게 도움을 요청하겠나?
분노는 미련한 자를 파괴하고, 시기는 어리석은 자를 죽이네.
하나님을 떠난 어리석은 사람이 잠시 성공하다가,
갑작스런 재앙으로 망하는 것을 보았네.
그 자녀들이 안전하지 못하니,
성문에서 매를 맞아도 구해 줄 사람이 없다네.
그가 추수한 것은 굶주린 자들이 먹어 치우고,
가시덤불에서조차 양식을 구하네.
목마른 자들이 저들의 재산을 탐낸다네.
악은 흙에서 생겨나는 것이 아니고,
불행은 땅에서 싹트는 것이 아니라네.
그런데도 인생은 문제를 갖고 태어나네.
그것은 마치 불꽃들이 위로 솟는 것과 같지.

내가 자네라면 하나님을 찾고, 내 문제를 하나님께 맡기겠네.
그분은 우리가 알 수 없는 위대하고 놀라운 일들을
셀 수 없이 행하시기 때문이지.
그분이 땅에 비를 내리시고, 들판에 물을 보내신다네.
그분은 겸손한 자를 높이시고,
애통하는 자들을 안전한 곳으로 이끄시네.
그분은 꾀부리는 자들을 좌절시키시고,
그들의 일을 성공할 수 없게 하시네.
자기 지식을 믿는 자들을 스스로 넘어지게 하시고,
사악한 자들의 계획을 뒤엎으시네.
그들은 대낮에도 어둠을 만나고,

한낮에도 밤인 것처럼 더듬거리지.
그러나 그분은 그런 자들의 입의 칼에서,
흉악한 자의 손에서, 경건한 자들을 건지시네.
그러니 경건한 사람에게는 소망이 있고, 불의는 설 자리가 없지.

하나님께서 잘못을 꾸짖는 자에게는 복이 있으니,
전능자의 징계를 거절하지 말게나.
그분은 상처를 입히셨다가도 싸매 주시고,
치신 후에는 치료해 주시기 때문이지.
그분은 자네를 여섯 번의 곤경에서도 건지시고,
일곱 번째 곤경이 자네를 해치지 못하게 하실 것이네.
그분이 자네를 굶주림의 죽음에서 건지시고,
전쟁의 칼에서도 구하시네.
비방을 받아도 안전할 것이며,
파멸이 올지라도 두렵지 않을 것이네.
파멸과 굶주림이 올 때에 안심할 수 있고,
땅의 들짐승들을 두려워하지 않을 것이네.
자네가 들판의 돌들과 조약을 맺고,
들짐승들도 자네와 평화롭게 지낼 것이기 때문이지.
자네의 집이 안전하고,
양 우리를 살펴보아도 도둑맞은 것이 없을 것이네.
자네의 후손들이 많아져 땅의 풀처럼 될 것이네.
자네는 장수한 후에 무덤에 이를 것이니,
이는 마치 곡식단이 추수 때에 타작마당에 도착하는 것과 같지.
보게나, 우리의 경험으로는 이것이 사실이라고 확신하네.
이제 자네는 내 말을 듣고 스스로 깨닫게나."

욥이 엘리바스에게 대답하다

욥이 이렇게 대답하였습니다.

"오! 내 분노와 내 모든 재앙을 저울에 한번 올려 봤으면.
그것은 바다의 모래보다 무거울 텐데.
내 말이 성급했던 것은 이 때문이라네.
전능자의 화살이 내 안에 박혀 내 영이 그 독을 마시고,
하나님의 공포가 나를 엄습하고 있네.
들나귀가 풀밭에서 울부짖는가?
황소가 꼴 앞에서 '음매!' 하고 우는가?
맛없는 것을 소금 없이 먹을 수 있는가?
소금 없이 달걀흰자가 무슨 맛이 있겠는가?
그런 것은 내 입맛에 맞지도 않고 보기도 싫은 음식이네.

나는 간청하고 싶구나.
하나님께서 내 소원을 들어주시면 얼마나 좋을까?
내 소원은 하나님께서 나를 치셔서
그 손으로 나를 죽이시는 것이네.
그렇게 해 주시면 얼마나 좋을까?
난 거룩하신 분의 말씀을 한 번도 거스른 적이 없다는 사실,
그것이 이 고통 중에서도 내게 기쁨이 되고 위로가 되네.
나에게는 이제 더 이상 견딜 힘이 없어.
견딘다고 무슨 소망이 있겠는가?
내가 바위같이 강한가? 내 몸이 무슨 놋쇠인가?
나는 이제 의지할 것이 하나도 없네. 살아날 방법이 전혀 없어.

고통당하는 친구를 동정하지 않는 것은
하나님을 무시하는 일이야.
나는 친구들을 믿을 수가 없구나.
자네들은 마치 말랐다 불어났다 하는 시냇물 같아.
그런 시냇물은 얼음으로 검게 되고,
눈이 녹으면 불어났다가도
가뭄 때는 물이 줄어들다가 아주 말라 버리고,
이리저리 구불거리다 나중에는 흔적조차 없어진다네.
데마의 상인들이나 스바의 여행객들도 시냇물을 찾으려 하지만,
너무 자신했기에 좌절하네.
도착해 보면 결국 실망만 더하게 되지.
나는 정말 시냇물을 찾듯이 자네들을 찾았네.
그렇지만 자네들은 내 몰골을 보고 기겁을 했어.
내가 자네들한테 무엇을 달라고 하던가?
돈을 달라고 하던가?
내가 언제 나를 원수들에게서, 포악한 자들에게서,
구해 달라고 부탁하던가?

내게 무슨 잘못이라도 있는지 가르쳐 주게.
난 아무 말도 하지 않겠네.
격려 한마디가 힘이 될 텐데, 자네들은 날 나무라기만 하니,
자네들은 내 말을 탓하려는 것인가?
낙담한 사람의 말은 바람같이 허무할 뿐인데.
자네들은 고아를 팔아넘기고, 친구를 돈과 바꿀 사람들일세.

제발 나를 좀 보게나. 내가 자네들한테 거짓말을 한 적이 있나?

부디 고약한 일을 하지 말게. 난 정말이지 잘못한 게 없네.
내 입술에 무슨 잘못이 있던가?
내 혀가 잘못을 분간하지 못할 것 같은가?"

"세상살이가 정말이지 쉽지 않아.
날마다 힘든 일을 해야 하지 않는가.
인생이란 하루 해가 지길 바라는 종 같고,
일당 받기를 기대하는 품꾼과도 같지.
내가 사는 것이 그렇다네. 밤마다 견디기 어려워.
자리에 누울 때면 '언제 일어나야 하지?' 하고 생각하네.
밤은 왜 그리 긴지. 난 새벽녘까지 이리저리 뒤척거리네.
내 살갗은 곪아서 터졌다 아물고, 구더기가 가득하네.
내 생명이 베틀의 북처럼 지나가고 있구나.
살아날 소망도 없구나.

주님 나를 기억해 주십시오. 내 생명이 너무 허무합니다.
내 눈은 이제 더 이상 기쁜 순간을 보지 못하겠지요?
나를 아는 사람이 이제 더 이상 날 보지 못하고,
주께서 나를 찾으시더라도 나는 이미 죽어 있을 것입니다.
구름이 사라지듯, 무덤에 내려가는 사람이
어찌 다시 살아나겠습니까?
그가 어떻게 다시 자기 집에 갈 수 있겠습니까?
집도 그를 다시는 알아보지 못할 것입니다.

그러니 내가 어찌 잠잠할 수 있겠습니까?
내 영이 상하고, 마음이 괴로워 견딜 수가 없습니다.

내가 무슨 바다 괴물입니까?
왜 나를 이렇게 괴롭히고 감시하십니까?
침대에 누우면 좀 편할까,
잠이라도 자면 고통을 잊을까 하지만 아무 소용이 없습니다.
주님은 꿈으로 나를 놀라게 하시고,
환상들을 통해서 두려워 떨게 하십니다.
이 몰골보다 차라리 숨통이라도 막혀 죽었으면 싶습니다.
사는 것도 싫고, 나는 영원히 살지도 아니할 것입니다.
내 날들은 한숨 호흡이오니 내버려 두소서.
사람이 뭐 대단하다고 그렇게 소중히 여기십니까?
아침마다 살피시고, 순간마다 시험하시는 이유가 무엇입니까?
왜 내게서 눈을 떼지 않으시고, 침 삼킬 틈도 주지 않으십니까?
사람을 감시하시는 주님! 내가 무엇을 잘못했습니까?
왜 나를 표적으로 삼으십니까?
내가 당신께 무슨 짐이라도 되는 것입니까?
주님, 내 죄를 용서하시고 내 잘못을 없애 주십시오.
이제 내가 흙 속에서 잠들 것인데
그때에는 주님께서 나를 찾으셔도 나는 없을 것입니다."

빌닷이 욥에게 말하다

그러자 수아 사람 빌닷이 욥에게 이렇게 말했습니다.

"자네는 언제까지 이런 말을 계속할 작정인가?
자네의 말은 마치 태풍 같군.
하나님께서 잘못 판단하실 것 같은가?
전능자께서 실수라도 하실 것 같은가?

자네 자녀들이 죄를 지은 것이 분명하네.
그래서 그 죄값을 받은 걸세.
그러니 지금이라도 하나님을 찾고,
전능자에게 자비를 구하게나.
만일 자네가 깨끗하고 정직하다면,
그분이 자네를 도와주실 걸세.
그러면 지금은 보잘것없이 시작하겠지만,
나중에는 위대하게 될 걸세.

제발 조상들의 일을 기억하고 선조들에게서 배우게나.
어제 태어난 우리가 안다면 얼마나 많이 알겠나?
땅에 사는 우리는 그림자 같은 존재가 아닌가?
선조들은 우리에게 지혜로운 이야기를 들려줄 걸세.

늪지 아닌 곳에서 왕골이 어떻게 자라겠으며,
골풀이 물 없이 어떻게 자랄 수 있겠는가?
이런 식물은 푸르름을 더하다가 곧장 시들어 없어지지.
하나님을 배반하는 자들의 운명이 이렇다네.
악인들의 소망도 이렇게 망해 버리지.
그들이 믿는 것은 정말 허무해서
마치 거미줄을 의지하는 것과 같아.
혹시 그들이 집을 믿을 수도 있겠지만 집도 의지할 것은 못 돼.
단단히 붙잡으려고 하겠지만, 도움이 안 되지.
악인은 마치 식물 같아.
식물이 태양을 받아 싱싱하게 피어올라,
동산에 무성한 가지들을 내고,

그 뿌리들이 돌부리를 휘감고 돌아서 살아남는다 해도,
그곳에서 뿌리가 뽑히게 되면,
동산도 그 식물을 '본 적이 없어'라며 모른다고 한다네.
그러면 뽑힌 식물은 시들어 없어지고,
대신 다른 식물이 그곳에서 자라나겠지.

정말이지, 하나님은 정직한 사람을 버리지 않으시고,
악인들을 돕지 않으신다네.
그분은 자네 입에 기쁨을 담아 주시고,
입술에 즐거움을 채워 주실 걸세.
자네를 미워하는 자들은 망신을 당하고,
악인의 집은 망하고 말 걸세."

욥이 빌닷에게 대답하다

그러자 욥이 이렇게 대답했습니다.

"나도 자네 말이 옳다는 것을 알지만,
하나님 앞에서 죄 없다고 할 사람이 어디 있을까?
하나님과 논쟁한다면,
누가 하나님의 천 번 말씀에 한 번이라도 대답할 수 있을까?
지혜로우시고, 강하신 그분 앞에서
누가 과연 그를 대적하여 이길 수 있을까?
진노하신 하나님께서 산들을 옮기고 없애 버리시는데,
사람이 그것을 알 수 있겠나?
그분은 땅을 흔드시고,
땅을 떠받치는 기둥들도 흔들어 버리시지.

그분은 해를 뜨지 못하게 하시고,
별을 움직이지 못하게 하실 수도 있다네.
홀로 창공을 우주에 펼치시고,
바다의 파도 위를 걸으시는 분,
그분은 북두칠성과 삼성,
묘성과 남방의 별자리들을 만드신 분,
측량할 수 없는 위대한 일들과 수없는 기적을 행하시는 분이네.
그분이 내 앞을 지나가셔도 나는 그를 보지 못하고,
그분이 나를 스쳐 가셔도 알지 못하지.
그분이 가져가시면 누가 도로 찾을 수 있으며,
누가 감히 그에게 '당신은 무엇을 하십니까?'라고
말할 수 있을까?

하나님께서 진노를 풀지 아니하시면
라합을 돕는 자들이 겁내고 움츠리는데,
하물며 내가 무슨 대꾸를 하고,
할 말을 생각할 수 있겠는가?
내가 의롭다 해도,
대답은커녕 그저 긍휼을 빌 수 있을 뿐인 것을.
설사 내가 그를 불러서 그가 대답하셨다 해도,
그가 내 주장을 들으셨다고 믿을 수 없네.
그분이 태풍으로 나를 치시고,
까닭 없이 나에게 상처를 입히시네.
숨쉴 틈도 주시지 않고, 그저 나에게 괴로움만 더하시네.
힘으로 말하자면, 그분같이 강한 분이 누가 있으며,
의로움으로 말한다 해도, 누가 그를 재판한다고 할 수 있을까?

비록 나에게 죄가 없다 해도, 내 입이 나를 정죄할 것이며,
비록 내가 흠 없다 해도, 그것이 나를 죄인이라 선언할 걸세.
나는 죄가 없지만, 그런 것에 관심을 기울일 힘도 없이
그저 내 삶을 경멸할 뿐일세.
그는 죄 없는 자나 악한 자나 모두 죽이시는 분이니
내가 무슨 말을 하겠나?
재앙이 내려와 죄 없는 자를 망하게 해도,
그분은 낙담하는 그를 비웃으시네.
악이 세상을 지배하고 재판관도 눈이 멀었으니,
하나님이 아니시고는 누가 이렇게 하겠는가?

이제 내 삶이 달리기 선수보다 빨리 지나가니,
아무 소망이 없구나.
내 삶이 빠른 배처럼,
먹이를 낚아채려고 빠르게 내려오는 독수리처럼 날아가는구나.
이제 내가 원망을 그치고, 얼굴빛을 바꿔 웃어 보려고 해도,
내 모든 고통이 두렵습니다.
당신은 나를 죄가 없다고 인정하지 않으시겠지요?
내가 죄인 취급을 받을 텐데, 공연히 수고할 이유가 무엇입니까?
내가 깨끗한 물로 씻고 비누로 손을 닦는다 해도,
당신은 나를 구덩이에 밀어 넣으셔서
내 옷조차도 나를 싫어하게 하실 것입니다.
하나님은 나처럼 사람이 아니시니 내가 그에게 대답할 수도 없고,
재판정에서 변호할 수도 없으니 안타깝구나.
우리 둘 위에 손을 얹고 둘 사이를 판단해 줄 판결자도 없으니
참 답답하구나.

제발 그분이 치시는 막대기를 거두시고,
나를 놀라게 하지 않으신다면 좋겠네.
그렇다면 내가 담대하게 말할 수 있을 텐데, 그럴 수 없구나."

"나는 내 생명을 미워하고 원망할 수밖에 없어.
내 마음이 너무 아프기 때문이지.
나는 하나님께 말할 것이라네.
'제발 하나님, 나를 죄인 취급하지 말아 주십시오.
제발 당신이 왜 나를 치시는지 이유라도 알려 주십시오.
당신이 손수 만드신 나를 학대하고, 멸시하면서
악인들의 꾀는 왜 좋게 보십니까?
당신의 눈이 사람의 눈과 같단 말입니까?
왜 사람이 보는 것처럼 판단하십니까?
당신의 날이 사람들의 날과 같지 않고 길며,
당신의 햇수가 사람의 햇수와 같지 않은데,
어찌 내 죄를 찾으시고, 내 허물에 주목하십니까?
당신은 나에게 죄가 없다는 것을 잘 아시고,
아무도 당신의 손에서 나를 건져 낼 수 없다는 것도 잘 아십니다.
당신의 손으로 나를 빚어 만드시고
이제 나를 아예 없애려고 하십니까? 주님, 기억해 주십시오.
진흙으로 나를 만드시더니,
이제는 다시 흙으로 되돌려 보내시렵니까?
당신께서 나를 우유같이 쏟아 버리시고,
치즈처럼 엉기게 하셨습니다.
피부와 살로써 내게 옷 입히시고
뼈들과 힘줄로써 나를 온전케 하셨으며

내게 생명과 은혜를 주셨고,
내 영을 돌보아 주셨습니다.
그렇게 하시고 다른 뜻이 있으셨습니까?
분명 다른 뜻이 있으셨겠지요?
만약 내가 죄를 짓는다면,
당신은 나를 주목하시고 내 죄를 용서하지 않을 것입니다.
만약 내가 악인이라면 벌을 받아 마땅합니다.
설사 내가 의롭다 해도 머리를 들지 못할 것입니다.
나는 수치를 당하고 괴로움으로 가득 찼기 때문입니다.
만약 내가 머리를 치켜세운다면 당신은 사자처럼 달려들어
당신의 힘으로 다시 나를 짓눌러 버리시겠지요?
당신이 나를 치는 새로운 증거들을 들이대며,
내게 화풀이를 계속하시니, 괴로움이 계속됩니다.

어찌하여 당신은 나를 태어나게 하셨습니까?
내가 그때 죽어 버려서
아무도 나를 보지 못했더라면 좋았을 텐데.
나는 없었어야 했습니다.
태에서 무덤으로 바로 옮겨졌어야 했습니다.
이제 죽을 때가 다 되었으니,
제발 이 순간이라도 편하게 해 주십시오.
내가 돌아오지 못할 땅, 어둡고 그늘진 그곳에 가기 전에
제발 그렇게 해 주십시오.
그 캄캄하고 혼란스러우며, 빛조차도 흑암과 같은 그곳에
이르기 전에 제발 그렇게 해 주십시오.'"

소발이 욥에게 말하다

그러자 나아마 사람 소발이 이렇게 말했습니다.

"말이 너무 많으니 대답을 안 할 수 없네.
그렇게 말이 많아서야 변호를 받을 수 있겠는가?
사람을 그런 말로 설득시킬 수 있다고 생각하는가?
자네의 말을 들은 우리가
어찌 자네를 꾸짖지 않을 수 있겠는가?
자네는 '내 교훈은 바르고,
나는 하나님 눈앞에 온전하다'라고 말했지?
정말이지, 하나님께서 입을 여시어 자네에게 말씀해 주시고,
지혜의 비밀들을 보여 주신다면 얼마나 좋겠나?
참된 지혜를 인간이 이해하기는 힘들지.
오히려 하나님께서는 자네의 죄를 얼마쯤 제하시고
벌을 내리신 것 같아.

자네가 하나님의 신비하심을 깨달을 수 있는가?
전능자에게서 어떤 한계를 찾을 수 있겠는가?
그것들은 하늘보다 높고 무덤보다 깊으니,
자네가 어떻게 알겠는가?
또한 그것들은 땅보다 길고, 바다보다도 더 넓다네.
그가 오셔서 자네를 잡아 가두고 재판을 하신다면,
누가 감히 그에게 반론하겠는가?
그분은 거짓된 사람을 잘 아시기 때문에,
그들의 죄를 모두 찾아내신다네.
미련한 자가 지혜 얻기를 바라는 것보다

들나귀가 사람 낳기를 바라는 것이 더 나을 걸세.

이제 마음을 새롭게 다짐하고,
그를 향하여 두 손을 들고 부르짖게나.
자네 손에 있는 죄를 멀리 던져 버리고,
악이 집에 머물지 않도록 하게.
그러면 자네도 떳떳하게 고개를 들고,
두려워하지 않아도 될 것이네.
자네의 괴로움을 흘러가는 물과 같이 잊게 되고,
자네의 삶은 대낮보다 더 밝아지며,
흑암도 아침같이 될 걸세.
그러면 자네는 소망을 갖고 확신한 것에 흔들림이 없을 것이네.
사방을 둘러보아도 두려움이 없게 될 것일세.
자네가 잠자리에 들어도 놀라게 할 사람이 없고,
사람들은 자네의 도움을 바랄 걸세.
그렇지만 악인의 눈은 흐려져 도망갈 수가 없게 되고
결국 그들은 죽기만을 바라게 되지."

욥이 소발에게 대답하다

그러자 욥이 다시 대답했습니다.

"참으로 자네들은 모든 것을 다 알고 있는가?
자네들이 죽으면 지혜도 없어지겠군.
하지만 나에게도 자네들만큼의 생각은 있다네.
내가 자네들보다 못한 게 무엇이 있나?
그 정도도 모르는 사람이 세상에 어디 있나?

내가 내 친구들의 조롱거리가 되었구나.
하나님과 긴밀하게 교제했던 내가 이제는 웃음거리가 되었구나.
편안하게 사는 사람은 재앙을 경멸하지.
그러나 그 발이 견고치 못한 사람에게는 재앙이 덮치지.
강도들의 집은 형통하고,
하나님을 분노케 하는 자들은 평안하기 때문에
저들은 하나님을 자기 멋대로 주무른다고 생각하지.

이제 들짐승들에게 물어보게.
그것들이 자네들에게 가르쳐 줄 테니.
공중의 새들에게 물어보게.
그것들이 자네들에게 말해 줄 걸세.
땅에게 물으면 땅이 가르쳐 주고
바다의 고기들도 일러 줄 것이네.
이것들 중에 그 어떤 것이
보이는 모든 것을 여호와께서 만드신 줄 알지 못하겠나?
모든 숨 쉬는 생물의 생명과 인생의 호흡이
그분의 손에 달려 있지 않은가?
귀가 들리는 말을 판단하고,
혀가 음식 맛을 분별하지 않던가?
나이 든 사람에게 지혜가 있고, 노인에게 총명이 있네.

그러나 참된 지혜와 권능은 하나님께 있고,
모략과 총명도 그분께 있지.
보게나, 그분이 헐면 다시 세울 수 없고,
그분이 사람을 잡아 가두면 풀어 줄 자가 없다네.

만약 그분이 비를 내려 주시지 않으면,
땅이 마르고 말 걸세.
그러나 큰비를 일으키면 세상에 홍수가 나게 되지.
힘과 슬기가 그분에게 있고,
속는 자나 속이는 자나 모두 그분의 능력 아래 있네.
그분은 모략가를 맨발로 걷게 하시고,
판사들을 바보로 만드시기도 한다네.
왕들이 묶은 것을 풀어 버리고,
왕들의 허리를 끈으로 묶으시며,
제사장들을 맨발로 걷게 하시고,
힘 있는 자들도 단번에 넘어뜨리시네.
그분은 신실한 자들의 입을 막아 버리기도 하시고,
노인의 총명을 빼앗아 버리기도 하시네.
귀족들을 멸시하고, 장군의 무기도 풀어 버리시며,
어둠에 숨은 깊은 비밀을 드러내시고,
흑암까지도 밝게 드러내신다네.
그분은 나라들을 흥하게도 하시고, 쇠하게도 하시며
민족들을 넓히기도 하시고, 흩어 버리기도 하시네.
그분은 이 세상 지도자들의 총명을 빼앗고,
길도 없는 광야에서 방황하게도 하신다네.
그분은 저들을 한 줄기 빛도 없는 흑암에서 헤매며
술 취한 자처럼 비틀거리게 만드신다네."

"보게나, 이런 것들을 내 눈으로 보고,
내 귀는 들어서 깨달았다네.
자네들이 아는 것은 나도 알고 있으니,

내가 자네들보다 못하지도 않다네.
그러니 나는 오직 전능자에게만 말씀드리고
나의 처지에 대해 하나님과 의논하고 싶다네.
자네들은 거짓말쟁이들이며 돌팔이 의사와 같군.
자네들, 입 좀 다물 수 없나? 그렇게 하는 것이 현명할 걸세.
내 주장에 귀를 좀 기울여 주게. 내 간청을 이해해 주게나.
자네들은 하나님을 위한다면서
그런 허튼소리와 거짓말을 하는가?
그분께 아첨을 하자는 것인가?
하나님을 위하여 변호를 한다는 것인가?
그분이 자네들 속마음을 다 아시겠지.
자네들은 사람을 속이듯 그분을 속일 수 있다고 믿나?
자네들이 계속 불공평하게 행하면,
분명히 그분이 자네들을 꾸짖으실 걸세.
그분이 그의 위엄으로 자네들을 놀라게 하시고,
공포에 떨게 하실 거야.
자네들의 교훈은 어떤 쓰레기 더미에서 가져왔나?
자네들 주장은 어디 흙더미에서 가져왔나?

제발 입 다물고 내 말 좀 들어 보게나.
무슨 일이 일어나더라도 내가 당할 것 아닌가?
왜 내가 내 자신을 위험에 밀어 넣고,
내 생명을 위험에 노출시킬 것인가?
비록 그분이 날 죽이실지라도,
나는 그분을 믿고 내 주장을 굽히지 않을 걸세.
오직 그것만이 내가 사는 길이라 믿네.

악인은 그분 앞에 감히 나아갈 수도 없기 때문이지.
내 말 좀 들어 주게나. 제발 내 말에 귀를 기울여 주게나.
난 내 주장을 이야기했고,
마침내 옳다고 인정받을 거라 확신하네.
누가 내 주장을 꺾을 수 있나?
만약 그럴 자가 있다면 난 입을 다물고 죽겠네.
하나님, 제발 두 가지 소원을 들어주십시오.
그러면 주를 피하지 않겠습니다.
제게서 당신의 손을 치워 주시고
공포에 사로잡혀 떨지 않게 해 주십시오.
제게 말씀하시면 대답하겠습니다.
아니면 제가 묻는 말씀에 대답해 주십시오.
저의 허물과 죄가 얼마나 많습니까?
제가 반역한 일과 죄를 보여 주십시오.
왜 당신은 저를 피하시고 원수 취급하십니까?
바람에 날리는 낙엽과 같은 저를 왜 괴롭히십니까?
마른 풀과 같은 저를 왜 쫓아오시나요?
당신은 저의 죄를 모두 기록하시고,
어렸을 때의 잘못을 갚으십니다.
당신께서 제 발을 차꼬에 채우시고,
걸음마다 지켜보시고 내 발자국까지 추적하시니,
내가 썩는 물건처럼 썩어져 가고,
좀먹은 옷처럼 생명이 약해져 갑니다."

"여인에게서 난 사람의 수명은 짧고, 괴로움으로 가득함이며,
그는 피었다 지는 꽃 같고, 미끄러져 가는 그림자와 같아서

곧 사라집니다.
그런데도 당신은 그런 사람을 눈으로 살피시고,
심판을 하시겠다고 하십니다.
누가 더러운 것에서 깨끗한 것을 만들어 낼 수 있겠습니까?
아무도 없습니다.
당신이 사람의 날수와 달수를 정하셨기 때문에
사람은 정해 주신 그 선을 넘어가지 못합니다.
제발 사람을 내버려 두셔서
품꾼처럼 하루를 마칠 수 있게 해 주십시오.

적어도 나무는 소망이 있습니다.
그것은 찍히더라도 다시 움이 돋고
그 연한 가지들이 계속 나기 때문입니다.
비록 그 뿌리가 땅속에서 늙고
그 그루터기가 땅에서 죽는다 해도,
물기운만 있으면 새 나무처럼 다시 싹을 냅니다.
그렇지만 사람은 마지막 호흡이 끊어지면 시체로 드러눕지요.
바닷물이 증발하여 사라지듯, 강물이 말라 없어지듯,
사람이 드러누우면 다시 일어나지 못하고
하늘이 없어질 때까지 깨어나지도 못하고,
잠에서 일어나지도 못합니다.
제발 주님,
당신의 진노가 지나갈 때까지 나를 무덤에 숨겨 주시고,
때를 정해 두셨다가 그때가 되면 저를 기억해 주십시오.
사람이 죽더라도 다시 살아날 수 있습니까?
만약 그렇다면 다시 살아날 때까지

아무리 어려워도 기다리겠습니다.
당신이 저를 부르신다면 제가 대답하겠습니다.
당신께서는 당신의 손으로 만드신 저를 보시고
불쌍히 여기실 것입니다.
당신은 저의 걸음걸이를 세셔도, 저의 죄를 뒤쫓지 않으시고
저의 허물을 주머니에 넣고 묶어서 제 잘못을 덮어 주십니다.

산사태가 나서 무너져 내리고, 바위가 옮겨지듯,
물이 돌을 닳게 하여 없애고, 물살이 흙을 씻어 내리듯,
당신은 사람의 소망을 꺾어 버리십니다.
당신이 사람을 덮어 누르시니, 사람이 떠나가고 맙니다.
당신은 사람의 얼굴빛을 변하게 하시고 멀리 보내 버립니다.
그의 자손이 잘되어도 알 길이 없고
혹시 잘못되더라도 그는 이것을 알 수 없습니다.
다만 자기 몸의 고통만을 알고,
자기 자신을 위해서 탄식할 뿐입니다."

엘리바스가 욥에게 대답하다

그러자 데만 사람 엘리바스가 이렇게 대답했습니다.

"지혜로운 사람이 어찌하여 쓸데없는 소리나 늘어놓고,
자기 배를 허풍으로 채우는가?
어째서 그런 소용없는 이야기,
유익하지 못한 말만 늘어놓는가?
이제 하나님이 두렵지 않고,
그분을 경외하는 마음도 없어졌는가?

자네 죄가 말할 것을 입에게 일러 주어 간사한 말만 하게 하는군.
자네를 죄인이라 말하는 것은 내가 아니라 자네 입술이네.
자네 입이 그렇게 말하는군.

자네가 맨 처음 세상에 태어났는가?
자네가 산보다 먼저 있었다는 말은 아니겠지?
자네는 하나님의 회의에 참석해 본 일이 있나?
자네만 지혜롭다고 생각하나?
우리는 모르고 자네만 아는 것이 무엇인가?
우리가 알지 못하는 사실을 자네는 깨닫기라도 했단 말인가?
우리 중에는 머리가 희끗희끗한 자도 있고
자네 아버지보다 나이가 많은 자도 있다네.
하나님의 위로도 자네한테는 의미가 없을 테고
조용히 타일러도 소용이 없겠지.
진정하게나. 자네 눈은 분노로 가득하네.
하나님께 화까지 내니, 그런 말을 해서야 되겠는가?
사람이 도대체 무엇이길래 깨끗할 수 있으며
여자에게서 난 사람이 어떻게 의로울 수 있겠는가?
보게나. 하나님께서는 자신의 천사들도 신뢰하지 않으시며,
그분이 보시기에는 하늘도 더럽다네.
하물며 가증하고 타락한 사람,
악한 행동을 물 마시듯 하는 사람은 어떠하겠는가?

내가 겪은 바를 말할 테니 들어 보게나.
조상들이 지혜로운 자들에게 전해 준 그 지혜를 말하겠네.
그때는 이 땅에 우리 조상들만 살았지.

외국인들은 함께 살지 못했네.
조상들은 이렇게 말했네.
악인은 항상 괴로움을 당하고,
포악자들의 수명은 아주 한정된다.
그 귀에는 두려움의 소리가 그치지 않고,
모든 일이 잘되는 듯해도, 강도떼의 습격을 당한다.
그는 흑암에서 풀려날 소망을 갖지 못하고
오직 칼을 기다릴 뿐이며,
'먹을 것이 어디 있나?' 하고 물으면서 이리저리 헤매고,
어둠 속에서 방황할 뿐이다.
환난과 고통이 그를 놀라게 하고,
공격 준비를 마친 왕의 군대처럼 그를 치고야 만다.
이는 그가 손을 들어 하나님께 대항하고,
교만하게 굴었기 때문이다.
고개를 치켜세우고 큰 방패를 들어 감히 하나님께 대항하다니,
비록 그들이 배부르고 부유할지라도
그런 자는 아무도 살지 않는 황폐한 성에,
무너질 집에 살게 될 것이며,
그런 자는 더 이상 부유해지지 못할 것이며
혹시 재물이 있다 해도 오래가지 못하고 사라질 것이다.
그들은 흑암에서 벗어나지 못하고, 불꽃이 그들을 태우며,
그분의 숨결이 그가 가진 모든 것을 없애 버린다.
가치가 없는 것을 믿는 자들아, 스스로 속이지 마라.
아무것도 얻지 못할 것이다.
그는 인생의 절정기가 오기도 전에 끝이 나고,
가지가 피기도 전에 멸망하리라.

그는 마치 포도가 익기 전에 떨어지듯,
올리브 나무 꽃이 덧없이 떨어지듯 그렇게 되리라.
악한 자는 자손을 얻지 못하고,
뇌물을 좋아하는 사람의 집은 불에 타 버릴 것이다.
그런 자들은 남에게 해를 끼칠 생각만 하고
거짓만 만들어 낸다."

욥이 엘리바스에게 대답하다

그러자 욥이 대답했습니다.

"그런 말은 너무 많이 들었다네.
자네들은 위로는커녕 괴로움만 더해 주는군.
그런 헛소리 이제 그만하지 못하겠나?
그렇게 대답하다니 무엇이 그렇게 화나게 하는가?
내가 자네들 처지라면, 나도 그렇게 말할 수 있네.
자네들을 괴롭히는 말들을 하면서
고개를 설레설레 흔들 수도 있지.
하지만 나는 자네들을 격려하고, 안심시키는 말을 하겠네.

내가 어떤 말을 한들 내 고통이 사라질까?
내가 아무 말도 하지 않더라도,
역시 고통은 사라지지 않겠지.
주님, 주께서 저를 기진맥진하게 하시고
가족을 망하게 하셨습니다.
당신께서 나를 여위게 하셔서 뼈와 가죽만 남아 있으니
이것이 나의 죄를 증거하고 있습니다.

하나님께서 나를 공격하시고, 내 살을 찢으시며 이를 갈며
노여움에 가득 찬 눈길로 바라보시네.
사람들도 입을 벌려 조롱하고 내 뺨을 치며,
모두 하나같이 달려들어 나를 대적하는구나.
하나님께서, 나를 악당들에게 넘기시고,
악인의 손에 던지셨구나.
그분이 평안히 살던 나를 박살내시고,
멱살을 잡아 혼내시며, 표적으로 세우셨구나.
그분의 화살들이 사방을 두르고,
인정사정없이 내 심장을 쪼개니,
내 쓸개가 땅바닥에 쏟아지는구나.
그분이 나를 계속해서 치시고, 내게 용사처럼 달려드시는구나.
삼베로 내 피부를 싸매었다. 내 체면은 땅바닥에 떨어졌다.
내 얼굴은 울어서 퉁퉁 부었고,
내 두 눈에는 죽음의 그늘이 서렸구나.
그렇지만 난 내 손으로 폭력을 행한 일이 없고,
내 기도는 항상 진실하다.

오 땅이여, 내 피를 제발 숨기지 말아 다오.
나를 위한 부르짖음을 그치지 말아 다오.
아, 내 증인은 하늘에 계시고, 내 대변인은 높은 곳에 계시네.
내 친구들이 나를 조롱하니, 나는 하나님께 눈물을 쏟아 내네.
사람이 자기 친구를 위해 간구하듯,
누가 나를 위해 하나님께 간청해 준다면!
얼마 지나지 않아 난 영영 돌아오지 못할 그 길을 가겠지."

"내 호흡이 거칠어지고, 죽음이 가까웠으니,
무덤만이 나를 기다리고 있구나.
아, 나를 조롱하는 사람들만 내 곁에 있으니
내 눈은 날 조롱하는 저들을 보아야 하는구나.

오 주님, 당신이 친히 나를 보증해 주십시오.
누가 나에게 죄가 없다고 증거해 줄 수 있겠습니까?
당신께서 저들의 총명을 없애시어,
제 앞에서 잘난 체하지 않게 해 주십시오.
대가를 바라고 친구를 팔아넘기는 자들,
그런 자들의 자식은 눈이 멀 것입니다.

그분께서 나를 사람들의 웃음거리로 만드시니,
사람들이 내 얼굴에 침을 뱉네.
내 눈은 슬픔으로 침침해지고,
내 몸은 이제 그림자처럼 가볍구나.
정직한 사람은 이것을 보고 놀라며
죄 없는 사람은 악인을 미워하겠지.
그럼에도 의인은 자기의 길을 계속 가고,
손이 깨끗한 자들은 점점 강해지리라.
자, 자네들이 다시 와서 해 보게.
자네들 중 이제 지혜를 터득한 자가 있을까?
내 날들이 지났고, 내 계획도 사라졌으며,
내 소원도 날아가 버렸구나.
이 사람들은 밤을 낮이라 하고, 낮을 밤이라 하는구나.
이제 무덤을 내 집으로 삼고,

어둠 속에 침상을 놓아야 할 때가 왔구나.
이제 무덤에게는 '내 아버지'라,
벌레에게는 '내 어머니, 내 자매'라고 불러야 하는구나.
과연, 내 희망이 어디 있겠나?
누가 내 안에서 희망을 찾을 수 있겠는가?
희망이 나와 함께 무덤에 가 줄까?
희망아, 나와 흙 속으로 함께 가겠니?"

빌닷이 욥에게 대답하다

그러자 수아 사람 빌닷이 이렇게 대답했습니다.

"자네들, 언제까지 말장난만 할 텐가? 생각을 하고 말하게.
어째서 우리를 짐승 취급하고, 어리석게 보는 건가?
화가 나서 제 몸을 찢는다고 땅이 황무지가 되며
바위가 낭떠러지로 떨어지겠는가?

악인의 빛은 사라지고, 그 불꽃은 사그라든다네.
그 집 안의 빛은 어두워지고, 그의 등불도 꺼져 가고 말지.
그 활기차던 걸음이 약해지고, 자기 꾀에 스스로 넘어가고 말지.
자기 발로 그물에 들어가고, 올무에 빠지고 만다네.
그 발꿈치가 덫에 걸려, 순식간에 올가미에 빠지고 말지.
땅에는 함정이 숨겨져 있고, 길에는 덫이 놓여 있다네.
공포가 그를 덮치니, 걸을 때마다 더 놀라게 된다네.
그 기운이 점점 약해지고, 사방에는 재앙이 몰려와 있으며
질병이 그의 피부에 달려들어,
죽음의 사자가 그의 손발을 삼킬 것이네.

안전하던 자기 집에서 쫓겨나 공포의 왕 앞으로 내몰리니,
악인의 거처에는 유황이 뿌려져 타게 되고
결국에는 타인이 살게 되지.
그의 뿌리가 마르고, 가지가 잘라져 나갈 것이네.
그를 기억할 자가 아무도 없고,
그의 이름은 기억에서 사라지게 되지.
그는 빛에서 어둠으로 쫓겨나고,
사람이 사는 세상에서 추방을 당할 것이며,
자기 민족 중에는 그의 후손이 없고,
그가 살던 곳에는 생존자가 없을 것이네.
오는 세대 사람들이 이를 보고 놀라며,
이전 사람들이 공포에 사로잡히네.
악인의 집이 처한 운명이 이러하고,
하나님을 무시하는 자의 처소가 이렇다네."

욥이 빌닷에게 대답하다

그러자 욥이 이렇게 대답했습니다.

"언제까지 나를 괴롭히고, 말로 나를 박살내려는가?
자네들은 열 번이나 나를 모욕하고도,
잘못한 일을 부끄러워하지 않는군.
설령 내 잘못이라 해도 그것이 자네들과 무슨 상관이란 말인가?
자네들이 나를 누르고, 스스로 뽐내며,
나를 수치스럽게 만든다 해도,
나를 이렇게 만들고 그물로 덮어 씌우신 분은 하나님이시네.
내가 '폭력이야!' 하고 외치지만 아무런 대답이 없고,

부르짖어 도움을 구하지만, 그곳에 정의는 없구나.
그분이 내 길을 막고 지나가지 못하게 하시며,
내 길을 어둠으로 가리셨구나.
나에게서 영광을 가져가시고,
내 머리의 면류관을 벗기셨구나.
그가 사방에서 나를 치시니 내가 죽게 되었고
나무를 뽑듯 내 희망을 뽑아 버리시는구나.
내게 화를 내시고, 나를 마치 원수 대하듯 하시며,
그의 군대를 내게 보내시니 그들이 내 집 주변을 둘러쌌구나.

그분이 내 형제들을 내게서 멀리 떠나게 하시니
내가 아는 사람들이 모두 낯설게 되었구나.
내 친척들이 나를 외면하고, 내 친구들 역시 나를 잊어버렸구나.
내 집에 사는 사람들이나 여종들도 나를 모른 체하고,
낯선 사람처럼 대하는구나.
내 종을 불러도 대꾸조차 하지 않으니
내가 사정을 해도 소용없구나.
아내마저도 내 숨기운을 싫어하고,
내 형제들도 내 옆에 오기를 싫어하며,
심지어 어린이들까지 나를 멸시하고,
내가 일어서면 나를 놀리는구나.
내 모든 친구들이 나를 거부하고,
내가 사랑하는 자들도 등을 돌리는구나.
뼈와 가죽만 남은 채 잇몸으로 겨우 살아가는 내 신세야.
나의 친구들이여, 제발, 제발, 나를 불쌍히 여겨 다오.
하나님의 손이 나를 치셨다는 것을 알아주게나.

왜 자네들마저도 하나님처럼 나를 괴롭게 하는가?
내 살을 먹고도 만족하지 못하는가?

아, 내 말들이 모두 기록된다면, 그것들이 책에 기록된다면,
철필이나 납으로 기록하고 바위에 새겨 영원히 남겨진다면,
얼마나 좋겠는가?
내 구세주께서 살아 계신다는 것을 내가 이미 알고 있으니,
결국 그가 땅에 서실 것이네.
내 가죽이 썩은 후에라도, 이 몸이 썩은 후에라도
내가 하나님을 뵐 것이네.
내가 그분을 내 두 눈으로 바라볼 걸세.
내 심장이 기대감으로 두근거리네.
자네들은 '문제가 그에게 있으니 어떻게 그를 괴롭힐까?' 하고
이야기하겠지만, 칼을 조심하게나. 진노는 칼로 나타나게 되지.
그러면 자네들은 심판이 있다는 것을 알게 될 거야."

소발이 대답하다

그러자 나아마 사람 소발이 대답했습니다.

"내 마음이 불만스럽다고,
어서 자네 말에 답변하라고 이야기하네.
나를 모욕하는 말을 들으니,
내 총명이 답을 하라고 말하는군.
자네도 알겠지만 이 일은 세상의 처음부터 알려진 것일세.
악인의 형통은 잠시뿐이라는 것,
경건하지 못한 사람의 기쁨은 아주 잠시뿐이라는 것,

비록 그들의 교만이 하늘에 올라
그 머리가 구름에 닿을지라도 말일세.
악인은 자기 배설물같이 망하네.
그를 알던 사람은 '그가 지금 어디 있나?' 하고 묻지.
하지만 악인도 꿈처럼 지나가고,
사람들은 그를 찾을 수가 없네.
밤중의 환상처럼 허무하게 사라지지.
악인을 보았던 사람은 다시 그를 볼 수가 없네.
그 악인이 있던 처소도 그 악인을 다시 알지 못하지.
악인의 후손은 가난한 자에게 은혜를 구해야 하고,
그들은 빼앗은 부를 다시 돌려주어야 하네.
악인이 한때 젊었을지라도 결국 먼지 구덩이에 누워야 한다네.

그가 악이 달콤해서 자기 혀 밑에 감추고,
악을 원하여 없애기 싫어하고 자기 입속에 숨긴다면,
그의 음식이 위 속에서 뱀의 독으로 변할 것이네.
악인은 입으로 재산을 삼키겠지만,
하나님께서 그 재물을 토하게 하신다네.
악인이 독사의 독을 삼키니,
그는 뱀이 문 것처럼 그 독 때문에 죽게 되지.
악인은 젖과 꿀이 흐르는 강을 볼 수 없네.
얻은 것을 삼키지 못하고 돌려주어야 하고,
장사로 얻은 이익도 누리지 못하네.
그것은 악인이 가난한 사람을 못살게 굴고
모른 척했기 때문이지.
그는 자기가 짓지도 않은 집을 강제로 빼앗았지.

악인은 항상 만족할 줄 모르고,
욕심이 가득해서 아무것도 놓지 않으려 하네.
악인은 무엇이든지 되는 대로 집어삼키지.
그래서 재산이 남아 있지 못한다네.
그러니 풍족함 속에서도 재앙을 당하고 불행하게 되는 것이네.
배를 채우려고 하지만, 하나님께서 진노하셔서 그를 치신다네.
악인이 철로 된 무기를 피하면, 놋화살이 그를 찌를 것일세.
그가 자기 등에서 그 화살을 빼내고
간에서 번쩍이는 촉을 꺼내니, 공포가 그를 사로잡네.
캄캄함이 악인의 보물을 덮고,
풀무질도 하지 않은 불꽃이 입을 벌려 그를 삼키고,
그 집에 남은 모든 것을 태울 것일세.
하늘이 악인의 죄악을 드러내고, 땅이 그를 고발할 것일세.
악인의 집은 홍수에 휩쓸려 가고,
하나님의 진노의 날에 그 재물은 급류가 쓸어버린다네.
이것이 바로 하나님께서 정하신 악인의 운명이요,
악인의 기업일세."

욥이 소발에게 대답하다

그러자 욥이 이렇게 대답하였습니다.

"내 말을 잘 들어 보게나.
나를 좀 위로해 주면 안 되겠나?
내가 말할 동안만이라도 참아 주게나.
내가 말을 다한 후에는 조롱해도 좋네.
나는 사람이 아닌 하나님께 불평하고 있는 것일세.

왜 나라고 마음이 급하지 않겠는가?
나를 보면 깜짝 놀라 손으로 입을 막게 될 걸세.
다시 생각하기만 해도 떨리고 공포에 사로잡히는구나.
어떻게 악인이 잘살고, 오래 살며 권세를 누리는가?
그들의 자녀도 번창하고,
손주들까지 잘 자라는 것을 보며 살고 있네.
악인의 집에는 공포도 없고,
하나님의 꾸중하시는 채찍도 없는 듯하네.
악인의 황소는 어김없이 새끼를 치고,
암소도 새끼를 잘 낳지.
그들의 자녀들이 양 떼처럼 춤추며 뛰어놀고,
소고와 수금 연주에 맞춰 노래하며 피리 소리에 즐거워하는구나.
저들은 행복하게 지내다가 평안히 무덤으로 내려가지.
그런데도 저들은 하나님께 '우리를 내버려 두세요.
우리는 당신의 진리를 알고 싶은 마음이 없어요.
전능자가 누구이기에 우리가 그를 섬기고
그에게 기도해야 하나요?'라고 말한다네.
보게나, 저들의 행복은 저들의 손에 있는 것이 아니므로
나는 악인의 꾀를 멀리한다네.

악인의 등불이 얼마나 자주 꺼지는지,
재난이 얼마나 자주 오는지,
하나님은 저들에게 화를 내시며 파멸을 주신다네.
저들은 바람에 날려 가는 지푸라기와 같고,
폭풍에 날려 가는 겨와 같네.
그들은 '하나님께서 악인에 대한 처벌을 후손에게 내리시려고

쌓아 두신다'라고 이야기하지만 그분은 그들의 자녀가 아닌,
죄를 지은 바로 그 사람들에게 벌을 내리신다네.
자기 눈으로 자기의 멸망을 보게 하시고,
전능자의 진노를 알게 하시는 것이지.
그들이 죽을 때가 되면
자기 후손이 어떻게 되든 무슨 상관이나 하겠나?
높은 자들까지 심판하시는 하나님을 누가 가르칠 수 있겠나?
어떤 사람은 평안하고 만족하게 살다가도,
한창 힘이 넘칠 때 끊어진다네.
그 사람은 정말로 잘 먹고 잘 지내서 뼈에도 윤기가 흐르지만,
또 다른 사람은 쓰라린 가슴으로 죽어 가네.
그는 평생에 좋은 것을 맛보지도 못했지.
그렇지만 이 두 사람 모두 먼지 구덩이에 눕게 되고,
벌레가 저들을 덮을 것일세.

보게나, 나는 자네들 생각을 다 아네.
자네들이 나를 해치려 한다는 것을 안다네.
자네들은 부자들이 살던 집이 어디이며,
악인이 거하던 처소가 어디인지 묻겠지.
자네들이 길을 지나가는 사람들에게 묻지 않았나?
저들이 하는 소리를 듣지 못하였나?
악인이 재앙의 날을 면하고,
진노를 발하시는 날에 건짐을 받을 거라고 말하네.
누가 악인을 꾸짖으며,
그가 행한 것을 다 갚을 수 있겠나?
악인이 무덤으로 옮겨져도 무덤지기가 그의 무덤을 지키고,

많은 조객들이 그의 뒤를 따르며,
언덕의 흙도 그를 부드럽게 덮어 줄 것이네.
그러니 어떻게 자네들이 헛되이 나를 위로할 수 있겠나?
자네들 대답은 하나같이 거짓말이네."

엘리바스가 대답하다

데만 사람 엘리바스가 대답하였습니다.

"사람이 하나님께 무슨 유익이 된다는 말인가?
지혜로운 사람이라면 그분께 도움이 된다는 것인가?
자네의 의로움이 전능자에게 무슨 기쁨이 될까?
자네의 행실이 올바르다 한들 그분께 유익할까?
자네가 경건하기 때문에 그분이 책망하시며,
자네를 심판하시겠는가?
자네의 악이 얼마나 크고, 자네 죄가 얼마나 많은지 아는가?
형제의 물건을 까닭 없이 저당잡고,
사람들의 옷을 빼앗아 벌거벗게 하지 않았나?
목마른 자에게 물을 주었나?
배고픈 자에게 음식을 주었나?
그러면서 권세나 부리려 하고,
귀한 체하며 살지 않았나?
과부를 빈손으로 쫓아 보내고,
고아들을 멸시하지 않았는가?
그러니 자네가 덫에 빠지고 공포에 휩싸이지.
어둠에 둘러싸여 캄캄해지고,
홍수에 덮인 이유가 무엇이겠나?

하나님께서 높은 하늘에 계시지 않는가?
저 하늘의 별들이 얼마나 높은지 아는가?
자네는 말하길, '하나님께서 무엇을 아실까?
어둠이 덮였는데 그분이 판단하실 수 있을까?
구름이 그분을 가리우기 때문에 그가 보실 수 없고,
그저 궁창을 지나다니실 뿐이지'라고 하는구나.
자네도 악인들이 걷던 그 옛길을 걷고자 하는가?
그들은 때가 되기 전에 망했고,
강물이 그 기초까지 씻어 버리지 않았던가?
그 악인들은 하나님께 '우리를 내버려 두시오.
전능자가 우리에게 무엇을 할 수 있겠소?'라고 했다네.
하나님은 저들의 집에 보물을 채우셨건만,
저들의 생각은 하나님과 상관이 없었지.
의인은 악인의 멸망을 보며 기뻐하고
죄 없는 자들은 악인을 조롱하며 말하네.
'정말로 우리의 원수가 망했군.
악인들의 재물이 불타고 말았군.'

이제 하나님께 굴복하고 화해하게나.
그러면 좋은 일이 기다릴 걸세.
그분의 교훈을 듣고,
자네 마음에 새겨 두길 바라네.
자네가 전능자에게 돌아가면 살 것이네.
자네의 집에서 불의를 없애게나.
자네의 보물을 던져 버리고,
정금을 냇가 바위에 던져 버리게나.

그러면 전능자께서 자네의 금과 은이 되실 것일세.
그래야 자네가 전능자로 말미암아 즐거워할 수 있으며,
자네 얼굴을 그분께 들 수 있을 걸세.
그래야 그분께서 자네의 기도에 응답하시고
자네가 그분 앞에 약속한 것을 지킬 수 있지 않겠나.
그러면 자네가 무슨 일을 하든지 형통하고,
자네가 가는 길에 빛이 환히 비칠 걸세.
자네가 낮아진 때에,
믿음으로 '높아질지어다!'라고 말한다면,
그분께서 낮아진 자를 구원하실 것이네.
자네의 깨끗한 손으로 말미암아
죄인까지도 구원을 받을 것일세."

욥이 대답하다

그러자 욥이 대답했습니다.

"오늘도 내 원망이 심한 것은
신음 소리가 나는데도 그분의 손이 나를 누르시기 때문이네.
어디에 가면 그분을 만날까?
그분이 계신 곳 가까이에 갈 수만 있다면!
그분 앞에 내 주장을 당당히 펼치고,
나의 무죄를 호소할 텐데.
그분의 대답을 듣고
그가 나에게 말씀하신 바를 깨달을 수 있을 텐데.
그분의 위엄으로 나를 물리치실까?
아니야, 그분은 내 주장을 들어 주실 거야!

거기서는 의인이라면 그분과 변론할 수 있으니
나는 영원히 심판에서 구원받을 것이네.

내가 동쪽으로 가도 그분은 아니 계시고,
서쪽을 돌아보아도 찾을 수 없구나.
그가 북쪽에서 일하실 텐데도, 뵐 수가 없고
그가 남쪽으로 돌이키시나, 그를 뵐 수 없구나.
그러나 그분은 내가 가는 길을 아시지.
그분이 나를 시험하신 후에는 내가 정금같이 되겠지.
내 발이 그분의 길에 붙어서,
그 길을 따라가며 떠나지 않았지.
내가 그분의 명령을 떠나지 않았고,
그분의 말씀을 내가 매일 먹는 음식보다 귀하게 여겼어.
그렇지만 그분은 절대 주권자이시니
누가 그를 돌이킬 수 있을까?
그분은 자기 원하시는 일을 모두 하시질 않나?
그분은 날 위해 계획하신 것을 행하시며,
아직도 많은 계획들을 갖고 계실 거야.
그러니 내가 그분 앞에서 놀라고,
생각만으로도 그분을 두려워하는 것은 당연하지.
하나님께서 나를 낙심하게 하시고,
전능자께서 나를 좌절하게 만드시니
앞을 내다볼 수 없는 어둠이 나를 감싸고 있구나."

"어찌하여 전능자께서 심판의 날을 정하지 않으셨을까?
그분을 아는 자들이 어찌 그날을 헛되이 기다리는가?

어떤 사람들은 땅을 훔치려고 땅의 경계표를 옮기고,
남의 양 떼를 억지로 빼앗으며,
고아들의 나귀를 잡아가고,
가난한 과부가 빚진 것을 갚을 때까지 소를 잡아 두며,
가난한 자를 길에서 밀쳐 버리니
그 가난한 자들은 숨기에 바쁘구나.
그들은 들나귀처럼 먹을 것을 찾아 헤매며
자녀에게 먹일 음식을 광야에서 찾고 있네.
가난한 자들이 남의 밭에서 곡식을 줍고,
악인의 포도원에서 떨어진 것을 주우며,
입고 덮을 것이 없어 밤새도록 추위에 떠는구나.
산에서 쏟아져 내리는 소나기에 흠뻑 젖으며
바위 밑으로 피하는구나.
또 악한 자들이 과부의 자식을 그 어머니의 품에서 빼앗고,
가난한 자의 자식을 빚 때문에 담보물로 잡는구나.
가난한 자들은 옷이 없어 벗은 몸으로 다니고,
굶주린 배를 쥐고 이삭을 나른다.
성안에서 기름을 짜지만 가난한 자들은 맛보지 못하며,
포도주 틀을 밟지만 목이 마르는구나.
성에서 사람들이 신음하고 병자가 부르짖지만,
하나님은 그들의 신음에 대답하지 않으시는구나.

또 어떤 이들은 빛을 거스려 행하는구나.
그 길을 알지도 못하고, 그 길에 머물지도 않는구나.
살인자가 이른 새벽에 일어나서 가난한 자를 죽이고,
저녁에는 도둑 노릇을 하며,

간통자는 해가 지기만을 기다리고 '아무도 날 보지 않아' 하며,
자기 얼굴을 가리는구나.
밤에는 남의 집을 침입하고 낮에는 자기 집 문을 잠그니,
빛을 알지 못하여 아침과 어둠이 같기 때문에
칠흑 같은 어둠에도 익숙하구나.

그렇지만 이런 자들은 물 위의 거품처럼 세상에서 사라지고,
자기들 땅에서 저주를 받아서
아무도 자신들의 포도원에 들어갈 수 없네.
가뭄과 더위가 눈을 녹이듯,
죽음이 죄인들을 삼켜 버릴 것이네.
아무도 그런 자를 기억하지 못하고
구더기가 그를 파먹게 될 것이네. 악인을 누가 기억이나 하겠나?
그런 자는 나무같이 꺾이고 말지.

그런 악인들은 자식이 없는 여인을 괴롭히고,
과부도 불쌍히 여길 줄 모른다네.
그렇지만 하나님은 이런 포악자도 끌어내리시고,
그들이 아무리 높은 위치에 있다 해도
그 생명을 보장하지 않으시지.
하나님께서 잠시 저들에게 평안을 허락하시고
도우시는 것처럼 보인다네.
그러나 저들의 길을 주목해 보시지.
저들이 잠시 높아진 것 같으나 금방 사라지니,
저들은 낮아져서 곡식 이삭처럼 잘린다네.
그렇지 않은가? 내 말이 거짓말인가? 내가 헛말을 하는가?"

빌닷이 대답하다

그러자 수아 사람 빌닷이 대답했습니다.

“권세와 위엄은 하나님께 있다네.
그분은 하늘 높은 곳에서 질서를 세우시지.
그분의 군대가 얼마나 많은 줄 아는가?
그분의 빛을 받지 않는 자가 세상에 어디 있는가?
감히 어떻게 사람이 하나님 앞에서 정당하다 말하고,
여자의 몸에서 난 사람이 깨끗하다 할 수 있는가?
하나님께서 보시기에는
달도 깨끗하지 못하고 별도 순수하지 못한데,
하물며 구더기 같은 인생,
벌레 같은 사람이야 더 말할 것이 있겠는가?”

욥이 빌닷에게 대답하다

욥이 이렇게 대답했습니다.

“자네는, 힘없는 사람을 잘 도와주고
힘없는 팔을 잘도 세워 주는군.
지혜 없는 자를 잘도 상담해 주며 통찰력을 제공해 주는군.
자네는 누구한테 그런 말을 들었나?
어떤 영이 자네를 통해 말하고 있는가?
죽은 자들은 성난 파도 앞에서처럼 그 거처에서 두려워 떨지.
하나님 앞에서는 죽음도 드러나며 멸망도 숨길 수 없어.
그분은 북쪽 하늘을 허공에 펼쳐 놓으시고,
지구를 공중에 매달아 놓으셨네.

그는 물을 구름 속에 넣으시고
무게 때문에 구름이 터지지 않도록 하시며,
구름으로 보름달을 가려서 희미하게 만드시는 분이지.
빛과 어둠을 구분하도록 수면에 경계선을 그어 두셨네.
그가 꾸짖으시니 하늘 기둥들이 흔들리고 두려워 떠네.
그의 권능으로 바다를 잠잠케 하시고,
지혜로써 괴물을 산산조각 내셨지.
그의 호흡으로 하늘이 맑게 개이고,
그의 손으로 날쌔게 움직이는 뱀을 찌르셨네.
보게나, 이런 것들은 그분이 하시는 일들의 시작일 뿐이야.
우리가 그분의 말씀을 얼마나 희미하게 듣는지.
그분의 힘 있는 천둥소리를 누가 감히 이해할 수 있겠는가?"

욥이 자신의 의를 주장하다

욥이 계속해서 이렇게 말했습니다.

"내 권리를 빼앗아 가신 하나님,
내 영혼을 괴롭게 하신 전능자의 살아 계심을 가리켜 맹세하네.
내게 생명이 있고 내 코에 하나님의 숨기운이 있는 동안에는,
내 두 입술이 결코 악을 말하지 아니하고,
내 혀도 거짓을 말하지 않을 것이네.
나는 결코 자네들이 옳다고 인정할 수 없네.
내가 죽더라도 내가 바르다는 생각을 굽히지 않겠네.
내가 나의 진실함을 굳게 붙들고 놓지 않을 것이며,
내 양심에 걸리는 것이 없을 것일세.

내 원수는 악인같이,
나를 미워하는 자는 죄인같이 망하게 되기를 원하네.
하나님께서 경건하지 못한 자의 생명을 가져가실 때,
그에게 무슨 소망이 있을까?
그에게 재앙이 임할 때,
하나님께서 그의 부르짖음을 들으실까?
그는 전능하신 분에게서 기쁨을 찾지도 않았고
하나님께 기도하지도 않았다네.
내가 하나님의 권능을 자네들에게 가르치겠네.
전능자의 하시는 일을 숨기지 않겠네.
자네들이 모두 보았으면서 어찌 이렇게 쓸데없는 말만 하는가?

악인이 하나님께 받는 벌이 무엇인가?
난폭한 자가 전능자께 받는 것이 무엇이겠나?
그 자손이 많다 해도, 모두 칼에 죽고 굶주릴 것일세.
남는 자가 있다 해도, 저들은 염병에 죽어 묻히고,
그들의 아내조차도 그들의 죽음을 슬퍼하지 않을 것이네.
비록 악인이 은을 태산같이, 의복을 산더미같이 쌓는다 해도
의인들이 그 옷을 입고,
죄 없는 사람들이 그 은을 나눠 가질 것이네.
악인이 짓는 집은 거미줄같이 망가지기 쉽고,
초막같이 보잘것없다네.
악인이 부자인 채 잠을 잔다 해도,
눈을 뜨면 온 재산이 모두 날아가 버렸을 것일세.
공포가 홍수처럼 그를 덮치고,
밤중에 폭풍이 그를 날려 버리지.

동풍이 악인을 휩쓸어 가고,
그의 집에서 흔적도 없이 쓸어 갈 것일세.
악인이 제아무리 몸부림쳐도 태풍이 그를 덮치니,
사람들이 그를 보고 박수치고 조롱하며,
악인을 집에서 쫓아내 버릴 것이네."

"은을 캐내는 광맥이 있고,
금을 다듬는 제련소가 있지 않나?
철은 땅속에서 캐내고 구리는 광석을 녹여 얻으며,
사람들은 어둠을 헤쳐 캄캄한 곳에서 광석을 찾지.
사람이 살지 않는 먼 곳에 깊이 갱도를 파고
그 속에서 혼자 줄에 매달려 이리저리 흔들리며 일을 한다네.
먹을 것은 땅에서 나오지만
그 아래에서는 불이 땅을 녹여 버리지.
사람들은 광석에서 사파이어와 금을 얻을 수 있네.

그 지하의 길은 독수리도 알지 못하고, 매도 본 적이 없어.
위엄 있는 짐승도 가 본 적이 없고, 사자도 어슬렁거린 적이 없지.

사람들은 돌산을 깨고 산의 뿌리까지 파헤치며
바위에 틈을 내고 그 사이에서 보물을 찾지 않나.
사람은 댐을 만들어 물을 막고, 땅에 숨겨진 보화를 찾아내지.

그렇지만 지혜를 어디에서 찾을까? 총명은 어디에 있을까?
사람은 그 가치를 알 길이 없네.
사람들이 사는 곳에서는 찾을 수가 없다네.

대양이 말하길, '여기에 없어.'
바다가 말하길, '여기에도 없어.'
지혜를 금으로 살 수 있겠나? 총명을 은으로 살 수 있겠나?
지혜는 오빌의 금으로도 살 수 없네.
루비나 사파이어로도 살 수 없지.
금이나 수정도 지혜와 비길 수 없네.
어떤 보석과도 바꿀 수가 없다네.
산호나 수정으로 사겠다고?
지혜를 홍보석 값으로 계산할 수 있겠나?
에티오피아에서 나는 황옥도 지혜보다 못하고,
순금 역시 그러하지.

그런데 그런 지혜는 어디에서 나오나?
총명이 있는 곳은 어딜까?
어떤 생물도 볼 수 없고, 공중의 새조차 볼 수 없으니.
멸망과 사망도 '우리 귀로
지혜에 관한 소문을 들은 적은 있지'라고만 말하네.

오직 하나님만이 지혜의 길을 아시고,
총명이 어디 있는지 아신다네.
그분은 땅끝까지 보시고,
하늘 아래 모든 것을 살피시기 때문이지.
하나님은 바람의 무게도 재시고 물도 측량하신다네.
그분은 비에게 명령하시고 천둥에게 갈 길을 지시하시네.
그때에 그분은 지혜를 보고, 그것을 계산하셨네.
지혜를 세우시고, 시험하셨지.

하나님께서 사람에게 이르시길,
'주님을 경외함이 지혜며
악을 떠나는 것이 총명이니라'고 하셨다네."

욥의 마지막 변론

욥이 자기 말을 이어 이렇게 말했습니다.

"아, 지나간 날들이여,
하나님께서 나를 지켜 주시던 그 옛날이 그립구나.
그때에 그분의 등불이 내 머리를 비추어서,
그분의 빛으로 어둠 속에서 안전하게 걸었는데.
내가 한창 힘이 넘칠 때,
하나님과 집에서 달콤한 교제를 나누던 날들,
전능자께서 나와 함께하시던 날들,
내 자녀들이 나와 함께 있던 그날들.
우유로 발을 씻으며,
반석에서 기름이 시내처럼 흘러내렸던 그 시절,
성문에 나가서 성문 앞 광장의 높은 자리에 앉았던 그 시절,
젊은이들은 나를 보고 길옆으로 비켜서고,
노인들은 일어나서 경의를 표하며,
백성의 지도자들도 하던 말을 멈추고 손으로 입을 가렸지.
귀족들도 소리를 낮추고,
혀가 입천장에 바짝 붙은 것처럼 말소리를 줄였지.
내 말을 들은 자는 나를 복되다 했고
나를 본 자는 모두 나를 칭찬했지.
도움을 바라는 가난한 자들을 돌보고,

도울 자 없던 고아들을 살폈기 때문이지.
희망을 거의 잃은 자들도 나를 축복해 주었고,
과부들도 기뻐서 나에 대해 노래했지.
그때, 나는 의로움의 옷을 입고,
정직함을 관처럼 머리에 썼지.
나는 보지 못하는 사람의 두 눈이 되었고,
다리를 저는 사람들에게는 두 발이 되어 주었어.
가난한 사람에게는 아버지가 되어 주고,
낯선 사람도 돌보아 주었지.
악인의 턱을 부수고 그 이 사이에 물린 희생자들을 건져 주었지.
그러면서 '난 오래 살다가 내 보금자리에서 죽겠지'라고
생각했는데.
내 뿌리는 물가로 뻗어 나가고,
가지는 밤새 내린 이슬에 젖었지.
나는 언제나 영광스러운 존재였고, 내 힘은 늘 커져 갔지.

사람들은 내 말에 귀를 기울여 내가 말할 때면 조용히 기다렸고,
내 말이 끝나도 말을 삼가니,
오직 내 말만이 저들의 귀에 잔잔히 내렸지.
저들은 비 기다리듯 나를 기다리고,
봄비 기다리듯 내 입술을 주목했지.
저들이 용기를 잃었을 때, 내가 그들을 향해 웃어 주면,
저들은 내 얼굴의 광채를 귀하게 여겼지.
나는 그들이 해야 할 일을 지도하며
군대를 거느린 왕과 같이 그들을 대했고,
애통해하는 자들을 위로하여 주곤 했는데."

"이제는 나보다 어린 사람이 나를 조롱하는구나.
나는 그 아버지를
내 양 떼를 지키는 개보다 못한 자로 여겼는데.
그 나이 든 자들이 무슨 힘으로 내게 도움을 줄 수 있었겠나?
그들은 배고픔과 가난에 수척해져
밤중에 먹을거리를 찾아 광야를 배회하지 않았던가?
덤불 속에서 나물을 캐 먹고,
싸리나무 뿌리로 배를 채우던 저들이 아니었나?
도둑 취급을 받고 마을에서 쫓겨나,
음침한 산골짜기와 동굴과 바위틈에서 살았지.
가시덤불 속에서 짐승처럼 부르짖고, 가시나무에 모였지.
그들은 이름도 없는 미련한 자들로, 고향에서도 쫓겨났지.

그런데 저들이 나를 조롱하고 있다니.
내가 저들의 말거리가 되다니.
저들은 나를 싫어하여 멀리하고,
내 얼굴에 마구 침을 뱉고 있구나.
하나님께서 내 활시위를 풀고 나를 괴롭게 하시니,
저들이 나를 향해 덤비고 있구나.
오른편에서 그 천한 자들이 일어나 내 두 발을 걷어차고,
나를 둘러싸며 죽이려 하는구나.
저들이 내 길을 허물고 나를 죽이려 해도,
나를 도울 사람이 없구나.
저들이 무너진 성벽을 통해 공격하듯 밀고 들어와 나를 치니,
나는 공포에 질리고 내 체면은 바람 앞에 날리듯 없어졌으며,
내 생명은 구름이 사라지듯 위태롭네.

이제 내 영혼이 허물어지고 고난의 날들만이 나를 기다리는구나.
밤마다 내 뼈가 쑤시고, 그 고통 때문에 쉴 틈이 없구나.
하나님의 강한 손이 내 옷을 움켜잡으시고 옷깃을 조이시는구나.
그분이 나를 진흙탕에 던지시니 먼지와 재처럼 되었구나.
주님! 내가 주님께 부르짖으나 응답하지 않으시고,
주 앞에 섰으나 주께선 바라보기만 하십니다.
주께서 나를 잔인하게 다루시고,
그 강하신 손으로 나를 치십니다.
주님이 나를 들어 바람 위에 두시고
태풍 가운데서 빙빙 돌리시니,
주님께서는 나를 죽이려 하십니까?
나를 저 무덤으로 보내려 하십니까?

절망 중에 도와 달라고 부르짖으나
나를 도울 자가 아무도 없구나.
내가 고생하는 사람을 보며 울지 않았던가?
가난한 자를 보고 불쌍히 여기지 않았던가?
행복을 기대했는데 재앙이 닥쳤고,
빛을 바랐는데 흑암이 덮치는구나.
마음이 뒤틀리니 쉴 수가 없고
고난의 날들만이 나를 반기는구나.
태양도 외면하는데 검은 상복을 입고 배회하며,
회중 가운데 서서 도와 달라고 외치네.
난 이리 떼의 친구, 타조의 벗이로구나.
내 가죽이 검게 변하여 벗겨지고,
내 뼈는 열기로 펄펄 끓어오르는구나.

내 수금은 장례식 노래를 연주하고
내 피리는 슬픈 노래를 부르는구나."

"내가 내 눈과 약속했는데 어찌 처녀를 주목하겠나?
그렇게 한다면 하늘의 하나님께서 내게 무엇을 주시며,
위에 계신 전능자께서 내게 어떤 유산을 주시겠나?
사악한 자에게 재앙이 떨어지고
악을 행하는 자에게 불행이 닥치지 않는가?
그분이 내 길을 살피시고 내 걸음을 헤아리시지 않는가?

내가 거짓말을 하거나 남을 속였던 적이 있던가?
나를 정확한 저울에 달아보면
하나님께서는 내가 정직한 사람임을 아실 것이네.
언제 내가 바른 길에서 떠났던가?
내 마음이 언제 눈의 유혹에 넘어갔던가?
내 손에 죄를 지은 흔적이 남아 있던가?
만약 내가 나쁜 사람이라면,
내가 뿌린 씨를 남이 추수해 가고
내 농작물이 다 쓸모없게 되어도 어쩔 수 없을 것이네.

내가 언제 예쁜 여인에게 유혹되어
이웃집 문밖에서 기웃거렸던가?
그랬다면 내 아내가 남의 집 하녀가 되고,
다른 남자들이 그녀를 끌어안아도 할 말이 없다네.
그런 짓은 부끄러운 범죄 행위니 어찌 심판을 피하겠는가?
그것은 모든 것을 집어삼키는 불과도 같이,

내 농작물을 몽땅 태워 버릴 것이네.

내 집 안에 있는 종들이 내게 불만을 터뜨린다고
저들을 괴롭힌 적이 있던가?
그랬다면 하나님께서 심판하시고
내게 따지실 텐데 무슨 말을 할 수 있겠나?
나를 어머니 태에서 만드신 그분께서
그 종들도 만드시지 않았나?
하나님께서 우리 모두를 만드시지 않았나?

내가 언제 가난한 사람의 기대를 저버리고
과부의 소망을 무시했던가?
나 혼자 맛있게 먹으면서 고아들을 못 본 체했던가?
그렇지 않네.
사실은 내가 젊었을 때부터 저들을 돌보았고,
과부들에게 도움을 주었다네.
내가 입을 옷이 없는 사람을 못 본 체하고
덮을 이불이 없는 가난한 사람을 무시했던가?
그들에게 양털 옷을 입혀 따뜻하게 해 주었더니
그들이 나를 축복하였다네.
내가 언제 지위를 이용하여 고아들을 무시하는 짓을 했던가?
만약 그랬다면 내 어깨가 떨어져 나가고 내 팔이 부러져도 좋네.
나는 하나님께서 보내시는 재앙을 두려워하네.
그 위엄 앞에 내가 어떻게 서겠는가?

내가 언제 금에 소망을 두고

정금을 우상처럼 소중히 여겼던가?
내가 언제 재산이 많다고 자랑하며,
내 손에 돈이 굴러들어 온다고 우쭐대던가?
태양이 빛을 발하는 것을 보고 청명한 달을 보며,
내 마음이 유혹을 받아 손을 모아 경배하던가?
이것 역시 심판받아 마땅한 죄악이네.
그랬더라면 위에 계신 하나님을 배반한 것이지.

내가 언제, 원수가 망했다고 즐거워하고
재앙을 당했다고 기뻐했던가? 절대 그렇지 않다네.
나는 내 입술을 함부로 움직여 원수를 저주한 적이 없네.
내 집에서 일했던 사람들이
'그분의 고기로 배불리 먹지 않은 사람이 없다'고
말하지 않았던가?
나는 나그네를 거리에서 자도록 내버려 둔 적이 없고,
지나는 여행자에게도 문을 열어 대접했다네.
내가 아담처럼 내 범죄 행위를 숨기고,
가슴에 묻어 둔 적이 있던가?
사람들이 모욕하는 것이 두려워서,
내 죄를 고백하지 않거나 밖으로 나가지 못한 적이 없네.
아, 누군가 내 말을 들을 사람이 있다면!
전능자께서 내 말을 판단해 주신다면.
아, 내 원수가 나를 기소한 기소장이 있어,
그분이 판단하실 수 있다면.
그렇다면 내가 그것을 내 어깨에 메고,
머리에 면류관처럼 쓰고 보일 텐데.

내가 행한 일들을 그분께 고하고,
왕자처럼 당당히 그분 앞에 나갈 수 있을 텐데.

내 토지가 학대를 당했다고 나를 고소했던가?
밭이랑들이 울부짖은 적이 있던가?
값도 지불하지 않고 남의 농작물을 먹었던가?
그 농사 지은 자들의 기운을 꺾어 놓은 적이 있던가?
그랬더라면 밀 대신 가시덤불이 자라고,
보리 대신에 엉겅퀴가 자라게 될 것이네."

이렇게 해서 욥의 말이 끝났습니다.

엘리후가 이야기하다

욥이 계속해서 자신은 떳떳하다고 주장하자, 세 친구들은 욥에게 대꾸하기를 중단했습니다. 그러자 람 족속의 부스 사람 바라겔의 아들 엘리후가 화를 냈습니다. 왜냐하면 욥이 하나님보다 자기가 의롭다고 주장했기 때문입니다. 그리고 그는 욥의 세 친구들에게도 화를 냈습니다. 그것은 그들이 '욥이 분명히 잘못했다'고 말하면서도, 욥의 말에 제대로 답변을 못했다고 여겼기 때문입니다. 엘리후는 세 친구들보다 나이가 어렸기 때문에 이제껏 참고 있었습니다. 이 세 사람들이 더 이상 대답하지 못하자, 엘리후는 화가 났습니다.

부스 사람 바라겔의 아들 엘리후가 이렇게 말했습니다.

"나는 어리고, 당신들은 나이가 많기 때문에
내 생각을 말하지 못하고 머뭇거리고 있었습니다.

'나이가 많은 어른이라면 지혜로운 말을 할 수 있다'고
생각했지요.
그렇지만 사람에게 총명을 주는 것은
사람 안에 있는 영과 전능자의 호흡이더군요.
나이가 많다고 해서 지혜로운 것이 아니고,
바른 것을 아는 것도 아니더군요.
그러니 내 말을 들어 보십시오. 나도 의견을 말하겠습니다.

당신들이 답할 말을 생각할 동안 나는 그 말을 기다렸고,
당신들의 의견에 귀를 기울였습니다.
나는 열심히 들었습니다만,
당신들 중에 그 누구도 욥의 주장을 반박하지 못하고,
그의 말에 제대로 답하지 못하더군요.
'우리가 지혜를 찾았다.
욥을 반박할 수 있는 분은 오직 하나님뿐이시다'라고
말씀하지 마십시오.
만일 욥과 내가 논쟁을 했다면
나는 당신들과 같은 논리로 욥에게 답하지 않았을 것입니다.

당신들은 어리둥절하여 할 말을 못하고 있습니다.
당신들이 조용하니, 나도 조용히 기다려야 할까요?
아니지요, 나도 할 말이 있습니다.
나도 아는 바를 말하겠습니다. 내 속에 할 말이 가득합니다.
내 속에 있는 영이 내게 말하라고 하는군요.
지금 내 속은 술이 부글부글 끓는 것 같고,
포도주 가죽 부대가 터지는 것과 같습니다.

말하지 않으면 속이 터질 것 같군요.
그러니 내가 입술을 열지 않을 수 없습니다.
나는 누구의 눈치도 보지 않고,
어떤 사람에게도 아첨하지 않을 것입니다.
만일 내가 그렇게 한다면 하나님께서 나를 곧장 치실 겁니다."

"이제 욥 어르신, 내가 하는 말에 귀를 기울여 주십시오.
내가 입을 여니, 혀가 움직이는군요.
나는 양심대로 말하며, 내 혀는 항상 진실만을 말합니다.
하나님의 영께서 나를 만드셨고,
전능자의 호흡이 나에게 생명을 주셨지요.
할 수 있거든, 당신도 내 말을 듣고 반박하십시오.
나나 당신이나 흙으로 만들어진 하나님의 피조물 아닙니까?
그러니 내가 당신을 두렵게 할 수도 없고,
내 손으로 당신을 누를 수도 없지요.

나는 당신이 하신 말씀을 잘 들었습니다. 당신은 주장했지요?
'나는 깨끗하고 죄가 없다. 나는 순결하고 아무런 잘못이 없다.
그런데도 하나님은 나에게서 허물을 찾으시고,
나를 마치 원수 대하듯 하신다'고 말입니다.
또 '하나님께서 나를 차꼬에 채우시고,
내 모든 길을 살피신다'고 말입니다.

그렇지만 들어 보십시오. 당신의 주장은 옳지 않습니다.
왜냐하면 하나님은 사람과 비교할 수 없이
위대하시기 때문이지요.

어찌하여 당신은 하나님께서 답변을 하지 않으신다고
불만을 터뜨리십니까?
하나님께서는 여러 번 말씀하시지만 사람은 깨닫지 못합니다.
그분은 사람이 곤히 잠들었을 때,
밤중의 꿈이나 환상으로 말씀하시지요.
사람들의 귀를 살짝 여시고 말씀하셔서,
사람들이 그들의 마음을 돌이켜 교만하지 않도록 해 주십니다.
그분은 사람이 무덤에 빠지지 않도록 지키시고,
칼에 죽지 않도록 보호하십니다.

그분은 사람이 깨닫게 하시려고
뼈마디가 쑤시는 아픔과 고통을 주시기도 합니다.
그럴 땐 밥맛도 없고 진수성찬도 귀찮아지며,
몸은 수척해지고 숨어 있던 뼈마디가 울퉁불퉁 튀어나오지요.
그럼 결국 무덤에 떨어지고 사망으로 달려가게 됩니다.
그때, 그 사람에게 일천 명의 천사 중 하나가 도우러 와서
무엇이 옳은지 말할 것입니다.
그러면 하나님께서는
'그 사람이 무덤에 내려가지 않도록 살려 주어라.
내가 그 몸값을 벌써 받았다'라고 하실 것입니다.
그러면 그 병든 사람의 살이 아기처럼 다시 고와지고,
어렸을 때처럼 회복되지요.
그 사람이 하나님께 기도하면
하나님께서는 그 기도를 기쁘게 들으십니다.
그 사람의 마음은 정말로 하나님께 대한 감사로
가득 차게 되겠지요.

하나님께서 그 사람을 의롭게 회복시켜 주실 것입니다.
그러면 그 사람은 사람들 앞에서 찬양하면서,
'나는 죄를 지었소. 부정한 짓을 저질렀지요.
그러나 내가 받아야 할 벌을 받지 않았습니다.
하나님은 나를 무덤에서 건져 주셨습니다.
그래서 저는 이제 이렇게 환한 세상을 봅니다'라고
말할 것입니다.

하나님께서는 자주 사람들을 이렇게 다루시지요.
무덤에 내려가던 사람을 다시 살리셔서,
생명이 약동하게 하십니다.
욥 어르신, 내 말에 귀 기울이십시오.
계속 조용히 내 말을 들어 주십시오.
말하실 것이 있으면 대답해 보십시오.
그러면 내가 분명히 대답해 드리겠습니다.
그렇지 않다면, 내 말을 계속 들어 주십시오.
내가 지혜를 가르쳐 드리겠습니다."

엘리후가 계속 말했습니다.

"현명한 어르신들이여, 내 말을 들으십시오.
총명한 여러분이시여, 내 이야기에 귀 기울여 주십시오.
귀가 말을 알아듣듯, 혀는 음식 맛을 느끼지요.
무엇이 옳고, 무엇이 선한 것인지 찾아보도록 합시다.
욥은 '나는 의롭지만 하나님께서는 나를 옳지 않게 여기신다'고
주장했습니다.

'나는 정직한데 거짓말쟁이 취급을 당한다.
죄도 없는데 그분이 나를 쳐서 죽이려 하신다.'
세상에 이렇게 옳지 못한 말을 물 마시듯 하는 사람이
또 어디 있습니까?
그가 바로 악인들의 친구요,
불의한 사람들의 친구가 아니고 무엇이겠습니까?
욥은 겨우 '하나님을 기쁘시게 해도 별수가 없다!'라는
소리를 합니다.

그러니 현명하신 어른들이여, 내 말을 들어 보십시오.
하나님은 절대 악을 행하지 않으십니다.
전능자는 절대 잘못 행하지 않습니다.
그것은 그분이 사람이 행한 대로 갚아 주시고,
그들의 길을 보고 다루시기 때문입니다.
진실로 하나님은 악하게 행하실 수 없으며
전능자는 공의를 무너뜨리지 않습니다.
누가 하나님을 땅의 왕으로 세우셨습니까?
누가 하나님께 세상을 다스리도록 하셨습니까?
만일 그분이 자기만 생각하셔서
영과 숨기운을 거두어 가신다면, 어떻게 될까요?
모든 사람이 다 망하고, 다시 흙으로 돌아가고 말 것입니다.

총명한 욥 어르신, 내 말뜻을 아시겠지요.
내 말을 귀담아들으십시오.
공의를 미워하시는 분이라면 그가 어떻게 다스릴 수 있을까요?
당신이 의로우신 전능자가 잘못됐다고 말할 수 있습니까?

그분은 왕들에게도 '너희들은 쓸모없다' 하시고,
귀족들에게도 '너희들은 의롭지 못하다'고 말씀하십니다.
귀한 사람이라고 더 돌보시거나,
부자라고 해서 가난한 사람보다 낫다고 여기지 않으십니다.
저들은 모두 그분이 만드신 피조물이니까요.
사람들은 밤중에 순식간에 죽을 수 있습니다.
부자라도 그분이 치시면 넘어져 죽고,
강한 자라도 하나님께서 손쉽게 없애 버릴 수 있습니다.

그분은 사람들의 행위를 늘 살피시고,
사람들의 모든 걸음걸이를 보시지요.
그렇기 때문에 악인들이 숨을 수 있는 곳은 아무 데도 없습니다.
캄캄한 데나 그늘진 곳에 숨을 수 있다고 생각하십니까?
하나님은 사람을 심판하시기 위해, 조사하실 필요도 없습니다.
그분은 물어볼 필요도 없이 강한 사람이라도 금방 내리치시고,
그 자리에 다른 사람을 세우십니다.
이렇게 하나님은 사람들의 모든 행위를 다 아시기 때문에
밤중에 저들을 치셔서 망하게 하시지요.
하나님께서 사람들 앞에서 악인들을 처벌하여 치시는 것은,
저들이 하나님을 떠나, 하나님의 말씀과 상관없이
제멋대로 살기 때문입니다.
악인들이 가난한 사람들을 울리면
하나님께서는 그 울부짖음을 들으십니다.
하나님께서 잠잠하셔도 누가 그에게 뭐라 할 수 있습니까?
만약 그분이 자기 얼굴을 사람들에게서 숨기신다면
누가 그분을 볼 수 있습니까?

그렇게 하시는 이유는
경건하지 못한 자가 왕이 되지 못하게 하고,
백성을 괴롭히는 자들이 통치하지 못하게 하기 위해서입니다.

누가 하나님께 '제가 처벌을 받았으니,
이제 더 이상 죄를 짓지 않겠습니다.
제가 못 본 것을 보게 해 주십시오.
제가 잘못했다면,
다시는 그리하지 않겠습니다'라고 말하겠습니까?
당신이 죄를 인정하지 않기 때문에
하나님께서 당신 뜻대로 움직이실 거라 생각하십니까?
이것은 당신이 결정할 일입니다.
그러니 답할 말이 있다면 해 보십시오.
총명한 자가 말하며, 내 말을 듣는 자가 말합니다.
'욥의 말은 무식하고 지혜가 부족하지.'
나는 당신이 자기의 죄를 인정할 때까지
벌을 받아야 한다고 생각합니다.
당신은 죄를 인정하기는커녕 여전히 하나님을 모독하고,
조롱하듯 손뼉을 쳐 대며 하나님께 대항하기 때문입니다."

엘리후가 계속 말을 이었습니다.

"욥 어르신, 당신은 계속 자신이 옳다고 말할 생각입니까?
하나님보다 의롭다는 주장을 계속하시겠습니까?
당신이 말했지요?
'죄를 짓지 않는다고 무슨 유익이 되며,

내가 얻는 것이 무엇이냐'고.
나는 당신과 친구분들께 말씀드리고 싶습니다.
하늘을 보십시오.
당신 위에 높이 떠 있는 저 구름을 바라보십시오.
당신이 죄를 지은 것이 하나님께 무슨 영향이 있습니까?
당신의 죄가 많다고 해서, 그분께 무슨 해가 있을까요?
당신이 의롭다 하더라도,
그것이 그분께 무슨 유익이 되나요?
그분이 당신 손에서 무엇을 받기나 하십니까?
당신의 죄는 당신 같은 사람에게나 영향을 주고,
당신의 의로운 삶도 사람에게나 유익한 것이겠지요.

사람들은 학대를 받으면 부르짖으며 벗어나려고 애원합니다.
그렇지만 이렇게 말하는 사람은 드물지요.
'나를 만드신 하나님은 어디 계십니까?
밤중에 노래를 부르게 하시는 그분은 어디 계십니까?
그분은 우리가 짐승보다 낫도록 가르치시고,
공중의 새보다 지혜롭게 만드시는 하나님이십니다.'
저들의 부르짖음에 하나님께서 대답하지 아니하시는 것은
악인들의 교만한 자세 때문입니다.
하나님은 사람들이 헛된 말로 부르짖는 것을 듣지 않으시며,
전능자는 그런 기도를 들은 체도 하지 않으십니다.
당신은 그분을 볼 수 없다고 말하지만,
이미 당신의 사정이 그분께 알려졌으니 그분을 기다리십시오.
당신은 그분이 처벌하시지도 않고,
악한 일에도 전혀 관심이 없으시다고 했지요?

어르신은 정말 헛된 말을 하고,
어리석은 사람처럼 말을 하시는군요."

엘리후가 계속해서 이야기하다

엘리후가 계속해서 말했습니다.

"내 말을 좀 더 들어 주십시오.
하나님 편에서 할 말이 더 있습니다.
나는 먼 곳에서 내 지식을 얻었습니다.
나는 내 창조주의 의로우심을 말하겠습니다.
나는 지혜로 가득 차 있기 때문에 진실만을 말할 것입니다.

하나님은 전능하시지만 아무도 무시하지 않으십니다.
그분의 힘과 지혜는 무궁무진하지요.
악인을 살려 두지 않으시고,
경건한 자들에게 복을 주십니다.
그분은 의인들에게서 눈을 떼지 않으시고,
그들을 왕처럼 대하셔서 영원히 높여 주십니다.
때로는 사람들을 사슬로 묶으시고,
고난도 당하게 하십니다.
그렇게 해서 저들이 한 일을 보이시는데,
곧 자기들이 잘난 체하며 지은 죄를 알게 하시지요.
그리고 그분은 사람의 귀를 열어서 훈계하시고,
악한 일들을 회개하라고 경고하십니다.
만약 사람들이 마음을 돌려 순종하면,
저들은 결국 행복하게 되고, 평안을 누립니다.

그렇지만 순종하지 않으면,
칼을 보내어 치시고 망하게 하시지요.

경건하지 못한 자들은 마음에 원망을 품고
그분이 벌을 내리실 때에도,
'도와주세요!'라고 기도하지 않습니다.
그런 자들은 부도덕하게 살다가 일찍 죽고 맙니다.
그러나 경건한 자들이 고난당할 때, 그분께서 구해 주시고,
고통당할 때에 귀를 여시지요.
그분은 당신을 위험에서 끌어내어 평안의 자리로 인도해 주셨고,
기름진 음식으로 늘 채워 주셨습니다.

그렇지만 이제 당신은
악인이 받아야 할 그 심판을 받고 있지 않습니까?
당신은 공의로운 심판을 받고 있는 중입니다.
당신이 화난다고 조소할까 두렵군요.
많은 뇌물 때문에 곁길로 가지 마십시오.
당신의 재물을 다 허비하더라도,
그 고난에서 벗어날 길이 없을 것입니다.
당신은 사람들이 자기 집에서 죽어 가는
그 밤을 기다리지 마십시오.
더 이상 죄를 짓지 마십시오.
괴롭다고 하나님을 대적하다니요?
보십시오. 하나님은 정말 높고 존귀하십니다.
누가 그분과 같은 스승이 될 수 있겠습니까?
누가 그분의 길을 정하셨습니까?

누가 감히 그분에게 '당신은 이것을 잘못했습니다'라고
말할 수 있겠습니까?

하나님의 하신 일을 두고 모두들 찬송합니다.
그러니 당신도 그분께서 하신 일을 찬송하세요.
그 일을 보지 못한 사람은 없습니다.
멀리 사는 자도 다 압니다.
하나님은 너무 위대하셔서 우리가 다 알기 어렵습니다.
그분의 연수를 감히 인간이 어떻게 알겠습니까?
하나님은 물방울을 끌어올리시고,
그것이 비가 되어 시냇물에 떨어지게 하시는 분입니다.
구름 속에 비를 싸 두셨다가,
사람들에게 풍성하게 쏟아붓습니다.
구름이 어떻게 널려 있는지, 그분이 천둥을 어떻게 보내시는지
모두 알 수 있는 사람이 어디 있습니까?
그분은 번개로 자신을 두르시고,
깊은 바다를 덮으시는 분입니다.
이렇게 하나님은 세상 나라들을 다스리시고,
음식을 풍성히 공급하시는 분입니다.
그는 번갯불을 손으로 쥐고,
표적을 향해 정확히 던지시지요.
천둥소리는 폭풍이 오는 것을 알립니다.
심지어 가축까지도 그것이 오는 것을 알지요."

"그 소리를 들으면, 내 심장도 두근거립니다.
그분 입에서 나오는 천둥소리를 잘 들어 보세요.

온 천지에 번개를 보내어, 땅끝까지 환하게 하시고,
그 후에 천둥소리는 우르릉거리고,
그분의 위엄 있는 목소리가 우렁차게 울려 퍼집니다.
그분의 음성은 사그라들지 않습니다.
하나님의 천둥소리는 정말 놀랍습니다.
사람이 이해 못할 엄청난 일들을 하십니다.
하나님은 눈에게 '땅에 내려라' 하고 명령하시고
쏟아지는 폭우에게 '세차게 퍼부어라' 하고 말씀하십니다.
이처럼 사람들을 꼼짝 못하게 하시는 것은,
하나님의 일에 대해 그들이 알게 하기 위해서입니다.
그때에는 들짐승도 숨을 곳을 찾고,
자기 있는 곳에서 나오질 않습니다.
남쪽에서는 폭풍이 불어오고
북쪽에서는 차가운 바람이 몰아치며,
하나님께서 내뿜으시는 입 기운에 얼음이 생기고,
넓은 호숫물조차 꽁꽁 얼어붙습니다.
그분은 구름에 습기를 가득 채우시고,
구름 사이로 번갯불을 번쩍거리시지요.
그것들은 하나님의 명령대로 이리저리 움직이며,
온 세상에서 그분의 명령을 수행합니다.
그분은 사람을 벌하실 때나 땅에 비를 내리실 때,
징계하실 때나 사람들에게 사랑을 보이실 때,
구름을 사용하십니다.

욥 어르신,
가만히 하나님의 기이한 일들을 한번 생각해 보십시오.

당신은 하나님께서 어떻게 구름을 만드시고,
어떻게 번개를 번쩍이게 하시는지 아십니까?
구름이 균형을 잃지 않고 떠다니는 것과
지혜가 온전하신 분이 행하시는 이적을 이해할 수 있나요?
남풍이 불어 땅이 조용할 때, 따뜻해지는 까닭을 아십니까?
당신은 하나님께서 청동 구리를 부어 만든 거울처럼
단단한 하늘을 펼 수 있습니까?
우리가 그분에게 할 말을 가르쳐 주십시오.
우리는 어둠에 싸여 있어
그분에게 무슨 말을 해야 할지 모르겠군요.
내가 하고 싶은 말을 하나님께 다 할 수는 없습니다.
내가 왜 하나님께 나를 삼키실 기회를 드리겠습니까?

바람이 하늘을 깨끗이 휩쓸고 간 후,
그 빛 때문에
태양을 똑바로 쳐다볼 수 있는 사람은 없을 것입니다.
그분은 영광의 빛에 휩싸여 북쪽에서 오시고,
위엄 가운데 임하시지요.
우리는 전능자의 권능을 상상조차 할 수 없습니다.
그분의 권능은 끝이 없으시고, 공의와 의가 많으신 분인데
어떻게 그런 분이 사람을 괴롭힐 수 있겠습니까?
그러니 사람들이 그분을 경외하지 않을 수 없지요.
스스로 지혜롭다고 생각하는 자를 그분은 무시하십니다."

여호와께서 욥에게 물으시다

그 때 여호와께서 폭풍 가운데서 욥에게 말씀하셨습니다.

"무식한 말로 나의 뜻을 어둡게 하는 자가 누구냐?
너는 허리띠를 동여매고 대장부처럼 일어나서
묻는 말에 대답하라.

내가 땅의 기초를 세울 때 너는 도대체 어디에 있었느냐?
네가 그렇게 많이 알거든 대답하라.
누가 그 수치들을 재고 줄자를 대어 보았느냐?
땅의 기초를 무엇으로 단단히 고정시켰는지,
그 모퉁잇돌을 누가 놓았는지 아느냐?
그때에 새벽 별들이 노래하였고,
모든 천사들이 흥에 겨워 소리를 질렀다.

바닷물이 태를 열고 나오는 아기처럼 넘쳐흐를 때,
바다가 넘치지 못하도록 한계를 정해 놓은 자가 누구냐?
그때 나는 구름으로 바다를 덮고
짙은 어둠으로 그것을 둘러쌌으며,
바다에 경계를 지었고 그것에 문빗장과 문을 달았다.
그때 나는 바다를 향하여,
'너는 여기까지만 오고, 더 이상 넘치지 마라!
너 교만한 파도야, 멈추어라!' 하고 명령했다.

네가 태어난 이후부터 한 번이라도
아침에게 명령하여, 동을 트게 한 적이 있었느냐?

그래서 새벽이 땅의 끝까지 빛을 비추어
악을 행하는 자를 멈추게 한 적이 있느냐?
해가 비춰진 땅이 도장 찍힌 진흙처럼 생겨나고,
그 모양이 주름진 옷과 같이 되었다.
악인들에게 빛을 주지 않고,
그 치켜든 팔을 꺾을 수 있느냐?

너는 바다의 샘에 가 본 적이 있느냐?
깊은 바다 계곡을 걸어다녀 본 적이 있느냐?
죽음의 문이 네게 나타난 적이 있느냐?
죽음의 그림자가 있는 문들을 본 적이 있느냐?
너는 지구의 구석구석을 다 알고 있느냐? 알거든 대답하여라.

빛이 어디에서 오고, 어둠이 어디로 가는지 아느냐?
그것들을 그들의 집으로 데리고 갈 수 있느냐?
그것들이 사는 곳을 아느냐?
너는 그때 태어나서 그것을 아는 사람인가?
나이가 많아서 그런 것들을 아느냐?

너는 눈 창고에 들어가 본 적이 있느냐?
우박 창고에도 가 보았느냐?
그것들을 어려운 때, 전쟁이나 싸움에 사용하기 위해
내가 보관하고 있다.
너는 번개가 흩어지는 곳이나,
동풍이 땅에서 흩어지는 곳을 알고 있느냐?

누가 폭우의 길들을 내었느냐?

천둥의 길을 누가 마련했는지 너는 아느냐?
사람의 흔적이 없는 곳, 아무도 없는 사막에 비를 내리고,
더없이 메마른 땅에 물을 대고,
그곳에 싹을 돋게 하는 이가 누구인가?

비를 낳은 아버지가 있느냐? 이슬방울은 누가 낳았느냐?
얼음은 누구에게서 나왔으며
하늘의 서리는 어디에서 태어났느냐?
물을 돌처럼 단단하게 얼리고,
물의 표면을 꽁꽁 얼게 하는 이가 누구인지 아느냐?

너는 묘성을 한데 묶고,
오리온 별자리의 고리를 풀 수 있느냐?
네가 별 무리를 계절에 따라 이끌어 내고,
큰곰자리, 작은곰자리 별 무리를 인도할 수 있느냐?
네가 천체의 운행 법칙을 아느냐?
네가 땅의 자연법칙을 세웠느냐?

구름에게 소리를 질러,
물이 네게 홍수처럼 덮이게 할 수 있느냐?
네가 번개에게 '번쩍거리며 나가라!'고 명하면,
그것이 '예, 그대로 하겠습니다'라고 답하느냐?
누가 가슴에 지혜를 주고, 마음에 총명을 주었더냐?
누가 지혜가 뛰어나 구름의 수를 헤아리겠느냐?
누가 하늘의 물병들을 기울여 먼지를 덩어리가 되게 하고,
흙을 흙덩이가 되게 할 수 있느냐?

네가 사자의 먹이를 잡을 수 있느냐?
사자들의 굶주림을 채울 수 있느냐?
사자들이 굴속에 웅크려 있고 은신처에 숨어서 기다릴 때,
까마귀 새끼가 먹이가 없어 이리저리 날며
나를 향해 까악까악 울부짖을 때,
누가 까마귀들에게 먹이를 주는가?"

"너는 산에 사는 염소가 언제 태어나는지 아느냐?
사슴이 새끼 낳는 것을 본 적이 있느냐?
그것들이 몇 달이나 배 속에 새끼들을 데리고 다니는지,
언제 새끼를 낳는지 아느냐?
그것들이 웅크리고 새끼를 낳게 되면,
해산하는 고통에서 벗어나는 것을 아느냐?
그 새끼들이 들판에서 자라서 강하게 되면,
어미를 떠나 다시는 돌아오지 않는다.

누가 들나귀를 풀어 주었던가?
누가 재빠른 들나귀의 끈을 놓아주었던가?
내가 그들에게 광야를 집으로 주고,
소금기 있는 땅을 그들의 살 곳으로 정해 주었다.
들나귀는 도시의 소음을 싫어하고,
소리치며 모는 사람을 알지 못하며
푸른 초장을 찾아 온 산을 헤매며, 푸른 풀을 찾아다닌다.

들소가 네게 온유하게 굴며
네 우리에서 하룻밤을 잘 것 같으냐?

너는 들소에게 굴레를 씌워 쟁기질을 시킬 수 있느냐?
들소가 네 뒤를 따라 밭을 갈겠느냐?
그것이 힘이 세다고 믿고 일을 시킬 수 있느냐?
네 곡식을 날라 오고 모아서 타작마당에 옮기리라고 믿느냐?

타조가 화려하게 날갯짓을 한다 해도 황새의 날개만 하겠느냐?
타조는 땅에 알을 낳고 모래로 그것을 따뜻하게 덮지만,
곧 잊어버리고 발로 밟아 깨뜨리거나
야수들이 밟도록 그냥 내버려 둔다.
타조는 새끼를 마치 자기 새끼가 아닌 것처럼 거칠게 다루고
그 새끼들이 죽는다 하더라도 신경 쓰지 않는다.
그것은 내가 타조에게 지혜를 주지 않고,
총명도 베풀지 않았기 때문이다.
그렇지만 타조가 날개를 펼치고 달릴 때는
말과 기수보다 빠르다.

네가 말에게 힘을 주고, 말의 목을 갈기로 옷 입혔느냐?
네가 말에게 메뚜기같이 뛰도록 하였느냐?
그 당당한 콧소리는 두려움을 느끼게 한다.
말은 앞발로 힘차게 땅을 박차고 용사들을 향해 전진하면서,
두려움을 모르고 칼을 피할 생각도 하지 않는다.
화살통은 그 등에서 철커덕거리고, 창과 단창은 번쩍인다.
땅을 종횡무진으로 날뛰고, 나팔이 울려 퍼져도 멈출 줄 모른다.
나팔 소리 가운데서도 힝힝 콧소리를 치며,
멀리서도 전쟁 냄새를 맡고
장군들의 고함 소리와 아우성치는 소리를 듣는다.

매가 두 날개를 남쪽으로 펴고, 날 것을 네가 명령했느냐?
독수리가 높이 치솟아 자기 둥지를 만드는 것도
네 명령에 따른 것이냐?
매는 아찔한 낭떠러지에 살며,
사람이 접근할 수 없이 까마득한 바위틈에 산다.
독수리는 그곳에서 먹이를 찾아 멀리까지 내다본다.
시체가 있는 곳에 독수리가 있고,
그 새끼들도 그곳에서 피를 빨아 먹는다."

여호와께서 욥에게 말씀하셨습니다.

"너는 아직도 전능자와 논쟁하려 하느냐?
나, 하나님을 비난하는 사람은 대답하여라."

그러자 욥이 여호와께 대답했습니다.

"저는 정말, 무가치한 사람입니다.
제가 무슨 대답을 하겠습니까? 단지 입을 가릴 뿐입니다.
나는 한 번 말을 했고 대답지 않겠습니다.
두 번 말했고, 더 이상 않겠습니다."

그때 여호와께서 폭풍 가운데서 욥에게 대답하셨습니다.

"너는 대장부처럼 허리를 동여매고, 묻는 말에 대답하여라.
네가 내 판단을 무시하여 자신을 옳게 여기고 나를 비난하느냐?
네가 하나님처럼 강하단 말이냐? 네 목소리가 천둥 같단 말이냐?

그렇다면 너는 이제 위엄과 탁월함으로 단장하고
영광과 위엄으로 옷을 입어라. 그리고 네 분노를 터뜨려 보아라.
거만한 자들을 모조리 낮추어 보아라.
교만한 자들을 찾아서 겸손하게 굴복시키고
악인들을 그 자리에서 짓밟아 보아라.
그들을 모두 흙 속에 묻어, 저들의 얼굴을 무덤에 묻어라.
그렇게 하면, 나도 네 힘이 너를 구원할 수 있다고 인정하겠다.

저 하마를 한번 살펴보아라.
내가 너를 만들 때, 함께 만든 것이다.
그것은 황소처럼 풀을 먹는다.
그의 허리 힘이 얼마나 센지 보아라.
그 뱃가죽에 뻗치는 힘살을 주목해 보아라.
백향목처럼 꼬리를 치는 저 모습과
힘줄이 얽힌 저 허벅지 근육을 보아라.
그 뼈들은 청동관같이 단단하고, 갈비뼈는 무쇠 막대기 같구나.

그것은 내가 창조한 작품 중 최고의 작품이다.
그것을 만든 나도 칼을 가져야 그것에게 접근할 수 있다.
산들은 그것을 위해 식물을 만들어 내고,
모든 들짐승이 그 곁에서 뛰어논다.
그것이 연꽃 아래 누워 늪 속의 갈대 가운데 자기를 숨기면,
연꽃잎이 그것 위에 그늘을 드리우고,
강가 버드나무도 그를 둘러싼다.
강물이 차고 넘쳐도, 요단 강물이 넘쳐흘러 자신을 삼키려 해도,
그것은 꿈쩍도 하지 않는다.

누가 감히 그것을 잡겠으며,
끌고 가서 그 코를 꿸 수 있겠느냐?"

"네가 낚시 고리로 악어를 끌어낼 수 있겠느냐?
끈으로 그의 혀를 맬 수 있겠느냐?
그의 코에 끈을 꿰고 갈고리로 그의 턱을 낚아챌 수 있겠느냐?
그것이 네게, '살려 주세요!' 하며 애원하겠느냐?
부드러운 말로 간청하겠느냐?
그것이 너와 약속을 하여 평생 너의 노예가 될 것 같으냐?
네가 그것을 새와 놀 수 있는 것처럼 만들어
네 어린 소녀들에게 쥐어 줄 수 있겠느냐?
어부들이 그것을 가지고 상인들에게 팔 수 있겠느냐?
상인들은 그것을 가게에 가지고 나와 팔 수 있겠느냐?
네가 그것의 가죽에 창을, 그 머리에 작살을
꽂을 수 있겠느냐? 그것에게 네 손을 대어 보아라.
그것이 날뛰면 네가 다시 그런 일을 할 생각이나 하겠느냐?
그것을 굴복시킬 수 있다는 생각은 헛된 것이 아니겠느냐?
보기만 해도 기가 꺾이지 않느냐?
아무리 용감한 자라 해도 그것조차 깨우지 못하는데,
누가 감히 내게 맞설 수 있겠느냐?
누가 내게 주고 나서 갚기를 바랄 수 있느냐?
세상의 모든 것이 내게 속하지 않았느냐?

그 악어의 다리와 그 힘과 위엄찬 모습을
어찌 말하지 않을 수 있겠느냐?
누가 그의 갑옷을 벗기고

감히 재갈을 가지고 그에게 다가설 수 있겠느냐?
누가 감히 그 끔찍한 이빨들이 늘어선 턱을 벌릴 수 있겠느냐?
그 등은 방패들이 서로 단단히 연결되어 늘어선 모습과 같고
비늘과 비늘은 서로 이어져 있어서 바람조차 통할 수 없다.
이처럼 비늘들은 서로 이어져서 함께 붙어 나눌 수 없다.
재채기와 함께 번갯불이 번쩍이고,
그 두 눈은 동틀 때의 쏟아지는 햇살 같구나.
입에서는 타는 횃불이 나오고 불똥이 튀어나온다.
그 두 콧구멍에서 연기가 뿜어 나오니,
마치 끓는 솥에서 나오는 것 같구나.
입김이 숯불을 일으킬 것 같으니,
그 입에서는 불꽃이 쏟아진다.
그 목덜미에 힘이 있어, 그 앞에서는 절망도 달아난다.
근육들은 서로 단단히 엉켜 있고,
견고하여 떼어 낼 수 없구나.
그 심장은 돌같이 단단하고, 맷돌 아래짝처럼 강하구나.
그놈이 한번 일어나면,
강한 자도 그 위세 앞에 겁을 먹고 뒷걸음질 친다.
칼로 찔러도 소용이 없고,
창이나 표창, 단창도 아무 소용없구나.
악어는 철을 지푸라기처럼, 구리를 썩은 나무처럼 생각하니,
화살을 쏘아도 꿈쩍하지 않고,
물맷돌도 그것에게는 날리는 겨와 같다.
몽둥이를 지푸라기처럼 여기고,
표창을 날려도 코웃음만 칠 뿐이다.
그것의 밑바닥은 날카로운 질그릇 같아서

진흙에서 쟁기질한 것 같은 자국을 만든다.
깊은 물을 마치 끓는 가마솥같이 만들고,
바다를 기름 가마처럼 만든다.
지나가며 번쩍이는 물보라를 날리니,
흰머리를 날리는 것처럼 보인다.
지구 상에 그것과 같이 두려움을 모르는 것이 없다.
그것이 교만한 자들을 모두 낮추어 보니,
모든 자랑하는 자들의 왕이로다."

욥이 여호와께 대답하다

그러자 욥이 여호와께 대답했습니다.

"주께서는 무슨 일이든지 하실 수 있기 때문에
아무도 주님의 뜻을 방해할 수 없는 줄 압니다.
'무식한 말로 내 뜻을 가리는 자가 누구냐?'라고 물으셨지요?
정말 저는 알지도 못하면서 말하였고,
깨닫지 못하는 일들을 아는 체하였습니다.
주님께서, '들어라, 내가 말하겠다.
내가 묻겠으니 너는 대답하여라'고 하셨지요?
주님에 대하여 귀로 듣기만 했는데,
이제 저는 주를 눈으로 직접 보았습니다.
이제 제 자신을 경멸합니다.
그리고 티끌과 재 가운데서 회개합니다."

여호와께서 욥에게 말씀을 하신 후에 데만 사람 엘리바스에게 말씀하셨습니다. "너와 네 두 친구는 정말 나를 화나게 하였다. 너희들은 내게 욥처럼 옳게 말하지 않았다. 그러므로 이제 너희는 수송아지 일곱 마리와 숫양 일곱 마리를 잡아 내 종 욥에게 가서, 너희들의 죄를 위해 번제로 바쳐라. 그러면 내 종 욥이 너희를 위해 기도해 줄 것이다. 나는 그의 기도를 듣고, 너희들을 너희 어리석음대로 다루지 않겠다. 너희는 욥과 달리 나에 대해 옳게 말하지 않았다." 그러자 데만 사람 엘리바스와 수아 사람 빌닷, 나아마 사람 소발은 여호와께서 자기들에게 명령하신 대로 하였고, 여호와께서는 욥의 기도를 들으셨습니다.

욥이 자기 친구들을 위해 기도한 이후에 여호와께서는 그를 다시 번성케 하셔서, 그에게 전보다 두 배나 많은 복을 주셨습니다. 그러자 그의 모든 형제자매와 전에 그를 알았던 모든 자가 와서 그와 함께 식사를 하였습니다. 그들은 여호와께서 욥에게 내리셨던 모든 재앙을 생각하며 그를 위로하고 슬퍼해 주었고, 각각 돈과 금고리를 욥에게 선물로 주었습니다.

여호와께서 욥의 말년에 처음보다 더 큰 복을 주셔서, 그는 만사천 마리의 양과 육천 마리의 낙타와 황소 천 겨리와 당나귀 천 마리를 소유하게 되었습니다. 그리고 욥은 일곱 명의 아들과 세 명의 딸을 낳았습니다. 그의 첫째 딸을 여미마라 하고, 둘째 딸을 긋시아, 셋째 딸을 게렌합북이라 불렀는데 온 땅에 욥의 딸같이 아름다운 사람이 없었고, 욥은 그들에게도 아들과 같이 재산을 나누어 주었습니다. 그 후, 욥은 백사십 년을 더 살면서, 자손을 사 대까지 보았고 오래 살다가 세상을 떠났습니다.

시편

제 1 권

두 가지 삶의 길

행복한 사람은
나쁜 사람들의 꼬임에 따라가지 않는 사람입니다.
행복한 사람은 죄인들이 가는 길에 함께 서지 않으며,
빈정대는 사람들과 함께 자리에 앉지 않는 사람입니다.
그는 여호와의 가르침을 즐거워하고,
밤낮으로 그 가르침을 깊이 생각합니다.

그는 마치 시냇가에 옮겨 심은 나무와 같습니다.
계절을 따라 열매를 맺고
그 잎새가 시들지 않는 나무와 같습니다.
그러므로 그가 하는 일마다 다 잘될 것입니다.
나쁜 사람들은 그렇지가 않습니다.
그들은 마치 바람에 쉽게 날아가는 겨와 같습니다.

그러므로 나쁜 사람들은

하나님께서 내리시는 벌을 견뎌 낼 수가 없을 것입니다.
죄인들은 착한 사람들과 함께 있을 수 없습니다.
착한 사람들이 가는 길은 여호와께서 보살펴 주시지만,
악한 사람들이 가는 길은 결국 망할 것입니다.

하나님께서 택하신 왕

어째서 나라들이 남몰래 나쁜 일을 꾸미며,
민족들이 왜 그토록 헛된 일들을 계획하고 있는 것일까?
세상 왕들이 여호와께 대항하여 싸울 준비를 하고,
세상의 통치자들이
여호와께서 세우신 왕과 싸우려고 모여드는구나.
그들은 "우리를 묶은 쇠사슬을 끊어 버리자.
우리를 동여맨 밧줄을 던져 버리자"라고 말합니다.

그러나 하늘 보좌에 앉아 계신 분께서 웃으시며
그들을 향해 비웃으십니다.
주께서 분노하시면서 그들을 꾸짖고,
그들이 두려워 벌벌 떠는 가운데 말씀하시기를
"내가 나의 왕을 내 거룩한 산, 시온 산 위에 세웠다!"
라고 하십니다.

내가 이제 주님의 명령을 널리 선포합니다.
여호와께서 내게 말씀하시기를 "너는 내 아들이다.
오늘 내가 너의 아버지가 되었다. 나에게 구하여라.
그러면 내가 모든 나라들을 네게 유산으로 주겠다.
그리고 지구상의 모든 민족들이 다 네 소유가 될 것이다.

너는 철로 된 지팡이로 그들을 질그릇같이 부술 것이다"
라고 하셨습니다.

그러므로 세상 왕들아! 지혜롭게 행동하여라.
세상의 통치자들아! 조심하여라.
두려운 마음으로 여호와를 섬기고,
떨리는 마음으로 그분을 찬양하여라.
그의 아들을 정중하게 섬겨라.
그렇지 않으면 너희가 가는 길에서 망하게 된다.
왜냐하면 주님의 분노가
순식간에 불붙듯이 타오를 것이기 때문이다.
여호와를 의지하는 사람은 복을 받을 것이다.

아침 기도 – 다윗이 아들 압살롬을 피해 도망갈 때 부른 노래

여호와여, 나의 원수들이 얼마나 많은지요!
나에게 대항하는 사람들이 너무도 많습니다!
많은 사람들이 나에 관해 말하기를,
"하나님께서 그를 구해 주시지 않을 거야"라고 합니다.(셀라)

그러나 여호와여, 주는 나의 방패시며, 나의 영광이시고,
내 머리를 드시는 분이십니다.
내가 여호와께 큰 소리로 부르짖을 때,
그분은 그 거룩한 산에서 내게 응답하십니다.(셀라)

내가 저녁에 누워 잠을 자고, 아침에 다시 깨어나는 것은
여호와께서 나를 지켜 주시기 때문입니다.

수천 수만 명의 적들이 사방으로 나를 둘러싸더라도
나는 두려워하지 않을 것입니다.

여호와여, 일어나소서! 오 나의 하나님이시여, 나를 구해 주소서.
내 원수들의 턱뼈를 부수뜨리고,
악한 사람들의 이를 부러뜨려 주소서.

구원은 여호와께 있으니
주의 복을 주의 백성에게 내려 주소서.(셀라)

저녁 기도 – 다윗의 시. 지휘자를 따라 현악기에 맞춰 부른 노래

내가 당신께 부르짖을 때에 응답해 주소서.
나의 의로우신 하나님!
내 근심을 덜어 주시고, 나에게 은혜를 베풀어 주시고,
나의 기도를 들어주소서.

사람들이여! 언제까지 나를 부끄럽게 하려는가?
언제까지 잘못된 일을 좋아하고,
거짓된 신들을 따르려는가?(셀라)
여호와께서 경건한 사람들을 선택하셨다는 사실을
너희들은 알아야 한다.
내가 기도할 때에 여호와께서 듣고 계신다는 사실을
알아야 한다.

화가 난다고 죄를 짓지 마라.
너희는 잠들기 전에 조용히 생각하며
자기 마음을 살펴보아라.(셀라)

주께 올바른 제사를 드리고, 여호와를 믿고 의지하여라.

많은 사람들이
"누가 우리에게 선한 것을 보여 주겠는가?"라고 물으니
여호와여, 주님의 얼굴을 우리에게 비추어 주소서.
주께서 나의 마음에 큰 기쁨을 채워 주시니
이 기쁨은 곡식과 새 포도주가 가득할 때의 기쁨보다 더 큽니다.

내가 평안히 누워 잠을 자니
나를 이렇게 안전하게 돌보아 주시는 분은
오직 여호와뿐이십니다.

보호해 달라는 아침 기도 – 다윗의 시. 지휘자를 따라 관악기에 맞춰 부른 노래

여호와여, 내 말에 귀 기울여 주소서.
나의 한숨 소리를 들어 주소서.
도와 달라고 외치는 나의 부르짖음을 들어 주소서.
나의 왕, 나의 하나님이시여, 내가 주께 기도드립니다.
여호와여, 아침마다 주께서 내 소리를 들으시니,
매일 아침 나의 소원들을 주께 아뢰고
주님의 응답을 조용히 기다립니다.

주님은 악한 것을 좋아하시는 분이 아니시니
악한 사람들이 주님과 함께할 수 없습니다.
거만한 자들이 주 앞에 설 수가 없습니다.
주님은 옳지 못한 일을 하는 사람을 미워하십니다.
여호와께서는 거짓말하는 자들을 멸망시키시고,

다른 사람의 피를 흘리고 속이는 자들을 몹시 미워하십니다.

나는 오직 주님의 크신 사랑에 힘입어
주님의 집 안으로 들어갈 것입니다.
존경하는 마음으로
주님의 거룩한 전을 향하여 엎드리겠습니다.
여호와여, 내 주위에 적들이 많으니
주의 의로운 길로 나를 인도하여 주시고
주의 곧은 길을 보여 주소서.

원수들의 말은 한마디도 믿을 수가 없고,
그들의 마음은 사람을 파멸시키려는 계획들로 가득 차 있습니다.
그들의 목구멍은 열린 무덤과도 같고,
그들의 혀는 거짓말하는 데 능숙합니다.
하나님이시여, 그들을 죄인이라 부르소서!
자기들의 꾀에 스스로가 빠져들게 하십시오.
죄값을 치르게 하여 그들을 쫓아내십시오.
그들이 주님을 배반했기 때문입니다.

그러나 주님을 피난처로 삼는 사람들은
누구나 즐겁게 해 주소서.
언제까지나 기쁨의 노래를 부르게 해 주소서.
주님, 그들을 지켜 보호해 주십시오.
주님의 이름을 사랑하는 사람들이 주님 때문에 기뻐할 것입니다.
여호와여, 정말로 주님은 의로운 사람에게 복을 주십니다.
주님의 방패 같은 사랑으로 그들을 지켜 주소서.

회개의 기도 – 다윗의 시. 지휘자를 따라 현악기에 맞춰 낮은 음으로 부른 노래

여호와여, 주님의 노여움으로 나를 꾸짖지 마시고,
주님의 불 같은 분노로 나를 벌하지 마소서.
여호와여, 나는 힘이 없으니 불쌍히 여겨 주소서.
여호와여, 나를 고쳐 주소서. 뼈마디가 고통스럽습니다.
내 마음이 찢어질 듯이 아픕니다.
여호와여, 언제까지 기다려야 합니까?

여호와여, 돌아오셔서 나를 구해 주시고,
주의 변함없는 사랑으로 나를 살려 주소서.
죽으면 아무도 주를 생각할 수 없습니다.
무덤 속에서 누가 주를 찬양할 수 있단 말입니까?

나는 신음하다가 지쳐 버렸습니다.
밤을 지새며 눈물로 침대를 적셨으며
울음으로 이불이 흠뻑 젖었습니다.
너무 많이 울어 눈앞이 잘 보이지 않습니다.
원수들 때문에 흘린 눈물로 시력이 약해졌습니다.

내게서 떠나가거라! 악한 일을 저지르는 모든 자들아!
여호와께서 내 울부짖음을 들으셨다.
여호와께서 자비를 간절히 구하는 내 외침을 들으셨으니
내 기도를 받으실 것이다.
내 모든 원수들이 두려워하기를 바라고
창피를 당한 후 물러가기를 바랍니다.

사람이 한 일에 따라 심판하실 것에 대한 기도

– 베냐민 사람 구시가 한 말을 듣고 여호와께 부른 다윗의 식가욘

여호와 나의 하나님이시여, 내가 주께 피하니
나를 뒤쫓는 사람들에게서 나를 보호하시고 구해 주소서.
그렇지 않으면 그들이 사자처럼 달려들어
나를 갈기갈기 찢어 놓을 것입니다.
나를 구해 줄 사람은 아무도 없습니다.

여호와 나의 하나님이시여, 내가 어떻게 살았습니까?
내가 무슨 잘못을 저지른 적이 있습니까?
내가 다른 사람에게 악을 행한 일이 있습니까?
아무런 이유 없이 나의 원수의 물건을 빼앗은 적이 있었습니까?
만약 내가 그랬다면,
원수가 나를 쫓아와 붙잡도록 내버려 두십시오.
그가 나를 땅에 짓밟고, 나를 땅에 묻게 하소서.(셀라)

여호와여! 분노하시면서 일어나소서.
나의 성난 원수들을 대항하여 일어나 싸워 주소서.
나의 하나님이시여, 일어나소서! 정의를 선포하여 주소서.
모든 나라들을 불러 모아 주를 둘러싸게 하시고,
하늘에서 그들을 다스려 주소서.

주께서 민족들을 심판해 주소서.
여호와께서 내가 의롭게 행동했는지 판단해 주소서.
가장 높으신 분이시여,
내가 순수하게 행동하였는지 말씀해 주소서.

사람의 마음과 생각을 알고 계시는 의로우신 하나님,
악한 사람들의 악을 막아 주시고,
의로운 사람들을 안전하게 보호하여 주소서.
가장 높으신 분, 하나님께서는 나의 방패이십니다.
그분은 마음이 바른 사람들을 구원하여 주십니다.
하나님께서는 공평하신 재판장이십니다.
그분은 악인을 향해 날마다 분노하시는 하나님이십니다.

만일 그들이 마음을 고쳐 바르게 하지 않으면,
하나님께서는 칼을 가시며 활을 당겨 그들을 겨누실 것입니다.
하나님께서는 생명을 앗아갈 수 있는 무기로
불화살을 마련해 두셨습니다.
악한 생각을 가슴에 품고, 다른 사람에게 고통을 주는 악인은
자기가 만든 속임수에 빠질 것입니다.
다른 사람들을 빠뜨리기 위해 구덩이를 깊이 파는 사람들은
스스로 그 구덩이에 빠질 것입니다.
그들은 자신들이 일으킨 어려움에 스스로 빠지게 되고,
그들이 일으킨 폭력이 그들 머리 위로 돌아갈 것입니다.

의로우신 여호와여, 내가 감사드립니다.
가장 높으신 분, 주님의 이름을 찬송합니다.

하나님의 위대하심과 사람의 가치

– 다윗의 시. 지휘자를 따라 기쁜 곡조로 부른 노래

여호와, 우리의 주님이시여!
주님의 이름이 온 땅에 어찌 그리 장엄한지요?

주님께서 하늘 위에 주님의 찬란한 영광을 두셨습니다.
주님께서는 어린이들과 젖 먹는 아기들이
주님께 찬양을 올리도록 하셨습니다.
주님께 대항하는 원수들과 적들과 보복하려는 자들을
침묵시키기 위해서입니다.

주님의 하늘을 바라봅니다.
주님의 손가락으로 지으신 하늘을 생각해 봅니다.
주님께서 하늘에 자리를 정해 준 달과 별들을 생각해 봅니다.
사람이 무엇이기에 주님께서는 그를 기억하시고,
인간이 무엇이기에 주님께서는 그를 돌보아 주시는지요?

주님께서는 사람을 천사보다 조금 못하게 지으시고,
그 머리에 영광과 존엄의 왕관을 씌우셨습니다.
주님께서 만드신 모든 것을 사람이 다스리게 하시고,
모든 것들을 사람에게 맡기셨습니다.
모든 양 떼들과 소 떼들, 그리고 들판의 짐승들,
하늘을 나는 온갖 새들과 바닷속에 사는 모든 것들을
다스리게 하셨습니다.

여호와, 우리 주여! 주의 이름이 온 땅에 어찌 그리 장엄한지요?

승리에 대한 감사 기도

– 다윗의 시. 지휘자를 따라 "아들의 죽음"이라는 곡조에 맞춰 부른 노래

오 주님, 내가 온 마음을 다해 여호와를 찬양하며,
주께서 행하신 놀라운 일들을 모두 노래하겠습니다.

내가 주를 기뻐하고 즐거워할 것입니다.
가장 높으신 분, 주님의 이름을 찬송하겠습니다.

나의 원수들이 도망치다가 넘어지며, 주님 앞에서 멸망합니다.
주께서 나의 억울한 사정을 들으시고
보좌에 앉으셔서 공평하게 재판하셨습니다.

주께서 모든 나라들을 꾸짖으시고,
악한 사람들을 망하게 하시며,
그들의 이름을 영영 지워 버리셨습니다.
원수들이 끝없이 파멸하였습니다.
주님께서 그들이 살던 성을 뿌리 뽑으셨기 때문에
이제 아무도 그 성을 기억하지 못합니다.

여호와께서는 영원히 다스리십니다.
여호와께서 재판하시기 위해 보좌에 앉아 계십니다.
여호와께서는 세상을 정의롭게 판단하실 것이며,
모든 민족들을 공의롭게 다스리실 것입니다.

여호와는 억압받는 사람들의 피난처가 되시며,
그들이 어려움 가운데 있을 때에 보호자가 되십니다.
여호와여, 주의 이름을 아는 사람들은 모두
주님을 믿고 의지할 것입니다.
왜냐하면 주님은 주님께 오는 자들을
저버리지 않으시기 때문입니다.

시온의 왕이신 여호와를 찬양하여라.
여호와께서 행하신 일을 모든 나라들에게 알려라.
살인자에게 복수하시는 이가 고통당한 자를 기억하십니다.
여호와는 고통받는 사람들의 외침을 잊지 않으십니다.

오 여호와여, 보소서. 얼마나 많은 적들이 나를 대적하는지요!
나를 불쌍히 보시고
내가 죽음의 문을 지날 때에 나를 구해 주소서.
그러면 내가 시온 성문들에서 주를 높이 찬양하며,
주님의 구원을 찬송하고 즐거워할 것입니다.

모든 나라들은 자기들이 판 구덩이에 빠졌습니다.
자기들이 숨겨 놓은 그물에 스스로 걸려들었습니다.
여호와께서는 정의로우신 분으로 잘 알려져 있습니다.
악한 자들은 자신들이 놓아둔 덫에 걸려들게 됩니다.
(힉가욘, 셀라)

악한 자들은 무덤으로 갈 것입니다.
하나님을 잊어버린 모든 나라들도 그곳으로 갈 것입니다.

그러나 가난한 자들이 항상 잊혀지는 것은 아닙니다.
고통당하는 자들의 희망이 사라지는 것도 아닙니다.

여호와여, 일어나소서! 사람들이 우쭐대지 못하게 하여 주소서.
거만한 나라들이 주님 앞에서 심판받게 하여 주소서.
여호와여, 저들을 내리치사

자신들은 한낱 사람에 불과하다는 것을
저들이 알게 하여 주소서.(셀라)

악인의 심판을 구함

여호와여, 어찌하여 그토록 멀리 계십니까?
어찌하여 내가 어려움에 처했을 때에 숨어 계십니까?

거만하고 악한 자들이 연약한 자들을 몹시 괴롭게 합니다.
악한 자들을 그들이 만든 함정에 빠지게 하소서.
악한 자들은 자기가 바라는 것을 자랑하며,
지나치게 욕심이 많은 자들은 여호와를 배신하며 멸시합니다.
악하고 교만한 자들은 하나님을 찾지 않습니다.
그들의 머릿속에는 도무지 하나님이 계시지 않습니다.
그런데 그들은 항상 번영하는 삶을 누리며
주님의 가르침과는 거리가 먼 삶을 살고 있습니다.
그들은 속으로, "내게 나쁜 일은 하나도 일어나지 않을 거야.
나는 절대로 실패하지 않을 거야"라고 말합니다.
그들의 입은 욕지거리와 거짓말,
협박하는 말들이 가득하고 온갖 저주와 악한 말들을 내뱉습니다.
그들은 마을 근처에 몰래 숨어서 기다립니다.
숲에 숨어서 기다리다가 무고한 사람들을 죽입니다.
그들은 사자처럼 숨어서 기다립니다.
힘없는 사람들을 잡아 죽이려고 숨어서 기다립니다.
힘없는 사람들을 그물로 잡아 질질 끌고 갑니다.
잡힌 자들은 짓밟히고 쓰러집니다.
그들은 힘없이 쓰러질 뿐입니다.

그들은 속으로 말하기를, "하나님께서 우리를 잊어버리셨어.
무슨 일이 일어나고 있는지 보고 계시지 않아"라고 합니다.

여호와여, 일어나소서. 오 하나님이여, 주님의 손을 들어 주소서.
힘없는 사람들을 잊지 마소서.
어찌하여 악한 사람들이 하나님을 업신여긴단 말입니까?
어찌하여 그들은 속으로
"하나님은 우리에게 책임을 묻지 않을 거야"라고 한단 말입니까?
그러나 주께서는 고통당하는 자들의 고통과 슬픔을
보고 계실 것입니다.
주께서는 그들의 고통과 슬픔을 속속들이 잘 아실 것입니다.
고통당하는 자들이 주께 도움을 구합니다.
주는 고아들을 돕는 자가 아니십니까!
악한 자들과 못된 자들의 팔을 꺾어 주소서.
그들의 악행을 철저하게 찾아내어
무거운 책임을 물으시고 벌을 내려 주소서.

여호와께서는 영원한 왕이십니다.
주님께 대항하는 나라들은 주님의 땅에서 사라질 것입니다.
여호와여, 고통당하는 자들의 소원을 들어 보십시오.
그들을 격려해 주소서. 그들의 부르짖음에 귀 기울여 주소서.
고아들과 핍박받는 자들을 변호해 주소서.
그러면 땅의 사람들이
그들을 더 이상 공포에 몰아넣지 못할 것입니다.

여호와를 신뢰함 – 다윗의 시. 지휘자를 따라 부른 노래

내가 여호와께 피신합니다.
그런데 어찌하여 너희들은 나에게 이런 소리를 하는가?
“새처럼 산으로 도망쳐라. 보라, 악한 자들이 사냥꾼처럼
활을 당기고, 화살을 쏘려고 한다.
어두운 곳에서 정직한 사람들을 향해 활을 쏘고 있다.
터가 무너져 내리는데
의로운 사람들이 할 수 있는 일이 무엇이겠는가?”

여호와께서 성전에 계시며, 여호와의 보좌는 하늘 높이 있습니다.
그리고 사람들을 눈여겨보십니다.
눈길을 떼시지 않고 사람들을 자세히 살피십니다.
여호와는 의로운 사람들은 사랑하시지만
악한 자들과 다른 사람을 해치려는 사람들은 미워하십니다.
여호와는 악한 자들 위에
숯불과 유황불을 비오듯 쏟아부을 것입니다.
태워 버리는 불바람이 그들의 운명이 될 것입니다.
여호와는 의로우시며, 정의를 사랑하십니다.
정직한 사람들이 그분의 얼굴을 보게 될 것입니다.

타락한 시대에 대한 간구의 기도

– 다윗의 시. 지휘자를 따라 낮은 음에 맞춰 부른 노래

여호와여! 도와주소서. 진실한 사람들이 없습니다.
충성스런 사람들을 이 땅에서 찾아볼 수가 없습니다.
사람들은 저마다 이웃들에게 거짓말을 합니다.
그들은 간사한 입술로 다른 사람을 속입니다.

여호와께서 교활한 입술을 멈추게 해 주소서.
자랑하는 이들의 혀를 끊어 주소서.
그들은 "우리 입으로 우리가 말하는데,
우리 혀로 우리가 말하는데,
누가 우리를 막는단 말인가?"라고 말합니다.

그렇지만 여호와께서 이렇게 말씀하십니다.
"연약한 사람들이 핍박을 받고 가난한 자들이 신음하고 있으니
이제 내가 일어날 것이다.
그들을 고통스럽게 하는 자들로부터 보호할 것이다."
여호와의 말씀은 참입니다.
도가니에서 일곱 번 걸러 낸 은과 같습니다.

여호와여! 저희를 안전하게 지켜 주소서.
그런 악한 자들로부터 끝까지 보살펴 주소서.
이 땅 어디에서나 더러운 일들이 판을 치고,
악한 자들이 거침없이 활개치고 다닙니다.

하나님을 신뢰하며 기다림 – 다윗의 시. 지휘자를 따라 부른 노래

여호와여! 언제까지 나를 잊고 계실 것입니까?
언제까지 숨어 계실 것입니까?
언제까지 내가 걱정해야 합니까?
언제까지 내가 날마다 슬퍼해야 됩니까?
언제까지 원수가 나를 보고 우쭐대어야 한단 말입니까?

오 주님, 나의 하나님이시여,

나를 보시고 내게 대답해 주소서. 내 눈을 밝혀 주소서.
그렇지 않으면 나는 죽음의 잠을 잘 것입니다.
나의 원수들이 "내가 이겼다!"라고 말하지 못하게 해 주소서.
내가 쓰러질 때, 나의 원수들이 기뻐할 것입니다.

나는 주의 변함없는 사랑을 믿습니다.
내 마음이 주님의 구원을 기뻐합니다.
내가 여호와를 노래할 것입니다.
왜냐하면 여호와께서 내게 은혜를 베푸셨기 때문입니다.

어리석은 무신론자들 – 다윗의 시. 지휘자를 따라 부른 노래

어리석은 자는 마음속으로 말하기를,
"하나님은 없다"라고 합니다.
그들의 행위는 더럽고 썩었으며,
선한 일을 행하는 사람이 아무도 없습니다.

여호와께서 하늘에서 땅의 사람들을 굽어보시니,
지혜로운 사람이 있는지 하나님을 찾는 사람이 있는지
살펴보고자 하심입니다.

그러나 모든 사람들이 뒤돌아서서 잘못된 길로 갔습니다.
그들 모두가 썩은 것입니다.
선한 일을 하는 사람이 하나도 없습니다.

악한 자들이 언제쯤 깨닫겠습니까?
그들은 내 백성을 빵 먹어 치우듯이 먹어 버리고,
여호와를 부르지 않습니다.

그러나 악한 자들은 두려워 떨 것입니다.
왜냐하면 하나님께서
의롭게 사는 사람들과 함께하시기 때문입니다.
저희 악한 자들은
가난한 사람들의 계획들을 방해하려 하지만
여호와께서는 가난한 사람들의 피난처가 되십니다.

이스라엘을 위한 구원이 시온으로부터 올 것입니다!
여호와께서 그의 백성의 운명을 회복시키실 때에
야곱은 즐거워할 것이고, 이스라엘은 기뻐할 것입니다.

주님의 장막에 거할 자 – 다윗의 시

여호와여, 주님의 거룩한 장막에 살 자가 누구입니까?
주님의 거룩한 산에 살 자가 누구입니까?

깨끗하게 살고, 옳은 일을 행하며,
마음으로부터 진실만을 말하고,
입으로 다른 사람을 모함하지 않는 사람입니다.
이웃에게 해를 끼치지 않고, 이웃을 모욕하지 않는 사람입니다.
악한 자들을 경멸하되
여호와를 두려워하는 이들을 높이는 사람입니다.
손해가 나더라도 맹세를 지키는 사람입니다.
많은 이자를 받고 돈을 꾸어 주거나
죄 없는 사람을 뇌물을 받고 억울하게 하는 사람이 아닙니다.
이렇게 사는 사람은 영원히 흔들리지 않을 것입니다.

성도 된 자의 기쁨 – 다윗의 믹담

하나님이시여, 나를 보호해 주소서. 내가 주께로 피합니다.
내가 여호와께 말합니다.
"당신은 나의 주님이시니
주님을 떠나서는 어디에도, 나의 행복이 없습니다."

이 세상에 있는 성도들은 영광스런 사람들입니다.
나는 그 사람들을 자랑스럽게 생각합니다.

그러나 다른 신들을 따라가는 사람들은
커다란 쓰라림을 맛볼 것입니다.
나는 그런 우상들에게 피의 잔을 바치지 않겠으며,
그 이름조차 부르지 않겠습니다.

여호와는 내가 받을 재산과 마실 잔을 정해 주셨습니다.
여호와는 내가 받을 몫을 안전하게 보호해 주십니다.
주께서 주신 땅은 매우 좋은 곳입니다.
정말로 나는 아름다운 몫을 받았습니다.

여호와께서 내 갈 길을 보이시니 내가 여호와를 찬양합니다.
밤에도 주께서 이끄심을 마음으로 느낍니다.
나는 늘 내 앞에 여호와를 모셔 두었습니다.
주님께서 늘 내 오른편에 계시므로
내가 결코 흔들리지 않을 것입니다.

그러므로 내 마음이 기쁘고,

내 목소리를 높여 주님을 노래합니다.
내 몸이 편안히 쉴 수 있습니다.
그것은 주님께서 나를 무덤에 내버려 두지 않으시고,
주님께서 주님의 거룩한 자를 썩지 않게 하실 것이기 때문입니다.

주님께서 내게 생명의 길을 보여 주셨으니,
주님의 앞에서는 나의 기쁨이 항상 넘치고,
주님의 오른편에 있으면 언제까지나 기쁨을 맛볼 것입니다.

보호를 구하는 기도 – 다윗의 시

여호와여, 나의 의로운 간청을 들어 보소서.
나의 부르짖음에 귀 기울여 들어 보소서.
내 기도에 귀를 기울여 주소서.
내 기도는 결코 거짓되지 않습니다.
주께서 내가 옳다고 판단하실 것입니다.
주의 눈은 결백한 사람을 알아보실 수 있을 것입니다.

주께서 내 마음을 살펴보시고, 밤에도 나를 조사하셨습니다.
잘못을 찾으려 하셨으나 아무 잘못도 발견하지 못하셨습니다.
나는 입으로 죄를 짓지 않겠다고 결심했습니다.
다른 사람들이 어떻게 행동하든지 상관없이
나는 주님의 말씀을 따랐습니다.
나는 악한 자들의 길을 따르지 않고 내 자신을 보살폈습니다.
나는 주께서 가라고 하신 길로만 갔고,
곁길로 간 적이 없습니다.

오 하나님, 내가 지금 주님을 부르니
나의 부르짖음에 대답해 주소서.
내게 귀를 기울이시고 나의 기도에 응답해 주소서.
주님의 놀라운 큰 사랑을 내게 베풀어 주소서.
원수들을 피해 주께 오는 자들에게
주님은 능력의 오른손으로 구원을 베푸시는 분이십니다.

주님의 눈동자처럼 나를 지켜 주소서.
어미새가 날개 아래로 새끼들을 숨기듯이 나를 보호해 주소서.
나를 공격하는 악한 자들로부터 지켜 주소서.
나를 둘러싸고 있는 무서운 원수들로부터 보호해 주소서.

그들의 마음은 기름기로 굳어졌고 거만하게 말합니다.
나를 쫓아와서 이제는 나를 둘러싸고 있습니다.
나를 땅에 메어치려고 노려보고 있습니다.
그들은 먹이에 굶주린 사자 같기도 하고,
숨어서 노려보는 무서운 사자와도 같습니다.

여호와여, 일어나시어 적과 맞서십시오. 그들을 때려눕히십시오.
주님의 칼로 악한 자들을 치시고 나를 건져 주십시오.
여호와여, 주님의 능력의 손으로
그들에게서 나를 구원하여 주소서.
이 세상에서 받을 몫을 다 받고 사는
그들에게서 나를 구원하여 주소서.
주님은 주님이 기뻐하시는 자들의
배고픔을 채워 주실 것입니다.

그들의 자녀들은 풍족할 것입니다.
그들은 자손들을 위해 많은 재산을 쌓을 것입니다.

그리고 나는 떳떳하게 주님의 얼굴을 바라볼 것입니다.
이 밤이 지나 깨어날 때에
나는 주님의 모습을 보는 것으로 만족할 것입니다.

승리의 노래 – 지휘자를 따라 부른 노래. 여호와의 종 다윗의 시. 여호와께서 사울과 다른 적들로부터 자신을 구해 주셨을 때

나의 힘이 되신 여호와여! 내가 주님을 사랑합니다.
여호와는 나의 반석, 나의 요새, 나의 구원자이십니다.
나의 하나님은 피할 바위이십니다.
주님은 나의 방패, 구원하시는 뿔, 나의 산성이십니다.
내가 찬양받기에 합당하신 여호와께 부르짖으니
그가 나를 수많은 원수들로부터 구하실 것을 확신합니다.

죽음의 줄이 나를 묶고, 멸망의 물살이 나를 덮쳤습니다.
무덤의 줄이 나를 묶고, 죽음의 덫이 나를 덮었습니다.

고통 중에 내가 여호와를 불렀고,
나의 하나님께 도와 달라고 부르짖었습니다.
저가 성전에서 내 목소리를 들으셨으며,
울부짖는 내 외침이 그의 귀에 들렸습니다.

땅이 떨리고 뒤흔들리며, 산들의 뿌리가 흔들리기 시작했습니다.
이는 주님께서 노하셨기 때문입니다.

코에서는 연기를 뿜어내시고,
입으로는 타오르는 불길을 토해 내셨습니다.
불타는 숯불이 주님의 입으로부터 터져 나왔습니다.
저가 하늘을 가르시고 내려오셔서
검은 구름을 발로 밟고 계셨습니다.
날개 달린 생물인 그룹을 타고 날아오셨습니다.
바람 날개를 타고 내려오셨습니다.
어두움으로 몸을 덮으셔서 천막을 만드셨으며
어두운 비가 하늘을 덮었습니다.
그 앞에 빛난 빛으로부터 짙은 구름이 나왔으며
우박이 내리고 번개가 쳤습니다.

여호와께서 하늘로부터 천둥소리를 내셨습니다.
가장 높으신 하나님의 목소리가 울리기 시작했습니다.
주님께서 활을 쏘시어 원수들을 흩어 쫓으셨습니다.
번개를 내리치시니 원수들이 놀라서 도망쳤습니다.
여호와께서 꾸짖으시고 콧김을 세차게 불자
바닷속 골짜기들이 드러나고
땅의 밑바닥이 훤히 드러나 보였습니다.

주님께서 높은 곳에서 손을 뻗으시어 나를 잡으시고,
깊은 물속에서 건져 내셨습니다.
주님께서 힘센 원수들로부터 나를 구해 주셨습니다.
내가 감당하기에 그들은 너무나 힘센 자들이었습니다.
내가 재난 가운데 있을 때, 그들이 내게 달려들었지만
여호와는 나를 붙잡아 주셨습니다.

여호와께서 나를 안전한 곳으로 데리고 가시고,
나를 기뻐하심으로 구원해 주셨습니다.

내가 옳은 일을 하므로 여호와께서 내게 상을 내리셨으며,
깨끗하게 살았다고 여호와께서 내게 복을 주셨습니다.
나는 여호와의 길을 따랐습니다.
나의 하나님을 떠나 나쁜 짓을 하지 않았습니다.
나는 항상 주님의 법을 앞에 두고 살았고,
그분의 법을 저버린 적이 없습니다.
나는 하나님 앞에서 나무랄 데 없이 살았고,
죄에 빠지지 않도록 조심하였습니다.
내가 옳은 일을 하니 여호와께서 내게 상을 내리셨으며,
깨끗하게 살았다고 여호와께서 내게 복을 주셨습니다.

신실한 사람들에게는 주의 신실하심을 보여 주시고,
흠 없는 사람들에게는 주의 흠 없음을 보여 주십니다.
마음이 깨끗한 사람들에게는 주의 깨끗하심을 보여 주십니다.
그러나 주님은 못된 사람들에게는
못되게 갚아 주시는 분이십니다.
주는 겸손한 사람들을 구원하시지만,
거만한 눈을 가진 사람들은 초라하게 만드십니다.
여호와께서 내 등잔에 불을 붙여 주셨습니다.
나의 하나님께서 나를 둘러싼 어두움을 빛으로 바꾸셨습니다.
주님의 도우심으로 나는 군대와 같은 원수들을 칠 수 있습니다.
나의 하나님과 함께 나는 어떤 담이라도 뛰어넘을 수 있습니다.
하나님의 길은 완전합니다. 여호와의 말씀은 티가 없습니다.

저가 자기에게 피하는 모든 자들에게 방패가 되십니다.

여호와 외에 누가 하나님이란 말입니까?
우리 하나님 외에 든든한 바위와 같은 자가 누구란 말입니까?
나에게 힘을 주시고,
나의 가는 길을 완전케 하시는 분은 하나님이십니다.
주님은 나의 발을 암사슴 발같이 하여,
가파른 산등성 위에 굳게 서도록 하십니다.
내가 싸우도록 주님은 내 손에 힘을 길러 주셔서
내 팔은 놋활도 당길 수 있습니다.
주님께서 승리의 방패를 내게 들려 주셨고,
주님의 오른손이 나를 받쳐 주십니다.
주의 온유함이 나를 크게 하셨습니다.
주님께서 나의 가는 길을 넓히시어
내 발이 미끄러지지 않게 하십니다.
내가 내 원수들을 쫓아가 잡았으며
원수들이 패하여 망하기 전까지는 물러서지 않았습니다.
원수들이 다시 일어나지 못하도록 때려눕히니
그들이 내 발밑에 쓰러졌습니다.
주님은 싸움터에서 내게 힘을 주셨습니다.
원수들을 내 앞에 엎드리게 하셨습니다.
주님 앞에서 원수들이 도망쳤습니다.
나는 내 원수들을 남김없이 물리쳤습니다.
원수들이 도와 달라고 소리쳤지만,
아무도 그들을 도우러 오지 않았습니다.
여호와께 부르짖었지만, 들은 체도 하지 않으셨습니다.

내가 원수들을 바람에 나는 먼지처럼 부수어 날려 보내고,
길바닥의 진흙처럼 쏟아 버렸습니다.

주님은 백성들이 나를 공격할 때 나를 건져 주셨고,
뭇 나라들의 으뜸으로 삼으셨습니다.
내가 알지도 못하는 민족들마저도 나를 섬기게 되었습니다.
내 소문을 듣고는 그들이 당장 내게 엎드립니다.
다른 나라 사람들이 내게 무릎을 꿇습니다.
모두가 두려워하여 벌벌 떨면서
그들의 요새로부터 기어 나옵니다.

여호와께 영광을 돌립니다! 나의 바위에게 찬양을 드립니다.
나의 구원자 하나님을 높이 찬송합니다!
그분은 나의 원한을 갚아 주시는 하나님이시며,
사람들을 내 발 앞에 엎드리게 하는 분이시며,
나를 원수들에게서 구하시는 분이십니다.
주는 내 원수들 위에 나를 높이시고,
사나운 사람들에게서 나를 건지셨습니다.

그러므로 주님,
내가 뭇 나라 가운데서 주께 감사하며, 주님을 찬양할 것입니다.
오 주님이시여, 내가 주님의 이름을 높이며 노래할 것입니다.
여호와께서는 자기 왕에게 위대한 승리를 안겨 주십니다.
주께서 기름부어 세운 다윗과, 그 자손들에게
자비와 은총을 언제까지나 베풀어 주십니다.

자연과 율법에 나타난 하나님의 섭리 – 다윗의 시. 지휘자를 따라 부른 노래

하늘이 하나님의 영광을 선포하고
창공은 주님의 솜씨를 알립니다.
낮은 낮에게 말하고, 밤은 밤에게 아는 것을 알려 줍니다.
언어가 없고 말하는 소리도 없고, 들리는 소리도 없지만,
그 소리들은 온 땅에 두루 퍼지고 땅끝까지 퍼져 나갑니다.
하나님이 해를 위하여 하늘에 장막을 치셨습니다.
해는 마치 신방에서 나오는 신랑 같고,
씩씩하게 달리는 용사와도 같습니다.
해가 하늘 이 끝에서 나와 저 끝으로 돌아갑니다.
그 뜨거운 열기로부터 숨을 자가 없습니다.

여호와의 가르침은 완전하여, 사람에게 새 힘을 줍니다.
여호와의 법은 믿을 만하여, 어리석은 사람을 지혜롭게 합니다.
여호와의 율법은 올바르며, 사람들의 마음에 기쁨을 줍니다.
여호와의 명령은 맑고 깨끗하여, 사람의 눈을 밝혀 줍니다.
여호와를 높이는 일은 순수한 일이며,
그 마음은 언제까지나 계속될 것입니다.
여호와의 법령은 참되고 언제나 바릅니다.
이러한 것들은 금보다 귀하고, 순금보다 값진 것입니다.
꿀보다 달고, 송이꿀보다 더 답니다.
주의 종들이 그것으로 훈계를 받고,
그것을 지킴으로 후한 상을 받습니다.

누가 자신의 잘못을 낱낱이 깨달을 수 있겠습니까?
모르고 지은 나의 죄를 용서하여 주소서.

알면서 죄를 짓지 않게 막아 주시고,
그 죄들이 나를 휘어잡지 않게 하여 주소서.
그러면 큰 죄에서 벗어나 내가 깨끗해질 것입니다.

나의 바위요, 나의 구원자이신 여호와여!
내 입의 말과 내 마음의 생각이
주님께서 보시기에 흡족하기를 소원합니다.

왕을 위한 기도 – 다윗의 시. 지휘자를 따라 부른 노래

우리 왕이 어려울 때에 기도하면
여호와께서 왕에게 대답하여 주시고,
야곱의 하나님의 이름이 왕을 보호해 주시기를 바랍니다.
여호와께서 주님의 성전에서 왕에게 도움의 손길을 보내 주시고,
시온 산에서 왕을 붙들어 주시기 바랍니다.
왕이 바친 모든 예물을 주님께서 기억하여 주시고,
왕이 드린 태워 드리는 제사인 번제를
다 받으시기 바랍니다.(셀라)

왕이 마음에 바라고 있는 것을 주님께서 베푸시고,
왕이 뜻하는 모든 일이 잘되시기를 바랍니다.
왕이 승리하면 우리가 기뻐 소리칠 것이며,
우리 하나님의 이름으로 깃발을 높이 쳐들 것입니다.
여호와께서 왕이 구하는 모든 것들을
다 이루어 주시기를 바랍니다.

이제 내가 여호와께서 기름부어 택하신 왕을

도우시는 것을 압니다.
주님은 거룩한 하늘에서 왕께 대답하십니다.
굳센 오른손으로 왕을 구하여 주십니다.
병거를 믿는 사람이 있는가 하면,
기마를 믿는 사람도 있습니다.
그러나 우리는 여호와 하나님의 이름을 믿습니다.
그들은 넘어지고 고꾸라지지만
우리는 일어나 꿋꿋이 설 것입니다.

여호와여, 우리 왕을 보살펴 주소서.
우리가 부를 때에 대답해 주소서.

왕에게 승리를 주심에 감사 – 다윗의 시. 지휘자를 따라 부른 노래

여호와여, 주님의 크신 힘 때문에 왕이 기뻐합니다.
주님께서 주신 승리 때문에 그가 매우 즐거워합니다.
주님께서는 그가 간절히 바라는 것을 허락해 주시고,
그가 요청한 것을 들어주셨습니다.(셀라)
주님께서 그에게 풍성한 복을 주셨으며
그의 머리에 순금으로 만든 왕관을 씌우셨습니다.
그가 목숨을 건져 달라고 하자 주님은 그를 살려 주셨고,
오래오래 살게 하셨습니다.
주님 덕분에 그가 수많은 승리를 얻었으며,
커다란 영광을 누리게 되었습니다.
주님께서 그에게 찬란한 위엄을 더해 주셨습니다.
정말로 주님은 한없는 복을 그에게 주셨습니다.
주님께서 그와 함께하심으로 그가 큰 기쁨을 누리게 하셨습니다.

왕이 참으로 여호와를 굳게 의지합니다.
가장 높으신 하나님께서 변함없이 그를 사랑하시니,
그가 결코 흔들리지 않을 것입니다.

주님의 손으로 모든 원수와 맞서 싸우시고,
오른손으로 주님의 적들을 덮치소서.
여호와께서 나타나실 때에
불구덩이에 타는 장작처럼 그들을 태우소서.
여호와께서 분노의 불길로 그들을 삼켜 버리시며,
주님의 불길로 그들을 태우소서.
이 땅에서 그들의 씨를 말리시고,
이 세상에서 그들의 후손들을 끊어 버리소서.
그들이 주님께 맞서 음모를 꾸미고,
악한 생각을 계획하지만 성공하지 못할 것입니다.
주님께서 그들의 얼굴을 향해 활을 겨누실 때에
그들이 허겁지겁 도망칠 것입니다.

여호와여, 주의 능력을 드러내시고 높임을 받으소서.
우리가 주님의 힘을 노래하고 찬양할 것입니다.

수난당하는 메시아

– 다윗의 시. 지휘자를 따라 "새벽의 암사슴"이란 곡조에 맞춰 부른 노래

나의 하나님, 나의 하나님, 어찌하여 나를 버리십니까?
어찌하여 구원해 주시지 않고, 멀리 떨어져 계십니까?
너무 멀리 계셔서 나의 울부짖는 소리를 듣지 못하십니까?
오 나의 하나님이시여, 내가 온종일 불러도 대답이 없으십니다.

내가 밤에도 소리 높여 외쳐 보지만, 아무런 대답이 없으십니다.

주님은 거룩한 분이시며, 보좌에 앉아 계십니다.
주님은 이스라엘이 드리는 찬양을 받으시는 분이십니다.
우리 조상들이 주를 굳게 믿었습니다.
그들이 주님을 믿고 의지하니 주께서 그들을 구하셨습니다.
그들이 주님께 도와 달라고 부르짖자 그들을 구해 주셨습니다.
주님을 굳게 믿었던 그들을 주님은 실망시키지 않으셨습니다.

나는 벌레요, 사람이 아닙니다. 사람들이 멸시하고 조롱합니다.
나를 쳐다보는 사람마다 깔보고 머리를 흔들며 빈정댑니다.
"여호와를 의지하니 그가 구원해 줄 거야.
도와 달라고 부탁해 보지.
그가 너를 사랑하시니 아마 너를 구출해 줄 거야."

주님은 내 어머니를 통해 나를 낳게 하셨을 때부터,
내가 젖 먹는 어린 아기였을 때부터,
주님을 의지하게 하셨습니다.
태어나던 날부터 나는 주님의 것이었으며,
주님은 내 어머니가 나를 낳으신 때부터 나의 하나님이셨습니다.
그러니 내게서 멀리 떠나지 마소서.
어려움이 닥쳐오는데, 도와줄 사람이 하나도 없습니다.

수많은 황소들이 나를 에워쌉니다.
바산의 힘센 들소들이 나를 둘러싸고 있습니다.
먹이를 찢으며 으르렁대는 사자처럼

나를 향해 입을 크게 벌리고 달려듭니다.

쏟아진 물처럼 맥이 다 빠졌으며, 뼈마디가 모두 어그러졌습니다.
내 마음이 촛물이 되어 속에서 녹아내렸습니다.
내 힘이 다 말라 버려 깨어진 질그릇 조각같이 되었으며,
내 혓바닥은 입천장에 붙어 버렸습니다.
주님께서 나를 죽음의 땅에 두셨습니다.

개들이 나를 에워쌌습니다.
악한 자들이 무리를 지어 나를 둘러쌌습니다.
그들이 내 손과 다리를 마구 찔렀습니다.
뼈마디가 드러나 셀 수 있게 되었습니다.
사람들이 따갑게 쳐다보며 빈정댑니다.
그들이 둘러서서 내 겉옷을 나누고,
내 속옷을 놓고서는 제비를 뽑습니다.

여호와여, 제발 멀리 떠나가지 마소서.
오 나의 힘이여, 어서 오셔서 나를 도와주소서.
칼에 맞아 죽지 않게 나를 구해 주시고,
사나운 개들의 입으로부터 내 목숨을 건져 주소서.
사자의 입에서 나를 구출해 주시고,
들소의 뿔에 받혀 죽지 않게 나를 보호해 주소서.

내가 나의 형제들에게 주님의 이름을 알리겠습니다.
예배드리기 위해 모인 백성들 가운데서 주님을 찬양할 것입니다.
여호와를 공경하고 두려워하는 자들이여, 주님을 찬양하십시오.

야곱의 모든 자손들이여, 주님을 높이십시오.
이스라엘 모든 후손들이여, 주님께 경배하십시오.
그는 고통당하는 사람의 괴로움을 지나치거나
모른 체하지 않으십니다.
그는 고통당하는 자를 외면하지 않으시고,
그의 부르짖음에 귀 기울이시고 응답하여 주십니다.

나는 큰 회중 가운데서 주님을 찬양할 것입니다.
주님을 높이는 사람들 앞에서 내가 약속드린 것을 지킬 것입니다.
가난한 사람들이 먹고 배부를 것입니다.
여호와를 찾는 사람들이 주님을 찬양할 것입니다.
그들의 마음이 영원히 살기를 바랍니다!

온 세상 사람들이 여호와를 기억하고 주님께 돌아올 것입니다.
모든 민족들이 주님께 엎드려 예배드릴 것입니다.
왜냐하면 여호와께서 모든 나라들을 다스리시기 때문입니다.

세상의 모든 부유한 사람들이 배부르게 먹고 예배드릴 것이며,
멸망의 땅에 누워 있는 자들도 주님께 엎드려 절할 것이며,
죽음에 이른 자들도 그리할 것입니다.
모든 후손이 주님을 섬길 것이며,
모든 후손이 주님에 대한 말씀을 들을 것입니다.
그들은 주님의 의로우심을 선포할 것입니다.
아직 태어나지 않은 세대도
하나님께서 하신 일을 듣게 될 것입니다.

목자 되신 주님 – 다윗의 시

여호와는 나의 목자시니 내게 부족함이 없습니다.
그가 나를 푸른 풀밭에서 쉬게 하십니다.
여호와는 나를 잔잔한 물가로 이끌어 쉬게 하시며
나에게 새 힘을 주십니다.
자신의 이름을 위하여, 주님은 나를 의로운 길로 인도하십니다.

내가 음산한 죽음의 골짜기를 지나가게 된다 하더라도,
나는 겁나지 않습니다.
그것은 주님께서 나와 함께 계시기 때문입니다.
주님의 막대기와 지팡이가 나를 든든하게 보호해 줍니다.

주님께서 원수들이 보는 앞에서 내게 식탁을 차려 주십니다.
그리고 주님께서 내 머리 위에 향기로운 기름을 바르시며
내 잔이 넘치도록 가득 채워 주십니다.
여호와의 선하심과 사랑하심이
내가 죽는 날까지 나와 함께하실 것이 틀림없습니다.
이제 나는 여호와의 집에서 영원히 살 것입니다.

성전에 들어오시는 하나님을 기뻐 맞이함 – 다윗의 시

땅과 그 안에 있는 모든 것이 여호와의 것입니다.
세상과 그 안에 사는 모든 것이 여호와의 것입니다.
왜냐하면 여호와께서 바다 위에 땅을 세우셨고,
물들 위에 그 터를 마련하셨기 때문입니다.

누가 여호와의 산에 오를 수 있습니까?

누가 그 거룩한 곳에 설 수 있습니까?
깨끗한 손과 때묻지 않은 마음을 가진 사람들,
헛된 것에 마음을 쏟지 않는 사람들,
거짓으로 맹세하지 않는 사람들입니다.
그들은 여호와께 복을 받게 될 사람들이며
그들의 구원자이신 하나님께 옳다고 인정받은 사람들입니다.
오 야곱의 하나님이시여,
그들은 하나님을 따르고
하나님의 얼굴을 찾는 사람들입니다.(셀라)

오 너희 문들아, 머리를 들어라.
오 너희 영원한 문들아, 활짝 열려라.
영광의 왕께서 들어가시려 한다. 누가 영광의 왕이신가?
힘세고 용맹스런 여호와이시다. 전쟁에 능한 여호와이시다.
오 너희 문들아, 머리를 들어라.
오 너희 영원한 문들아, 활짝 열려라.
영광의 왕께서 들어가시려 한다.
누가 영광의 왕이신가?
하늘 군대를 다스리시는 여호와 그분이 영광의 왕이시다.(셀라)

하나님께서 인도하여 달라는 기도 – 다윗의 시

여호와여, 내 영혼이 주를 바라봅니다.
오 나의 하나님, 내가 주를 굳게 믿습니다.
내가 부끄러움을 당하지 않게 하시고,
원수들이 내게 으스대지 못하게 해 주소서.
주님께 희망을 두고 사는 사람은

누구도 부끄러움을 당하지 않을 것입니다.
그러나 까닭없이 함부로 배신하는 자들은
부끄러움을 당할 것입니다.

여호와여, 주의 길을 보여 주시고,
내가 가야 할 길을 가르쳐 주소서.
주의 진리를 따라 나를 인도하시고 가르쳐 주소서.
왜냐하면 주님은 나를 구원하시는 하나님이시기 때문입니다.
내가 종일토록 주님을 믿고 바라봅니다.

여호와여,
예로부터 한결같으신 주의 크신 자비와 사랑을 잊지 마소서.
내가 어렸을 때 지었던 죄들과
주님께 반항했던 잘못들을 기억하지 마시고
주님의 사랑으로 나를 기억해 주시기 원합니다.
오 주님, 주님은 좋으신 분이십니다.

여호와는 좋으시고 올바른 분이시기에
죄인들에게 바른 길을 일러 주십니다.
겸손한 자들을 올바른 길로 이끄시고,
그들에게 주님의 길을 가르쳐 주십니다.
여호와의 언약과 그 말씀을 지키는 사람을
신실함과 자비로움으로 인도하십니다.

여호와여, 주님의 이름을 위해서라도
내가 지은 수많은 죄악을 용서하여 주소서.

여호와를 섬기며 따르는 사람이 누구입니까?
주님께서 그에게 가장 좋은 길을 가르쳐 주실 것입니다.
여호와는 그 사람이 번성하고,
그의 자손들이 땅을 물려받도록 하실 것입니다.
여호와는 자기를 공경하고 두려운 마음으로 섬기는 사람들에게
자신의 생각을 알려 주시고, 자신의 언약을 가르쳐 주십니다.
내가 언제나 여호와를 바라봅니다.
왜냐하면 내가 덫에 걸리지 않도록 막아 주실 분이
주님밖에 없기 때문입니다.

나를 돌아보시고 불쌍히 여겨 주소서.
내가 외롭고 괴롭습니다.
마음의 고통이 말할 수 없이 크오니
나를 이 괴로움에서 벗어나게 하여 주소서.
내 고통과 괴로움을 보소서.
내 모든 죄를 용서해 주소서.

보십시오! 내 원수가 참으로 많습니다.
그들이 나를 얼마나 미워하는지 보십시오.
내 생명을 지키시고 구원해 주소서.
부끄러움을 당하지 않게 해 주소서. 내가 주님께 피합니다.
순수하고 올바르게 살겠습니다. 나를 보호하여 주소서.
나의 소망이 오직 주님께 있습니다.

오 하나님, 이스라엘을 모든 고통과 괴로움에서 건져 주소서!

정직한 사람의 기도 – 다윗의 시

여호와여, 나에게 죄가 없음을 밝혀 주소서.
나는 깨끗하게 살아왔습니다.
내가 여호와를 굳게 믿었으며,
한 번도 두 마음을 품은 적이 없습니다.
여호와여, 나를 이리저리 시험해 보시고,
내 마음과 생각을 깊이 살펴보소서.
주의 사랑이 항상 나를 감싸고 있기에
내가 변함없이 주의 진리를 따라 살아갑니다.

나는 거짓말쟁이들과 자리를 같이하지 않고,
겉으로만 착한 체하는 사람들과 어울리지도 않습니다.
악인들의 모임에 나가 어울리는 것을 싫어하고,
나쁜 사람들과는 함께 앉지 않습니다.

여호와여, 결백한 마음으로 손을 씻고 주님의 제단에 나아갑니다.
소리 높여 주님을 찬양하며,
주님께서 행하신 놀라운 일을 모두 전파합니다.

여호와여, 주님의 영광이 머물러 있는 곳,
주님이 계시는 집을 사랑합니다.
죄 있는 자들과 함께 내 목숨을 거두어 가지 마소서.
살인자들과 함께 내 생명을 거두어 가지 마소서.
그들은 악한 음모를 꾸미며,
그들의 오른손에는 뇌물이 가득합니다.

그러나 나는 깨끗하게 살고 있습니다.
그러니 나를 구원하시고 불쌍히 여겨 주소서.
내가 안전한 곳에 서 있습니다.
예배드리는 자리에서 내가 여호와를 높이 찬양하겠습니다.

하나님을 굳게 믿으며 구원을 간구함 – 다윗의 시

여호와는 나의 빛이시며, 나의 구원자시니,
내가 누구를 두려워하겠습니까?
여호와는 내 인생의 요새가 되시니
내가 누구를 무서워하겠습니까?

악한 사람들이 나를 잡아 죽이려고 무섭게 달려들고,
원수들과 적들이 나를 공격하지만
휘청거리다 모두 쓰러질 것입니다.

군대가 몰려와 나를 포위하여도
내 마음이 두려워 떨지 않을 것입니다.
나를 죽이려고 큰 군대가 전쟁을 일으켜도
내 마음은 더욱 든든할 것입니다.

내가 여호와께 간절히 구하는 오직 한 가지는 이것입니다.
내 평생에 늘 여호와의 집에 살면서
여호와의 아름다우심을 보고 성전에서 주님을 뵙는 것입니다.

어려운 일을 당할 때에
주님은 주님의 날개 아래 나를 안전하게 지켜 주시고,

나를 여호와의 성막에 안전하게 숨겨 주실 것이며,
높은 산 위에 나를 안전하게 두실 것입니다.

그때, 나를 둘러싼 수많은 원수들을 향해
내가 떳떳하게 고개를 들 것이며,
여호와의 성전에서 기쁨의 노래를 부르며
제물을 드릴 것입니다.

여호와여, 부르짖는 내 목소리를 들으시고,
불쌍히 여기셔서 내게 대답해 주소서.
"여호와의 얼굴을 바라보아야지!" 하며 스스로 다짐합니다.
그렇습니다. 여호와여, 내가 주님의 얼굴을 바라봅니다.
주의 얼굴을 숨기지 마소서. 주님의 종을 버리지 마소서.
주님은 나를 돕는 분이십니다.
오 하나님 나의 구원자시여, 제발 나를 내버려 두지 마소서.
내 아버지와 어머니가 나를 버린다 할지라도
여호와는 나를 받아 주실 것입니다.

여호와여, 주의 길을 가르쳐 주시고,
곧은 길로 나를 인도하여 주소서.
그것은 원수들이 숨어서 기다리기 때문입니다.
원수들이 나를 쓰러뜨리도록 내버려 두지 마소서.
그들이 나에 대해 독기를 품고 거짓 증언하기 위해 일어납니다.

내가 참으로 굳게 믿는 것은
살아 생전에 여호와의 선하심을 맛보리라는 것입니다.

여호와를 기다리십시오.
마음을 강하게 하고 용기를 갖고 여호와를 기다리십시오.

어려울 때의 기도 – 다윗의 시

여호와여, 나의 바위시여, 내가 주님께 부르짖습니다.
제발 못 들은 체 마소서.
주님께서 외면하시면,
나는 무덤에 있는 사람과 같게 될 것입니다.
손을 들고 도와 달라고 부르짖는 나의 소리를 들어 주소서.
주님의 가장 거룩한 곳을 향해 내 손을 높이 드니 대답해 주소서.

악한 자들과 함께 나를 끌어내지 마소서.
그들은 이웃에게 겉으로는 상냥하게 말하지만
속으로는 악한 생각을 품고 있습니다.
그들이 저지른 잘못대로,
그들이 행한 악한 행동대로 갚아 주소서.
그들의 손이 저지른 대로 갚으시고
마땅히 받아야 할 벌을 내려 주소서.
그들은 여호와께서 손수 하신 일이나 이루신 일들을
하찮게 여기는 자들입니다.
여호와께서 그들을 쳐부수시고
다시는 일어나지 못하게 하십시오.

여호와를 찬양합니다.
여호와는 불쌍히 여겨 달라는 내 기도를 들으셨습니다.
여호와는 나의 힘이시며 방패이십니다.

내가 마음을 다해 주님을 믿으니 주님께서 나를 도와주십니다.
내 마음이 기뻐 찬양하며 주님께 감사의 노래를 부릅니다.

여호와는 백성에게 큰 힘이시며,
주님께서 택하신 자에게 승리를 주는 요새이십니다.
주의 백성을 구원하시고, 주께 속한 백성들을 축복하여 주소서.
언제까지나 그들의 목자가 되시고, 그들을 보살펴 주소서.

하나님의 영광과 위엄 – 다윗의 시

너희 하늘의 천사들이여, 여호와의 영광을 찬양하고,
여호와의 권능을 찬송하십시오.
그 이름에 맞는 영광을 여호와께 돌리십시오.
거룩한 빛 가운데 계신 여호와께 경배하십시오.

여호와의 목소리가 바다 위에 울려 퍼집니다.
영광의 하나님께서 천둥처럼 소리를 내십니다.
여호와께서 출렁거리는 바다 위에 계십니다.
여호와의 목소리는 힘이 있고 위엄이 넘쳐흐릅니다.

여호와의 목소리는 높이 솟은 백향목을 부러뜨리고
레바논의 백향목을 산산조각 냅니다.
레바논 산을 뒤흔들어 황소처럼 뛰게 하시고
헤르몬 산을 들송아지처럼 펄쩍펄쩍 날뛰게 하십니다.

여호와의 목소리는 불꽃 튀기듯 하며 번개 치듯 내리꽂힙니다.
여호와의 목소리는 황야를 흔들어 놓고,

가데스 광야를 뒤흔듭니다.

여호와의 목소리가 울려 퍼지니 참나무 숲이 흔들리고
울창한 숲이 벌거숭이가 됩니다.
여호와의 성전에 있는 사람들마다 "주께 영광!"이라고 외칩니다.

여호와께서는 거센 물결 위에 보좌를 정하시고,
우리 왕이 되시어 영원히 다스리실 것입니다.
여호와께서 자기 백성에게 힘을 주시고,
자기 백성에게 평화의 복을 주십니다.

죽음을 피하게 하심에 감사드림 – 다윗의 시. 주께 성전을 바칠 때에 부른 노래

여호와여, 내가 주님을 높이 찬양하겠습니다.
왜냐하면 주께서 나를 깊은 구덩이에서 건지셨으며,
원수들이 나를 비웃지 못하게 하셨기 때문입니다.
여호와 나의 하나님이시여,
내가 도와 달라고 주를 찾았더니
주님께서 나를 고쳐 주셨습니다.
여호와여, 주님께서 나를 무덤에서 들어 올리셨으며,
내가 구덩이 속으로 내려가지 않게 하셨습니다.

주님께 속한 모든 성도들이여,
여호와를 찬양하며, 그의 거룩하신 이름을 찬양하십시오.
그분의 분노는 잠깐이지만 그분의 사랑은 영원합니다.
긴 밤을 울면서 보내야 하지만
아침에는 반드시 기쁨이 찾아옵니다.

안전하다는 생각이 들 때,
나는 "난 결코 흔들리지 않을 거야"라고 말했습니다.
여호와께서 나에게 은혜를 베푸셨을 때,
주는 산처럼 굳게 세우시고 나를 흔들리지 않게 지키셨습니다.
그러나 주님께서 나를 돌아보지 않으셨을 때,
나는 무서워 어쩔 줄 몰랐습니다.

여호와여, 내가 주님께 부르짖었습니다.
나를 불쌍히 여겨 달라고 간절히 구하였습니다.
"죽는다면 나는 끝장입니다.
무덤에 들어간다면 주님께 무슨 소용이 있겠습니까?
흙먼지가 주님을 찬양할 수 있겠습니까?
시체가 주님의 성실하심을 널리 외칠 수 있겠습니까?
여호와여, 나의 간절한 소원을 들으시고,
나를 불쌍히 여겨 주소서. 여호와여, 나를 도와주소서."

주님께서 내 슬픔을 바꾸시어 춤이 되게 하셨습니다.
주님께서 내 슬픔의 옷을 벗기시고,
기쁨의 옷을 입혀 주셨습니다.
이제 내가 가만히 있지 않고, 주님을 노래하겠습니다.
여호와 나의 하나님이여,
내가 주님을 언제까지나 찬양하겠습니다.

어려움 가운데 드리는 믿음의 기도 – 다윗의 시. 지휘자를 따라 부른 노래

여호와여, 내가 주님께 피하오니
부끄러움을 당하지 않게 해 주소서.

주님의 의로우심으로 나를 구원하여 주소서.
나의 애원하는 소리에 귀 기울여 주시고,
빨리 오셔서 나를 건져 주소서.
주님은 내가 피할 바위가 되시고,
튼튼한 요새가 되시어 나를 구해 주소서.

주님은 나의 바위이시며 내가 피할 요새이십니다.
이는 주님의 이름을 위해서 나를 인도하시고,
이끌어 주시기 때문입니다.
내 앞에 놓여 있는 덫에 걸리지 않게 해 주소서.
주님은 내가 피할 곳입니다.
주님의 손에 내 목숨을 맡기오니
오 주님, 진리의 하나님이시여, 나를 구해 주소서.

나는 쓸모없는 우상들에 매달리는 자들을 경멸하고,
오직 여호와를 굳게 믿습니다.
나는 주님의 사랑을 받으면서 기뻐하고 즐거워할 것입니다.
주께서 나의 고통을 보셨고,
나의 영혼이 괴로워하는 것을 아십니다.
주는 나를 내 원수들에게 넘겨주지 않으시고,
오히려 나를 안전한 곳에 두셨습니다.

여호와여, 나를 불쌍히 여겨 주소서. 너무나 괴롭습니다.
너무 슬피 울어서 눈이 잘 보이지 않고,
몸과 마음이 슬픔으로 지쳐 있습니다.
번민으로 신음하면서 세월을 보냅니다.

근심으로 기운을 잃었으며,
슬픔과 탄식으로 내 뼈가 점점 약해져 가고 있습니다.

내 원수들 때문에
내 이웃들에게도 철저하게 무시를 당하고 있습니다.
나의 창백한 모습을 보고 내 친구들이 놀라고,
거리에서 만나는 사람들마다 내 모습을 보고 무서워 도망칩니다.
마치 내가 죽기라도 한 듯이 나를 기억하지도 못합니다.
나는 깨어진 질그릇과도 같습니다.
나를 업신여기고 비방하는 말들을 들었습니다.
사방에서 무시무시한 소리가 내게 들려옵니다.
저들이 악한 계획을 세우고, 나를 죽이려고 합니다.

그러나 여호와여, 내가 주님만을 굳게 믿습니다.
"주님은 나의 하나님이십니다."
내 목숨이 주님의 손에 달려 있으니
나를 원수의 손아귀에서 건져 주시고,
나를 뒤쫓아오는 자들에게서 구하여 주소서.
주님의 얼굴을 주님의 종인 내게 비춰 주시고,
주님의 변함없는 사랑으로 나를 구해 주소서.
오 여호와여, 내가 주님께 부르짖으니
부끄러움을 당하지 않게 해 주소서.
그 대신 악한 자들이 부끄러움을 당하게 해 주시고,
그들이 무덤 속에서 조용히 누워 있게 해 주소서.
거짓말하는 악인들은 벙어리가 되게 해 주소서.
그들은 거만한 언어와 경멸하는 말투로

의로운 사람들의 마음을 아프게 합니다.

주님은 참으로 인자하신 분이십니다.
주님을 찾는 사람들을 위해 주님의 은총을 마련해 두셨습니다.
특별히 주님은 많은 사람들 앞에서 그들에게 은총을 주십니다.
주님의 피난처에 그들을 숨겨 주시고,
사람들이 그들을 해치려고 할 때에 보호해 주십니다.
그들을 안전하게 보살펴 주시고,
그들을 비난하는 말로부터 보호해 주십니다.

여호와를 찬양합니다.
내가 포위된 마을 안에 갇혀 있었을 때,
그분이 내게 놀라운 사랑을 보여 주셨습니다.
근심 중에 있었을 때,
나는 "하나님은 나를 보실 수 없어!"라고 말했습니다.
그러나 주님은 나의 부르짖음에 귀를 기울이시고,
나를 불쌍히 여기시고 도와주셨습니다.

주의 모든 성도들이여, 여호와를 사랑하십시오.
여호와께서는 신실한 사람들을 보호하십니다.
그러나 거만한 사람들은 반드시 벌하실 것입니다.
여호와께 소망을 두는 여러분들이여,
마음을 굳게 하고 힘을 내십시오.

죄의 고백과 용서 – 다윗의 마스길

죄를 용서받고 잘못을 용서받은 사람은 행복한 사람입니다.
여호와께서 더 이상 죄를 묻지 않는 사람과
그 마음에 거짓이 없는 사람은 행복한 사람입니다.

내가 죄를 고백하지 않고 입을 다물고 있을 때,
뼛속 깊이 사무치는 아픔을 느끼고
온종일 괴로워 신음하였습니다.
낮이고 밤이고 주께서 손으로 나를 짓누르시니
무더운 여름날 과일의 진액이 빠지듯 탈진하게 되었습니다.(셀라)

그래서 나는 내 죄를 덮어 두지 않고
주님께 숨김없이 털어놓았습니다.
지은 죄를 숨기지 않았습니다.
"내 죄를 주께 고백할 것이다. 내 잘못을 여호와께 아뢰리라"
하고 다짐했습니다.
그러자 주님은 내 죄와 내 잘못을 용서해 주셨습니다.(셀라)

그러므로 경건한 사람들은 주가 찾으실 때에
그분께 기도드려야 할 것입니다.
그러면 고난이 홍수처럼 밀려올지라도
그들을 덮치지 못할 것입니다.
주님은 내가 숨을 곳입니다.
주께서 어려움으로부터 나를 지켜 주시니
내 마음이 구원의 노래로 주님을 찬양합니다.(셀라)

주님께서 말씀하십니다.
"내가 너희를 가르치고, 너희들이 가야 할 길을 보여 줄 것이다.
내가 너를 이끌어 주며, 어디로 가든지 지켜 줄 것이다.
그러니 말이나 당나귀처럼 어리석게 굴지 마라.
그것들은 재갈과 굴레로 다루지 않으면
너희 곁에 오지 않을 것이다.

악한 자들에게는 많은 불행들이 닥치지만
주님을 의지하는 자에게는
주님의 한결같은 사랑이 넘칠 것이다."
의롭게 사는 사람들이여, 여호와를 즐거워하고 감사하십시오.
마음이 정직한 사람들이여, 기뻐하며 노래하십시오.

모든 것을 지으시고 구원하신 하나님을 찬양함

의롭게 사는 사람들이여, 즐겁게 여호와를 노래하십시오.
정직한 사람들은 마땅히 그를 찬양해야 합니다.
수금을 울리며 여호와께 찬양하십시오.
열 줄 비파로 주님을 위해 찬양하십시오.
새 노래로 주님께 찬송하십시오.
멋있게 악기를 연주하고, 기쁘게 노래하십시오.

여호와의 말씀은 올바르고 참됩니다.
그분이 하시는 일은 모두 진실합니다.
주님은 정의롭고 공평한 것을 좋아하십니다.
주님의 한결같은 사랑이 온 땅에 가득합니다.

여호와는 말씀으로 하늘을 지으시고,
입김으로 하늘의 별들을 만드셨습니다.
주님은 바닷물을 모아 항아리에 담으시고,
깊은 바닷물을 창고에 넣으십니다.

온 땅이여, 여호와를 높이고
세상의 모든 사람들이여, 그분을 존경합시다.
주님께서 말씀하시니, 세상이 생겨났고,
주님께서 명령하시니, 세상이 나타났습니다.

여호와께서 뭇 나라의 계획을 무너뜨리시고,
민족들의 뜻을 꺾으십니다.
여호와의 계획은 언제까지나 한결같고,
그분의 뜻은 영원히 변하지 않을 것입니다.
여호와를 자기 하나님으로 모신 나라는 행복한 나라입니다.
하나님께서 자기 백성으로 삼으신 민족은 행복한 민족입니다.

여호와께서 하늘에서 세상을 내려다보시고,
사람들 한 사람 한 사람을 보고 계십니다.
하늘에 계신 주님은 땅 위의 사람들 모두를 지켜보십니다.
그분은 모든 사람들의 마음을 만드셨기 때문에
사람들이 하는 일을 모두 알고 계십니다.
군대가 많다고 왕이 승리하는 것이 아니고,
힘이 세다고 용사가 이기는 것은 아닙니다.
힘센 말을 타고 도망쳐도 피할 수 없으며,
모든 힘을 다해도 그들은 살아남을 수 없습니다.

그러나 여호와는 주를 높이는 사람을 돌아보시고
주님의 사랑에 소망을 두는 사람을 지키십니다.
주님은 죽음에서 그들을 건지시고,
기근 때에 살아남게 하실 것입니다.

그러므로 우리가 여호와를 바라보면서 기다립니다.
주님은 우리의 도움이시며 방패이십니다.
주님 때문에 우리가 기뻐하고 즐거워합니다.
그것은 주의 거룩한 이름을 굳게 믿기 때문입니다.
여호와여, 우리가 주께 우리의 소망을 둡니다.
주님의 변함없는 사랑을 우리에게 베풀어 주소서.

하나님을 의지하는 자의 권면

– 다윗이 아비멜렉 앞에서 미친 체하다가 쫓겨나서 지은 시

나는 언제나 여호와를 찬양하겠습니다.
내 입술에서 주님을 찬양하는 소리가 끊이지 않을 것입니다.
내 몸과 마음으로 여호와를 자랑할 것입니다.
가난한 사람들이여, 듣고 기뻐하십시오.
나와 함께 여호와의 영광을 노래합시다.
그의 이름을 함께 찬양합시다.

내가 여호와를 찾아 도움을 청했더니 내게 대답하시고,
내가 두려워하던 모든 것에서 나를 건지셨습니다.
주님을 바라보는 자의 얼굴은 빛이 나고,
어떤 일이 있어도 부끄러움을 당하지 않을 것입니다.
이 불쌍한 사람이 여호와께 부르짖었더니 여호와께서 들으시고,

모든 어려움에서 건져 주셨습니다.
여호와의 천사들은 주님을 높이는 사람들 둘레에 진을 치고,
그들을 구원하십니다.

여호와께서 얼마나 좋으신 분인지 살피고 맛보십시오.
그분께 피하는 사람은 복 있는 사람입니다.
너희 성도들이여, 여호와를 높이며 두려워하십시오.
저를 높이며 두려워하는 사람들은 부족함이 없을 것입니다.
젊은 사자도 힘이 없고 배가 고플 때가 있지만,
여호와를 찾는 자들은 갖가지 좋은 것들을 모두 얻게 됩니다.

젊은이들이여, 이리 와서 내 말을 들어 보십시오.
여호와를 높이고 두려워하는 방법을 가르쳐 주겠습니다.
즐거운 날을 보내고 행복하게 오래 살고 싶으면
이 말을 잘 들어야 할 것입니다.
먼저 여러분은 나쁜 말을 하지 말고,
거짓말을 하지 말아야 합니다.
나쁜 길에서 돌아서서 착하게 살고
평화를 사랑하고 이웃과 사이좋게 지내야 합니다.

여호와는 의로운 사람들을 보고 계시며,
그들이 부르짖는 소리에 귀를 기울이십니다.
그러나 여호와는 악한 짓을 하는 사람들을 불쾌하게 여기시고
사람들의 기억에서 그들의 이름을 지워 버립니다.
의로운 사람들이 부르짖을 때에 여호와께서 들으시고,
모든 어려움으로부터 그들을 건지십니다.

여호와는 마음이 상한 사람 곁에 계시고,
낙심한 사람들을 붙들어 주십니다.

의로운 사람에게도 어려움이 많을 수 있습니다.
그러나 여호와께서 모든 어려움에서 구해 주실 것입니다.
여호와께서 그들의 뼈마디 하나도 꺾이지 않게
완전하게 지켜 주실 것입니다.
악한 자들은 자기들이 저지른 악 때문에 죽을 것이고,
의로운 사람을 미워하는 자들은 반드시 벌을 받게 될 것입니다.
그러나 여호와는 자기 종들의 목숨을 구해 주시니
주께 피하는 사람은 누구든 형벌을 받지 않을 것입니다.

도와 달라는 기도 – 다윗의 시

여호와여, 나와 다투는 자와 다투어 주시고,
나와 싸우는 자와 싸워 주소서.
방패와 갑옷을 집어 드시고 일어나 나를 도와주소서.
나를 추격하는 자들을 향해 칼과 창을 모두 드시고
내게 "너를 구해 주겠다"라고 말씀해 주소서.

내 목숨을 노리는 사람들이 부끄러움을 당하게 해 주시고,
나를 해치려는 사람들이 창피해서 달아나게 해 주소서.
여호와의 천사가 그들을 쫓아 버릴 때에
바람에 날아가는 겨와 같게 하소서.
여호와의 천사가 그들을 뒤쫓을 때에
그들이 가는 길을 캄캄하고 미끄럽게 해 주소서.

그들은 아무 까닭 없이 나를 잡으려고 몰래 그물을 쳐 놓고
아무 이유 없이 나를 죽이려고 웅덩이를 파 놓았습니다.
오 주님, 그들을 망하게 해 주시고,
자기들이 쳐 놓은 그물에 걸리게 하시고,
자기들이 파 놓은 웅덩이에 빠지게 하여 주소서.

그리하시면 내가 여호와 안에서 즐거워하며,
여호와께서 베푸신 구원을 인하여 기뻐할 것입니다.
내가 온몸으로 외칠 것입니다.
"여호와여, 주님 같은 분이 없습니다.
여호와는 힘센 사람들에게서 연약한 사람들을 건져 내시며,
힘없고 가난한 사람들을 강도들에게서 구하시는 분이십니다."

거짓을 말하는 증인들이 법정에 서서
내가 알지도 못하는 것을 캐묻습니다.
그들은 내게 선을 악으로 갚고, 내 목숨마저 노렸습니다.
그렇지만 그들이 병들었을 때,
나는 굵은 베옷을 걸치고 금식하며 기도했습니다.
그들을 위한 내 기도에 응답이 없을 때,
내 친구나 형제들을 위해 슬퍼하듯
나는 그들을 위해 슬퍼하며 울었습니다.
마치 어머니가 돌아가셨을 때에 내가 우는 것처럼
고개를 떨구고 슬퍼하였습니다.

그렇지만 내가 넘어지자 그들은 모여들어 나를 비웃었고,
느닷없이 나를 치고 때렸습니다.

그들은 그치지 않고 욕을 합니다.
하나님을 두려워하지 않는 자들처럼
그들은 나를 잔인하게 비웃었고 나를 보며 이를 갈았습니다.

주여, 언제까지 이러한 일들을 보고만 계시렵니까?
잔인하게 짓밟히는 내 목숨을 건져 주소서.
이 사자 같은 자들에게서 나를 구해 주소서.
내가 예배 모임 가운데서 주님께 감사할 것이며,
많은 사람들 가운데서 주님을 찬양할 것입니다.

아무 이유 없이 내게 달려든 원수들이
더 이상 나를 비웃지 못하게 하소서.
아무 까닭 없이 나를 미워하는 자들이
더 이상 음흉한 미소를 짓지 않게 해 주소서.
그들은 따뜻하게 말하지 않습니다.
조용히 지내는 착한 사람들에 대해 온갖 거짓말을 꾸며댑니다.
나를 향해 입을 크게 벌리면서,
"하하! 저것 봐라, 네 꼴이 참 좋구나" 하며 빈정댑니다.

여호와여, 주님께서 다 보셨습니다.
더 이상 가만히 계시지 마소서.
오 주님이시여, 나를 홀로 내버려 두지 마소서.
나의 하나님, 나의 주여, 떨치고 일어나 나를 변호해 주소서.
나의 하나님이시여, 나를 위해 답변해 주소서.
여호와 나의 하나님,
주님의 올바른 법을 따라 옳고 그름을 가려 주시고,

그들이 나를 비웃지 못하게 해 주소서.
그들이 "하하! 우리 뜻대로 되었다!"라고
생각하지 못하게 하시고
"하하! 우리가 이겼어"라고 말하지 못하게 해 주소서.

내 불행을 좋아하는 사람들 모두
부끄러움을 당하게 하시고 혼란스러워하게 해 주소서.
나에게 우쭐거리는 사람들 모두 수치와 창피로 덮으소서.

내 결백함을 즐거워하는 사람들이
웃고 소리 지르며 즐거워하게 해 주소서.
"여호와는 높임을 받으실 분이시며
그의 종이 뜻하는 모든 일이 잘되어 가는 것을
좋아하시는 분이다"라고 말하게 해 주소서.
내 혀로 주님의 의로우심을 찬양하며,
온종일 주님을 찬송할 것입니다.

악한 자들과 좋으신 하나님 – 여호와의 종 다윗의 시. 지휘자를 따라 부른 노래

악한 자들의 죄에 관하여 주님께서 내게 알려 주셨습니다.
악한 자들은 하나님을 조금도 두려워하지 않습니다.
그들은 자신을 대단하게 생각합니다.
그래서 자기 죄를 깨닫지도 못하고,
그 죄를 미워하지도 않습니다.
그들은 항상 악하고 거짓된 말을 내뱉습니다.
더 이상 지혜롭거나 착한 일을 하지 않습니다.
심지어 침대에 누워서도 악한 일을 꾸미며,

나쁜 길로 가려고 마음을 단단히 먹고
나쁜 일들을 마다하지 않는 사람입니다.

여호와여, 주님의 사랑이 하늘에 닿고,
주님의 성실하심이 하늘 끝까지 이릅니다.
주님의 의로우심이 우람한 산처럼 높고,
주님의 공평하심이 깊은 바다와 같습니다.
여호와여, 주는 사람과 짐승을 모두 돌보십니다.

하나님이여, 주의 변함없는 사랑이 얼마나 값진 것인지요!
높은 사람이나 낮은 사람이나 모두가
주님의 날개 그늘 밑을 그들의 피난처로 삼습니다.
주님의 집에서 그들이 마음껏 먹습니다.
주님은 기쁨의 강에서 물을 길어 사람들에게 마시게 하십니다.
주님께 생명의 샘이 있습니다.
주님의 빛을 통하여 우리가 빛을 볼 수 있습니다.

주님을 사랑하는 사람들을 끊임없이 사랑해 주시고,
마음이 올바른 사람들에게 주의 의를 베푸소서.
거만한 자가 내게 발길질하지 못하게 하시며,
악한 자가 손으로 나를 밀어내지 못하게 하소서.
악한 자들이 쓰러져 다시는 일어나지 못할 것입니다.

하나님께서는 공의로 갚아 주신다 – 다윗의 시

악한 사람들 때문에 속상해하지 말고,
나쁜 일하는 사람들을 부러워하지 마십시오.

왜냐하면 그들은 풀처럼 곧 말라 버릴 것이며,
채소처럼 시들 것이기 때문입니다.

이 땅에 사는 동안, 여호와를 굳게 믿고 착한 일을 하면서
주님의 모습을 닮아 가십시오.
여호와를 생각하면서 즐거워하십시오.
그러면 주님께서 여러분의 소원을 들어주실 것입니다.

여호와께 여러분의 길을 맡기고 그분을 굳게 믿으십시오.
그리하면 주님께서 다 이루어 주실 것입니다.
또 여러분이 하는 의로운 일과 정의로운 행동들을
한낮의 햇빛처럼 빛나게 해 주실 것입니다.

잠잠히 인내하면서 여호와를 기다리십시오.
악한 자들이 잘 산다고 해서 속상해하거나
그들의 악한 계획들이 이루어진다고 해서 좌절하지 마십시오.

노여워하거나 화를 터뜨리지 마십시오.
속상해하지 마십시오. 자신에게 해로울 뿐입니다.
악한 사람들은 반드시 쫓겨날 것입니다.
그러나 주님께 소망을 두는 사람은
땅을 영원한 유산으로 받을 것입니다.

악한 사람들은 곧 이 땅에서 없어질 것입니다.
아무리 찾아보아도 그들은 없을 것입니다.
겸손한 사람들은 땅을 영원한 유산으로 얻을 것이고,

완전한 평화를 누리게 될 것입니다.

악한 자들은 의로운 사람들을 모함하고,
그들을 향해 이를 갑니다.
주님은 악한 자들을 보시고 그들을 비웃으십니다.
그것은 그들이 멸망하는 날이
가까워 오고 있음을 아시기 때문입니다.

악한 자들이 칼을 뽑고 활을 당겨
가난하고 불쌍한 사람들을 거꾸러뜨리고
정직한 사람들을 죽이려 합니다.
그러나 그들의 칼은 자기들의 가슴을 꿰뚫을 것이며,
그들의 활은 부러질 것입니다.

적은 재물을 가지고 의롭게 사는 것이
많은 재물을 가지고 악하게 사는 것보다 낫습니다.
악한 자들의 세력은 꺾일 것이고,
여호와께서는 의로운 사람들을 붙들어 주실 것입니다.

주님은 정직한 사람들의 삶을 지켜보십니다.
그들이 받은 유산들은 대대로 번창할 것입니다.
그들은 재난이 닥쳐와도 어려움을 당하지 않을 것이며,
굶주림의 때에도 풍성히 먹을 것입니다.

그렇지만 악한 자들은 멸망할 것입니다.
여호와의 원수들은 들의 꽃처럼 될 것이고,

연기처럼 사라져 버릴 것입니다.

악한 자들은 꾸어 가지만 다시 갚지 않습니다.
그러나 의로운 사람들은 넉넉하게 베풀고 삽니다.
하나님께서 복 주시는 사람은 땅을 유산으로 받을 것이지만
하나님께서 저주하는 사람은 죽을 것입니다.

여호와께서 어떤 사람의 가는 길을 기뻐하신다면
그 사람의 발걸음을 굳게 붙잡아 주실 것입니다.
비틀거릴지라도 넘어지지 않을 것입니다.
왜냐하면 여호와께서 그의 손을 붙잡고 계시기 때문입니다.

내가 어려서부터 늙기까지 이제껏 살아오면서
여호와께서 의로운 사람을 내버려 두시는 것과
그들의 자녀들이 구걸하는 것을 보지 못했습니다.
의로운 사람은 언제나 넉넉하여
다른 사람에게 나눠 주기를 좋아합니다.
그래서 그들의 자손들이 복을 받습니다.

악한 일을 멈추고 착한 일을 하십시오.
그러면 여러분은 땅에서 영원히 살게 됩니다.
왜냐하면 여호와께서는 올바른 사람을 사랑하시고,
신실한 사람들을 떠나지 않으시기 때문입니다.
여호와께서 언제나 그들을 지키실 것입니다.
그러나 악한 자들의 자손들은 죽게 될 것입니다.
의로운 사람들은 땅을 유산으로 받게 될 것이며

영원히 그 땅에서 살 것입니다.

의로운 사람들은 지혜를 말하며, 바른 것만을 이야기합니다.
하나님의 교훈을 그 마음속에 두고 살기 때문에
결코 넘어지지 않습니다.

악한 자들은 의로운 사람을 잡아 죽이려고 숨어서 노려봅니다.
그렇지만 여호와는 의로운 사람들을
악한 자의 손에 두지 않으십니다.
그들이 법정에 서게 되더라도 벌을 받지 않게 하실 것입니다.

여호와를 기다리십시오. 그분의 길을 따라 사십시오.
여호와께서 여러분을 높여 주시고 땅을 주실 것입니다.
악한 자들이 쫓겨나는 것을 여러분은 보게 될 것입니다.

나는 악하고 무자비한 사람을 보았습니다.
기름진 땅에 선 푸른 나무처럼 번성한 듯 보였습니다.
그러나 그 사람은 곧 죽어 없어져 버렸습니다.
아무리 찾으려 해도 그를 찾을 수 없었습니다.

깨끗한 사람을 생각하십시오.
정직한 사람을 잘 보십시오.
평화의 사람에게는 미래가 열려 있습니다.
그러나 악한 자들은 망할 것입니다.
악한 자들의 미래는 닫혀질 것입니다.

의로운 자들의 구원은 여호와께 있습니다.
어려울 때에 여호와는 그들이 피할 요새가 되어 주십니다.
여호와께서 그들을 도우시며 구원해 주십니다.
악한 자로부터 구해 내시고 보호해 주십니다.
왜냐하면 그들이 여호와를 의지하고,
여호와께 피하기 때문입니다.

아플 때의 기도 – 다윗의 시, 애원의 시

여호와여, 주의 분노로 나를 꾸짖지 마시고,
노여움으로 나를 징계하지 마소서.
주님이 쏜 화살이 내 몸에 꽂혔으며,
주님의 손이 나를 내리치셨습니다.

주님께서 내게 분노하시니 내 몸이 온통 멍들었으며,
내 지은 죄 때문에 내 뼈가 성한 곳이 없습니다.
나의 죄들이 무거운 짐처럼 나를 짓누르니
내 마음이 괴로워 견디기 힘듭니다.

내 몸의 상처가 점점 더 곪아 냄새나는 것은
내가 저지른 어리석은 죄들 때문입니다.
내 허리가 구부러져 땅에 닿을 정도가 되었으니
온종일 슬퍼합니다.
허리의 심한 통증으로 온몸이 욱신거리니,
내 몸에 성한 곳이 한 군데도 없습니다.
온몸이 떨리고 쓰러질 듯하니,
내가 실망하여 신음합니다.

주님, 내가 얼마나 주님을 바라는지 아십니다.
내 모든 한숨 소리를 주님은 모두 들으십니다.
내 가슴은 뛰며, 힘도 다 빠졌고 내 눈은 볼 수 없습니다.
내 상처 때문에 친구들과 이웃들이 나를 피하고,
친척들도 나를 멀리합니다.

나를 죽이려는 자들이 몰래 덫을 놓습니다.
나를 해치려 하는 자들이 나의 불행에 대해 말하고 다닙니다.
온종일 그들은 거짓말을 생각해 냅니다.

나는 듣지 못하는 사람처럼 들을 수 없게 되었고,
말 못하는 사람처럼 말할 수 없게 되었습니다.
나는 듣지 못하는 사람처럼 되었고,
대답할 줄 모르는 사람처럼 되었습니다.

여호와여, 내가 주를 간절히 기다립니다.
오 주님, 나의 하나님이여, 내게 대답해 주소서.
내가 이렇게 부르짖습니다.
"악인들이 나를 비웃지 못하게 해 주소서.
내가 넘어질 때에 조롱하지 못하도록 해 주소서."

내가 당장 쓰러질 것만 같습니다.
고통이 계속되어 견딜 수가 없습니다.
주님, 잘못을 고백합니다.
내가 저지른 죄를 생각하니 괴롭습니다.
내게 덤벼드는 원수들은 강하고 많습니다.

아무 이유 없이 나를 미워하는 사람들이 수없이 많습니다.
내가 착한 일을 베풀었어도 악으로 갚는 사람들이 많습니다.
내가 선한 일을 하려 할 때에 그들은 늘 비방하고 다닙니다.

여호와여, 나를 버리지 마소서.
오 나의 하나님이여, 나를 멀리하지 마소서.
오 주 나의 구원자여, 빨리 오셔서 나를 구원하여 주소서.

허망한 인생 – 다윗의 시. 지휘자 여두둔을 따라 부른 노래

내가 이렇게 말했습니다.
"나는 행동을 조심하고 내 혀로 죄를 짓지 않겠다.
못된 사람들이 내 주위에 있는 한 나는 입을 열지 않을 것이다."
그래서 나는 침묵하고 지냈습니다.
심지어 좋은 말이라도 입 밖에 내지 않았습니다.
그러나 내 마음은 점점 괴로워졌습니다.
점점 속에서 열이 끓어오르기 시작했습니다.
생각하면 할수록 화가 치밀어 올랐습니다.
나는 견디다 못해 말했습니다.

"여호와여, 내 인생의 마지막이 언제이며,
어느 때에 내 삶의 끝이 오는지 알려 주소서.
나의 삶이 날아가는 화살 같다는 것을 알았습니다.
주님께서 내게 고작 한 뼘밖에 안 되는 짧은 인생을 주셨습니다.
내 일생이 주님 앞에서는 아무것도 아닙니다.
사람들의 일생은 한순간의 입김일 뿐입니다."(셀라)
사람의 분주한 인생은 마치 신기루와 같습니다.

이리저리 돌아다녀 보지만 결국 모두 헛것입니다.
재물을 모아 쌓아 두지만
누가 그것을 가져가는지 알지 못합니다.

"주님, 내가 무엇을 추구해야 한단 말입니까?
주님만이 나의 소망이십니다.
주님께서 내가 지은 모든 죄에서 나를 건져 주소서.
어리석은 자들이 나를 비웃지 못하게 하소서.
나는 침묵했습니다. 내가 입을 열지 않았습니다.
이는 주님께서 내 입을 닫으셨기 때문입니다.
주님, 이제 나를 그만 벌하소서.
주님께서 손으로 내려치시니 내가 죽을 것 같습니다.
주님은 죄지은 사람들을 꾸짖고 벌주십니다.
좀먹듯이 그들의 재산을 먹어 버리십니다.
그렇습니다. 사람의 일생은 한순간의 입김에 불과합니다."(셀라)

여호와여, 내 기도를 들어 주소서.
도움을 청하는 나의 부르짖음에 귀를 기울여 주소서.
나의 울음 소리를 못 들은 체하지 말아 주소서.
나그네와 같은 내가 주님과 함께 있습니다.
우리 조상들처럼 내가 이방인으로 여기에 살고 있습니다.
내게서 눈길을 돌려 주소서.
그러면 내가 다시 즐겁게 살다 갈 수 있을 것입니다.

도와주심에 대한 감사와 기도 – 다윗의 시. 지휘자를 따라 부른 노래

내가 여호와를 기다리고 또 기다렸습니다.
주님께서 나를 돌아보시고, 나의 부르짖음을 들으셨습니다.
주님께서 나를 질퍽거리는 구렁텅이에서 끄집어내시고
진흙 수렁에서 꺼내 주셨습니다.
주님께서 나를 바위 위에 세우시고
굳건한 곳에 설 수 있도록 인도하셨습니다.
주님께서 내게 새 노래를 부르게 하셨습니다.
우리 하나님을 찬양하는 노래입니다.
많은 사람들이 이것을 보고 두려워 떨 것입니다.
그리고 여호와를 믿게 될 것입니다.

여호와를 굳게 믿는 사람은 행복한 사람입니다.
그들은 거만한 사람들을 쳐다보지도 않으며,
거짓 신들을 따라가는 자들을 경멸합니다.
여호와 나의 하나님이시여,
주님께서는 위대한 일들을 많이 하셨습니다.
주님께서 우리를 위해 계획하신 일들이 많기 때문에
사람들에게 다 말해 줄 수 없습니다.

주님은 제사와 제물을 바라지 않으십니다.
주님은 태워 드리는 제사인 번제나
죄를 씻는 제사인 속죄제를 바라지 않으십니다.
내가 주님의 말씀을 바랐더니 주께서 내 귀를 열어 주셨습니다.
그래서 내가 말했습니다.
"보소서, 내가 왔습니다. 율법책에 나에 관한 기록이 있습니다.

오 나의 하나님이여,
내가 주님께서 바라시는 것을 기쁘게 행하려 합니다.
주님의 가르침이 항상 내 마음에 있습니다."

내가 많은 사람들이 모일 때에
주님의 의로우심을 알리겠습니다.
내가 잠자코 있지 않으리라는 것을 여호와께서는 아십니다.
나는 주님의 의로우심을 내 마음속에 감춰 두지 않습니다.
주님의 성실하심과 구원에 관하여 말합니다.
나는 많은 사람들이 모일 때에
주님의 사랑과 진리를 숨기지 않습니다.

여호와여, 주님의 자비를 나에게서 멈추지 마소서.
주님의 사랑과 진리가 나를 언제나 지켜 주시기 바랍니다.
수많은 어려운 문제들이 나를 둘러싸고 있습니다.
내 죄가 나를 붙잡으니 내가 앞을 볼 수 없습니다.
내가 지은 죄들이 내 머리카락 수보다 더 많아
실망하게 되었습니다.

여호와여, 제발 나를 구해 주소서.
여호와여, 어서 빨리 오셔서 나를 도와주소서.
나를 죽이려고 달려드는 모든 자들이 수치를 당하게 하시고
혼란스러움을 겪게 하소서.
내가 망하는 것을 바라는 사람들 모두가
창피를 당하여 도망가게 해 주소서.
나를 향해 "그럴 줄 알았지, 잘되었군!" 하고 비웃는 사람들이

부끄러워 당황하게 해 주소서.

그러나 주님을 찾는 사람들은
주님으로 말미암아 기쁘고 즐거워하게 하소서.
주님의 구원을 감사하는 사람들은
항상 "여호와를 찬양하세!" 하고 외치게 하소서.
나는 가난하고 힘이 없습니다. 주님, 나를 기억하여 주소서.
주님은 나를 돕는 분이시며, 나를 구원하는 분이십니다.
나의 하나님이시여, 지체하지 마시고 빨리 오소서.

아플 때의 기도 – 다윗의 시. 지휘자를 따라 부른 노래

연약한 사람들을 돌보는 사람은 행복한 사람입니다.
어려움이 닥칠 때에 여호와께서 그 사람을 건져 주십니다.
여호와께서 그를 지키실 것이며,
그의 생명을 보호하실 것입니다.
주님께서 이 땅에서 그에게 복 주실 것이며,
원수들에게 먹히지 않도록 그를 붙잡아 주실 것입니다.
그가 아플 때에 여호와께서 붙들어 주실 것이며,
병상에서 그를 일으켜 다시 건강하게 해 주실 것입니다.

내가 "여호와여, 나를 불쌍히 여겨 주소서. 내 병을 고쳐 주소서.
내가 주님께 죄를 지었습니다"라고 말했습니다.
원수들이 나를 보고 나쁜 말들을 하고 다닙니다.
"저자가 언제 죽어 없어져 그 이름을 잊어버리게 될까?"
사람들이 나를 보러 올 때마다, 그들은 거짓말만 합니다.
속으로는 험담을 생각해 내고,

좋지 않은 소문을 퍼뜨리고 다닙니다.
나의 원수들 모두가 나에 대해서 수군거리고 다닙니다.
마음속으로 내게 가장 불행한 일이 생기기를 바라는 자들입니다.

그들은 "그자가 지독한 병에 걸렸다네.
다시는 자리에서 일어나지 못할 거야"라고 말합니다.
나에게는 가장 친하고 믿을 만한 친구가 있었습니다.
그는 나와 함께 밥을 먹는 가까운 친구였지만,
이제는 그 친구마저 나에게 등을 돌렸습니다.
그러나 주 여호와여, 나를 불쌍히 여겨 주소서.
내게 힘을 주셔서 그들에게 이를 갚을 수 있게 하소서.

원수들이 내 앞에서 큰소리치지 않으므로
주께서 나를 기쁘게 여기시는 줄 압니다.
내가 순전할 때에 주께서 나를 붙들어 주시는 줄 압니다.
나를 언제까지나 주와 함께 있게 해 주소서.

이스라엘의 하나님 여호와를 찬양합시다.
영원부터 영원까지 그분을 찬양합시다. 아멘! 아멘!

제 2 권

하나님을 갈망하는 자의 기도 – 고라 자손의 마스길. 지휘자를 따라 부른 노래

목마른 사슴이 시냇물을 찾아 헤매이듯이
오 하나님이시여, 내 영혼이 주를 찾아 헤매입니다.
내가 살아 계신 하나님을 애타게 그리워합니다.

언제 내가 하나님을 만나러 갈 수 있겠습니까?
낮이면 낮마다, 밤이면 밤마다 내 눈물이 양식이 되었습니다.
사람들은 언제나 내게 말합니다.
"너의 하나님이 어디 있지?"
지난 일들을 생각하면 할수록 내 가슴이 찢어집니다.
나는 사람들을 이끌고,
하나님의 성전을 향해 들어가곤 했습니다.
기뻐 소리를 지르고 감사의 찬송을 부르며,
그 행복한 사람들과 어울리곤 했습니다.

오 내 영혼아, 어찌하여 슬퍼하는가?
왜 그렇게 속상해하는가?
하나님께 희망을 가져야 할 것이다.
나를 구원하신 분이시며 나의 하나님이신 그분을
마땅히 찬양해야 할 것이 아닌가?

내가 몹시 슬프지만 주를 기억하겠습니다.
요단 강이 시작되는 땅에서, 헤르몬 산에서, 미살 산에서,
내가 주를 기억할 것입니다.
주의 폭포수가 큰 소리를 내며 떨어지듯이
어렵고 괴로운 일들이 계속 나에게 찾아옵니다.
주의 파도와 물을 부수며 파괴하는 소리가
나를 둘러 덮고 있습니다.
낮에는 여호와께서 사랑을 보여 주시고
밤이면 내가 주를 노래하며 나의 생명이신 하나님께 기도합니다.
나는 나의 바위가 되시는 하나님께 외칩니다.

"왜 나를 잊어버리셨습니까?
왜 내가 슬피 울면서 돌아다녀야 합니까?
왜 원수들 때문에 괴로워해야 합니까?"
내 원수들의 비웃는 말을 들으면
내 뼈가 부서지는 듯 괴롭습니다.
원수들은 늘 이렇게 말합니다. "네 하나님이 어디 있지?"

오 내 영혼아, 어찌하여 슬퍼하는가? 왜 그렇게 속상해하는가?
하나님께 희망을 가져야 할 것이다.
나를 구원하신 분이시며 나의 하나님이신 그분을
마땅히 찬양해야 할 것이 아닌가?

보호해 달라는 기도

오 하나님, 나의 결백을 변호해 주소서.
경건하지 않은 자들을 향해 내 사정을 변호해 주소서.
거짓말하는 사람들, 악한 사람들로부터 나를 건져 주소서.
주는 나의 안전한 피난처가 되시는 하나님이십니다.
그런데 왜 나를 버리셨습니까?
왜 내가 울면서 다녀야 한단 말입니까?
왜 내가 원수들의 박해를 받아야 한단 말입니까?

주의 빛과 진리를 보내 주소서. 그것들로 나를 인도해 주소서.
그것들이 나를 주의 거룩한 산과
주님께서 사시는 곳으로 인도하게 하소서.
그러면 내가 하나님의 제단 앞에,
내 기쁨이며 즐거움이신 하나님 앞에 가겠습니다.

하나님, 나의 하나님이시여,
내가 수금으로 주를 찬양하겠습니다.

오 내 영혼아, 너는 어찌하여 그렇게 슬퍼하는가?
왜 그렇게 속상해하는가? 너는 하나님께 소망을 두어라.
내가 나의 구원자시며 나의 하나님이신 그분을 찬양할 것이다.

구원을 간구하는 기도 – 고라 자손의 마스길. 지휘자를 따라 부른 노래

오 하나님, 우리는 우리 조상들이 우리에게 들려준
이야기를 귀담아들었습니다.
옛날 우리 조상들이 살던 때에
주께서 하신 일들에 대해서 말입니다.
주의 손으로 뭇 나라를 몰아내시고,
우리 조상들을 이 땅에 살게 하셨습니다.
주는 다른 민족들을 깨뜨려 부수시고,
우리 조상들은 더욱 번창하게 하셨습니다.
땅을 차지하게 된 것은 그들이 가진 칼 때문이 아니었으며,
승리하게 된 것도 그들의 힘 때문이 아니었습니다.
주의 오른손과 팔과 주의 얼굴빛 때문에
그들이 땅을 차지하고 승리를 얻었습니다.
이는 주께서 그들을 사랑하셨기 때문입니다.

주는 나의 왕, 나의 하나님이십니다.
야곱 백성들에게 승리를 주셨습니다.
주님 덕분에 우리가 적들을 물리쳤으며
주의 이름으로 우리가 우리의 적군들을 짓밟았습니다.

나는 내가 가지고 있는 활을 의지하지 않습니다.
내가 가진 칼이 나에게 승리를 주지 않습니다.
오직 주만이 우리의 적군들을 이기게 하시며,
주만이 우리 원수들을 부끄럽게 만드십니다.
우리가 온종일 하나님을 자랑합니다.
하나님의 이름을 영원히 찬양하겠습니다.(셀라)

그러나 지금은 주께서 우리를 버리시고
부끄러움을 당하게 하셨습니다.
주께서는 더 이상 우리 군사들과 함께 전쟁에 나가지 않습니다.
주께서 우리를 원수들에게 쫓기게 하시니
원수들이 우리의 모든 것을 빼앗았습니다.
주께서 우리를 잡아먹히는 양처럼 내버려 두시고,
여러 나라 가운데 우리를 흩어 놓으셨습니다.
주는 주의 백성을 헐값에 파셨습니다.
아무런 이익도 없이 내다 파셨습니다.
주께서 우리를 이웃 나라들에게 조롱거리가 되게 하시니
그들이 우리를 깔보고 비웃습니다.
주께서 우리를 다른 나라들의 농담거리가 되게 하시니
그들이 우리를 향해 고개를 젓습니다.
내가 온종일 부끄럼을 당하고 삽니다.
창피해서 얼굴을 들 수가 없습니다.
왜냐하면 나를 비웃고 업신여기며
내게 복수하려는 원수들 때문입니다.

이러한 모든 일들이 우리에게 일어났지만

우리는 주를 잊지 않았으며 주의 언약을 저버리지 않았습니다.
우리 마음이 주께로부터 돌아서지 않았으며,
주의 길에서부터 벗어나지 않았습니다.
그러나 주께서 우리를 부수시고
들개들의 사냥감이 되게 하셨으며
깜깜한 어두움으로 우리를 덮으셨습니다.
만일 우리가 하나님의 이름을 잊었다거나
다른 신들에게 우리의 손을 들어 기도했더라면
하나님께서는 그것을 다 아시지 않습니까?
주께서는 사람 마음속의 비밀들을 모두 알고 계시지 않습니까?
우리는 언제나 죽을 지경에 있습니다.
사람들은 우리를 잡아먹을 양처럼 생각합니다.

오 주여, 일어나십시오. 어찌하여 주무시고 계십니까?
자리에서 일어나십시오! 제발 우리를 버리지 마십시오.
왜 주의 얼굴을 우리에게서 숨기십니까?
왜 우리의 비참함과 괴로움을 잊으십니까?
우리가 진흙 속에 처박혀졌으며
우리의 몸이 흙 속에 던져졌습니다.
일어나셔서 우리를 도우십시오.
주의 변함없는 사랑으로 우리를 구원해 주십시오.

왕의 결혼을 위한 노래

– 고라 자손의 마스길. 사랑의 노래. 백합화 곡조에 맞춰 지휘자를 따라 부른 노래

왕을 위해 시를 지으려니
내 마음속에 좋은 생각들이 넘쳐납니다.

내 혀는 솜씨 좋은 작가의 붓과 같습니다.

왕은 세상 누구보다도 훌륭하시며
왕의 입술은 우아한 말로 은혜가 넘치니,
이는 하나님께서 영원히 왕에게 복 주신 까닭입니다.
힘 있는 용사여, 허리에 칼을 차고
찬란한 위엄으로 옷을 입으십시오.

진리와 겸손과 의로움을 위하여 왕은 위엄 있게 승리하십시오.
왕의 오른손으로 장엄한 일들을 나타내십시오.
왕의 날카로운 화살이 원수의 심장을 꿰뚫을 것이며,
모든 나라들이 왕 앞에 쓰러질 것입니다.

오 하나님, 주의 보좌는 영원히 있을 것입니다.
주께서 정의의 지휘봉으로 주의 왕국을 다스리실 것입니다.
왕은 옳은 것을 사랑하시고, 못된 행위들을 미워하십니다.
그래서 하나님은 왕의 모든 친구들보다 왕을 더 높이 세우시고
기쁨의 향유를 부으셨습니다.
왕이 입은 옷은 몰약과 침향과 계피 냄새로 향기롭습니다.
상아로 장식한 궁궐에서 현악기의 음악이 흘러나와
왕의 마음을 흐뭇하게 합니다.
왕이 사랑하는 여자들 가운데는 여러 나라의 공주들이 있습니다.
왕의 오른쪽에는 오빌의 순금으로 꾸민 왕의 신부가 있습니다.

따님이여, 내 말에 귀를 기울여 보시오.
당신의 민족과 당신의 아버지 집은 다 잊어버리시오.

왕께서 당신의 아름다움에 흐뭇해하시니 그분을 공경하시오.
왜냐하면 그분은 당신의 주인이시기 때문이오.
두로 사람들이 선물을 가지고 올 것입니다.
부자들이 당신의 호의를 요구할 것입니다.

왕궁에 있는 공주가 더할 나위 없이 아름답습니다.
그녀의 겉옷은 금실로 짠 것입니다.
수놓은 옷을 입은 공주가 왕께 나아갈 것입니다.
그녀의 친구들도 왕께 나아갈 것입니다.
즐거움과 기쁨으로 그들이 왕궁으로 들어갈 것입니다.

왕은 아들들을 낳아 왕의 자리를 잇게 할 것입니다.
왕은 그 자손들에게 온 땅을 다스리게 할 것입니다.
내가 이제부터 왕에 대한 기억을 대대로 전하겠습니다.
그리하여 온 나라가 언제나 왕을 찬양하게 될 것입니다.

택한 사람을 보호하시는 하나님

– 고라 자손의 시. 알라못에 맞춰 지휘자를 따라 부른 노래

하나님은 우리의 피난처시며 힘이십니다.
어려울 때에 언제나 우리를 돕는 분이십니다.
그래서 우리는 땅이 흔들려도,
산들이 바닷속으로 무너져 내려도
바닷물이 넘실거리고, 파도가 치고,
사나운 바다에 산들이 흔들려도
두려워하지 않을 것입니다.(셀라)

가장 높으신 분이 사시는 성소,
하나님의 성에 기쁨을 가져다 주는 시내가 하나 있습니다.
하나님이 그 성안에 계시므로,
그 성이 흔들리지 않을 것입니다.
하나님께서 새벽부터 그 성을 도우실 것입니다.
나라들이 떨며 왕국들마다 흔들거립니다.
그가 목소리를 높이시자, 땅이 녹아내립니다.
만군의 여호와가 우리와 함께 계십니다.
야곱의 하나님은 우리의 피난처이십니다.(셀라)

와서 여호와께서 하신 일을 보십시오.
주께서 이 땅을 폐허가 되게 하셨습니다.
주는 온 땅에서 전쟁을 그치시고 활을 꺾으시고
창을 부러뜨리시며 방패를 불로 사르십니다.
"조용히 하여라. 내가 하나님인 것을 알라.
나는 모든 나라들 위에 높임을 받을 것이며,
온 지구 상에서 가장 높은 자가 될 것이다."
만군의 여호와가 우리와 함께 계십니다.
야곱의 하나님은 우리의 피난처이십니다.(셀라)

세계의 왕이신 하나님 – 고라 자손의 시. 지휘자를 따라 부른 노래

너희 모든 나라들아, 손뼉을 쳐라. 기뻐하며 하나님께 외쳐라.
온 땅을 다스리시는 위대한 왕,
가장 높으신 여호와는 얼마나 장엄하신 분인가!
그분은 나라들을 우리 발아래 엎드리게 하셨으며,
우리 발밑에 굴복하게 하셨습니다.

그분은 우리가 물려받을 땅을 정하셨습니다.
우리는 하나님께서 사랑하셨던 야곱의 자랑거리입니다.(셀라)

기뻐 외치는 소리 가운데 하나님께서 올라가셨으며
나팔 소리가 울릴 때에 여호와께서 올라가셨습니다.
하나님께 찬양의 노래를 드리십시오. 그를 찬송하십시오.
우리의 왕께 찬양의 노래를 드리십시오. 그를 찬송하십시오.
하나님은 온 땅의 왕이십니다.
그분께 찬송의 시로 노래하십시오.

하나님은 모든 나라들을 다스리십니다.
하나님은 자신의 거룩한 보좌에 앉아 계십니다.
모든 나라들의 귀족들이 아브라함의 하나님의 백성이 되어
함께 모입니다.
그것은 땅 위의 왕들이 하나님께 속하였기 때문입니다.
그분은 가장 위대하게 높임을 받으십니다.

하나님의 성, 예루살렘 – 고라 자손의 시, 곧 노래

여호와는 위대하십니다.
우리 하나님의 성, 그분의 거룩한 산 위에서
찬양을 받으실 분이십니다.
그 성은 터가 높고 아름다우며 온 세상에 기쁨이 됩니다.
시온 산은 북방의 가장 높은 산과 같습니다.
그곳은 위대한 왕이 계신 성입니다.
하나님께서 그 성안 궁궐에 계십니다.
하나님께서 스스로 피난처가 되어 주셨습니다.

수많은 왕들이 모여 그 성을 치러 왔습니다.
그러나 그 성을 보고 그들은 깜짝 놀라서
무서워하며 달아났습니다.
두려움이 덮치자, 아이를 낳는 여자처럼 그들이 고통하였습니다.
동풍에 부서지는 다시스의 배들처럼
주께서 그들을 깨뜨리셨습니다.
전능하신 여호와의 성안에서 우리가 귀로 들었습니다.
우리 하나님의 성안에서 우리가 눈으로 보았습니다.
하나님께서는 항상 그 성을 안전하게 하신다는 것을
우리가 듣고 보았습니다.(셀라)

오 하나님, 주의 성전 안에서
주의 한결같은 사랑을 우리가 생각합니다.
오 하나님, 주의 이름이 온 땅에 알려진 것처럼
주를 향한 찬양이 온 땅에 퍼집니다.
주의 오른손은 의로움으로 가득합니다.
주의 판단은 항상 바르기 때문에 시온 산이 즐거워하며
유다의 온 동네가 기뻐합니다.

너희는 시온을 둘러보고, 그 주위를 걸어 보아라.
그리고 그 망대들을 세어 보아라.
그 성벽들을 자세히 보고 그 성안의 궁궐들을 살펴보아라.
그리고 자손들에게 그것들에 관해 말해 주어라.
이 하나님은 영원히, 영원히 우리의 하나님이시다.
이분께서 앞으로 끝까지 우리를 인도하실 것이다.

돈을 믿는 어리석음 – 고라 자손의 시. 지휘자를 따라 부른 노래

사람들이여, 이 말을 잘 들으십시오. 귀를 기울이십시오.
이 땅에 사는 모든 사람들이여,
높은 사람이나 낮은 사람이나
부자나 가난한 사람이나 다 들어 보십시오.
나의 입은 지혜를 말하겠고,
내 마음은 명철에 관한 것을 말하겠습니다.
내가 지혜로운 말에 귀를 기울이고
수금을 타면서 나의 수수께끼를 풀 것입니다.

불행할 때에 내가 어찌 두려워하겠습니까?
간사하게 속이는 자들이 나를 둘러칠 때에
어찌 내가 무서워하겠습니까?
그들은 자기들의 돈을 믿고 사는 사람들이며,
자기들의 재물을 자랑하는 사람들입니다.
사람은 자신의 목숨을 돈 주고 살 수 없으며,
하나님께 목숨을 사겠다고 돈을 낼 수도 없습니다.
사람의 생명값은 너무도 비싸며,
아무리 많이 내어도 살 수 없습니다.
돈을 많이 낸다고 사람이 영원히 살고,
돈이 많다고 죽지 않는 것은 아닙니다.

보십시오.
지혜 있는 사람도 죽고,
어리석은 사람도, 멍청한 사람도 모두 죽습니다.
무덤이 영원히 그들의 집이 될 것이며,

묘지가 대대로 그들이 사는 집이 될 것입니다.
그들의 이름으로 땅을 사지만
결국 다른 사람들이 그 땅을 차지하게 될 것입니다.
사람이 아무리 돈이 있어도 영원히 살지는 못합니다.
동물들처럼 그들도 죽을 것입니다.

이것이 자신을 굳게 믿는 사람들에게 일어나는 일이며,
그들의 말을 따르는 사람들이 치르는 대가입니다.(셀라)
그들은 양같이 죽음 앞에 엎드릴 것이며,
사망이 그들을 치며 다스릴 것입니다.
아침이 되면 정직한 사람들이 그들을 다스릴 것입니다.
그들의 육체는 무덤에 묻혀 썩어질 것입니다.
무덤이 그들에게 호화스런 저택이 될 것입니다.
그러나 하나님은 내 영혼을 무덤에서 건지실 것입니다.
이는 그분이 나를 붙드시기 때문입니다.(셀라)

어떤 사람이 부자가 된다고 하여, 두려워하지 마십시오.
어떤 집이 번성한다고 하여 못마땅하게 생각하지 마십시오.
그것은 사람은 죽을 때에 자기 소유를 가져가지 못하고,
그가 쌓은 영광이 그 사람을 따라가지 못하기 때문입니다.
그는 살아 있을 때만 자기가 복받은 사람이라 생각하고,
사람들은 모든 일들이 잘될 때에 그를 칭찬할 것입니다.
그러나 그는 반드시 그 조상들이 있는 곳으로 돌아갈 것입니다.
그는 더 이상 빛을 보지 못할 것입니다.
사람이 아무리 돈이 있어도 깨닫지 못하면
멸망하는 동물들과 같습니다.

하나님이 원하시는 진정한 예배 – 아삽의 시

전능하신 하나님, 여호와께서
해 뜨는 데부터 해 지는 곳을 향해 말씀하시고
온 세상을 향해 부르십니다.
더할 나위 없이 아름다운 시온으로부터
하나님께서 빛을 비추십니다.

우리 하나님이 오실 때에 가만히 계시지 않을 것입니다.
불길이 하나님 앞에서 타오르고
사나운 바람이 하나님을 둘러쌀 것입니다.
하나님께서 자기 백성을 심판하시는 것을 보이시려
하늘과 땅을 부르십니다.
"희생 제사를 통해 나와 언약을 맺은 자들아,
내게 바쳐진 자들아, 다 함께 내게 모여라."
그러자 하늘들이 하나님의 의로우심을 선포합니다.
그것은 하나님 자신이 재판관이시기 때문입니다.(셀라)

"내 백성아, 들어라. 내가 말하련다.
이스라엘이여, 내가 네 잘못에 대해 증언할 것이다.
나는 하나님, 곧 너의 하나님이다.
나는 네가 드리는 제사를 탓하지 않는다.
네가 언제나 내게 태워 바치는 번제를 꾸짖지 않는다.
나는 네 외양간의 소나 네 우리 속에 있는 염소를 바라지 않는다.
그것은 숲에 있는 온갖 동물이 다 나의 것이며,
언덕 위에 있는 수많은 소가 다 나의 것이기 때문이다.
나는 산 위에 있는 모든 새들을 알고 있다.

들판에 살아 있는 것들이 다 나의 것이다.

내가 배고프다 할지라도, 너희에게 말하지 않을 것이다.
땅과 그 위에 있는 모든 것이 다 나의 것이기 때문이다.
내가 소의 고기를 먹더냐? 내가 염소의 피를 마시더냐?
하나님께 감사하는 제사를 드려라.
가장 높으신 분께 네가 서약한 것을 갚아라.
그리고 어려울 때에 내게 부르짖어라.
내가 너를 건지겠고, 그러면 네가 나를 높일 것이다."

그러나 하나님께서 못된 사람들에게는 이렇게 말씀하십니다.
"너희가 무슨 권리로 나의 율법을 읽느냐?
너희가 무슨 권리로 내 언약에 대해 말하느냐?
너희는 나의 가르침을 미워하고, 내가 하는 말에 등을 돌린다.
도둑을 보면 그와 함께 어울리고, 간음하는 자들 편에 선다.

입으로 나쁜 말을 하며 너희 혀는 거짓말을 꾸며 댄다.
너희 형제에 대해서는 계속해서 헐뜯고 다니고,
너희와 한 핏줄인 사람에 대해서도 비난하고 다닌다.
너희가 이러한 일을 할 때에도 나는 잠잠히 있었다.
아마 너희는 나를 너희와 똑같이 생각했을 것이다.
그러나 이제 내가 너희를 꾸짖으며
너희의 죄를 하나하나 드러낼 것이다."

"하나님을 잊어버린 너희들아, 이것을 기억하여라.
그렇지 않으면 내가 너희 몸을 찢을 것이니,

아무도 너를 구원할 수 없을 것이다.
감사의 제사를 드리는 사람이
나를 높이고 길을 예비하는 자이니
내가 그들에게 하나님의 구원을 보여 줄 것이다."

용서해 달라는 기도 – 지휘자를 따라 부른 노래. 다윗의 시. 다윗이 밧세바와 동침한 후 예언자 나단이 그에게 왔을 때

오 하나님, 주의 한결같은 사랑으로 내게 자비를 베풀어 주소서.
나를 불쌍히 여겨 주셔서 내 모든 잘못을 없애 주소서.
내 모든 죄악들을 다 씻으시고
내 모든 죄들을 깨끗하게 해 주소서.

내가 저지른 잘못들을 알고 있으니,
내 죄가 항상 내 앞에 있습니다.
내가 주께 죄를 지어 주께서 보시기에 악한 짓을 했습니다.
그러므로 주께서 내게 뭐라고 하셔도 주의 말씀이 옳으며
주께서 내리신 판단이 바릅니다.
그렇습니다! 나는 태어날 때부터 죄투성이었습니다.
어머니가 나를 임신했을 때부터 나는 죄인이었습니다.
주는 정말로 내 속에 진실이 있기를 바라십니다.
주는 내 마음속에 지혜를 가르치십니다.

우슬초로 나를 씻겨 주소서. 그러면 내가 깨끗해질 것입니다.
나를 씻어 주소서. 그러면 내가 눈보다 더 하얗게 될 것입니다.
내 귀에 기쁨과 즐거움의 소리가 들리게 해 주소서.
주께서 꺾으셨던 내 뼈들이 즐거워하게 해 주소서.

내 죄에서 주의 얼굴을 돌리시고 내 모든 죄를 없애 주소서.
오 하나님, 내 속에 깨끗한 마음을 만들어 주시고
내 안에 올바른 마음을 새롭게 해 주소서.
나를 주 앞에서 쫓아내지 마시고,
주의 성령을 내게서 거두어 가지 마소서.
주의 구원에 대한 기쁨을 내게 다시 주셔서
내가 주께 순종하게 하소서.

그러면 내가 나쁜 일을 하는 사람들에게
주의 길을 가르치겠습니다.
그렇게 되면 죄인들이 주께로 돌아올 것입니다.
오 하나님, 사람을 죽인 죄에서 나를 건져 주소서.
하나님, 주는 나를 구원하시는 분이시니
내 입이 주의 의로우심을 노래할 것입니다.
오 주여, 주께서 제 입술을 열어 주셔서
제가 주를 찬양하게 하소서.
주는 제사를 기뻐하시지 않습니다.
제사를 좋아하신다면 제가 드릴 것이지만,
주는 태워 드리는 제사인 번제를 좋아하지 않으십니다.
하나님께서 바라시는 제사는 깨어진 마음입니다.
오 하나님, 상처난 가슴과 죄를 뉘우쳐
주님께 고백하는 마음을 주는 경멸하지 않으실 것입니다.

주의 은혜로 시온을 번성케 해 주시고
예루살렘 성벽들을 쌓아 주소서.
그러면 주께서 의로운 제사와 깨끗한 번제를 받으시고

기뻐하실 것이며 수소도 주의 제단 위에 바쳐질 것입니다.

의인의 승리 – 지휘자를 따라 부른 노래. 다윗의 마스길. 에돔 사람 도엑이 사울에게 와서 '다윗이 아히멜렉의 집에 있다'고 말하던 때

힘센 자여, 왜 당신은 악한 계획을 자랑합니까?
왜 당신은 하루 종일 으스대고 다닙니까?
당신은 하나님의 눈 밖에 난 사람입니다.
당신의 혀는 파멸을 만들어 냅니다.
거짓된 일을 하는 자여! 당신의 혀는 날카로운 면도날 같습니다.
당신은 착한 일보다 악한 일을 더 좋아하고,
진실을 말하기보다는 거짓을 더 좋아합니다.(셀라)
당신은 온갖 해로운 말을 즐기며 거짓말하는 혀를 좋아합니다.

하나님께서 반드시 당신을 영원히 망하게 하실 것입니다.
그분이 당신을 낚아채어 집 바깥으로 내어쫓으실 겁니다.
그분이 살아 있는 사람들의 땅에서
당신을 뿌리째 뽑아 버릴 것입니다.(셀라)
의로운 사람들이 이것을 보고 하나님을 두려워할 것입니다.
그들이 당신을 비웃고 이렇게 말할 것입니다.
"하나님을 자신의 피난처로 삼지 않았던 사람에게
어떠한 일이 일어났는지 보십시오!
하나님 대신에 자신의 많은 재산을 믿고
다른 사람을 파멸시키면서
점점 힘을 키워 간 사람을 보십시오!"

나는 하나님의 집에서 자라는 올리브 나무 같습니다.

나는 하나님의 한결같은 사랑을 언제까지나 굳게 믿습니다.
주께서 하신 일에 대해 내가 언제까지나 주를 찬송하겠습니다.
내가 주의 이름에 소망을 두는 것은 주가 선하시기 때문입니다.
주의 성도들과 함께 주를 찬송하겠습니다.

믿지 않는 어리석음 – 다윗의 마스길. 마할랏에 맞춰 지휘자를 따라 부른 노래

어리석은 자는 마음속으로 "하나님은 없다"라고 말합니다.
그들은 썩었으며 그들의 행위는 더럽습니다.
착한 일을 하는 사람이 아무도 없습니다.

하나님께서는 하늘에서 땅의 사람들을 굽어보십니다.
이는 깨달음이 있는 사람들이 있는지
하나님을 찾는 사람이 있는지 살펴보고자 하심입니다.

그러나 모든 사람들이 뒤돌아서서 잘못된 길로 갔습니다.
그들 모두는 썩었으며, 착한 일을 하는 사람이 하나도 없습니다.

악한 자들이 언제쯤 깨닫겠는가?
내 백성을 빵 먹듯이 먹어 버리고 내 이름을 부르지 않는데,
어떻게 깨달을 수 있겠는가?

아무것도 두려워할 것이 없는데,
악한 자들은 두려워 떨 것입니다.
하나님께서 여러분을 공격하는 원수들의 뼈를 부술 것입니다.
하나님께서 그들을 버리셨으므로,
여러분은 그들을 쓰러뜨릴 수 있습니다.

이스라엘을 위한 구원이 시온으로부터 올 것입니다!
하나님께서 그의 백성의 운명을 회복시키실 때에
야곱은 즐거워할 것이고, 이스라엘은 기뻐할 것입니다.

도와 달라는 기도 – 현악에 맞춰 지휘자를 따라 부른 노래. 다윗의 마스길. 십 사람이 사울에게 가서 '다윗이 우리 중에 숨어 있다'라고 말하던 때

오 하나님, 주의 이름으로 나를 구원해 주소서.
주의 힘으로 나를 변호해 주소서.
오 하나님, 나의 기도를 들으시고 내 말에 귀 기울여 주소서.

낯선 사람들이 나를 공격합니다.
무자비한 사람들이 내 생명을 찾습니다.
그들은 하나님을 무시하는 자들입니다.(셀라)

하나님은 나를 돕는 분이시며, 지켜 주시는 분이십니다.
나를 중상모략하는 자들에게 불행이 닥치게 해 주소서.
주는 성실한 분이시니 그들을 망하게 해 주소서.

내가 주께 기쁜 마음으로 감사의 예물을 바치겠습니다.
여호와여, 내가 주의 이름을 찬송하겠습니다.
왜냐하면 주는 좋으신 분이기 때문입니다.
주께서 나를 모든 어려움에서 건지셨고,
내가 내 원수들이 넘어지는 것을 보았기 때문입니다.

배반당한 자의 기도 – 다윗의 마스길. 현악에 맞춰 지휘자를 따라 부른 노래

오 하나님, 내 기도를 들어주시고,
내 간절한 소원을 모른 체하지 마소서.
내 소리를 들으시고 대답해 주소서.
내 마음이 괴롭고 혼란스럽습니다.
그것은 원수들이 말하는 소리와 악한 자들의 눈초리 때문입니다.
그들은 나에게 고통을 줍니다.
화를 내면서 나에게 욕설을 퍼붓습니다.

내 마음이 몹시 괴롭습니다.
그것은 죽음에 대한 두려움이 나를 덮치기 때문입니다.
무척 두렵고 온몸이 떨립니다. 두려움이 나를 덮쳤습니다.
나는 중얼거렸습니다.
"비둘기처럼 날개가 있다면 얼마나 좋을까?
멀리 날아가서 쉴 수 있으련만.
멀리멀리 날아가 광야에 머문다면 얼마나 좋을까?(셀라)
바람과 폭풍으로부터 멀리 떨어진 곳으로,
몸을 숨길 수 있는 곳으로 달아날 수 있다면 얼마나 좋을까?"

주여, 악한 자들을 갈팡질팡하게 하시고,
그들의 말을 혼란스럽게 하소서.
왜냐하면 제가
마을에 폭력과 싸움이 있는 것을 보았기 때문입니다.
밤낮 그들은 마을의 담을 어슬렁거리며 돌아다닙니다.
마을 안에는 학대와 악한 일들이 일어나고 있습니다.
마을 곳곳에서 치고 때리고 부수는 일들이 허다합니다.

거리에는 위협과 거짓이 그치지 않습니다.

만일 나를 모욕하는 자가 원수였다면
아마 나는 견딜 수 있었을 것입니다.
원수가 내게 대들었다면
나는 그 사람으로부터 숨을 수 있었을 것입니다.
그러나 나와 같이 다니던 당신들이 그들이었습니다.
당신들은 나의 가장 친한 친구들이었습니다.
한때, 우리는 친하게 지내며
함께 하나님의 집에도 다니곤 했습니다.
내 원수들이 갑작스럽게 죽었으면 좋겠습니다.
그들이 산 채로 무덤에 내려갔으면 좋겠습니다.
그것은 그들이 죄와 함께 살기 때문입니다.

나는 하나님께 부르짖습니다.
그러면 여호와께서 나를 건져 주실 것입니다.
저녁에도, 아침에도, 대낮에도 나는 탄식하며 부르짖습니다.
그러면 여호와께서는 내 목소리를 들으실 것입니다.
비록 많은 사람들이 나를 대적하지만
나를 죽이려는 전쟁터에서
주는 내 생명을 값을 주고 사시어 안전하게 하십니다.
영원히 보좌에 앉아 계시는 하나님은 내 기도를 들으시고
그들에게 벌을 내리실 것입니다.(셀라)
그들은 태도를 바꾸지 않는 자들이며,
하나님을 두려워하지 않는 자들입니다.

내 친구였던 사람도 그의 친구들을 칩니다.
그는 자기가 한 언약을 깨뜨립니다.
그의 말은 버터처럼 매끄러우나
그 마음속에는 전쟁이 일어나고 있습니다.
그의 말은 기름보다 더 부드럽지만 칼집에서 뺀 칼과 같습니다.

여러분의 짐을 여호와께 맡기십시오.
그러면 그분이 여러분을 돌보실 것입니다.
그분은 절대로 의로운 사람을 넘어지게 하지 않을 것입니다.

하나님, 주는 악한 자들을 끌어내시어
썩는 구덩이 속으로 집어넣을 것입니다.
살인하는 자와 사기치는 자들은
자기 사는 날의 반밖에 살지 못할 것입니다.
그러나 나는 주를 굳게 믿습니다.

하나님의 도우심을 믿음 – '먼 떡갈나무 위의 비둘기'에 맞춰 지휘자를 따라 부른 노래. 다윗의 믹담 시. 다윗이 가드에서 블레셋 사람에게 잡힌 때

오 하나님, 사람들이 나를 추격해 오니
나를 불쌍히 여겨 주소서.
하루 종일 그들은 나를 끊임없이 공격해 옵니다.
원수들이 종일토록 나를 뒤쫓습니다.
많은 사람들이 으스대면서 나를 공격합니다.
두렵고 떨릴 때에 나는 주를 굳게 믿습니다.
하나님의 말씀을 찬송하며
하나님을 굳게 믿고 두려워하지 않을 것입니다.

사람이 내게 어떻게 할 수 있겠습니까?

온종일 그들은 내 말을 왜곡시킵니다.
항상 그들은 내게 해를 끼치려고 악한 일을 꾸밉니다.
그들은 오래 숨어서 기다리고
내 발걸음을 살피며 나를 죽이려고 합니다.
어떤 경우에도 그들이 달아나지 못하게 해 주소서.
오 하나님, 분노하시고 그들을 납작하게 낮추소서.

나의 탄식과 고통을 적어 두소서.
내 눈물을 주의 책에 기록해 두소서.
그것들이 주의 책에 없습니까?
내가 도와 달라고 부르짖는 날에 내 원수들이 도망칠 것입니다.
그렇게 되면 나는 하나님이 내 편에 서 계신 줄 알 것입니다.
내가 하나님 안에서 하나님의 말씀을 찬양합니다.
내가 여호와 안에서 여호와의 말씀을 찬양합니다.
하나님을 굳게 믿습니다. 두려워하지 않을 것입니다.
사람이 나를 어떻게 하겠습니까?

오 하나님, 주께 한 서약을 기억합니다.
내가 주께 감사의 제물을 드리겠습니다.
왜냐하면 주께서 나를 죽음에서 건지셨고
넘어지지 않도록 나를 붙드셨기 때문입니다.
이제 나는 빛 가운데서, 하나님이 보는 앞에서 걸어가겠습니다.

어려울 때의 기도 – 알다스헷에 맞춰 지휘자를 따라 부른 노래. 다윗의 믹담 시. 다윗이 사울을 피하여 굴에 있을 때

오 하나님, 나를 불쌍히 여겨 주소서. 나를 불쌍히 여겨 주소서.
내가 주께 피하러 왔습니다.
나는 어려움이 다 지나갈 때까지
주의 날개 그늘 아래서 피하겠습니다.
가장 높으신 하나님께 내가 부르짖습니다.
나를 위한 주의 목적을 이루시는 하나님께 외칩니다.
주께서 하늘에서부터 도움의 손길을 뻗어 나를 건지십니다.
주는 나를 뒤쫓는 자들을 벌하십니다.(셀라)
하나님이 그 사랑과 신실하심을 내게 내려 주십니다.

내가 사자들 가운데 서 있습니다.
내가 무시무시한 들짐승들 가운데 누워 있습니다.
창과 화살이 그들의 이빨입니다.
날카로운 칼이 그들의 혀입니다.

오 하나님, 하늘 위에 높임을 받으소서.
주의 영광이 온 땅에 두루 나타납니다.

원수들이 나를 잡으려고 덫을 놓습니다.
그래서 내가 근심 중에 엎드렸습니다.
그들은 내가 가는 길에 구덩이를 파 놓았지만
그들 스스로 구덩이에 빠졌습니다.(셀라)
오 하나님, 내 마음은 변함이 없습니다.
내가 주를 노래하고 찬양할 것입니다.

내 영혼아, 일어나라. 비파야, 수금아, 잠에서 깨어라!
내가 새벽을 깨우겠다.
주여, 내가 모든 나라들 가운데서 주를 찬양하겠습니다.
내가 민족들 가운데서 주를 찬송하겠습니다.
주의 사랑은 너무나 크셔서 하늘까지 닿고,
주의 신실하심은 창공에 이릅니다.

하나님이여, 하늘 위에 높임을 받으소서.
주의 영광이 온 땅에 두루 나타납니다.

불의한 권세자들

– 다윗의 믹담 시. 알다스헷 곡조에 맞춰 지휘자를 따라 부른 노래

통치자들이여, 당신들은 참으로 옳은 것을 말합니까?
재판장들이여, 당신들은 사람을 공정하게 심판합니까?
아닙니다. 당신들은 마음속으로는 불의를 꾸밉니다.
당신들은 이 땅에서 폭력을 휘두릅니다.

못된 사람들은 태어날 때부터 잘못된 길로 갑니다.
그들은 태어나자마자 그릇된 길로 가면서 거짓말을 합니다.
그들이 내뿜는 독은 뱀의 독과 같으며,
듣지 못하는 코브라의 독과 같습니다.
그들은 피리 부는 사람의 가락에 귀를 기울이지 않으며,
아무리 아름답게 연주를 해도 귀를 기울이지 않습니다.

오 하나님, 그들 입속의 이를 부러뜨려 주소서.
오 여호와여, 저 사자들의 어금니를 뽑아 버리십시오!

흘러가 버리는 물처럼 그들을 사라지게 하소서.
부러진 화살처럼 꺾어 주소서.
그들이 움직일 때, 몸이 녹아 없어지는 달팽이 같게 해 주시고,
해를 한 번도 보지 못하고 죽는 갓난아기 같게 하소서.
악한 자들이 푸르거나 말랐거나 상관없이
그들을 없애 버리실 것입니다.
타는 가시나무가 가마를 덥히기도 전에 없애 버리실 것입니다.

의로운 사람들은
악한 사람들이 되갚음당하는 것을 볼 때에 기뻐할 것이며,
악한 사람들의 피로 그들의 발을 씻을 때에
즐거워할 것입니다.
사람들은 입을 모아 다음과 같이 말할 것입니다.
"의로운 사람은 반드시 보상이 있을 것입니다.
세상을 심판하시는 하나님이 정말로 계십니다."

보호를 구하는 기도 – 알다스헷에 맞춰 지휘자를 따라 부른 노래. 다윗의 믹담 시. 사울이 사람을 보내어 다윗을 죽이려고 그 집을 지킬 때

오 하나님, 원수들에게서 나를 건져 주시고,
나를 치러 오는 자들로부터 지켜 주소서.
악한 짓을 하는 사람들에게서 나를 구출해 주시고,
피에 굶주린 사람들로부터 건져 주소서.

보십시오. 그들이 나를 치려고 숨어 엎드려 있습니다.
사나운 사람들이 나를 치려 듭니다.
여호와여, 나는 죄를 짓거나 나쁜 짓을 한 일이 없습니다.

아무런 잘못도 하지 않았는데,
그들이 나를 죽이려고 달려듭니다.
일어나 나를 도와주시고 나의 불행을 살펴 주소서.
오 만군의 여호와 하나님, 이스라엘의 하나님이여,
오셔서 모든 나라들에게 벌을 내려 주소서.
주께 대항하는 악한 자들을 불쌍히 여기지 마소서.(셀라)

밤이면 그들은 다시 돌아옵니다.
마치 들개처럼 으르렁대며 마을을 어슬렁거리며 돌아다닙니다.
그들의 입에서 내뱉는 것이 무엇인지 살펴보십시오.
그들의 입에서 칼과 같은 말들이 나옵니다.
그들은 "듣는 사람이 어디 있어?"라고 말합니다.

오 여호와여, 주께서는 그들을 비웃으십니다.
주는 모든 나라를 우습게 여기십니다.
오 나의 힘이시여, 내가 주를 기다립니다.
오 하나님, 주는 나의 성벽이시며,
나를 사랑하는 하나님이십니다.
하나님께서 내 앞에 가실 것이며
나를 비방하는 자들이 망하는 것을 보여 주시고
나를 만족시켜 주실 것입니다.

나의 방패시여, 그들을 죽이지는 마소서.
그렇게 하시면 우리 백성이 잊어버릴지도 모릅니다.
주의 힘으로 그들을 흩어지게 하시고 넘어뜨려 주소서.
그들은 입으로 죄를 짓습니다. 그들은 말로 죄를 짓습니다.

그들이 으스대다가 스스로 잡히게 해 주소서.
그들은 저주와 거짓말을 내뱉습니다.
주의 분노로 그들을 태우십시오. 그들을 아주 없애 버리십시오!
그러면 하나님께서 야곱 민족을 다스린다는 사실이
세상 끝까지 알려지게 될 것입니다.(셀라)

밤이면 그들은 다시 돌아옵니다.
마치 들개처럼 으르렁대며 마을을 어슬렁거리며 돌아다닙니다.
그들은 먹을 것을 찾아 헤매다가
먹이를 찾지 못하면 울부짖습니다.

나는 주의 힘을 노래할 것입니다.
아침에 내가 주의 사랑을 노래할 것입니다.
주는 나의 성벽이시며 어려울 때에 찾아갈 나의 피난처이십니다.
오 나의 힘이시여, 내가 주를 찬양합니다.
오 하나님, 주는 나의 성벽이시며,
나를 사랑하는 하나님이십니다.

승리를 간구하는 기도 – 수산에둣에 맞춰 지휘자를 따라 부른 노래. 교육을 위한 다윗의 믹담 시. 다윗이 아람 나하라임과 아람 소바와 싸우는 중에 요압이 돌아와 에돔을 소금 골짜기에서 쳐서 만 이천 명을 죽인 때

오 하나님, 주는 우리를 버리시고 흩어지게 하셨습니다.
주는 우리에게 분노를 퍼부으셨습니다.
그러나 이제 우리에게 다시 마음을 돌리소서.
주께서 땅을 흔들고 갈라지게 하셨습니다.
땅이 흔들리고 있으니 그 틈을 메워 주소서.

주께서 주의 백성들에게 고통의 시간을 주셨습니다.
주께서 우리를 술 취한 사람처럼 비틀거리게 하셨습니다.

그러나 주를 두려워하는 사람들을 위해
깃발을 높이 올리셨습니다.
깃발은 적군의 화살에 아랑곳하지 않고 펄럭입니다.(셀라)
주의 오른손으로 우리를 건져 주시고 도와주소서.
주께서 사랑하시는 백성들이 구출될 것입니다.

하나님께서 자신의 성전에서 말씀하셨습니다.
"내가 승리하면, 세겜 땅을 나누고
숙곳 골짜기를 재어 볼 것이다.
길르앗과 므낫세가 다 나의 것이다.
에브라임은 내가 쓰는 투구며, 유다는 나의 지휘봉이다.
모압은 나의 목욕통이다.
에돔 땅 위에 내가 신발을 던질 것이며,
블레셋에 대해 내가 큰 소리로 승리를 외친다."

누가 나를 굳건한 성벽이 있는 성으로 데리고 가겠습니까?
누가 나를 에돔으로 인도할 것입니까?
하나님이여, 우리를 버리신 주가 아니십니까?
더 이상 우리 군대와 함께 나아가지 않는 주가 아니십니까?
우리가 적과 싸울 때에 도와주소서.
사람의 도움은 아무 소용이 없습니다.
하나님의 도우심으로 우리가 이길 수 있습니다.
하나님께서 우리의 원수들을 짓밟을 것입니다.

보호를 구하는 기도 – 다윗의 시. 현악에 맞춰 지휘자를 따라 부른 노래

하나님이여, 나의 부르짖는 소리를 들어 주소서.
내가 드리는 기도에 귀 기울여 주소서.
내가 먼지 구덩이에서 주를 부릅니다.
내 심장이 떨려 힘이 없을 때에 내가 주를 부릅니다.
나를 높은 바위 위에 옮겨다 주소서.
주는 나의 피난처이시며
원수들을 막기 위해 세운 굳건한 망대이십니다.

나는 주의 성막에 영원히 살며,
주의 날개 아래로 피하겠습니다.(셀라)
오 하나님, 주는 제가 드린 서약을 들으셨습니다.
주는 주의 이름을 높이는 사람들을 위해
마련해 두신 복을 제게 주셨습니다.

왕의 수명을 더해 주셔서 오래오래 살게 해 주소서.
왕이 영원히 하나님 앞에 살게 하시고
주의 사랑과 신실하심으로 왕을 지켜 주소서.

그리하시면 내가 주의 이름을 언제까지나 찬양하며
내가 약속한 것을 날마다 지키겠습니다.

오직 하나님만 의지함 – 다윗의 시. 여두둔에 맞춰 지휘자를 따라 부른 노래

내가 하나님 안에서만 참된 안식을 누립니다.
나를 구원하실 분은 오직 하나님이십니다.
그분만이 나의 바위이시며, 나를 구원하시는 분입니다.

그분은 나의 성벽이시니, 내가 흔들리지 않을 것입니다.

당신들이 언제까지 나를 공격할 것입니까?
언제까지 당신들 모두가 힘을 합하여
나를 쓰러뜨리려고 하십니까?
나는 쓰러지는 벽, 허물어지려는 담과 같습니다.
저희가 높은 곳에 앉아 있는 나를 끌어내리려고 합니다.
저들은 나에 대해 거짓말하기를 즐깁니다.
저희가 입으로는 나를 축복합니다만
마음속으로는 나를 저주합니다.(셀라)

내가 하나님 안에서만 편안히 쉬렵니다.
나에게 희망을 주실 분은 오직 하나님이십니다.
그분만이 나의 바위이시며 나를 구원하시는 분이십니다.
그분은 나의 성벽이시니, 내가 흔들리지 않을 것입니다.
나의 구원과 명예는 오직 하나님께 달려 있습니다.
그분은 나의 단단한 바위시며 피난처가 되십니다.

사람들이여, 항상 하나님을 굳게 믿으십시오.
그분께 여러분의 마음을 다 털어놓으십시오.
왜냐하면 하나님은 우리의 피난처이시기 때문입니다.(셀라)

천한 사람들도 한낱 한숨에 지나지 않으며
아무리 뛰어난 사람들도 헛될 뿐입니다.
저울에 달아보면 아무것도 아닙니다.
그들 모두 달아봐도 한낱 한숨에 지나지 않습니다.

힘이 있다고 힘을 믿지 마십시오.
훔친 물건에 대해 자랑하지도 마십시오.
재산이 늘어난다 하더라도 그곳에 마음을 두지 마십시오.

하나님께서 말씀하실 때에 내가 귀담아들었습니다.
하나님께서 또다시 말씀하실 때에 내가 들었습니다.
주만이 힘 있는 분이십니다. 주는 사랑을 베푸는 분이십니다.
사람들이 행한 대로 주는 반드시 갚으실 것입니다.

주를 갈망하는 자의 기도 – 다윗의 시. 유다 광야에 있을 때

오 하나님, 주는 나의 하나님이십니다.
내가 주를 간절하게 찾습니다.
물이라곤 찾아볼 수 없는 곳,
메마르고 거친 땅에서 내 영혼이 주를 목마르게 찾습니다.
온몸으로 주를 애타게 찾아 헤맵니다.
내가 주를 성소에서 뵈었습니다.
그곳에서 주의 능력과 영광을 보았습니다.
주의 사랑이 내 목숨보다도 좋기에 내가 주를 찬양할 것입니다.
내가 살아 있는 동안, 주를 찬양할 것입니다.
내가 손을 들고 기도하며 주의 이름을 찬송하겠습니다.

가장 좋은 음식을 먹은 것처럼 내가 만족할 것입니다.
크게 기뻐하며 내가 주를 찬송하겠습니다.
내가 침대에 누워서 주를 떠올립니다.
긴 밤이 지나도록 주를 생각합니다.
주는 나를 도우시는 분이시기에

내가 주의 날개 그늘 아래서 노래합니다.
내가 주께 가까이 다가가니,
주께서 오른손으로 나를 붙들어 주십니다.

나를 죽이려고 하는 사람들은 무덤으로 내려갈 것입니다.
그들은 칼에 죽을 것이고,
그들의 시체는 들개들의 밥이 될 것입니다.
왕은 하나님 안에서 기뻐할 것이니
하나님의 이름으로 맹세하는 사람들은 모두
하나님을 찬양할 것입니다.
그러나 거짓말하는 사람들은 입을 닫아야 할 것입니다.

대적의 악한 음모를 심판하시는 하나님 – 다윗의 시. 지휘자를 따라 부른 노래

오 하나님, 내 억울한 소리를 들어 보소서.
원수들이 위협합니다. 내 목숨을 보호해 주소서.
악한 일을 일삼는 저 못된 사람들로부터 나를 숨겨 주시고,
나쁜 짓을 일삼는 저 패거리로부터 나를 보호해 주소서.
그들의 혀는 날카로운 칼과 같고,
그들의 말은 치명적인 화살과 같습니다.
그들은 숨어서 죄 없는 사람들을 향해 화살을 쏘아댑니다.
죄 없는 사람을 쏘고서도 두려워하지 않습니다.
그들은 서로 나쁜 짓을 하라고 부추깁니다.
그들은 숨겨 놓은 덫에 대해 말합니다.
그리고 “누가 이것을 알 수 있겠어?”라고 말합니다.
그들은 못된 짓을 꾸며 놓고 이렇게 말합니다.
“이것은 기막힌 생각이야!”

사람의 마음과 생각은 정말로 알기가 힘듭니다.

그러나 하나님께서 그들을 향해 화살을 쏘시므로
그들이 갑작스레 맞아 고꾸라질 것입니다.
자기들이 내뱉은 말이 자기들에게 돌아갈 것입니다.
자신들이 던진 말에 스스로가 맞아 쓰러질 것입니다.
쓰러진 그들을 보는 사람들마다
모두 고개를 절레절레 흔들 것입니다.
그때는 사람들마다 하나님을 두려워할 것입니다.
하나님께서 하신 일을 널리 알리고,
깊이 생각하게 될 것입니다.

의로운 사람들은 여호와 때문에 즐거워할 것입니다.
그들은 주께로 피할 것입니다.
마음이 올바른 사람들은 모두 주를 찬양하기 바랍니다.

하나님께 대한 감사 찬양 – 다윗의 시, 지휘자를 따라 부른 노래

오 하나님, 시온에서 우리가 주를 찬양할 것입니다.
전에 우리가 주께 드린 맹세를 지키겠습니다.
우리의 기도를 들으시는 주여,
모든 민족들이 주께 나아올 것입니다.
우리가 죄 가운데 빠져 헤매일 때에
주는 우리 죄를 모두 용서하셨습니다.
주께서 특별히 정하시고
주의 왕궁 안에 머물게 하신 사람들은 복이 있습니다.
우리가 주의 집 곧 주의 성전에 있는

좋은 것들을 마음껏 누립니다.

우리의 구원자이신 하나님이시여,
주는 의로운 행동으로 우리에게 대답하십니다.
주는 땅끝 모든 사람들의 희망이시며,
먼 바다 끝에 사는 사람들의 소망이십니다.
주는 주의 능력으로 산들을 만드시고
힘센 팔로 산들을 꾸미셨습니다.
주는 으르렁대는 바다와 그 파도 소리를 잠재우시고
세상 나라들의 소동을 그치게 하셨습니다.
땅끝에 사는 사람들도 주가 이루신 놀라운 일들에
두려움을 느낍니다.
새벽이 시작됩니다. 그리고 다시금 저녁이 됩니다.
하루 종일 찬양의 노래로 주를 찬양합니다.

주께서는 땅을 가꾸시며 물을 주십니다.
그리고 땅을 기름지게 하십니다.
하나님의 강은 물이 넘쳐 곡식이 잘 자랍니다.
이처럼 주께서는 사람들을 풍족하게 채우십니다.
주께서 밭고랑마다 흡족한 물로 채워 주시고,
밭이랑마다 촉촉하게 적셔 주십니다.
비를 내려 주시어 밭을 부드럽게 하시고,
곡식들을 잘 여물게 하십니다.
한 해에 넉넉한 추수를 하게 하시고,
넘치는 곡식을 마차에 실어 주십니다.
거친 들판이 푸른 초장으로 옷을 갈아입었으며,

언덕들마다 기쁨의 소리가 울려 퍼집니다.
들판에는 양 떼가 가득하며
골짜기마다 곡식으로 덮여 있습니다.
기쁨의 노래가 온 하늘에 메아리칩니다.

구원을 베푸시는 하나님을 찬양 – 찬양의 시. 지휘자를 따라 부른 노래

땅 위에 있는 모든 것들이여,
하나님께 기쁨의 소리를 외치십시오.
하나님의 찬란한 이름을 노래하십시오.
그분에게 영광스런 찬송을 드리십시오.
하나님께 말하십시오. "주께서 하신 일이 놀랍습니다!
주의 능력은 대단하셔서 주의 원수들이 주 앞에 고꾸라집니다.
온 땅이 주께 머리를 숙입니다.
그들이 주를 찬양하며 주의 이름을 찬송합니다."(셀라)

와서 하나님께서 이루신 일을 보십시오.
하나님께서 사람들을 위해 하신 놀라운 일들을 보십시오.
주께서 바다를 마른 땅으로 바꾸셨습니다.
그러자 사람들이 걸어서 바다를 건넜습니다.
자, 다 함께 와서 하나님을 찬양합시다.
하나님께서 그 능력으로 영원히 다스리십니다.
하나님의 눈은 모든 나라들을 지켜보십니다.
그러므로 배반하는 자들이여,
그분께 대항해서는 안 될 것입니다.(셀라)

모든 백성들이여, 우리 하나님을 찬양하십시오.

모든 사람들이 들을 수 있게 큰 소리로 그분을 찬양하십시오.
하나님께서 우리의 목숨을 살려 두시고
우리가 미끄러져 넘어지지 않게 하셨습니다.
오 하나님, 주는 우리를 시험하셨습니다.
주는 은처럼 우리를 불 속에다 달구셨습니다.
주께서 우리를 감옥에 집어넣으시고,
우리 등 위에 무거운 짐을 지어 주셨습니다.
주께서 원수들로 우리 머리를 밟고 지나가게 하셨습니다.
우리는 불과 물 속을 지나가게 되었습니다.
그러나 주는 끝내 우리를 풍부한 곳으로 데려다 주셨습니다.

내가 태워 드리는 제물인 번제물을 주의 성전에 가지고 가서
주께 맹세한 것을 갚겠습니다.
이 맹세들은 내가 어려움을 겪고 있을 때에
주께 약속하고 말씀드렸던 것입니다.
나는 주께 살진 것으로 제사를 드리며,
숫양과 소와 염소를 제물로 드리겠습니다.(셀라)

하나님을 두려워하는 모든 사람들이여, 와서 잘 들으십시오.
그분이 내게 하신 일을 모두 여러분에게 말씀드리겠습니다.
나는 하나님께 간절히 부르짖었습니다.
내가 열심히 하나님을 찬양했습니다.
만일 내 마음속에 죄를 품고 있었다면,
주는 내 소리를 듣지 않으셨을 것입니다.
그러나 하나님은 들으셨습니다.
하나님께서 내 기도를 들으신 것입니다.
하나님을 찬양하십시오.

그분은 내 기도를 거절하지 않으셨습니다.
그분은 나를 향한 사랑을 멈추지 않으셨습니다.

모든 나라들이 하나님을 찬양해야 함

– 시 곧 노래. 현악에 맞춰 지휘자를 따라 부른 찬양의 노래

하나님, 우리를 불쌍히 여기시고 복을 내려 주소서.
주의 자비로우신 얼굴을 우리에게 비춰 주소서.(셀라)
그러시면 주의 길이 세상에 널리 알려지게 되고
주의 구원이 모든 나라들에게 전파될 것입니다.
오 하나님, 모든 민족들이 주께 찬양드리기를 바랍니다.
모든 백성들이 주를 찬송하기를 바랍니다.

모든 나라들이 주를 기뻐하며 즐겁게 노래하기를 바랍니다.
그것은 주께서 민족들을 공평하게 다스리시고
땅 위의 모든 나라들을 인도하시기 때문입니다.(셀라)
오 하나님, 모든 민족들이 주께 찬양드리기를 바랍니다.
모든 백성들이 주를 찬송하기를 바랍니다.

땅에 곡식과 채소가 풍성하게 된 것은
하나님께서 우리를 복 주셨기 때문입니다.
하나님께서 우리에게 복을 주실 것이니
땅끝에 이르기까지 사람들이 주를 높일 것입니다.

승리의 노래

– 다윗의 시. 지휘자를 따라 부른 노래

하나님이시여, 오셔서 하나님의 원수들을 흩으소서.
하나님의 대적자들을 쫓아 버리소서.

연기가 바람에 날아가듯이 그들을 날려 버리십시오.
불 앞에 양초가 녹아내리듯
저 못된 자들을 하나님 앞에서 망하게 해 주소서.
그러나 올바른 사람은 하나님 앞에서
기뻐하고 즐거워하게 하소서.
그러면 그들은 행복해하고 기뻐할 것입니다.

하나님께 노래하며, 그분의 이름을 찬양하십시오.
구름을 타고 다니시는 그분을 높이십시오.
그분의 이름은 여호와이십니다.
그분 앞에서 기뻐하고 즐거워하십시오.
성전에 계시는 하나님은 고아들의 아버지이시며
과부들의 보호자이십니다.
하나님은 외로운 사람들에게 보금자리를 주시며,
갇힌 사람을 감옥에서 데리고 나오시는 분입니다.
그들이 기뻐 노래하며 주를 따릅니다.
그러나 못된 자들은
태양이 내리쬐는 거친 땅에서 살게 될 것입니다.

오 하나님, 주께서 주의 백성 앞에서 앞서 나아가시며
거친 들판을 힘차게 나아가실 때,(셀라)
시내 산의 하나님 앞에서, 이스라엘의 하나님 앞에서,
땅은 무섭게 흔들렸고, 하늘은 억수같이 비를 쏟아부었습니다.
오 하나님, 주께서 비를 듬뿍 내려 주셨습니다.
주께서 지친 땅 위에 생기를 불어 주셨습니다.
오 하나님, 주의 백성들이 그곳에 자리잡았습니다.

주는 풍성한 음식으로 가난한 사람들을 먹이셨습니다.

주께서 말씀을 주셨습니다.
그러자 큰 무리가 그 소식을 알렸습니다.
"치러 왔던 왕들과 군사들이 허겁지겁 달아납니다.
그들이 놓고 간 물건들을 사람들이 나눠 가집니다.
천막에서 잠자던 자들도 부자가 될 것이며,
은과 금으로 깃과 날개를 단 비둘기 같을 것입니다."
전능하신 하나님께서 그 땅의 왕들을 흩으시는 모습이
마치 살몬 산에 흩날리는 눈 같습니다.

바산의 산들은 아주 웅장하며 산봉우리도 많이 있습니다.
바산의 산들이여,
왜 너희들은 하나님께서 보금자리로 삼으신
시온 산을 깔보느냐?
왜 너희들은 여호와께서 영원히 사실 시온 산을 질투하느냐?
주의 전차는 수천 수만입니다.
주께서 수많은 전차를 거느리시고
시내 산에서 성전으로 행차하십니다.
주께서 높은 곳으로 오르실 때에
수많은 포로들을 이끄셨습니다.
하나님께서는 사람들에게 예물을 받으셨으며,
하나님께 대항하는 사람들에게서도 예물을 받으셨습니다.
오 여호와 하나님이시여, 주는 저희와 함께 사실 것입니다.

날마다 우리의 무거운 짐들을 지시는

우리의 구원자 하나님께 찬양을 드리십시오.(셀라)
우리의 하나님은 구원하시는 하나님이십니다.
전능하신 여호와만이 우리를 죽음에서 건지십니다.
하나님께서 반드시 원수들의 머리를 깨어 부수뜨릴 것이며,
끊임없이 죄짓는 사람들의 머리를 깨뜨릴 것입니다.
주께서 말씀하셨습니다.
"내가 바산에서 그들을 다시 데리고 오겠다.
내가 그들을 깊은 바닷속에서 다시 데려오겠다.
그러면 너희가 너희 발을 그들의 피에 담글 것이며,
너희 개들도 그들의 피를 핥을 것이다."

오 하나님, 사람들이 주의 장엄한 행진을 보았습니다.
나의 왕이신 하나님께서 성전으로 나가시는 모습을
그들이 보았습니다.
성가대원들의 뒤를 따라 악대들이 행진하고,
소고를 치는 소녀들이 그들의 뒤를 따릅니다.
큰 회중 안에 계신 하나님을 찬양하십시오.
이스라엘의 모임 가운데 계신 주를 찬양하십시오.
가장 작은 베냐민 지파가 앞서서 이스라엘을 이끕니다.
그 무리들과 함께 유다 지파의 지도자들이 있습니다.
또한 스불론과 납달리의 지도자들도 있습니다.

오 하나님, 주의 능력을 나타내 보여 주소서.
전에 우리를 위해 나타내셨던 그 큰 힘을 보여 주소서.
주께서 예루살렘의 성전에 계시기 때문에
왕들이 주께 예물을 가지고 올 것입니다.

갈대 숲에 있는 짐승과 같은 이집트를 꾸짖어 주소서.
암소 가운데 있는 수소들과 같은 온 세계 민족을 혼내 주소서.
그러면 그들은 수많은 은을 가지고 올 것입니다.
전쟁을 좋아하는 나라들을 흩어 주소서.
사절단들이 이집트에서 올 것이며
에티오피아 사람들이 하나님께 엎드려 절할 것입니다.

이 땅의 모든 나라들이여,
하나님께 노래하십시오. 주를 찬양하십시오.(셀라)
그분은 예부터 있는 하늘을 타고 다니시며
천둥 같은 목소리로 말씀하시는 분이십니다.
하나님의 능력을 온 세상에 널리 알리십시오.
그분의 위엄이 이스라엘 위에 있으며
그분의 능력이 하늘에 있습니다.
오 하나님, 성전에 계시는 주는 장엄하십니다.
이스라엘의 하나님은 자기 백성에게
힘과 능력을 주시는 분입니다.
하나님을 찬양하십시오!

도와 달라는 울부짖음 – 다윗의 시. 소산님에 맞춰 지휘자를 따라 부른 노래

오 하나님, 나를 건져 주소서. 물이 내 목까지 찼습니다.
내가 밑이 뚫려 있는 수렁 속으로
한없이 빠져 들어가고 있습니다.
내가 깊은 물속에 빠져 있습니다.
엄청난 파도가 나를 덮칩니다.
내가 도와 달라고 부르짖다가 지쳤습니다.

이제는 목이 잠겨 아픕니다.
하나님을 간절히 기다리느라 내 눈도 침침해졌습니다.

아무런 이유 없이 나를 미워하는 사람들이
내 머리카락보다 더 많습니다.
아무런 까닭 없이 나를 쓰러뜨리려는 사람들과
나를 죽이려는 원수들이 너무나 많습니다.
내가 훔치지도 않은 것을 물어내라고
원수들이 나에게 강요합니다.
하나님이여, 주는 나의 어리석음을 아시오니
내 죄를 주께 숨길 수가 없습니다.

만군의 주 여호와시여, 주께 소망을 둔 사람들이
나 때문에 창피를 당하지 않게 해 주소서.
오, 이스라엘의 하나님이시여, 주를 찾는 사람들이
나 때문에 부끄러움을 당하지 않도록 해 주소서.
내가 부끄러워 얼굴을 들 수 없습니다.
그러나 나는 주를 위해 이 부끄러움을 견딥니다.
나는 내 형제들에게 낯선 사람이 되었습니다.
한 피를 나눈 형제들에게도 외국인 취급을 받습니다.

이는 주의 집을 사랑하는 열정이 온통 나를 태우기 때문이며,
주를 향한 모욕이 내게도 쏟아지기 때문입니다.
내가 금식하며 슬퍼하였더니 오히려 사람들이 비웃습니다.
내가 넝마와 같은 거친 옷을 입고 슬퍼하면
사람들은 나를 웃음거리로 삼습니다.

심지어 동네 어른들도 나에게 빈정대며,
길거리의 술 주정꾼들도 나를 빗대어 노래 부릅니다.

오 여호와여, 나는 주의 호의를 기다리면서 주께 기도합니다.
오 하나님이여, 내 기도를 들어주시고,
주의 크고도 크신 사랑으로 구원을 베풀어 주소서.
나를 수렁에 빠지게 마시고 수렁에서 건져 주소서.
나를 미워하는 사람들에게서 보호해 주시고,
깊은 물속에서 나를 건져 주소서.
큰 물결이 나를 휩쓸지 못하게 하시고,
깊은 물이 나를 삼키지 못하게 하시고,
무덤이 나를 덮치지 못하게 하소서.

오 여호와여, 주의 순결한 사랑으로 내게 대답하여 주소서.
주의 크신 사랑으로 나를 돌보아 주소서. 나는 주의 종입니다.
주의 얼굴을 내게서 돌리지 마소서.
어서 빨리 내게 대답해 주소서. 내가 어려움 가운데 있습니다.
내게로 가까이 오셔서 나를 건져 주소서.
나를 내 원수들로부터 구해 주소서.

주는 내가 당하는 부끄러움과 창피를 아십니다.
보십시오. 내 모든 원수들이 주 앞에 있습니다.
그들이 나를 업신여기므로, 내 마음이 몹시 아픕니다.
나는 아무런 힘도 없는 자가 되었습니다.
내가 주위를 둘러보았지만
아무도 나를 불쌍히 여기는 자가 없었습니다.

나를 위로해 줄 사람을 찾았지만 아무도 없었습니다.
그들은 내 음식에 쓴 것을 넣었으며
내가 목마를 때에 식초를 주었습니다.

그들의 잔치가 올무가 되게 하시고,
그들의 식탁이 그들에게 덫이 되어 그들이 죄값을 받게 하십시오.
그들의 눈이 감겨서 보지 못하게 하시고,
그들의 허리가 영원히 굽게 하소서.
주의 화를 그들에게 쏟아부으시고,
주의 불타는 분노로 그들을 태우소서.
그들이 사는 곳이 폐허가 되게 하시고,
그들의 집이 버려진 집이 되게 하소서.
그들은 주께서 책망하는 사람들을 박해하며,
주께서 때리신 사람들의 상처를 입으로 쑤셔 댑니다.
그들이 저지른 죄들을 낱낱이 기억하여 갚아 주시고,
주가 베푸시는 구원을 그들이 얻지 못하게 하소서.
그들의 이름을 생명책에서 지우소서.
의로운 사람들의 명단에서 그들의 이름을 빼소서.

내가 괴롭고 마음이 몹시 아픕니다.
오 하나님, 나를 구원하시고 지켜 주소서.

내가 노래로 하나님의 이름을 찬양하겠습니다.
감사를 드리며 하나님을 높여 드리겠습니다.
그것이 수소 제물을 바치는 것보다
여호와를 더욱 기쁘시게 하는 일이며

뿔과 굽이 있는 황소를 바치는 것보다
여호와를 더욱 흐뭇하게 해 드리는 일일 것입니다.
겸손한 자가 이러한 일을 보고 기뻐할 것입니다.
하나님을 섬기는 사람들이여, 용기를 가지십시오.
여호와는 가난한 사람들의 부르짖는 소리에 귀를 기울이시며,
포로 된 주의 백성을 업신여기지 않습니다.

하늘과 땅이여, 하나님을 찬양하여라.
바다와 그 속에 있는 모든 것들아, 하나님을 찬양하여라.
하나님께서 시온을 구원하시고
유다의 마을들을 다시 세우실 것입니다.
그때에는 사람들이 거기에 살면서 땅을 갖게 될 것입니다.
하나님의 종들의 자녀들이 그 땅을 물려받을 것입니다.

속히 도와 달라고 하나님께 울부짖음

– 다윗의 시. 간청하는 시. 지휘자를 따라 부른 노래

오 하나님, 빨리 오셔서 나를 구출해 주소서.
오 여호와여, 어서 나를 도와주소서.
나를 죽이려는 사람들이 있습니다.
그들을 부끄럽게 하시며 창피를 당하게 하소서.
나를 해치고자 하는 사람들이 있습니다.
그들이 부끄러워 달아나게 하소서.
나를 보고, "아하, 안됐구나!" 하고 비웃는 사람들이 있습니다.
그들이 부끄러워 도망가게 하소서.

그러나 주를 찾는 사람들이 있습니다.

그들 모두가 주 안에서 기뻐하고 즐거워하게 해 주소서.
주의 구원을 감사하는 사람들이 있습니다.
그들이 언제나 "하나님은 위대하시다"라고 말하게 해 주소서.
그러나 나는 연약하고 불쌍한 사람이오니
오 하나님, 어서 빨리 내게 오소서.
주는 나를 돕는 분이시며 나를 구원하는 분이십니다.
오 여호와여, 지체하지 마소서.

한 노인의 기도

오 여호와여, 내가 주께 피하였습니다.
내가 다시는 부끄러움을 겪지 않게 해 주소서.
주의 의로우심으로 나를 건져 주시고 구출해 주소서.
내 말에 귀 기울이시고 나를 구원해 주소서.
내가 언제든지 가서 피할 수 있는
안전한 나의 반석이 되어 주소서.
나를 구원하신다는 명령을 내리소서.
주는 나의 바위이시며 굳건한 성벽이십니다.

오 나의 하나님, 못된 사람들의 손에서 나를 건져 주시고
악하고 잔인한 사람들의 손아귀에서 나를 구출해 주소서.
주 여호와여, 주는 나의 소망이십니다.
주는 내가 어렸을 때부터 굳게 믿어 온 분이십니다.
내가 태어날 때부터 주께 기대어 왔습니다.
주는 내 어머니의 배 속에서부터 나를 붙들어 주셨습니다.
내가 늘 주를 찬양하겠습니다.

나는 많은 사람들이 이상하게 쳐다보는 사람이 되었습니다.
그러나 주는 든든한 나의 피난처이십니다.
내 마음이 주를 향한 찬송으로 가득 차 있습니다.
내가 종일토록 주의 위대하심을 찬송합니다.
내가 늙어 힘이 없을 때에도 나를 버리지 마시고,
나를 떠나지 마소서.
내 원수들이 나에 대해 나쁜 말을 합니다.
그들은 나를 죽이려고 남이 모르게 나쁜 일을 꾸밉니다.
그들은 말합니다. "하나님께서 그를 버렸다. 그를 쫓아가 잡자.
아무도 그를 구해 주지 않을 거야."

오 하나님, 너무 멀리 떨어져 계시지 마소서.
오 나의 하나님, 어서 오셔서 나를 도와주소서.
나를 비난하는 사람들이 부끄러움 가운데 망하기를 바랍니다.
나를 해치려는 사람들이
부끄러움과 창피를 뒤집어썼으면 좋겠습니다.
그러나 나는 언제나 소망을 가지고
더욱더 주를 찬양할 것입니다.
주께서 베푸신 구원과 의로우신 행동을
제가 어떻게 다 알 수 있겠습니까!
그러나 나는 주의 의로우심과 주의 구원을
온종일 사람들에게 전파하겠습니다.
오 주 여호와여,
내가 와서 주의 위대한 행동들을 널리 전파하겠습니다.
내가 주의 의로우심만을 널리 알리겠습니다.

오 하나님, 주님은 내가 어렸을 때부터 나를 가르치셨습니다.
그래서 지금까지도
나는 주께서 하신 놀라운 일들을 이야기합니다.
오 하나님, 내가 늙고 머리가 희어졌다고 나를 버리지 마소서.
내가 늙어 죽을 때까지
내 후손들에게 주의 크신 능력을 전하겠습니다.
오 하나님, 주의 의로우심은 하늘 끝까지 이릅니다.
주께서는 위대한 일들을 하셨습니다.
오 하나님, 어느 누가 주와 같겠습니까?
비록 주께서 많은 어려움과 힘든 시간들을 나에게 주셨지만
주님은 나를 다시 살게 하실 것입니다.
땅속 깊은 곳에 빠져 있는 나를
주님은 다시 불러 올리실 것입니다.
주께서 나의 명예를 높여 주실 것이며
나를 다시 위로해 주실 것입니다.

내가 비파로 주를 찬양하겠습니다.
오 나의 하나님, 내가 주의 신실하심을 찬양하겠습니다.
이스라엘의 거룩하신 분이시여,
내가 수금으로 주를 노래하겠습니다.
내가 주를 찬양할 때에 큰 목소리로 기뻐 소리 지를 것입니다.
이는 주께서 나를 구원하셨기 때문입니다.
내가 주의 의로우신 행동들을 온종일 사람들에게 전하겠습니다.
그러면 나를 해치고 싶어하는 사람들이
부끄러움을 당하고 혼란스러워질 것입니다.

메시아 왕국을 소망함 – 솔로몬의 시

하나님이여, 주의 판단력을 왕에게 주시고,
주의 공평하심을 왕의 아들에게 주소서.
그러면 왕이 주의 백성을 정의롭게 재판할 것이며,
가난한 자를 공평하게 다스릴 것입니다.
산들에는 번영과 평화가
언덕들에는 정의의 열매들이 넘칠 것입니다.
왕이 가난한 자를 변호할 것이며 궁핍한 자의 자녀들을 돕고
그들을 괴롭히는 자들을 벌할 것입니다.

해가 있는 한, 왕이 오래 살게 해 주시고,
달이 있는 동안, 대대로 그가 다스리게 해 주소서.
그가 풀을 벤 들판 위에 내리는 비와 같고,
대지 위에 내리는 소낙비 같기를 바랍니다.
왕이 살아 있는 동안, 그 땅에 정의가 싹트게 하시고,
달이 뜨기를 그칠 때까지 풍성한 번영이 있게 하십시오.

왕의 나라가 바다 이 끝에서 저 끝까지 이르게 하시고,
유프라테스 강에서 땅끝까지 이르게 하십시오.
왕의 원수들이 그 앞에 엎드리고
그의 대적자들이 바닥의 먼지를 핥게 하십시오.
다시스와 멀리 떨어진 섬나라 왕들이
왕에게 선물을 바치게 해 주소서.
스바와 시바 왕들이 왕께 예물을 드리게 해 주소서.
모든 나라 왕들이 왕 앞에 엎드려 절하며,
모든 민족들이 왕을 섬기게 하소서.

왕은 도와 달라고 부르짖는 불쌍한 사람들을 구출할 것이며,
왕은 아무도 도와주지 않는 가난한 사람들을
구원해 줄 것입니다.
그는 힘이 없고 가난한 사람들을 불쌍히 여기시며,
죽게 된 사람들의 생명을 구해 주실 것입니다.
왕은 악한 자들로부터 그들을 구원하실 것입니다.
왜냐하면 왕의 눈에는 그들의 목숨이 소중하기 때문입니다.

왕이여, 오래오래 사십시오.
왕이 스바로부터 금을 넉넉히 받기를 바라고,
사람들이 왕을 위해 끊임없이 기도하기를 바라며,
종일토록 그를 축복하기를 바랍니다.
들판마다 곡물이 넘치기를 바라고,
언덕들 위로 과일들이 넘쳐흐르기를 바라며,
그 과일들이 레바논의 나무 열매들처럼 탐스럽고,
들판의 풀처럼 풍요롭기를 바랍니다.
왕의 이름이 널리 알려지기를 바라고,
태양이 있는 한, 그의 이름이 오래도록 기억되기를 바라며,
모든 나라들이 왕을 통해 복 받기를 바랍니다.
모든 나라들이 그를 가리켜 행복한 분이라고 말하기를 바랍니다.

여호와 하나님, 이스라엘의 하나님을 찬양합니다.
그는 홀로 놀라운 일들을 하신 분이십니다.
그의 크고 높으신 이름을 영원히 찬양합니다.
온 땅이 그의 영광으로 가득 차기를 바랍니다. 아멘! 아멘!

이것으로 이새의 아들 다윗의 기도가 끝납니다.

제 3 권

악인의 형통이 주는 교훈 – 아삽의 시

참으로 하나님은 이스라엘을 선하게 대하시며,
마음이 깨끗한 자들에게는 더욱 그리 하십니다.
그러나 이제 나는 그 사실을 믿을 수 없게 되었습니다.
내 믿음을 다 잃어버린 것 같습니다.
왜냐하면 악한 사람들이 잘 사는 것을 보고
나는 그런 교만한 사람들에게 질투를 느꼈기 때문입니다.

그들은 마음에 갈등도 없고, 몸은 건강하고 강합니다.
그들에게는 우리가 겪는 어려움들이 없고,
다른 사람들처럼 불행한 일들도 일어나지 않습니다.
그러므로 그들은 교만을 목걸이로 삼고
폭력을 옷으로 입고 있습니다.
그들의 굳어진 가슴에는 악한 생각이 들어 있으며,
교만한 생각은 끝이 없습니다.
그들은 다른 사람들을 헐뜯고 악한 말을 하며,
거만한 태도로 남을 위협하기도 합니다.
입으로는 하늘을 대적하고 혀로는 땅을 두루 다니며
악한 말을 내뱉습니다.
하나님의 백성들도 그들을 따르는 무리와 한편이 되어
물을 들이키면서, "하나님이 어떻게 알겠는가?
지극히 높은 하나님이 뭘 알고 계신가?"라고 말합니다.

이것이 악한 자들이 사는 방식입니다.
언제나 편안하게 살면서 재산은 점점 더 늘어만 갑니다.
내가 무엇 때문에 마음을 깨끗이 하였단 말입니까?
내가 죄를 짓지 않고 성실하게 살려는 것이
무슨 소용이 있단 말입니까?
나는 하루 종일 고통을 당하였으며
매일 아침마다 벌을 받고 있습니다.
만일 내가 이 일에 대해 말하기로 결심했다면
나는 주의 백성들을 속였을지도 모릅니다.

나는 이 모든 일들을 이해해 보려고 무척이나 애썼지만
그것은 너무나 힘든 일이었습니다.
그러나 하나님의 성전으로 나아가서야,
비로소 그들에게 무슨 일이 일어날지 깨닫게 되었습니다.

참으로 주께서는 그들을 미끄러지는 곳에 내버려 두시고
그들이 망하도록 하실 것입니다.
순식간에 그들이 망하게 되며
공포 가운데 그들이 모두 죽어 없어질 것입니다.
잠에서 깨면 꿈인 것을 알듯이
오 주여, 주께서 오시면,
주는 그들을 한낱 꿈처럼 무시하실 것입니다.
내 마음이 슬프고 가슴이 찢어질 듯 아파도
내가 어리석은 탓에 깨닫지 못하고 있었습니다.
나는 주 앞에서 마치 짐승과 같았습니다.

그러나 나는 이제 주와 항상 함께 있습니다.
주께서 주의 오른손으로 나를 꼭 붙들어 주십니다.
주의 가르침으로 나를 인도해 주시고
후에는 나를 영광 가운데 영접해 주실 것입니다.
하늘에서 주 외에 누가 내게 있겠습니까?
이 땅에서도 주밖에는 내가 사모할 분이 없습니다.
내 몸과 마음이 점점 약해집니다.
그러나 하나님은 내 마음의 힘이시며 영원한 나의 전부이십니다.

주를 멀리하는 자는 망할 것입니다.
주께 신실하지 못한 자들은 주께서 멸하실 것입니다.
나의 복은 하나님을 가까이하는 것입니다.
주 여호와는 나의 피난처이십니다.
주께서 하신 모든 일을 내가 전파하겠습니다.

민족의 구원을 위한 기도 – 아삽의 마스길

오 하나님, 왜 이렇게 오랫동안 우리를 버려 두십니까?
왜 당신이 기르시는 양 같은 우리에게 화를 쏟으십니까?
오래전에 주께서 값을 지불하시고 백성을 사신 것을 기억하소서.
주께서 구원하신 종족을 기억하소서.
주가 살고 계신 시온 산을 기억하십시오.
완전히 폐허가 된 곳으로 주의 발걸음을 옮기소서.
원수들이 성소에 있는 모든 것을 파괴해 버렸습니다.

주의 원수들이 주의 성소에서 승리하고
승리의 표시로 그곳에 깃발을 꽂았습니다.

그들은 마치 숲의 나무를 베는 사람처럼
도끼를 들고 나타났습니다.
그리고는 도끼와 낫으로 성소의 조각품들을 다 부숴 버렸습니다.
그들이 주의 성소를 완전히 불사르며,
주의 이름이 계시는 곳을 더럽혔습니다.
그들은 마음속으로
"우리가 이것들을 다 없애 버릴 것이다"라고 말하며,
이 땅에서 하나님께 예배드리는 곳들을
모두 불태워 버렸습니다.

이제는 기적과 같은 징조들은 하나도 볼 수 없고,
예언자도 찾아볼 수 없게 되었습니다.
이런 일이 얼마나 오래 계속될지 아는 사람이 아무도 없었습니다.
오 하나님, 주를 조롱하는 원수들을
언제까지 그대로 두시렵니까?
그들이 주의 이름을 영원히 모욕하도록 내버려 두실 것입니까?
왜 주의 힘 있는 오른손을 거두십니까?
손을 드시고 그들을 쳐서 멸하소서.

오 하나님, 주는 옛적부터 나의 왕이십니다.
주는 이 땅 위에 구원을 베푸십니다.
크신 능력으로 바다를 가르시고,
바다 괴물의 머리를 내리치신 분이 주님이셨습니다.
리워야단의 머리를 부수고,
그것을 사막의 짐승들에게 먹이로 주신 분이 주님이셨습니다.
또한 샘물을 솟게 하고, 시냇물을 흐르게도 하고,

호르던 강물을 마르게도 하신 분도 주님이셨습니다.
낮도 주의 것이며, 밤도 주의 것입니다.
주는 해와 달도 만드셨습니다.
이 땅의 모든 경계선들을 정하시고
여름과 겨울을 창조하신 분도 주님이셨습니다.

여호와여, 원수들이 얼마나 주를 모욕했는지 생각하시고,
어리석은 사람들이 어떻게 주의 이름을 경멸했는지 기억하십시오.
주의 산비둘기의 생명을 들짐승에게 주지 마시고,
주의 불쌍한 백성들을 영원히 잊지 마소서.

폭력과 싸움이 곳곳에서 벌어져 이 땅을 어둡게 하니
우리와 맺은 주의 언약을 기억하십시오.
고통받는 주의 백성들이 부끄러움을 당하지 않게 해 주소서.
가난하고 불쌍한 백성들이 주의 이름을 찬양하게 해 주소서.

오 하나님, 일어나소서. 우리를 위해 변호해 주소서.
어리석은 자들이 어떻게 온종일 주를 조롱하는지 기억하십시오.
주께 맞서 대항하는 자들이 떠들어대는 말을 모른 체하지 마시고,
주의 원수들이 질러대는 소리를 기억하십시오.

의로운 재판관이신 하나님 – 아삽의 시. 알다스헷에 맞춰 지휘자를 따라 부른 노래

오 하나님, 주께 마음을 다해 감사를 드립니다.
주의 이름이 늘 우리와 함께 계시니 감사합니다.
주께서 하신 놀라운 일들을 우리가 외칠 것입니다.

주께서 말씀하셨습니다.
"재판할 날을 잡아 놓았으니 내가 공정하게 재판할 것이다.
이 땅과 세상 모든 사람들이 흔들릴지라도
나는 이 땅의 기둥들을 굳게 잡고 있다.(셀라)
거만한 자들에게 내가 말한다. '잘난 체하지 마라.'
악한 자들에게 내가 말한다.
'네 뿔을 뽐내지 말고, 하늘을 향해 네 뿔을 들지 마라.
목을 뻣뻣하게 세우고 거만하게 말하지 마라.'"

동쪽이나 서쪽이나, 아니면 사막에서 온 사람이라도
그 누구도 다른 사람을 높이지 못합니다.
오직 재판관이신 하나님만이 사람을 낮추시고 높이십니다.
여호와의 손안에 분노의 잔이 있습니다.
쓰디쓴 독주의 거품이 일어나는 술잔입니다.
주께서 이 땅 위에 술잔을 쏟아부으실 것입니다.
세상의 모든 악인들은 그 찌꺼기까지 다 마셔야 할 것입니다.

나는 이 사실을 영원히 전하겠습니다.
그리고 야곱의 하나님을 찬양할 것입니다.
악한 자들의 거만한 뿔은 모두 꺾여질 것입니다.
그러나 의로운 자들의 뿔은 높이 들릴 것입니다.

항상 승리하시는 하나님을 찬양함

– 아삽의 시. 현악에 맞춰 지휘자를 따라 부른 노래

하나님은 유다 땅에서 잘 알려져 있고,
하나님의 이름은 이스라엘 땅에서 위대합니다.

그분의 장막은 살렘에 있으며
그분이 사시는 곳은 시온에 있습니다.
거기서 하나님은 전쟁의 불화살들과 방패들과
칼들과 무기들을 부서뜨리셨습니다.(셀라)

주는 찬란하게 빛나십니다.
주는 들짐승들로 가득한 저 큰 산들보다도 장엄하십니다.
용감한 병사들이 쓰러져 마지막 숨을 쉬고 있습니다.
어떤 전사라도 죽음을 막을 자가 없습니다.
오, 야곱의 하나님,
주께서 큰 소리로 꾸짖으시자,
말들과 병거들이 다 엎드러졌습니다.

주만이 두려워할 분이십니다.
주께서 노하시면, 누가 감히 주 앞에 설 수 있겠습니까?
주께서 하늘에서 심판을 선언하시니,
땅이 두려워 떨며 잠잠합니다.
오 하나님, 주께서 이 땅의 고통하는 자들을 구원하시기 위해
심판하시려고 일어나실 것입니다.(셀라)

주께서 악에 대해 분노하시니, 사람들이 주를 찬양합니다.
주의 분노에서 살아남은 자들은
더 이상 악을 행하지 않을 것입니다.
여러분은 여호와 하나님께 서약하고 그것을 지키십시오.
이웃에 있는 모든 나라들이여,
마땅히 두려워해야 할 그분에게 선물을 드리십시오.

하나님께서 세상의 거만한 통치자들을 물리치십니다.
땅의 왕들이 그분을 두려워할 것입니다.

하나님의 도우심을 찬양함 – 아삽의 시. 여두둔에 맞춰 지휘자를 따라 부른 노래

내가 하나님을 향하여 부르짖었습니다.
내 목소리를 들으시라고 하나님을 향하여 외쳤습니다.
나는 슬픔 가운데서 주를 찾았습니다.
밤새도록 지칠 줄 모르고 손을 내리지 않았지만,
나의 영혼은 위로를 받지 못했습니다.
오 하나님, 내가 주를 기억할 때에 신음하였으며,
내가 추억에 잠겼을 때에 내 영혼이 쇠약해져 갔습니다.(셀라)

주께서 나를 잠 못 이루게 하셨으니
내가 너무도 괴로워 아무 말도 할 수 없게 되었습니다.
나는 지나간 날들을 회상해 보았습니다.
옛날 옛적의 지나간 세월들을 기억해 보았습니다.
밤이면 나는 마음속으로 생각했습니다.
생각에 잠기게 되자 나는 스스로에게 물었습니다.
"주께서 우리를 영원히 버리실 것인가?
다시는 우리에게 은혜를 베풀지 않으실 것인가?
주의 변함없는 사랑이 영원히 사라졌단 말인가?
주의 약속은 영영 헛되단 말인가?
하나님께서 자비로우심을 잊으셨단 말인가?
주의 노여움으로 우리를 불쌍히 여기지 않으신단 말인가?"
(셀라)

그때, 나는 중얼거렸습니다.
"하나님의 약속과 사랑을 믿는 나의 믿음이 약해진 거야."

그래서 나는 여호와가 행하신 일들을 회상하기로 했습니다.
정말로 나는 옛적의 주의 기적들을 기억할 것입니다.
내가 주의 행하신 일들을 묵상하며
주가 행하신 위대한 일들을 생각할 것입니다.
오 하나님, 주의 길들은 거룩합니다.
그 어느 신이 우리의 하나님처럼 위대하단 말입니까?
주는 기적들을 행하시는 하나님이십니다.
주는 세상 나라들 가운데서 주의 능력을 드러내십니다.
주의 백성 곧 야곱과 요셉의 자손들을
주의 능력의 팔로 구속하셨습니다.(셀라)

오 하나님, 바다가 주를 보았습니다.
바다가 주를 보고, 뒤로 물러갔습니다.
바다 깊은 곳까지 흔들렸습니다. 구름들이 비를 쏟아부었습니다.
하늘들이 천둥소리를 내었습니다.
주의 번개 화살들이 사방에서 번쩍이며 날아갔습니다.
주의 천둥소리가 폭풍 가운데서 들렸습니다.
주의 번개가 세상을 밝혔습니다. 땅이 진동하며 흔들렸습니다.
주는 바다를 가로질러 큰길을 내셨습니다.
주께서 바다 한가운데로 작은 길들을 내셨습니다.
물론 주의 발자국은 보이지 않았습니다.
주는 주의 백성을 양 떼처럼 인도하셨습니다.
모세와 아론의 손을 통하여 주의 백성을 인도하셨습니다.

백성을 교훈하는 시 – 아삽의 마스길

내 백성들이여, 내 가르침에 귀를 기울이십시오.
내가 하는 말에 귀 기울이십시오.
내가 비유로 말하겠습니다.
옛적 일들, 비밀스러운 일들을 이야기해 드리겠습니다.
우리는 이 이야기들을 들어서 이미 알고 있습니다.
그것은 우리 조상들이 우리에게 전해 주었기 때문입니다.
우리도 우리 자녀들에게 이것을 말해 줄 것입니다.
여호와의 찬양받으실 만한 행동들과 그가 행하신 능력과
기적들을 우리의 자손들에게 알릴 것입니다.

여호와는 야곱을 위해 증거를 세우시고
이스라엘 안에 법규를 만드셨습니다.
그리고 우리 조상들에게
그것을 자녀들에게 가르치라고 명령하셨습니다.
이렇게 하신 것은 그 자녀들이 그것을 배우고
다시 그들의 자손들에게 가르쳐 대대로 전하기 위해서였습니다.
그러면 그들은 모두 하나님을 믿고 의지할 것이고,
하나님께서 하신 일들을 잊지 않을 것이며,
그분의 명령을 지킬 것입니다.
그들은 그 명령을 지킴으로써
고집스럽고 불순종하던 조상들처럼 되지 않을 것입니다.
그들의 조상들은 하나님께 충성하지 않았고,
그분만을 섬기지 않았습니다.

에브라임 사람들은 활로 무장하고 있었으나,

전쟁이 일어나자 달아나고 말았습니다.
그들은 하나님의 언약을 지키지 않았으며
그분의 법에 따라 살지도 않았습니다.
그들은 주께서 행하신 놀라운 일들을 잊어버렸고,
그들에게 보여 주신 기적들도 다 잊어버렸습니다.
하나님께서는 이집트 땅, 소안 들판에서
그들의 조상들이 보는 앞에서 기적을 보여 주셨습니다.
바다를 가르시고 그들을 그 가운데로 인도하셨습니다.
바닷물을 벽처럼 우뚝 세우셨습니다.
낮에는 구름으로 그들을 인도하시고,
밤에는 불빛으로 그들을 인도하셨습니다.
사막에서 바위를 쪼개어
바닷물처럼 풍족하게 마실 물을 주셨습니다.
바위틈에서 생수가 나게 하시고,
강물처럼 풍성히 흐르게 하셨습니다.

그러나 그들은 계속해서 하나님께 죄를 지었습니다.
그들은 광야를 지나는 동안,
가장 높으신 분께 대들었던 것입니다.
그들은 그들의 욕심대로 음식을 구하여
마음속으로 하나님을 시험하였습니다.
그들은 하나님을 향해 빈정대면서 말했습니다.
"하나님이 우리를 위해 광야에서 식탁을 차려 줄 수 있을까?
바위를 쳐서 물이 나오게 하셨고
물이 흘러나와 시내처럼 풍성하게 적셔 주셨지만,
하나님께서 우리에게 먹을 밥을 주실 수 있을까?

하나님께서 우리에게 씹을 고기까지 주실 수 있을까?"

여호와께서 이 말을 듣고 무척 노하셨습니다.
여호와께서는 야곱의 자손을 향해서 불같이 화를 내셨고,
이스라엘 자손을 향한 여호와의 분노는 점점 커져 갔습니다.
이는 그들이 하나님을 믿지 않았고
하나님께서 베푸시는 구원도 믿지 않았기 때문이었습니다.
그러나 하나님께서는 하늘에 명령을 내리시고,
하늘의 문들을 여셨습니다.
하늘에서 만나를 비같이 풍성하게 내려
그들을 먹이시고, 하늘의 양식을 내려 주셨으니
사람들이 천사의 음식을 먹은 것입니다.
하나님께서 그들에게 풍족한 양식을 보내 주신 것입니다.
또한 하나님은 하늘로부터 동풍을 불게 하시고,
크신 힘으로 남풍을 일으키셨습니다.
하나님은 그들 위에 고기를 먼지처럼 많이 부어 주셨습니다.
하늘을 나는 새들이 바닷가의 모래처럼 많았습니다.
하나님께서는 그 새들을 천막 가까이로 데려와
모두 그 주변에 떨어지게 하셨습니다.
사람들은 배가 부르도록 먹었습니다.
그들이 바라던 것을 하나님께서는 넉넉히 주셨습니다.
그러나 그들이 욕심을 버리지 못하고
아직 그 음식이 입안에 있을 때,
하나님께서 그들에게 분노하셨습니다.
하나님은 그들 가운데서 건장한 자들을 죽이셨고,
이스라엘의 청년들을 치셨습니다.

하지만 그들은 계속해서 죄를 지었습니다.
기적을 보면서도 그것을 믿지 않았습니다.
그래서 하나님께서는 그들의 삶을 무가치하게 만드셨고,
두려움으로 인생을 마치게 하셨습니다.
하나님께서 그들을 죽이실 때마다 그들은 하나님을 찾았습니다.
하나님께로 다시 돌아왔던 것입니다.
그들은 하나님이 그들의 반석이셨으며
지극히 높으신 분이 그들의 구원자라는 것을 기억했습니다.
그러나 얼마 있지 않아,
그들은 하나님께 아첨하며 거짓말을 하곤 했습니다.
그들의 마음은 하나님께 진실하지 않았습니다.
그들은 하나님의 언약을 충실히 지키지 않았습니다.
그러나 하나님은 여전히 자비로우셨습니다.
하나님은 그들의 죄를 용서하시고 그들을 멸하지 않으셨습니다.
몇 번이고 하나님은 화를 누그러뜨리시고
그 분노를 쏟지 않으셨습니다.
하나님께서는 그들이 보잘것없는 인간임을 기억하셨습니다.
한 번 가면 다시 못 오는 바람 같은 존재라는 것을 말입니다.
광야에서 그들은 얼마나 자주 하나님을 거역하였던가!
그곳에서 그들은 얼마나 많이 하나님을 슬프게 하였던가!
거듭해서 그들은 하나님을 시험하였고,
이스라엘의 거룩하신 분의 마음을 아프게 했습니다.
그들은 하나님의 능력을 기억하지 못했습니다.
그들은 자신들을 학대하던 자들로부터
구원받았던 날을 잊어버렸습니다.
하나님께서 기적과 같은 징조들을 이집트에서 보여 주셨던 날과

놀라운 기적들을, 소안 들판에서 보여 주셨던 날을
모두 잊어버린 것입니다.
하나님께서는 이집트 사람들의 강물을 피로 바꾸어서
아무도 그 물을 마시지 못하게 하셨습니다.
파리 떼를 보내어 사람들을 괴롭게 하고,
개구리 떼를 보내어 엄청난 피해를 주었습니다.
메뚜기 떼에게 그들의 농작물을 주시고,
그들이 수고하여 추수한 곡식을 다 먹어 치우게 하셨습니다.
또 우박을 내려 포도나무를 죽이고,
서리를 내려 무화과나무를 못 쓰게 만드셨습니다.
우박으로 그들의 가축을 내리쳤으며,
양 떼는 번개에 맞아서 죽었습니다.
하나님께서는 노여움과 분노, 의분과 분통을
그들에게 보이셨습니다.
벌을 내리는 천사들을 보내어 그들을 멸하도록 하셨습니다.
하나님은 분노를 억제하지 않으셨습니다.
그들을 살려 두지 않으시고 끔찍한 염병에 걸리게 하셨습니다.
하나님께서 이집트의 처음 난 아들들을 다 죽이셨으니
함 자손의 모든 장자들이 죽음을 면치 못했습니다.
그러나 하나님께서는 자기 백성들을 마치 양 떼처럼
다 인도해 내셨으며 광야를 가로질러 그들을 이끄셨습니다.
하나님께서 그들을 안전하게 인도하셨으므로
그들은 무서워하지 않았습니다.
그러나 그들의 원수들은 모두 물에 빠져 죽고 말았습니다.
하나님은 그들을 거룩한 땅으로 인도하셨습니다.
주의 크신 능력으로 마련해 두신 산지였습니다.

그리고 하나님은
이스라엘이 보는 앞에서 다른 민족들을 쫓아내시고,
이스라엘 지파에게 그들의 땅을 나누어 주셨으며,
이스라엘 백성들에게 그들의 집을 거처로 주셨습니다.

그러나 그들은 다시 하나님을 시험하고,
지극히 높으신 분께 반역하며, 그분의 계명을 지키지 않았습니다.
그들은 옛 조상들처럼 불순종하였고 믿음이 없었습니다.
굽은 화살처럼 믿을 수 없는 자들이었습니다.
그들은 산당을 만들어 하나님을 화나게 했고,
우상을 섬겨서 하나님을 질투나게 하였습니다.
하나님께서 그들을 보시며 분노하셨습니다.
그리고는 이스라엘 백성을 완전히 버리셨습니다.
하나님께서 실로의 성막,
즉 사람들 가운데 만들어 놓으신 성막을 떠나셨습니다.
주의 능력을 나타내는 법궤마저도 빼앗기게 하시어
자신의 영광을 원수의 손아귀에 넘기셨습니다.
하나님은 자신의 백성들을 원수들의 칼에 죽게 하셨으며,
자신의 백성에게 주신 기업에 대해서도 화를 내셨습니다.
젊은이들은 불에 타 죽고,
젊은 처녀들은 결혼할 사람을 잃게 되었습니다.
그들의 제사장들은 칼에 맞아 죽었으며,
남편을 잃은 여인들은 울 힘조차 없었습니다.
그때, 주께서 잠에서 깨어난 듯 일어나셨습니다.
마치 포도주 기운에서 깨어난 사람처럼 일어나셨습니다.
하나님은 원수들을 물리치시고

그들을 영원히 부끄럽게 만드셨습니다.

그때, 하나님께서는 요셉의 집안을 버리시고
에브라임 지파를 택하지 않으셨습니다.
그 대신 유다 지파와 그가 사랑하셨던 시온 산을 택하셨습니다.
하나님은 그의 성소를 산처럼 높이 세우시고,
그가 옛적에 세우신 땅처럼 견고히 세우셨습니다.
하나님은 다윗을 양 우리에서 불러내시고,
그의 종으로 택하셨습니다.
하나님은 다윗을 양을 지키는 중에서 불러내어
자기의 백성인 야곱의 목자로,
자기의 기업인 이스라엘의 목자로 삼으셨습니다.
그러자 다윗은 순전한 마음으로 그들을 잘 길렀고,
능숙한 솜씨로 그들을 잘 인도하였습니다.

예루살렘을 위한 백성들의 울부짖음 – 아삽의 시

오 하나님, 이방 나라들이 주의 기업에 침입하여
주의 성전을 더럽히고 예루살렘을 폐허로 만들었습니다.
그들이 주의 종들의 시체를 공중의 새들에게 밥으로 던지고,
주의 거룩한 무리들의 시체를 들짐승에게 주었습니다.
그들은 온 예루살렘 주위를 피로 물들였습니다.
그러나 죽은 자를 묻어 줄 사람이 하나도 없었습니다.
우리는 이웃에게 농담거리가 되고,
주위 사람들에게 조롱과 비방거리가 되었습니다.

여호와여, 언제까지입니까?

주는 영원히 화를 풀지 않으실 것입니까?
언제까지 주의 질투가 불붙듯 할 것입니까?
주를 인정하지 않는 나라들 위에 주의 분노를 쏟아부으소서.
주의 이름을 부르지 않는 나라들 위에
주의 분노를 쏟아부으소서.
그들이 야곱의 자손들을 삼켰으며
야곱의 조국을 멸망시켰습니다.

우리 조상들의 죄 때문에 우리에게 책임을 묻지 마소서.
우리에게 속히 주의 자비를 보여 주소서.
우리가 절망 가운데에 있습니다.
우리 구원자 하나님이시여,
주의 영광스런 명예를 위해서 우리를 도와주소서.
주의 이름을 위해서 우리를 구원하시고
우리 죄를 용서하여 주소서.
"너희 하나님이 어디 있느냐?"라고
이방 민족들이 빈정거리며 말합니다.
우리 눈앞에서 주의 종들이 흘린 피를 꼭 갚아 주소서.
주는 보복하시는 분이라는 것을 모든 나라들이 알게 하소서.

감옥에 갇힌 자들의 신음 소리를 들어 주시고
죽음에 처한 자들을 주의 능력의 팔로 구해 주소서.
주여, 주를 모욕한 우리의 이웃들에게 일곱 배로 갚아 주소서.
우리는 주의 백성이며 주께서 기르시는 양 떼들입니다.
우리가 영원히 주께 감사하겠습니다.
영원히 우리가 주의 영광을 찬양하겠습니다.

이스라엘을 회복시켜 주실 것을 기도

– 아삽의 시. 소산님에둣에 맞춰 지휘자를 따라 부른 노래

이스라엘의 목자 되신 주여, 우리에게 귀를 기울여 주소서.
주는 요셉의 자손들을 양 떼같이 인도하는 분이십니다.
주는 날개 달린 생물인 그룹들 사이의
보좌에 앉아 계신 분이십니다.
주는 에브라임과 베냐민, 므낫세 지파 앞에 빛나는 분이십니다.
주의 힘과 능력으로, 빨리 오셔서 우리를 구원해 주소서.

오 하나님, 우리를 회복시키시고,
주의 얼굴을 우리에게 비춰 주시고, 우리를 구원해 주소서.

만군의 하나님 여호와여, 언제까지 화를 내시렵니까?
언제까지 주의 백성들의 기도를 저버리시렵니까?
그들은 날마다 눈물로 밥을 먹으며,
사발 가득한 눈물이 그들의 마실 물이 되었습니다.
우리는 이웃들의 다툼거리가 되었으며,
원수들의 조롱거리가 되었습니다.

전능하신 하나님이여, 우리를 회복시키시고,
주의 얼굴을 우리에게 비춰 주셔서 우리로 구원을 얻게 하소서.

주께서 포도나무 한 그루를 이집트에서 가져다가
다른 민족들을 쫓으신 후, 그 땅에 그것을 심으셨습니다.
주는 그 포도나무를 위해 미리 밭을 갈아 놓으셨습니다.
그래서 포도나무는 뿌리를 깊이 내리고

온 땅에 퍼져 가득 찼습니다.
포도나무 잎새가 큰 산들을 덮고
그 가지가 백향목처럼 뻗었습니다.
그 뻗은 가지는 지중해에 이르고,
그 넝쿨은 유프라테스 강까지 이르렀습니다.
그런데 주는 어찌하여 담을 허무셨습니까?
지나가는 사람마다 모두 포도 열매를 따 먹습니다.
산돼지가 포도 덩굴을 짓밟고
들짐승들이 그 열매를 다 먹어 치우고 있습니다.

만군의 하나님이여, 어서 우리에게로 돌아오십시오.
하늘에서 내려다보소서! 이 포도나무를 살펴보소서.
주의 능력의 손으로 심으신 뿌리입니다.
주께서 주를 위해 세우신 자손입니다.
이제 주의 포도나무가 잘리고, 불에 타 없어지고 있습니다.
주께서 꾸짖자, 주의 백성이 망하게 되었습니다.
주의 오른편에 있는 자에게 힘을 주시고,
주께서 주를 위해 힘있게 세우신 사람을 지켜 주소서.
다시는 우리가 주를 떠나지 않겠습니다.
우리를 새롭게 해 주소서.
그러면 우리가 주의 이름을 부를 것입니다.

만군의 하나님 여호와여, 우리를 회복시키시고,
주의 얼굴을 우리에게 비춰 주시고, 우리를 구원해 주소서.

축제일의 노래 – 아삽의 시. 깃딧에 맞춰 지휘자를 따라 부른 노래

우리의 힘이신 하나님께 기쁜 마음으로 노래하십시오.
야곱의 하나님께 큰 목소리로 외치십시오.
소고를 치고 수금을 타며 비파에 맞춰 음악을 연주하십시오.
초승달이 뜰 때에 보름달이 뜰 때에
우리들의 축제일에 숫양의 뿔로 나팔을 부십시오.

이것은 이스라엘이 지켜야 할 법이며
야곱 자손의 하나님께서 정하신 규례입니다.
우리가 알아듣지 못하는 언어를 사용하던
이집트를 하나님께서 치실 때에
하나님께서 이 법을 요셉의 자손들에게 주신 것입니다.
하나님께서 말씀하십니다.
"내가 너희 어깨에서 짐을 벗기고, 너희 힘든 일손을 쉬게 하였다.
너희가 괴로울 때에 내게 부르짖으므로 내가 너희를 구원하였다.
내가 천둥소리 가운데서 너희에게 응답했고,
므리바 물가에서 너희를 시험하였다.(셀라)
내 백성들아, 들어라. 이스라엘아, 내 말에 귀를 기울여라.
내가 너희에게 경고한다.
너희 가운데에 다른 신들을 두어서는 안 된다.
어떤 다른 신에게 절해서도 안 된다.
나는 너희를 이집트에서 인도해 낸 여호와 너희의 하나님이다.
네 입을 크게 벌려라. 그러면 내가 채울 것이다.

그러나 내 백성은 내 말에 귀 기울이지 않았으며,
이스라엘은 내게 복종하지 않았다.

그래서 내가 그들을 그들의 고집대로 내버려 두었더니
자기들 마음대로 행하고 있구나.
내 백성들아, 내 말에 귀를 기울여 보아라.
이스라엘 자손들아, 내 뜻에 따라 살아 보아라.
그러면 내가 너희 원수들을 쳐부수고,
내 손으로 너희 적들을 칠 것이다.
여호와를 미워하는 자들이 모두 그 앞에서 고개를 숙일 것이다.
그들은 영원히 형벌을 받게 될 것이다.
그러나 너희는 내가 가장 좋은 밀가루로 먹일 것이고
바위에서 딴 꿀로 배부르게 할 것이다."

최고의 재판관이신 하나님 – 아삽의 시

하나님께서 하늘의 모임에서 회의를 진행하십니다.
하나님께서 재판관들에게 말씀하십니다.
"너희가 언제까지 악한 자를 변호해 주고,
못된 자들의 편을 들려느냐?(셀라)
약한 자와 고아를 보살펴 주고,
가난한 자와 고통받는 자의 권리를 찾아 주어라.
약한 자들과 어려운 자들을 구해 주고,
악한 자들의 손에서 그들을 구해 주어라.

너희는 무지하며 분별력도 없이 어둠 속을 헤매고 다니는구나.
그러니 세상이 온통 흔들릴 수밖에 없지.

내 말을 들어라.
'너희는 신들이며, 지극히 높은 분의 아들들이다'라고 하였으나,

너희는 보통 사람들처럼 똑같이 죽을 것이다.
여느 지도자와 다를 바 없이 죽게 될 것이다."

오 하나님, 일어나셔서 이 땅을 심판하소서.
이는 모든 나라가 다 주의 것이기 때문입니다.

적에 대한 기도 – 아삽의 시 곧 노래

오 하나님, 더 이상 침묵하지 마소서.
오 하나님, 더 이상 잠잠히 있거나 가만히 있지 마소서.
보십시오.
주의 원수들이 소리 높여 떠들고,
주의 적들이 머리를 치켜들고 있습니다.
그들이 주의 백성들을 죽이려고 계획하고 있습니다.
주께서 사랑하시는 사람들을 해치려고 음모를 꾸미고 있습니다.
그들은 이렇게 말합니다. "자, 저 나라를 완전히 쳐부수자.
이스라엘이란 이름마저 기억하지 못하도록 만들자."
그들이 마음을 합하여 음모를 꾸미고,
주를 치려고 서로 손을 잡았습니다.
그들은 에돔 사람들과 이스마엘 사람들이며,
모압 사람들과 하갈 사람들입니다.
그발 사람들과 암몬 사람들과 아말렉 사람들,
그리고 블레셋 사람들과 두로 사람들이 그들입니다.
심지어 앗시리아 사람들도 합세하여
롯의 후손을 도왔습니다.(셀라)

주께서 미디안 사람들에게 하신 것같이 그들을 치십시오.

기손 강가에서 시스라와 야빈에게 하신 것같이
그들을 멸하십시오.
그들은 엔돌에서 전멸하였고
그들의 시체는 그 땅의 거름이 되었습니다.
오렙과 스엡에게 하신 것같이 그들의 장군들에게 해 주시고
세바와 살문나에게 하신 것같이 그들의 왕자들에게 해 주소서.
그들은 이렇게 건방지게 말하던 자들이었습니다.
"하나님의 목장들을 빼앗아 우리의 것으로 만들자."

오 나의 하나님,
그들을 바람에 날아가는 잡초 같게 하시고
지푸라기 같게 하소서.
숲을 사르는 무서운 불길같이 산 위로 번져 가는 불꽃같이
주의 폭풍으로 그들을 쫓아내시고,
주의 돌풍으로 그들을 두렵게 하소서.
여호와여, 그들이 심한 수치를 당하게 하소서.
그러면 그들이 주의 이름을 부를 것입니다.
그들이 겁에 질려 두려워하게 하소서.
수모를 당하고 멸망하게 하소서.
주의 이름이 여호와이신 줄을 그들이 알게 하여 주시고,
주만이 온 세상에서 가장 높으신 분임을 알게 하소서.

성전 안에 머물기를 소원함

– 고라 자손의 시. 깃딧에 맞춰 지휘자를 따라 부른 노래

만군의 여호와여, 주가 계시는 곳이 얼마나 아름다운지요!
내가 여호와의 성전 뜰을 애타게 그리워하다가

쓰러질 지경이 되었습니다.
나의 온몸과 온 마음으로 살아 계신 주께 부르짖습니다.

만군의 여호와, 나의 왕이시며 나의 하나님이시여,
주의 제단 곁에는 참새도 깃들 곳이 있고,
제비도 새끼를 품을 보금자리가 있습니다.
주의 집에 사는 사람들은 행복합니다.
그들이 주를 영원히 찬송할 것입니다.(셀라)

주께로부터 힘을 얻는 사람은 행복합니다.
시온을 향하여 가는 것을 사모하는 사람은 행복합니다.
그들이 눈물의 골짜기를 지나갈 때에 그곳을 샘이 되게 하며,
가을비가 우물을 가득 채워 줍니다.
예루살렘을 향해 걸어갈수록 점점 더 힘을 얻습니다.
모두들 시온에서 하나님을 만나게 될 것입니다.

만군의 여호와 하나님이여, 내 기도를 들어 주소서.
야곱의 하나님이여, 내 말에 귀를 기울여 주소서.(셀라)
오 하나님, 우리의 방패를 살펴 주소서.
주께서 기름부으신 왕에게 은혜를 베풀어 주소서.

주의 성전 뜰에서 보내는 하루가
다른 곳에서 지내는 천 날보다 더 행복합니다.
내가 악한 자들의 집에서 사느니
차라리 내 하나님의 집에 문지기로 있겠습니다.
여호와 하나님은 우리의 태양이며 방패이십니다.

여호와는 우리에게 은혜와 명예를 주십니다.
주는 정직하게 사는 사람에게 가장 좋은 것을
아끼지 아니하시고 주십니다.
만군의 여호와여, 주를 의지하는 사람은 행복합니다.

포로에서 돌아온 자들의 기도 – 고라 자손의 시. 지휘자를 따라 부른 노래

여호와여, 주께서 이 땅에 은혜를 베푸시고,
야곱의 자손들을 다시 번영케 하셨습니다.
주의 백성들의 죄를 용서해 주시고
잘못을 다 덮어 주셨습니다.(셀라)
주께서 분노를 거두시고, 노여움을 푸셨습니다.

우리의 구원자, 하나님이여, 이제 우리를 다시 회복시켜 주소서.
우리를 향한 주의 노여움을 거두어 주소서.
언제까지 우리에게 화를 내시렵니까?
언제까지 우리 자손에게 노여움을 거두지 않으시렵니까?
다시 한 번 우리를 살려 주소서.
그러면 우리가 주께 감사하며 주를 기뻐할 것입니다.
여호와여, 우리를 극진히 사랑해 주시고,
우리에게 구원을 베풀어 주소서.

여호와 하나님의 말씀에 내가 순종하겠습니다.
주는 주의 백성, 거룩한 무리들에게 행복을 약속하셨습니다.
그들이 다시는 어리석게 살지 않도록 지켜 주소서.
하나님을 높이고 존경하는 자들을
하나님은 반드시 구원하실 것입니다.

그러면 이 땅에 하나님의 영광이 가득할 것입니다.

사랑과 진리가 서로 만나고, 의로움과 평화가 포옹할 것입니다.
신실함이 땅에 가득하고, 의로움이 하늘에서 내려옵니다.
여호와께서 참 좋은 것을 주시니
이 땅에서 풍성한 곡식을 거두게 될 것입니다.
주의 의로움이 앞서 행하며 주께서 가시는 길을 준비합니다.

도와 달라고 울부짖음 – 다윗의 기도

여호와여, 내 소리에 귀를 기울이시고 대답해 주소서.
나는 불쌍하고 힘이 없는 사람입니다.
내가 주께 헌신하오니, 나를 지켜 주소서.
주는 나의 하나님이십니다. 주를 의지하는 나를 구해 주소서.
주여, 나를 불쌍히 여겨 주소서. 내가 하루 종일 주를 찾습니다.
주의 종에게 기쁨을 내려 주소서.
주여, 몸과 마음을 다하여 주를 바라봅니다.
주는 선하시고 죄를 용서해 주시는 분입니다.
주를 찾는 모든 이들에게 크신 사랑을 베푸시는 분입니다.
여호와여, 내 기도를 들어 주시고,
자비를 베풀어 달라는 부르짖음에 귀를 기울여 주소서.
주께서 내게 분명히 대답해 주실 것을 믿으므로
어려운 시절에 주를 찾을 것입니다.

주여, 세상에 주와 같으신 신이 어디 있습니까?
아무도 주께서 하신 일을 행하지 못합니다.
주여, 주께서 만드신 모든 나라가 주를 경배할 것입니다.

그들이 주의 이름을 찬양할 것입니다.
주는 놀라운 일들을 하시는 위대한 분이십니다.
오직 주만이 참 하나님이십니다.
여호와여, 주의 길을 나에게 가르쳐 주소서.
내가 주의 진리를 따라 걷겠습니다.
나에게 변함없는 마음을 주소서.
내가 주의 이름을 높이고 존경하겠습니다.
주 나의 하나님이여, 온 맘으로 주를 찬양합니다.
영원히 주의 이름을 찬양하겠습니다.
내게 보이신 주의 사랑이 너무도 크고 깊습니다.
주께서 나를 죽음에서 건져 내셨습니다.

오 하나님, 교만한 자들이 나를 공격합니다.
잔인한 무리들이 나를 죽이려 듭니다.
그들은 나를 멸시하고 무시합니다.
주는 불쌍히 여기시며, 은혜를 베푸시는 하나님이십니다.
쉽게 화를 내지 않으시고,
사랑과 진실하심이 풍성하신 분이십니다.
나를 돌아보시어 자비를 베풀어 주소서.
주의 종에게 힘을 더하여 주소서.
주의 종의 아들을 구하여 주소서.
주의 선하신 증거를 내게 보여 주셔서
내 원수들이 그것을 보고 부끄러워하게 해 주소서.
오 여호와여, 주는 나를 도와주시고 위로하시는 분이십니다.

예루살렘을 사랑하시는 하나님 – 고라 자손의 시 곧 노래

주께서 거룩한 산 위에 성의 기초를 놓으셨습니다.
여호와는 야곱의 자손들이 사는 어느 곳보다
시온의 문들을 좋아하십니다.
오 하나님의 성이여, 너에 대한 칭찬이 자자하다.(셀라)

하나님께서 말씀하십니다.
"내가 이집트와 바빌로니아의 이름을 기록해 놓았다.
왜냐하면 그들은 나를 인정하는 자들이기 때문이다.
블레셋과 두로, 에티오피아 사람들도 마찬가지다.
그들 모두가 시온 출신이라고 할 것이다." 그렇습니다.
사람들이 시온에 대해 다음과 같이 말할 것입니다.
"이 사람도 저 사람도 시온 출신이야.
지극히 높으신 분께서 시온을 굳게 세우셨어."
여호와께서 민족들을 등록하실 때에
"이 사람도 시온에서 났구나" 하실 것입니다.(셀라)

사람들은 음악을 연주하면서 노래할 것입니다.
"나의 모든 근원이 시온에 있다"라고 말할 것입니다.

고통 중에 부르짖음 – 고라 자손의 찬송시, 곧 에스라 사람 헤만의 마스길. 마할랏 르안놋에 맞춰 지휘자를 따라 부른 노래

여호와여, 나를 구원하시는 하나님이여,
내가 밤낮으로 주께 부르짖습니다.
내 기도가 주 앞에 이르기를 바랍니다.
내 부르짖음에 귀를 기울여 주소서.

내 영혼이 괴로움으로 심히 지쳐
내가 거의 죽을 지경에 이르렀습니다.
사람들도 내가 곧 죽게 되었다고 생각합니다.
나는 아무 힘이 없는 사람같이 되었습니다.
사람들은 나를 죽은 사람처럼 취급합니다.
무덤에 묻힌 사람처럼 쳐다봅니다.
주께서 더 이상 기억하지도 않는 자가 되었습니다.
더 이상 주의 보호를 받지 못하는 자가 되었습니다.
주께서 나를 깊은 구렁 속에 처넣었습니다.
가장 어둡고 음침한 곳에 던져 넣었습니다.
주의 분노가 나를 짓누르며,
주의 파도가 나를 덮쳐 괴롭게 합니다.(셀라)

주께서 내 친구들을 내게서 떼어 놓으시니
그들이 나를 싫어합니다.
내가 덫에 걸려 갇힌 몸이 되었습니다.
내 눈이 눈물에 젖어 흐려졌습니다.
오 여호와여, 내가 매일같이 주께 부르짖습니다.
내가 주를 향해 손을 들고 간구합니다.
죽은 자에게 주의 기적을 보이시겠습니까?
죽은 자들이 일어나 주를 찬송할 수 있겠습니까?(셀라)
무덤 속에서 주의 사랑을 어떻게 외치겠습니까?
죽은 자가 주의 신실하심을 어떻게 알리겠습니까?
주의 기적이 무덤 속에서 알려지겠습니까?
주의 신실하심이 잊혀진 땅에서 드러나겠습니까?

여호와여, 내가 주께 부르짖으며 도움을 청합니다.
아침마다 주께 기도를 드립니다.
여호와여, 어찌하여 나를 버리십니까?
어찌하여 내게서 숨으십니까?
어려서부터 나는 약하여 여러 번 죽을 뻔하였습니다.
주가 무서워 앞이 캄캄합니다.
주의 분노가 나를 휩쓸고,
주의 두려움에 내가 죽을 것 같습니다.
매일같이 주의 분노가 홍수처럼 내게 밀어닥쳐 나를 덮쳤습니다.
주께서 나의 사랑하는 사람들과 친구들을 다 앗아가시니
어둠만이 나의 가까운 친구가 되었습니다.

성실하신 하나님을 찬양 – 에스라 사람 에단의 마스길

내가 여호와의 크신 사랑을 영원히 노래하겠습니다.
내가 주의 신실하심을 대대로 전하겠습니다.
"주의 사랑은 영원하며,
주의 성실하심은 하늘처럼 흔들리지 않습니다."
주께서 말씀하셨습니다.
"내가 나의 택한 자와 언약을 맺었고,
내 종 다윗에게 이렇게 맹세하였다.
'내가 너를 왕위에 앉히고,
네 자손이 대대로 왕 노릇 하게 할 것이다.' "(셀라)

여호와여, 하늘이 주의 기적들을 찬양하며,
거룩한 무리가 주의 성실하심을 찬송합니다.
하늘에서 여호와와 비교할 만한 이가 누구입니까?

어느 천사가 감히 여호와와 비교될 수 있습니까?
하늘의 천사들 가운데서 오직 두려워할 분은
하나님 한 분이십니다.
주는 그들 가운데서 가장 위엄이 있는 분이십니다.
여호와 만군의 하나님이여,
주와 같은 이가 누구입니까?
오 여호와여, 주는 힘이 세고 신실한 분이십니다.
주는 거친 바다를 다스리시고,
파도치는 물결을 잠잠하게 하십니다.
주께서 라합을 찔러 죽이시고,
주의 힘센 팔로 적들을 흩으셨습니다.
하늘도 땅도 모두 다 주의 것입니다.
주께서 세상과 그 안의 모든 것을 만드셨습니다.
주는 남과 북을 만드셨습니다.
다볼 산과 헤르몬 산이 즐겁게 주의 이름을 찬양합니다.
주의 팔은 힘이 있고, 주의 손은 억세며,
주의 오른팔은 강합니다.
주가 세우신 왕국의 기초는 의와 공평입니다.
사랑과 신실하심이 주와 함께 있습니다.
오 여호와여, 주를 찬양하며 사는 사람은 행복합니다.
그들은 항상 주의 빛 가운데에 사는 사람들입니다.
그들은 온종일 주의 이름을 부르고 즐거워하며,
주의 의로우심을 생각하고 기뻐합니다.
주는 그들의 영광이며 힘이십니다.
주께서 힘과 은혜를 주시고 우리를 높이셨습니다.
그렇습니다! 우리의 방패는 여호와이십니다.

우리 왕은 이스라엘의 거룩한 분에게 속하였습니다.

한번은 주께서 환상 가운데 말씀하셨습니다.
주의 충성스런 자들에게 말씀하신 것입니다.
"내가 한 젊은 용사에게 힘을 주었고,
내 백성 가운데서 한 청년을 택하여 왕을 세웠다.
내 종 다윗을 찾아 그에게 거룩한 기름을 부어 왕으로 삼았다.
내가 손으로 그를 굳게 잡고, 팔로 그를 강하게 할 것이다.
원수가 그를 굴복시키지 못할 것이며,
악한 자들이 그를 괴롭히지 못할 것이다.
내가 그의 눈앞에서 그의 원수들을 멸하고
그의 적들을 쳐부술 것이다.
내가 변함없이 그를 사랑할 것이며
그가 내 이름으로 강하게 될 것이다.
내가 그의 손을 바다 위에 뻗치게 할 것이며,
그의 오른손을 강까지 뻗치게 할 것이다.
그가 큰 소리로 나에게 말하기를, '주는 나의 아버지이시며
나의 하나님, 나의 구원자, 나의 바위이십니다'라고 할 것이다.
내가 그를 나의 맏아들로 삼고,
이 땅에서 가장 위대한 왕으로 만들 것이다.
그에 대한 나의 사랑을 영원히 간직할 것이니
그와 맺은 나의 언약은 영원할 것이다.
내가 그의 후손을 길이길이 이어 줄 것이니,
그의 왕조는 하늘이 있는 동안 영원할 것이다.
그러나 그의 자손들이 나의 법을 저버리고
나의 법규들을 따르지 않거나 내 규례들을 어기고

내 명령을 지키지 않으면 내가 막대기로 그들의 죄를 다스리고
채찍으로 그들의 잘못을 칠 것이다.
그러나 내 사랑만은 거두지 않을 것이며,
나의 성실함만은 지킬 것이다.
나는 내 언약을 깨뜨리지 않을 것이며,
내 입으로 말한 것을 바꾸지 않을 것이다.
나의 거룩함을 걸고 맹세하였기 때문에
다윗을 절대 속이지 않을 것이다.
그의 왕조는 계속 이어질 것이며,
그의 왕위는 내 앞에서 해처럼 영원할 것이다.
하늘의 진실한 증인인 달처럼 영원히 이어질 것이다."(셀라)

그러나 주는 이제 주께서 기름부으신 자를 버리시고,
그를 물리치시며, 분노를 쏟으셨습니다.
주는 주의 종과 맺은 언약을 깨뜨리시고,
그의 왕관을 땅에 내팽개치셨습니다.
주는 그의 성벽들을 모두 허무시고,
철벽 같은 성을 돌무더기로 만드셨습니다.
지나가는 사람들이 그의 물건을 마구 빼앗아 가고,
이웃들이 그를 비웃었습니다.
주께서 오히려 그의 원수들의 오른손을 들어 주셨습니다.
그러자 그들이 좋아서 기뻐하게 되었습니다.
주는 그의 칼을 무디게 하셨으며,
전쟁에서 그를 돕지도 않으셨습니다.
주는 그의 찬란한 영광을 빼앗으시고
그의 왕좌를 땅에 던져 버리셨습니다.

주는 그의 젊은 시절을 빨리 지나가게 하셨으며
그를 부끄러움으로 덮으셨습니다.(셀라)

여호와여, 언제까지 숨어 계실 것입니까?
언제까지 불 같은 화를 쏟으시려 하십니까?
내 인생이 짧다는 사실을 기억해 주소서.
주께서 지으신 모든 삶이 너무도 허무합니다!
이 세상에서 죽지 않고 영원히 살 사람이 어디 있습니까?
무덤의 세력을 피할 사람이 누가 있습니까?(셀라)

주여, 지난날 보여 주신 주의 크신 사랑은 다 어디에 있습니까?
진실하신 주께서 전에 다윗에게 맹세하지 않으셨습니까?
주여, 주의 종이 얼마나 모욕을 당하였는지 기억해 주소서.
내 가슴에 사무친 다른 나라들의 조롱을 기억해 주소서.
여호와여, 주의 원수들이 한 모욕들을 기억하소서.
주의 기름부음받은 자를 따라다니면서
모욕한 것을 기억하소서.

여호와를 영원히 찬송합니다! 아멘, 아멘.

제 4 권

하나님은 영원하시나 인생은 무상하다 – 하나님의 사람, 모세의 기도

주여, 주는 대대로 우리의 안식처와 피난처가 되셨습니다.
산들이 생겨나기 전, 주께서 이 땅과 세상을 만드시기 전,
옛날부터 영원히 주는 우리의 하나님이십니다.

주께서 사람들을 흙으로 되돌아가게 하시면서 말씀하십니다.
“사람아, 흙으로 돌아가거라.”
주가 보시기에는 천 년도 지나간 어제와 같고,
긴 세월도 밤중의 한 시간과 같습니다.

주께서 죽음의 잠으로 휩쓸어 가시면
사람은 아침에 돋아나는 풀과 같습니다.
아침에는 싱싱하게 피었다가도
저녁이 되면 시들어 마르는 풀입니다.

주의 분노가 우리를 다 태워 버립니다.
주가 화내시면 우리는 두려워 떱니다.
우리가 저지른 악한 행위들이 다 주 앞에 있고,
우리가 숨어서 지은 죄들도 다 주가 보고 계십니다.

우리 인생이 주의 분노 아래 있으니
우리는 일생을 한숨지으면서 보냅니다.
우리의 수명은 칠십 년, 힘이 있으면 팔십 년이지만,
인생은 고생과 슬픔으로 가득 차 있습니다.
날아가듯 인생은 빨리 지나갑니다.
주의 분노가 무섭다는 것을 누가 알겠습니까?
주의 분노의 힘이 크다는 것을 누가 알겠습니까?

우리의 인생이 얼마나 짧은지 깨닫게 해 주소서.
그러면 우리의 마음이 지혜로워질 것입니다.
여호와여, 돌아오십시오. 언제까지 멀리 계실 것입니까?

주의 종들을 불쌍히 여겨 주소서.
아침마다 주의 변함없는 사랑으로 우리를 배부르게 해 주소서.
그러면 우리가 평생토록 기뻐하며 즐겁게 노래하겠습니다.
주께서 우리에게 괴로움을 주신 날만큼
이제 우리에게 기쁨의 날들을 되돌려 주소서.
우리가 괴로워한 그날만큼 우리가 즐거운 인생을 보내게 하소서.
주의 놀라운 일들을 주의 종들에게 보여 주시고,
주의 위대하심을 우리의 자녀들에게 나타내 주소서.
주 우리 하나님의 은혜가 우리와 함께하셔서
우리가 하는 일이 잘되게 해 주소서.
우리가 하는 일이 잘되게 해 주소서.

피난처 되신 주님

가장 높으신 분의 피난처에 사는 사람은
전능하신 하나님의 그늘 밑에서 편안히 쉬게 될 것입니다.
내가 여호와께 말합니다.
"주는 나의 피난처이시며 성벽이십니다.
나의 하나님, 내가 주를 굳게 믿습니다."

주는 반드시 여러분을 사냥꾼의 덫에서 구하시고,
무서운 병에서 건져 주실 것입니다.
주는 주의 깃털로 여러분을 감싸 주시고,
주의 날개 아래 여러분을 보호해 주실 것입니다.
주의 신실하심이 여러분의 갑옷과 방패가 되어 주실 것입니다.
밤의 적막함이 여러분을 두렵게 하지 못할 것입니다.
낮에 날아다니는 화살이 여러분을 해하지 못할 것입니다.

밤중에 퍼지는 전염병도 여러분을 두렵게 하지 못하고,
대낮에 닥치는 재앙도 여러분을 해하지 못할 것입니다.

천 명이 여러분의 옆에서 죽어 엎드러지고,
만 명이 여러분의 오른편에서 쓰러질지라도
여러분은 조금도 다치지 않을 것입니다.
오직 여러분은 가만히 서서
악인들이 벌받는 것을 쳐다보게 될 것입니다.

가장 높으신 분을 여러분의 피난처로 삼고
나의 피난처이신 여호와를 여러분의 보호자로 모셨으니
어떤 불행도 여러분을 덮치지 않을 것이며,
아무런 재난도 여러분 집에 가까이 하지 못할 것입니다.

주께서 천사들을 시켜 여러분을 지키게 하실 것입니다.
여러분이 어디로 가든지 저들이 여러분을 보호해 줄 것입니다.
천사들이 손으로 여러분을 붙들어 주시고,
발이 돌부리에 부딪히지 않도록 해 주실 것입니다.
여러분은 사자와 독사 위를 짓밟고 지나가고
힘센 사자와 뱀을 짓누를 것입니다.

하나님께서 말씀하십니다.
"나를 사랑하는 자를 구원할 것이다.
내 이름을 높이는 자를 내가 보호해 줄 것이다.
그가 나를 부르면 내가 그에게 대답할 것이다.
그가 어려울 때, 내가 그와 함께 있을 것이다.

내가 그를 구원하고 그를 높여 줄 것이다.
그를 오래 살게 해 줄 것이며,
나의 구원을 그에게 보일 것이다."

하나님의 신실하심에 감사함 – 안식일의 노래

가장 높으신 분이여, 여호와를 찬양하는 것은 즐거운 일입니다.
주의 이름을 노래하는 것은 행복한 일입니다.
이른 아침에 주의 사랑을 선포하고,
밤에는 주의 신실하심을 노래합니다.
십현금과 비파와 수금의 가락에 맞추어 주를 찬양합니다.
여호와여, 주가 하신 일들을 듣고 기뻐합니다.
주께서 하신 일들을 보며 내가 기뻐 노래합니다.

여호와여, 주가 하신 일은 참으로 위대합니다.
주의 생각은 너무나 깊습니다.
미련한 자들이 그것을 알지 못하고,
어리석은 자들이 이해하지 못합니다.
악한 자들이 풀처럼 쑥쑥 자라고
악을 행하는 자들이 잘되는 것처럼 보이지만
그들은 영원히 망하고 말 것입니다.
여호와여, 주는 영원히 높임을 받으실 분이십니다.
여호와여, 주의 원수들은 반드시 망할 것입니다.
악을 행하는 자들도 모두 다 흩어지게 될 것입니다.

그러나 주는 나의 뿔을 들소처럼 강하게 하셨으며,
내게 신선한 기름을 부어 주셨습니다.

내가 두 눈으로 적들이 전쟁에 패하는 것을 보고,
두 귀로 악한 원수들이 도망치는 소리를 들었습니다.

의로운 자들은 종려나무처럼 무성하며
레바논의 백향목처럼 울창할 것입니다.
그들은 마치 여호와의 성전 뜰에 심기운 나무처럼
우리 하나님의 정원에서 우거지게 될 것입니다.
그들은 늙어서도 열매를 맺으며 항상 싱싱하고 푸를 것입니다.
그들은 "여호와는 올바르시다.
주는 나의 바위이시며 그분께는 굽은 데가 없다"라고
말할 것입니다.

하나님의 통치를 찬양함

여호와께서 위엄으로 옷 입으시고 세상을 다스리십니다.
여호와께서 위엄으로 옷 입으시고 능력의 띠를 두르셨습니다.
세상이 굳게 서고 흔들림이 없습니다.
주의 보좌가 옛적부터 굳게 서 있습니다.
주는 영원부터 계신 분이십니다.

여호와여, 바다가 뛰놉니다.
바다가 출렁이며 소리를 높이고
철썩거리며 큰 물결을 일으킵니다.
높은 곳에 계신 여호와의 능력은 더욱 강하십니다.
큰 물결이 치는 소리보다 세시고
파도가 깨어지는 소리보다 더 강하십니다.

여호와여, 주의 법도는 굳게 서 있습니다.
주의 집은 영원히 거룩함으로 가득 차 있습니다.

하나님께서 원수들을 심판하심

여호와여, 사람들이 행한 대로 갚으시는 하나님이시여,
보복하시는 하나님이시여, 빛을 비추소서.
이 땅을 심판하시는 재판장이시여, 일어나십시오.
교만한 자들이 마땅히 받아야 할 벌을 주소서.
여호와여, 악인들이 언제까지 흥에 겨워
날뛰도록 내버려 두실 것입니까?
그들은 교만한 말을 함부로 내뱉고 다니며,
악한 일을 하는 자들은 떠벌리고 다닙니다.
여호와여, 그들이 주의 백성을 짓누르고,
주의 민족을 괴롭힙니다.
과부와 나그네를 살해하고, 고아들도 죽입니다.
그들은 말합니다. "여호와는 이런 일을 보지 않으신다.
야곱의 하나님은 이런 일에 관심도 없다."

미련한 사람들아, 조심하라.
멍청한 사람들아, 언제나 깨닫겠느냐?
귀를 만드신 분이 듣지 못하시겠느냐?
눈을 지으신 분이 보지 못하시겠느냐?
세상 나라를 교훈하시는 분이 너희를 벌하지 못하시겠느냐?
사람을 가르치시는 분이 모든 것을 알지 못하시겠느냐?
여호와는 사람의 생각을 아십니다.
사람의 생각들이 바람결 같다는 것을 아십니다.

여호와여, 주의 교훈을 받는 자는 행복한 사람입니다.
주의 법으로 가르침을 받는 자는 행복한 사람입니다.
고난의 날에 주는 그들을 보호하실 것이나
악인은 무덤에 내려갈 것입니다.
여호와는 자기 백성을 버리지 않을 것입니다.
결코 자기 민족을 포기하지 않을 것입니다.
판단이 의로 돌아가 공정한 재판이 있게 될 것입니다.
정직한 자들은 다 만족할 것입니다.

누가 나를 도와서 악인을 치러 일어날 것입니까?
누가 내 편이 되어 악인과 싸울 것입니까?
여호와께서 나를 돕지 않으셨다면
나는 벌써 적막한 무덤에 있었을 것입니다.
여호와여, 내가 "쓰러질 것 같아!"라고 외칠 때에
주의 사랑이 나를 붙들어 주셨습니다.
내 마음에 큰 두려움과 걱정이 있었을 때에
주의 위로가 나에게 커다란 기쁨을 주었습니다.
부패한 왕권이 하나님의 친구가 될 수 없습니다.
그들이 만든 법은 백성들을 불행하게 만듭니다.
그들이 모여서 의로운 사람을 해치려고 하고,
죄 없는 사람들에게 형벌을 선고합니다.
그러나 여호와는 나의 성벽이 되셨습니다.
나의 하나님은 내가 피할 바위이십니다.
주는 악한 자들이 지은 죄대로 갚으실 것입니다.
우리 하나님 여호와께서 그들을 멸망시킬 것입니다.

찬송과 순종을 바라심

다 와서 여호와께 기쁜 노래를 부릅시다.
우리 구원의 반석이 되시는 주님께 큰 소리로 외칩시다.
감사의 노래를 부르면서 주 앞에 나아갑시다.
음악과 노래로 주를 높입시다.
여호와는 위대한 하나님이십니다.
그분은 모든 신들 위에 뛰어난, 위대한 왕이십니다.
땅의 가장 깊은 곳도 그분의 것이며,
가장 높은 산들도 그분의 것입니다. 바다도 그분의 것입니다.
이는 주가 만드셨기 때문입니다.
그분은 손으로 마른 땅도 지으셨습니다.

다 와서 엎드려 주를 경배합시다.
우리를 지으신 여호와 앞에 무릎을 꿇읍시다.
그분은 우리의 하나님이십니다.
우리는 그분 목장의 백성이며 그분이 기르는 양 떼들입니다.
오늘날 여러분에게 하시는 여호와의 말씀을 들으십시오.
"너희 조상들이 므리바에서 그랬던 것처럼,
광야의 맛사에서 그랬던 것처럼 고집부리지 마라.
그곳에서 그들은 나를 시험하였다.
내가 행한 일을 두 눈으로 보고서도 나를 시험한 것이다.
나는 사십 년 동안, 그들에게 분노하였다.
그리고 이렇게 말했다. '그들은 마음을 다른 곳에 두고 있다.
나의 길을 도무지 알지 못하는 백성이다.'
나는 화가 나서 맹세하였다.
'그들은 결코 내 안식에 들어오지 못할 것이다.' "

하나님의 통치를 찬양하라

새 노래로 여호와께 노래하십시오.
온 땅이여, 여호와께 노래하십시오.
여호와께 노래하고 그분의 이름을 찬양하십시오.
날마다 그분의 구원을 선포하십시오.
세상 모든 나라들에게 그분의 영광을 선언하고,
모든 민족들에게 그가 행하신 놀라운 일들을 전하십시오.
여호와는 위대하시며 찬양받으실 분입니다.
그분은 모든 신들보다 더 높임받으실 분입니다.
세상 모든 나라의 신들은 다 헛된 우상들입니다.
그러나 여호와는 하늘을 만드신 분이십니다.
주께는 찬란한 위엄이 있고
그분의 성소에는 능력과 아름다움이 있습니다.

온 땅의 나라들이여, 여호와께 영광과 능력을 돌리십시오.
여호와께 영광과 능력을 돌리십시오.
여호와의 이름에 알맞는 영광을 그에게 돌리며
예물을 들고 그분의 성전에 들어가십시오.
거룩한 광채로 옷 입으신 여호와를 경배하십시오.
온 땅이여, 주님을 경외하십시오.

온 세상에 전하십시오. "여호와는 왕이십니다."
이 세상이 굳게 서고 흔들리지 않을 것입니다.
주께서 모든 민족을 공평하게 심판하실 것입니다.

하늘이여, 기뻐하고 땅이여, 즐거워하여라.

바다와 그 안에 있는 모든 것들아, 높이 외쳐라.
밭과 그 안에 있는 모든 것들아, 기뻐 소리쳐라.
숲의 모든 나무들아, 즐거이 노래하여라.
여호와께서 오실 때, 그분이 이 세상을 심판하러 오실 때,
그들이 여호와 앞에서 노래할 것입니다.
주는 이 세상을 공평하게 심판하시고
진리로 민족들을 판단하실 것입니다.

하나님의 영광스런 통치를 찬송함

여호와께서 다스리시니 온 땅이 기뻐하며
땅끝에 있는 섬들도 즐거워합니다.
짙은 안개와 구름이 그분을 두르고,
정의와 공평 위에 그 나라가 세워졌습니다.
불길이 그 앞에서 나와 사방에 있는 주의 원수들을 태웁니다.
그 번개가 번쩍이며 세상을 비추고
사람들이 그것을 보고 두려워 벌벌 떱니다.
산들이 여호와 앞에서 양초처럼 녹습니다.
큰 산들이 온 땅의 주 앞에서 녹습니다.

하늘들이 그 공평하심을 노래하고,
모든 민족들이 그 영광을 바라봅니다.
우상을 섬기는 자들은 부끄러움을 당할 것입니다.
그들은 허수아비들을 자랑하고 있습니다.
모든 신들아, 여호와께 엎드려 경배하여라!

여호와여, 주의 공평한 심판 때문에

시온이 듣고 기뻐하며 유다 마을들이 즐거워합니다.
여호와여, 주는 온 땅 위에 가장 높으신 분이십니다.
주는 모든 신들 위에 가장 뛰어나신 분이십니다.

여호와를 사랑하는 자들은 악을 미워합니다.
주는 신실하게 주님을 따르는 자의 생명을 보호하시며,
악한 자의 손에서 그들을 구원하십니다.
바르게 사는 사람들에게 빛을 비추시며,
마음이 정직한 사람들에게 넘치는 기쁨을 주십니다.
바르게 사는 여러분, 여호와 안에서 기뻐하십시오.
그분의 거룩한 이름을 찬양하십시오.

능력과 공의의 하나님

새 노래로 여호와께 찬양하십시오.
그분이 놀라운 일들을 행하시고
능력의 오른손과 거룩한 팔로
우리에게 승리와 구원을 주셨습니다.
여호와는 온 세상에 그의 구원을 알리시고,
온 세계에 그의 의로우심을 알리셨습니다.
주는 이스라엘 백성을 향한 그의 사랑을 기억하셨습니다.
이스라엘 집을 향한 주의 성실하심을 기억하셨습니다.
세상 끝에 있는 사람들까지도
우리 하나님의 구원을 바라보게 되었습니다.

온 땅이여, 기쁨으로 여호와께 즐거이 외치며,
악기에 맞추어 기쁨의 노래를 부르십시오.

수금으로 아름다운 음악을 여호와께 드리십시오.
수금과 노랫소리로 주를 찬양하십시오.
나팔과 호각을 불면서
왕이신 여호와 앞에서 즐거이 외치십시오.

바다와 그 안에 있는 모든 것들아, 높이 외쳐라.
온 세계와 그 안에 있는 모든 것들아, 다 노래하여라.
강들아, 손뼉을 치고 산들아, 함께 즐거워하며 노래하여라.
여호와 앞에서 노래하십시오.
그것은 그가 세상을 심판하러 오시기 때문입니다.
그가 이 세상을 바르게 심판하시고
민족들을 공정하게 판단하실 것입니다.

거룩한 왕이시며 공평하신 하나님

여호와께서 다스리시니 모든 나라들이 두려워 떱니다.
여호와께서 날개 달린 생물인 그룹들 사이에 앉아 계시니
땅이 흔들립니다.
여호와는 시온에서 위대한 분이십니다.
주는 모든 나라들 위에 가장 높은 분이십니다.
모든 나라들이 주의 위대하고 높으신 이름을 찬송할 것입니다.
그는 거룩하십니다.
우리의 왕은 능력이 크시고 정의를 사랑하십니다.
주는 공평의 법을 세우셨습니다.
주는 야곱의 집안에 정의와 공평을 세우셨습니다.
여호와 우리 하나님을 높이십시오.
그분 발아래 엎드리십시오. 그는 거룩하십니다.

모세와 아론은 그분의 제사장들이었습니다.
사무엘도 주의 이름을 부르던 사람이었습니다.
그들이 여호와를 부를 때에 주께서 그들에게 대답하셨습니다.
여호와께서 구름 기둥에서 그들에게 말씀하셨고,
그들은 주가 주신 법규와 명령들을 지켰습니다.

여호와 우리 하나님이여, 주는 그들에게 응답하셨습니다.
때때로 그들의 잘못을 벌하셨지만
주는 그들을 용서하시는 하나님이셨습니다.
여호와 우리 하나님을 높이십시오.
그의 거룩한 산에서 그분에게 경배하십시오.
여호와 우리 하나님은 거룩하신 분입니다.

찬양으로의 초대 – 감사의 노래

온 땅이여, 여호와께 즐겁게 외치십시오.
즐거움으로 여호와를 섬기십시오.
기쁨의 노래를 부르면서 그분 앞으로 나아오십시오.

여호와께서 우리의 하나님이심을 아십시오.
그분이 우리를 지으셨으니, 우리는 그분의 것입니다.
우리는 그분의 백성이며 그분이 돌보는 양 떼들입니다.

감사의 노래를 부르면서 그분의 성문으로 들어가십시오.
찬양을 드리면서 그분의 뜰 안으로 들어가십시오.
그분에게 감사하고 그분의 이름을 찬양하십시오.

여호와는 선하시며, 그분의 사랑은 영원합니다.
그분의 성실하심은 대대로 이어질 것입니다.

통치자의 자세 – 다윗의 노래

여호와여, 내가 주의 사랑과 정의를 노래합니다.
내가 주께 찬양을 드리겠습니다.
내가 흠 없는 삶을 살도록 하겠습니다.
주님은 언제쯤 내게 오시렵니까?
내가 티없이 깨끗한 마음으로 내 집 안에서 살겠습니다.
악한 것은 그 무엇이라도 거들떠보지 않겠습니다.
주를 따르지 않는 자들을 싫어하며
그런 사람들과는 어울리지 않을 것입니다.
삐뚤어진 마음을 내게서 버리겠습니다.
악한 일과는 아무런 상관없이 살겠습니다.

자기 이웃을 몰래 헐뜯는 자들을 내가 잠잠케 하겠습니다.
거만한 눈과 교만한 마음을 가진 자들을
내가 가만두지 않을 것입니다.

이 땅에서 신실한 사람을 찾아 나와 함께 살게 할 것입니다.
깨끗한 길로 걸어가는 사람이 나를 받들게 할 것입니다.

속이는 사람들은 그 누구도 내 집에서 살지 못할 것입니다.
거짓말하는 사람들도 내 앞에 서지 못할 것입니다.

매일 아침마다

이 땅에 사는 악한 자들의 입을 다물게 만들 것이며,
악한 일을 행하는 사람들을
여호와의 성에서 없애 버릴 것입니다.

도움을 구하는 부르짖음

– 고통당하는 자가 마음이 상하여 여호와께 그의 근심을 털어놓는 기도

여호와여, 나의 기도를 들어 주소서.
도와 달라는 나의 부르짖음이 주께 이르게 해 주소서.
내가 고통스러워하고 있을 때에
주의 얼굴을 내게서 숨기지 마소서.
내게 귀를 기울여 주소서.
내가 부르짖을 때에 어서 빨리 내게 대답해 주소서.

나의 세월은 연기처럼 사라져 가고,
내 뼈는 숯불처럼 타들어 갑니다.
내 마음은 풀처럼 말라 시들었으며,
음식 먹는 것조차 잊어버렸습니다.
신음하다 지쳐 버려 이제는 뼈와 가죽만 남았습니다.
나는 사막의 올빼미와 같습니다.
폐허가 된 집터의 부엉이와 같습니다.
지붕 위의 외로운 한 마리 새처럼
뜬눈으로 밤을 지새우고 있습니다.
온종일 원수들이 나를 빈정대며 모욕합니다.
나를 조롱하는 자들이 내 이름을 들먹이며 저주합니다.
내가 재를 음식같이 먹고, 눈물을 물처럼 마십니다.
주께서 크게 분노하시고 나를 들어 내던지셨습니다.

나의 인생은 석양의 그림자와 같고 마치 풀처럼 시들어 갑니다.

여호와여, 주는 영원히 왕좌에 앉아 계십니다.
주의 명성은 대대로 영원할 것입니다.
주께서 오셔서 시온에게 자비를 베풀어 주소서.
이제는 시온을 불쌍히 여겨 주실 때입니다.
주의 종들은 폐허가 된 시온의 돌들을 아낍니다.
그 먼지 하나에도 그들은 눈물을 짓습니다.
세상의 모든 나라들이 여호와의 이름을 두려워할 것입니다.
이 땅의 모든 왕들이 주의 영광을 높일 것입니다.
여호와는 시온을 다시 세우시고,
영광 중에 그곳에 나타나실 것입니다.
여호와께서 가난한 자들의 기도에 응답하시며
그들의 기도를 물리치지 아니할 것입니다.

미래의 세대들을 위해 이 일들을 기록해 놓아
새로운 백성들이 여호와를 찬양하게 합시다.
여호와께서 저 높은 성소에서 굽어보시며,
하늘에서 이 땅을 살펴보셨습니다.
갇힌 자들의 신음 소리를 들으셨고,
사형 선고 받은 자들을 풀어 주셨습니다.
그러므로 여호와의 이름이 시온에 선포되며,
그를 찬양하는 소리가 예루살렘에 가득 퍼지는 가운데서
나라들과 민족들이 함께 모여 여호와를 경배할 것입니다.

내가 사는 동안에 주는 나의 힘을 꺾으시고,

내가 살 날을 단축시키셨습니다.
내가 이렇게 주께 아뢰었습니다.
"나의 하나님, 내 삶의 중간에 나를 데려가지 마소서.
주의 세월은 끝이 없습니다.

태초에 주는 땅의 기초를 놓았습니다.
하늘도 주의 손으로 만드신 것입니다.
하늘과 땅은 사라질지라도 주는 영원하십니다.
그것들은 옷과 같이 낡아집니다.
주는 그것들을 의복처럼 바꿀 수 있으며,
언제라도 버리실 수 있습니다.
그러나 주는 언제나 한결같으시니
주의 세월은 결코 끝이 없을 것입니다.
주의 종들의 자녀들이 주 앞에서 살 것이고,
그들의 자손들도 주와 함께 영원히 있을 것입니다."

사랑의 하나님께 대한 찬양 – 다윗의 노래

내 영혼아, 여호와를 찬양하여라.
마음을 다해 그분의 거룩한 이름을 찬송하여라.
내 영혼아, 여호와를 찬양하며, 그분의 모든 은혜를 잊지 마라.
주는 나의 모든 죄들을 용서하시며,
나의 모든 질병을 고쳐 주십니다.
무덤에서 내 생명을 구원하시고, 사랑과 자비를 베푸십니다.
주는 좋은 것으로 나의 소원을 만족시켜 주시니
내가 독수리처럼 새롭고 힘이 넘칩니다.

여호와는 억눌린 자를 위해 정의롭고 공평한 일을 행하십니다.
그분은 그의 뜻을 모세에게 보이시고
그의 행동들을 이스라엘 백성에게 보이셨습니다.
여호와는 자비롭고 은혜로우시며
화를 참으시고 사랑이 넘치는 분이십니다.
그분은 항상 꾸짖거나 따지지 않으시며,
화를 오랫동안 품고 계시지 않습니다.
그분은 우리의 죄값을 그대로 갚지 않으시며,
우리가 저지른 잘못에 따라 처벌하지도 않으십니다.
하나님을 두려워하는 자에게 베푸시는 그분의 사랑은
땅에서 하늘이 높음같이 높고 위대합니다.
동이 서에서 먼 것처럼
그분은 우리로부터 죄를 멀리 치우셨습니다.
마치 아버지가 그의 자녀들을 깊이 사랑하듯이
주는 그를 존경하는 자들을 깊이 사랑하십니다.
주는 우리가 어떻게 만들어졌는지를 아시며,
우리가 한낱 먼지임을 기억하고 계십니다.

인생은 풀과 같습니다. 들판에 핀 꽃처럼 자랍니다.
바람이 불면 그 꽃은 떨어지고
그 있던 자리는 흔적조차 남지 않습니다.
그러나 주를 높이고 두려워하는 자에게
여호와의 사랑이 영원히 함께할 것입니다.
여호와의 정의는 그들의 자손들과 그분의 언약을 지키는 자들과
그분의 법규들을 기억하고 따르는 자들에게 이를 것입니다.
여호와께서 하늘에 왕좌를 놓으시고 온 세상을 다스리십니다.

그분의 뜻을 행하고 그 말씀을 순종하는 자여,
여호와를 찬양하십시오.
그분의 천사들이여, 여호와를 찬양하십시오.
하늘에 있는 군대들이여, 여호와를 찬양하십시오.
그분의 뜻을 행하는 그분의 종들이여, 여호와를 찬양하십시오.
여호와의 지으심을 받은 만물들이여,
그분이 다스리는 모든 곳에서 여호와를 찬양하십시오.
내 영혼아, 여호와를 찬양하여라.

세상을 만드신 하나님을 찬양

내 영혼아, 여호와를 찬양하여라.
여호와 나의 하나님, 주는 참으로 위대하십니다.
찬란한 위엄의 옷을 입으셨습니다.
빛을 겉옷 삼아 두르시고 하늘을 천막처럼 펼치시고
물 위에 궁궐을 지으시며 구름들을 주의 병거로 삼으시고
바람 날개를 타고 다니십니다.
바람을 심부름꾼으로 삼으시고
불꽃을 주의 종으로 사용하십니다.

주께서 굳건한 기초 위에 땅을 세우셨으므로
결코 흔들리지 않을 것입니다.
옷을 입히듯이 깊은 물로 땅을 입히시니
물이 산들을 덮었습니다.
그러나 주께서 꾸짖으시니 물들이 물러갔습니다.
주의 천둥소리 같은 목소리에 물들이 도망쳤습니다.
물들이 산들을 넘어 물러가 계곡으로 내려갔습니다.

주께서 정해 주신 곳으로 되돌아간 것입니다.
주께서 바닷물의 경계선을 정하사 물이 넘치지 못하게 하시고
다시는 땅을 덮지 못하게 하셨습니다.

주께서 샘물을 터뜨리시어 계곡으로 흐르게 하시니
산과 산 사이로 흘러내립니다.
들짐승들이 샘에 와서 물을 마시며 들나귀들도 목을 축입니다.
하늘의 새들이 물가에 깃들고 나뭇가지에 앉아 노래합니다.
주께서 하늘의 궁궐에서 산들 위에 물을 주시니
온 땅이 주가 주신 열매로 가득합니다.

가축을 위해 풀을 자라게 하시고
사람이 농사를 지어 먹을 수 있도록
땅에서 곡식이 자라게 하셨습니다.
사람의 마음을 즐겁게 하는 포도주와
얼굴에 윤기를 내는 기름과 힘을 돋워 주는 양식을 주셨습니다.

여호와의 나무들과
주가 심으신 레바논의 백향목들이 물을 흡족히 마십니다.
새들이 그곳에 둥지를 틀고, 황새가 전나무에 집을 지었습니다.
높은 산에는 산양들이 살고,
바위틈에는 오소리들이 숨어 삽니다.

달은 계절을 알려 주고, 해는 그 지는 시각을 알려 줍니다.
주께서 어둠을 드리워 밤이 되게 하셨으니
들짐승들이 어슬렁거리기 시작합니다.

사자들은 먹이를 찾아 으르렁거리고
하나님께 먹이를 달라고 부르짖습니다.
그러다가 해가 뜨면 슬그머니 물러나
동굴로 돌아가 잠자리에 눕습니다.
한편 사람들은 그때, 일어나 일하러 갑니다.
그리고 저물도록 수고합니다.

여호와여, 주께서 하신 일이 얼마나 많은지요!
주는 지혜로 이 모든 것들을 만드셨습니다.
이 땅에 주가 지으신 것들로 가득 차 있습니다.
바다를 보니 얼마나 크고 넓은지요!
그 속에 크고 작은 생물들이 셀 수 없이 많습니다.
바다 위로 배들이 이리저리 오갑니다.
주가 만드신 악어가 그 속에서 놉니다.

이 모든 것들이 주께서 때를 따라 먹이를 주시기를 기다립니다.
주께서 먹이를 주실 때에 그들이 모두 모여듭니다.
주께서 손을 벌리시고 좋은 것을 주시면
그들이 풍족하게 먹고 배부르게 됩니다.
그러나 주께서 얼굴을 돌리시면, 그들은 두려워 떱니다.
주께서 그들의 호흡을 끊으시면,
그들은 죽어 흙으로 돌아갑니다.
그러나 주께서 입김을 불어넣으시면, 그들은 다시 창조됩니다.
주는 이 땅을 새롭게 만드십니다.

여호와의 영광이 영원하소서.

여호와께서 지으신 것들로 즐거워하소서.
주가 땅을 보시자, 땅이 흔들립니다.
산들을 만지시자, 산들이 연기를 뿜어냅니다.
내가 평생토록 여호와를 찬송하며,
사는 동안 나의 하나님을 찬양할 것입니다.
주를 생각하는 나의 마음을 주께서 어여삐 보소서.
내가 여호와 때문에 즐거워합니다.
그러나 이 땅에서 죄인들이 사라지고
악한 자들이 더 이상 없기를 바랍니다.
내 영혼아, 여호와를 찬양하여라. 여호와를 찬양하여라.

이스라엘을 향한 하나님의 사랑

여호와께 감사하며, 그분의 이름을 부르십시오.
그분이 행하신 일들을 모든 나라에게 알리십시오.
주께 노래하고, 그분께 찬양을 드리십시오.
그가 행하신 놀라운 일들을 전하십시오.
그분의 거룩한 이름은 영광스럽습니다.
여호와를 찾는 자들은 마음이 기쁠 것입니다.
여호와를 찾고 그분의 능력을 간절히 구하십시오.
그분 곁을 떠나지 마십시오.
그분이 행하신 놀라운 일들을 기억하고,
그분의 기적과 그분이 선언한 심판들을 생각하십시오.
그 종 아브라함의 후손들이여, 곧 택하신 백성, 야곱의 자손이여,

그분은 여호와 우리 하나님이십니다.
그분은 정의롭게 온 세상을 다스리십니다.

그분은 자기의 언약을 영원히 기억하십니다.
그가 하신 말씀을 대대로 지키실 것입니다.
그분은 아브라함과 언약을 맺으셨습니다.
그분은 이삭에게 맹세하셨습니다.
그분은 그 언약을 야곱의 백성에게 법으로 주셨습니다.
이스라엘에게 영원한 언약으로 주신 것입니다.
"내가 가나안 땅을 너희에게 주어,
그 땅을 너희의 소유가 되게 할 것이다."

처음에 그들의 숫자는 너무도 적었습니다.
그들은 그 땅에서 나그네들이었습니다.
그들은 이 나라 저 나라로,
이 민족 저 민족에게로 떠돌아다녔습니다.
그러나 주는 누구도 그들을 억누르지 못하게 하셨고,
그들을 위해 다른 나라 왕들을 꾸짖으셨습니다.
"내가 기름부은 자들을 건드리지 마라.
나의 예언자들을 해치지 마라."

주께서 그 땅에 기근을 내리시고
모든 식량 공급을 막으셨습니다.
그리고 먼저 한 사람을 보내셨는데
그가 종으로 팔렸던 요셉이었습니다.
사람들이 그 발에 족쇄를 채우고, 목에는 쇠사슬을 매었습니다.
그러나 마침내 그가 예언한 것이 이루어지게 되었습니다.
여호와의 말씀이 요셉의 진실을 보여 준 것입니다.
왕이 사람을 보내어 그를 풀어 주었습니다.

민족의 통치자가 그를 풀어 준 것입니다.
그리고 그가 요셉에게 그 나라 일을 맡겼습니다.
요셉은 왕의 모든 소유를 맡아 관리하게 된 것입니다.
왕자들을 마음대로 가르치고
장로들에게 지혜를 가르치게 되었습니다.

그때, 이스라엘이 이집트로 들어가게 되었습니다.
야곱은 함의 땅에서 외국인처럼 살게 된 것입니다.
여호와께서 자기 백성을 크게 번성하게 하셨습니다.
그들의 적보다 더 많고 강하게 하신 것입니다.
주께서 이집트 사람들이 그 백성을 미워하도록 만드셨습니다.
주의 종들을 괴롭히게 하셨습니다.

그때, 주는 그의 종 모세와 그가 택한 아론을 보내셨습니다.
그들은 이집트 사람들에게 주의 표적들을 나타냈습니다.
함의 나라에서 기적들을 나타낸 것입니다.
여호와는 흑암을 보내어 그 땅을 어둡게 하셨습니다.
그러나 이집트 사람들은 그분의 말씀을 거역하였습니다.
주는 그 땅의 모든 물을 피로 변하게 하셨습니다.
그러자 고기 떼들이 다 죽었습니다.
또 개구리들을 보내어 온 땅을 덮치게 하자
그 개구리들이 왕의 침실까지 기어 올라갔습니다.
여호와께서 말씀하시자, 엄청난 파리 떼들이 덮쳤습니다.
그리고 온 나라 안에 이가 생겼습니다.
주께서 비를 우박으로 바꾸시고 온 나라에 벼락을 보내어
포도나무와 무화과나무를 치시고

온 나라의 나무들을 모두 꺾으셨습니다.
여호와께서 말씀하시자, 셀 수 없이 많은 메뚜기 떼가 몰려와서
그 땅의 모든 풀들을 갉아먹고
땅에서 나는 온갖 곡식들을 다 먹어 치웠습니다.
여호와께서 그 땅의 모든 맏아들,
곧 각 집안의 가장 큰아들을 죽이셨습니다.

주는 자기 백성으로 은과 금을 가지고
그 땅을 나오게 하셨습니다.
그들 중 어느 한 사람도 낙오되는 자가 없었습니다.
그들이 떠나자, 이집트 사람들이 기뻐했습니다.
왜냐하면 이집트 사람들이
이스라엘을 너무도 두려워했기 때문입니다.

여호와는 낮에 구름을 펼쳐 그들을 덮어 주시고
밤에는 불로 비추어 주셨습니다.
그들이 먹을 것을 요구하자,
메추라기를 보내 주시고 하늘에서 양식을 내리시어
그들을 배불리 먹이셨습니다.
바위를 열어 샘물이 솟게 하셨으니
마치 사막 가운데 흐르는 강물 같았습니다.
주는 자기의 종 아브라함에게 주셨던
주의 거룩한 약속을 기억하셨기 때문이었습니다.

주는 자기 백성이 즐거운 마음으로 나오게 하시고,
자기의 택한 자들이 기뻐 외치며 나오게 하셨습니다.

그리고 다른 민족들의 땅들을 빼앗아 그들에게 주셨으며,
다른 백성들이 땀 흘려 수고한 것들을 그들에게 물려주셨습니다.
이렇게 하신 것은 그들에게 주의 법을 따르게 하고,
주의 명령에 순종하게 하기 위함이었습니다.
여호와를 찬양하십시오.

하나님을 믿지 못한 이스라엘의 실패

여호와를 찬양하십시오. 여호와께 감사하십시오.
그분은 좋으신 분입니다. 그분의 사랑은 영원합니다.
누가 여호와의 놀라우신 행동들을 선포할 수 있으며,
누가 그분의 업적을 다 찬양할 수 있겠습니까?
항상 바르게 살고 옳은 일을 하는 사람은 행복한 사람입니다.

여호와여, 주의 백성에게 은혜를 베푸실 때에
나를 기억하십시오.
그들을 구원하실 때에 나를 도와주십시오.
주의 택한 자들이 잘되는 것을 보며 함께 기뻐하고,
주의 백성들과 함께 즐거움을 나누며,
주의 백성들과 함께 찬양하겠습니다.

우리 조상들처럼 우리가 죄를 지었습니다.
못된 짓을 하고 악한 일을 저질렀습니다.
우리 조상들이 이집트에 있었을 때에
그들은 주의 기적들을 깨닫지 못했습니다.
그들은 주의 친절함을 기억하지도 못하고
오히려 홍해에서 주를 거역했습니다.

그러나 여호와께서 자기 이름을 위하여 그들을 구원하시고
주의 큰 능력을 세상에 알리셨습니다.
홍해를 꾸짖자, 바다는 말라 버렸습니다.
그들을 인도하여 마른 땅을 지나듯이
깊은 바다 한가운데로 건너게 하셨습니다.
주는 원수들의 손에서 그들을 구원하시고,
적들의 손에서 그들을 건져 내셨습니다.
그리고 바닷물로 적군들을 덮으셨습니다.
그들 중 아무도 살아남은 자가 없었습니다.
그제야 그들은 주의 약속을 믿었습니다.
그리고 그분께 찬송하였습니다.

그러나 그들은 어느새 주가 하신 일들을 잊었습니다.
그분의 지시를 기다리지 못했습니다.
그들은 광야에서 불평하기 시작했으며
그곳에서 하나님을 시험했습니다.
그러자 주는 그들이 요구한 것을 내주시면서
무서운 전염병을 함께 보내셨습니다.

광야에 진을 치고 있을 때에 그들은 모세를 시기하고
여호와의 거룩한 제사장 아론을 질투하였습니다.
그러자 땅이 갈라져 다단을 삼키고
아비람 일당들을 묻어 버렸습니다.
불길이 나와 그들을 따르는 사람들을 태웠고
불꽃이 악한 무리를 살랐습니다.

호렙에서 그들은 황소 상을 만들었습니다.
금으로 부어 만든 우상을 숭배한 것입니다.
그들의 영광이신 하나님을
풀 먹는 황소의 형상으로 바꾸어 버린 것입니다.
자기들을 구원하신 하나님을 잊은 것입니다.
이집트에서 위대한 일을 하신 분을 잊은 것입니다.
함의 땅에서 기적을 일으키시고
홍해에서 놀라운 일을 행하신 분을 잊은 것입니다.
여호와께서 그들을 없애겠다고 말씀하셨을 때에
주가 택하신 모세가 가운데 서서
백성을 향한 하나님의 분노를 멈추게 하였습니다.

그들은 아름다운 땅을 싫어하고, 주의 약속을 믿지 않았습니다.
장막에 들어앉아 불평만 하고, 여호와께 순종하지 않았습니다.
그러자 주께서 손을 들고 그들에게 맹세하셨습니다.
그들이 광야에서 죽을 것이라고 하셨고,
그들의 자녀들도 다른 민족에게 죽임을 당하고
사방에 흩어지게 될 것이라고 말씀하셨습니다.

그들이 브올 지방의 바알에게 제사드리고
생명도 없는 신들에게 바쳐진 음식을 먹었습니다.
이런 악한 일들이 여호와를 노엽게 하였습니다.
이 일로 무서운 전염병이 퍼지기 시작했습니다.
비느하스가 나서서 처형하자 전염병이 멈추게 되었습니다.
주께서 비느하스의 행동을 의롭다고 하셨으니,
이런 일은 두고두고 기억될 것입니다.

므리바 샘터에서 그들이 여호와를 분노하게 만들었습니다.
그들 때문에 모세가 어려움에 빠지게 되었습니다.
그들이 하나님의 성령을 거역하자
모세가 함부로 말하였던 것입니다.

여호와께서 명령하신 대로
그들은 다른 민족들을 멸하지 않았습니다.
오히려 다른 민족과 어울려 살며 그들의 풍습을 배웠습니다.
그들의 우상들을 섬겼고 그것이 결국 그들에게 덫이 되었습니다.
심지어 자기의 아들딸들을 귀신들에게 제물로 바쳤습니다.
그들은 죄 없는 사람들을 죽였습니다.
가나안의 우상들에게 제물로 바치기 위해
무죄한 사람의 아들과 딸들을 죽였습니다.
그 땅이 그들의 피로 더럽혀졌습니다.
그들의 이런 행동으로 그들 스스로가 더러워졌습니다.
그들은 우상을 섬김으로 자신의 몸을 더럽힌 것입니다.

그러므로 여호와께서 자기 백성에게 분노하셨으며,
자신의 자녀인 그들을 미워하게 되셨습니다.
주는 그들을 다른 나라들에게 넘기셨습니다.
그들의 적국들이 그들을 지배하게 되었습니다.
원수들이 그들을 괴롭히고 힘으로 그들을 억눌렀습니다.
여호와께서 여러 번 그들을 구원하셨지만,
그들은 또다시 반역하며 점점 더 죄에 빠져들었습니다.

그러나 그들이 신음하며 부르짖을 때,

주는 그들의 고통을 돌아보셨습니다.
그들을 위해 주는 자기의 언약을 기억하시고,
크신 사랑으로 그들을 불쌍히 여기셨습니다.
그들을 포로로 잡아간 자들이
그들에게 동정을 베풀게 하셨습니다.

여호와 우리 하나님, 우리를 구원해 주소서.
세상 나라들에 흩어진 우리를 불러 모으소서.
우리가 주의 거룩한 이름을 높이며 감사드립니다.
주를 찬양하며 영광을 드립니다.

여호와 이스라엘의 하나님을 영원부터 영원까지 찬양합시다.
모든 백성들이여, "아멘!" 하십시오. 여호와를 찬양하십시오.

제 5 권

많은 위험으로부터 구하시는 하나님

여호와께 감사하십시오.
그분은 선하시며, 그분의 사랑은 영원하십니다.
여호와께 구원받은 사람들이여, 이렇게 말하십시오.
여러분은 여호와께서 원수의 손으로부터 구원하시고,
모든 나라들 중에 부르시고,
동서남북으로부터 모은 사람들입니다.

어떤 사람들은 버려진 광야에서 헤매고
정착할 만한 마을을 찾지 못했습니다.

배고프고 목말랐으며 기운을 잃고 점점 약해졌습니다.
그때에 그들이 고통 가운데서 여호와께 부르짖었습니다.
그러자 그분은 그들을 구해 주셨습니다.
여호와는 그들을 바른 길로 인도하셨고,
그들이 정착하여 살 만한 곳으로 인도하셨습니다.
여호와의 변함없는 사랑에 대해 감사하십시오.
사람들을 위해 행하신 그분의 놀라운 일들에 대해 감사하십시오.
여호와는 목마른 자를 만족게 하시고
배고픈 자를 좋은 것들로 채우시는 분이십니다.

어떤 사람들은 어두움과 사망의 그늘 속에 앉아 있습니다.
쇠사슬에 매여 고통 중에 있는 죄수들과 같았습니다.
이는 그들이 하나님의 말씀을 거역하고
가장 높으신 분의 가르침을 무시하였기 때문입니다.
여호와는 그들을 쓰라린 괴로움 속에 처넣으셨습니다.
그들이 넘어져도 돕는 사람이 아무도 없었습니다.
그때에 그들이 고통 중에 여호와께 부르짖었습니다.
그러자 여호와께서 그들을 고난 가운데서 구원하셨습니다.
여호와는 끝없는 어둠 속에서 그들을 이끌어 내시고,
그들의 쇠사슬을 끊으셨습니다.
여호와의 변함없는 사랑에 대해 감사하십시오.
사람들을 위해 행하신 그분의 놀라운 일들에 대해 감사하십시오.
그분이 놋문을 부수고, 쇠빗장을 깨뜨리셨습니다.

어떤 사람들은 반항하다가 어리석은 자가 되었으며,
죄를 짓다가 어려움을 겪게 되었습니다.

그들은 모든 음식을 싫어하게 되었으며,
결국 죽음의 문턱 가까이에 가게 되었습니다.
그때에 그들이 괴로움 가운데에서 여호와께 부르짖었습니다.
그러자 그분은 그들의 괴로움으로부터 그들을 구해 내셨습니다.
여호와께서 말씀을 보내어 그들을 치료하시고,
무덤에서 그들을 건지셨습니다.
여호와의 변함없는 사랑에 대해 감사하십시오.
사람들을 위해 행하신 그분의 놀라운 일들에 대해 감사하십시오.
감사의 예물을 드리고 기쁨의 노래로
여호와께서 행하신 일들을 모든 사람들에게 전하십시오.

또 어떤 사람들은 배를 타고 바다로 나갔습니다.
그들은 큰 바다 위에서 장사하는 상인들이었습니다.
그들은 여호와께서 행하신 일들을 보았으며,
깊은 바다에서 행하신 주의 놀라운 일들을 보았습니다.
여호와께서 명령하시자, 폭풍우가 몰아쳤습니다.
높은 파도를 일으키는 폭풍우였습니다.
그들의 배가 높이 올랐다가 깊은 바닷속으로 내려갔습니다.
그들은 두려움으로 인하여 간담이 녹아내렸습니다.
그들은 술 취한 사람처럼 비틀거리고 흔들거렸으며,
어찌할 바를 몰라 하였습니다.
그때에 그들이 고통 중에 여호와께 부르짖었습니다.
이때도 주께서 그들을 구해 내셨습니다.
여호와께서 폭풍우에게 속삭이시고 풍랑을 잠재우셨습니다.
바다의 파도가 잠잠해진 것입니다.
바다가 잔잔해지자 그들이 즐거워했으며,

여호와께서 그들이 바라던 항구로 그들을 인도하셨습니다.
여호와의 변함없는 사랑에 대해 감사하십시오.
사람들을 위해 행하신 그분의 놀라운 일들에 대해 감사하십시오.
백성들의 모임 중에서 주를 높이며,
장로들의 모임 중에서 그분을 찬양하십시오.

여호와께서는 강을 광야가 되게 하셨으며
넘치는 샘을 마른 땅이 되게 하셨습니다.
과일 맺는 땅을 소금밭이 되게 하신 것은
거기에 사는 사람들이 악하기 때문이었습니다.
여호와께서는 광야를 연못이 되게 하셨고,
마른 땅을 샘으로 바꾸셨습니다.
여호와는 배고픈 자들을 인도하여 그곳에 살게 하시며,
그들이 살 만한 마을을 만드셨습니다.
그들은 들에 씨를 뿌리고, 포도원을 가꾸었습니다.
그리고 풍성한 포도 열매를 거둬들였습니다.
여호와께서는 그들을 축복하셨고, 그들의 자손을 많게 하셨으며,
그들의 가축이 줄지 않게 하셨습니다.

그러나 다시 압박과 재난과 고난으로
그들의 수효가 줄어들었습니다.
여호와께서 그들을 낮아지게 하셨습니다.
높은 자들을 부끄럽게 하신 여호와께서
그들을 길 없는 광야에서 방황하게 하셨습니다.
그러나 여호와는 가난한 자들을 그들의 고통 가운데서 건지셨고,
그들의 가족을 양 떼처럼 많게 하셨습니다.

정직한 사람들은 이것을 보고 기뻐하지만
악한 사람들은 불만스럽게 입을 다물고 있습니다.

지혜 있는 사람들아, 이러한 일들에 귀를 기울이며,
여호와의 크신 사랑을 생각하십시오.

승리의 기도 – 다윗의 찬송시

오 하나님, 나의 마음은 흔들리지 않습니다.
내가 마음을 다해 노래하며 찬양합니다.
비파야, 수금아, 일어나라! 내가 새벽을 깨울 것이다.
여호와여, 모든 나라 가운데서 내가 주께 감사드리며,
모든 백성들 가운데서 주를 찬양하겠습니다.
왜냐하면 주의 크신 사랑은 하늘보다 더 높으며
주의 신실하심은 하늘에 이르기 때문입니다.

오 하나님, 하늘 위에 높이 들리시고,
주의 영광이 온 땅 위에 가득하게 하십시오.
주의 오른손으로 우리를 구원하시고, 우리를 도와주소서.
주가 사랑하는 자들을 구원하소서.

하나님이 그의 성소에서 말씀하셨습니다.
"전쟁에서 승리하였으니, 내가 세겜 땅을 분배하고
숙곳 골짜기를 나누어 줄 것이다.
길르앗이 나의 것이요, 므낫세도 나의 것이다.
에브라임은 나의 투구요, 유다는 나의 다스리는 지팡이다.
모압은 나의 목욕통이요, 에돔 위에 나의 신발을 던지며,

블레셋에게 내가 승리를 외친다."

누가 나를 굳건한 성벽으로 둘러싸인 성으로 데려갈 것입니까?
누가 나를 에돔으로 인도할 것입니까?
오 하나님, 나를 내치신 분이 주가 아니십니까?
이제 주는 더 이상 우리 군대와 함께 계시지 않습니다.
원수로부터 우리를 도와주소서.
사람의 도움은 아무 소용이 없습니다.
하나님이 우리와 함께하시면, 우리는 승리할 것입니다.
주께서 우리의 적들을 물리치실 것입니다.

적에게 대항하는 기도 – 다윗의 시. 지휘자를 따라 부른 노래

내가 찬양하는 하나님이여, 잠잠치 마소서.
악하고 거짓말하는 자들이 그들의 입을 열어
거짓된 혀로 나에 대해 나쁘게 말하고 있습니다.
그들은 증오의 말들로 나를 에워싸고
아무 이유 없이 나를 공격합니다.
그들은 우정에 대한 보답으로 나를 비난하고 있습니다.
그러나 나는 기도의 사람입니다.
그들은 나에게 선을 악으로 갚으며,
나의 우정을 증오로 갚습니다.

악한 자가 일어나 그를 대항하게 하소서.
고소자가 그의 오른편에 서게 하소서.
그가 재판받을 때에 죄가 있음이 드러나게 하시고,
그의 기도도 죄가 되게 하소서.

그의 수명이 짧아지게 하시고,
지도자로서의 그의 할 일을 다른 사람이 대신하게 하소서.
그의 자녀들이 고아가 되게 하시며,
그의 아내는 과부가 되게 하소서.
그의 자녀들은 음식을 구걸하는 거지들이 되게 하시고,
폐허가 된 그들의 집에서 쫓겨나게 하소서.
빚쟁이가 그의 가진 모든 것을 빼앗게 하시고,
낯선 자들이 그의 수고의 열매들을 약탈하게 하소서.
그에게 동정을 베푸는 자가 한 사람도 없게 하시고,
고아가 된 그의 자녀들을 불쌍히 여기는 자도 없게 하소서.
그의 자손들이 끊어지게 하시고,
다음 세대에 그들의 이름을 완전히 지워 주소서.
그의 조상들의 죄악이 여호와 앞에서 기억되게 하시며,
그의 어머니의 죄가 결코 지워지지 않게 하소서.
그들의 죄가 항상 여호와 앞에 머물러 있게 하시고,
세상에서 그 누구도 그들을 기억하지 못하게 하소서.

그는 남에게 친절을 베푼 적이 없으며,
가난하고 불쌍하고 슬퍼하는 자들을 못살게 굴었습니다.
그가 저주하기를 좋아하였으니 그 저주를 그에게 내려 주소서.
그는 축복하는 즐거움을 모르는 사람이오니
그에게 그런 즐거움이 없게 하소서.
그는 저주하는 일을 자신의 옷 입듯 하였습니다.
저주하는 일이 물처럼 그의 몸속에 들어가며
기름처럼 그의 뼛속으로 들어가게 하소서.
그 저주가 그를 둘러싼 옷처럼 되게 하시고,

그의 허리에 영원히 채워져 있는 혁대같이 되게 하소서.
이것이 나를 비난하는 자들에 대한 여호와의 보상이 되게 하시며,
나를 저주하는 자들에 대한 여호와의 보상이 되게 하소서.

주 여호와여, 주의 이름을 위하여 나를 도와주시고,
주의 선하신 사랑으로 나를 구원하소서.
나는 가난하고 힘이 없으며, 나의 마음의 상처는 깊습니다.
나는 저녁 그림자처럼 사라지고 있으며,
메뚜기처럼 날려가고 있습니다.
금식으로 내 무릎은 약해졌으며 내 몸은 야위었습니다.
나는 나를 조롱하는 자들에게 비웃음의 대상이 되었고,
그들은 나를 보면서 머리를 설레설레 흔듭니다.

여호와 나의 하나님이여, 나를 도와주소서.
주의 사랑으로 나를 구원하여 주소서.
주님이 나를 구원하시는 분이심을
나의 원수들이 알게 해 주소서.
여호와여, 주님의 손이 나를 구원하셨음을 알게 해 주소서.
그들은 저주할지라도 주는 나에게 복을 주소서.
그들이 공격할 때, 그들은 부끄러움을 당하고
주의 종은 기뻐할 것입니다.
나를 비방하는 자들은 욕을 옷 입듯 할 것이며,
수치를 겉옷처럼 몸에 두를 것입니다.

내 입으로 내가 크게 주를 찬송하며,
큰 무리 중에서 내가 주를 찬양할 것입니다.

왜냐하면 주는 연약한 자의 오른편에 서서,
그가 죄 있다고 하는 자들로부터
그의 생명을 구원하시기 때문입니다.

메시아의 통치와 심판 – 다윗의 시

여호와께서 나의 주께 말씀하십니다.
"내가 너의 원수들을 너의 발판이 되게 하기까지
너는 내 오른편에 앉아 있어라."

여호와께서 권능의 지팡이를 시온에서부터 널리 보내시니,
주께서 주의 원수들을 다스리실 것입니다.
주의 백성이 스스로 원하여,
주의 권능의 날에 참여할 것입니다.
거룩하고 위엄 있게 단장한 새벽에 맺히는 이슬처럼
신선한 청년들이 주님께 나올 것입니다.
여호와는 맹세하시고 자기 마음을 바꾸지 않으실 것입니다.
"너는 영원한 제사장이다.
멜기세덱의 계통에 속하는 제사장이다."

주는 여호와의 오른편에 계시며,
주께서 노하시는 날에 모든 왕들을 쳐부술 것입니다.
주는 세상 나라들을 심판하시고,
죽은 자의 시체를 높이 쌓으시며,
온 땅의 지배자들을 쳐부술 것입니다.
주는 길 옆에 있는 시냇물을 마실 것이며,
머리를 높이 드시고 계속 승리하실 것입니다.

하나님의 위대한 행사를 찬양

여호와를 찬양하십시오.
내가 마음을 다하여 여호와를 높입니다.
정직한 자들의 모임에서 여호와를 높이 찬양하겠습니다.
여호와께서 행하신 일들은 위대합니다.
그것들을 생각할수록 기쁩니다.
주의 일들은 영광스럽고 위엄이 있습니다.
그분의 의로우심은 영원합니다.
사람들이 주께서 행하신 기적들을 기억합니다.
여호와는 은혜롭고 자비로우십니다.
여호와께서는 주를 두려워하는 자들에게 양식을 주시며,
그 언약을 영원히 기억하십니다.
여호와께서 행하신 일들의 능력을 자기 백성에게 보이셨으며,
다른 나라들의 땅을 그들에게 주셨습니다.
그 손으로 행하신 일들은 신실하고 정의로우며,
그 모든 교훈들은 믿을 수 있습니다.
여호와의 일들은 영원토록 흔들리지 않으며,
신실함과 올바름 가운데서 행해지고 있습니다.
여호와께서 그 백성에게 구원을 베푸시고,
주는 주의 언약을 영원히 세우셨습니다.
주의 이름은 거룩하고 위엄이 있습니다.
여호와를 높이고 두려워하는 것이 지혜의 시작이며,
그분의 교훈을 따르는 자마다 좋은 분별력을 갖게 됩니다.
영원히 여호와를 찬양합니다.

여호와를 두려워하는 자의 복

여호와를 찬양하십시오.
여호와를 두려워하는 사람은 행복한 사람입니다.
그분의 명령에서 큰 기쁨을 얻는 사람이 행복한 사람입니다.
그의 자녀들은 땅에서 강한 자가 될 것이며,
정직한 자들의 후손은 복을 받을 것입니다.
부와 재물이 그의 집에 있으며,
그의 의로움은 영원히 지속됩니다.
정직한 자에게는 어둠 가운데서도 빛이 떠오르며,
은혜와 자비가 임합니다.
의로운 자에게 빛이 떠오릅니다.
관대하며, 거저 빌려주는 자에게 복이 찾아옵니다.
자기 일을 정의롭게 행하는 자에게 복이 찾아옵니다.
이런 사람은 결코 흔들리지 않을 것입니다.
의로운 사람은 영원히 기억될 것입니다.
그는 나쁜 소식을 두려워하지 않으며,
그의 마음은 흔들리지 않고, 여호와를 의지합니다.
그의 마음은 안정되어 있고, 아무런 두려움이 없으며,
결국 그는 승리 가운데서 자신의 적들을 바라보게 됩니다.
그는 자신의 선물들을 가난한 자들에게 널리 나눠 주고,
그의 의로움은 영원히 지속됩니다.
그의 뿔이 영화롭게 높이 들릴 것입니다.
악한 사람이 보고 분히 여길 것이며,
이를 갈며 야위어 갈 것입니다.
악한 자들이 바라는 것들은 물거품이 될 것입니다.

여호와의 이름을 찬양

여호와를 찬양하십시오. 여호와의 종들아, 찬양하십시오.
여호와의 이름을 찬양하십시오.

지금부터 영원히 여호와의 이름을 높이 찬송하십시오.
해 뜨는 데부터 해 지는 데까지,
여호와의 이름은 마땅히 찬양을 받아야 합니다.

여호와는 모든 나라 위에 높이 계시며,
그분의 영광은 하늘 위에 높이 계십니다.
누가 여호와 우리 하나님과 같으며,
높은 보좌 위에 앉으신 그분과 같겠습니까?
누가 몸을 굽혀 하늘과 땅을 내려다보시는 그분과 같겠습니까?
여호와는 가난한 자들을 흙더미 가운데서 들어 올리시고
궁핍한 자들을 잿더미에서 끌어내십니다.
여호와는 이런 자들을 높은 사람들 옆에 함께 앉히시며,
백성들의 귀족들과 함께 앉히십니다.
여호와는 임신하지 못하는 여자에게 자녀를 주셔서
행복한 엄마가 되게 해 주십니다.
여호와를 찬양하십시오.

이집트로부터 이스라엘을 건져 내신 하나님

이스라엘이 이집트에서 나왔을 때,
야곱의 집이 다른 언어를 쓰는 백성들로부터 나왔을 때,
유다는 하나님의 성전이 되었고,
이스라엘은 그의 영토가 되었습니다.

바다가 보고 도망갔으며, 요단 강이 뒤로 물러섰습니다.
산들이 숫양같이 뛰었고, 언덕들은 어린 양처럼 뛰었습니다.

바다야, 왜 네가 도망갔으며, 요단 강아, 왜 네가 물러섰느냐?
너희 산들아, 왜 네가 숫양처럼 뛰었으며,
너희 언덕들아, 왜 어린 양처럼 뛰었느냐?

땅이여, 주 앞에서 떨지어다. 야곱의 하나님 앞에서 떨지어다.
그분은 바위를 연못이 되게 하신 분이요,
단단한 바위를 샘이 되게 하신 분이시다.

단 한 분, 진실하신 하나님

여호와여, 우리에게 영광을 돌리지 마십시오.
오직 주의 이름만 영화롭게 하십시오.
주는 사랑이 많으시고 신실하신 분이십니다.

어찌하여 나라들이
"그들의 하나님은 어디에 있느냐?"라고 말합니까?
우리 하나님은 하늘에 계십니다.
자기를 즐겁게 하는 것은 무엇이든지 하시는 분입니다.

그러나 그들이 섬기는 우상들은 은과 금이요,
사람의 손으로 만들어진 은과 금입니다.
우상들은 입이 있으나 말을 할 수 없고,
눈이 있으나 볼 수 없습니다.
그것들은 귀가 있으나 듣지 못하며,

코가 있으나 냄새를 맡지 못합니다.
그것들은 손이 있으나 만지지 못하며,
발이 있으나 걷지 못합니다.
그것들은 목구멍으로 아무런 소리를 낼 수 없습니다.
그런 우상들을 만드는 자들은 우상들과 같을 것이며,
그것들을 의지하는 자들도 그러할 것입니다.

오 이스라엘의 집이여, 여호와를 의지하십시오.
그분은 여러분을 돕는 분이요, 방패가 되십니다.
오 아론의 집이여, 여호와를 의지하십시오.
그분은 여러분을 돕는 분이요, 방패가 되십니다.
여호와를 두려워하는 여러분이여, 여호와를 의지하십시오.
그분은 여러분을 돕는 분이요, 방패가 되십니다.

여호와는 우리를 기억하시며 우리에게 복을 주실 것입니다.
그분은 이스라엘의 집에 복을 주실 것이며,
아론의 집에 복을 주실 것입니다.
그분은 여호와를 두려워하는 자들에게 복을 주실 것입니다.
작은 자들이나 큰 자들에게나 똑같이 복을 주실 것입니다.

여호와께서 여러분을 번성케 하시기를 바랍니다.
여러분과 여러분의 자녀 모두를 번창하게 하시기를 바랍니다.
여호와께서 여러분에게 복 주시기를 바랍니다.
하늘과 땅을 지으신 그분이 복 주시기를 바랍니다.

가장 높은 하늘이 여호와의 것입니다.

그러나 그분은 땅을 사람에게 주셨습니다.
여호와를 찬양하는 자는 죽은 자들이 아닙니다.
적막한 곳으로 내려가는 자들이 아닙니다.
여호와를 찬송하는 자는 우리입니다.
우리는 지금부터 영원히 찬송할 것입니다.
여호와를 찬양하십시오.

죽음에서 살리심을 감사

나는 여호와를 사랑합니다.
이는 주께서 내 목소리를 들으셨기 때문입니다.
주께서 도와 달라는 나의 울부짖음을 들으셨습니다.
주께서 내게 귀를 기울이셨으므로
나는 내가 살아 있는 동안 주를 부를 것입니다.
죽음의 밧줄이 나를 옭아맸으며,
무덤의 고통이 나를 덮쳤습니다.
나는 괴로움과 슬픔으로 억눌려 있었습니다.
그때에 내가 여호와의 이름을 불렀습니다.
"여호와여, 나를 구원해 주소서."

여호와는 은혜로우시고, 올바른 분이십니다.
우리 하나님은 불쌍히 여기시는 분입니다.
여호와는 순진한 자들을 보호하시며
내가 큰 위험에 빠졌을 때, 나를 구원하셨습니다.
오 나의 영혼아, 이제 편히 쉬어라.
이는 여호와께서 지금까지 나에게 선을 베푸셨기 때문이다.

주는 내 영혼을 죽음에서 구해 내셨고,
나의 눈에서 눈물을 씻어 주셨으며,
나의 발이 걸려 넘어지지 않게 해 주셨습니다.
이제 내가 여호와 앞에서 걸을 수 있고,
살아 있는 자들의 땅에서 살 수 있게 되었습니다.

나는 굳게 믿고 말했습니다.
"나는 큰 고통 가운데 있습니다!"
또 나는 실망 가운데서 여호와께 말했습니다.
"모든 사람은 거짓말쟁이다!"

여호와께서 나에게 모든 좋은 것으로 베풀어 주셨습니다.
내가 어떻게 여호와께 보답할 수 있겠습니까?
나는 구원의 잔을 들고, 여호와의 이름을 부를 것입니다.
나는 여호와께 드린 나의 맹세를 지킬 것입니다.
여호와의 모든 백성 앞에서 나의 약속을 이룰 것입니다.

주의 거룩한 자들이 죽는 것을 여호와는 귀중하게 보십니다.
여호와여, 정말로 나는 주의 종입니다.
나는 주의 종이요, 주의 여종의 아들입니다.
주는 나를 쇠사슬에서 풀어 주셨습니다.
내가 주께 감사의 찬양을 드리고,
여호와의 이름을 부를 것입니다.
나는 여호와께 드린 나의 서원들을 지킬 것입니다.
주의 모든 백성 앞에서 그리할 것입니다.
여호와의 집 뜰에서 나의 서원들을 지킬 것입니다.

오 예루살렘이여, 네 가운데서 내가 서원들을 이룰 것이다.
여호와를 찬양하십시오!

찬양으로의 초대

모든 나라들이여, 여호와를 찬양하십시오.
모든 백성들이여, 주를 높이 찬송하십시오.
이는 여러분을 향한 여호와의 사랑이 너무 크고,
여호와의 신실하심이 영원히 지속되기 때문입니다.
여호와를 찬양하십시오!

하나님의 인자하심을 찬양

여호와께 감사하십시오.
그는 선하시며, 그분의 사랑은 영원히 계속될 것입니다.

이스라엘이 말할 것입니다. "주의 사랑은 영원합니다."
아론의 집이 말할 것입니다. "주의 사랑은 영원합니다."
여호와를 두려워하는 자들이 말할 것입니다.
"주의 사랑은 영원합니다."

내가 고통 가운데 있을 때, 여호와께 울부짖었습니다.
그러자 여호와께서 대답하시고 나를 풀어 주셨습니다.
여호와께서 나와 함께 계시니 내가 무서워하지 않습니다.
사람들이 내게 무슨 일을 할 수 있겠습니까?
여호와가 나와 함께 계십니다. 그분은 나를 돕는 분이십니다.
나는 승리 가운데서 나의 적들을 바라볼 것입니다.

사람을 의지하는 것보다 여호와께 피하는 것이 더 좋습니다.
왕자들을 의지하는 것보다 여호와께 피하는 것이 더 좋습니다.

모든 나라들이 나를 둘러쌌습니다.
그러나 여호와의 이름으로 내가 그들을 물리쳤습니다.
그들이 사방에서 나를 둘러쌌습니다.
그러나 여호와의 이름으로 내가 그들을 물리쳤습니다.
그들은 벌 떼처럼 내 주위에 몰려들었습니다.
그러나 불타는 가시덤불처럼 빠르게 죽어 갔습니다.
여호와의 이름으로 내가 그들을 물리쳤습니다.
나는 뒤로 밀려나 넘어질 뻔했습니다.
그러나 여호와께서 나를 도우셨습니다.

여호와는 나의 힘이요, 나의 노래이십니다.
그분은 나의 구원이 되셨습니다.
기쁨과 승리의 외침들이 의로운 자들의 동네에 울려 퍼집니다.
"여호와의 오른손이 위대한 일들을 행하셨습니다!
여호와께서 오른손을 높이 드셨습니다.
여호와의 오른손이 위대한 일들을 행하셨습니다!"

나는 죽지 않고 살 것입니다.
그리고 여호와께서 하신 일을 선포할 것입니다.
여호와께서 나를 엄하게 벌하셨으나
죽음에 이르게 하지는 않으셨습니다.

나를 위해 의로운 문들을 열어 놓으십시오.

내가 들어가 여호와께 감사할 것입니다.
이것이 여호와의 문입니다.
의로운 자가 이 문을 통해 들어갈 것입니다.
내가 주께 감사드릴 것입니다.
주께서 내게 대답하셨고, 주는 나의 구원이 되셨습니다.
건축자들이 버린 돌이 머릿돌이 되었습니다.
여호와께서 행하신 일들이 우리 눈에는 놀라울 뿐입니다.
이날은 여호와께서 만드신 날입니다.
이날에 우리가 기뻐하고 즐거워합시다.

여호와여, 우리를 구원하십시오.
여호와여, 우리에게 성공을 허락하소서.

여호와의 이름으로 오는 자는 복 있는 사람입니다.
여호와의 집에서 우리가 그들을 축복합니다.
여호와는 하나님이십니다.
그분은 자신의 빛을 우리 위에 환히 비추셨습니다.
손에 큰 가지를 들고, 축제의 행렬에 참여하십시오.
제단의 뿔에 이르기까지 행렬에 참여하십시오.

주는 나의 하나님이십니다. 내가 주께 감사를 드릴 것입니다.
주는 나의 하나님이시니, 내가 주를 높일 것입니다.
여호와께 감사하십시오.
주는 선하시며 그분의 사랑은 영원합니다.

여호와의 법

흠 잡을 데 없는 올바른 길로 가는 사람들은
복 있는 사람입니다.
여호와의 법에 따라 걷는 자들은 복 있는 사람입니다.
여호와의 법규들을 지키는 자들은 복 있는 사람입니다.
마음을 다해 여호와를 찾는 자들은 복 있는 사람입니다.
그들은 결코 잘못된 일들을 하지 않으며,
그들은 주의 길을 따라 걷습니다.
주는 교훈들을 정해 주셨습니다.
이 교훈들은 반드시 잘 지켜야 할 것들입니다.
나의 길이 변하지 않기를 바랍니다.
내가 주의 법령에 변함없이 순종하기를 바랍니다.
그때에 나는 부끄러움을 당하지 않을 것입니다.
내가 주의 모든 명령들을 잘 지키면
부끄러움을 당하지 않을 것입니다.
내가 정직한 마음으로 주를 찬양하겠습니다.
내가 주의 의로운 법들을 배우면서 주를 찬양할 것입니다.
내가 주의 법령들을 지키겠습니다.
나를 완전히 버리지 마소서.

젊은이가 어떻게 그의 길을 깨끗하게 유지할 수 있겠습니까?
주의 말씀에 따라 살면 깨끗하게 유지할 수 있습니다.
내가 마음을 다해 주를 따르렵니다.
내가 주의 말씀에서 떠나지 않게 하소서.
내가 주의 말씀을 내 마음속에 두었습니다.
내가 주께 죄를 짓지 않기 위해서입니다.

여호와여, 주께 찬양을 드립니다.
나에게 주의 법령들을 가르쳐 주소서.
주의 입에서 나오는 모든 규례들을 내가 큰 소리로 선포합니다.
나는 주의 법규에 따르는 것을 기뻐합니다.
재산을 많이 가지는 것보다 더 좋아합니다.
나는 주의 교훈들을 읊조리며, 주의 길들을 깊이 생각합니다.
나는 주의 법령들을 기뻐합니다.
나는 주의 말씀을 가볍게 여기지 않을 것입니다.

주의 종에게 은혜 내려 주소서.
그리하면 내가 잘 살 수 있을 것입니다.
나는 주의 말씀에 순종할 것입니다.
나의 눈을 열어 주셔서 내가 볼 수 있게 하소서.
주의 법 안에 있는 놀라운 진리를 깨닫게 해 주소서.
나는 이 땅에서 나그네입니다.
주의 계명들을 내게서 숨기지 마소서.
나의 영혼이 간절히 바라고 있습니다.
언제나 주의 규례에 대한 갈망으로 불타고 있습니다.
주는 거만한 자들을 꾸짖습니다.
그들은 저주받은 자들입니다.
주는 교만한 자를 책망하십니다.
그들은 주의 명령을 멀리하는 자들입니다.
더 이상 내가 조롱과 비웃음을 당하지 않게 해 주소서.
이는 내가 주의 법규들을 지키고 있기 때문입니다.
비록 세상의 권력자들이 모여 앉아 나에 대해 험담을 할지라도,
주의 종은 주의 법령들을 깊이 생각할 것입니다.

주의 법규들은 나의 기쁨입니다.
그것들은 나의 조언자들입니다.

내가 먼지를 뒤집어쓰고 앉아 있습니다.
주의 말씀으로 나의 영혼을 새롭게 하소서.
내가 나의 행위를 고백했더니 주는 내게 대답하셨습니다.
내게 주의 법령들을 가르쳐 주소서.
나로 주의 교훈들과 가르침들을 이해하게 해 주소서.
그러면 내가 주의 기적들을 깊이 생각할 것입니다.
나의 영혼이 슬픔으로 지쳐 있습니다.
주의 말씀으로 나에게 힘을 주소서.
악한 길에 빠지지 않도록 나를 보살펴 주소서.
주의 법을 가르치시고 내게 은혜를 베풀어 주소서.
내가 진리의 길을 선택했습니다.
나의 마음을 주의 법도들에 맞추어 놓았습니다.
여호와여, 나는 주의 법규들을 단단히 붙들고 있습니다.
내가 부끄러움을 당하지 않게 해 주소서.
내가 주께서 명령하신 길로 가고 있는 것은
주께서 나의 마음을 편안하게 하셨기 때문입니다.

여호와여, 나를 가르치시고 주의 법령들을 따르게 해 주소서.
그러면 내가 끝까지 그것들을 지킬 것입니다.
나에게 깨달음을 주소서. 내가 주의 법을 지킬 것입니다.
내가 마음을 다하여 주의 법에 순종할 것입니다.
내가 주께서 명령하신 길로 가기를 원합니다.
이는 내가 그 길에서 기쁨을 발견하기 때문입니다.

나의 마음이 주의 법규들로 향하게 하시고,
이기적인 이익들로 향하지 않게 해 주소서.
내가 무가치한 것들에게서 눈을 떼게 해 주시고,
주의 말씀으로 나를 보호해 주소서.
주의 종에게 주의 약속을 이루어 주소서.
내가 주를 존경하겠습니다.
나는 수치를 두려워하오니 내게서 수치를 제거해 주소서.
주의 법은 선하고 완전합니다.
나는 주의 교훈들을 너무도 갈망합니다!
주의 의로움으로 나의 영혼을 새롭게 하소서.

여호와여, 주의 변치 않는 사랑을 내게 주소서.
주의 말씀대로 주의 구원이 내게 임하게 하소서.
그러면 내가 나를 비웃는 자들에게 대답할 것입니다.
내가 주의 말씀을 믿습니다.
진리의 말씀을 나의 입에서 빼앗아 가지 마소서.
내가 나의 소망을 주의 규례에 두었습니다.
나는 언제나 주의 법을 지킬 것입니다.
영원토록 순종할 것입니다.
내가 자유롭게 걸어다닐 것입니다.
이는 내가 주의 교훈들을 따랐기 때문입니다.
내가 왕들 앞에서 주의 법규들에 대해 말할 것입니다.
내가 그곳에서 부끄러움을 당하지 않을 것입니다.
이는 내가 주의 명령들을 기뻐하고,
내가 그것들을 사랑하기 때문입니다.
나의 손을 들어 내가 사랑하는 주의 명령들을 찬양합니다.

내가 주의 법령들을 깊이 생각합니다.

주의 종에 대해 하신 주의 말씀을 기억하십시오.
주께서 내게 소망을 주셨습니다.
주의 약속이 나의 생명을 보존합니다.
이것이 내가 고통 가운데 있을 때에 내게 위로가 됩니다.
교만한 자들이 한없이 나를 조롱합니다.
그러나 나는 주의 법으로부터 돌아서지 않습니다.
여호와여, 내가 주의 옛 법도들을 기억합니다.
그리고 그 안에서 위로를 얻습니다.
악한 자들 때문에 몹시 화가 납니다.
그들은 주의 법을 버린 자들입니다.
주의 법령들은 내 노래의 주제입니다.
내가 사는 곳 어디에서나 내 노래의 주제입니다.
여호와여, 밤에 내가 주의 이름을 기억하며,
내가 주의 법을 지킬 것입니다.
주의 교훈에 순종하는 것이 나에게 축복이 됩니다.

여호와여, 주는 나의 몫입니다.
내가 주의 말씀에 순종하기로 약속하였습니다.
내가 나의 마음을 다해 주의 얼굴을 바라보았습니다.
주의 약속에 따라 내게 은혜를 베풀어 주소서.
내가 나의 길을 깊이 생각해 봤습니다.
그리고 나의 발걸음을 주의 법규들을 향해 돌렸습니다.
나는 지체하지 않고 서둘러 주의 명령들을 지킬 것입니다.
비록 악한 자들이 나를 줄로 묶을지라도,

나는 주의 법을 잊지 않을 것입니다.
한밤중에 내가 일어나 주께 감사드립니다.
주의 의로운 규례들에 대해 감사드립니다.
나는 주를 두려워하는 모든 사람들의 친구입니다.
주의 교훈들을 따르는 모든 사람들의 친구입니다.
여호와여, 땅이 주의 사랑으로 가득 차 있습니다.
내게 주의 법령들을 가르쳐 주소서.

주의 종에게 선을 베풀어 주소서.
여호와여, 주의 말씀에 따라 선을 베풀어 주소서.
내게 지식과 선한 판단에 대해 가르쳐 주소서.
이는 내가 주의 명령들을 믿기 때문입니다.
고난받기 전에는 내가 잘못된 길로 갔으나,
이제는 주의 말씀에 순종합니다.
주는 선하시고, 주가 하는 일도 선하십니다.
저에게 주의 법령들을 가르쳐 주소서.
비록 교만한 자들이 거짓말로 나를 더럽혔어도,
나는 마음을 다해 주의 교훈들을 지킵니다.
그들의 마음은 차디차고 아무런 느낌이 없습니다.
그러나 나는 주의 법을 기뻐합니다.
고난당하는 것이 내게는 좋았습니다.
그 때문에 나는 주의 법령들을 배우게 되었습니다.
주의 입으로부터 나오는 법은 내게 더욱 귀중합니다.
수천 개의 은과 금보다 더욱 귀중합니다.

주의 손이 나를 만들었고 나를 지으셨습니다.

내게 깨달음을 주시고 주의 명령들을 배우게 해 주소서.
주를 두려워하는 자들이 나를 볼 때에 기뻐하게 해 주소서.
이는 내가 나의 소망을 주의 말씀에 두었기 때문입니다.
여호와여, 나는 주의 법도가 의롭다는 것을 알고 있습니다.
신실하심을 따라 내게 어려움 주신 것을 압니다.
주의 변함없는 사랑이 나의 위로가 되게 해 주소서.
주의 종에게 약속하신 대로 위로하여 주소서.
주께서 나를 불쌍히 여겨 주시면 내가 살 수 있습니다.
이는 주의 법이 나의 기쁨이기 때문입니다.
교만한 자들이 까닭 없이 나를 못살게 굽니다.
그들을 부끄럽게 해 주소서.
나는 주의 교훈들을 깊이 생각할 것입니다.
주를 두려워하는 자들을 내게로 돌아오게 하시며,
주의 법규들을 이해하는 자들이 내게로 돌아오게 해 주소서.
나의 마음이 주의 법령들을 향해 순결하게 하시고,
내가 부끄러움을 당하지 않게 해 주소서.

내가 주의 구원을 기다리다 지쳤습니다.
그러나 나는 주의 말씀에 희망을 두고 있습니다.
나의 눈은 주의 약속을 기다리다가 약해졌습니다.
내가 묻습니다. "주는 언제쯤 나를 위로하실 것입니까?"
비록 내가 연기 속에 있는 포도주 가죽 부대 같을지라도,
나는 주의 법령들을 잊지 않습니다.
주의 종이 얼마나 더 기다려야만 합니까?
주는 나를 박해하는 자들을 언제 벌하실 것입니까?
교만한 자들이 나를 잡으려 함정을 파고 있습니다.

주의 법을 어기며 함정을 파고 있습니다.
주의 모든 계명들을 신뢰할 수 있습니다.
나를 도와주소서. 사람들이 이유 없이 나를 박해합니다.
그들이 나를 이 땅에서 쫓아내었지만,
나는 주의 교훈들을 버리지 않았습니다.
주의 사랑으로 나의 생명을 보살펴 주소서.
그러면 내가 주의 법규에 순종할 것입니다.

여호와여, 주의 말씀은 영원합니다.
주의 말씀은 하늘에서 굳건히 서 있습니다.
주의 신실하심은 대대에 이릅니다.
주는 땅을 세우셨고, 이 땅은 지금도 계속되고 있습니다.
주의 법도는 이날까지도 지속되고 있습니다.
이는 모든 것들이 주를 섬기고 있기 때문입니다.
만일 주의 법이 지금까지 나의 기쁨이 아니었다면,
아마 나는 고통 가운데서 죽어 갔을 것입니다.
나는 주의 교훈들을 결코 잊지 않을 것입니다.
이는 이것들을 통해, 주가 나의 생명을 보존하셨기 때문입니다.
나는 주의 것이오니 구원해 주소서.
내가 주의 교훈들을 따르고자 열심히 노력했습니다.
악한 자들이 나를 무너뜨리려고 기다리고 있습니다.
그러나 나는 주의 법규들을 깊이 생각할 것입니다.
완전하게 보이는 어떠한 것들도 다 한계가 있습니다.
그러나 주의 명령들은 우주보다 넓습니다.

얼마나 내가 주의 법을 사랑하는지,

나는 하루 종일 그것만을 깊이 생각합니다.
주의 명령들은 나의 적들보다 나를 더 지혜롭게 만듭니다.
이는 그것들이 나와 항상 함께 있기 때문입니다.
나는 나의 스승들보다 더 많은 통찰력이 있습니다.
이는 내가 주의 법규들을 깊이 생각하고 있기 때문입니다.
나는 노인들보다 더 많은 깨달음을 가지고 있습니다.
이는 내가 주의 교훈들에 순종하기 때문입니다.
나는 지금까지 악한 길로 가지 않았습니다.
내가 주의 말씀에 순종하기 위함이었습니다.
나는 지금까지 주의 법도로부터 떠나지 않았습니다.
이는 주께서 친히 나를 가르치셨기 때문입니다.
주의 말씀이 나의 입에 얼마나 단지요.
나의 입에 꿀보다 더 답니다.
나는 주의 교훈들로부터 깨달음을 얻고 있습니다.
그러므로 나는 모든 악한 길을 미워합니다.

주의 말씀은 내 발의 등불이며, 내 길의 빛입니다.
나는 맹세했습니다. 다시금 확인도 했습니다.
내가 주의 의로운 규례들을 따를 것입니다.
나는 많은 고통을 당했습니다.
여호와여, 주의 말씀에 따라 나를 보호해 주소서.
여호와여, 자발적으로 드리는 내 입술의 찬양을 받으시고,
내게 주의 법도를 가르쳐 주소서.
내가 계속적으로 죽음의 위험을 무릅쓰고 있지만,
나는 주의 법을 잊지 아니할 것입니다.
악한 자들이 나를 잡으려고 덫을 놓았습니다.

그러나 나는 주의 교훈들로부터 떠나지 않았습니다.
주의 법규들은 영원히 내가 가질 상속물입니다.
그것들은 내 마음의 기쁨입니다.
내가 주의 명령들을 지키기로 마음을 확실히 정합니다.
바로 마지막 순간까지 주의를 기울여 지키려 합니다.

나는 마음이 간사한 사람들을 싫어합니다.
나는 주의 법을 사랑합니다.
주는 나의 피난처이시며 방패이십니다.
나는 나의 소망을 주의 말씀에 두었습니다.
악을 행하는 자들이여, 내게서 떠나십시오.
내가 나의 하나님의 명령들을 지키려 합니다.
여호와의 약속에 따라 나를 살려 주시면
내가 살 수 있을 것입니다.
나의 소망들이 깨어지지 않게 해 주소서.
나를 붙들어 올려 주시면 내가 구출될 것입니다.
내가 항상 주의 법령들을 존중할 것입니다.
주는 주의 법령들로부터 떠나 있는 모든 자들을 거절하십니다.
이는 그들의 거짓됨이 헛되기 때문입니다.
주는 땅의 모든 악한 자들을 쓰레기같이 버리십니다.
그러므로 내가 주의 법규들을 사랑합니다.
내가 주를 두려워하여 떨고 있습니다.
그러므로 나는 주의 법도를 공경하고 두려워합니다.

나는 지금까지 의롭고 정의로운 일을 해 왔습니다.
나를 나의 압제자들에게 넘기지 마소서.

주의 종의 행복을 보장해 주소서.
교만한 자들이 나를 괴롭히지 않게 해 주소서.
나의 눈이 주의 구원을 찾다가 쇠약해졌습니다.
주의 의로운 약속을 찾다가 흐리게 되었습니다.
주의 변함없는 사랑으로 주의 종을 다루어 주소서.
내게 주의 법령들을 가르쳐 주소서.
나는 주의 종입니다. 내게 분별력을 주소서.
그러면 내가 주의 법규들을 이해할 수 있을 것입니다.
여호와여, 주께서 일하실 때입니다.
주의 법이 깨어지고 있습니다.
내가 주의 명령들을 사랑합니다.
순금보다 더 사랑합니다.
내가 주의 모든 교훈들을 옳다고 생각합니다.
나는 잘못된 모든 길들을 미워합니다.

주의 법규들은 놀랍습니다. 나는 그것들에 순종합니다.
주의 말씀들을 드러내니 빛이 비춰집니다.
주의 말씀들을 드러내니 순진한 자가 깨달음을 얻게 됩니다.
내가 나의 입을 열어 헐떡거리며, 주의 명령들을 갈망합니다.
주의 이름을 사랑하는 자들에게 항상 하시듯이
제게도 자비를 베풀어 주소서.
주의 말씀에 따라 나의 발걸음을 인도해 주소서.
어떤 죄도 나를 지배하지 못하게 해 주시고,
사람들의 압박에서 나를 구원해 주소서.
내가 주의 교훈에 순종할 것입니다.
주께서 주의 종을 향해 얼굴을 비춰 주시고

내게 주의 법령을 가르쳐 주소서.
내 눈에서 눈물이 홍수같이 쏟아져 내립니다.
이는 주의 법이 지켜지지 않고 있기 때문입니다.

여호와여, 주는 의로우십니다. 주의 법도는 옳습니다.
주께서 만드신 법규들은 의롭습니다.
그것들은 모두 믿을 수 있습니다.
내가 열정에 지쳤습니다.
이는 나의 적들이 주의 말씀을 무시하고 있기 때문입니다.
주의 약속은 확실하므로 주의 종이 그것을 사랑합니다.
비록 내가 보잘것없고 무시를 당하고 있지만,
나는 주의 교훈들을 잊지 않고 있습니다.
주의 의로움은 영원하며, 주의 법은 진리입니다.
어려움과 걱정이 내게 있지만, 주의 명령들이 나의 기쁨이 됩니다.
주의 법규들은 영원히 옳습니다.
내게 깨달음을 주셔서 살게 하소서.

여호와여, 내가 마음을 다해 주를 부릅니다.
내게 대답하여 주소서.
그리하면 내가 주의 법령들에 복종할 것입니다.
내가 주께 부르짖습니다. 나를 구원해 주소서.
그리하면 내가 주의 법규들에 복종할 것입니다.
내가 새벽 이전에 일어나 도움을 요청하며 울부짖습니다.
나는 나의 소망을 주의 말씀에 두었습니다.
내가 밤새도록 깨어 있습니다.
내가 주의 약속들을 깊이 생각하고 있습니다.

주의 사랑에 따라 나의 소리를 들어 주소서.
여호와여, 주의 법도에 따라 나의 생명을 보존하소서.
악한 일들을 생각하는 자들이 가까이 있습니다.
그들은 주의 법으로부터 멀리 떨어져 있습니다.
여호와여, 주는 가까이 계십니다.
주의 모든 명령들은 진리입니다.
오래전부터 나는 주의 법규들을 배웠습니다.
주의 법규들은 주께서 영원토록 지속되게 하신 것들입니다.

나의 고통을 보시고 나를 구원해 주소서.
내가 주의 법을 잊지 않았습니다.
내가 주장하는 것을 변호해 주시고, 나를 구원해 주소서.
주의 약속에 따라 나의 생명을 보존해 주소서.
구원은 악한 자들로부터 멀리 있습니다.
그들은 주의 법령들을 따르지 않았습니다.
여호와여, 주는 불쌍히 여기시는 분이십니다.
주의 법도에 따라 나의 생명을 보존해 주소서.
나를 박해하는 적들이 많습니다.
그러나 나는 주의 법규들에서 떠나지 않았습니다.
나는 신실하지 않은 자들을 보고 분노합니다.
이는 그들이 주의 말씀에 순종하지 않기 때문입니다.
내가 주의 교훈을 얼마나 사랑하는지 보소서.
여호와여, 주의 사랑에 따라 나의 생명을 보존해 주소서.
주의 모든 말씀은 진리입니다.
주의 의로운 법도는 모두 영원합니다.

권력자들이 까닭 없이 나를 박해합니다.
그러나 나의 마음은 주의 말씀만 두려워합니다.
나는 주의 약속을 기뻐합니다.
많은 전리품을 얻은 자처럼 기뻐합니다.
나는 거짓을 미워하고 싫어합니다.
나는 오직 주의 법을 사랑합니다.
하루 일곱 번씩 나는 주의 의로운 법도로 인해 찬양합니다.
주의 법을 사랑하는 자들은 마음이 평안하여
아무도 그들을 넘어뜨릴 수 없습니다.
여호와여, 내가 주의 구원을 기다리며 주의 명령들을 따릅니다.
내가 주의 법규들을 지킵니다.
이는 내가 그 법규를 많이 사랑하기 때문입니다.
내가 주의 교훈들과 법규들을 지키는 것은
주께서 내가 가는 모든 길을 알고 계시기 때문입니다.

여호와여, 나의 울부짖음이 주 앞에 이르기를 바랍니다.
주의 말씀에 따라 내게 깨달음을 주소서.
나의 간구가 주 앞에 이르기를 바랍니다.
주의 약속에 따라 나를 구원해 주소서.
나의 입술이 찬양으로 넘치기를 바라는 것은
주께서 내게 주의 법령들을 가르치시기 때문입니다.
내가 주의 말씀에 대해 노래하는 것은
주의 모든 명령들은 의롭기 때문입니다.
주의 손이 나를 도와주시기 바랍니다.
이는 내가 주의 교훈들을 선택했기 때문입니다.
여호와여, 내가 주의 구원을 갈망합니다.

주의 법은 나의 기쁨입니다.
나를 살려 주소서. 내가 주를 찬양하겠습니다.
주의 법도는 나를 살립니다.
나는 길 잃은 양처럼 길을 잃었습니다.
주의 종을 찾아 주소서. 내가 주의 명령들을 잊지 않고 있습니다.

구원을 바라는 기도 – 예배드리러 올라가는 자의 노래

내가 고통 가운데 여호와께 부르짖었더니
그분께서 내게 대답하셨습니다.
여호와여, 거짓말하는 자로부터 나를 구원해 주소서.
거짓된 혀들로부터 나를 구해 주소서.

하나님이 너에게 무엇을 행하실 것 같으냐,
그 밖의 무엇을 더하실 것 같으냐?
오 거짓된 혀여!
주가 너를 무사의 날카로운 화살로 벌하실 것이요,
말라깽이 나무로 만든 불타는 숯불로 벌하실 것이다.

내가 메섹에 살고 있고,
게달 사람들의 동네에 살고 있으니 불행합니다.
너무 오랫동안 살았습니다.
내가 평화를 싫어하는 사람들과 너무 오랫동안 살았습니다.
나는 평화를 원하지만, 내가 말할 때에 그들은 싸우려 합니다.

그의 사람들을 지키시는 주님 – 예배드리러 올라가는 자의 노래

내가 눈을 들어 산들을 바라봅니다.
나의 도움이 어디에서 옵니까?
나의 도움은 여호와로부터 옵니다.
하늘과 땅을 만드신 그분으로부터 옵니다.

여호와께서 여러분의 발이 미끄러지지 않게 하실 것입니다.
여러분을 지켜 주시는 그분은 졸지 않으십니다.
정말로 이스라엘을 지켜 주시는 그분은
졸지도 주무시지도 않습니다.

여호와는 여러분을 지켜 주십니다.
여호와는 여러분의 오른편에 있는 그늘이십니다.
낮에 태양이 여러분을 해하지 못하며,
밤에 달이 여러분을 해하지 못할 것입니다.

여호와는 여러분을 모든 재앙으로부터 지켜 주십니다.
그분은 여러분의 생명을 보호하십니다.
여호와는 여러분의 들고 나는 것을
지금부터 영원토록 지키십니다.

예루살렘의 평화 – 다윗의 시, 예배드리러 올라가는 자의 노래

사람들이 내게 "우리 함께 여호와의 집에 가자"라고 말할 때,
나는 기뻐하였습니다.
오 예루살렘이여, 우리의 발이 네 문 안에 서 있습니다.

예루살렘은 건물이 단단하게 연결된 도시처럼 건설되었습니다.
그곳은 각 지파들, 곧 여호와의 지파들이
여호와의 이름을 찬양하기 위해 올라가는 곳입니다.
이스라엘에게 주어진 법규에 따라 찬양하러 가는 곳입니다.
재판하기 위해 다윗의 집의 왕좌들이 거기에 모였습니다.

예루살렘의 평화를 위해 기도하십시오.
“예루살렘을 사랑하는 자들이여, 안전하기 바랍니다.
예루살렘의 성벽 안에 평화가 있고,
예루살렘 성안에 안정이 있기 바랍니다.”
나의 형제들과 친구들을 위해,
“너희 안에 평화가 있을 것이다”라고 내가 말할 것입니다.
여호와 우리 하나님의 집을 위해,
내가 그 집이 번영하기를 기도할 것입니다.

자비를 구하는 기도 – 예배드리러 올라가는 자의 노래

내가 눈을 들어 주를 바라봅니다.
하늘에 계신 주를 바라봅니다.
종들의 눈이 그들의 주인의 손을 바라보듯이,
여종의 눈이 여주인의 손을 바라보듯이,
그렇게 우리의 눈이 여호와 우리 하나님을 바라봅니다.
주께서 우리에게 자비를 베푸실 때까지 여호와를 바라봅니다.

우리를 불쌍히 여겨 주소서.
여호와여, 우리를 불쌍히 여겨 주소서.
우리가 수많은 멸시를 견뎌 냈습니다.

우리가 거만한 자들로부터 받은 수많은 조롱을 참아 냈으며,
교만한 자들로부터 받은 수많은 멸시를 견뎌 냈습니다.

놀라운 구원을 베푸신 주님을 기억함

– 다윗의 시. 예배드리러 올라가는 자의 노래

이스라엘아, 말해 보아라.
만일 여호와께서 우리편이 아니셨다면, 어떻게 되었을까?
만약 여호와께서 우리편이 아니셨다면,
원수들이 우리를 공격했을 때,
그들의 분노가 우리를 향해 불타올랐을 때,
그들은 우리를 산 채로 삼켰을 것입니다.
홍수가 우리를 삼켰을 것입니다.
급류가 우리를 뒤덮었을 것입니다.
넘치는 물들이 우리를 휩쓸어 버렸을 것입니다.

여호와를 찬양하십시오.
그분은 우리의 울타리가
그들의 이에 찢어지지 않게 해 주셨습니다.
우리는 새처럼 사냥꾼의 그물에서 벗어났습니다.
그물은 끊어졌고, 우리는 벗어났습니다.

우리의 도움은 여호와의 이름 안에 있습니다.
하늘과 땅을 지으신 그분의 이름 안에 있습니다.

여호와를 의지하는 자들을 보호하심 – 예배드리러 올라가는 자의 노래

여호와를 의지하는 자들은 흔들리지 않고
영원히 서 있는 시온 산과 같습니다.
산들이 예루살렘을 둘러싸고 있듯이,
여호와께서 주의 백성들을 둘러싸고 계십니다.
지금부터 영원토록 보호하십니다.
악한 자가 의로운 자를 다스리게 하지 못할 것입니다.
의로운 자들의 땅 위에
악한 자의 권세가 남아 있지 않을 것입니다.
이는 의로운 자들이 악을 행하기 위해
그들의 손을 사용할지도 모르기 때문입니다.
여호와여, 선한 자들에게 선하게 대해 주소서.
마음이 곧은 자들에게도 선하게 대해 주소서.
그러나 비뚤어진 길로 향하는 자들은
악을 행하는 자들과 함께 내쫓아 주소서.
이스라엘에게 평화가 있기를 바랍니다.

구원의 감격과 기쁨 – 예배드리러 올라가는 자의 노래

여호와께서 포로들을 시온에 돌아오게 하셨을 때,
우리는 꿈을 꾸는 것 같았습니다.
우리의 입은 웃음으로 가득 찼고,
우리의 혀는 기쁨의 노래로 가득 찼습니다.
그때에 세상 나라들이 "여호와께서 그들을 위해
위대한 일들을 하셨다"라고 말하였습니다.
여호와는 우리를 위하여 위대한 일을 행하셨습니다.
우리는 너무나 기쁩니다.

여호와여, 포로 된 우리를 자유롭게 해 주소서.
네게브 사막을 흐르는 시내처럼 자유롭게 해 주소서.
눈물을 흘리며 씨를 뿌리는 사람은
기쁨의 노래를 부르며 추수할 것입니다.
울며 씨를 뿌리러 나가는 사람은
기뻐 노래하며 추수단을 들고 돌아올 것입니다.

복된 가정 – 솔로몬의 시. 예배드리러 올라가는 자의 노래

여호와께서 집을 짓지 않으시면,
집 짓는 자들의 수고가 헛됩니다.
여호와께서 성을 지키지 않으시면, 경비병들의 보초가 헛됩니다.
헛되이 일찍 일어나고, 늦게까지 일할 뿐입니다.
먹을 음식을 위해 수고할 뿐입니다.
그러므로 여호와께서는 그의 사랑하는 자들이
편하게 잠을 잘 수 있도록 하십니다.

아들들은 여호와께로부터 온 상속이며,
자녀들은 여호와께서 주신 상급입니다.
젊어서 낳은 아들은 무사의 손에 있는 화살과 같습니다.
화살통에 화살이 가득 차 있는 사람은 복 있는 사람입니다.
그들이 성문에서 원수들과 다툴 때에
부끄러움을 당하지 않을 것입니다.

행복한 집 – 예배드리러 올라가는 자의 노래

여호와를 공경하고 두려워하는 자는 복 있는 사람입니다.
그분의 말씀대로 사는 자는 복 있는 사람입니다.

그는 수고의 열매를 먹게 될 것입니다.
복과 번영이 그의 것이 될 것입니다.

그의 아내는 열매 맺는 포도나무와 같을 것입니다.
그의 집 안에 있는 포도나무와 같을 것입니다.
그의 식탁에 둘러앉은 그의 아들들은
올리브 나무의 새싹들과 같을 것입니다.
여호와를 공경하고 두려워하는 자들은
이처럼 복 있는 사람입니다.

여호와께서 시온에서 그에게 복 주시기 바랍니다.
평생토록 복 주시기를 바랍니다.
그가 예루살렘의 번영을 볼 것입니다.
그가 살아서 그의 자손들을 보기 바랍니다.
이스라엘에게 평화가 있기를 바랍니다.

적에게 대항하는 기도 – 예배드리러 올라가는 자의 노래

그들은 내가 어렸을 때부터 나를 무척이나 괴롭혔습니다.
이스라엘은 이 사실을 알 것입니다.
그들은 내가 어렸을 때부터 나를 무척이나 괴롭혔습니다.
그러나 그들은 나를 이기지 못했습니다.
밭을 가는 사람들이 나의 등을 갈아서
밭고랑을 길게 만들었습니다.
그러나 여호와는 의로우십니다.
그분은 악한 자의 사슬을 끊으시고,
나를 자유롭게 하셨습니다.

시온을 미워하는 모든 자들이
수치를 당하고 물러가기를 바랍니다.
그들이 지붕 위에 있는 풀과 같이 되기를 바랍니다.
자랄 수 있기 전에 말라 버리는 풀처럼 되기를 바랍니다.
추수꾼은 곡식으로 그의 손을 가득 채울 수 없으며,
모아들이는 자가 곡물로 그의 품을 가득 채울 수는 없습니다.
지나가는 사람들이 다음과 같이 말하지 못하게 해 주소서.
"여호와의 복이 너희들 위에 임하기를 바라노라.
우리가 여호와의 이름으로 너희를 축복하노라" 하고
말하지 못하게 해 주소서.

자비를 구하는 기도 – 예배드리러 올라가는 자의 노래

여호와여, 깊은 절망 속에서 내가 주께 부르짖습니다.
주여, 내 목소리를 들으소서.
주의 귀를 내게 기울이시고,
자비를 구하는 나의 울부짖음을 들어 보소서.

여호와여, 만약 주께서 죄를 기록하셨다면,
주여, 누가 견뎌 낼 수 있겠습니까?
그러나 용서하심이 주께 있으니
사람들이 주를 두려워하며 높입니다.

내가 여호와를 기다리고, 또 기다립니다.
나는 주의 말씀에 나의 소망을 두고 있습니다.
나의 영혼이 주를 기다리니
파수꾼이 아침을 기다리는 것보다 더 간절히 기다리며,

참으로 파수꾼이 아침을 기다리는 것보다 더 사모합니다.

오 이스라엘이여, 여러분의 소망을 여호와께 두십시오.
변함없는 사랑이 여호와께 있으며
충만한 구원이 그분께 있습니다.
주가 친히 이스라엘을 구속하실 것입니다.
그들의 모든 죄로부터 이스라엘을 구속하실 것입니다.

하나님 안에서 어린아이같이 진실함

– 다윗의 시. 예배드리러 올라가는 자의 노래

여호와여, 내 마음은 허황되지 않으며,
나의 눈은 교만하지 않습니다.
나는 커다란 일들에 관심을 두지 않으며,
너무 놀라운 일들에도 관심을 두지 않습니다.
그 대신 나는 잠잠하고 조용히 있습니다.
내 영혼이 어머니와 함께 있는 젖뗀 아이와 같습니다.

오 이스라엘이여, 여러분의 소망을 여호와께 두십시오.
지금부터 영원토록 소망을 여호와께 두십시오.

성전을 위한 찬양 – 예배드리러 올라가는 자의 노래

여호와여, 다윗을 기억하십시오.
그가 견뎌 냈던 모든 어려움들을 기억해 주십시오.
그는 여호와께 맹세했습니다.
야곱의 전능하신 그분께 서원했습니다.
"나는 집에 들어가지 않겠습니다.

침실에도 들어가지 않겠습니다.
잠을 자지 않겠습니다. 졸지도 않겠습니다.
내가 여호와를 위한 한 장소를 찾을 때까지,
야곱의 전능하신 하나님의 집을 찾을 때까지
잠을 자지 않겠습니다."

우리는 에브라다에 그런 장소가 있다는 것을 들었습니다.
야르의 들판에 있는 그곳을 발견했습니다.
"우리 함께 여호와의 거처로 갑시다.
그분의 발밑에서 예배합시다.

여호와여, 일어나셔서 주께서 쉴 만한 그곳으로 가소서.
주의 능력의 언약궤와 함께 그곳으로 가소서.
주의 제사장들을 의로움으로 옷 입혀 주시고,
주의 성도들이 기뻐 노래하게 하소서."
주의 종 다윗을 위하여, 주의 기름부은 자를 물리치지 마소서.

여호와는 다윗에게 맹세하셨습니다.
취소하지 않으실 확실한 맹세를 하신 것입니다.
"네 자손들 중 하나를 내가 너의 왕좌에 앉힐 것이다.
만약 네 아들들이 나의 언약을 지킨다면,
내가 그들에게 가르치는 법규들을 지킨다면,
그들의 자손들이 왕좌에 앉을 것이다.
너의 왕좌 위에 영원토록 앉을 것이다."

여호와께서 시온을 선택하셨고,

그분은 시온이 자신의 거처가 되기를 원하셨습니다.
"이곳이 영원토록 내가 쉴 만한 곳이다.
여기에서 내가 보좌에 앉을 것이니, 내가 바라던 일이다.
내가 풍성한 양식들로 이곳에 복을 줄 것이다.
이곳의 가난한 사람들에게 내가 음식을 가득 채워 줄 것이다.
내가 이곳의 제사장들을 구원으로 옷 입힐 것이며,
이곳의 성도들은 기뻐 영원히 노래할 것이다.
이곳에 내가 다윗을 위해 뿔 하나를 자라게 할 것이며,
나의 기름부음받은 자를 위해 등불 하나를 세울 것이다.
내가 다윗의 적들을 부끄러움으로 옷 입힐 것이나,
그의 머리에는 왕관을 씌워 눈부시게 빛나게 하리라."

형제간의 아름다운 교제와 사랑 – 다윗의 시. 예배드리러 올라가는 자의 노래

형제들이 함께 다정하게 살고 있을 때,
그것이 얼마나 좋고 즐거운 일입니까!
그것은 머리 위에 부어 수염으로 흘러내리되
아론의 수염으로 흘러내려
아론의 예복의 깃으로 흘러내리는 향유와 같습니다.
그것은 마치 헤르몬 산의 이슬이
시온 산 위로 떨어지는 것과 같습니다.
이는 그곳에 여호와께서 주의 복을 주시기 때문입니다.
그리고 생명을 영원토록 주시기 때문입니다.

찬양의 촉구와 축복의 화답 – 예배드리러 올라가는 자의 노래

여호와의 모든 종들이여, 주를 찬양하십시오.
밤에 여호와의 집에서 봉사하는 종들이여,

주를 찬양하십시오.
성소에서 여러분의 손을 높이 들고, 여호와를 찬양하십시오.

하늘과 땅을 만드신 여호와께서
시온에서 여러분에게 복 주시기를 바랍니다.

하나님께 대한 찬양과 경배

여호와를 찬양하십시오. 여호와의 이름을 찬양하십시오.
너희 여호와의 종들이여, 주를 찬양하십시오.
여호와의 집에서 봉사하는 사람들이여,
우리 하나님의 성전 뜰에서 섬기는 너희 종들이여,
여호와를 찬양하십시오.
여호와를 찬양하십시오. 여호와는 선하신 분입니다.
아름다운 여호와의 이름을 찬양하십시오.
여호와께서 야곱을 선택하시고 자기 것이 되게 하셨습니다.
그분이 이스라엘을 택하시고 귀중한 소유가 되게 하셨습니다.

나는 여호와의 위대하심을 알고 있습니다.
우리 주가 모든 신들보다 뛰어나심을 알고 있습니다.
여호와께서는 자신을 기쁘게 하는 모든 일들을
하늘과 땅에서, 바다와 바닷속에서 하십니다.
그분은 땅끝에서 구름을 올라오게 하십니다.
비와 함께 번개를 보내시며 창고에서 바람을 내보내십니다.

여호와는 이집트의 맨 처음 태어난 모든 것들을 내리치셨습니다.
사람과 동물들의 첫 번째 태어난 모든 것들을 치신 것입니다.

오 이집트여, 여호와께서 너희 중에
징조와 이적들을 보내셨습니다.
파라오와 그의 모든 신하들을 향해 보내신 것입니다.
그분은 수많은 나라를 내리치셨으며,
강력한 왕들을 죽이셨습니다.
아모리 사람들의 왕 시혼과 바산 왕 옥과
가나안의 모든 왕들을 죽이셨습니다.
그리고 주는 그들의 땅을 상속으로 주셨습니다.
주의 백성 이스라엘에게 상속으로 주신 것입니다.

여호와여, 주의 이름은 영원할 것입니다.
여호와여, 주의 명성이 대대로 지속될 것입니다.
여호와께서 자기의 백성을 대신 변호하시고,
주의 종들에게 자비를 베푸실 것입니다.

모든 나라의 우상들은 은이요, 금이며,
사람들의 손으로 만들어진 은과 금입니다.
우상들은 입을 갖고 있지만, 말을 할 수 없으며,
눈을 갖고 있어도 볼 수 없습니다.
그들은 귀가 있어도 들을 수 없으며,
그들의 입에는 숨도 없습니다.
우상을 만드는 자들은 우상과 같습니다.
우상들을 의지하는 모든 자들도 그와 같을 것입니다.

오 이스라엘의 집이여, 여호와를 찬양하십시오.
오 아론의 집이여, 여호와를 찬양하십시오.

오 레위의 집이여, 여호와를 찬양하십시오.
여호와를 공경하고 두려워하는 자들이여,
여호와를 찬양하십시오.
시온으로부터 여호와께 찬양이 있기를 바랍니다.
예루살렘에 거하시는 그분에게 찬양이 있기를 바랍니다.
여호와를 찬양하십시오.

변치 않는 영원한 하나님의 사랑

여호와께 감사하십시오.
주는 선하시고, 그분의 사랑은 영원합니다.
모든 신 위에 뛰어나신 하나님께 감사하십시오.
그분의 사랑은 영원합니다.
모든 주들의 주께 감사하십시오. 그분의 사랑은 영원합니다.

홀로 위대한 기적들을 행하시는 그분께 감사하십시오.
그분의 사랑은 영원합니다.
지혜로 하늘을 만드신 그분께 감사하십시오.
그분의 사랑은 영원합니다.
물 가운데 땅을 펼치신 그분께 감사하십시오.
그분의 사랑은 영원합니다.
커다란 빛들을 만드신 그분께 감사하십시오.
그분의 사랑은 영원합니다.
낮을 다스리도록 해를 만드신 그분께 감사하십시오.
그분의 사랑은 영원합니다.
밤을 다스리도록 달과 별들을 만드신 그분께 감사하십시오.
그분의 사랑은 영원합니다.

이집트의 처음 난 모든 것을 치셨던 그분께 감사하십시오.
그분의 사랑은 영원합니다.
이스라엘을 이집트에서 인도하신 그분께 감사하십시오.
그분의 사랑은 영원합니다.
강한 손과 펴신 팔로 이스라엘을 이끄신 그분께 감사하십시오.
그분의 사랑은 영원합니다.
홍해를 둘로 나누셨던 그분께 감사하십시오.
그분의 사랑은 영원합니다.
이스라엘을 홍해에서 이끄신 그분께 감사하십시오.
그분의 사랑은 영원합니다.
파라오와 그의 군대를 홍해에 빠뜨리신 그분께 감사하십시오.
그분의 사랑은 영원합니다.
자기 백성을 인도하여 광야를 지나가게 하신
그분께 감사하십시오. 그분의 사랑은 영원합니다.

큰 왕들을 내리치셨던 그분께 감사하십시오.
그분의 사랑은 영원합니다.
힘센 왕들을 죽이신 그분의 사랑은 영원합니다.
아모리 사람들의 왕 시혼을 죽이신 그분의 사랑은 영원합니다.
바산 왕 옥을 죽이신 그분의 사랑은 영원합니다.
그들의 땅을 상속으로 주신 그분께 감사하십시오.
그분의 사랑은 영원합니다.
주의 종 이스라엘에게 그 땅을 상속으로 주신
그분의 사랑은 영원합니다.

우리가 비천한 가운데 있을 때에 우리를 기억하셨던

그분께 감사하십시오.
그분의 사랑은 영원합니다.
적들로부터 우리를 자유롭게 하셨던 그분의 사랑은 영원합니다.
모든 피조물에게 음식을 주시는 그분께 감사하십시오.
그분의 사랑은 영원합니다.

하늘의 하나님께 감사하십시오. 그분의 사랑은 영원합니다.

포로가 된 이스라엘 백성

바빌론의 강가에 앉아 우리는 울었습니다.
우리가 시온을 기억하면서 울었습니다.
우리는 버드나무 위에다 수금을 걸어 놓았습니다.
이는 우리를 잡아 온 자들이 우리에게
노래하라고 시켰기 때문입니다.
그리고 우리를 괴롭히는 자들이
기쁨의 노래를 부르라고 했기 때문입니다.
그들은 말했습니다.
"시온의 노래 중 한 곡을 불러 보아라!"

어떻게 우리가 여호와의 노래를 부를 수 있겠습니까?
낯선 땅에서 어떻게 주의 노래를 부를 수 있겠습니까?
오 예루살렘아, 내가 너를 잊는다면,
내 오른손이 그 재주를 잃게 될 것이다.
내가 너를 기억하지 못한다면,
내가 예루살렘을 생각하지 않는다면,
나의 최고의 기쁨인 예루살렘을 생각하지 않는다면,

나의 혀가 나의 입천장에 붙어 버릴 것이다.

여호와여, 에돔 사람들이 한 일을 기억하십시오.
예루살렘이 멸망하던 날 한 일을 기억하십시오.
"예루살렘을 헐어 버려라" 하고 그들은 소리 질렀습니다.
"그 기초까지도 완전히 헐어 버려라!" 하고 외쳤습니다.
오 멸망당할 딸 바빌론이여, 네게 되갚는 자는 복 있는 사람이다.
네가 우리에게 한 것에 대해 되갚는 자는 복 있는 사람이다.
너의 어린아이들을 붙잡아
그들을 바위에 내리치는 자는 복 있는 사람이다.

감사의 찬양 – 다윗의 시

여호와여, 내가 마음을 다해 주를 찬양할 것입니다.
신들 앞에서 내가 주를 위해 찬양할 것입니다.
내가 주의 성전을 향해 엎드려 주의 이름을 찬양할 것입니다.
주의 사랑과 신실하심에 대해 찬양할 것입니다.
주는 세상의 모든 것들 위에 주의 이름과 말씀을 높이셨습니다.
내가 불렀을 때, 주는 내게 대답하셨습니다.
주는 내게 힘을 주셔서 담대하게 하셨습니다.

여호와여, 이 땅의 모든 왕들이 주를 찬양하게 하십시오.
그들이 주의 말씀을 들을 때에 찬송하게 하십시오.
그들이 여호와의 행하신 일들을 노래하게 하십시오.
이는 여호와의 영광이 크시기 때문입니다.
여호와는 높이 계셔도 낮은 자들을 내려다보십니다.
멀리서도 주는 거만한 자들을 알고 계십니다.

내가 어려움 중에 있어도 주는 나의 생명을 보호하십니다.
주는 손을 내미시고 나의 원수들의 분노로부터 나를 구해 내시며,
주의 오른손으로 나를 구원하십니다.
여호와는 나를 위해 주의 목적을 이루실 것입니다.
여호와여, 주의 사랑은 영원합니다.
주의 손으로 지으신 것을 버리지 마소서.

모든 것을 아시는 하나님 – 다윗의 시. 지휘자를 따라 부른 노래

여호와여, 주께서 지금까지 나를 살피셨으니
주는 나를 알고 계십니다.
주는 내가 언제 앉고, 언제 일어서는지를 알고 계십니다.
주는 멀리서도 나의 생각들을 아십니다.
주는 내가 나가고 눕는 것을 아십니다.
주는 나의 모든 길에 대해 잘 알고 계십니다.
내가 무슨 말을 하려는지,
여호와여, 주는 그것을 다 알고 계십니다.
주는 앞뒤로 나를 둘러싸고 계십니다.
주는 주의 손으로 나를 붙잡고 계십니다.
이것을 안다는 것은 내게 너무도 엄청난 일입니다.
그런 지식은 내가 알기에는 너무도 깊고 오묘합니다.

내가 주의 영을 떠나 어디로 갈 수 있겠습니까?
내가 주가 계신 곳을 떠나 어디로 도망갈 수 있겠습니까?
만일 내가 하늘 위로 올라간다 해도, 주는 거기 계십니다.
내가 깊은 곳에 눕는다 해도, 주는 거기 계십니다.
만일 내가 새벽의 날개 위에 오른다 해도,

내가 바다의 저 끝쪽에 자리를 잡는다 해도,
주의 손이 거기서 나를 인도하실 것이요,
주의 오른손이 나를 굳게 잡으실 것입니다.
만일 내가 "어두움이 확실하게
나를 숨겨 줄 것이다"라고 말한다 해도,
"빛이 내 주위에서는 밤이 된다"라고 말한다 해도,
어둠이 주께는 어둡지 않을 것입니다.
밤이 낮처럼 빛날 것입니다.
이는 어둠이 주께는 빛과 같기 때문입니다.

주께서 나의 가장 깊은 곳을 지으셨으며,
나의 어머니의 배 속에서 나를 만드셨습니다.
내가 주를 찬양합니다.
이는 내가 신기하고 놀랍게 만들어졌기 때문입니다.
주께서 하신 일들은 놀랍습니다.
나는 그것을 아주 잘 알고 있습니다.
내 몸은 주께로부터 피하여 숨을 수 없습니다.
이는 내가 은밀한 곳에서 만들어질 때에 그러했습니다.
내가 땅의 깊은 곳에서 만들어졌을 때,
주의 눈이 아직 형태를 갖추지 않은 내 몸을 보셨습니다.
내게 정해진 모든 날들이 주의 책 속에 기록되었습니다.
이날들의 하루가 시작되기 전에 이미 기록되었습니다.

오 하나님, 주의 생각들이 내게 얼마나 소중한지요!
그것들이 얼마나 크고 많은지요!
만일 내가 그것들을 셀 수 있다면,

아마 모래알의 숫자보다 더 많을 것입니다.
내가 잠에서 깰 때도, 나는 여전히 주와 함께 있습니다.

오 하나님, 주님은 반드시 악한 자들을 죽이실 것입니다.
피에 굶주린 사람들이여, 내게서 떠나십시오!
그들은 악한 의도로 주에 대해 말합니다.
주의 원수들이 주의 이름을 욕합니다.
여호와여, 주를 미워하는 자들을 내가 어찌 미워하지 않으며,
주께 대항하는 자들을 내가 어찌 싫어하지 않을 수 있겠습니까?
내게는 그들에 대한 미움만이 있을 뿐입니다.
나는 그들을 나의 원수로 생각하고 있습니다.

오 하나님, 나를 살피시고 나의 마음을 알아주소서.
나를 시험하시고 나의 뜻을 살펴 주소서.
혹시 내 안에 무슨 악한 길이 있는지를 살피시고,
나를 영원한 길로 인도해 주소서.

보호해 달라는 기도 – 다윗의 시. 지휘자를 따라 부른 노래

여호와여, 나를 악한 자들로부터 구출해 주소서.
폭력을 행하는 자들로부터 나를 보호해 주소서.
그들은 마음속에 악한 계획들을 세우며,
매일 싸움을 일으키는 자들입니다.
그들의 혀는 뱀의 혀처럼 날카롭습니다.
독사의 독이 그들의 입술에 있습니다.(셀라)

여호와여, 나를 악한 자들의 손에서 지켜 주소서.

나를 폭력을 저지르는 자들로부터 보호해 주소서.
그들은 내가 넘어지도록
남이 모르게 나쁜 일을 꾸미는 사람들입니다.
교만한 자들이 나를 잡으려 덫을 놓았습니다.
그들은 그물망을 펼쳐 놓았고,
나를 잡으려고 길가에 함정을 만들어 놓았습니다.(셀라)

여호와여, 내가 주께 말씀드립니다.
"주는 나의 하나님이십니다."
여호와여, 나를 불쌍히 여겨 주시고, 내 기도를 들어 주소서.
오 전능하신 여호와여, 나의 힘이 되신 구원자시여,
주는 전쟁의 날에 나의 머리를 보호하시는 분이십니다.
악한 자들에게 그들이 바라는 것들을 주지 마소서.
여호와여! 그들의 계획들이 성공하지 못하게 하십시오.
그렇지 않으면 그들이 교만하게 될 것입니다.(셀라)

나를 둘러싸고 있는 자들의 우두머리들이
그들이 내뱉은 말로 인해 어려움을 당하게 해 주소서.
타오르는 숯불이 그들 위에 떨어지게 해 주시고,
그들을 불 속에 던지시고,
더러운 구덩이를 빠져나오지 못하게 해 주소서.
남을 욕하는 자들이 이 땅에 자리잡지 못하도록 해 주소서.
폭력을 행하는 자들이 재앙에 빠지게 해 주소서.

나는 여호와께서 가난한 자들을 위해 정의를 세우시고,
어려움 당하는 자들의 간청을 들어주시는 것을 알고 있습니다.

의로운 자들이 주의 이름을 찬양할 것이고,
정의로운 자들이 주 앞에서 살아갈 것입니다.

죄를 짓지 않게 해 달라는 기도 – 다윗의 시

여호와여, 내가 주께 부르짖습니다. 속히 내게 오소서.
내가 주께 부르짖을 때에 나의 목소리를 들어 주소서.
나의 기도가 향처럼 주 앞에 놓여지기를 바랍니다.
나의 손을 높이 드는 것이 저녁의 제사 같기를 바랍니다.

여호와여, 내 입에 파수꾼을 세워 주시고,
나의 입술을 지켜 주소서.
나의 마음이 악한 것에 이끌려, 악을 행하는 자들과 함께
악한 일들에 참여하지 않게 해 주소서.
내가 그들과 함께 앉아 음식을 먹지 않겠습니다.

의로운 자가 나를 때리는 것은 은혜로운 일입니다.
그가 나를 꾸짖게 해 주소서.
그것은 내 머리 위에 붓는 향유입니다.
내가 그것을 싫어하지 않을 것입니다.
나는 악을 행하는 자들을 위해 항상 기도하겠습니다.
그들을 다스리는 자들은 낭떠러지 밑으로 던져질 것입니다.
악한 자들은 내가 옳은 말을 했음을 알게 될 것입니다.
그들은 말할 것입니다.
"사람이 밭을 갈고 땅을 파 일구는 것처럼,
우리의 뼈가 무덤의 입구에 흩어졌다."

주 여호와여, 내가 주만 바라봅니다.
내가 주께로 피합니다.
나를 죽음에 넘겨주지 마소서.
악한 자들이 내 앞에 쳐 놓은 덫에서 나를 구해 주시고,
악한 자들이 만든 함정에서 나를 구해 주소서.
그들이 쳐 놓은 그물에 악한 자들을 빠지게 하소서.
내가 안전히 지나간 후에 그들이 빠지게 하소서.

도움을 구하는 기도 – 다윗의 마스길. 그가 굴에 있을 때에 드린 기도

내가 여호와께 크게 부르짖습니다.
내가 불쌍히 여겨 달라고
여호와께 나의 목소리를 드높입니다.
내가 주 앞에 나의 불만을 쏟아 놓습니다.
주 앞에 나의 어려움을 호소합니다.

나의 영혼이 점점 약해져 갈 때,
나의 길을 아시는 분은 주님이십니다.
내가 걸어가는 길에 사람들이
나를 잡으려 덫을 숨겨 놓았습니다.
나를 쳐다보십시오.
아무도 나에 대해 관심을 가지는 사람이 없습니다.
내가 피할 곳이 없습니다.
아무도 나의 생명을 돌보는 자가 없습니다.

여호와여, 내가 주께 부르짖습니다.
내가 말합니다. "주는 나의 피난처이십니다.

주는 살아 있는 자의 땅에 있는 나의 몫입니다."
나의 울부짖음을 들으십시오. 내가 어려움 가운데 있습니다.
나를 뒤쫓는 자들로부터 나를 구해 주소서.
이는 그들이 나보다 강하기 때문입니다.
나를 나의 감옥에서 풀어 주소서.
내가 주의 이름을 찬양하겠습니다.
의로운 자들이 내 주위에 모일 것입니다.
이는 주께서 나를 선하게 대해 주셨기 때문입니다.

고통 가운데 부르짖는 기도 – 다윗의 시

여호와여, 나의 기도를 들어 주소서. 나를 불쌍히 여겨 주소서.
주의 신실하심과 의로우심으로
나를 찾아오시고 구원하여 주소서.
주의 종을 심판에 이르지 않게 도와주소서.
이는 살아 있는 자는 그 누구도
주 앞에서 의롭지 않기 때문입니다.

원수가 나를 쫓고 있습니다.
그는 나를 땅바닥에다 내동댕이치고 짓밟습니다.
그는 나를 어둠 속에 집어넣었습니다.
오래전에 죽은 자처럼 어둠 속에 살게 합니다.
그래서 내 영혼이 점점 약해집니다.
내가 불안에 떨며 당황해 합니다.

나는 오래전의 날들을 기억합니다.
나는 주께서 하신 일들을 깊이 생각하며,

주의 손이 하신 것을 생각합니다.
내 손을 주께 높이 듭니다.
내 영혼이 바싹 마른 땅과 같이 주를 갈망합니다.(셀라)

여호와여, 내게 속히 대답해 주소서.
나의 영혼이 한없이 약해져 있습니다.
주의 얼굴을 내게 숨기지 마소서.
내가 무덤으로 내려가는 자들과 같습니다.
아침에 주의 변함없는 사랑의 말씀을 주소서.
내가 주를 믿고 의지합니다.
내가 가야 할 길을 보여 주소서.
내가 주께 내 영혼을 드립니다.

여호와여, 나를 원수들로부터 구원해 주소서.
내가 주께 숨었습니다.
나를 가르치시고 주의 뜻을 알게 해 주소서.
주는 나의 하나님이십니다.
주의 선하신 성령으로 나를 바른 길로 인도하여 주소서.

여호와여, 주의 이름을 위하여,
나의 생명을 보호해 주소서.
주의 의로움으로 나를 어려움 속에서 이끌어 내 주소서.
주의 변치 않는 사랑으로 나의 적들을 잠잠하게 하소서.
나의 모든 적들을 쳐부수소서.
왜냐하면 나는 주의 종이기 때문입니다.

왕이신 하나님을 찬양 – 다윗의 시

나의 바위이신 여호와께 찬양을 드립니다.
그분은 전쟁을 위해 나의 팔을 훈련시키시고,
전투를 위해 나의 손을 훈련시키시는 분이십니다.
주는 나의 사랑하는 여호와시며, 나의 요새이십니다.
주는 나의 산성이시요, 나의 구원자시며, 나의 방패시요,
나의 피난처시며, 내 백성들을 복종케 하시는 분이십니다.

여호와여, 사람이 무엇인데 주께서 그를 돌보시며,
인간이 무엇인데 주께서 그를 생각하십니까?
사람은 숨결과 같습니다. 그의 인생은 지는 그림자 같습니다.

여호와여, 하늘을 여시고, 내려오소서.
산들을 만지시면 그곳에서 연기가 납니다.
번개를 보내어 적들을 흩으시고,
주의 화살을 쏘아 적들을 물리치소서.
높은 곳에서 아래로 주의 손을 내미시어
나를 구원하시고 나를 구출해 주소서.
강력한 물들로부터 나를 구출하시고,
낯선 자들의 손으로부터 나를 구원해 주소서.
그들의 입은 거짓말로 가득 찼으며,
그들의 오른손은 거짓을 행합니다.

오 하나님, 내가 주께 새 노래를 부르겠습니다.
열 줄로 된 비파로 내가 주께 연주할 것입니다.
그분은 왕들에게 승리를 주시는 분이시며,

주의 종 다윗을 무서운 칼날에서 구하시는 분이십니다.
나를 구원하시고 나를 구출해 주소서.
낯선 자들의 손으로부터 나를 구해 주소서.
그들의 입은 거짓말로 가득 찼으며,
그들의 오른손은 거짓을 행합니다.

그러면 우리의 젊은 아들들이 잘 자란 나무와 같이 될 것입니다.
우리의 딸들은 궁궐을 장식하기 위해 깎아 만든
기둥들과 같이 될 것입니다.
우리 창고는 온갖 곡식으로 가득 찰 것입니다.
우리 양 떼는 수천 마리로 늘어날 것이며,
들판의 양 무리는 수만 마리가 될 것입니다.
우리의 소 떼는 무거운 짐들을 끌 것입니다.
성벽이 무너지는 일이 없을 것이며,
포로로 끌려가는 일도 없을 것입니다.
거리에는 더 이상 고통스런 울부짖음이 없을 것입니다.
이러한 자들은 복 있는 사람입니다.
여호와를 자기 하나님으로 삼는 자들은 복 있는 사람입니다.

주님의 선하심과 인자하심을 찬양함 – 다윗의 찬송시

왕이신 나의 하나님, 내가 주를 높입니다.
내가 주의 이름을 영원히 찬송할 것입니다.
내가 매일 주를 찬양하며, 영원히 주의 이름을 찬송할 것입니다.
여호와는 위대하시며, 높이 찬양을 받으실 만한 분이십니다.
아무도 주의 위대하심을 헤아릴 수 없습니다.

대대로 주가 하신 일들을 매우 칭찬할 것입니다.
그들은 주의 위대하신 일들에 대해 이야기할 것입니다.
그들은 주의 위엄 있고 영광스러운 찬란함에 대해 말할 것입니다.
나는 주의 놀라운 일들을 깊이 생각할 것입니다.
그들은 주의 놀랍고 신기한 일들에 대해 말할 것입니다.
나는 주의 크신 일들을 선포할 것입니다.
그들은 주의 풍성한 은혜를 기념하여 축하할 것입니다.
기쁨으로 주의 의로우심에 대해 노래할 것입니다.

여호와는 은혜로우시며 자비하시고,
노하기를 천천히 하시며 사랑이 풍성하십니다.
여호와는 모든 사람들에게 좋으신 분입니다.
주는 그가 만드신 모든 것들을 불쌍히 여기십니다.

여호와여, 주가 만드신 모든 것들이 주를 찬양할 것입니다.
주의 성도들이 주를 찬송할 것입니다.
그들이 주의 나라의 영광에 대해 이야기할 것입니다.
주의 능력에 대해 이야기할 것입니다.
그래서 모든 사람들이
주가 하신 위대한 일들을 알게 될 것입니다.
주의 나라의 찬란한 영광을 알게 될 것입니다.
주의 나라는 영원한 나라입니다.
주의 다스림은 대대로 계속됩니다.

여호와는 주가 하신 모든 약속들에 대해 믿음성 있고,
진실하시며 주가 만드신 모든 것들에 대해 사랑을 베푸십니다.

여호와는 넘어지는 모든 자들을 붙잡으시며,
낮아진 모든 자들을 들어 올리십니다.
모든 자들이 주를 바라봅니다.
주는 때를 따라 그들에게 음식을 주십니다.
주는 주의 손을 열어
살아 있는 모든 것들의 소원을 채워 주십니다.
여호와는 모든 일에 있어서 의로우시며,
그분이 만드신 모든 것들에 대해 사랑을 베푸십니다.
여호와는 주를 부르는 모든 자들에게 가까이 계시며,
진실로 주를 부르는 자들에게 가까이 계십니다.
그분은 자기를 두려워하는 자들이
바라는 것들을 이루어 주십니다.
그들이 부르짖는 것을 들으시고 그들을 구원하십니다.
여호와는 자기를 사랑하는 모든 자들을 지켜 주십니다.
모든 악한 자들을 주는 멸망시키실 것입니다.

내가 큰 목소리로 여호와를 찬양할 것입니다.
모든 피조물이 주의 거룩한 이름을 찬양할 것입니다.
영원히 그분을 찬양할 것입니다.

약한 자를 도우시는 하나님을 찬양

여호와를 찬양하십시오. 오 내 영혼아, 여호와를 찬양하여라.
나는 내 평생 여호와를 찬양할 것입니다.
살아 있는 동안, 나의 하나님께 찬양을 드릴 것입니다.

높은 사람들에게 의지하지 마십시오.

죽을 운명의 사람들을 의지하지 마십시오.
그들은 사람을 구원할 수 없습니다.
영혼이 떠날 때, 그들은 흙으로 돌아갑니다.
바로 그날에 그들이 세웠던 계획들은 쓸모없게 됩니다.

야곱의 하나님을 자기의 도움으로 삼는 자는
복 있는 사람입니다.
여호와 자기 하나님께 소망을 두는 자는 복 있는 사람입니다.
그분은 하늘과 땅을 만드셨습니다.
바다와 그 안에 있는 모든 것들을 만드신 분입니다.
여호와는 영원히 신실하신 분이십니다.
그분은 박해당하는 자들이 부르짖는 내용을 아십니다.
그리고 배고픈 자들에게 음식을 주십니다.

여호와는 갇힌 자들을 풀어 주시며,
여호와는 보지 못하는 사람에게 시력을 주십니다.
낮아진 자들을 들어 올리시며,
의로운 자들을 사랑하시는 분입니다.
여호와는 나그네를 지켜 보호하시며,
고아와 과부들을 돌보시지만 악한 자들의 길은 좌절시키십니다.

여호와는 영원히 다스리십니다.
오 시온아, 여호와 너의 하나님이 대대로 다스리실 것입니다.
여호와를 찬양하십시오!

택한 자를 도우시는 하나님을 찬양

여호와를 찬양하십시오!
우리 하나님께 찬양을 드리는 것이 얼마나 좋은지요!
그분께 찬양하는 것이 얼마나 즐겁고 기쁜지요!
여호와는 예루살렘을 세우십니다.
그분은 포로로 끌려갔던 이스라엘 백성을 다시 모으십니다.
그분은 마음이 상한 자들을 고치시며,
그들의 상처를 싸매십니다.
그분은 별들의 수효를 결정하시며,
별들 하나하나에 이름을 주셨습니다.
우리 주는 위대하시며 능력이 크십니다.
그분의 분별력은 끝이 없습니다.
여호와는 겸손한 자를 살게 하시지만
악한 자는 땅에 내던지십니다.

감사함으로 여호와께 노래하십시오.
수금으로 하나님께 연주하십시오.
그분은 구름으로 하늘을 덮으십니다.
땅에 비를 내리시고 언덕 위에 풀들이 자라게 하십니다.
그분은 가축들에게 음식을 주시며
어린 까마귀들이 울 때에 그들에게 먹이를 주십니다.
그분의 즐거움은 말의 힘에 있지 않으며,
그분의 기쁨은 사람의 다리에 있지 않습니다.
여호와는 주를 두려워하는 사람들을 기뻐하시며,
주님의 변치 않는 사랑에 소망을 두는 사람들을 기뻐하십니다.

오 예루살렘아, 여호와를 찬송하십시오.
오 시온아, 여러분의 하나님을 찬양하십시오.
그분은 네 문들의 빗장을 단단하게 하시며,
네 안에 거하는 백성들에게 복을 주는 분이십니다.
그분은 네 국경에 평화를 주시며,
가장 좋은 곡식으로 배불리 먹이는 분이십니다.
그분은 온 땅에 명령을 내리십니다.
그분의 말씀은 신속하게 이루어집니다.
그분은 눈을 양털같이 펼치시며, 서리를 재처럼 흩으십니다.
그분은 우박을 조약돌같이 집어던지십니다.
누가 그분의 차디찬 돌풍을 견딜 수 있겠습니까?
그분은 말씀을 보내어 그들을 녹이십니다.
그분은 바람을 불게 하여 물이 흘러가게 합니다.
그분은 말씀을 야곱에게 전하셨고,
법도와 법령들을 이스라엘에게 알리셨습니다.
그분은 다른 나라에게 이렇게 행하신 적이 없습니다.
다른 나라들은 그분의 법도를 알지 못합니다.
여호와를 찬양하십시오!

세계를 지으신 하나님을 찬양

여호와를 찬양하십시오.
하늘에서 여호와를 찬양하며,
위의 높은 곳에서 그분을 찬양하십시오.
주의 모든 천사들이여, 주를 찬양하며
하늘의 모든 군대들이여, 주를 찬양하십시오.

해와 달아, 주를 찬양하여라.
빛나는 너희 모든 별들아, 주를 찬양하여라.
가장 높은 너희 하늘아, 주를 찬양하며
하늘 위에 있는 너희 물들아, 주를 찬양하여라.

너희 만물들이여, 여호와의 이름을 찬양하여라.
주의 명령으로 그들이 창조되었다.
주께서 이 모든 것들을 영원히 제자리에 두셨습니다.
주는 결코 사라지지 않을 법령을 주셨습니다.

땅에서도 여호와를 찬양하여라.
너희 큰 바다 동물들과 해양들아, 주를 찬양하여라.
번개와 우박과 눈과 구름들아, 주의 명령을 따르는 폭풍들아,
주를 찬양하여라.

너희 산들과 모든 언덕들아, 과일나무들과 모든 백향목들아,
주를 찬양하여라.
들짐승들과 모든 가축들아, 작은 생물들과 날아다니는 새들아,
주를 찬양하여라.

땅의 왕들과 모든 나라들아,
땅에 있는 너희 귀족들과 통치자들아, 주를 찬양하여라.
청년들과 처녀들아, 노인들과 어린이들아, 주를 찬양하여라.

이 모든 것들아, 여호와의 이름을 찬양하여라.
그분의 이름만이 위대하며,

그분의 영광이 땅과 하늘 위에 빛납니다.
그분은 주의 백성을 강하게 하셨습니다.
그분은 모든 성도들의 찬양이요,
이스라엘의 찬양이며, 주를 가까이하는 백성들의 찬양입니다.
여호와를 찬양하십시오!

이스라엘의 하나님을 찬양

여호와를 찬양하십시오.
여호와께 새 노래로 노래하며,
성도들의 모임 중에 그분을 찬양하십시오.
이스라엘이 그들을 지으신 분을 기뻐할 것입니다.
시온의 백성들이 그들의 왕으로 인해 즐거워할 것입니다.
그들이 춤추며 주의 이름을 찬양합니다.
소고와 수금으로 주께 음악을 연주할 것입니다.
여호와는 주의 백성을 기뻐하십니다.
그분은 겸손한 자들에게 구원으로 왕관을 씌우십니다.
성도들이 이러한 명예를 기뻐할 것입니다.
그들의 침대 위에서 기쁨으로 노래할 것입니다.
성도들이 입으로 하나님에 대한 찬양을 드리게 하십시오.
양날을 가진 칼이 그들의 손에 있게 하십시오.
이방 나라들에게 원수를 갚게 하시며,
이방 백성들에게 징벌을 가하게 해 주소서.
그들의 왕들을 쇠사슬로 묶게 하시고,
그들의 귀족들을 쇠고랑으로 묶게 해 주소서.
그들을 향해 기록된 판결대로 집행되게 해 주소서.
이것이 주의 모든 성도들의 영광입니다. 여호와를 찬양하십시오!

노래하며 주님을 찬양

여호와를 찬양하십시오. 주의 성전에서 하나님을 찬양하십시오.
주의 크신 하늘에서 그분을 찬양하십시오.
주께서 하신 능력 있는 일들에 대해서 주를 찬양하십시오.
주의 뛰어난 위대하심에 대해서 주를 찬양하십시오.

나팔 소리로 주를 찬양하며,
비파와 수금으로 주를 찬양하십시오.
소고 치고 춤추어 주를 찬양하며,
현악기들과 퉁소로 주를 찬양하십시오.
제금을 치며 주를 찬양하며,
울려 퍼지는 제금으로 주를 찬양하십시오.
숨을 쉬는 모든 것들이여, 여호와를 찬양하십시오.
여호와를 찬양하십시오!

Agape Story Bible

구약 ②

부록

솔로몬 성전

다윗은 예루살렘에 성전을 지으려 했다. 그러나 다윗은 자신의 통치 기간에 많은 전쟁을 치러야 했다. 그런데 성전 건축은 평화로운 시대에 적합한 일이었으므로, 평화로운 시대의 왕이었던 솔로몬이 성전을 건축하는 일을 주관하기에 적합했다. 따라서 하나님께서는 다윗의 아들 솔로몬 왕에게 성전 건축의 대업을 맡기셨다.

준비 작업

다윗은 성전이 솔로몬 시대에 지어질 것이라는 하나님의 계획을 간파하였으므로 성전 건축에 필요한 자재들을 미리 준비했다. 다윗은 오르난의 타작 마당을 사서, 성전 건축의 부지(敷地)로 삼았다. 또한 성전 건축에 대한 계획을 세우고, 금은, 청동, 철, 목재, 귀금속, 대리석 등을 준비했다.

성전 건축

솔로몬은 부친의 친구인 두로 왕 히람(삼하 5:11)에게 성전을 건축하는 일을 도와달라고 청했다. 히람은 레바논의 백향목을 보내주었다. 백향목이 해안을 따라, 뗏목으로 엮어져 이스라엘 지역으로 운반되면 이스라엘 장정들은 그곳에서부터 예루살렘으로 백향목을 운반했다. 또한 히람 왕은 숙련된 석공과 목공도 보내주었다. 성전 건축에는 청동의 주조와 세공도 필요했으므로, 두로로부터 청동 세공업자인 히람(왕상 7:14)이 왔다. 솔로몬 왕은 석조 건축을 비롯한 여러 가지 사역을 위해서, 이스라엘의 전 지역에서 상당수의 유능한 일꾼들을 불러모았다.
성전이 완성되는 데에는 7년이 걸렸다. 이후 전쟁으로 인해 성전의 보물들은 약탈당했지만, 성전 건물은 B.C. 587년까지 건재했다. 그러나 바벨론 왕 느부갓네살이 성전 건물을 완전히 파괴했다(B.C. 586년).

성전의 모양은 어떠했는가?

성전 건물 그 자체는 그렇게 큰 건축물은 아니었다. 가로는 30m, 세로는 10m, 높이는 15m였다. 오늘날 교회에 대한 인식(곧 성도들의 공동체)과는 달리, 성전은 하나님께서 임재하시는 장소로 여겨졌다. 그리고 성전의 내부에는 오로지 제사 의식을 수행하는 제사장들만이 들어갈 수 있었다.

성전의 구조는 대체로 성전이 있기 전의 성막을 따른 것이었다. 성전 안에 성소(넓이 10m×10m)나 지성소가 따로 구분되었다. 지성소 안에는 법궤가 놓여 있었으며, 그 위에 금으로 입혀 만든 두 그룹이 있었다. 그룹의 한 날개는 법궤 위를 덮었으며, 다른 날개는 옆면의 벽에 닿을 정도로 펼쳐져 있었다. 두 측면에는 창고 시설이 딸린 부속 건물이 있었다. 그 이외의 조각물과 내부 장식에 관해서는 왕상 6장에 자세히 언급되어 있다. 솔로몬 왕은 성전 건축이 완공되자, 화려한 의식과 함께 이 성전을 하나님께 바쳤다.

이스라엘의 종교와 제사

시내 산에서 모세를 통해서 이스라엘 백성에게 전달된 하나님의 율법은 단순히 외적인 구속력을 지닌 규정들만은 아니었다. 그 율법에는 부지런히 배우고 온 마음으로 따라야 할 내면적인 원리와 생활 규범이 제시되어 있다. 한편 이스라엘의 부모는 율법의 원리와 생활 규범을 자녀들에게 가르치고, 모범을 보이며, 전달해야 할 책임이 있었다. 따라서 이스라엘의 가정이나 사회에서, 종교와 교육과 생활은 서로 분리될 수 없는 성격을 띠고 있었다.

성막과 성전

물론 이스라엘에는 제사 및 절기(축제)와 같은 외형적인 종교 의식도 있었다. 성전이 건축되기 이전에는, 성막이 이러한 종교 행사의 중심지였다. 그러나 성전이 세워진 후에는 성전이 그 중심지가 되었다. 첫 번째 성전은 솔로몬 왕이 예루살렘에 세웠다. 두 번째 성전은 바벨론 포로 생활에서 돌아온 이후에 다시 세워졌다.

제사장과 레위인

이스라엘의 열두 지파 가운데 한 지파 전체가 성막과 성전에서 예배와 제사 의식을 거행하는 일에 참여했다는 사실은 이스라엘에서 예배와 제사가 차지하는 중요성을 시사해 준다. 이들은 레위의 후손, 곧 레위 지파 사람들이다. 이들은 성막과 성전에 관련된 모든 기구를 돌보는 임무를 맡았다. 또한 이들은 예배·찬양 및 여러 가지 제사 의식에 대한 일을 수행할 임무를 지니고 있었다.
레위 지파 가운데에서도 아론의 자손들은 제사장의 직무를 받았다. 이들은 레위기에 규정된 대로, 여러 가지 제사 의식을 수행해야 했다. 또한 제사장들과 레위인들은 이스라엘 백성에게 율법을 가르치고 전수해야 할 임무를 띠고 있었다.

대제사장

대제사장이란 예루살렘 성전에서 수종 드는 제사장들의 우두머리를 가리킨다. 제사장의 직위는 평생 유지됐다. 일반적으로 대제사장인 아버지가 숨을 거두면, 맏아들이 그 직위를 이어받았다.

대제사장은 특별히 구별된 옷을 입었다. 그 옷의 가슴 부분에는 12가지 보석이 달린 흉패가 달려 있었다. 12가지 보석은 이스라엘의 열두 지파를 상징했다.

일 년에 한 번, 곧 대속죄일에 대제사장은 백성과 자신의 죄를 대속하기 위해서 지성소에 들어갔다. 지성소에는 오직 대제사장만이 대속죄일에 일 년에 한 번만 들어갈 수 있었다. 대제사장은 그날 지성소에 들어가 속죄제물의 피를 일곱 번 법궤에다 뿌렸다.

이스라엘 백성

사람마다 자신을 위한 희생 제물을 성전으로 가져왔다. 이스라엘 백성은 일 년에 세 번씩 (유월절·칠칠절·초막절) 절기를 지키러 예루살렘으로 올라가야 했다. 이때 이스라엘 백성은 성전에서 예물을 드리고, 율법에 대한 가르침을 받곤 했다.

바벨론 포로 시대 이후

바벨론에서 포로 생활을 하는 동안, 이스라엘 백성은 성전이 없이 신앙생활을 해야 했다. 그렇지만 대부분의 이스라엘 백성은 율법을 지키는 일을 소홀히 하지 않았다. 율법을 이스라엘 백성에게 가르치고 전달하는 일에 관심을 가지고 애쓰는 사람들인 '학사'(율법학자)라는 새로운 계급이 등장했다. 포로 기간 또는 포로 시대 이후에 '회당' 안에서 예배를 드리는 의식이 생겨났다. 이스라엘 백성은 안식일에 회당에 모여, 율법을 낭독하고 율법에 관한 가르침을 들었다. 또한 공중 기도를 드리는 의식도 있었다. 후대에 이르러, 회당에서는 아이들에게 읽기와 쓰기, 율법, 이스라엘의 역사 등을 가르쳤다.

엘리야와 엘리사

엘리야의 생애에서의 주요 사건들

엘리야가 아합 왕에게 3년 동안의 가뭄을 예언했다. 왕상 17:1

엘리야가 여호와의 말씀을 따라 그릿 시냇가에 몸을 숨겼다. 까마귀들이 그에게 먹을 것을 가져다 주었다. 왕상 17:2-7

그 시내가 마르자 엘리야는 사르밧의 한 과부의 집에서 3년 동안 머물렀다. 여호와의 기적으로 가루 한 움큼과 약간의 기름만 갖고도 가뭄이 멎는 날까지 음식이 끊어지지 않았다. 과부의 아들이 중병에 걸려 사망하자, 엘리야는 하나님의 권능으로 그 소년을 다시 살렸다. 왕상 17:8-24

3년 후에 엘리야는 다시 아합 왕 앞에 나타났다. 바알의 선지자들을 갈멜 산으로 모이게 한 엘리야는 그곳에서 이스라엘의 하나님 그분만이 유일한 참된 신이심을 증명했다. 또한 그날에 하나님은 비를 내리셔서 가뭄을 멎게 하셨다. 왕상 18장

엘리야는 갈멜 산 사건으로 인해 그를 죽이려는 아합 왕의 아내 이세벨을 피해 브엘세바로 도망했다. 하나님은 호렙 산에서 낙심한 엘리야에게 자신을 계시하시고 그에게 새로운 사명을 계시하셨다. 왕상 19:1-18

엘리야는 하나님의 인도하심에 따라 엘리사를 자신의 후계자로 세웠다. 왕상 19:16-21

아합 왕과 이세벨은 이스르엘 사람 나봇의 포도원을 탐내어 그를 부당하게 죽이고 그의 포도원을 빼앗았다. 엘리야는 아합 왕과 이세벨에게 임할 하나님의 재앙을 예언했다. 왕상 21장

아합 왕의 후임 아하시야 왕은 에그론의 신 바알세붑의 뜻을 물어 하나님을 대적했다. 엘리야는 아하시야 왕에게 이 일로 인한 죽음을 예언했다. 왕하 1장

하나님은 엘리야를 회오리바람으로 하늘로 불러올리셨다. 하나님은 엘리야의 후계자 엘리사에게 권능으로 덧입히셨다. 왕하 2:1-18

엘리사의 생애에서의 주요 사건들

엘리사는 하나님의 뜻에 따라 엘리야에 의해서 그의 후계자로 부름을 받았다.
왕상 19:19-21

엘리사는 하나님께서 엘리야를 하늘로 데려가시는 장면을 직접 보았다. 그 후에 엘리사는 엘리야보다 갑절의 권능을 받았다. 왕하 2:1-18

엘리사는 여러 가지 이적들을 행하여 예언자의 권능을 발휘했다. 왕하 2:19-25

엘리사는 유다와 이스라엘과 에돔의 왕들에게 그들이 모압을 이기리라는 것을 예언했다. 왕하 3장

엘리사는 선지자 제자의 과부에게 이적을 베풀어 빚을 갚게 하고 생활을 윤택하게 해주었다. 왕하 4:1-7

엘리사는 윤택한 생활을 했지만 아이가 없던 수넴 여인에게 아들이 태어날 것이라고 예언했다. 그 후 어린 시절에 그 아이가 죽자, 엘리사는 그를 다시 살렸다.
왕하 4:8-44

엘리사는 흉년이 들었을 때 선지자의 제자들을 위해 이적을 베풀어 배불리 먹게 했다. 왕하 4:38-44

엘리사는 아람 왕의 군대 장관 나아만의 문둥병을 낫게 했는데 엘리사의 사환 게하시는 자신의 탐욕으로 인해 문둥병에 걸렸다. 왕하 5장

엘리사는 포로들을 돌아가게 하도록 조언함으로써 이스라엘과 아람을 화평하게 했다. 왕하 6:8-23

아람 왕 벤하닷의 사마리아 침략으로 사마리아는 극심한 기근에 처하게 되었다. 이스라엘의 요람 왕은 엘리사에게 책임이 있다고 여겨 그를 죽이려 했다. 엘리사는 사마리아가 풀려날 것을 예언했다. 하나님은 아람 군대가 헛소문에 놀라 달아나도록 하셨다. 왕하 6:24-7:20

엘리사는 아람 왕 벤하닷의 죽음과 그를 대신하여 하사엘이 왕이 될 것을 예언했다. 왕하 8:7-15

엘리사는 한 제자를 시켜 요람 대신에 예후에게 기름을 부어 이스라엘 왕으로 세웠다. 왕하 9:1-13

엘리사는 약 50년 동안의 오랜 사역을 마치고 숨을 거두었다. 엘리사는 임종 시에 이스라엘의 왕 요아스에게 아람을 세 번 공격하여 이길 것이라고 예언했다.
왕하 13:14-19

아가페
스토리 바이블_구약2: 스토리로 읽는 쉬운성경
열왕기상~시편

2016년 3월 3일 1판 1쇄 인쇄
2016년 3월 14일 1판 1쇄 발행

펴낸이 정형철
펴낸곳 (주)아가페출판사
등록 제21-754호
등록일 1995년 4월 12일

주소 (06698) 서울시 서초구 효령로8길 5 (방배동)
전화 584-4835(본사)
팩스 586-3078(본사)
홈페이지 www.iagape.co.kr

ISBN 978-89-537-1904-0 04230
978-89-537-1906-4(세트) 04230

이 도서의 국립중앙도서관 출판시도서목록(CIP)은 서지정보유통지원시스템 홈페이지(http://seoji.nl.go.kr)와 국가자료공동목록시스템(http://www.nl.go.kr/kolisnet)에서 이용하실 수 있습니다. (CIP제어번호: CIP 2016002433)

아가페 출판사